KB152926

德川書院誌

남명사적총서-서원

덕천서원지 德川書院誌

© 김경수, 2017

1판 1쇄 인쇄__2017년 07월 10일
1판 1쇄 발행__2017년 07월 25일

엮은이__김경수
번 역__이창호
題 字__조순(덕천서원 원장, 편찬위원장, 전 부총리, 대한민국학술원 회원)

펴낸곳__『덕천서원지』·『용암서원지』·『신산서원지』 편찬위원회
　　　　『덕천서원지』: 경상남도 산청군 시천면 남명로 137, 전화__010-3832-8019
　　　　『용암서원지』: 경상남도 합천군 삼가면 남명로 72-7, 전화__010-3631-0150
　　　　『신산서원지』: 경상남도 김해시 대동로 269번 안길 115, 전화__055-336-6676

편집·제작__(주)글로벌콘텐츠출판그룹
　　　　등록__제25100-2008-24호
　　　　대표__홍정표 이사__양정섭 편집디자인__김미미 기획·마케팅__노경민
　　　　주소__서울특별시 강동구 천중로 196 정일빌딩 401호
　　　　전화__02) 488-3280 팩스__02) 488-3281
　　　　홈페이지__http://www.gcbook.co.kr

값 49,000원

ISBN 979-11-5852-149-3 94910
ISBN 979-11-5852-152-3 94910(세트)

※ 이 책은 본사와 저자의 허락 없이는 내용의 일부 또는 전체의 무단 전재나 복제, 광전자 매체 수록 등을 금합니다.
※ 잘못된 책은 구입처에서 바꾸어 드립니다.

德川書院誌
덕천서원지

김경수 엮음

『덕천서원지』·『용암서원지』·『신산서원지』 편찬위원회 펴냄

글로벌콘텐츠

남명 선생南冥先生 **표준영정**標準影幀

이 영정은 장우성 화백이 그린 흉상을 토대로 조원섭 화백이 전체를 새로 그린 것으로 남명 선생의 진영은 아니다.

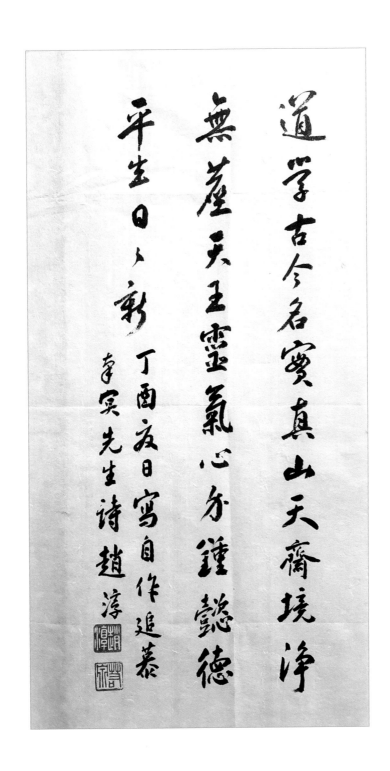

道學古今名實眞　山天齋境淨無塵
天王靈氣心身鍾　懿德平生日日新

丁酉夏日寫自作追慕南冥先生詩　趙淳

1 지리산 천왕봉   2 덕천서원
3 산천재   4 남명기념관
5 여재실   6 남명 선생 묘소
7 한국선비문화연구원

덕산 전경

1 숭덕사	2 전사청
3 내삼문	4 경의당
5 진덕재	6 수업재
7 시정문	8 홍살문
9 관리사	10 화장실
11 주방/샤워장	12 주차장
13 세심정	14 욕천시비

덕천서원 전경

숭덕사崇德祠

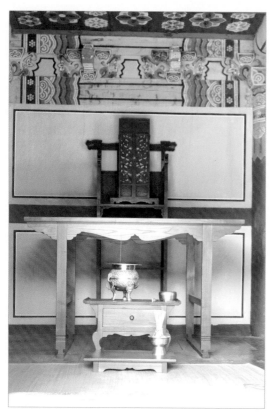

남명 선생 위패(정면)

수우당 선생 위패(동편)

경의당敬義堂

(덕천서원 현판은 모정慕亭 배대유裵大維가 썼고, 경의당 현판은 약헌約軒 하용제河龍濟가 썼다)

진덕재進德齋(동재)

(현판은 고봉古蓬 최승락崔承洛이 썼다)

수업재修業齋(서재)
(현판은 고봉古蓬 최승락崔承洛이 썼다)

전사청典祀廳

내삼문內三門

시정문時靜門(외삼문外三門)

관리사管理舍(고직사庫直舍)

주방 및 샤워실

세심정洗心亭
(현판은 중천中天 김충렬金忠烈 고려대학교 교수가 썼다)

욕천시비浴川詩碑
(글씨는 우현于玄 민성수閔性洙가 썼다)

發刊辭

　　南冥 선생의 학덕을 기리고 그 정신을 계승하기 위해 건립되어 오늘에 이르기까지 그 역할을 해온 산청의 德川書院과 합천의 龍巖書院 및 김해의 新山書院 등 세 서원의 역사와 연혁을 수록한 서원지가 동시에 발간되게 되었습니다. 선생께서 만년에 강학의 장소로 삼아 12년 동안 제자를 기르신 山天齋와 가까운 곳에 지은 德山書院은 1576년에 창건되어 1609년에 덕천서원으로 사액되고 1612년에는 守愚堂 崔永慶 선생을 配享하였습니다. 선생의 고향인 합천에는 역시 1576년 처음 晦山書院을 세웠다가 보다 넓은 장소로 이건하여 香川書院이라 이름을 고쳤다가 1609년 용암서원으로 사액 받았습니다. 선생의 처가가 있었던 김해는 母夫人을 봉양하기 위해 한동안 머물면서 山海亭을 짓고 강학을 하였던 곳으로, 1588년 그 동쪽 산기슭에 처음 서원을 세웠다가 임진왜란 이후 산해정 터에 중건하여 1609년 신산서원으로 사액 받았고, 1616년에 선생의 從遊인물인 松溪 선생을 並享하였습니다. 처음 세 서원은 덕산 회산 신산의 이름을 가졌기에 '남명 선생 三山書院'으로 통칭되었습니다.

　　세 서원은 임진왜란을 당하여 모두 소실되는 아픔을 겪었고 또한 대원군의 서원철폐령으로 훼철되는 비운을 맞기도 하였습니다. 그러나 선생을 추숭하는 정성과 그 학덕을 계승하고자 하는 유림의 마음이 결집되어 1927년에 덕천서원이 중건되고, 1999년에는 신산서원이 복원되었으며, 2007년에는 용암서원이 雷龍亭 옆에 다시 건립되었습니다.

　　세 서원은 모두 각각의 역사와 운영 내용과 관련된 자료를 정리하여 보존하고 있었을 것이 분명하지만 불행하게도 서원의 훼철 이후 그러한 자료들은 대부분이 분실되고 말았습니다. 불행 중 다행하게도 덕천서원에는 간략하지만 『덕천서원지』를 비롯한 옛 자료들이 상당수 남아 있어서 그 역사를 그나마 많이 알 수 있습니다.

이런 상황에서 2016년 제40회 '남명선비문화축제'를 맞이하여 세 서원의 書院誌를 발간하자는 발의가 있게 되었고, 해당 지자체에서는 그 비용의 일부를 보조하기로 하여 서원지의 발간을 추진하게 되어 이제 그 결실을 보게 된 것입니다. 약 30명에 이르는 편찬위원회를 구성하여 일을 진행하게 되면서 부덕한 제가 덕천서원 원장의 자격으로 그 위원장의 중임을 맡게 되었습니다.

남명 선생께서는 일찍이 '敬'과 '義'를 사상의 바탕으로 삼고서 실천을 중시하는 학문을 지향하였습니다. 목숨을 건 상소를 통하여 나라의 위기를 걱정하면서 士林의 言路를 열었으며, 한 평생 處士로서의 절개를 지켜 선비정신의 표상이 되었습니다. 교육을 통한 인재양성으로 후일 그 제자들이 국난의 시기에 義兵將으로 궐기하여 나라를 구하는 선봉에 섰습니다. 그리하여 선생은 우리 역사상 가장 성공한 교육자로 평가받고 있는 師表입니다.

그러나 역사의 흐름은 새로운 국면으로 접어들어 1623년의 仁祖反正으로 남명학파는 역사의 전면에서 멀어져 정당한 평가를 받지 못하는 운명이 되었습니다. 더구나 일제강점기를 거치면서 우리의 근대화가 일본학자들에 의해 주도되는 상황에서 또 한 번 남명 선생과 남명학파는 소외와 오해의 그늘에서 벗어나지 못하게 되어 1980년대에 이르기까지 빛을 보지 못하는 실정이었습니다. 하지만, 순환하는 역사는 또 다른 시대를 맞아 학자들에 의하여 선생의 학덕과 선비정신 그리고 그 제자들이 의병장으로 또 정치의 일선 및 지역사회에서 남긴 공적을 조명하여 드러내게 되었습니다. 지난 30여 년간에 이루어진 남명 선생과 남명학파에 대한 연구는 실로 그 유례를 찾아보기 어려울 정도로 비약적인 성과를 거두었던 것입니다.

덕천서원의 崇德祠에 종향된 수우당 최영경 선생은 남명 선생의 高弟 중 한 분입니다. 조선시대 최대의 獄事로 1,000여 명이 목숨을 잃은 己丑獄事에 억울하게 연루되어 국문 중에 獄中에서 세상을 떠난 뒤 1년여 만에 伸冤되어 大司憲

에 추증된 인물입니다. 한 평생 節義로 이름이 있었고, 서울에서 남명 선생의 명성을 듣고서 뇌룡정으로 찾아뵙고 師弟의 인연을 맺었습니다. 스승이 돌아가신 후에는 진주로 移居하여 鶴을 키우면서 살면서, 덕천서원의 창건을 주도하여 서원의 규모와 제도가 모두 그의 손에서 나오지 않은 것이 없다고 하였습니다. 남명 선생의 문인인 河憕과 지역 유림이 상소하여 덕천서원에 종향할 것을 청원하여 임금의 윤허를 받았습니다.

덕천서원은 지난 400여 년간 江右地域 儒林의 本山으로서 그 역할을 충실히 해 왔습니다. 그리고 오늘날에도 서원으로서의 역할을 일정하게 하고 있는 전국의 몇 안 되는 서원 중 대표적 서원입니다. 서원 인근에 분포하고 있는 산천재와 묘소 여재실 및 세심정 등은 선생을 추모하여 본받으려는 수많은 답사객들의 발길이 끊이지 않으며, 근래에 새로 지은 남명기념관과 한국선비문화연구원 및 德門亭 등은 선생의 학덕과 선비정신을 계승 발전하고자 하는 기관으로서의 역할을 하고 있습니다.

『德川書院誌』의 발간은, 이러한 시점에 맞추어 선생의 사상을 오늘날을 사는 사람들에게 보다 널리 알리는 새로운 계기가 될 것으로 믿어 의심치 않습니다.
이 책을 간행하기 위하여 수고하신 편집인 겸 집필인 및 어려운 한문을 한글로 풀어 쓴 번역인 그리고 내용을 살피고 조언을 해주신 감수위원 및 검토위원 여러분들께 깊은 감사를 드립니다.

2017. 6.
德川書院 院長 趙淳 謹識

祝刊辭

　　우리 산청의 자랑이자 민족의 스승이신 南冥 선생을 祭享하고 있는 덕천서원의 역사와 내용을 한 눈에 알 수 있는 『덕천서원지』의 발간을 진심으로 경하 드립니다.

　　금년 2016년은 덕천서원이 창건된 지 440주년이 되는 해이며, 선생의 학덕을 추모하고 그 정신을 계승하기 위한 행사인 '남명선비문화축제'가 제40회를 맞이하는 해입니다. 덕천서원은 1576년에 창건되어 임진왜란에 소실되었다가 중건된 이후 여러 차례의 중수를 거치면서 남명학파의 정신적 본거지로서의 역할을 해왔습니다. 불행하게도 서원철폐령으로 훼철되기도 하였지만 1927년에 중건되어 오늘에 이르기까지 전통문화 계승의 한 축을 담당해오고 있습니다.

　　남명 선생께서는 '敬義'를 강조하셨습니다. '경'은 늘 옷섶에 차고 다니면서 정신을 맑게 깨우치는 도구로 사용하였던 惺惺子로, '의'는 선비로서는 특이하게 허리춤에 차고 다니시던 佩劍으로 그 의미를 상징하였습니다. 이론보다는 실천을 강조하시고, 엄정한 출처의식으로 선비정신의 전형을 보이셨고, 「을묘사직소」를 통해서는 국가를 위해 목숨을 거는 강직한 기절을 드러내셨습니다. 선생의 제자들은 임진왜란을 당하여 50여 명이 의병장으로 일어나 국난극복에 앞장섰고, 광해군 때의 개혁정치를 주도하였으니, 우리 역사상 가장 성공한 교육자로 평가받고 있습니다.

　　덕천서원 숭덕사 동편에 從享된 守愚堂 崔永慶 선생께서는 남명 선생의 뛰어난 제자로서 그 節義를 높이 평가받고 있습니다. 억울하게 己丑獄事에 연루되어 세상을 떠나신 뒤 곧 신원되어 司憲府 大司憲에 追贈되었습니다. 덕천서원의 창건에 혼신의 힘을 쏟아 그 제도를 완성하신 공적이 있어 1612년에 임금의 허락을 얻어 스승의 사당에 모시게 되었습니다.

덕천서원을 비롯하여 산천재 및 남명기념관 등은 남명 선생의 선비정신을 계승 발전시키고 있는 우리 산청의 자랑스러운 문화유산입니다. 최근에는 '한국 선비문화연구원'도 설립되어 전통문화 연구와 더불어 이 시대가 요구하는 선비 정신에 바탕한 청렴 인성 힐링연수 기관으로서의 역할을 하고 있기도 합니다.

이러한 시기에 남명 선생뿐만 아니라, 덕천서원 및 선생의 사적지와 기념관들에 대한 종합적인 내용을 모두 수록한 『덕천서원지』의 발간은 참으로 큰 의미를 지닌다고 할 수 있습니다. 거듭 『덕천서원지』의 발간을 축하드리며, 이 책을 간행하기 위하여 노력하신 집필 및 편집인과 번역인 그리고 관계자 모든 분께 깊은 감사를 드립니다.

감사합니다.

2017년 6월
산청군수 허기도

祝刊辭

　　南冥 조식 선생은 경상우도 삼가현(지금의 경남 합천) 토동에서 1501년에 탄생하여 1572년 운명하실 때까지 초야에서 학문에만 전념하시고, 이론보다는 실천을 강조하시며, 재야 지식인의 길을 선택하였습니다.

　　이런 南冥 선생의 학덕을 본받고 그 정신을 계승하기 위해서 덕천서원의 역사와 내용을 담은 『덕천서원지』의 발간을 진심으로 축하드립니다.

　　『덕천서원지』의 발간은, 일찍이 '敬'과 '義'를 강조하였던 南冥 선생의 실천을 중시하는 학문을 지금 살고 있는 사람들에게 보다 널리 알리는 새로운 계기가 될 것입니다.

　　지난해 제40회 '남명선비문화축제'를 맞이하여 서원지를 발간하자는 뜻을 모으고, 산청군이 그 비용의 일부를 지원하여 서원지의 발간을 추진하게 되었습니다. 남명 선생은 나라가 위기에 처해 있을 때 목숨을 건 상소를 통해서 우국충정을 다하였고, 한평생 사림의 존경받는 선비로서 절개를 지켜 선비정신의 표상이 되었습니다. 항상 교육을 통한 인재양성으로 제자들이 국난의 시기에 의병장으로 활약하여 직접 전장에 뛰어들어 나라를 구하는 선봉에 나섰습니다. 이 때문에 南冥 선생은 우리 역사상 가장 실천력 있는 성공한 교육자로 높이 추앙받고 있습니다.

　　덕천서원은 지난 400여 년간 유림의 본산으로서 선생의 유지를 받드는 역할을 충실히 해왔습니다. 덕천서원 근처에 있는 산천재와 묘소 여재실 및 세심정 등은 선생을 추모하고자 하는 현대인들의 발길이 끊이지 않고 있습니다. 새로 건축한 남명기념관과 한국선비문화연구원 및 덕문정 등은 남명 조식 선생의 학덕과 선비정신을 계승 발전시키고자 하는 살아있는 교육의 현장이 되고 있습니다.

또한 수우당 최영경 선생은 남명 선생의 뛰어난 제자로서 그 절의를 높이 평가받고 있습니다. 수우당 최영경 선생은 억울하게 기축옥사에 연루되어 국문 중에 옥중에서 세상을 떠난 뒤, 1년 만에 신원되어 司憲府 大司憲에 追贈되었습니다. 수우당 선생은 덕천서원의 창건을 주도하여 서원의 규모와 제도를 완성하였습니다. 이에 따라 수우당 선생은 1612년에 임금의 허락을 얻어 스승의 사당인 덕천서원에 모시게 되었습니다.

강직한 인성과 실천력이 어느 때보다 중요한 오늘날에 남명 선생뿐만 아니라, 덕천서원 및 선생의 사적지와 기념관들에 대한 종합적인 내용을 모두 수록한 『덕천서원지』의 발간은 참으로 큰 의미를 지닌다고 할 수 있습니다. 거듭 『덕천서원지』의 발간을 축하드리며, 이 책을 간행하기 위하여 노력하신 집필 및 편집인과 번역인 그리고 관계자 모든 분께 깊은 감사를 드립니다.

감사합니다.

2017년 6월
국회의원 강석진

남명 선생과 수우당 선생의 생애와 학덕

1. 남명 선생의 생애生涯와 학덕學德

1) 생애生涯

선생의 휘諱는 식植, 자字는 건중楗仲, 본관本貫은 창녕昌寧이며, 남명南冥은 선생의 호號이다. 선생은 1501년(연산군 7) 6월 26일 경남 합천군 삼가면 토동의 외가外家에서 아버지 언형彦亨[승문원판교承文院判校]과 어머니 인천 이씨[충순위 국忠順衛 菊의 여女] 사이에서 태어났는데, 본가는 삼가의 판현板峴이었다. 어려서 외가에서 자라던 선생은 아버지가 문과에 급제하여 벼슬길에 나아가자 아버지의 임지를 따라다니면서 학문을 익히고, 한편으로는 백성들의 곤궁한 생활을 직접 보게 되었다.

19세 때 산에서 독서하다가 기묘사화己卯士禍로 조광조趙光祖 등의 죽음을 들었고, 숙부 언경彦卿도 이에 연루되어 파직당하는 것을 보고서

---

1) 집필 및 편집인, 한국선비문화연구원 책임연구원 겸 경상대학교 대학원 철학과 외래교수

잘못된 정치의 폐단을 슬퍼하였다. 20세 때에는 향시에 일등이등으로 합격하였는데, 좌류문左柳文[좌구명左丘明과 류종원柳宗元의 글]을 좋아하고 고문古文에 능하여 그 글을 많은 사람들이 전송傳誦하였다. 25세 때에는 과거를 위하여 절간에서 공부하다가 『성리대전』을 보던 중 노재魯齋 허형許衡이 말한 "이윤伊尹이 뜻한 바를 뜻으로 삼고 안자顏子가 배운 바를 배움으로 하여, 벼슬에 나가면 이루는 일이 있어야 하고 물러나서는 지킴이 있어야 한다. 대장부라면 마땅히 이와 같아야 할 것이니, 벼슬에 나아가서도 하는 일 없고 산림山林에 처해서 지키는 것이 없다면 뜻한 바와 배운 바를 무엇에 쓰겠는가?"라고 한 구절을 보고서 크게 깨달아 과거공부를 폐하고 육경사서六經四書 및 주정장주周程張朱의 유서遺書에 전념했다. 30세 때부터 처가가 있는 김해 신어산 아래에 산해정山海亭을 짓고 학문에 정진하면서 제자들을 교육하기 시작하였다. 37세 때에 어머니를 설득하여 과거를 완전히 포기하였다. 38세 때 회재 이언적李彦迪의 천거로 처음으로 헌릉참봉獻陵參奉에 제수되었으나 나아가지 않았다. 45세 때에는 을사사화乙巳士禍가 일어나 평소 교분이 두터웠던 이림李霖, 곽순郭珣, 성운成運 등 절친했던 많은 인재들이 화禍를 당하자 더욱 벼슬할 뜻을 버렸다.

48세 때에는 다시 고향인 삼가의 토동으로 돌아와 뇌룡정雷龍亭과 계부당鷄伏堂을 짓고 제자를 길렀다. 이 시기에 선생의 명성은 이미 사림士林의 영수領袖로서 온 나라에 떨쳐 48세에 전생서주부典牲署主簿, 51세에 종부시주부宗簿寺主簿, 55세에 상서원판관尙瑞院判官, 또 같은 해에 단성현감丹城縣監 등에 계속 제수되었으나 모두 나아가지 않았다. 단성현감을 사직하는 상소上疏에서 "대비大妃는 사려가 깊지만2) 궁궐 속의 한 과부寡婦에 불과하고, 전하殿下는 어리시어 선왕先王의 외로운 계승자孤嗣일 뿐입니다"라는 구절이 있어 조야朝野에 큰 파문을 일으켰다. 이 상소는

---

2) 이 구절은 『시경』 「邶風」 '燕燕'편의 '仲氏任只 其心塞淵'에 나오는 말이다.

실로 선생이 죽음을 무릅쓰고 국정의 잘못을 바로잡고자 언로를 연 것으로, 이 같은 과감한 직언直言은 산림처사山林處士의 위상을 높이는 계기가 되었다.

61세 때 선생은 평소 만년晩年에 살 곳을 찾고자 10여 차례에 걸쳐 답사한 적이 있는 지리산 아래 덕산으로 옮겨 산천재山天齋를 지어 후진을 양성했다. 66세 때에는 임금이 부르는 교지敎旨가 거듭 내리자 상경上京하여 포의布衣로 사정전思政殿에서 왕과 한 번 독대하고는 이내 돌아왔다. 67세 때에 새로 왕위에 오른 선조가 거듭 불렀으나 나아가지 않았고, 68세 때와 71세 때에는 글을 올려 정치의 폐단과 이를 개혁할 대안을 제시하였다. 특히 68세에 올린 「무진봉사」는 이른바 '서리망국론'을 주장하여 국정 폐단의 근본적인 잘못이 서리들로부터 비롯되고 있다는 점을 밝히면서 이들이 조정의 실권자들과 결탁하고 있음이 더욱 큰 문제라고 지적하고 있다. 선생의 '서리망국론'은 이후로 조정에서 수시로 거론되었던 사실은 『조선왕조실록』을 보면 알 수 있으니, 그 고상한 식견을 짐작할 수 있다.

선생은 72세 되던 해(1572) 2월 8일 산청군 시천면 사륜동에서 조용히 운명殞命하였다. 임종臨終에 모시고 있던 제자들이 사후死後의 칭호稱號를 묻자 "처사處士로 하는 것이 옳다. 만약 벼슬을 쓴다면 나를 버리는 것이다"라고 하였으며, 창벽간窓壁間에 써두고 있었던 '경의敬義' 두 글자를 가리키면서 "오가吾家에 경의敬義가 있는 것은 하늘에 일월日月이 있는 것과 같으니 힘써 지행持行할 것"을 당부하였다. 선생의 부음이 알려지자 조정에서는 제물祭物과 예관禮官을 보내어 제사지내고 사간원司諫院 대사간大司諫에 추증追贈하였다. 이어 광해군光海君 때에는 선생에게 '도덕박문왈문道德博聞曰文 직도불요왈정直道不撓曰貞', 즉 도와 덕을 갖추고 널리 배웠다는 뜻의 문文과 도를 곧게 하여 흔들림이 없었다는 뜻의 정貞을 사용하여 문정文貞이란 시호諡號[3]와 함께 영의정領議政에 추증하였으며, 선생을 향사享祀하고 있던 덕산의 덕천서원德川書院, 합천의 용암서원龍巖書院, 김해의 신산서원新山書院을 모두 사액賜額하였다.

2) 학덕學德

선생이 생존했던 시기는 조선조 중기로 이 시기는 성리학의 이론적 탐구가 본격적으로 전개되던 때였다. 게다가 선생은 당대의 명류들과 두루 깊이 사귀었으니 이윤경李潤慶 준경浚慶 형제, 이항李恒, 이황李滉, 성수침成守琛, 성운成運, 이원李源, 이희안李希顔, 신계성申季誠, 김대유金大有, 이림李霖 등이 그들이니 모두 성리학에 고명한 조예를 지니고 있었던 인물들이다.

그러나 선생은 성리학의 이론적인 측면만을 궁구함에 따른 폐단을 익히 알고서 오히려 그 실천을 중시하였다. 선생의 학문은 만년에 산천재 벽에 써 두었던 경敬과 의義 두 글자에 집약된다고 할 수 있다. 이것은 『주역周易』의 곤괘坤卦 「문언전文言傳」에 나오는 말로 '경이직내, 의이방외敬以直內 義以方外', 즉 '경으로써 안을 곧게 하고 의로써 밖을 반듯하게 한다'는 뜻을 지녔다. 여기서 선생은 경敬을 내적 수양과 관련시키고 의義를 외적 실천과 관련시켰는데, 이는 평소 즐겨 차고 다녔던 패검佩劍에 '내명자경 외단자의內明者敬 外斷者義', 즉 '안으로 마음을 밝히는 것은 경이요, 밖으로 행동을 결단하는 것은 의이다'라는 명銘을 새겼던 것에서도 알 수 있다. 또 선생은 성성자惺惺子라는 방울을 차고 다녔는데, 그 소리로 항상 마음에 경각심을 일깨워 안을 밝게 하였던 것이며, 행동은 의義에 맞지 않으면 칼로 자르듯이 반듯하게 하였던 것이다. 이와 같이 공허한 이론적 탐구보다는 실천과 실용을 중시한 남명의 학문은 뒷날 실학의 비조로 꼽히기도 한다.

---

3) 선생의 시호에서 '직도불요왈정直道不撓曰貞'이란 표현은 조선시대의 정식 시법諡法에 없는 내용이다. 그런데 이와 같은 뜻을 부여한 것은 선생의 특징을 가장 선명히 드러낼 수 있기 때문으로 볼 수 있다.

또한 선생은 참으로 '선비정신'의 전형이었으니, 이른바 '천자天子도 신하 삼을 수 없고, 제후諸侯도 벗 삼을 수 없는' 처사로서의 모범을 보였다. 당시 4대사화로 인해 사림士林의 기운이 극도로 퇴상해 있던 때를 당하여 선생은 사기士氣를 만회하고 후진을 양성하여 선비의 본래 사명과 직분을 알게 하였다. 이는 선생이 10여 차례 이상 벼슬을 제수 받았으면서도 당시의 정국이 벼슬하여 뜻을 펼 수 있는 여건이 아님을 보고서, 단지 허명虛名으로 부름에 대해 단 한 차례도 나아가지 않고 처사로서의 직분을 굳게 지켰던 것에서도 알 수 있다.

이리하여 선생으로부터 과거를 보아 벼슬에 나아가는 것보다 산림에 묻혀 학문을 수양하는 선비가 더욱 존경받는 풍토가 되었으니, 이른 바 '묘당유廟堂儒'보다 '산림유山林儒'가 정치의 주체가 되는 사림정치시 대士林政治時代가 이때부터 비롯되었다. 이후로 은일隱逸 출사出仕의 관직 한계를 무너뜨려 정승政丞에까지 오를 수 있게 되었으니, 내암 정인홍, 미수 허목, 우암 송시열 등이 그 대표적인 사람들로서 모두 당대의 명현名賢들이었다. 이들은 모두 선생의 신도비명神道碑銘을 써서 추앙하고 있다.

한편 선생은 정치는 백성들 편에 서서 시행해야 한다는 위민정치爲民 政治를 강조했다. 선생은 항상 백성들의 곤궁한 생활을 마음 아파하여, 관리들과 어울려 정치를 이야기할 기회가 있으면 팔을 휘두르며 백성 들의 고통을 말했으며, 때로 혼자서 슬피 노래 부르고 눈물을 흘린 적이 한두 번이 아니었다고 기록되어 있다. 이와 같은 선생의 위민정치 사상은 백성 위에 군림하는 정치가 아니라 백성이 국가의 근본民爲邦本 임을 알아야 한다는 주장에 근본하는 것으로 「민암부民嵓賦」에 잘 나타 나고 있으니, 여기에서 선생은 '물이 배를 띄울 수도 있고 배를 뒤집을 수도 있다'는 외민畏民사상을 담고 있다.

선생은 이만규李萬珪가 『조선교육사』에서 우리나라 교육사상 가장 성 공한 교육자로 꼽고 있는 것처럼 많은 영재英才를 길렀다. 선생의 교육

철학은 제자를 개인의 자질에 따라 가르치면서 넓게 지식을 섭취하여 그것을 자기 자질에 맞게 소화하는 것을 중히 여겼다. 구체적인 교육방법은 글자 하나하나의 해석에 얽매이지 않고 요체를 파악하는 교수법을 택했으며, 아는 것을 결국 실천에 옮기도록 하는 데 교육의 목적을 두었다.

이리하여 선생의 문하에서 당대의 명유名儒, 석학碩學들이 많이 배출되었으니, 오건吳健 최영경崔永慶 정인홍鄭仁弘 하항河沆 김우옹金宇顒 정구鄭逑 정탁鄭琢 김면金沔 곽재우郭再祐 김효원金孝元 성여신成汝信 등이 그 대표적인 사람들이다. 특히 선생은 김해 시절부터 왜구의 노략질을 직접 목격하고서 오래지 않아 왜적이 침입해 올 것을 알고 제자들에게 이에 대비하도록 하였다. 선생은 성리학뿐만 아니라 천문天文, 지리地理, 의학醫學, 궁마弓馬, 행진行陣 등의 학문에도 밝아 제자들을 기르는데 이와 같이 병법兵法도 가르쳤던 것이다. 이후 결국 임진왜란이 일어나자 영남의 곽재우 정인홍 김면 등 3대의병장과 조종도趙宗道를 비롯한 50여 명의 의병장이 선생의 문하에서 일어나 국난을 극복하는데 크게 기여하였던 것이며, 여기서 선생의 학덕은 더욱 혁혁히 빛나게 되었다.

이 같은 선생의 학덕은 산해정 시절의 '한사존성, 악립연충閑邪存誠, 岳立淵冲(사악함을 막고 성을 보존하여 산악 같이 우뚝하고 깊은 연못처럼 고요하라)'라는 좌우명座右銘에서 비롯하여, 뇌룡정 시절의 '시거이용현 연묵이뇌성尸居而龍見 淵默而雷聲(시동처럼 가만히 있다가 용처럼 나타나고, 깊은 연못처럼 고요히 있다가 우레 같이 소리친다)'는 자세에서 함양되고, 산천재 시절의 '경의敬義'로 최종 집약되었던 것이다. 그리하여 후세에서 선생을 일러 '추상열일秋霜烈日'이니 '벽립천인壁立千仞'이니 '봉상만인鳳翔萬仞'이니 '고고탁절孤高卓絶'이니 '선생즉일월先生卽日月'이라고 하는 등과 같은 표현이 있게 되었으니, 이로써 선생의 학문과 인품을 능히 짐작하고도 남음이 있다.

2. 수우당 선생의 생애生涯와 학덕學德

1) 생애生涯

선생의 휘는 영경永慶, 자는 효원孝元, 성은 최씨崔氏이니 본관은 화순이며, 스스로 지은 호는 수우당守愚堂이다. 선생은 가정嘉靖 기축년(1529) 7월 16일 한양의 원동리 본가에서 아버지 병조좌랑 휘 세준世俊과 어머니 현감 휘 준濬의 따님 평해平海 손씨孫氏 사이에서 태어났다.

어려서부터 효성이 지극하여 혹 사람들이 진귀한 과일이나 맛있는 음식을 주면 반드시 품속에 간직하니, 사람들이 그 까닭을 물으면 "돌아가서 부모와 조부모께 드릴 것입니다"라고 하였다. 글을 읽을 줄 알게 되어서 기자箕子가 이미 망한 고국의 은허殷墟를 지나면서 부른 「맥수가麥秀歌」에 이르러 흐느끼며 눈물을 흘리니 사람들이 충효군자가 될 것임을 알았다. 부친으로부터 학문을 배움에 면려하지 않아도 날마다 유익함이 있었다. 약관의 나이에 이미 여러 차례 향시에 합격했으나 회시會試에 불리하니 이에 학문은 내외와 경중의 구분이 있음을 알고 드디어 수신修身과 수도守道에 힘쓰면서 오직 위기지학에 전념하였다.

부친상을 당하여 슬퍼함이 지극하여 예를 치루지 못할 지경에 이르니 이를 근심한 모부인이 미음조차 먹지 않자 약간의 음식만을 먹었다. 또 모부인이 위독하자 자신의 팔뚝을 찔러 피를 받아 약에 타서 드시게 하여 차도가 있기도 하였다. 모친상을 당해서도 슬퍼함이 부친의 상과 같이 하면서 3년상을 마쳤다. 조석으로 묘소에 올라 곡을 하고 음식을 올릴 때는 어육魚肉을 갖추었는데, 하루는 큰 비가 내려 길이 막혀 시장을 가지 못하여 채소만으로 음식을 올리고 여막에 엎드려 슬픔을 이기지 못하고 있으니 홀연히 맹수가 멧돼지 한 마리를 묘소 앞에 두고 떠나는 이적이 있기도 하였다.

부모의 상을 마치고 드디어 벼슬에 뜻을 끊고 조용히 스스로를 지키면서 마음과 지조를 변치 않았다. 재산을 나눌 때에도 아우와 누이에게 건장한 노복과 비옥한 전답을 모두 주고서 스스로는 노약하고 척박한 것만 취하였다.

남명 선생이 뇌룡정에서 강학하던 시기에 속수束修의 예를 갖추어 스승으로 섬겼다. 38세 되던 1567년에 산천재로 남명 선생을 찾아뵈었을 때에는, 부사 성여신이 단속사의 사천왕상과 『삼가귀감』의 책판을 불사르고 남명 선생께 이 사실을 아뢰러 왔다가 함께 만나서 그 사연을 듣고는 기개를 칭탄하기도 하였다. 이후로 가끔씩 스승을 찾아 가르침을 받으면서 자주 오지 못함을 한스러워했는데, 1572년 2월에 스승이 세상을 떠나니 달려와 제문을 지어 올리고 장례에 참여하여 문인의 둘째 자리를 지켰다. 3년 뒤에는 서울생활을 청산하고 진주의 도동 죽림竹林 가운데 집을 짓고 수우당守愚堂이라 편액을 걸고 뜰에는 매화와 국화를 심고 흰 학을 한 쌍 기르며 책을 읽으며 그 즐거움으로 근심을 잊었다. 이로부터 덕천서원의 건립에 적극 참여하여 모든 일을 주선해서 다음해인 1576년에 서원을 창건하였다. 이어서 세심정洗心亭을 짓고서 서원의 모든 제도와 규모를 정비하였다.

그 이전에 몇 차례 벼슬로 부름이 있었으나 모두 나아가지 않다가 1575년에 사축司畜으로 다시 부르자 한 번 나아가 사은하고는 곧 바로 옮긴 거주지인 진주로 돌아왔다. 이후에 또 여러 선비들의 추천으로 벼슬이 내려졌으나 나아가지 않았고, 뒤이어 6품직으로 높여 여러 번 수령과 도사都事를 제수하였으나 모두 병으로 사양하였다. 이는 모두 당시 조정의 논의가 분열되고 간흉들이 권력을 농단하는 것을 목격하고서 더욱 벼슬의 뜻을 단념했기 때문이었다. 소재 노수신이 편지를 보내 "군자의 처세에 자기를 고집하는 해가 크다"고 하니, 답하여 말하기를 "내가 생각건대 벼슬에 나가는 해도 또한 적지 않다"고 하여 그 뜻을 보였다. 1581년에 지평持平으로 부름을 받자 사직소를 올려, '공론이 행하지 않고 붕당이 바람을 일으키고 기강이 무너지는 시국임을 역설하고 나라의 안위와 존망이 달린 문제이므로 위엄으로 이를 진무하고 편당의 무리로 하여금 간계를 펴지 못하게 해야 한다'고 하였다. 뒤에 또 다시 지평에 제수하였으나 모두 나아가지 않았다.

1589년 기축옥사가 일어나니 평소 선생을 원수처럼 미워하던 권간權奸들이 선생을 길삼봉吉三峯이란 이름으로 억지로 날조하여 의금부에 체포하여 국문을 시행하였다. 선생이 진술서를 갖추어 무고함을 밝히니 논리가 정연하여 주상이 그 원통함을 살펴서 석방을 명하였다. 풀려난 며칠 후에 다시 국정鞠庭에 들어가게 되어 온갖 곤욕을 당하였다. 괴로움이 극심하여 의원으로 하여금 진찰하게 하였으나 끝내 진찰을 거부하였다. 하루는 정신이 혼미하고 기운이 나른하여 옆 사람의 무릎을 베고 누웠으니, 그 사람이 선생의 정신을 시험하고자 글 한 자를 써서 가르침을 주기를 청하였다. 선생이 천천히 일어나 정正 자를 크게 쓰고는 그 사람을 보면서 말하기를 "그대는 이 글자의 뜻을 아는가?" 묻고는 잠시 누웠다가 조용히 서거하였다. 이때가 1590년 9월 28일이었고 향년 62세였다.

얼마 뒤에 학봉 김성일이 선생의 무고함을 경연에서 극간하였고, 또 대사헌 홍여순의 논계論啟로 사헌부 대사헌에 추증하고, 예관을 보내 제사를 드리고 집안을 후하게 구휼하였다. 그 후 동강 김우옹이 대사헌이 되어 정철의 관직을 삭탈할 것을 청하여 윤허 받았다. 1612년에 진주의 진사 하증 등 300여 명이 상소를 올려 남명 선생의 덕천서원에 배향할 것을 청하여 허락을 받았다.

선생의 부인夫人 이씨李氏는 화암부수花巖副守 억세億歲의 여이니 공정대왕恭靖大王의 5세손이다. 유순하고 정숙하여 부덕婦德과 규범閨範을 깊이 갖추었으며 사후死後에 선생과 같은 묘墓에 안장하였다. 아들 홍렴弘濂을 두었으나 1577년 일찍 세상을 떠났다. 오리 이원익 등이 계啟를 올려 후사 세울 것을 청하니 선생의 재종 동생 윤경胤慶의 아들 홍서弘緒로 뒤를 잇게 하였다.

2) 학덕學德

선생은 기묘사화가 일어난 지 10년 뒤에 태어났으며, 16세 때에는 을사사화가 일어났으며 명종 연간에 임꺽정의 난과 척신들의 권력 전횡으로 나라가 위기에 처한 시기를 살았다. 과거에 운이 없어 위기지학에 힘쓰면서 스스로 몸을 닦고 도를 지키고자 하였다. 평소『소학』과『근사록』을 즐겨 읽으며 자신을 수양하는 도구로 삼았다.

타고난 성품이 강직하여 일찍부터 사람을 평함에 꺼림이 없었으며, 권세와 이욕을 초연히 피하여 장차 자기를 더럽힐 것처럼 여겼다. 남명 선생을 스승으로 섬긴 후에는 그 문인인 일시의 명현名賢 내암 정인홍, 각재 하항, 동강 김우옹, 한강 정구, 황암 박제인, 대소헌 조종도 등과 더불어 도의道義의 교분을 맺어 학문을 서로 도우는 유익함이 있었다. 서애 류성룡이 영남관찰사로 있을 때에 진주에 이르러 선생을 방문하였는데 '풍채가 소연하여 속세를 벗어난 것 같았으며 이야기가 당세의 일에 미치자 사람을 놀라게 함이 있었다'고 하였다.

선생이 일찍이 큰 눈이 내린 후 대나무는 눈에 덮여 쓰러지고 소나무만 홀로 우뚝 서 있는 것을 보고는 탄식하여 말하기를 "세한歲寒 연후에 곧은 소나무의 굳센 절개를 알겠다. 저 대나무의 나약함은 족히 볼 것이 못된다"고 하였다. 또 일찍이 한강寒岡의 백매원百梅園에 들렀는데 때가 마침 2월이라 매화가 만개하였다. 선생이 하인을 불러 도끼를 가져오게 하여 정원에 가득한 매화나무를 베어버리라고 하였다. 좌중의 사람들이 모두 놀래 만류하자 선생이 웃으면서 그만두게 하고는 말하기를 "매화가 귀한 바는 눈 쌓인 골짜기의 혹독한 추위 속에서 온갖 꽃보다 앞서 제일 먼저 피는 것이다. 이제 저 도리桃李와 함께 봄을 다투니 어찌 족히 귀하겠는가! 제공들이 만류하지 않았다면 매화는 거의 면치 못했을 것이다" 하였으니 대개 그 평소 우뚝이 특립特立한 지조가 있었기 때문에 사물을 인용하여 뜻을 부침이 이와 같았다.

기축옥사로 국문을 받을 때 옥에 갇혀서는 앉을 때마다 반드시 대궐을 향하였고, 언사와 행동이 조용하고 차분하여 조금도 기미가 말이나 안색에 드러남이 없었다. 집안 하인들도 심문을 받으면서 온갖 혹독한 형벌을 당했으나 끝내 다른 말이 없었으니 또한 선생의 덕화가 사람들에게 영향을 줌이 심대한 것을 징험할 수 있다. 또 다시 국문장에 들어가서도 옥관獄官이 옥졸로 하여금 온갖 곤욕을 주게 하였으나 선생은 조금도 굽히지 아니하고 말이 태연자약하였다. 당시 백사 이항복이 문사랑問事郎이었는데 나와서 사람들에게 말하기를 "이 노인은 생사가 달린 때를 당해서도 지키는 바를 굽히지 않으니 참으로 미칠 수 없다"고 하였으며 또 말하기를 "이제 죄수를 심문하면서 거인을 보았다. 만약 이 노인을 보지 않았다면 거의 평생을 그릇되게 보낼 뻔하였다"라고 하였다. 다른 재상들 중에 국청鞠廳에 참석한 이들도 입을 모아 칭탄하지 않음이 없었으니, 어떤 이는 걸상에서 내려와 기립하기도 하였다고 하니 평소 그 지조와 기상을 알 수 있다.

대개 선생은 천지간의 곧고 바른 기운을 품부하여 크게는 마음을 둠과 스스로의 행위에서부터 작게는 동작과 언어에 이르기까지 그 어느 하나도 올바름에서 나오지 않은 것이 없었다. 비록 생사가 달린 절박한 순간이라도 또한 반드시 직절直節로써 스스로를 면려하고 정도正道로써 스스로를 지켜 위세를 두려워하지 않고 이해에 거리낌이 없었으니 이는 죽을 때까지 변하지 않았다. 그리하여 학봉 김성일은 '절개를 지켜 의리에 죽을 사람', 대암 박성은 '기상이 준결峻潔하다', 행촌 민순은 '흉금이 쇄락灑落하다', 덕계 오건은 '간세間世의 호걸' 그리고 성암 김효원이 이른 바 '산을 움직이기는 쉬워도 우리 최장崔丈을 움직이기는 어렵다'고 한 말은 참으로 선생을 정확히 표현한 것이라 하겠다.

학자들 중에 구이口耳의 빌미로만 삼고 실천에 힘쓰지 않는 자를 보면 반드시 꾸짖어 말하기를 "어찌 한갓되이 겉으로만 따르면서 남에게 자랑하는 것만 좋아하고 기꺼이 자신을 속이면서도 부끄러운 줄을 알지 못하는가!" 하였다. 또 글을 지을 때는 화려함을 취하지 않고 오직 간략한 말로 이치를 통하게 함에 힘썼다.

선생의 용모는 단정하고 엄숙했으니 눈동자는 형형하게 빛났고 수염은 길이가 6~7촌이 되었으며 그 깨끗하고 소탈함은 신선과 같았다. 본성이 고결하고 몸가짐이 근엄했으며 교유를 즐기지 않았고 말을 함부로 하지 않았다. 사양하거나 수용할 때도 한결같이 도의道義로써 헤아려 그 의로운 것이 아니면 지푸라기 하나도 남에게 받거나 주지 않았고, 그 벗할 만한 사람이 아니면 비록 임금이 보낸 신하나 고을의 목사가 찾아와 명함을 내밀어도 병으로 사양하면서 만나지 않았다.

내암 정인홍은 선생의 묘갈에서 '아! 선비에게 무리와 어울리지 않는 지조가 있는 것은 하늘이 수립해준 것이다. 그러나 사람은 반드시 그를 죽여 버리니 이는 유독 무슨 마음인가! 비록 능히 죽일 수는 있지만 끝내 죽일 수 없는 것이 있으니 이것이 어찌 하늘의 이치가 아니겠는가!'라고 하고서 『주역』 「기제」괘 육이六二의 효사爻辭에 '머리꾸미개를 잃었지만 7일 만에 찾았으니' 라는 구절을 인용하여 그 무고함이 밝혀졌음은 하늘을 감동시킨 것이라고 하였다. 그리고 명銘이 이르기를 '몸은 죽일 수 있어도 지조는 더욱 빛나, 여기 비석 세우니 유풍遺風 절로 유장하리身可死 守益光 石于此 風自長'라고 하여 선생의 절개를 칭송하고 있다.

일러두기

◈ 이 책은 남명 선생을 향사하고 있는 덕천서원 용암서원 신산서원 등 세 서원의 역사적 변천과정과 그 내용을 최대한 수습하여 정리하고자 기획되었다. 『덕천서원지』·『용암서원지』·『신산서원지』 세 권을 한 질로 묶었다. 이렇게 함으로서 세 서원의 전체적 모습을 쉽게 확인할 수도 있고 동시에 각각의 서원지는 단행본으로서의 역할도 할 수 있도록 하였다.

◈ 덕천서원의 경우는 서원의 역사를 기록한 『덕천서원지』가 소략하지만 남아 있어 그 대체적인 연혁을 알 수가 있다. 그러나 용암서원과 신산서원은 훼철 이후 관리가 제대로 이루어지지 않아 서원이 보유하고 있던 자료들이 모두 분실되어 남은 것이 전혀 없는 실정이다. 그러므로 덕천서원의 연혁은 부분적으로 보충하여 정리하였지만, 용암서원과 신산서원의 연혁은 여러 가지 자료들을 열람하여 처음부터 새로 정리하였다.

◈ 덕천서원에는 수우당 최영경 선생이 종향되어 있고, 신산서원에는 송계 신계성 선생이 병향되어 있지만 용암서원은 남명 선생만 제향되어 있다. 따라서 『덕천서원지』에서는 수우당 선생의 생애자료와 관련한 기록들을 포함시켰고, 『신산서원지』에는 송계 선생의 생애자료와 관련된 기록을 포함시켰다.

◈ 덕천서원 주변에는 산천재를 비롯하여 남명 선생 묘소와 여재실 및 세심정 등의 사적지와 남명기념관과 한국선비문화연구원 그리고 덕문정 등과 같은 남명 선생 관련 기념사업 건물들도 산재하고 있다.

따라서 『덕천서원지』에는 이러한 사적지와 기념물 등과 관련한 내용들도 모두 포함하였다. 용암서원은 세 차례 위치를 바꾸어 건립되었는데, 현재의 서원은 뇌룡정 옆에 복원되었다. 그 주변에는 남명 선생께서 탄생한 생가지(남명 선생의 외가)가 복원되어 있으므로, 『용암서원지』에는 뇌룡정과 생가지에 대한 내용도 포함하였다. 신산서원은 원래 산해정 자리에 복원하였으나 훼철 이후 산해정만 복원하고 신산서원은 복원하지 못하고 있다가 1999년도에 산해정을 확대하여 신산서원으로 중건하였으므로, 현재의 신산서원 강당이 바로 산해정이었다. 그러므로 『신산서원지』에는 산해정의 모든 자료들도 포함하였다.

◆ 『덕천서원지』는 연혁을 먼저 수록하되 현재 서원에 걸려 있지 않은 기문류 등도 수습하여 여기에 포함시켰다. 이어서 봉안문 축문 향례의절 등을 실었다. 그 뒤에 「남명 선생의 유향」편을 두어 선생이 남긴 자료를 수록하였다. 이어 「덕천서원의 자료」편을 두어 덕천서원이 소장하고 있는 원임록과 원생록, 사우연원록 등에 기록된 명단을 정리하여 수록하고, 청무소축에 대해 소개하고 대표적 청무소 한 편을 번역하여 실었다. 그리고 각종 현판들을 수록하고, 세심정까지 포함하였다. 그 뒤에 「남명 선생편」을 두어 행장 묘갈명 묘지명 신도비명 교지 사제문 연보 등을 수록하였다. 이어서 「수우당 선생편」에는 제남명선생문 행장 묘갈명 묘지명 신도비명 사제문 덕천서원 배향고문 등을 포함하였다. 그 뒤에 「산천재편」을 수록하여 각종 주요 문서와 향례홀기 등을 실었다. 이어서 여재실과 덕문정 관련 글을 싣고, 남명기념관과 한국선비문화연구원의 연혁과 주요 사업을 수록하였다. 그리고 「부록」으로 남명학 관련 기관들의 연혁과 주요사업실적을 수록하고, 그동안의 각종 기념사업 실적을 나열하였다. 따라서 『덕천서원지』는 그 분량이 다른 서원지에 비해 상당히 방대하다.

◈ 『용암서원지』는 연혁을 먼저 수록하고, 이어서 「남명 선생편」을 두어 남명 선생의 유향과 선생의 생애자료와 관련한 글들을 묶었다. 이어서 용암서원에 게시된 각종 현판의 글들을 싣고, 「뇌룡정편」을 그 뒤에 두어 관련 내용들을 수록하였다. 이어서 '남명 선생 생가지' 사진을 싣고 간단한 설명을 붙였으며, 그 뒤에 「을묘사직소(일명 단성소)」를 수록하여 그 내용을 알 수 있게 하였다. 「부록」으로는 「남명학의 선양경과」와 「남명 선생 선양회 연혁」을 실었다.

◈ 『신산서원지』는 연혁을 먼저 수습하여 수록하되 현재 게시되어 있지 않은 기문류의 글들도 수습하여 포함하였다. 그 뒤에 「남명 선생편」을 두어 남명 선생의 유향 및 생애자료와 관련된 기록들을 묶었다. 이어서 「송계 선생편」을 두어 송계 선생 관련 각종 기록들을 정리하였다. 그 뒤에 「신산서원편」을 두어 신산서원과 관련한 각종 현판들을 수록하고, 이어 「산해정편」을 두어 산해정과 관련된 모든 현판들을 실었다. 「부록」으로는 「남명학의 선양경과」를 실었다.

◈ 각 항목들에 대한 이해를 돕기 위하여 각 장마다 따로 '개요'를 붙여 구체적인 설명을 하였다.

◈ 사적지들에 걸려 있는 현판의 수록순서는 지어진 연기가 있는 경우는 연도가 앞서는 것부터 하였으며, 같은 일에 대한 기록에 대해서는 상량문, 기문, 원운의 순서로 하였다.

◈ 모든 한문으로 된 글들은 번역을 붙였으며, 일반인들의 이해를 돕고자 번역문을 먼저 싣고, 필요한 경우에는 원문과 대조해 볼 수 있도록 원문을 바로 이어 수록하였다.

◈ 번역은 원문의 문맥에 따르는 것을 가장 우선으로 하면서, 모두 한글로 번역하고 이해에 필요하다고 생각되는 한자는 괄호로 묶어 표시하였다.

◈ 원문의 작자들은 한결같이 당대의 명유名儒들로서 문장에 매우 어려운 구절을 많이 사용하였는데, 이러한 구절들은 가급적 각주를 달아

서 이해를 돕도록 하였고, 글의 작자에 대해서는 각주를 다는 것을 원칙으로 하였고, 글 속에 나타나는 인물들에 대해서도 가능한 범위 안에서 각주를 달았다.

◈ 번역에 있어 상량문·시詩·명銘 등은 원문이 지니는 운율을 최대한 살려 번역하였으므로, 읽을 때 운문체의 음률로 읽으면 그 맛이 더욱 드러나게 하였다.

◈ 책 표시는 『 』로 하였고, 논문이나 단편적인 글 제목은 「 」로 표시하였으며, 일반적 인용은 ' '로 표시하고, 대화체의 인용은 " "로 표기하였다.

◈ 책의 일차적인 편집과 설명문은 김경수가 담당하였고, 이에 대해 허권수 감수위원 및 이성규·노재성·박병련·최석기·이상필·김낙진·김학수 등 7명의 검토위원이 교정과 윤문을 맡았다.

◈ 이 책에 실린 한문 원문은 몇 가지를 제외하고는 이창호李昌浩 씨가 모두 번역하였으며 최종 교정은 김경수와 같이 맡았다.

◈ 책의 편찬에 있어 자료의 전산작업과 각주를 다는 작업에 구자익 박사와 구진성 박사의 도움이 있었다.

◈ 책 끝에 수록한 편찬위원회의 명단은 세 서원지의 공동편찬위원회로 이해하면 된다.

목차

제1부 남명 선생편

제1장 남명 선생의 유향 ························· 121

제**3**부 서원편

제4부 산천재 및 남명기념관

덕천서원지

▲ 덕천서원지

창건사실創建事實

• 융경隆慶 6년(1572) 우리 소경대왕昭敬大王 5년 임신 2월 8일 남명南冥 선생께서 진주 덕산 사륜동 정침正寢에서 별세하였다.

隆慶 六年 我昭敬大王 五年 壬申二月八日 南冥先生 考終于晋州德山絲綸洞正寢

을해년(1575) 겨울 최수우崔守愚[1] 하각재河覺齋[2] 하영무성河寧無成[3] 손무송孫撫松[4] 유조계柳潮溪[5] 목사 구변具忭[6] 감사 윤근수尹根壽[7]가 영남 사림과 더불어 산천재山天齋 서쪽 3리쯤의 덕천강德川江 위에 나아가 서원을 건립할 결의를 하였다. 이보다 앞서 영무성이 덕천강 위에 몇 칸의 모옥茅屋을 지어놓고 매양 선생을 모시고 거닐면서 노닐었는데, 이때에 이르러 그 집을 철거하고 그 터를 서원에 헌납하였다.

乙亥冬 崔守愚 河覺齋 河寧無成 孫撫松 柳潮溪 州牧具忭 監司尹根壽 與嶺中士林 就山天齋西三里許德川上 營建書院 決議焉 先是 寧無成 結數間茅屋於德川上 每陪先生 杖屨徜徉 至是 撤其屋 而獻其址于院中焉

---

1) 최수우崔守愚: 최영경崔永慶(1529~1590)이다. 자는 효원孝元, 호는 수우당守愚堂, 본관은 화순이다. 기축옥사에 연루되어 옥사하였다. 저술로 『수우당실기』가 있다.

2) 하각재河覺齋: 하항河沆(1538~1590)이다. 자는 호원灝源, 호는 각재覺齋·내복재來復齋, 본관은 진주로 진주 수곡에 거주했다. 저술로 『각재집』이 있다.

3) 하영무성河寧無成: 하응도河應圖(1540~1610)이다. 자는 원룡元龍, 호는 영무성寧無成, 본관은 진주이다. 저술로 『영무성일고』가 있다.

4) 손무송孫撫松: 손천우孫天祐(1533~1594)이다. 자는 군필君弼, 호는 무송撫松, 본관은 밀양으로 진주 수곡에 거주했다.

5) 유조계柳潮溪: 유종지柳宗智(1546~1589)이다. 자는 명중明仲, 호는 조계潮溪, 본관은 문화로 수곡에 거주했다. 기축옥사에 연루되어 옥사했다. 저술로 『조계실기』가 있다.

6) 구변具忭(1529~1578): 자는 時中, 본관은 능주綾州로 한양에 거주했다. 1566년 남명이 소명을 받고 한양에 갔을 적에 입문했다.

7) 윤근수尹根壽(1537~1616): 자는 자고子固, 호는 월정月汀, 본관은 해평海平으로 윤두수尹斗壽의 동생이다. 1574년 경상도관찰사로 부임했다. 저술로 『월정집』이 있다.

• 이무렵 정내암鄭來庵이 남명 선생의 제문을 지어 올렸다.8)

선사 남명 조선생을 위한 제문

정인홍9)

아! 선생께서는, 청고淸高함은 본성에서 연유했고 호매豪邁함은 천품에서 나왔으며, 학문은 오직 홀로 터득하여 이를 성현에게 고증하였습니다. 마음은 잡아서 보전함이10) 굳건했고 사욕은 용감히 물리침11)에 힘썼으니, 태일군太一君12)이 궁궐 깊이 자리함에 삼군三軍이 피 흘리며 싸웠습니다. 오직 경敬과 의義를 시종일관 지켰으니, 백옥을 품고 진주를 간직하여 산이 더욱 광채 나고 못이 절로 고운 것 같았습니다.13) 서리처럼 삼엄하고 태양처럼 강렬하며 산처럼 우뚝하고 연못처럼 맑았으니, 매사를 처리하고 사물을 접할 적에 기상이 정채하고 정신이 충만하였습니다. 고명하고 원대한 식견으로 일찍부터 용사행장用捨行藏14) 결단했으니, 시운의 비색否塞 형통亨通 살피어 용처럼 잠복하고 봉황처럼 날았습니다. 세상에서 은둔해도 근심함이 없었고 누차 끼니 굶어도 그 즐거움15) 불변했으니, 확고하여 빼앗을 수 없는 지조는 주역에서 지칭한 바로 그 용덕龍德이었습니다. 임금 부름 누차 이르러도 녹봉 받음 부끄럽게

---

8) 다른 문인들의 제문은 이정본『남명집』부록에 수록되어 있으나, 이 제문은 제외되었으므로 여기에 추가로 수습하여 수록한다.

9) 정인홍鄭仁弘(1536~1623): 자는 덕원德遠, 호는 내암來庵, 본관은 서산으로 합천 가야에 거주하였다. 남명의 수문인으로 꼽히며 임진왜란 때 의병대장으로 활약하였다. 인조반정 이후 적신으로 처형되어 순종 때에 신원되었다. 저술로『내암집』이 있다.

10) 원문의 '조존操存'은『맹자孟子』「고자告子」편의 '孔子曰 操則存 舍則亡 出入無時 莫知其鄕 惟心之謂與'에서 나온 말이다.

11) 원문의 '용극勇剋'은 남명 선생이 지은「신명사명神明舍銘」중에 '動微勇剋'이란 말이 있다.

12) 원문의 '일군一君'은 태일군太一君의 준말로 남명 선생이 그린「신명사도神明舍圖」에서 신명사神明舍를 주재하는 이로써 궁궐 깊이 명당明堂에 자리하고 있다.

13) 주자朱子의「재거감흥齋居感興」이란 시 20수 중 그 셋 째 수에 '珠藏澤自媚(진주가 간직되어 있으면 못이 절로 아름답고) 玉蘊山含輝(백옥이 들어 있으면 산이 광채를 발한다)'라는 구절이 있다.

14) 원문의 '행장行藏'은 용사행장用捨行藏의 준말로『논어論語』「술이述而」편의 '用之則行 捨之則藏'이란 구절에서 나왔다.

15) 원문의 '기락其樂'은『논어論語』「옹야雍也」편의 '子曰 賢哉 回也 一簞食 一瓢飮 在陋巷 人不堪其憂 回也 不改其樂'이란 구절에 나오는 말이다.

여겼고, 세상 멀리 도피함도 본래 뜻이 아니었으니 스스로 중히 여긴 것은 의리뿐이었습니다. 평생의 일념은 세상 근심 간절했으니, 경륜을 펼치지는 못했지만 스스로 안민제세安民濟世 원했습니다. 하늘이 수명을 연장해주었다면 내학자들을 격려하셨을 텐데 명수인가 위독한 질병이 하루저녁 갑자기 들었습니다. 쾌차하기를16) 바랐으나 끝내 낫지 않으시니, 사문斯文을 의탁할 곳이 없어 현자 우자 모두 근심하였습니다. 어디를 우러러 통곡하겠습니까! 오직 우리 의귀依歸할 곳 염려하였습니다. 무상한 저는 약관의 나이부터 수학했지만, 책을 잡고 가르침 받기를 소자小子는 얼마 하지 못했습니다. 그러나 계도 받아 진결을 엿본 것은 간혹 남들과 같았으니, 산천재山天齋의 고요한 밤과 산해정山海亭의 맑은 새벽에, 함장函丈 앞에서 조용하게 가르침 정성스러웠습니다. 어찌 생각 했겠습니까 이제는 모습 영영 뵈옵지 못할 줄을! 부음 듣고 달려옴도 늦어서 관에 기대 곡하지도 못했으니, 심중에 품은 이 애통함 어찌 그 다함이 있겠습니까! 조촐한 제물을 올리니 바라건대 흠향하시면서, 말로는 다할 수 없는 이 성의를 살펴주십시오. 아! 슬픕니다. 상향尙饗

祭先師南冥曺先生文

鄭仁弘

嗚呼先生 淸高所性 豪邁出天 學惟獨見 考諸聖賢 操存之固 勇剋之力 一君拱深 三軍戰血 惟敬與義 以之終始 玉蘊珠藏 山輝澤媚 霜嚴日烈 山立淵澄 應事接物 氣精神凝 高見遠識 夙決行藏 時乎否亨 龍蟄鳳翔 遯世無悶 屢空其樂 確乎不拔 易所稱德 綸音屢至 猶穀是恥 長往非志 自重者義 生乎一念 眷眷憂世 經綸手袖 只自康濟 謂天假年 鼓水來學 命矣劇疾 一夕遽作 庶幾有喜 終何不瘳 斯文靡托 賢愚同憂 安仰一痛 獨我懷歸 弘也無狀 弱冠摳衣 執卷受讀 小子無幾 開發窺斑 或猶諸人 山天靜夜 海亭淸晨 函丈從容 提教諄諄 豈意於今 儀形永隔 奔赴獨後 歔不憑哭 含哀抱痛 曷有其極 奉奠菲薄 庶其右只 辭不得盡 鑑此誠意 嗚呼哀哉 尙饗

병자년(1576) 봄에 서원을 건립하고 가을에 위판位版을 봉안했으며

---

16) 원문의 '유희有喜'는 『주역周易』「무망괘无妄卦」九五의 爻辭인 '无妄之疾 勿藥有喜'에서 나온 말이다.

덕산서원德山書院이라 편액하고 석채례釋菜禮를 거행했다.

7월에 정한강鄭寒岡[17]이 묘소에 고하기를 "예전의 고당高堂은 일성日星처럼 찬란하여, 청통清通 시엔 쇄쇄 낙락하였고 격발激發 시엔 폭풍천둥 같았습니다. 금일의 공산空山에는 묵은 풀에 반딧불만 날아다니니, 적막하고 쓸쓸하여 뵈올 수도 들을 수도 없습니다. 못난 저는 부끄럽게도 가르침 그르치어, 완악한 자질 고치지 못하고 세월만 허송하였습니다. 말씀만 헛되이 귀에 남아 있으니 송구함에 어찌 마음 편안하겠습니까, 송추松楸를 어루만지며 살펴보니 모습이 선연히 떠오릅니다. 정상精爽께서 우뚝이 강림하여 흐린 정신 깨이는 듯하고, 무릎 꿇어 절하고 아뢰니 산중 달이 어두워지려합니다." 하고는 물러나 수우당 제공과 더불어 원규院規를 정하고 회강會講을 산천재의 예전 방식과 같이 하였다.

丙子春 建院 秋 奉安位版 扁以德山書院 行釋菜禮 七月 鄭寒岡 告于墓曰 昔日高堂 爛若日星 清通洒落 激發風霆 今日空山 宿草飛螢 寂寞懱悅 靡接靡聆 愧此不敏 煩誤誨銘 頑質猶初 歲月摧零 言徒在耳 怵惕何寧 撫省松楸 感想儀刑 精爽竦竪 若昏而醒 跪拜陳詞 山日將暝 退與守愚諸公 定院規 會講 如山天齋舊儀

• 사우祠宇 강당講堂 동재東齋 서재西齋가 아울러 완공되었다.

祠宇 講堂 東西齋 幷成

당堂은 경의당敬義堂이고, 좌우 협실夾室은 동익실東翼室 서익실西翼室이며, 동서재東西齋는 경재敬齋 의재義齋인데 뒤에 진덕재進德齋 수업재修業齋로 고쳤고, 헌軒은 광풍제월헌光風霽月軒이다.

---

17) 정한강鄭寒岡: 정구鄭逑(1543~1620)이다. 자는 도가道可, 호는 한강寒岡, 본관은 청주로 성주에 거주했다. 저술로 『한강집』이 있다.

하각재河覺齋가 찾아와 사당에 고하기를 "옥 같은 모습 영영 뵙지 못한 지 이미 7년이 지났습니다. 갈팡질팡 외로운 몸 의귀할 곳 없으니 하염없이 자포자기하여 못난 분수 달게 여깁니다. 오직 여재당如在堂을 자주 가까이 하여 풍범을 연모하고 상상하면서 혼우한 마음을 각성하고 음으로 인도하는 도움을 받으려 하였습니다. 그러나 무상無狀한 저는 질병이 몸을 침입하고 사고가 몸에 얽매어 연말에 두 번 왕래했지만 사당과 서원을 건립함에 또한 힘을 다해 서둘러 완공하지 못했습니다. 또 아들을 잃어 슬픔은 고질병이 되고 비통함에 정신이 혼미하여 결국 산중에 종적을 끊었습니다. 이후 금일에 이르도록 교육해주신 은덕을 깊이 저버리고 나태한 죄를 허다히 짊어졌습니다. 이제야 사당 뜰에 오르니 슬프고 그립고 부끄럽고 황송하여 목이 멤을 금할 수 없습니다. 이에 감히 보잘 것 없는 제수를 갖추어 공경히 충심을 아룁니다." 하였고 또 사우 경영의 규모와 제공 업무의 근면함을 섬세하고 상밀하게 기록하여 덕산지德山誌라 명명하였다.

감사 윤공尹公이 금산金山의 폐사인 진흥사眞興寺의 토지를 덕산서원과 도산서원에 분속하여 서원 비용을 마련토록 하였다.

이 해에 입재立齋 노흠盧欽[18]과 송희창宋希昌[19]이 또 여러 선비와 함께 상의하여 삼가三嘉 회현晦峴에 회산서원晦山書院을 창건했는데 현 서쪽 20리에 있었다. 뒤에 자리가 협소하여 문경호文景虎[20] 송희창宋希昌 조응인曹應仁[21] 등이 향천서원香川書院으로 이건했고 후에 용암서원龍巖書院이라 사액하였다.

---

18) 노흠盧欽(1527~1602): 자는 공신公愼, 호는 입재立齋, 본관은 광주로 삼가에 거주했다. 임난 때 창의하였다. 저술로 『입재집』이 있다.

19) 송희창宋希昌(1539~1620): 자는 덕순德順, 호는 송헌松軒, 본관은 은진으로 대병에 거주했다.

20) 문경호文景虎(1556~1619): 자는 군변君變, 호는 역양嶧陽, 본관은 남평으로 야로에 거주했다. 정인홍·정구의 문인이다. 저술로 『역양집』이 있다.

21) 조응인曹應仁(1556~1624): 자는 선백善伯, 호는 도촌陶村, 본관은 창녕으로 합천에 거주했다. 정인홍·정구의 문인이다. 저술로 『도촌실기』기 있다.

堂曰敬義 左右夾室曰東翼西翼 東西齋曰敬曰義 後改以進德也修業也 軒曰
光風霽月 河覺齋來 告廟曰 永違玉色 已謝七載 薨矣 伥伥孤身 無所依歸 悠悠
自暴 甘分伎倆 惟擬頻近如在之堂 戀想風度 以醒昏冥之心 以冀陰誘之力 而不
成無狀 加以疾病侵身 事故絆身 歲末再往 而經始祠院 亦未能殫力亟成 又哭喪
子 哀疚悲迷 遂致絶迹山中 越至今日 深背敎育之恩 多負懶慢之罪 今躅祠庭
悲慕愧惶 不禁失聲 敢以薄奠 祗供衷曲 又記祠宇經營之規 諸公敦事之勤 纖悉
詳密 而名曰德山誌 監司尹公 以金山眞興廢寺土地 分屬德山與陶山 以備院中
需用之資 ○是年 盧立齋欽 宋希昌 亦與多士共議 創立晦山書院于三嘉之晦峴
在縣西二十里 後以峽隘 文景虎 宋希昌 曺應仁 移建于香川書院 後賜額以龍岩

• 만력萬曆 5년(1577) 정축 선조 10년 단확丹艧을 칠하고 원장垣墻을 쌓고
  문루門樓를 건립하였다.
  萬曆 五年 丁丑 十年 修丹艧 築墻垣 建門樓

사우와 당재堂齋에 아울러 단확을 칠하고 담장을 둘렀으며 문루를
건립하여 유정문幽貞門이라 하였다. 문 안의 좌우에는 물을 끌어와 네모
난 못을 파고 연꽃을 심었으며 또 못 위에는 한 그루의 소나무를 나누어
심었다.

祠宇堂齋 幷修丹艧 繚以墻垣 建立門樓 名曰幽貞門 門內左右 引水鑿方塘
種蓮 又分種一株松於塘上

• 만력 10년(1582) 임오 선조 15년 봄에 정자를 짓고 누대를 만들어
  풍영風詠하고 유식遊息하는 장소로 삼았다.
  十年 壬午 十五年 春 築亭成榭 爲風詠遊息之所

대문 밖 시내 위에 세 개의 기둥을 세워 풍영하는 장소로 삼고는
세심정洗心亭이라 편액하였다. 송정松亭 하수일河受一22)이 기문을 지었는

데, 기문은 다음과 같다.

세심정기

　예기禮記에 일컫기를 '군자는 장수藏修하고 유식遊息한다'[23] 하였으니 대개 장수하는 곳에는 반드시 유식할 자리가 있는 것이 옛날의 법도이다. 삼가 서원의 제도를 살펴보면 사우祠宇를 건립하여 향사를 밝히고 명륜당明倫堂을 세워 인륜을 중시하며 동서재東西齋를 두어 학자를 거처하게 했으니 장수는 참으로 할 곳이 있다. 서원 남쪽에 시내가 있는데 허공을 머금어 푸른빛이 어렸으며 물이 돌아 흘러 맑은 연못이 되었으니 이에 임하면 기수沂水에서 목욕하는 흥취[24]가 있다. 또 시내 위에는 도림桃林이 있고 간간이 소나무와 능수버들이 섞여 있어 이를 쳐다보면 무릉도원 같으니 참으로 유상遊賞하기에 좋은 경치이다.

　이제 우리 최선생崔先生[25]께서 매양 지팡이 짚고 그 위를 소요하다가 정자를 지어 유식할 자리를 갖추려고 하였으나 서원의 공사가 끝나지 않아 이루지 못했다. 지난 임오년(1582) 봄에 비로소 경영하여 정자가 완성되자 경치는 더욱 아름다워져 시내는 그 맑음을 더한 것 같고 고기들은 그 즐거움을 더한 것 같았다. 이에 각재覺齋[26] 숙부께서 주역의 성인이 세심洗心하는 뜻[27]을 취하여 정자를 이름했으니 대개 물을 볼 적에는 방법이 있다[28]는 뜻을 부친

---

22) 하수일河受一(1553~1612): 자는 태역太易, 호는 송정松亭, 본관은 진양으로 수곡에 거주했다. 선조 24년(1591) 문과에 급제하여 형조정랑을 지냈고 문장으로 이름을 떨쳐 촉석루 중건기를 지었으며 저서로 『송정집』이 있다.

23) 『예기禮記』 「학기편學記篇」에 나오는 말이다.

24) 『논어論語』 「선진편先進篇」에 나오는 말로 공자孔子께서 자로子路·증석曾晳·염유冉有·공서화公西華에게 묻기를 '만약 너희를 알아주는 이가 있다면 무엇을 하겠느냐' 하니 최후로 증석이 말하기를 '모춘暮春에 봄옷이 마련되면 어른 5~6인과 아이 6~7명과 함께 기수沂水에서 목욕을 하고 무우舞雩에서 바람을 쐬겠습니다'라고 하였다.

25) 남명 선생의 제자인 수우당守愚堂 최영경崔永慶(1529~1590)을 말한다.

26) 남명 선생의 제자인 각재覺齋 하항河沆(1538~1590)을 말한다.

27) 『주역周易』 「계사상편繫辭上篇」에 '蓍之德 圓而神 卦之德 方以知 六爻之義 易以貢 聖人 以此洗心 退藏於密'이란 구절이 있다.

28) 『맹자孟子』 「진심장盡心章」 상편上篇에 '물을 볼 적에는 방법이 있으니[觀水有術] 반드시 그 큰 물결을 보아야 한다[必觀其瀾]'라는 말이 있다.

것이다.

대저 물은 그 성질이 맑아 더러운 것은 씻으면 깨끗해지고 검은 것은 빨면 희어지기 때문에 시내를 누르고 정자를 세운 것은 장수하는 이로 하여금 답답함을 풀고 호연한 기개를 함양하게 하고자 함이다. 그리고 물로 인해 이름을 지은 것은 유식하는 이로 하여금 그것을 보고 자기를 반성하여 일일신日日新하고 우일신又日新하게 하고자 한 것이다. 우리 고을의 군자들이 참으로 능히 이 정자에 올라 선생의 유풍을 추상하고 또 능히 이름을 돌아보고 뜻을 생각하면서 마음을 맑게 하는 공부를 이룬다면 좋을 것이다. 내 어리석은 소생으로 감히 고루함을 기록하고 또 이어 노래하기를,

높이 솟은 저 정자 우뚝하고 날렵하니, 노닐거나 쉬면서 군자 사는 곳이로다. 드넓은 이 냇물 옥과 같고 거울 같아, 군자 이를 본받아 반성하며 구해보리. 이 몸이 청명하면 나의 본성 찾으리니, 그렇지 않을진대 큰 글씨 여기 보라.

뒤에 이름을 바꿔 취성정醉醒亭이라 하였다.

門外溪上 起三楹 爲風詠之所 扁曰洗心 河松亭受一 記之曰 記稱 君子 藏焉修焉 息焉遊焉 蓋有藏修之所者 必有遊息之具 斯古道也 謹按書院制度 建祠宇以昭祀 立明倫堂以重倫 置東西齋以居學者 藏修固有所矣 院之南 有溪焉 含虛凝碧 匯爲澄潭 臨之有浴沂之興 溪之上 有桃林焉 間以松檉 望之如武陵之原 誠遊賞之佳勝者己 今我崔先生 每杖屨道遙其上 欲構亭以備遊息之具 以院役未就未成 越壬午春 始克經營 亭成而勝益奇 溪若增其淸 魚若增其樂 於是 覺齋叔父 取易聖人洗心之義 以名亭 盖寓觀水有術之義也 今夫水其性淸 汚者滌之潔 黑者濯之白 故壓流抗亭 欲使藏修者 宣暢湮鬱 善養吾浩然之氣也 因水命額 欲使遊息者 觀物反己 日日新 又日新也 吾黨君子 苟能登斯亭 遐想先生之遺風 又能顧名思義 克收澄心之功則善矣 受一以昏愚小生 敢錄固陋 又從而歌曰 興彼高亭 翼如翬如 旣遊以息 君子攸居 浩玆溪流 玉潔鑑虛 君子以之 反心求諸 淸明在躬 可復吾初 苟或不然 視此大書 後改曰醉醒

6년 후 무자년(1588)에 방백 윤근수尹根壽와 김해부사 하진보河晉寶[29)]

가 또한 그 고을 인사들과 의론하여 산해정山海亭 동쪽 기슭 아래에 신산서원新山書院을 건립했는데 정자正字 안희安憙[30]가 그 일을 주관하였다. 임진년(1592)에 산해정과 서원이 모두 불에 타버렸으니 무신년(1608)에 안공安公이 황세열黃世烈[31] 허경윤許景胤[32]과 더불어 산해정 옛터에 중창하였다. 기문은 다음과 같다.

신산서원기

　김해金海는 옛날 가락국駕洛國으로 웅장한 명망이 영남에서 으뜸인데 주부동酒府洞이 제일 상류에 자리하여 경내의 오지陬地였다. 남명 선생이 드디어 찾아와 정자를 짓고 산해山海라 편액하여 30년 동안 여기에서 장수藏修하고 함양涵養했으니 대개 우리 동방의 염락濂洛과 운곡雲谷이다. 지난 무자년(1588)에 고을 사람들이 서원 건립을 청하자 방백 윤근수와 읍재 하진보가 의논하여 정자의 동쪽 기슭 아래에 터를 정하고 정자 안희가 그 일을 주관했으나 일이 거의 끝날 무렵 왜구의 병화에 소실되었다. 무신년(1608) 봄에 안군이 황세열黃世烈 허경윤許景胤 두 수재와 더불어 정자의 옛터에다 서원을 건립할 계책을 세우고 선비와 서민들이 협력하여 2년 만에 완공하였다. 주상이 명하여 신산新山이란 편액을 하사했으니 주위가 모두 산인데도 반드시 신산을 취한 이유는 그 이름이 제일 단아하고 주산主山이기 때문이었다. 내 일찍이 동래東萊를 다스릴 때 원우를 짓는다는 소문을 듣고 찾아갔는데 규모가 굉장하고 자리가 시원하였다. 세 갈래 일곱 곳에 평야와 바다가 있어 웅장하고 뛰어난 경치는 별계를 이루었으니 마치 조물주가 장난으로 이를 숨겨놓고 기다린 듯하였다.
　아! 선생의 도는 옛 성현을 계승하고 후학을 인도하여 천지의 조화에 동참

---

29) 하진보河晉寶(1530~1585): 자는 선재善哉, 호는 영모정永慕亭, 본관은 진양으로 진주 단목에 거주했다. 정인홍과는 사돈 간인데, 하진보의 딸과 정인홍의 아들 정연鄭沇이 혼인을 맺었다.

30) 안희安憙(1551~1613): 자는 언우彦優, 호는 죽계竹溪, 본관은 순흥으로 함안에 거주했다. 임난 때 창의했다. 저술로 『죽계집』이 있다.

31) 황세열黃世烈: 본관은 창원이다.

32) 허경윤許景胤(1573~1646): 자는 사술士述, 호는 죽암竹庵, 본관은 김해로 김해에 거주했다. 저술로 『죽암집』이 있다.

하고 성쇠의 운수에 유관하다. 저 명구名區가 선생으로 인해 드러난 것도 운수이고 정자를 짓고 원우를 짓는 것도 또한 운수의 소관이다. 살펴보건대, 신산新山과 덕천德川 용암龍岩 세 서원은 선후하여 일어나 동서로 정립鼎立했고 또 백운서원白雲書院이 도성과 인접하여 사방만세四方萬世의 선비들로 하여금 귀의할 곳이 있게 하였으니 저 하늘이 사문斯文을 폐하고자 아니함이 과연 어떠한가! 참으로 이에 거처하는 이들로 하여금 선생의 뜻을 뜻으로 삼고 선생의 학문을 학문으로 삼아 충신 되고 효자 되어 군자유君子儒가 된다면 감응하여 분발하는 도리를 얻게 될 것이다. 만약 혹 경의敬義의 교훈에 어리석고 진수進修의 방법에 어두워 모여서 방탕하기만 하고 제멋대로 세속의 이익만 좇는다면 어찌 단지 자포자기의 근심뿐이겠는가! 참으로 오당吾黨의 수치이니 어찌 두렵지 아니하며 경계하지 않겠는가!

예전에 우리 선조께서는 제일 먼저 선생을 따르면서 밥상을 함께 하여 나물을 씹으며 산해정에 오래 계셨으나 소자小子는 늦게 태어나 자라서도 문하에 들지 못함을 한스럽게 여겼다. 지난 해 욕되이도 선생 신도비神道碑를 베끼면서 공경히 덕천 묘정廟庭을 배알했더니 둘째 아들 차마次磨33)가 산립山立 이흘李屹34)이 지은 용암원기龍岩院記를 나에게 보이며 말하기를 "서원에는 반드시 기문이 있어 그 전말을 기록하니 청컨대 신산서원新山書院 기문을 부탁한다."고 하기에 내 멸학蔑學이라 사양했다. 올봄에 또 청하기에 다시 사양했으나 조군曹君이 이내 한양漢陽으로 와서 도圖와 지誌를 보이며 청함이 매우 절실한지라 내 세 번이나 사양함은 너무 각박하다고 여겼다. 인하여 생각건대 선생의 덕은 천연天然을 닮아서 참으로 감히 한 마디도 덧붙일 수 없지만 창건 사실은 내 이미 상세히 알고 있기에 오히려 후인으로 하여금 건립의 시초를 알게 할 수 있으니 드디어 이를 기록한다.

　　만력萬曆 46년(1618) 시강원侍講院 보덕輔德 배대유裵大維35) 찬撰)

　　숭정崇禎 병자(1636) 후 69년 중추 상순 남평南平 조이추曹爾樞36) 서書

---

33) 차마次磨: 조차마曹次磨(1557~1639)이다. 자는 이회二會, 호는 모정慕亭이다.

34) 이흘李屹(1557~1627): 자는 산립山立, 호는 노파蘆坡, 본관은 벽진으로 삼가에 거주했다. 저술로 『노파집』이 있다.

35) 배대유裵大維(1563~1632): 자는 자장子張, 호는 모정慕亭, 본관은 김해로 영산에 거주했다. 정인홍의 문인이고 임난 때 창의했다. 저술로 『모정집』이 있다.

36) 조이추曹爾樞(1661~1707): 자는 원경元卿, 호는 사우당四友堂, 본관은 남평南平으로 김해에 거주했다.

後六年戊子 方伯尹根壽 金海府使河晉寶 亦與其鄉人 議建新山書院于山海亭
東麓下 安正字憙 幹其事 壬辰 亭與院俱燬 戊申 安公與黃世烈許景胤 重創于亭
之舊址 記曰 金海古駕洛國也 地望之雄 甲於嶺南 而酒府洞 最居上流 爲一境隩
區 南冥先生 聿來構亭 扁以山海 藏修涵養 三十年于玆 蓋我東之濂洛雲谷也 往
在戊子 鄉人請建書院 方伯尹根壽 邑宰河晉寶 議以克合 卜基于亭之東麓下 安正
字憙 尸其事 事垂訖 燬于兇鋒 戊申春 安君與黃世烈許景胤兩秀才 就亭之遺址
爲構計 士庶協力 越二年成 上命賜新山額 環拱皆山而必取新山者 以其名最雅而
獨爲宗也 余嘗按事東萊 聞院宇經始 試往造焉 結構宏緻 位面清壯 三叉七點 鉅
野大海 雄奇勝絶 自成別界 殆造物兒戲劇而慳秘之 以有所待也 噫 先生之道 繼
往開來 參天地之化 關盛衰之運 彼名區之以先生顯 數也 爲亭爲院宇 亦數也 觀
夫新山與德川龍岩 先後迭興 東西鼎峙 而又有白雲 密邇京師 使四方萬世之士 得
有依歸之地 彼天之不欲喪斯文 果如何哉 誠使爰處者 志先生之志 學先生之學 爲
忠臣 爲孝子 爲君子儒 則於觀感興起之道 得矣 如或懵敬義之訓 昧進修之方 群
居以荒嬉 毀行而趨利 則豈但自暴之憂 實吾黨之羞 其可懼哉 其可戒哉 昔我先祖
從先生最早 連床咬菜 多在山海 小子生晚 長以未及門爲恨 去歲 忝寫先生神道碑
祗謁德川廟庭 第二郎次磨 取李山立龍巖院記 示余 曰諸院必有記 以識顚末 請以
新山相屬 余以蔑學辭 今春 又請又辭焉 曺君旋至洛 袖圖若誌 請之深勤 余以三
讓爲太刻 仍念先生之德 如摹天然 固不敢贅一辭 至如刱建之跡 余旣得其詳矣 尙
俾來者 知作之所始 遂爲之記 萬曆四十六年 侍講院輔德 裵大維 撰 崇禎丙子後
六十九年仲秋上浣 南平曺爾楛 書

- **만력 20년(1592) 임진 선조 25년 화재를 당하였다.**
  二十年 壬辰 二十五年 遭灰燼

강당 재실 정자가 모두 병화에 불타버리고 오직 사우와 주사廚舍만이
요행히 면했는데 정유년(1597)에 결국 재가 되고 말았다. 왜란이 평정
된 후 서원 유사 유종일柳宗日이 선생의 상정橡亭 유제遺制를 본받아 풍영
하던 곳의 퇴락한 터 서쪽 몇 걸음 자리에 한 칸의 초정草亭을 지어

이형상李衡祥, 이만부李萬敷 등과 교유했다. 저술로 『사우당집』이 있다.

세심洗心이란 예전 이름으로 편액하였다.

하송정河松亭[37]이 감회에 젖어 말하기를 '난리 후 처음 서원 지나가니, 시냇가에 세심정 홀로 있다. 눈에는 새로 난 서직黍稷이 놀랍고, 걸음은 예전의 문정門庭을 잃었다. 현송絃誦하던 많은 선비 생각나고, 향사享祀하던 중정일仲丁日 그려본다. 천왕봉만 부동의 모습으로, 구름 밖 봉우리 푸르구나'라고 하였다.

또 그 숙부 각재覺齋의 시에 차운하여 읊기를 '송계松桂)의 맑은 그늘 예전 산에 가득한데, 유인幽人을 볼 수 없어 눈물만 하염없다, 그 모습 단지 저 방장산에 남았으니, 창창하게 우뚝 서서 만고 비출 얼굴일세' 하였고 또 선생의 두류록頭流錄에 제하여 읊기를 '속세에서 선계 오른 오직 한분이시니, 고금인 중에서 지언至言 처음 발하였다. 당시의 유람 자취 지금 어디 있는가, 유묵遺墨만이 쓸쓸히 후인을 감회에 젖게 한다'라고 하였다.

講堂齋亭 盡爲兵火所燼 惟祠宇廚舍 幸得免 而於丁酉 竟被灰燼 ○亂平後院有司柳宗日 象先生橡亭遺制 而搆一間草亭於風詠所頹址西數武地 扁以洗心舊號 河松亭 有感曰 亂後初經院 溪頭獨有亭 眼驚新黍稷 行失舊門庭 絃誦思多士 蘋藻憶仲丁 天王猶不動 雲外數峰青 又次其叔父覺齋韵曰 松桂清陰滿舊山 幽人不見涕潸潸 儀刑只有餘方丈 矗立蒼蒼萬古顔 又題先生頭流錄曰 坏壞瑤臺只一人 至言初發古今人 當時杖屨今何在 遺墨空敎感後人

• 만력 29년(1601) 신축 선조 34년 서원을 중건하였다.

二十九年 辛丑 三十四年 重建書院

진주 목사 윤열尹說이 선비들의 논의를 인하여 중건을 협의 도모했다.

---

37) 하송정河松亭: 하수일河受一(1553~1612)이다. 자는 태역太易, 호는 송정松亭, 본관은 진양으로 진주 수곡에 거주했다. 저술로 『송정집』이 있다.

州牧尹公說 因多士之議 協謀重建

• 만력 30년(1602) 임인 선조 35년 사우와 신주神廚가 완공되었다.
三十年 壬寅 三十五年 祠宇神廚成

이모촌李茅村[38] 진백곡陳栢谷[39] 하창주河滄洲[40] 등이 서로 더불어 주관하였고, 유사는 정대순鄭大淳[41] 손균孫均이었다. 사호思湖 오장吳長[42]이 상량문을 지었는데, 상량문은 다음과 같다.

숭덕사 중건 상량문

어기여차 엎드려 생각건대, 일월日月이 긴긴 밤을 밝게 하니 성대한 예의를 새 집에서 거행하고, 풍진風塵이 해동에서 일소되니 예전 모습을 남아 있는 주춧돌에서 찾아본다.

인심人心이 죽지 않았음을 기뻐하고, 오도吾道가 소멸되지 않았음을 알겠다.

공손히 생각건대 우리 남명 선생은,

산악山嶽이 신기神氣를 내리고[43], 천제天帝가 대명大命을 부여했다.

오백년 간기間氣의 자취는 문왕文王을 기다리지 않았고, 삼천년 편국偏國의 맥락은 멀리 기자箕子에게서 이어졌다.

일찍부터 홀로 저 서언書言과 상의象意의 의미를 터득했고, 말학들이 대부분

---

38) 이모촌李茅村: 이정李瀞(1541~1613)이다. 자는 여함汝涵, 호는 모촌茅村, 본관은 재령으로 원당에 거주했다. 임난 때 창의하였다. 저술로 『모촌집』이 있다.

39) 진백곡陳栢谷: 진극경陳克敬(1546~1617)이다. 자는 경직景直, 호는 백곡栢谷, 본관은 여양으로 백곡에 거주했다. 저술로 『백곡실기』가 있다.

40) 하창주河滄洲: 하징河憕(1563~1624)이다. 자는 자평子平, 호는 창주, 본관은 진양으로 단목에 거주하였다. 저술로 『창주집』이 있다.

41) 정대순鄭大淳(1552~1630): 자는 희숙熙叔, 호는 옥봉玉峰, 본관은 영일이다. 임난 때 창의하였다. 저술로 2012년 간행된 『옥봉실기』가 있다.

42) 오장吳長(1565~1617): 자는 익승翼承, 호는 사호思湖, 본관은 함양으로 산음에 거주했다. 임난 때 창의했다. 저술로 『사호집』이 있다.

43) 『시경詩經』 대아大雅 「숭고崧高」편에 '崧高維嶽 駿極于天 維嶽降神 生甫及申'이란 구절이 있다.

문사文辭와 훈고訓詁에 침체됨을 깨우쳤다.

뇌룡사雷龍舍 가운데서 알을 품듯이 경敬으로써 안을 곧게 하고 의義로써 밖을 바르게 했으며, 산해정山海亭 위에서 진주眞珠를 양식하듯 본성本性을 굳게 지키어 궁구함이 정묘했다.

태을진군太乙眞君은 일원一元의 충막함을 높이 받들었고, 백물신기百勿神旗에 구규九竅의 도깨비들이 놀래 도망갔다.

정신은 고금과 표리 되고, 역량은 우주를 뒤덮었다.

도는 나로 말미암아 정립되니 어찌 요순堯舜의 군민君民을 바라지 않겠는가, 이 몸은 세상과 어긋나니 또한 속류의 추세를 어찌 능히 따르랴!

명이明夷가 좌복左腹에 들었으니 주인이 하는 말을 기다릴 필요가 없었고[44], 건괘乾卦의 양효陽爻가 어리니 잠룡潛龍은 쓰지 말라[45]는 뜻을 온전히 하였다.

몸은 비록 구학丘壑에서 지냈으나. 공은 이미 육영育英에서 드러났다.

의리義利와 공사公私의 구분을 판단함은 장식張栻[46]이 맹자孟子보다 공로가 있었고, 천덕天德과 왕도王道의 요체를 밝힘은 이천伊川[47]이 공문孔門에 광채를 더했다.

책 한 권 저술하지 않아도 명언名言과 법어法語는 족히 인심을 맑게 하고 후학을 열어주었으며, 백세토록 이름을 떨칠 청풍淸風과 고절苦節은 능히 유자儒者를 서게 하고 완부頑夫를 청렴케 하였다.

이에 취생몽사의 여혼餘魂을 일깨웠고, 이미 뒤집어진 광란狂瀾을 돌려놓았다.

조趙나라 성벽에 한漢나라의 붉은 깃발 세우니[48] 사람들은 이목의 새로움에 놀랐고, 용문龍門에 도끼 흔적 남겼으니 누가 손발에 굳은 살 박힌 괴로움

---

44) 『주역周易』「명이괘明夷卦」 육사六四 효사爻辭에 '入于左腹 獲明夷之心'이란 말이 있고 初九 爻辭에 '君子于行 三日不食 有攸往 主人有言'이란 말이 있다.

45) 『주역周易』「건괘乾卦」 초구初九 효사爻辭에 '潛龍勿用'이란 말이 있다.

46) 장식張栻(1133~1180): 자는 경보敬甫, 호는 남헌南軒, 중국 송나라 사천四川 출신이다. 장준張浚 (1097~1164)의 아들이다.

47) 이천伊川: 정이程頤(1033~1107)이다. 자는 정숙正叔, 북송北宋 낙양洛陽의 이천伊川에 거주하여 세상에서 이천 선생伊川先生이라 불렸다.

48) 원문의 '조벽입적치趙壁立赤幟'는 『사기史記』「회음후전淮陰侯傳」에 나오는 고사로 한신韓信이 조나라를 공격할 적에 기마병 2,000명에게 붉은 깃발을 주면서 자기가 거짓으로 달아나면서 적을 유인하면 조나라 성벽에 들어가 그 깃발을 꽂아 성이 이미 함락된 것처럼 보이라 하였다.

을 알겠는가!

시대를 보고 폐단을 구했으니 사도斯道가 항시 그러했고, 나를 헤아려 남에게 미쳤으니 능사能事를 모두 마쳤다.

아! 목가木稼가 재앙을 드러내고, 문득 태산泰山이 무너짐을 보았다.

남극南極의 일성一星은 광채가 자미궁紫微宮 옛 자리로 돌아가고, 동로東魯의 제자諸子들은 마음으로 창평昌平에 집짓기를 원했다.

사우祠宇를 경영함은 비록 그 실당室堂에 가까움을 따랐지만, 향사享祀를 드림은 실로 이 저절로 동조함을 말미암았다.

규모는 수우당守愚堂에게 모두 여쭈었고, 건축은 각재覺齋에게 나눠 맡겼다.

십년 남짓 봄가을로 제향祭享이 경건하더니, 하루아침에 홀연히 병화兵火의 재앙을 당하였다.

묘당廟堂은 비록 불탔지만 도道는 아니 불탔으니 우리가 이곳을 버리고 어디로 가겠는가, 사업은 이미 정해졌으나 계획을 못 세웠으니 이때를 놓친다면 다시 오지 아니 할 것이다.

이에 예전 자리 닦아서, 다시 새 사우祠宇 건립했다.

건물의 제도는 모두 옛 모습 따랐고, 받들어 의귀依歸함은 길이 뒷날까지 본받으리.

만 그루 송령松嶺에는 서리 속에 고인高人의 자태가 빼어나고, 십리의 도천桃川은 거울 같이 맑은 물을 머금었다.

일은 백록서원白鹿書院의 중창重創과 유사하고, 뜻은 와룡사당臥龍祠堂의 본명本名을 드러냈다.

공사 이미 갖추어져, 들보 장차 올리려 한다.

산은 더욱 높아진 듯하고 물은 더욱 넓어진 듯하니 경치가 전일보다 빛나고, 서면 앞에 마주한 듯하고 수레에 앉으면 멍에에 보이 듯하니[49] 원컨대 긴 노래로 송축하리.

잠시 일손 멈추라, 환호 소리 도우리라.

들보를 동쪽으로 던지니, 무성한 송회松檜가 묘소를 에워쌌다. 그 아래 금귀金龜 있어 큰 비석 떠받치니, 우리나라 만고토록 여풍餘風이 상쾌하리.

---

49) 『논어論語』 「위영공衛靈公」편에 '立則見其參於前也 在輿則見其倚於衡也'라는 말이 있는데 이는 추모하는 대상을 항시 염두에 두어 한 순간도 잊지 말라는 뜻이다.

들보를 서쪽으로 던지니, 만 길 높은 두류산이 하늘에 닿았구나. 태백성太白星 광채가 상설霜雪 같이 비치니, 옥황상제 머물면서 부예浮翳를 제거했다.

들보를 남쪽으로 던지니, 취성정醉醒亭 그림자가 한담寒潭에 잠겼다. 이곳의 진경眞景을 알고자 한다면, 깊은 밤 가을 달이 맑은 물에 비침을 보게나.

들보를 북쪽으로 던지니, 만학萬壑의 시냇물이 바위틈에 내달린다. 이곳부터 바다까지 비록 멀다 하지만, 끊임없이 흘러가면 결국에는 도달하리.

들보를 위로 던지니, 천제天帝 거처 가까워 광채 실로 눈부시다. 우주의 동량棟梁을 그 누가 주관하나, 올라갈 길이 없어 이에 홀로 첨앙瞻仰한다.

들보를 아래로 던지니, 엄숙하게 읍양하는 모든 분들 선비일세. 해마다 제사를 봄가을로 드리니, 척강陟降하는 영령께서 큰 복으로 보답하리.

엎드려 바라건대 상량한 뒤로는, 사습士習 이에 올바르고, 유풍儒風 크게 떨쳐지리.

예의 아니 소홀하여 향기로운 향사의 봉행을 다하고, 유풍 듣고 일어나 훌륭한 선비들의 전범이 무성하리.

산이 무너지고 골짜기 메워진들 어찌 하남河南에 건 편액을 실추하랴, 도를 따르고 가르침 지키어 길이 악록岳麓에 세운 사당을 보존하세.

이죽각李竹閣[50]이 시를 진백곡陳栢谷[51]에게 부쳐 말하기를 '덕천서원이 병화兵火를 당한 지 10년 만에 진군陳君 경직景直이 개연히 뜻을 세우고 사업을 주관하여 중건하였다. 천리 먼 곳에서 상상하니 감탄을 그칠 수가 없기에 드디어 일률一律을 읊어 멀리서 부쳐 위로한다.

재와 잔해 치우고 벽돌을 정돈한 후, 건물 다시 신축하니 옛날 모습 완연하리. 혼령은 선연하게 척강陟降하는 듯하고, 제기는 정연하게 공경함을 표했으리. 천왕봉 푸른 자태는 지난날의 얼굴이고, 연못의 맑은 물결은 예전의 원천일세. 바라건대 천추 길이 폐하지 말게 하여, 깨끗한 술 살진 고기 소홀함이 없게 하소'라고 하였다.

또 읊기를 '공경히 첨배하는 정당庭堂 모습 근엄하니, 부앙俯仰할 제 회포

---

50) 이죽각李竹閣: 이광우李光友(1529~1619)이다. 자는 화보和甫, 호는 죽각竹閣, 본관은 합천으로 단성에 거주했다. 이원李源의 조카이다. 저술로 『죽각집』이 있다.

51) 진백곡陳栢谷: 진극경陳克敬(1546~1617)이다. 자는 경직景直, 호는 백곡栢谷, 본관은 여양으로 백곡에 거주했다. 저술로 『백곡실기』가 있다.

일어 감개함이 유장하리. 시냇물은 저 멀리 염락濂洛 파류 연이었고, 산 뿌리
는 아득히 무이武夷 언덕 접하였네. 정령精靈은 언제나 살아계신 듯하고, 〈결
자〉 뒷날 누가 계승하여 높은 담장 들어가랴!' 하였다.

李茅村 陳栢谷 河滄洲 相與勾管 而有司鄭大淳孫均也 ○吳思湖長 撰上樑文曰
兒郎偉 伏以 日月啓長夜 殷禮夙稱於新堂 風塵淨海邦 舊貫可尋於遺礎 喜人心之
不死 知吾道之未灰 恭惟我南冥先生 維嶽降神 于帝其命 五百年間氣 脚跟不待於
文王 三千載偏荒 脈絡遠紹於箕子 自早年獨得夫書言象意之表 悟未學多滯於文
辭訓詁之間 抱卵雷龍舍中 敬以直內義以方外 養珠山海亭上 操之而存索之者精
太乙眞君 高拱一元之冲漠 百勿神旗 驚逃九竅之魑魅 精神表裏古今 力量彌綸宇
宙 道由我立 豈不願堯舜君民 身與世違 亦安能俯仰流俗 明夷左腹 不待主人之有
言 乾晦稚陽 竟全潛龍之勿用 雖一身自甘於丘壑 卽大功已見於栽培 判義利公私
之分 南軒有功於孟子 明天德王道之要 伊川增光於孔門 不待著一書 名言法語足
以淑人心而開後學 可以奮百世 淸風苦節能令立懦者而廉頑夫 喚醒醉死餘魂 障
廻狂瀾旣倒 趙壁立赤幟 人驚耳目之頓新 龍門有斧痕 孰知胼胝之偏苦 因時救弊
斯道卽然 推己爲人 能事畢矣 嗟冰稼之遑孼 邊日觀之見頹 南極一星 彩還紫微之
舊宅 東魯諸子 心願昌平之築場 于經于營 縱緣其室卽邇 以享以祀 實由不謀而同
規模悉稟於守愚 締構分掌於來復 餘十年春秋虔事 忽一朝兵火爲灾 廟雖焚而道
不焚 吾捨此而何適 事已定而計未定 時不可乎再來 爰用前基 更築新宇 凡間架制
度 悉遵乎舊規 欲尊奉依歸 永效於後日 萬株松嶺 霜抽立立之高人 十里桃川 鏡
涵澄澄之止水 事類白鹿之重創 實著臥龍之循名 偋功已鳩 虹梁將擧 山若增而高
水若闢而廣 視前日而生輝 立則參於前 坐則倚於衡 願長言而獻頌 小停工斲 同助
歡呼 抛梁東 森森松檜護玄宮 下有金龜扶大石 東封萬古爽餘風 抛梁西 萬丈頭流
天與齊 太白光芒霜雪映 玉皇留與剪浮霓 抛梁南 醉醒亭影蘸寒潭 欲識此間眞景
像 夜深秋月泂澄涵 抛梁北 奔流萬壑由巖泐 此去海門縱云賒 盈科不舍可窮極 抛
梁上 尺五帝臨光瀲漾 宇宙棟梁孰主張 躋攀無路獨瞻仰 抛梁下 優優揖讓盡儒者
籩豆年年春復秋 精神陟降報純嘏 伏願上梁之後 士習得正 儒風大亨 式禮莫愆 苾
苾盡誠意之享 聞風而起 彬彬蔚多士之典 山可夷谷可堙 詎或墜河南之揭號 遵其
道守其敎 永勿替岳麓之建祠 ○李竹閣 以詩寄陳栢谷曰 德川書院 被兵燹十年 陳
君景直 慨然勵志 幹事重建 千里遙想 感歎不已 遂吟一律 遠寄慰懷 畬灰輩燼整
頓瓴 棟宇重新尙宛然 精爽洋洋如陟降 籩豆秩秩儼恭虔 天王蒼翠昔顔面 潭水澄

虛舊源泉 惟願千秋恒勿替 潔尊肥俎禮無愆 又曰 虔恭瞻拜儼庭堂 俯仰興懷感慨

長 川脉遠連濂洛派 山根遙接武夷岡 精靈彷彿恒如在 缺 後來誰繼入高墻

- 만력 31년(1603) 계묘 선조 36년 가을 위판位版을 봉안하고 석채례釋菜
  禮를 거행했다.

  三十一年 癸卯 三十六年 秋 奉安位版 行釋菜禮

위판은 암혈岩穴 사이에 감추어 다행히 잘 보전했지만 그러나 글씨가
흐려지고 불결하여 새 위판으로 바꿨으며, 제기祭器는 서원 하인 무수無
廋라는 자가 잘 간수하여 완전하였다.

位版 藏於岩穴間 幸而獲保 然 漫漶不潔 改用新版 祭器 賴院僕名無廋者 善藏
而得完焉

- 만력 34년(1606) 병오 선조 39년 서재西齋가 완공되었다.

  三十四年 丙午 三十九年 西齋成

관찰사 유영순柳永詢[52]이 수업재修業齋를 건립했다. 9월에 또 병사 김
태허金太虛[53]와 함께 찾아와 쌀 20석과 조세 50석을 출연하고 환산環山
1리를 이식利殖하는 곳으로 삼아 서원 경비를 마련하게 하였다.

제문을 지어 사당에 고하기를 '하늘이 사문斯文을 버리지 않아 영매한
분이 우뚝이 출현했으니, 황금처럼 순정하고 백옥 같이 온화하여 참으
로 간기間氣를 타고났습니다. 도리는 출처에 엄정하고 성덕은 경의를
존숭했으며, 이윤伊尹 포부와 안자顔子 학문은 연원의 유래이고, 백물기

---

52) 유영순柳永詢(1552~1632): 자는 순지詢之, 호는 졸암拙菴, 본관은 전주로 한양에 거주했다. 유영경柳永慶
   과는 재종간이다. 1605년 경상도관찰사로 부임했다.

53) 김태허金太虛(1555~1620): 여실汝實, 호는 박연정博淵亭, 본관은 광주廣州로 밀양에 거주했다.

百勿旂와 사자부四字符는 공부의 시작이었습니다. 일찍이 뇌룡정雷龍亭 복거하여 수양할 자리가 있었고, 만년에 산천재山天齋 지어서 자신의 청빈을 즐겼으니, 임금과 백성의 분수 안에 은둔할 비색함을 만났기 때문입니다. 봉황과 기린처럼 무리에서 출중했으니, 청풍이 격발함에 나태한 자도 뜻을 세웠습니다. 영순永詢은 외람되이 후학으로 이 중한 소임을 받았지만, 함장函丈 앞에 미치지 못하여 매양 탄식을 품고 있습니다. 이제 궁장宮墻에 올라 보니 청묘淸廟가 그윽하여 선연한 모습이 뜰에 척강하는 듯합니다. 제물 극히 약소하나 바라건대 보우하소서'라고 하였다.

이죽각李竹閣이 유공柳公의 시에 화답하기를 '장구杖屨를 따르던 자리에, 맑은 냇물만 무심히 흘러간다. 그 당시 선생의 진면목은, 방장산처럼 천추에 우뚝하리'라고 하였다.

11월에 정한강鄭寒岡이 찾아와 묘소에 치제하여 이르기를 '태산이 무너지고 황망 중에 세월 흘러, 홀연히 36년 전광처럼 지나갔습니다. 이미 온통 난리 겪어 모든 것이 처량하고, 인심 한번 파괴되자 세도 실로 참담합니다. 성대한 덕 높은 풍범 오랠수록 더욱 드러나, 산처럼 우뚝 높고 물처럼 드넓습니다. 보잘것없는 소자 저는 백수토록 혼미하여, 평생에 남은 회한 돌아보니 아득합니다. 만년에 노력하고 싶어도 뜻과 힘이 강하지 못하니, 두터운 기대를 저버려 부끄러운 땀이 옷을 적십니다. 묵은 풀 우거진 빈산에 고목만이 창창하여, 혼령이 계시는 듯하니 선생께선 돌아가시지 않았습니다. 예전에 모시던 일 추념함에 감회의 눈물이 눈에 가득하니, 정결하게 제수 차려 경건히 한잔 술을 올립니다'하고는 드디어 사당에 배알하고 물러나 제생들의 강독을 들었다.

觀察使柳永詢 營建修業齋 九月 又與兵使金太虛來 捐以米二十碩 租五十碩 環山一里 爲取息之地 以備院中需用 以文告廟曰 天未喪文 英邁崛起 金精玉溫 實鍾間氣 道嚴出處 德尊敬義 伊志顔學 淵源所自 百旂四符 工程攸始 早卜雷龍

藏修有地 晚築山天 樂我簞食 君民分內 遇遜之否 鳳凰麒麟 爰出其類 淸風所激
懶夫亦志 永詢 謬以後學 受此重寄 未及函丈 每懷興唶 今躐宮墻 淸廟有閟 彷
彿儀刑 陟降庭止 物雖至薄 庶幾右只 李竹閣 和柳公詩曰 杖屨追隨地 淸溪空自
流 當時眞面目 方丈聳千秋 十一月 鄭寒岡來 祭墓曰 泰山一頹 歲月于荒 忽焉
三紀 倏若電光 旣經亂離 觸目悲涼 人心一壞 世道堪傷 盛德高風 愈久彌彰 有
山峩峩 有水洋洋 渺余小子 白首迷方 平生悔吝 回首心茫 桑楡欲勵 志力不強
孤負厚望 愧汗沾裳 宿草空山 古木蒼蒼 精爽如存 先生不亡 追惟舊陪 感淚盈眶
潔誠爲羞 敬薦一觴 遂謁廟 退聽諸生講

• 만력 37년(1609) 기유 광해주 원년 강당講堂 동재東齋 주고廚庫가 완공
되었다.
三十七年 己酉 光海主 元年 講堂東齋廚庫成

이때에 이르러 예전 규모를 조금씩 회복했는데 유사는 하공효河公
孝54) 조겸趙璪55)이었다.

至是 稍復舊制 而有司則河公孝 趙璪也

• 봄에 승정원에서 계품啓稟하여 선액宣額을 청하자 덕천서원德川書院이라
사액賜額하였다.
春 政院 請啓宣額 賜以德川書院

승정원에서 계품하기를 '이제 들어보니 진주 삼가 김해 등지에서 모
두 이미 조모曺某를 위하여 서원을 중수했다고 합니다. 만약 사액賜額하

---

54) 하공효河公孝(1559~1637): 자는 희순希順, 호는 태촌台村, 본관은 진양이다.
55) 조겸趙璪(1569~1652): 자는 영연瑩然, 호는 봉강鳳岡, 본관은 임천林川이다. 조지서趙之瑞의 증손이다.
  저술로 『봉강집』이 있다.

여 포숭褒崇하는 뜻을 보이신다면 선비들의 기상을 격동시킬 수 있을 것이니 그 유림의 후학에게 어찌 다행함이 심하지 않겠습니까? 해조該曹로 하여금 회계回啓하도록 하십시오' 하였다.

예조에서 계품하기를 '고故 증대사간贈大司諫 조모曺某는 산림에서 수양하면서 독실하게 배우고 힘써 행했으니 그 실천과 조예의 공부는 고인에게 부끄럼이 없을 것입니다. 향리의 후학들이 종사宗師로 섬기면서 서원을 건립하여 경모景慕의 뜻을 바치고 있으니 만약 조정에서 특별히 편액扁額을 하사하여 꾸미게 한다면 그 현사賢士를 숭상하는 도리가 성대하다고 할 것입니다' 하니, 계품에 의거하여 윤허하였다.

政院 啓曰 今聞晉州三嘉金海等處 皆已爲曺某 重修書院云 若賜額以示褒崇之意 則可以聳動士氣 其於吾道後學 豈不幸甚 令該曹回啓 禮曹 啓曰 故贈大司諫曺某 藏修林下 篤學力行 其踐履造詣之功 可無愧於古人 鄉里後學 宗而師之 建立書院 以寓景慕之意 若自朝廷 特賜扁額 以賁飾之 則其崇獎賢士之道 可謂盛矣 依啓允下

• 이때에 내암 정인홍이 덕산서원 중수 봉안문을 지었다.

덕산서원 중수 봉안문

정인홍

진뢰震雷의 닥침이 위급하여 마땅히 구릉九陵에 올랐지만,[56] 마룻대가 휘어졌으니[57] 어찌하겠습니까! 이제야 때가 되어 본래 모습 회복하였습니다.[58]

---

56) 『주역周易』 「진괘震卦」 육이六二 효사爻辭에 '震來厲 億喪貝 躋于九陵 勿逐 七日得'이란 말이 있는데, 여기서는 전란의 위급함을 당하여 간신히 안전한 곳으로 피신함을 비유하는 듯하다.

57) 원문의 '동요棟橈'는 『주역周易』 「대과괘大過卦」 구삼九三 효사爻辭의 '棟橈 凶'에 나오는 말인데 여기서는 서원 건물이 훼손됨을 말한다.

58) 원문의 '칠일득七日得'은 『주역周易』 「진괘震卦」 「기제괘旣濟卦」 등 곳곳에 나오는 말인데, 환란을

옛 터에 다시 건립하여 사당 신위 거듭 새로우니, 온당하고 편안하여 우러러 의지할 곳이 있습니다. 다행히도 우리 후학의 꾸밈없는[59] 사문斯文에, 배향할 분이 있으니 길이 외롭지 않을 것입니다.

德山書院 重修 奉安文

鄭仁弘

震來之屬 當躋于陵 棟橈奈何 七日斯得 舊址再構 廟位重新 于妥于寧 瞻依有所 幸我來學 白賁斯文 從配有人 永保不孤

• **만력 39년(1611) 신해 광해 3년 사우祠宇를 증수하고 문루門樓와 정사亭榭를 지었다.**

三十九年 辛亥 三年 增修祠宇 築門樓亭榭

왜란 후 처음 창건하면서 규모가 미흡했는데 이때 이르러 사우를 증수하여 그 들보와 동자기둥을 장대하게 하였다. 예전의 재목으로는 옛날 터에 풍영정風詠亭을 지었으니 병사 최렴崔濂[60]이 누차 힘을 쏟아 공사를 순조롭게 하였고 일을 관장한 유사는 류경일柳慶一이었다.

亂後草創 制度未稱 至是 乃增修祠宇 壯其樑梲 以舊材 起風詠亭於舊址 兵使 崔公濂 多爲宣力就緒 董役有司 柳慶一也

• **만력 43년(1615) 을묘 광해 7년 선생의 문묘종사를 위한 상소가 이어**

당하여도 중정中正함을 잃지 않고 있으면 칠일七日 만에 시운時運이 다시 돌아와 본래의 모습을 회복한다는 뜻이다.

59) 원문의 '백비白賁'는 『주역周易』「비괘賁卦」 상구上九 효사爻辭인 '白賁 无咎'에 나오는 말로 화려한 꾸밈이 없는 본래의 질박한 상태를 의미한다.

60) 최렴崔濂: 1608년 9월 경상우도병마절도사慶尙右道兵馬節度使로 부임하여, 1609년 11월 사직하였다.

졌는데, 경상도 고령소는 다음과 같다.

경상도 고령에서 올린 남명 선생 청무소請廡疏 을묘년(1615) 3월 6일

신臣 등은 엎드려 생각건대, 나라는 도道로써 존엄해지고 도는 학문으로써 응축되니 나라를 경영하면서 도를 숭상하지 않고 도를 행하면서 학문에 근본하지 않으면 나라는 나라가 아니고 도는 도가 아닙니다. 그렇지만 도는 헛되이 행해질 수 없고 학문은 저절로 밝아질 수 없으니 반드시 명세命世의 참된 선비가 나타나 도학道學의 주재자가 되고 사문斯文의 준적을 확립한 연후에야 도가 이에 응축되고 학문이 이에 밝아질 것입니다. 그리고 기강이 이로써 실추되지 않고 나라가 이를 힘입어 쇠퇴하지 아니하여 사람은 사람다워지고 나라는 나라다워질 것이니 참된 선비가 국가에 있어 어찌 중차대하지 않겠습니까? 이런 까닭으로 옛날의 명군明君들은 어진 선비를 존숭하여 그 생졸에 차이가 없었으니 다행히도 더불어 동시대에 서로 만나면 스승으로 섬기면서 신하 삼지 못했기에 계책이 있으면 자문하고 간언이 있으면 수용하였습니다. 그리고 불행히도 더불어 동시대에 서로 만나지 못하면 추모하여 흠앙하면서 높은 벼슬로 포상하고 밝은 제례로 향사하였으니 대저 그 뜻이 어찌 한갓되겠습니까? 대개 이와 같이 아니하면 내가 현인을 받들고 도를 즐기는 마음을 다하여 후학들이 전범으로 삼을만한 방도를 보여줄 수 없다고 여겼기 때문입니다. 이런 까닭으로 공자孔子 문하의 칠십 제자 가운데 스승에게 친히 수업한 이와 역대 선유先儒 중에서 사문에 공이 있는 이는 모두 성묘聖廟에서 종사從祀하고 있으니 그 의의가 심원합니다.

신 등이 가만히 엎드려 생각건대, 고故 징사徵士 신臣 조식曺植은 그 학문의 정대함과 도덕의 순후함이 이미 성명聖明의 통촉함을 입어 영의정領議政에 추증되고 또 문정文貞이라 시호하였으니 참으로 천세에 드문 성대한 일입니다. 그러나 문묘文廟 종사從祀의 전례가 여태 궐하였으니 어찌 성세의 흠전과 사문의 불행이 아니겠습니까? 이것이 바로 신 등이 우러러 성청聖聽을 흐리게 하면서도 능히 스스로 그만 둘 수 없는 점이니 엎드려 바라건대 전하께서는 살펴주십시오.

대저 조식의 사람됨은 천자天資가 고매하고 기우氣宇가 광활하며 단엄端嚴하

고 직방直方하며 강의剛毅하고 정민精敏하였습니다. 조리가 확고하고 거동이 엄격하여 장중한 마음은 언제나 내면에 충만했고 태만한 기운은 밖으로 드러나지 않았습니다. 닭 울음을 듣고 새벽에 일어나 자리를 정돈하고 시동처럼 앉아 있었으니 바라봄에 마치 도형이나 목상과 같았습니다. 사승師承으로 말미암지 않고 도체道體를 암암리에 깨쳤으니 학문은 반드시 육경六經 사서四書를 근본으로 삼고 도는 반드시 주자周子 정자程子 장자張子 주자朱子를 법도로 삼아 체험을 몸소 하고 실지를 답습하였습니다. 조존操存의 공부가 조금이라도 소홀할까 두려워하여 성현의 유상遺像을 좌우에 걸어놓고 성찰省察의 공부가 혹 나태할까 염려하여 경의敬義 두 글자를 벽상에 적어놓고는 끊임없이 보고 살피면서 시종 일순도 빈틈이 없었습니다. 앎이 이미 정밀한데도 더욱 그 정밀함을 추구하고 행함에 이미 진력했는데도 더욱 그 진력함을 다했으니 문을 닫고 책을 펼치면 정신이 상통하고 마음이 융합하였습니다. 학기편學記編에는 그 글이 남아있고 신명사神明舍에는 그 명이 적혀있으며 천도天道 천명天命 조도造道 입덕入德 등의 도식은 사람을 가르치고 학문을 닦는 방도가 아님이 없으니 그 사문에 공이 있음이 참으로 옛날의 참된 선비에 부끄러울 것이 없습니다.

세 조정이 불렀으나 한 번도 출사하지 않았으니 그 특립독행特立獨行과 봉상천인鳳翔千仞의 기상은 마땅히 털끝만큼도 세상에 뜻이 없는 것 같았지만 그러나 애국우민의 정성은 너무나 간절하여 능히 잊지 못하였습니다. 이에 혹시 말이 백성과 국가에 미치면 일찍이 한숨 쉬며 답답해 하다가 오열하면서 눈물을 흘리지 않음이 없었습니다. 구급救急이란 두 글자의 헌납과 시폐時弊 십조十條의 진언은 정묘년(1567) 사직하는 상소에 극진하였고 또 무진년(1568) 봉사封事에서는 명선明善과 성신誠身을 다스림의 근본이라 하면서 명선과 성신은 경敬을 위주로 해야 한다고 하였으니 평생토록 학문한 공력이 경敬이란 한 글자에서 벗어나지 않았음을 또한 볼 수 있습니다. 도학道學의 중책을 자임하고 군민君民의 기탁을 인식하였으나 때를 만나지 못하여 덕을 품고서 세상을 은둔했으니 이는 어찌 세도世道의 불행이 아니겠습니까?

아! 사문의 영수領袖와 유가의 종장宗匠으로써 공로가 우리의 도를 빛나게 하고 혜택이 이 나라 백성에게 파급되어 사람들로 하여금 군신君臣과 부자父子의 도리를 알게 한 것은 모두 그의 힘입니다. 이런 까닭으로 당시의 명유인 성운成運이 그 무덤에 기록하기를 '학문에 독실하고 실행에 힘썼으며 도를 닦고 덕에 나아갔으니 또한 미루어 전현前賢에게 짝이 될 만하고 후세 학자의 종사宗師가 될 것이다'라고 하였습니다. 성운은 바로 독실한 군자이니 이 말한 마디는 족히 백세토록 확신할 수 있을 것입니다. 엎드려 바라건대 전하께서는 당시의 경복敬服함을 미루어 생각하시고 신 등의 오늘 말을 굽어 살펴주십시오. 실천의 돈독함이 이미 저와 같고 계도의 공로가 또한 이와 같으니 그 혹 한 가지 기예나 미미한 공으로써 문묘에 배향된 자와 비교한다면 어찌 만만 배나 차이나지 않겠습니까?

아! 근년 이래로 인심人心이 맑지 않고 사습士習이 더욱 변하여 도의가 무슨 물건인지 학문이 무슨 일인지도 모르면서 오직 부화 경박한 것만 숭상하고 사사롭고 편벽된 것만 일삼습니다. 이는 어찌 현인의 떠남이 이미 오래되어 사람들의 이목에 남아있던 유풍과 여운이 날마다 소멸하여 그러한 것이 아니겠습니까? 신 등은 이를 심히 비통해 하고 있습니다. 전하께서 이때에 성대한 은전을 특별히 행하고 존숭함과 장려함을 밝게 보이시어 일시의 이목을 새롭게 하고 만세의 모범을 세우신다면 사람들은 본받을 데가 있고 선비들은 나아갈 곳을 알아 인심과 세도가 정대함을 기약하지 않아도 저절로 정대해질 것입니다. 참으로 바라건대 성명聖明께서 이 이치를 깊이 살피시어 지체하거나 의심하지 마시고 선비를 존숭하는 미의美意를 돈독히 하고 도를 중시하는 지성至誠을 확장하여 특별히 명세의 참된 선비를 들어서 하여금 문묘의 제사에 배향하게 하여 사문을 부지하고 원기를 배양하신다면 사습이 정대해지고 풍속이 순후해져 도가 이로써 응축되고 나라가 이로서 존엄해질 것이니 신 등은 심히 다행함을 이길 수 없을 것입니다. 신 등은 지극한 간절함과 황공함을 감당할 수 없어 삼가 죽음을 무릅쓰고 아룁니다.

비답批答에 말하기를 '소를 살펴보니 너희들의 정성을 모두 알겠다. 다만 문묘의 종사는 중대한 일이기에 경솔히 의론할 수 없다. 잠시 후일을 기다리라'고 하였다.

慶尙道 高靈疏 乙卯 三月 六日
臣等 伏以 國以道而尊 道以學而凝 爲國而不尙乎道 爲道而不本於學 則國不國而道不道矣 然而 道不可以虛行 學不可以自明 必有命世之眞儒作焉 爲道學之主宰 作斯文之準的 然後 道斯凝 而學斯明 紀綱以之而不墜 邦國賴之而不夷 人爲

人而國爲國矣 眞儒之於國家 不其重且大矣乎 是故 古之明君 尊尙賢士 無間存沒
幸而與之同時 則師之而不臣之 有謨則咨之 有言則受之 不幸而不得與之同時 則
追慕而欽想之 褒之以崇秩 享之以明禋 夫其意豈徒然哉 盖以爲不如是 無以盡吾
尊賢樂道之心 而示後學矜式之方矣 是以 聖門七十子之親炙於函丈者 與夫歷代
儒先之凡有功於斯文者 皆得從祀於聖廟 其義遠矣哉

　臣等 竊伏念 故徵士臣曹植 學問之正 道德之醇 已入於聖鑑之洞燭 而旣贈領議
政 又諡文貞 誠千載罕有之盛擧 而從祀之典 尙闕焉 寧不爲盛時之虧典 斯文之不
幸哉 此臣等之所以仰瀆睿聽 而猶不能自己者也 伏願殿下試垂察焉

　夫曹植之爲人 天資超邁 氣宇恢廓 端嚴直方 剛毅精敏 操履果確 動循繩墨 莊
敬之心 常存乎中 惰慢之氣 不形于外 聽鷄晨興 正席尸坐 望之若圖形刻像 不由
師承而默契道體 學必以六經四書爲本 道必以周程張朱爲法 反躬體驗 脚踏實地
恐操存之小忽也 則揭聖賢遺像於座隅 慮省察之或怠也 則書敬義兩字於壁上 亹
亹觀省 終始無間 知之已精而益求其精 行之已力而益致其力 杜門開卷 神會心融
學記編有其書 神明舍有其銘 至於天道天命造道入德之圖 無非敎人爲學之方 其
有功於斯文 實無愧於古之眞儒矣

　三朝徵辟 一不就仕 其特立獨行 鳳翔千仞之氣像 宜若一毫無意於世 而愛君憂
國之誠 則眷眷焉不能忘焉 或時語及民國 未嘗不歔欷掩抑 以至嗚咽而流涕 救急
二字之獻 時弊十條之陳 懇懇於辭謝之章 而又以明善誠身 爲人主出治之本 而明
善誠身 以敬爲主 平生爲學用功 不出於敬之一字 亦可見矣 任道學之重 念君民之
寄 而道不遇時 懷德逝世 茲豈非世道之不幸哉

　噫 領袖斯文 宗匠儒家 功光乎吾道 澤及乎斯民 使人人知君臣父子之義者 皆其
力也 是以 同時名儒成運 題其墓曰 篤學力行 修道進德 亦可追配前賢 爲來世學
者之宗師 運是篤實君子人也 一言足以取信百世 伏願 殿下追念當時之所敬服 而
俯察臣等今日之言也 踐履之篤旣如彼 啓迪之功又如此 其視或以一藝 或以微功
而得配者 豈不爲萬萬乎哉

　嗚乎 比年以來 人心不淑 士習益渝 不知道義之爲何物 學問之爲何事 而惟浮薄
是尙 偏私是事 此豈非去賢已遠 遺風餘韻之在人耳目者 日就沉埋湮滅而然耶 臣
等竊甚悲焉 殿下及此旹 而特擧盛典 明示崇奬 聳一時之瞻聆 作萬世之楷範 則人
有矜式 士知趨向 人心世道 不期正而自正矣 誠願聖明 深燭此理 無所遲疑 敦崇
儒之美意 廓重道之至誠 特擧命世之眞儒 俾侑文廟之苾芬 以扶樹斯文 以培養元
氣 則士習正 風俗淳 道以之而凝 國以之而尊 臣等不勝幸甚 臣等無任激切屛營之

至 謹昧死以聞

批曰 省疏 具悉爾等之誠 但從祀重事 不可輕議 姑待後日

- 천계天啓 2년(1622) 임술 광해 14년 7월 상순 원지院識를 게시하였다.
天啓二年 壬戌 十四年 七月上澣 揭院識

창주滄洲 하증河憕이 원지院識를 지었는데, 원지院識는 다음과 같다.

덕천서원 중건기

    융경隆慶 임신년(1572) 봄에 남명 선생이 세상을 떠나자 여름 4월에 산천재山天齋 뒷산에 안장하고는 최수우당崔守愚堂 하각재河覺齋가 무성無成 하응도河應圖 무송撫松 손천우孫天佑 조계潮溪 유종지柳宗智와 더불어 처음으로 사우祠宇를 건립하자는 논의를 제창했다. 을해년(1575) 겨울 목사 구변具忭과 함께 적당한 자리를 물색하다가 드디어 구곡봉九曲峯 아래 살천薩川 위에다 터를 잡았으니 대개 산천재와 서로 바라보이는 곳이다. 이보다 앞서 무성無成이 여기에 조그마한 초가집을 지어놓고 때때로 선생을 모시고서 노닐었는데 이때에 이르러 그 집을 철거하고 자리를 잡았으니 이때가 병자년(1576) 봄이다. 이에 수우당 등 제현이 그 일을 주관했으니 음식을 맡은 이는 손승선孫承善이고 도료장都料匠은 승려 지관智寬이었다. 고을 아전 강세견姜世堅이 장부를 담당하고 목사 구변이 감사 윤근수尹根壽와 함께 협력하였다. 1년이 못되어 사우와 당재堂齋가 완공되고 다음해 치장과 단청이 마무리되었다. 그리고 담장을 둘러싸고 담장 안에 샘물을 끌어와 좌우에 네모난 못을 만들어 그 가운데 연꽃을 심었다. 시내 위에 달리 두 칸 정자를 지어 풍영風詠하는 장소로 삼고는 세심洗心이라 편액했다가 뒤에 취성醉醒으로 바꾸었다. 이후로 춘추 석채釋菜를 더욱 경건히 받들었으니 당시에 하각재가 원장院長이었다.
    불행히도 임진병란이 갑자기 일어나 강당講堂 재사齋舍 정자가 모두 불에 타버리고 오직 사우와 주사廚舍만이 화재를 면했는데 결국 정유재란에 불타고 말았다. 신축년(1601)에 목사 윤열尹說이 본주 선비들의 요청으로 중수重修

를 협의하여 도모했으니 이에 청주목사를 지낸 이정李瀞 원장 진극경陳克敬 및 내가 돌아가면서 주관하였다. 임인년(1602)에 사우가 비로소 완공되고 신주神廚가 뒤이어 지어졌으니 당시 유사는 정대순鄭大淳 손균孫均이었다. 선생의 위판位板은 바위굴에 숨겨놓아 다행히 보존은 했지만 글씨가 흐려지고 불결하여 신판新板으로 바꾸었다. 계묘년(1603) 가을에 봉안하면서 수우당 선생을 배향했고 제기祭器는 또 서원 하인 세경世庚이란 자가 잘 보관하여 온전하였다. 병오년(1606)에 서재西齋를 건립했으니 순찰사 유영순柳永詢이 힘을 쏟았고 손득전孫得全이 공사를 감독했다. 유순찰柳巡察이 병사 김태허金太虛와 함께 찾아와 사우를 배알하고 인하여 쌀 20석과 조세租稅 50석을 내어 산으로 둘러싸인 가운데 1리를 이식利息하는 곳으로 삼아 서원의 경비를 마련하게 했다. 기유년(1609)에 강당을 영건하고 동재東齋와 주고廚庫를 연이어 지었으니 유사는 하공효河公孝 조겸趙㻩이었다.

사우는 난리 뒤에 초창草創하면서 마룻대가 낮고 계단이 평평하여 그 규모가 적합하지 않았다. 신해년(1611)에 이를 새롭게 하여 그 옛터를 넓히고 마룻대와 동자기둥을 크게 하여 하여금 웅장하게 하였으니 공사를 다스린 유사는 유경일柳慶一이다. 그 예전 목재는 옮겨서 취성정醉醒亭을 지었는데 이보다 앞서 취성정 문밖 송림 두둑에 한 칸의 초정草亭을 새로 지어 세심정이란 옛 이름으로 편액하였다. 이는 서원 유사 유종일柳宗日이 선생이 지은 상정橡亭의 모습을 본 뜬 것이다. 전후의 계획은 모두 원장 이정李瀞에게서 나왔고 병사 최렴崔濂이 또한 힘을 쏟아 능히 순조롭게 진행되었으니 다행한 일이다. 대개 창립한 초기에 묘우廟宇와 당재堂齋가 정연히 질서가 있고 담장과 계단이 단정히 규모가 있었던 것은 수우당 선생의 치밀한 계획이 아님이 없었으며 난리후 다시 영건할 적에도 모두 그 예전 제도를 인하였다. 단지 건물을 지을 적에 선후先後한 차례가 있고 장인들의 솜씨에 교졸巧拙의 차이가 있기 때문에 당재堂齋는 옛것에 미치지 못하지만 묘우廟宇는 전일보다 화려하다.

금상今上 기유년(1609) 봄에 승정원에서 글을 올려 특별히 세 서원이 사액을 받았으니 이곳이 그 하나이다. 사액을 청할 적에 수우당의 배향을 아울러 계품啓稟하지 못했는데 을묘년(1615)에 예조에서 서원 유생들의 상소로 인해 회계回啓하여 윤허 받았다. 서원의 옛 이름은 덕산德山이었고 덕천德川은 새로 사액 받은 것이다. 정당은 경의당敬義堂이고 좌우의 협실은 동익실東翼室 서익실西翼室이다. 동서재는 예전에 경재敬齋 의재義齋라 하였다가 지금은 진덕재進

德齋 수업재修業齋로 고쳤다. 재齋의 헌함은 광풍제월헌光風霽月軒이고 정문은 유정문幽貞門이다.

산을 의지하고 물을 굽어보면서 아늑하고 널찍하며 산봉우리들이 읍을 하고 시냇물이 감돌아 흐르면서 먼 것 같기도 하고 가까운 것 같기도 하여 스스로 아름다운 경치를 이루었으니 서원을 건립할 장소로는 이에 더 더할 것이 없다. 아! 방장산方丈山은 천하에 유명하고 덕산동德山洞은 드넓어 포용함이 있다. 천지가 이곳을 비장秘藏하여 그 몇 천 백년을 내려왔는지 알 수는 없지만 오늘을 기다려 산은 무이산武夷山이 되고 동은 백록동白鹿洞이 되어 만세토록 시서詩書와 예양禮讓의 자리가 되었다. 이 어찌 운수가 그 사이에 있는 것이 아니겠는가! 자리는 인물로 인하여 드러난다는 말이 참으로 확실하다. 하각재의 덕산지德山志에 사우를 경영한 규모와 제공이 일을 주관한 근면함이 상세하게 기록되어 하나도 빠짐이 없었으므로 후학들로 하여금 어제 일처럼 환히 알게 하였다. 그러나 결국 병화兵火 중에 잃어버렸으니 이에 지난 일들이 인멸할까 염려되어 그 전말을 대강 기록하여 뒷날의 상고를 대비한다.

河滄洲憕 撰識曰 隆慶壬申春 南冥先生歿 夏四月 葬于山天齋后原 崔守愚堂 河覺齋 與河無成應圖 孫撫松天佑 柳潮溪宗智 始倡立祠之議 乙亥冬 與牧使具忭 相地之宜 遂定址于九曲峯下蓑川之上 蓋與山天齋相望地也 先是 無成結數椽茅 舍于此 時陪杖屨徜徉 至是乃撤其舍而卜之 時丙子春也 於是 守愚諸賢 幹其事 主供饋 孫承善也 都料匠 僧智寬也 州吏姜世堅 掌簿籍 而具牧使忭 與尹監司根 壽 幷助力焉 未一年 祠宇暨堂齋成 粵明年 粧修丹艧訖 繚以周垣 垣內引泉源 爲 左右方塘 種蓮其中 別構三楹于溪上 爲風詠之所 扁之曰洗心 後改以醉醒 自後 春秋釋菜 不懈益虔 于時 河覺齋爲院長 不幸 壬辰兵燹遽起 講堂齋亭 盡爲灰燼 唯祠宇廚舍得免 而竟火於丁酉之變 歲辛丑 牧使尹說 因本州士子之請 協謀重修 於是 李淸州瀞 陳院長克敬 曁余 更迭句管 而壬寅祠宇始完 神廚繼就 其時有司 鄭大淳 孫均也 先生位板 藏於巖穴間 幸而獲保 漫漶不潔 改用新板 癸卯秋奉安 配以守愚先生 祭器亦賴院僕世庚者 善藏而得完焉 丙午建西齋 柳巡察永詢 所致 力 而孫得全 敦役焉 柳巡察 與兵使金太虛 來謁祠宇 因出米二十碩 租五十碩 環 山中一里 爲取息之地 以備院中之需 己酉 營講堂 而東齋廚庫繼之 有司則河公孝 趙瑊也 祠宇草創於亂后 棟卑級夷 不稱其制 辛亥 乃易以新之 增其舊址 壯其棟 梲 使之宏敞焉 董役有司則柳慶一也 以其舊材 移構醉醒亭 先此 創一間草亭於醉

醒門外松林之畔 仍扁以洗心舊號 乃院有司柳宗日 象先生橡亭遺制也 前后規畫
皆出於李院長瀞 而崔兵使濂 亦爲之宣力 得以就緖 幸也 蓋創立之初 廟宇堂齋之
秩秩有序 垣墻階級之井井有規 無非守愚先生心匠之運 而亂后重營 皆因舊制 第
營作有先后 工匠有巧拙 故堂齋不及於古 而廟宇有侈於前矣 今上己酉春 政院入
啓 特蒙賜三書院額 此其一也 請額時 守愚從配 未及幷啓 乙卯 禮曹因院儒疏回
啓 蒙允焉 院舊號德山 而德川新額也 正堂曰敬義 左右夾室曰東翼也西翼也 東西
齋舊號曰敬曰義 而今改以進德也修業也 齋軒則光風霽月 而正門則幽貞也 依山
俯水 奧衍繚廓 峯巒拱揖 川澤縈紆 若遠若近 自成形勢 建院之地 無以加此也 噫
方丈之山 名於天下 德山之洞 廓而有容 天慳地祕 不知其幾千百年 而有待於今日
山爲武夷 洞作白鹿 爲萬世詩書禮讓之地 則豈非有數存乎其間 而地以人顯者信
矣 河覺齋 有德山志 祠宇經營之規 諸公敦事之勤 纖悉詳密 無一或遺 俾後之學
者 昭然若昨日事 竟失於兵火中 竊恐事歸漫滅 粗述其顚末 以備後之考閱云

하창주河滄洲가 경의당敬義堂 시에 이르기를 '높은 곳에 오르려면 반드
시 아래서부터 말미암고, 방에 들어가려면 마루부터 올라야 한다. 앞으
로 나갈 적에는 마땅히 순서를 따라야 하니, 부지런히 힘쓰면서 잊지
말아야 한다'라고 하였다.

겸재謙齋 하홍도河弘度[61]가 덕천서원德川書院 시에 이르기를 '태산이 무
너진 지난날 궁정宮庭을 세우고는, 해마다 춘추로 중정일仲丁日에 채례를
드린다. 경의敬義의 학문은 예부터 전해졌고, 진덕進德 수업修業 법도는
경서에서 상고했다. 예의禮儀의 충실함은 정성의 충실에서 연유하고,
서직黍稷의 향기로움은 도덕의 향기에서 나온다. 재실의 규모 차례 정연
함을 알겠으니, 마음 씻고 눈 닦음은 영령 도움 의지하리'라고 하였다.

또 한사寒沙 강대수姜大遂[62]의 시에 차운하면서 그 서문에 이르기를
'복희씨伏羲氏가 처음으로 팔괘八卦를 그리고 주공周公이 효사爻辭를 달았

---

61) 하홍도河弘度(1593~1666): 자는 중원重遠, 호는 겸재謙齋, 본관은 진양으로 옥종에 거주했다. 저술로
『겸재집』이 있다.
62) 강대수姜大遂(1591~1658): 자는 학안學顔, 호는 한사寒沙, 본관은 진양으로 합천에 거주했다. 저술로
『한사집』이 있다.

는데 건괘乾卦 구이九二의 문언전文言傳에서 〈성誠〉을 말하고 곤괘坤卦 육이六二에서 〈경敬〉을 말하였다. 그렇다면 〈성誠〉과 〈경敬〉은 복희씨의 팔괘에 근본하여 주공과 공자孔子에 의하여 드러났으니 실로 천지와 자연의 이치이다. 〈성誠〉은 성인의 근본이고 〈경敬〉은 현인의 일이니 〈경敬〉을 말미암아 〈성誠〉에 이를 수 있다.

〈경의敬義〉 두 글자는 황제黃帝로부터 시작되었다. 공자께서 이에 말씀하시기를 '경敬으로써 안을 곧게 하고 의義로써 밖을 바르게 한다'라고 하였고, 정자程子가 말하기를 '만약 경으로써 안을 곧게 하고 의로써 밖을 바르게 한다면 비록 성인이라도 여기에서 초월하지 않는다'라고 하였다. 그렇다면 성현의 천 마디 말과 만 마디 말도 그 귀결점을 요약해보면 〈경의敬義〉 두 글자에서 벗어나지 않는다.

이제 우리 조선생께서 단호하게 직지直指하여 '오가吾家에 이 두 글자가 있는 것은 하늘에 일월日月이 있는 것과 같다'고 하였다. 이에 두 글자를 벽에 크게 써 놓고 선유先儒들이 두 글자의 뜻을 논한 말을 그 곁에 작게 적어서 초학부터 성덕에 이르기까지 모두 그 근거함에 정연히 조리가 있게 하였다. 그리고 병이 위독할 적에도 간절히 문인들에게 설명하여 그 후학에게 끼친 공이 지대했는데도 병화에 보전하지 못했으니 참으로 애석하다. 그러나 배움에 뜻을 둔 이가 참으로 이로써 구해보면 비록 적중하지는 못한다 해도 또한 멀리 동떨어지지는 않을 것이니 어찌 힘쓰지 않겠는가!

시에 이르기를 '인문人文은 복희씨가 처음으로 열었는데, 어찌하여 경의敬義는 단서丹書에 적혀 있나! 높이 걸어 오가吾家의 나아갈 길 밝혔으니, 직지直指한 신통 공력 날마다 펼쳐지리'라고 하였다.

태계台溪 하진河溍[63]이 세심정에서 하창주 시에 차운하여 읊기를 '일

---

63) 하진河溍(1597~1658): 자는 진백晉伯, 호는 태계台溪, 본관은 진양이다. 하공효河公孝의 아들이다. 저술로 『태계집』이 있다.

월이 거듭 밝은 송宋 나라 하늘에, 찬연한 이수伊水 낙수洛水 군현들이 가득했다. 천년토록 방장산 삼한三韓 밖에 우뚝하더니, 위대하게도 우리 선생이 끊어진 도학을 계승했다'라고 하였다.

무민당无悶堂 박인朴絪[64]이 세심정洗心亭에 제하여 읊기를 '사당 모습 우뚝하여 혼령께서 임하신 듯, 천왕봉 아래에는 구름 숲이 에워쌓다. 제군들은 산과 물만 실없이 찾지 말고, 정자 앞에 바로 와서 마음 씻음 구하게나'라고 하였다.

극재克齋 신익황申益愰[65]이 알묘謁廟하고 시를 지어 읊기를 '선생의 사당에 재배하니, 신선 마을 눈빛 홀연 밝아진다. 연어鳶魚 모두 생기가 충만하고, 초목草木 또한 향기를 머금었다. 맑은 물에서는 심법心法을 보겠고, 높은 산에서는 전형典刑이 연상된다. 앉아있으니 속세 일 멀어지고, 세심정엔 송월松月만 창창하다'라고 하였다.

간송澗松 조임도趙任道[66]가 동현東賢 16영詠이란 시에 이르기를 '태산의 가을 기운이 험한 물결 제압하듯, 경의敬義의 공부로써 오도悟道 관문 통과했다. 나의 도가 불우한 때에 어찌 작은 쓰임 원하랴, 국기國器를 가슴에 품고 은둔함이 마땅하다'라고 하였다.

죽음竹陰 조희일趙希逸[67]이 시를 지어 이르기를 '지난 해 어진 마을 찾았다가, 오늘 다시 입덕문 들어왔다. 뉘 알랴 방장산 기슭에, 뜻밖에도 무릉도원 있을 줄을! 물이 맑아 고기들은 노는 모양 즐겁고, 산이

---

64) 박인朴絪(1583~1640): 자는 백화伯和, 호는 무민당无悶堂, 본관은 고령으로 합천에 거주했다. 정인홍의 문인이다. 저술로 『무민당집』이 있다.

65) 신익황申益愰(1672~1722): 자는 명중明仲, 호는 극재克齋, 본관은 평산平山이다. 이재李栽·권중도權重道 등과 교유했다. 저술로 『극재집』이 있다.

66) 조임도趙任道(1585~1664): 자는 치원致遠·덕용德勇, 호는 간송澗松, 본관은 함안으로 함안에 거주했다. 저술로 『간송집』이 있다.

67) 죽음竹陰 조희일趙希逸(1575~1638): 자는 이숙怡叔이고 호는 죽음竹陰·팔봉八峰이며 본관은 임천林川으로 부친은 승지 조원趙瑗이고 모친은 병조판서 이준민李俊民의 딸이다. 선조 34년(1601) 진사시에 장원했고 이후 별시문과 문과중시에 급제하여 이조정랑 홍문관교리 예조 형조참판 승문원제조 등을 역임했다. 인조 9년(1631) 신미에 경상감사로 부임했는데 이 시는 당시에 지은 것으로 원제는 「南冥 德川書院 洞口 石刻入德門三字」라고 되어 있다.

깊어 새들은 천성대로 지저귄다. 소나무 그늘 오랜 정자 위에서, 정신이 쇄락하여 속세 번잡 없어진다'라고 하였다.

하겸재河謙齋가 조죽음趙竹陰의 입덕문入德門 시에 차운한 2수에 이르기를 '구곡봉九曲峯 앞에는 덕산촌이 있으니, 냇물이 동류東流하여 입덕문을 열었다. 진경眞境 찾는 유람객들 입구를 알았으리니, 모름지기 원두原頭 올라 지론至論을 구해보라'

'무슨 일로 천진교天津橋의 마을만 찾는가, 공중의 누각68)은 들어가는 문이 없다. 인하여 육채肉菜를 범상하게 쓰게 되었으니, 상달上達하여 바야흐로 태극론太極論을 듣게나'라고 하였다.

하태계河台溪가 또 차운하여 이르기를 '덕산德山의 산 아래 덕천촌德川村이 있으니, 들어갈 사람은 모두 입덕문을 지나야 한다. 속인들은 덕으로써 이름한 뜻 모르기에, 실없이 산수 경치만 서로 논한다'라고 하였다.

창주滄洲 허돈許燉69)이 입덕천入德川이란 시에 이르기를 '덕德으로 산을 삼고 덕德으로 냇물 삼아, 선생께선 머물 곳에 머물면서 천도天道를 즐겼었다. 백년토록 남긴 자취 이은 이가 없으니, 헛되이 산과 물만 제 스스로 남아 있다'라고 하였다.

河滄洲 敬義堂詩曰 登高必由下 入室自升堂 進進宜循序 孜孜戒勿忘 河謙齋弘度 德川書院詩曰 山頹昔日立宮庭 歲歲春秋薦仲丁 敬義學仍傳自古 進修模是考諸經 禮儀爲實由誠實 黍稷惟馨在德馨 齋室階梯知井井 洗心明眼賴英靈又次姜寒沙大遂韻 序云 處義始畫八卦 周公係以爻辭 乾九二文言 言誠 坤六二言敬 然則 誠敬 本於羲畫 發於周孔 而實天地自然之理也 誠者 聖人之本 敬者

---

68) 공중누각空中樓閣: 공중에 떠있는 누각 곧 신기루를 말하는데 흔히 명철 통달하여 모든 일에 고명한 사람을 비유함. 정자程子가 소옹邵雍을 공중누각空中樓閣이라 하였는데 원元나라 후극중侯克中이 소옹邵雍을 일러 '醉裏乾坤元廣遠 空中樓閣更高名'이라 하였다.

69) 허돈許燉(1586~1632): 자는 덕휘德輝, 호는 창주滄洲, 본관은 김해로 삼가에 거주했다. 저술로 『창주집』이 있다.

賢人之事也 由敬 可以至於誠 而敬義二字 則自黃帝始也 吾夫子乃曰 敬以直內
義以方外 程子曰 若夫 敬以直內 義以方外 則雖聖人不越乎此 然則 聖賢千言萬
語 要其敢 不出二字外也 今我曺先生 斷然直指 以爲吾家有此字 猶天之有日月
壁書二大字 細書先儒論二字義於其傍 自初學至成德 皆有所據 井井有科 病革
之日 懇懇爲門人稱道 其有功於後學 大矣 而不保於兵燹 誠可惜也 然 有志于學
者 信以此求之 雖不中 不遠 可不勉哉 詩曰 肇啓人文義氏初 儘敎敬義在丹書
高懸明照吾家路 直指神功惟日舒 河台溪溍 洗心亭 次河滄洲韵曰 日月重明大
宋天 彬彬伊洛蔚群賢 千年方丈三韓外 偉我先生繼不傳 无悶堂朴紉 題洗心亭
曰 廟貌巍然儼若臨 天王峯下擁雲林 諸君莫浪尋山水 直到亭前要洗心 申克齋
益愰 謁廟 有詩曰 再拜先生廟 仙區眼忽醒 鳶魚皆得意 草木亦含馨 止水觀心法
高山想典刑 坐來塵事少 松月洗心亭 趙澗松任道 東賢十六詠 有曰 泰山秋氣壓
頹瀾 敬義工程妙透關 道不遇時寧小用 懷藏國器軸邁間 趙竹陰希逸 有詩曰 昔
歲尋仁里 重來入德門 誰知方丈麓 又有武陵源 水靜魚遊樂 山深鳥性存 松陰古
亭上 絶洒謝塵煩 河謙齋 次趙竹陰 入德門韻 二首曰 九曲峯前德有村 川流東放
正開門 訪眞遊子賴知入 須向原頭求至論 何事天津橋上村 空中樓閣入無門 賴
知肉菜尋常用 上達方聞太極論 河台溪 又次曰 德山山下德川村 入者皆由入德
門 俗子不知名以德 漫將山水向人論 許滄洲燉 入德川詩曰 德以爲山德以川 先
生止止樂夫天 百年遺躅無人續 空使山川任自然

• 이때에 겸재 하홍도가 지은 상향축문은 다음과 같다.

덕천서원 상향축문

하홍도

도는 중용을 의지했고 학문은 경의를 성취했습니다.
은둔하여 형통했으니 백세토록 무궁할 것입니다.

德川書院 常享祝文

河弘度

道依中庸 學成敬義 以遞而亨 百世以俟

• 경오년(1690) 숙종대왕 16년 서원을 중수하였다.

庚午 肅宗大王 十六年 重修書院

정기윤鄭岐胤70)이 경의재敬義齋 중수기를 지었다. 중수기는 다음과
같다.

경의재 중수기

　경의재敬義齋는 수우당 선생이 남명 선생을 위하여 창건한 것이다. 선생께
서 일찍이 경의敬義 두 글자를 손수 써서 창벽 사이에 붙여놓고 스스로 성찰
하였으므로 인하여 재실에 명명했다. 불행히도 큰 난리를 겪어 재사가 화재
를 당하였고 후인들이 또 중건하여 당이 무릇 몇 칸이었으나 세월이 오래되
어 기둥과 서까래가 또한 이미 기울어지고 무너졌다.

　금년 봄에 서원의 제생들이 서로 더불어 중수를 도모했는데 권여형權汝亨
김성함金聖咸71)이 그 일을 주관했고 권대익權大益 조하상曺夏相 조하구曺夏龜가
그 공사를 다스렸다. 이 일을 일제히 목사에게 고하자 목사 김시경金始慶72)이
식량과 군졸을 제공하여 공사를 도왔으니 대개 사문斯文을 수호하는 일이었
기 때문이다. 이에 그 썩은 재목을 교체하고 그 벽을 다시 바르고 그 단청을
새롭게 하여 얼마 못되어 완공했으니 입덕문入德門으로부터 세심정洗心亭을 경
유하여 경의재敬義齋에 들어가게 되었다.

　아! 경의敬義가 정립되지 않으면 마음이 바르지 않고 마음이 바르지 않으면
덕德에 들어갈 수 없다. 이 재실에 거처하는 이들이 참으로 능히 경의敬義를
협지한다면 마음이 바를 것이고 마음이 바르면 덕德에 들어갈 수 있을 것이

---

70) 정기윤鄭岐胤(?~?): 자는 석경錫卿이고 본관은 초계草溪이다. 동계桐溪 정온鄭蘊의 손자이고 미수眉叟
　　허목許穆의 사위로 영릉참봉 청하현감淸河縣監을 지냈다.

71) 권여형權汝亨 김성함金聖咸: 이 두 인물은 1700년 무렵 덕천서원 원임으로 있었다.

72) 김시경金始慶(1659~1735): 자는 선여善餘, 호는 만은晩隱, 본관은 안동이다. 숙종 28년(1702)에 진주목사
　　로 부임하여 다음 해인 계미년(1703)에 이임했다.

다. 이와 같이하기를 그치지 않는다면 선생의 도가 다시 세상에 밝아질 것이니 이는 나와 여러 군자들이 마땅히 면려할 바이다.

　본원本院은 만력 병자년(1576)에 창건하였고 임진년(1592)에 불에 탔으며 임인년(1602)에 중창했고 금년(1703)에 또 중수했으니 만력부터 금년에 이르기까지 128년이니 이 일이 어찌 우연이겠는가! 삼가 그 시말을 위와 같이 기록한다.

　鄭岐胤 撰敬義齋重修記曰 敬義齋者 守愚先生 爲南冥先生 所刱也 先生嘗手書 敬義二字 付諸牕壁間以自省 故因以命齋焉 不幸經大亂 齋入於灰燼中 後人又重建之 堂凡幾間 歲月多 楹桷亦已傾圮 今年春 院之諸生 相與謀重修 權汝亨 金聖咸 主其事 權大益 曺夏相 曺夏龜 董其役 齊告于府伯 府伯金侯始慶 給役糧及軍丁 以助之 盖衛斯文事也 於是 易其朽材 更其塗墍 改其丹腰 不亟而成 自入德門 由洗心亭 入于敬義齋矣 嗚乎 敬義不立則心不正 心不正則無以入德矣 居于齋者 苟能敬義夾持則心可正 心正則可以入德矣 若是不已 則先生之道 復明於世 此吾與諸君子之所當勉者也 本院 刱於萬曆丙子 燬於壬辰 重刱於壬寅 今年又重修之 自萬曆至今 百二十有八年 事豈偶然哉 謹記其始終如右云

• 병진년(1796) 정종대왕 20년 서원을 중수하였다.

　丙辰 正宗大王 二十年 重修書院

이때에 이가환[73]이 중수기를 지었다. 중수기는 다음과 같다.

덕천서원 중수기

　진주목晉州牧의 남명 선생 덕천서원은 우리 선조대왕 9년(1576) 병자에 처음 건립되었는데 25년(1592) 임진에 이르러 왜적에게 소실되었다. 왜적이 물

---

73) 이가환李家煥(1742~1801): 자는 정조廷藻 호는 금대錦帶·정헌貞軒, 본관은 여주驪州로 성호星湖 이익李瀷의 종손從孫이다. 신유박해 때 서학西學의 괴수로 몰려 국문을 받던 중 옥사하였고, 사후에 기시棄市되었다. 저서로 『금대시문초錦帶詩文鈔』가 남아 전한다.

러가고 35년(1602) 임인에 다시 건립하였다가 뒤이어 중수한 것이 광해군 기유년(1609)과 숙종대왕 29년(1703) 계미이다. 계미년부터 지금까지 또 무릇 90여 년이 지났으니 견고한 것도 허물어지고 세워놓은 것도 기울어졌으며 새롭고 선명한 것도 더러워지고 흐려졌다. 산장山長인 번암樊巖 채상국蔡相國[74]께서 진주목사 정재원丁載遠[75]과 고을 선비 하응덕河應德[76] 이필무李必茂[77] 및 선생의 후손 용완龍玩에게 위탁하여 재목을 모으고 장인을 소집하여 예전 규모를 따라 새롭게 중수하고는 병진년(1796) 중춘에 공사를 마쳤다. 많은 선비들이 이에 기문이 없을 수가 없다면서 이를 나에게 명하였다.

내가 가만히 생각건대, 하늘이 사람을 태어나게 함에 그 처음에는 순수하여 선善하지 않음이 없으니 이것이 이른 바 이理이다. 그러나 그것은 형기形氣 가운데 품부되어 있으므로 능히 혼명昏明과 강약强弱의 차이가 없을 수가 없다. 하물며 삼대三代 이후로 공리功利와 사장詞章과 무릇 일체의 구차한 사설邪說들이 이미 이를 덮어서 막아버리고 그 범민凡民의 이단異端과 청정 적멸한 종교가 또 함정에 빠져들게 하였다. 이에 그 고명高明함이 우매하고 혼란해져 나아가 좇을 곳이 없게 되었으니 이것이 1,500년간에 비록 호걸스런 선비가 있어도 끝내 스스로 분발하여 그 처음 하늘이 부여한 것을 다하지 못한 까닭이다.

송나라 정주程朱 부자夫子가 출현하여 비로소 제기하고 개시하여 사람들로 하여금 그 향할 바를 알게 하고 다시 남아있는 문제를 없게 하였다. 이에 학자들이 능히 그 단계를 좇아 이리 저리 헤매지 않고 참으로 매진한다면 성인 되고 현인 됨이 바로 여기에 있어 속일 수가 없었다. 돌아보건대 세대가 멀어지고 도가 상실되어 똑똑한 자는 새로운 학설에 몰입하여 앞 사람에게 상이한 것만을 추구하고 못난 자는 또 지루하게 얽히고 섞여 옥상가옥의 비난을 들으면서도 끊임없이 입과 귀의 네 촌 사이에만 출입하면서 그 그릇됨

---

74) 번암樊巖 채상국蔡相國: 채제공蔡濟恭(1720~1799)이다. 자는 백규伯規, 호는 번암樊巖, 본관은 평강平康으로 단성현감을 지낸 채응일蔡膺一의 아들이다. 1785년 덕천서원 원장에 취임하였다. 저서로 『번암집』이 있다.

75) 정재원丁載遠(1730~1792): 자는 기백器伯, 본관은 압해押海로 정약용丁若鏞의 부친이다. 진주목사를 지냈다.

76) 하응덕河應德(1742~?): 자는 성일聖一이다. 1791년부터 덕천서원 원임으로 활동한 기록이 있다.

77) 이필무李必茂(1743~?): 자는 의지宜之이다. 1795년부터 덕천서원 원임으로 활동한 기록이 있다.

을 깨닫지 못하였다.

　오직 선생께서 우뚝하게 그 대체大體를 먼저 정립하고 특별히 경의敬義 두 글자를 게시하여 일월 같이 여겼다. 그 '계부雞伏'라는 것은 오로지 뜻을 전일하게 하여 이것에 지극함을 이루는 것이고 그 '뇌룡雷龍'이라는 것은 강건하게 분발하여 이것에 힘써 매진한다는 것이니 이것이란 무엇인가? 바로 경의敬義이다. 대역大易에서 이를 처음 말하고 정주程朱가 이를 거듭 천명했는데 선생에게 이르러 참으로 이를 알고 실천하여 학문이 끊어진 가운데에서 분기하여 우뚝이 백세의 스승이 되었다. 그 효력은 또 뒷날 학자들로 하여금 입덕문入德門으로 들어가 신명사神明舍를 주재하여 그 정대 광명함을 지극하게 하였고 행여 일호一毫라도 이에 미진한 점이 있으면 모두 구차스럽게 여기도록 하였으니 아! 위대하다.

　내가 비록 우둔하고 누추하여 족히 덕德을 알지는 못하지만 그러나 가만히 생각건대 학자들이 한갓되이 선생의 태산교악泰山喬嶽만 보고 그 탁절함을 난감해 하면서 미칠 수 없다고 생각할까 염려스러웠다. 이에 문득 예전에 들은 것을 서술하여 선생의 조예가 비록 고원하지만 우리가 함께 품부 받은 바에 더 더함이 있지 않고 공력을 쏟음이 비록 심대하지만 또한 모두 성현들이 이미 말한 바에서 나왔음을 밝혀둔다. 바라건대 학자들은 서로 더불어 감발하고 흥기하여 유위자有爲者는 이와 같이 해야 함을 알게 한다.

德川書院 重修記

　晉州牧 南冥先生 德川之院 始建于我宣祖大王九年丙子 至二十五年壬辰 燬于倭賊 賊退復建于三十五年壬寅 嗣後重修者 光海君己酉 肅宗大王二十九年癸未也 自癸未距今凡九十餘年 固者毀 竪者欹 而哀新鮮者 漫漶 山長樊巖蔡相國 屬州牧丁使載遠 與州之士河應德李必茂 及先生之後孫龍玩 鳩材庀工 仍舊而新之 告功于丙辰之仲春 多士以其不可以無記 以命家煥 家煥竊惟 天之生斯人 其初粹然而無不善 即所謂理也 惟其賦於形氣之中 故不能無昏明強弱之殊 況自三代以後 功利詞章 與凡一切以就苟且之說 旣足以蔽錮 其凡民異端淸淨寂滅之敎 又有以陷溺 其高明泯泯棼棼 無所適從 此所以千五百年之間 雖有豪傑之士 卒不能自奮而盡其天賦之初者也 至有宋程朱夫子之出 始乃提挈開示 使斯人知所向方者 無復餘蘊 學者苟能循其階級 不貳不參 而實用力焉 則爲聖爲賢 即有在是 而不可

誣者 顧乃世遠道喪 高者 務爲新說 以求異於前人 卑者 又支離繳繞 以取疊床之
譏 駸駸然出入於口耳四寸之間 而莫覺其非 惟先生卓然 先立於其大者 特揭敬義
二字而日月之 其曰雞伏者 專精壹意 以致極乎此者也 其曰電龍者 剛健奮迅 以勉
進乎此者也 此者何也 曰敬義也 大易始言之 程朱申闡之 至先生 爲能眞知而實踐
之 以奮於絶學之中 巍然爲百世師 而其效又使後之學者 由入德之門 主神明之舍
有以極其正大光明 而或有一毫未盡於是者 皆苟焉而已 嗚乎偉哉 家煥雖愚陋 不
足以知德 然竊懼學者 徒見先生之泰山喬嶽也 苦其卓而以爲不可幾及也 輒述舊
聞 以明先生之所造雖高 而非有加於吾人之所同得 用工雖深 而亦皆出於聖賢之
所已言 庶幾學者 相與感發興起 咸知有爲者之若是云爾

『어정규장전운御定奎章全韻』을 하사받았다.

・정사년(1797)『향례합편享禮合編』을 하사받았다.

・무오년(1798)『어정오경백편御定五經百篇』 및 『춘추春秋』 간본을 하사받
았다.

・순조대왕 16년(1816) 병자에 남이우南履愚[78]가 경의재敬義齋 중수기를
지었다. 중수기는 다음과 같다.

경의재 중수기

경의敬義 두 글자는 주역에 근본한 것이다. 주역에 말하기를 '군자는 경敬하
여 안을 곧게 하고, 의義하여 밖을 바르게 하나니 경의敬義가 정립되면 덕德이
외롭지 않다'[79]고 하였다. 남명 선생은 일찍이 안을 곧게 하고 밖을 바르게
하는 것으로써 학문의 요점으로 삼았다. 그렇기 때문에 조예가 고명하고 실

---

78) 남이우南履愚(1767~?): 자는 노직魯直, 본관은 의령宜寧이다. 순조 5년(1805) 진사시 합격했고 순조
　15년(1815)에 산음현감으로 부임하여 다음 해 병자년(1816)에 경의재 중수기를 지었다.
79)『주역周易』「곤괘坤卦」「문언전文言傳」에 나오는 말이다.

천이 분명하여 우뚝이 명종 선조조에 대유大儒가 되었다. 영남의 사기士氣는 선생의 풍범을 보고 나약한 이가 뜻을 세웠으며 우리나라의 도통道統은 이로부터 전해져 끊어지지 않았다. 벽에 쓰인 두 글자를 보면 대개 선생이 지닌 바를 알 수 있으니 이것이 재齋를 경의敬義라 이름한 까닭이다.

재실은 진양晉陽 덕산德山에 있는데 곧 선생의 옛 터이니 인하여 향사享祀를 받드는 장소로 삼았다. 재실의 창건은 만력萬曆 병자년(1576)이었으나 임진년(1592)에 소실되어 임인년(1602)에 중건했으니 이미 오래 되어 퇴락하였다. 정조 병진년(1796)에 가대인家大人이 진주晉州로 부임하여[80] 돈 오천 냥을 내고는 식량을 보조하고 장정을 제공하였다. 이에 진주 선비 하응덕河應德[81]이 그 일을 관장하고 단성 선비 이필무李必茂[82]가 그 역사를 감독했으며 본손 조용완曹龍琓이 그 업무를 총괄하여 6개월 만에 공사를 마쳤다.

그러나 고을 선비들이 서로 더불어 탄식하는 가운데 지금까지 21년이 지나도록 기문記文이 없었다. 지난 해 내가 영좌嶺左로부터 산청山淸에 부임했는데 산청은 진주와 더불어 인접한 곳이다. 이에 유림의 장로들이 나로 하여금 그 일을 추기追記하게 함이 마치 기다리고 있은 듯하여 도의상 감히 사양하지 못하고 삼가 그 개략을 위와 같이 기록한다. 그 이름을 상고하여 그 뜻을 생각하고 남긴 자취를 접하여 후학을 빛내며 경의敬義를 마음에 지니어 능히 익히지 않더라도 이롭지 아니함이 없는 영역[83]에 나아가는 일은 내가 진주의 선비들에게 바라는 바이다.

純祖大王 十六年 丙子 南履愚 撰敬義齋重修記曰 敬義二字 本乎易 易曰君子 敬以直內 義以方外 敬義立 而德不孤 南冥先生 盖嘗以直內方外 爲學文之要 故 造詣高明 踐履端的 卓然爲明宣朝大儒 嶺南士氣 聞風而立懦 我東道統 有傳而不 墜 觀乎題壁二字 槩可以知其所存矣 此齋之所以名敬義也 齋在晉陽之德山 卽先 生古基 因以爲俎豆之所 齋之刱 在萬曆丙子 灰燼於壬辰 重建於壬寅 既久頹圮焉

---

80) 『진양지晉陽誌』「임관편任官篇」에 보면 남이우南履愚의 부친인 남인로南寅老는 정조 19년(1795) 을묘에 진주 목사로 부임하여 22년(1798) 무오에 이임했다고 기록되어 있다.

81) 하응덕河應德(1742~?): 자는 성일聖一이다. 1791년부터 덕천서원 원임으로 활동한 기록이 있다.

82) 이필무李必茂(1743~?): 자는 의지宜之이다. 1795년부터 덕천서원 원임으로 활동한 기록이 있다.

83) 『주역周易』「곤괘坤卦」 육이六二 효사爻辭에 '곧고 바르고 크니 익히지 않아도 이롭지 아니함이 없다直方大 不習 无不利'라고 하였다.

正廟丙辰 家大人出莅晉州 貸錢五千 助其粮需 給其丁夫 於是乎 州士人河應德掌
其事 丹城士人李必茂董其役 本孫曺龍玩總其務 六月而工告訖 州之士人 相與咨
嗟感歎 而迄今二十有一年 未有記文 昨年不侫 自嶺左 移宰于山淸 淸與晉接 其
儒林耆老 俾不侫追記其事 事若有待 義不敢辭 謹述其梗槪如右 若夫考厥名而思
其義 接遺躅而光後學 敬義挾持 克造乎不習無不利之域 則不侫所以有望於晉之
多士者云爾

- **을해년(1815) 순조대왕 15년 풍영정風詠亭을 중수하였다.**

 乙亥 純祖大王 十五年 重修風詠亭

이익운李益運84)이 기문을 지었다. 기문은 다음과 같다.

풍영정 중수기

　　제물을 차려놓고 예식을 거행함은 추로鄒魯의 유풍이자 영남의 미속美俗이
다. 지난 명종 선조 때에 하늘이 두 대현大賢을 영남에 내렸으니 바로 퇴도退陶
이선생李先生85)과 남명南冥 조선생曺先生이 이분이다. 남명이 별세하자 영남의
문인 장보章甫들이 서로 더불어 사당을 건립하여 향사를 드리고 강당과 학사
를 지어서는 도덕 박학한 선비를 맞이하여 옷을 걷고 당에 올라 공맹孔孟의
학문을 강론하며 고을의 자제들이 집단으로 모여서 학습하는 곳으로 삼았다.
만력 임진년(1592) 왜노倭奴 평수길平秀吉이 온 국력을 경주하여 쳐들어와 도
적질 할 적에 그 무리들이 서원을 차지하여 소굴로 삼았는데 난이 평정된
후 그 비린내 나고 더러워진 것을 쓸어내고 새롭게 하였다.
　　정자는 입덕문入德門 서쪽 세심정洗心亭 북쪽에 우뚝 솟아 있는데 그 넓고

---

84) 이익운李益運(1748~1817): 자는 계수季受, 호는 학록鶴鹿, 시호는 정숙靖肅, 본관은 연안延安이다. 영조
　　50년(1774) 식년문과 급제하여 대사간 대사헌 공조·예조판서 경기관찰사 지중추부사 대호군을
　　역임했고, 순조 14년(1814) 갑술에 덕천서원 원장이 되었다.
85) 퇴도退陶 이선생李先生: 이황李滉(1501~1570)이다. 자는 경호景浩, 호는 퇴계退溪·퇴도, 본관은 진성으로
　　경상도 예안현 온계리 출신이다. 생전에 두 차례 남명과 편지를 주고받은 적이 있다. 저술로
　　『퇴계집』 등이 있다.

좁고 길고 짧은 규모의 배치는 참으로 선생이 거처한 상실橡室의 제도를 취하였다. 계곡이 유심하고 도화가 물가에 널려있어 선생이 지칭한 무릉도원이 이곳이니 바로 이른 바 취성정醉醒亭이다. 옛날 당나라 이덕유李德裕의 평천平泉 별장에 취석醉石과 성석醒石이 있었는데86) 이 정자는 참으로 이를 겸하고 있으니 대개 '중인衆人이 모두 취하여도 나는 홀로 깨어있다'87)는 뜻을 취한 것이다.

아! 군자는 현달하면 천하와 더불어 선을 함께 하고 곤궁하면 홀로 그 몸을 선하게 하였으니88) 홀로 그 몸을 선하게 함은 홀로 깨어있는 것이 아니겠는가! 선생의 도는 비록 세상에 크게 행해지지 못했지만 선생의 풍범은 완악한 이를 일으키고 나약한 이를 서게 했으니 나는 그 깨어나게 한 자가 많음을 이에서 보겠다. 선생의 도는 단정하고 순수하며 충담하고 온화하며 고명하고 박후하여 그 학문을 할 적에는 강학强學과 역행力行으로 근본을 삼고 그 몸을 정립할 적에는 효우孝友와 충정忠正으로 기준을 삼았으며 그 남을 가르칠 적에는 재능을 헤아려 직분을 맡기는 것으로 표적을 삼았다. 그러므로 집에서 거처할 때는 향인들이 본받고 관직에 있을 때는 대중들이 흠모했으니 교육이 시서詩書에서 벗어나지 않고 감화가 이숙里塾에서 넘어나지 않아도 그 점점 진보하고 연마한 이들이 광범했다. 이에 유풍과 여운이 마침내 영남 전역으로 하여금 노魯나라가 한번 변하면 도가 있는 나라에 이를 것89)이라는 말에 거의 가깝게 하였으니 나는 그 깨어나게 한 자가 참으로 많음을 이에서 보겠다. 그렇다면 중인衆人의 취함은 참으로 선생을 기다리지 않고서 깨어날 수 있겠는가!

아! 산천山川은 반드시 그 사람을 만나야 유명해진다. 현산峴山이 유명해진 까닭은 양숙자羊叔子의 눈물과 두정남杜征南의 비석 때문이고90) 저산滁山이 유

---

86) 이덕유李德裕의 평천平泉 별장은 낙양성洛陽城 남쪽 30리에 있었다. 이곳에는 성주석醒酒石이란 바위가 있어 이덕유가 술을 마시고 취하면 이곳에 올라 구경하였다고 한다.

87) 굴원屈原이 지은 「어부사漁父辭」에 '衆人皆醉 我獨醒'이란 말이 있다.

88) 『맹자孟子』 「진심盡心」 장에 나오는 말이다.

89) 『논어論語』 「옹야雍也」 편에 '子曰 齊一變 至於魯 魯一變 至於道'는 말이 있다.

90) 현산峴山은 중국 호북성湖北省 양양현襄陽縣에 있는데 진晉나라 양호羊祜(叔子는 그의 자임)가 양양襄陽을 다스릴 적에 항시 이곳에 올라 노닐면서 말하기를 "우주가 있고부터 이 산이 있었고 이래로 현달賢達 승사勝士들이 이곳에 올라 유람하기를 나와 그대들처럼 한 이가 많았을 것이다. 그러나 지금은 모두 죽고 없어 후인으로 하여금 슬프게 한다. 만약 내가 백세百歲 후에도 지각이 있다면 혼백魂魄이

명해진 까닭은 위좌사韋左司의 시와 구양공歐陽公의 술 때문이지만91) 모두 선생의 도에는 미치지 못한다. 임하여 구경할 만한 승경勝景은 이른 바 물이 맑고 산이 높은 것인데 돌출한 것은 오뚝하게 언덕을 이루고 함몰된 것은 휑하게 골짜기를 이루며 우묵한 곳은 못이 되고 틈이 난 곳은 골이 되었으니92) 모두 이를 고상하게 논할 겨를이 없다. 정자가 오래되어 허물어지자 선생의 손자 현감 용완龍玩이 여러 선비들과 도모하여 이를 고치고 하여금 찾아오게 하여 그 일을 적어줄 것을 청하였다.

후학 연안 이익운李益運 기

또 이름을 고쳐 풍영정風詠亭이라 하였다.

李益運 記之曰

陳俎豆 設禮容 鄒魯之遺風 而嶺南之美俗也 往在明宣之際 天降兩大賢于嶺南 卽退陶李先生 南冥曺先生 是已 南冥之歿 嶺之門人章甫 相與建祠而俎豆之 作爲講堂學舍 延道德博聞之士 摳衣升堂 講明孔孟之學 而鄕人子弟 相與群萃同處 以爲肄習之地 萬曆壬辰 倭奴平秀吉 傾國入冦 其徒據院而爲之巢 亂旣平 爲其腥穢也 易而新之 亭於入德門之西 洗心亭之北 特起焉 其廣狹長短 規爲鋪寘 實取先生所居 椽室之制 溪壑窈窕 桃花遍水 先生所稱武陵源者 此地 而卽所謂醉醒亭也 昔李 皇 於平泉有醉石醒石 亭實兼而有之 而盖取乎衆醉獨醒之義也 嗚乎 君子 達則兼善天下 窮則獨善其身 獨善 非獨醒歟 先生之道 雖未大行於世 先生之風 將起頑而立懦 則吾見其醒之者 衆矣 先生之道 端粹而冲和 高明而博厚 其爲學 以强學力行爲宗 其立身 以孝友忠正爲準 其敎人 以量才授職爲的 居家而鄕人式之 處官而輿人懷之 敎不出於詩書 化不越乎里塾 而其漸之磨之者廣矣 流風餘韵

응당 이곳에 오르리라." 하면서 눈물을 흘렸다 하였고 이후 주민들이 그 정상에 양호羊祜를 기리는 비석을 세웠는데 보는 이마다 그를 추모하여 눈물을 흘리자 양호羊祜를 이어 부임한 정남대장군征南大將軍 두예杜預가 그 비석을 타루비墮淚碑라 하였다고 한다.

91) 저산瀦山은 안휘성安徽省 저현瀦縣에 있는 저주瀦州를 말하는데 당나라 좌사낭중左司郎中을 지낸 위응물韋應物이 '저주서간瀦州西澗'이란 제목으로 '獨憐幽草澗邊生 上有黃鸝深樹鳴 春潮帶雨晚來急 野渡無人舟自橫'이란 명시를 남겼고 송나라 구양수歐陽脩는 저주瀦州 태수로 있으면서 '취옹정기醉翁亭記'란 명문을 남겼다.

92) 원문의 '出者突然成丘 陷者呀然成谷 窪者爲池 而缺者爲洞'은 당나라 한유韓愈가 지은 「연희정기燕喜亭記」에 나오는 말이다.

遂使全嶺之南 幾乎魯一變至道 則吾見其醒之者 果衆矣 然則衆人之醉 顧不待先
生而醒者乎 嗟乎 山川必待人而名 峴山之所以名者 羊叔子之淚 杜征南之碑也 滁
山之所以名者 韋左司之詩 歐陽公之酒也 而皆不足爲先生道也 若夫臨觀之勝 所
謂水淸而山高 出者突然成丘 陷者呀然成谷 窪者爲池而缺者爲洞 皆未暇爲斯高
論也 亭久廢壞 先生之孫縣監龍玩 與多士謀而改之 使來請書其事 後學延安李益
運記

又改曰風詠

• 정해년(1827) 순조 27년
(이하는 구지舊誌에 기록이 없어 지금 상고하여 수록함)

丁亥 純祖 二十七年(以下 舊誌無錄 今考蒐錄)

완문

　덕천서원 유생인 진사 이우빈李佑贇[93] 등은 삼가 절하고 대종백大宗伯[94] 합
하閤下에게 글을 올립니다.
　엎드려 생각건대 본주本州의 덕천서원은 곧 우리 문정공 남명 조선생의 위
패를 모신 곳입니다. 원우의 안배와 수호의 절목은 도산陶山 옥산玉山 서원과
더불어 동일한 규모이니 남쪽 지방에서 일컫는 삼산三山 서원이 이것입니다.
옛날 가정嘉靖 신유년(1561)에 선생이 처음으로 두류산頭流山 덕천동德川洞에
들어와서 산천재山天齋와 상실橡室을 짓고 당세의 제현들과 더불어 도학을 강
론했으니 이에 마을의 모습이 비로소 갖추어졌습니다.
　융경隆慶 임신년(1572)에 이르러 선생이 돌아가시자 만력萬曆 4년(1576)에
여기에 서원을 세워 서원 아래 거주하는 백성들로 하여금 그 신역身役을 면해
주고 오로지 수호하게 하였습니다. 예전에 예조의 완문完文을 게시하여 지금
까지 남아있기 때문에 수백 년 동안 옛 법도를 지켜 시행해 왔습니다.

---

93) 이우빈李佑贇(1792~1855): 자는 우이禹彌, 호는 월포月浦이고 본관은 성주星州로 진주晉州 여사餘沙에
　　거주하였다. 순조 22년(1822) 사마시에 합격했고 저서로는 『월포집月浦集』이 있다.
94) 대종백大宗伯은 예조판서의 별칭이다.

최근 이래로 법규가 오래되고 폐단이 생겨 관역官役이 간간이 침범하니 만약 이런 일이 그치지 않는다면 대선생의 사액서원을 장차 어찌 수호할 수 있겠습니까? 이에 한결같은 목소리로 현인을 높이고 예의를 돈독히 하는 대종백 합하에게 우러러 고하노니 엎드려 바라건대 옛 법도를 따르라는 뜻을 엄격히 밝혀 대현의 사액서원 수호를 온전하게 하여주십시오. 삼가 어리석음을 무릅쓰고 아룁니다.

제사題辭에,
이미 완문完文이 걸려 있으니 본읍本邑은 더욱 신칙申飭하여 영구히 시행함이 마땅한 일이다.

정해년(1827) 11월 12일
예조

完文

德川書院 儒生進士李佑贇等 謹拜上書于 大宗伯閤下 伏以本州德川書院 卽我文貞公南冥曺先生 妥靈之所也 院宇排布 守護凡節 與陶山玉山 同一規模 而南州素稱三山是也 在昔嘉靖辛酉 先生始入于頭流山德川洞 築山天齋及橡室 與當世諸賢 講道論學 於是乎 村容始成 而至隆慶壬申 先生易簀 萬曆四年 建院于此 使院邸居民 除其身役 專意守護 昔有春曹完文揭板 至今尚存 故累百年 遵古規施行矣 挽近以來 法久弊生 官役間侵 若此不已 大先生額院 將何以守護乎 茲以齊聲仰籲於尊賢敦禮之下 伏願嚴明題下遵古之意 以完大賢額院守護之地 謹冒昧以陳
題
既有完文揭板 則自本邑 更加申飭 永久施行 宜當向事

丁亥十一月十二日
禮曹

절목節目

덕천서원德川書院은 곧 우리 문정공 남명 조선생의 위패를 모신 곳으로 영남에서 말하는 삼산三山 서원書院95) 중의 하나이니 선배의 규범과 후학의 사모함을 어찌 다른 서원과 더불어 동일하게 말할 수 있겠는가! 돌아보건대 나는 선의先誼의 두터움과 후생後生의 감회로써 서로 천리나 떨어져 있어 매양 태산 북두泰山北斗와 같은 우러름이 간절했지만 추모의 정을 펴지는 못하였다. 다행히 이 고을에 부임하여[96] 외람되게 산장山丈의 임무를 맡아 자주 서원을 살펴보니 옛날의 모습은 이미 없어지고 새로운 폐단만 거듭 생겨 복구할 수 없는 지경인지라 일념으로 방황하면서 밤낮으로 편치 못한 지가 오래 되었다. 만약 지금 완전히 고치지 않는다면 선인들이 지켜온 법도와 대현을 향사하는 예의가 장차 어찌 되겠는가! 이에 재임 하경수河慶秀 이우순李佑峋 본손 조헌진曺憲振 조석우曺錫瑀와 더불어 절목節目을 정하여 서원의 벽에 걸어놓고 영구히 지킬 법도로 삼는다.

경오년(1870) 중춘 팔계八溪 후학 정현석鄭顯奭[97] 근기謹記

절목節目

一. 불어난 재물을 별도로 정하여 원우院宇에 비가 새면 즉시 보수할 일.

一. 원답院畓은 향교의 예에 의거하여 그 옥척沃瘠에 따라 길이 지정할 것이며 만약 절목을 준수하지 않고 속습을 따라 폐단을 일으키는 자는 스스로 관官에 받쳐야 할 일.

一. 원답院畓은 사답私畓에 부과하는 예를 따라 소작인에게 나누어주어 길이 준수할 일.

一. 산외山外의 전답은 산내山內로 이매移買할 일.

一. 반작班作은 절대로 농사를 허락하지 말 일.

一. 사원士員은 도포가 아니면 서원에 들어올 수 없게 할 일.

一. 장날에는 서원 문을 열지 말 일.

---

95) 덕산서원德山書院 도산서원陶山書院 옥산서원玉山書院을 지칭한다.

96) 『진양지晋陽誌』에 보면 정현석鄭顯奭(1817~1899)은 고종 4년(1867) 정묘에 진주 목사로 부임했다가 고종 7년(1870) 경오에 이임했다.

97) 정현석鄭顯奭(1817~1899): 자는 보여保汝, 본관은 초계로 한양에 거주했다.

德川書院 卽我文貞公南冥曺先生 妥靈之所 而嶠南所稱三山之一也 先
輩之規畫 後學之尊慕 豈可與他院同日語哉 顧余以先誼之厚 後生之感 相
距千里 每切山斗之仰 未展羹墻之慕 幸莅玆州 猥當山丈之任 數度審院 則
古規已廢 新弊層生 以至於莫之爲救 所以一念彷徨 晝宵難安者 久矣 若不
及今更張 則先輩扶護之規 大賢俎豆之禮 其將何如也 玆與齋任河慶秀李
佑峋 本孫曺憲振曺錫瑀 約定節目 揭版院壁 以爲永久遵守之道云爾

庚午 仲春 八溪 後學 鄭顯奭 謹記

節目

一 區畫生財 院宇之滲漏 卽爲修補事
一 院畓 依校宮例 隨其沃瘠 永爲地定 而如有不遵節目 承習生弊者 自官
　捧給事
一 院畓 依私畓對卜例 分送作者處 永爲遵行事
一 山外之畓 移買於山內事
一 班作 切勿許耕事
一 士員 非道袍 則不得入院事
一 市日 院門 勿開事

원지속록서院誌續錄序

우리 선조 노선생老先生의 덕천서원지德川書院誌는 고종 7년(1870) 서원을 훼
철한 후 서원에는 상세하고 명확한 원지院誌가 없었다. 지난 무오년(서기
1918년) 사우를 중건하고 원지를 계속 기록하여 후세에 소명할 자료를 갖추
었다. 그런데 그 원지가 작은 지첩을 조잡하게 엮어서 봉심奉審하는 이로 하
여금 소략하고 졸렬한 느낌이 없지 않게 하였다.

내가 욕되게도 내임內任으로 있으면서 태연히 두고 볼 수 없어 이를 등사하
여 다시 편집하려고 생각한 지가 오래 되었다. 이에 외임外任 하동근河東根 이
상학李相學과 더불어 정리할 일을 상의하고 현재弦齋98) 문숙門叔의 유초 잡기

와 근고 사적 중에 기재할 만한 것을 고증하여 빠짐없이 수록하고 등사하여
이를 무오년 구지舊誌 아래 붙여 책 한권을 만들었다. 구지는 예전 그대로
보존했으니 어찌 차후에 징신徵信할 자료가 되지 않겠는가! 외람되이 참람함
을 헤아리지 아니하고 대략 그 편성 전말을 서술하여 여러 군자에게 고한다.

을축년(1985) 유하절 12세손 의생義生 근지

維我先祖老先生 德川院誌 自高宗七年毀院之後 院無詳明之誌 往在戊
午(西紀一九一八年) 重建祠宇 繼錄院誌 以備後世昭明之資 然而 其爲誌
者 粗綴小帖 使奉審者不無疎劣之感 義生 忝在內任 不可泥視 故 思欲騰寫
改編者 久矣 乃與外任河東根李相學 相議以爲釐整之事 考證弦齋門叔遺
艸雜記 及夫近古事蹟可爲記載者 無漏蒐錄騰寫 附之於戊午舊誌之下 合
爲一冊 而舊誌則依舊保存 豈來後徵信之資耶 所以不揆猥僭 畧叙編成顚
末 以諗于僉君子云爾

乙丑榴夏節 十二世孫 義生 謹識

- **경오년 고종 7년 서기 1870년 서원이 훼철되었다.**

  庚午 高宗 七年 西紀一八七〇年 書院毀撤

- **병진년 서기 1916년 진사 하재화河載華99) 주사 박재구朴在九가 도내 여러 선비들과 더불어 진주 향교에서 도회道會를 열고 경의당을 중건하기로 결의하였다.**

  丙辰 西紀一九一六年 進士河載華 主事朴在九 與道內多士 道會于晉州鄕校
  重建敬義堂 決議

- **무오년 서기 1918년 3월 1일 경의당을 중건하여 상량하였다. 회봉晦峯**

---

98) 현재弦齋: 조용상曺庸相(1870~1930)이다. 자는 이경彝卿, 호는 현재弦齋, 남명의 후손이다. 저술로
『현재집』이 있다.

99) 하재화河載華(1860~1936): 자는 부경復卿, 호는 여인헌與人軒, 본관은 진양으로 진주 사곡에 거주했다.

하겸진河謙鎭[100]이 상량문을 지었다. 상량문은 다음과 같다.

경의당 중건 상량문

경의敬義는 우리에게 일월日月과 같으니 그 도道가 서로 전해져 다함이 없고, 정채精采는 지나간 산천山川에 남아 있으니 이 당堂은 옛 건물을 인하여 지었다.

일은 마치 기다림이 있은 듯하니, 사문斯文이 여기에 있지 아니한가!

공손히 생각건대 남명 선생은, 참으로 우리나라의 사표師表이다.

스스로 이윤伊尹의 뜻과 안연顏淵의 학문에 분발하여 산사山寺에서 제생에게 읍하고 돌아왔으며, 진언陳言한 바가 모두 요堯임금과 순舜임금의 군민君民이라 대궐에 포의布衣로 나아갔다.

의리義利와 공사公私와 자적子賊에는 털끝만한 판단도 쇠를 자르듯 엄격했고, 강건剛健하고 독실篤實하며 휘광輝光한 일신日新의 노력[101]은 물을 쏟아도 새지 않을 듯하였다.

대개 그 간기間氣를 품부 받아, 성인聖人을 비방하는 자를 막았다.

기상은 천 길을 나는 봉황鳳凰이었고, 공부는 방촌 안에 한마汗馬와 같았다.

학기學記에 사칠四七과 이기理氣의 발함을 드러냈으니 요지는 퇴계退溪와 부합했고, 신명사神明舍에 태일太一과 존성存省의 요체를 걸었으니 그림은 태극도太極圖와 짝할 만하였다.

기묘년과 을사년에 큰 재앙 겪었으니 달밤의 노래가 구슬펐고, 태어난 해가 다시 돌아오니 산천재山天齋에 새로이 복거했다.

참으로 확고하여 꺾을 수는 없었지만, 어찌 과연 나라 일을 영영 잊었겠는가!

무슨 물건 지니고 돌아왔나 은하銀河가 십리이니 먹고도 남을 것이고, 소견이 더욱 높고 원대했으니 태산泰山에 올라가 만물이 모두 아래 있듯 하였다.

네 분 성현聖賢 진영을 항상 좌우座右에 두고서 우러러 보았고, 일시의 인걸人傑들을 가르쳐 역량에 따라 성취하게 하였다.

---

100) 하겸진河謙鎭(1870~1946): 자는 숙형叔亨, 호는 회봉晦峯, 본관은 진양晉陽으로 진주 수곡에 거주하였다. 저서로 『회봉집』·『동유학안』 등이 있다.

101) 『주역周易』 「대축괘大畜卦」 단사象辭에 '大畜 剛健 篤實 輝光 日新其德'이라 하였다.

두류산 목가木稼 재앙 슬퍼한 이래로, 다행히도 덕천서원 향사享祀를 드렸다.
창평昌平에는 오두막 하나 없고, 녹동鹿洞에는 현송絃誦 소리만 들렸다.

유풍遺風은 멀어질수록 더욱 사라지니 누가 다시 계승하겠는가, 세도世道는 흥했다가 쇠하나니 나라도 이를 따라 망하였다.

서원을 찾아볼 수 없으니 옛 터엔 어언간 잡초만 무성하고, 향사는 이미 끊겼으니 우리들 어디에서 추모 정성 드릴까!

사우祠宇는 금지하는 국법이 있기에 지을 수 없지마는, 강학講學은 우리들의 일이니 어찌 도모하지 아니하랴!

이는 장차 끊어진 실마리를 잇는 것이니, 또한 필히 후인들이 계승할 것이다.

매사는 뜻이 있으면 이루어지니, 논의는 약속하지 않아도 한결같았다.

새 집이 홀연히 세워지니 자리는 바꾸지 않았고, 옛 이름 그대로 걸었으니 우리가 받은 바가 있기 때문이다.

산과 물은 더욱 높고 깊으며, 선비들은 서로 함께 기뻐하였다.

빛나는 정화精華가 발산되니 거처함에 소미성少微星의 궤도를 따르고, 엄숙한 당우堂宇가 정연하니 도깨비들이 백물기百勿旗를 보고 놀랄 것이다.

긴 들보 들어 올리니, 좋은 노래 울려 퍼진다.

어기여차 들보를 동쪽으로 던지니, 두 글자 표제標題가 조용히 걸렸다. 한 번 지나갈 때마다 한 번씩 외운다면, 응당 이에 그대들 염계옹濂溪翁을 친견하리.

어기여차 들보를 남쪽으로 던지니, 양당兩塘의 강물이 남색보다 더 푸르다. 제비 날아 수면 스침 어찌 이리 경박한가, 물결이 일기 전에 묘리妙理 품고 있었다네.

어기여차 들보를 서쪽으로 던지니, 진령榛苓 보며 우리 미인美人 생각한다.[102] 요순시절 일월에 어찌 뜻이 없으련만, 침침한 먹구름이 고금에 어지럽다.

어기여차 들보를 북쪽으로 던지니, 만 길의 방호산方壺山 어찌 저리 높은가! 하늘이 울어도 울지 않는다 하였으니, 심오하다 이 뜻을 장차 누가 알겠는가!

어기여차 들보를 위로 던지니, 견우성과 북두성 사이에 검광劍光이 어렸다. 외단外斷하고 내명內明하는 여덟 글자 부절은, 협지夾持하여 사용함에 양륜兩輪과 같다네.

---

102) 『시경詩經』 패풍邶風 「간혜簡兮」편에 '山有榛 隰有苓 云誰之思 西方美人'이란 구절이 있다.

어기여차 들보를 아래로 던지니, 후인들 무궁토록 예전 성현聖賢 계승하리. 사업 닦고 경서 보는 본성 모두 같으니, 훌륭한 선비 차림 질서가 정연하다.

엎드려 바라건대 상량한 뒤로는, 유풍儒風 다시 번창하고, 성덕盛德 더욱 드러나리.

장수藏修하고 유식游息할 장소가 있으니 서로 면려하여 입실入室하고 승당升堂하며, 쇄소灑掃와 응대應對를 바탕삼아 제가齊家하고 치국治國함을 이룩하세.

돌아보건대 우리의 도道는 천지와 함께 하리니, 바라건대 소자小子들은 항시 면려하여 실추 말라.

戊午 西紀一九一八年三月一日 重建敬義堂 上樑 晦峯河謙鎭 撰上樑文曰

敬義如吾家日月 其道相須不窮 精采在所過山川 斯堂仍舊是作 事若有待 文不在玆 恭惟南冥先生 實是東國師表 自奮伊顔志學 山寺揖諸生歸 所陳堯舜君民 天陛由布衣進 義利公私子賊毫釐之判 截鐵是嚴 剛健篤實輝光日新之功 置水不漏 盖其以間氣所稟 不要作非聖之人 氣象焉千仞鳳翔 工夫則方寸馬汗 學記著四七理氣之發 旨意同符退陶 神舍揭太一存省之要 圖象可配太極 時經己乙大禍 夜月之歌長悲 歲維甲子重回 山天之居新卜 誠確乎其不拔 豈果哉於永忘 何物可以歸來 銀河資十里喫 所見益復高遠 東岱有萬品低 尊閣四聖賢眞 常目在座 成就一時人傑 充腹飮河 自夫頭流之悲木冰 尚幸德川之有院享 昌平無蓬蒿之入 鹿洞聽絃誦之聲 遺風愈遠愈泯 誰其繼者 世道有隆有汙 國亦隨之 宮牆無徵 舊址於焉草芥 俎豆已掇 我輩于何羹牆 祠宇自有邦禁 可以無作 講學猶屬吾事 敢有不圖 是或墜緒將扶 亦必後來可繼 凡事有志則就 詢謀不約而同 新構忽興 地不改卜矣 舊號斯冒 吾有所受焉 山水益增高深 冠紳于胥悅喜 燁燁兮精華發越 起居挹少微之躔 蕭蕭乎堂宇整齊 魑魅驚勿旗之建 長虹載擧 善頌隨騰 兒郎偉抛樑東 二字標題默處中 了得一通還一復 許君親見濂溪翁 兒郎偉抛樑南 兩塘江碧碧於藍 燕飛掠浪何輕簿 水未波時妙理含 兒郎偉抛樑西 蓁苓思我美人兮 唐虞日月豈無意 翳翳頑雲今古迷 兒郎偉抛樑北 萬仞方壺何峻極 天有鳴時猶不鳴 深哉此義將誰識 兒郎偉抛樑上 一劍牛斗成氣象 外斷內明八字符 夾持爲用如車兩 兒郎偉抛樑下 來者無窮繼往者 敦事釋經彛性同 峩我冠佩魚而雅 伏願上樑之後 儒風再昌 盛德彌著 藏修游息之有所 交勉夫入室升堂 灑掃應對之爲基 馴致乎齊家治國 顧吾道天壤俱弊 庶小子參倚不懘

• 신유년 서기 1921년 월일 경의당을 중건 낙성하였다. 하겸진河謙鎭이 경의당 낙성시 남명 조선생에게 고유하는 축문을 지었다. 축문은 다음과 같다.

경의당 낙성 고유 축문

훌륭하신 선생께선 백세의 사종師宗이시니, 학문은 성취하여 순후했고 도덕은 우뚝하여 떳떳했으며, 경의敬義를 아울러 정립하여 우리나라 일월日月이었습니다. 무릇 우리 후인들이 금수禽獸 이적夷狄 아니 되고 능히 금일 이른 것은 실로 누구의 덕분이겠습니까!

예전 덕천德川 물가에 근엄한 사당 있어, 왕이 편액 내리시니 준사俊士들이 마땅하게 여겼습니다. 중간에 다시 훼철되어 무성한 잡초만 슬픔을 일으켰으니, 갱장羹牆의 추모가 간절해도 어디에 우러러 의지하겠습니까!

이에 옛날 남은 터에 강당 다시 건립하여, 남쪽 향한 그 자리 산과 물도 광채를 더했으니, 낙성 잔치 행하면서 공손히 채례菜禮를 드립니다. 자나 깨나 잊지 못한 창주滄洲103)의 남긴 규범 준수했고, 또한 오직 수우당守愚堂은 문하의 고족高足으로, 도맥道脈이 전래한 바이니 배향配享함이 마땅합니다. 천추에 운수 필시 돌아옴은 불변의 진리이니, 바라건대 명령明靈께선 무궁토록 음우陰佑하시기 바랍니다.

辛酉 西紀一九二一年月日 敬義堂重建落成 河謙鎭 撰敬義堂落成 告由南冥曹先生祝文曰

顯允先生 百世師宗 學成而醇 道巍而庸 敬義偕立 日月吾東 凡我後人 不禽而狄 得至今日 實蒙誰力 維昔川湄 有儼祠屋 王錫之額 髦士攸宜 中更廢墜 茂草興悲 羹牆慕切 于何瞻依 玆因舊址 重起講堂 面陽其位 山水增光 飮落之燕 恭薦菜儀 寤寐滄洲 式遵遺規 亦惟守愚 門庭高足 道脈所傳 宜以腏食 千秋必反 此理之常 尚冀明靈 默佑無疆

---

103) 여기의 창주滄洲는 주자의 호로서, 주자의 유풍을 준수한다는 의미다.

- 갑자년 서기 1924년 5월 5일 도회道會에서 사우 건립을 결의하였다.

  甲子 西紀一九二四年五月五日 道會 祠宇建立 決議

- 을축년 서기 1925년 정월 20일 개기開基하였다.

  乙丑 西紀一九二五年正月二十日 開基

- 병인년 서기 1926년 11월 준공하였다.

  丙寅 西紀一九二六年至月 竣工

- 정묘년 서기 1927년 3월 28일 위판位版을 봉안하였다. 하겸진河謙鎭이
  봉안문奉安文을 지었다. 봉안문은 다음과 같다.

숭덕사 봉안문

유세차 정묘 3월 병인삭 28일 신묘 후학 정환철鄭煥喆이

선사先師 증증贈 영의정領議政 문정공文貞公 남명南冥 조선생曺先生에게 감히 밝게 고합니다.

하늘이 우리나라 보우하여 인문人文을 크게 열었으니, 인문의 시작은 태양이 밝아오듯 하였습니다. 이에 원기元氣를 모아 선생께서 탄생하셨으니, 강건하고 독실하며 쇄락하고 통명했습니다. 호걸스런 자품에다 성현의 학문 닦아, 깊이 사색하고 몸소 실천하면서 널리 섭렵하여 핵심만을 요약했습니다. 학기學記를 유편類編했으니 정자程子 주자朱子의 심오한 지결이고, 신명사神明舍를 손수 그렸으니 극기복례克己復禮를 위함이며, 이윤伊尹의 뜻과 안자顔子의 학문을 따랐으니 지킴이 있었고 행함이 있었습니다.

기묘 을사 사화士禍를 겪으면서 조정에 괴리가 드러나니, 군민君民을 망각함도 의리가 아니고 벼슬을 추구함도 공손이 아니기에, 봉장封章을 올려 뜻을 보이고는 돌아와 잠룡潛龍처럼 은둔했습니다. 문을 열어 생도를 가르치면서 재능을 키워주고 덕을 성취해주었으며, 경의敬義를 지시하여 칼에도 새기고 벽에도 적었습니다. 경이직내敬以直內 의이방외義以方外 참으로 곤괘坤卦 육이六

二에서 비롯되었고, 회옹晦翁의 설을 근거하여 중용中庸 대학大學 일치를 밝혔습니다. 또한 태극太極과 더불어 동정動靜을 일관시켰으니, 모든 성인聖人의 전함이 이를 좇아 한 길이 되었습니다. 저들은 도룡屠龍 얘기 좋아하여 떠드는 말이 세상에 가득하지만, 어찌 방촌方寸의 안에서 한마汗馬의 공을 거둠과 같겠습니까! 퇴계退溪가 의義에 합당하다 칭송하고 대곡大谷104)이 순후함을 성취했다 하였으니, 누가 감히 다른 말을 하면서 공언公言을 믿지 않겠습니까!

아! 선왕先王께서 문文을 숭상하는 다스림을 펼 적에, 선생의 도를 일러 백세에 스승 될 만하다고 하였습니다. 이에 고요한 사당이 덕수德水의 언덕에 있었는데, 사액하고 표창하여 우리 준사俊士들을 진작하였습니다. 지난 경오년(1870) 나라의 법으로 제지함에, 훼철되어 잡초만 무성하니 다사들이 흐느끼며 슬퍼하였습니다. 어진 혜택이 점점 멀어지고 큰 운수도 기울어지니, 바른 길이 황폐해지고 온갖 괴이한 일이 횡행하였습니다. 그러나 오직 이 석과碩果는 끝내 먹지 않고 남았으니105), 강당 이미 영건하고 사우 이어 건립하였습니다. 변두籩豆가 정결하고 당무堂廡가 깨끗하니, 이에 길일吉日 택하여 명령明靈을 봉안합니다. 선비들 서로 권면하여 정성스럽고 깨끗한 마음으로, 덕성스러운 모습을 추념하니 엄숙하게 다시 임한 듯합니다. 두류산頭流山 우뚝 솟고 양당수兩塘水 맑고 깊어, 의귀依歸할 자리가 있으니 어찌 천억 년뿐이겠습니까!

丁卯 西紀一九二七年三月二十八日 奉安位版 河謙鎭 撰奉安文曰 維歲次 丁卯 三月 丙寅朔 二十八日 辛卯 後學 鄭煥喆 敢昭告于先師贈領議政文貞公南冥曺先生 天佑我東 丕啓人文 人文之始 如日方昕 是鍾元氣 先生乃生 剛健篤實 洒落通明 豪傑之姿 聖賢之學 精思實踐 由博反約 學記有編 洛閩奧旨 手圖神明 克復是事 伊顔志學 有守有爲 時經己乙 朝著乖離 果忘非義 趨走非恭 封章見志 乃歟潛龍 開門授徒 達材成德 指示敬義 銘釖書壁 以直以方 實昉坤二 據晦翁說 庸學一致 亦與太極 動靜貫一 千聖之傳 卽此塗轍 彼喜談龍 發言盈野 豈若方寸 收功汗馬 陶稱合義 谷云成醇 疇敢異辭 不信公言 於惟先后 右文爲治 謂先生道 百世可

---

104) 대곡大谷: 성운成運(1497~1579)이다. 건숙健叔, 호는 대곡大谷, 본관은 창녕으로 한양에서 태어나 거주하다가 뒤에 충청도 보은으로 이거하였다. 젊은 시절부터 남명과 절친했으며, 남명 몰후 묘갈명을 지었다. 저술로 『대곡집』이 있다.

105) 『주역周易』「剝卦」상구上九 효사爻辭에 '碩果不食 君子得輿 小人剝廬'라는 구절이 있다.

師 有侐祠廟 德水之皋 賜額表章 作我譽髦 粤在庚午 邦制有掣 毀爲蕉草 多士泣
啜 賢澤漸遠 大運隨傾 正路蓁荒 百惷縱橫 惟是碩果 理終不食 講堂旣營 祠宇繼
作 籩豆靜嘉 堂廡楚淸 乃涓吉日 乃妥明靈 儒紳胥勸 精白一心 追惟德容 儼若重
臨 頭流岩岩 兩塘淵淵 依歸有地 何千億年

◆ 무인년 서기 1938년 진주 사인士人 영일迎日 정공鄭公 상진相珍이 시천면
원리 387번지 답 1,193평과 동 천평리 439-1번지 답 422평과 동소
446-1번지 610평을 서원에 헌납하였다.

戊寅 西紀一九三八年 晉州士人 迎日鄭公相珍 在矢川面 院里 三八七番地
畓一千一百九十三坪 仝 川坪里 四三九~一番地 畓四百二十二坪 仝所四四
六~一番地 六百十坪 獻于書院

◆ 정해년(1947) 9월 일 경의당 중건기

丁亥九月日 敬義堂 重建記

경의당 중건기

문정공文貞公 남명 노선생이 역책易簀한 뒤 4년 선조 병자년(1576)에 사림이
덕천서원德川書院을 창건하였다. 그 후 임진년(1592) 병화兵火에 소실되어 계묘
년(1603)에 중건했고 고종 경오년(1870)에 방령邦令으로 훼철되었다가 그 48
년 후 무오년(1918)에 진사 하재화河載華가 사림과 더불어 경의당敬義堂을 중건
했다. 6년이 지난 계해년(1923)에 선생의 후손들이 또 사우祠宇를 중건하여
영령을 안치했고 다시 23년 뒤 정해년(1947)에 선생의 후손인 병형秉炯 상하相
夏가 당중堂中 여러분의 논의를 받들어 나에게 찾아와 기문記文을 청했다. 내
미천하고 졸렬하여 어찌 감히 감당하겠는가마는 누차 사양해도 이루지 못했
으니 망령되이 가만히 이르기를,

도道는 하늘에서 나왔지만 이를 정립하는 것은 사람에게 있다. 옛날의 수많
은 성현들이 이 도를 정립하지 않음이 없었지만 내가 살펴보건대 추鄒나라
맹자孟子와 송宋나라 주자朱子 같은 이가 그 태산교악泰山喬嶽의 자품을 지니고

서 이로써 기본으로 삼았기 때문에 능히 지언知言 집의集義 궁리窮理 실천實踐을 함께 정립함에 더욱 힘을 기울였다. 이를 우리나라에서 구해보면 오직 남명 선생이 이에 거의 가깝다. 대개 선생은 태산벽립泰山壁立의 기상과 봉황고상鳳凰高翔의 취향을 지니어 사람들이 따를 수가 없었다. 그 학문은 지극히 가깝고 실질적이었으니 경의敬義로써 오가吾家의 일월日月로 삼아 이로써 궁구하고 이로써 실천하였다. 지식이 이미 정묘한 상태에서 더욱 그 정묘함을 구하고 행실이 이미 돈독한 상태에서 더욱 그 돈독함을 구하여 이치와 현상이 서로 융합되고 지식과 행실이 일치함에 이르렀으니 분명하고 깨끗하며 정대하고 조용하기가 마치 태산에 올라 만물이 눈 아래에 있는 것과 같아서 행하는 바가 스스로 이롭지 않음이 없었다. 오직 그 천자를 보필할 만한 재능으로 요순堯舜의 군민君民을 이루려는 뜻을 품었으나 시세가 불가하여 어렵게 나갔다가 쉽게 물러나 그 품은 뜻을 만에 하나도 펼치지 못했다. 그러나 후학을 가르침에 그 단계를 엄격히 하여 하여금 상달上達은 반드시 하학下學에 근본함을 알게 하고 그 구이口耳의 헛되고 과장된 폐단을 혁파했으며 학기편學記編과 신사도명神舍圖銘은 만세의 학자들에게 지침이 되었으니 그 일시에 공을 이룸과 도를 행함을 비교하건대 우열이 어떠한가! 맹자孟子 주자朱子가 어찌 일찍이 나아가 도를 행했겠는가마는 그러나 혹 공이 우禹임금보다 낮다고 아니하며 혹 물러나 도를 밝혔다고 하였으니 또한 족히 만대에 전해질 것은 오직 이것 때문이다.

아! 출중한 자질을 지녔기 때문에 능히 사도斯道를 정립했고 온축한 학문을 갖추었기 때문에 그 정립한 바가 완전하여 치우침이 없었으니 이것이 바로 선생이 선생된 까닭이다. 세인들이 의심하기를 선생의 문하는 담리談理를 좋아하지 않는다 하고 또 의심하기를 세상을 잊고서 한갓되이 벽립壁立의 기상과 고상高翔의 취향만을 우러러 도학의 정심한 부분은 주지하지 못했다 하니 어찌 선생을 얕게 아는 자들이 아니겠는가! 무릇 이 당堂에서 공부하는 선비들은 마땅히 깊이 생각하여 이를 체득하고 경의敬義의 실체에 힘써서 명선明善과 성신誠身이 나란히 진보하고 박문博文과 약례約禮가 아울러 이루어져 선생의 도를 무궁토록 길이 이은 연후에야 선생의 문도門徒됨에 부끄러움이 없을 것이다.

정해년(1947) 9월 일 후학 안동安東 권재규權載奎[106) 근서謹書

文貞公 南冥 老先生 易簀後四年 宣廟丙子 士林 創建德川書院 其後壬辰 毀於
兵燹 癸卯重建 高宗庚午 以朝令見毀 後四十八年戊午 進士河載華與士林 重建敬
義堂 越六年癸亥 先生後孫 又重建祠宇以妥靈 又二十三年丁亥 先生後孫秉炯相
夏 奉堂中僉議 來請記於載奎 載奎微拙 何敢當 屢辭不獲 則妄竊以爲 道出於天
而立之在人 古之群聖群賢 每非立此道者 而以余揆之 如鄒之孟子宋之朱子 以其
有泰山喬嶽之稟資 爲之基本 故能知言集義窮理踐實 共立之也 尤有力焉 求之我
東 惟南冥先生 其庶幾乎 蓋先生 有泰山壁立之像 有鳳凰高翔之趣 人莫之跂及
而其爲學也 則至近至實 以敬義爲吾家日月 以之窮格 以之踐履 知之已精而益求
其精 行之已篤而益求其篤 以至理事相涵 知行一致 通明灑落 正大從容 如上東岱
萬品皆低 而所行自無不利矣 惟其以王佐之才 有堯舜君民之志 而時有不可 難進
易退 莫展其所抱之萬一 然導迪來學 嚴其階級 俾知上達之必本於下學 而革其口
耳虛夸之習 學記有編 神舍有圖銘 以爲萬世學者之指南 其爲功與行道於一時 孰
爲優劣 孟朱夫子 何嘗行道 而或以爲功不在禹下 或以爲退而明道 亦足以傳之萬
代 其以是也夫 嗚呼 有出類之資 故能立得斯道 有眞積之學 故其所立之者 全而
無偏 此先生之所以爲先生 而世有疑先生之門 不喜談理 又疑其果於忘世 徒仰壁
立之像高翔之趣 而至於道學之精深 則未之悉焉 豈非淺之爲知先生者耶 凡諸章
甫之遊學是堂者 所當深思而體得之 勉勉乎敬義之實 而明誠兩進 博約幷臻 以永
先生之道於無窮 夫然後無愧爲先生之徒也

歲丁亥 九月日 後學 安東 權載奎 謹書

• 갑오년(1954) 경의당 중건기

甲午 敬義堂 重建記

경의당 중건기

덕천德川은 곧 우리 남명 노선생을 향사하는 서원으로 그 전당前堂을 경의敬
義라 편액했으니 유생들이 학문을 연마하는 곳이다. 선조 병자년(1576)에 창
건하여 중간에 비록 소실되고 중수한 일이 있지만 지금까지 3백여 년 이어

---

106) 권재규權載奎(1870~1952): 자는 군오君五, 호는 송산松山·이당而堂, 본관은 안동安東으로, 단성 강루리에
거주했다. 저서로 『이당집』이 있다.

온 곳이다. 고종 경오년(1870)에 국법으로 서원이 철폐되니 송宋나라 신종神宗 때와 같이 잡초만 무성한 슬픔을 만나 마침내 우리 사림이 함께 탄식하게 되었다. 지난 무오년(1918)에 진양의 진사 하재화河載華씨가 고을 인사들을 창솔하여 경의당敬義堂을 중건하였고 몇 년 후 선생의 후손들이 이어서 사우祠 字를 지어 위판을 봉안하니 이에 서원의 규모가 대략 갖추어졌다. 하루는 서원의 여러 선비들이 기문記文이 없을 수 없다면서 도군都君 병규秉圭와 본손 병두秉斗 병섭秉燮 상권相權을 보내어 나에게 기문을 청했다. 돌아보건대 아득한 말학末學으로 식견이 좁은 못난 내가 어찌 감히 외람되이 선생의 서원인 경의당에 붓을 들 수 있겠는가! 청을 그만두지 않을진대 잠시 견문이 미치는 바를 기록하여 모든 이들의 바람에 부응하는 것이 어떻겠는가!

대저 경敬은 일심一心의 주체가 되고 의義는 만사萬事의 법도가 되니 위로 성현의 온갖 말씀을 거슬러 올라가도 그 핵심은 모두 이 두 글자에서 벗어나지 않는다. 태공太公이 단서丹書를 저술하여 태만과 욕심을 이기는 경계에 진심을 다하였고[107] 공자孔子가 주역에 십익十翼을 붙여서 안을 곧게 하고 밖을 바르게 하는 뜻에 정성을 다하였다. 이에 또 정주程朱 제현에 이르러 더욱더 남김없이 발명하여 경敬과 의義를 함께 정립하는 것으로 천덕天德과 왕도王道의 근본으로 삼았다. 이는 경전을 두루 살펴보아도 이같이 간단하면서도 분명한 것이 없으니 천고에 전수될 진전眞詮임에 의심이 없다. 우리 선생에 이르러 특별히 이를 높이 걸어 "경의敬義는 오가吾家의 일월日月이다."라고 하였으므로 이에 선생의 학문이 성현에게 직접 소급하여 학자에게 문로門路의 올바름을 제시한 것을 볼 수 있으니 경의당이라 이름한 뜻이 이에 있지 않겠는가!

가만히 생각건대 선생은 타고난 자질이 탁월하여 스승을 말미암지 아니하고 바로 대원大原으로 나아갔으니 일생 동안 도를 오묘하게 하고 덕을 이룬 것은 오로지 이 두 글자를 법도로 삼았기 때문이다. 오래도록 힘을 쌓아 정통하고 쇄락하며 정대하고 고명하여 만물을 굽어보아 행함에 이롭지 않음이 없었다. 안으로는 흉중에 한 점의 티끌도 없어 총재冢宰와 백규百揆가 각각 그 직분을 다하며 밖으로는 나아가면 이루는 바가 있고 물러나서는 지키는

---

107) 「단서丹書」는 주周나라 문왕文王 때에 적작赤雀이 물고 온 상서로운 글로써 그 내용 중에 '공경이 태만을 이기는 자는 길하고 태만이 공경을 이기는 자는 멸한다[敬勝怠者吉 怠勝敬者滅]'는 구절이 있다고 한다.

바가 있어 용사행장用舍行藏이 처하는 곳에 따라 편안하였다. 이로써 예전에 끊어진 학문을 계승하고 백세에 인극人極을 정립한 것은 대저 모두 이 도리이다. 지금의 세상은 암흑에 빠져 이설異說이 범람하고 선생의 도가 거의 사라져 불명不明하게 되었다. 이 당堂에 거처하는 사람은 당의 이름을 돌이켜보고 뜻을 생각하여 마음을 가다듬을 때는 인욕人欲을 물리치고 천리天理를 보존하며 행실을 다스릴 때는 나태함을 경계하고 장엄함을 숭상해야 할 것이다. 한 가지 생각과 한 가지 일에도 오직 선생을 법 삼아 조심하고 삼가하여 선생의 가르침을 저버리지 않는다면 오가吾家의 일월日月이 거의 다시 밝아질 것이고 선생의 도는 장차 우리 동방에 일월이 될 것이니 어찌 염두에 두지 않을 것이며 힘쓰지 않겠는가! 삼가 이를 적어 기문으로 삼는다.

갑오년(1954) 양복절 후학 상산商山 김진문金鎭文[108] 근서謹書

德川 卽我南冥老先生 妥享之院 而扁其前堂曰敬義 爲多士講學之所 創始於 宣廟丙子 中間雖有興燬之蹟 而由來三百年所矣 至 高宗庚午 以邦禁見撤 則熙寧茂草之恨 迄爲吾黨之所共齎咨 曩在戊午年間 晉陽河上舍載華氏 倡省內人士 重建敬義堂 後幾年 先生後孫 踵成祠宇 而奉安位板 於是乎 院之事體 大略備矣 日院中諸士林 以其不可無記實之文 走都君秉圭 及本孫秉斗秉燮相權 見責於鎭文 顧藐然末學 人微識淺 何敢妄泚筆於先生之院之堂哉 無已則姑述見聞所及 以塞僉意之眷可乎 夫敬爲一心之主 義爲萬事之制 從上聖賢 千言萬語 其要歸皆不出此 蓋自師尙父著丹書 而惓惓乎勝怠勝慾之戒 吾夫子係易翼 而斤斤乎直內方外之旨 爰曁程朱諸賢 益復發揮無餘 而以夾持偕立 爲天德王道之本 歷選典訓 未有若是之簡易明白 則其爲千古傳受之眞詮無疑也 至我先生特揭之 曰敬義 吾家之日月 于可見先生之學 直溯聖賢 而指示學者門路之正 則名堂之義 顧不在斯歟 竊伏惟念 先生天姿卓越 不由師承 直造大原 一生妙道而成德者 專用此二字爲節度 而眞積力久 精通洒落 正大高明 低視萬品 行無不利 內則胸中無一物 而冢宰百揆 各率其職 外則出有爲處有守 而用舍行藏 安於所遇 以之紹絕學於旣往 立人極於百世者 大抵皆是道也 目今世入長夜 異說懷襄 先生之道 幾乎晦塞 而不明矣 居是堂者 顧名思義 操心則遏人慾而存天理 制行則戒偸惰而尙莊嚴 一念一事 一惟先

---

108) 김진문金鎭文(1881~1957): 자는 치행致行, 호는 홍암泓庵 본관은 상산으로 단성 법물에 거주하였다. 물천勿川 김진호金鎭祜의 종제이다.

生是則 而恐恐然毋負先生敎詔之意 則吾家之日月 庶幾復明 而先生之道 將日月
於吾東矣 可不念哉 可不勉哉 謹書此以爲之記

歲甲午 陽復節 后學 商山 金鎭文 謹書

• 갑오년 서기 1954년 동재東齋를 복원 중건하였다.
　甲午 西紀一九五四年 東齋 復元重建

• 갑인년 서기 1974년 지방문화재 89호로 지정되었다.
　甲寅 西紀一九七四年 地方文化財 八九號 指定

　동년 지방비 300만원 보조로 경의당의 기와를 갈고 보수하였다.
　仝年 地方費 三百萬원 補助 敬義堂 翻瓦補修

• 병진년 서기 1976년 국고 및 지방비 보조 400만원으로 내삼문內三門
　숭덕사崇德祠를 보수하였다. 김종대金鍾大가 시공하였다.
　丙辰 西紀一九七六年 國庫及地方費補助 四百萬원 內三門 崇德祠 補修 金
　鍾大 施工

• 정사년 서기 1977년 8월 10일(음 6월 26일) 선생 탄신제 477회를
　봉행하였다. 두류문화연구소가 제1회 남명 선생 추모제를 주최하였다.
　조규철曺圭喆[109]이 축문을 지었는데 축문은 다음과 같다.

남명 선생 추모제 축문

　선생의 자품은 멀리 고괘蠱卦 상구上九[110]에서 볼 수 있고, 선생의 학문은

---

109) 조규철曺圭喆(1906~1982): 자는 여명汝明, 호는 우인于人, 본관은 창녕으로 경상북도 영천 출신이다.
　　저서로 『숙야재총서夙夜齋叢書』가 있다.

바로 공자孔子를 계승했습니다. 왕성往聖을 이어 내학來學을 열었으니 그 공로 심대하고, 천 길 절벽처럼 우뚝하셨으니 경의敬義를 이에 지녔기 때문입니다. 한 번 위언危言 토하자 구중궁궐 진동했고, 깊은 이치 유편類編하여 백세의 종사宗師입니다. 성대한 유풍이 사해四海를 덮었으니, 존모하고 수호함에 충심衷心 실로 동일합니다. 사당 모습을 거듭 새롭게 하고 남긴 글을 번역하여 반포하니, 이에 제물 차려놓고 그 연유 고합니다.

추모제를 마치고 회의를 열어 제2회 이후로는 경남 사립중고교 교장회가 주최하여 매년 8월 10일 봉행하기로 의결하였다.

丁巳 西紀一九七七年 八月十日(陰六月二十六日) 先生 誕辰際 四七七回 奉行 頭流文化硏究所主催 第一回南冥先生追慕祭 曺圭喆 撰祝文曰 先生之姿 遠在蠱 上 先生之學 卽紹龍門 繼往啓來 其功甚大 壁立千仞 敬義斯存 一出危言 九重大 震 類編微旨 百世宗師 藹然遺風 被于四海 其在尊衛 彛衷所同 廟貌重新 遺文譯 布 玆掇蘋藻 敢告厥由 ○祭畢 會議 議決第二回以降 慶南 私立中高校 校長會主 催 每年八月十日奉行

동년 국고 및 지방비 보조 2,600만원으로 동재東齋의 기와를 갈고 외삼문外三門 고직사庫直舍를 개축하였다. 김종대金鍾大가 시공하였다.
仝年 國庫及地方費補助 二千六百萬원 東齋翻瓦 外三門 庫直舍 改築 金鍾大 施工

+ **기미년 서기 1979년 국고 및 지방비 보조 2,250만원으로 서원과 산천재의 담장을 개축하였다. 정우환鄭于煥이 시공하였다.**
己未 西紀一九七九年 國庫及地方費補助 二千二百五十萬원 書院與山天齋 垣墻改築 鄭于煥 施工

---

110) 고괘蠱卦 상구上九의 효사爻辭에 '왕후를 섬기지 아니하고[不事王侯] 그 자신의 일을 고상히 한다[高尙其 事].'는 구절이 있다.

• 갑자년 서기 1984년 1월 23일 조식曺植 사적史蹟이 국가문화재 305호로 지정 등록되었다.

동년 4월 18일(음 3월 18일) 고유제. 원장 전상희全相羲가 고유문告由文을 지었는데 고유문은 다음과 같다.

국가문화재 사적 305호 지정 고유문

유세차 갑자 3월 을축삭 18일 임오 후학 권익현權翊鉉이 선사先師 문정공文貞公 남명南冥 조선생曺先生에게 감히 밝게 고합니다.

엎드려 생각건대, 기상은 건곤乾坤을 품부하고 정기는 하악河嶽을 모아서, 이에 선생 탄강하여 우리 절학絶學 계승했습니다. 학문은 경의敬義를 주로 하여 밖을 바르게 하고 안을 곧게 하였으며, 마음은 공자孔子를 소급하고 말은 주자周子 정자程子를 계술하였습니다. 그러나 때를 만나지 못하여 자신의 천작天爵을 지켰으니, 몸은 비록 곤궁했지만 도는 이에 형통했습니다. 산천재山天齋의 봄바람과 산해정山海亭의 가을달에, 후생들을 교도하여 나라 준걸 배출하였습니다.

인망은 유림에서 중하였고 명성은 서울에서 자자했으니, 왕이 실로 흠모하여 세 번이나 요직으로 불렀습니다. 이에 사직하는 소를 올려 의리는 엄하고 말은 곧았으니, 조정이 진동하고 팔도가 경악했습니다. 만년에 대궐에 들어가 한 번 독대獨對하고 돌아왔으니, 나아가선 재능을 숨기지 않았고 은둔해선 나라를 잊지 않았습니다. 선비가 이익을 탐하고 정도가 험난함에 처하자 우뚝 서서 불굴함이 횡류의 지주砥柱 같았습니다.

덕산에서 와병臥病하여 몇 달 동안 낫지 않자, 왕이 이에 염려하여 의원을 보내고 약을 내렸습니다. 병마가 고황膏肓에 들어 결국 별세하셨으니, 문정文貞 시호 내리어 그 덕을 표했습니다. 일국의 전형이요 백세의 스승이니, 향리에선 서원을 건립하고 나라에선 편액을 하사했습니다.

세대 이미 오래 되어 원우가 기울어지니, 후손 함께 송구해 하고 선비 모두 애석해 하였습니다. 마침내 정부 여당에 고하여 국가 사적史蹟 지정하고, 이에 길일吉日 택하여 공경히 고유하니, 엎드려 바라건대 존령尊靈께선 강림하여 흠향하소서.

甲子 西紀一九八四年 一月二十三日 曺植史蹟 國家文化財 三〇五號 指定登錄

仝年 四月十八日(陰三月十八日) 告由祭 院長全相希 撰文曰

維歲次 甲子 三月 乙丑朔 十八日 壬午 後學權翊鉉 敢昭告于

先師文貞公南冥曺先生 伏以 氣禀乾坤 精鍾河嶽 乃降先生 繼我絶學 學主敬義

外方内直 心沠洙泗 語述濂洛 而值不辰 守我天爵 身雖居窮 道乃亨徹 山齋春颸

海亭秋月 教進後生 邦家俊傑 望重儒苑 聲動京闕 王用欽慕 三徵要職 爰上辭疏

義嚴辭謁 九重聳動 八域驚愓 晚登丹墀 一對返轡 進不隱賢 隱不忘國 士方射利

吾道險仄 特立不撓 橫流砥石 臥病德山 沉綿數朔 王乃惘憂 遣醫賜藥 祟入膏肓

竟至不淑 賜諡文貞 用表厥德 一國典型 百世函席 鄕邦建院 朝家賜額 歷世旣久

院宇傾側 姓孫俱惶 士類咸惜 爰告政堂 指定史蹟 玆涓穀旦 敬擧告式 伏惟尊靈

庶賜歆格

동년 서재西齋를 복원 중건하였다.

지방비 3,250만원을 자금으로 5월에 준공하였다. 정우환鄭于煥이 시공

하였다.

仝年 西齋 復元重建

地方費 三千二百五十萬원資 五月竣工 鄭于煥 施工

・을축년 서기 1985년 국고 보조 1억 1,500만원으로 서원 고직사의 담

　장과 세심정 주변의 조경 정화 및 재실 신도비 산천재 주변의 조경 정화

　를 시행하였다. 정우환鄭于煥이 시공하였다.

乙丑 西紀一九八五年 國庫補助 一億一千五百萬원 書院 庫直舍 垣墻 洗心

亭 周邊 造景淨化 及齋室 神道碑 山天齋 周邊 造景淨化 鄭于煥 施工

원임록院任錄 서문

기축년(1769) 정월 내가 조생趙生 휘진輝晉[111]과 더불어 외람되이 원임院任

---

111) 휘진輝晉: 조휘진趙輝晉(1729~1796)이다. 자는 문연文然, 호는 동와東窩, 본관은 함안으로 소남에

의 반열에 있으면서 선생의 사당에 공경히 배알하고 물러나 원중院中의 예전 기록을 살펴보았다. 이에 선배들의 수택手澤이 어제처럼 완연하여 기록한 연대와 사실을 뚜렷이 상고할 수 있었지만 단지 그 가운데 원임록院任錄 1권은 갑신년(1764) 연간에 분실했다고 하였다. 이에 조생趙生 휘진輝晋이 나를 돌아보며 말하기를 "어찌 예전 기록을 다시 정리하여 후생들이 열람할 자료로 삼도록 하지 않는가?"라고 하였다. 인하여 여러 선비들과 논의하니 모두 말하기를 "그대의 뜻이 가상하지 않은 것은 아니지만 그 연호年號와 월일月日이 오래되어 고증할 수 없음에 어쩌겠는가!"라고 하였다.

내가 한숨 쉬며 말하기를 "그렇다면 예전 기록을 이제 다시 복원할 수 없으니 지금부터 새로운 기록을 정리하여 후인들이 지금 사람 보기를 지금 사람이 예전 사람 보는 것처럼 하지 말도록 함이 또한 옳지 않겠는가?" 하고는 이에 책자를 만들고 정서하여 원록院錄의 궤 안에 보관하였다. 그리고 또 네분 성현聖賢)의 병풍첩은 선생께서 친히 그리시어 심목心目으로 보면서 사모한 바이니 후학들의 존모尊慕하고 애중愛重함이 어떠하겠는가! 그런데도 먼지덮인 벽 위에 방치하여 심지어는 좀이 갉아먹기도 하였으니 어찌 개연히 어루만지며 애석하게 여기지 않을 수 있겠는가! 이에 목수를 불러 감실龕室을 만들고 이를 서원 벽에 부착하여 원록院錄의 궤와 네 분 성현의 병풍 첩을 공경히 보관하였다. 그 봉함과 자물쇠를 열고 살펴볼 적에 두건을 바로 하고 손을 씻고서 정성을 드리고 공경을 받친다면 선생께서 남기신 뜻을 거의 저버리지 않을 것이고 후학들의 존모하는 의리에도 또한 적은 도움이 없지 않을 것이다. 이에 그 전면에 서문을 붙이고 그 사실을 기록하여 뒷날 군자들이 한번 웃음 짓도록 한다.

기축년(1769) 중춘 상순 후학 권필승權必昇 근서

院任錄序

己丑之孟陬 余與趙生輝晋 忝在任列 祗謁于先生院祠 退而考閱院中舊錄 先輩 手澤 完然如新 記年書事 歷歷可考 而第其中 院任錄一卷 見失於甲申年間云 於是

거주했다. 조종도趙宗道의 후손이다. 저술로 『동와집』이 있다.

趙生輝晉 顧謂余曰 盍用記修舊錄 以爲後生奉覽之資乎 仍與謀諸縫掖 咸曰 子之
意 非不嘉矣 其如年號月日之浸久而無徵何 余喟然曰 然則 舊錄今不可復修 肇自
今始修新錄 毋使後之視今 猶今之視昔 不亦可乎 於是 作冊精寫 藏諸院錄櫃中
而且四聖賢屛貼 先生所親自模畫 而存思心目者也 後學之尊慕愛重 爲如何也 而
廢置塵壁 甚至於蠹魚之蝕 豈不慨然撫惜乎 於是 命召工匠作龕 付于院壁 祗藏院
錄櫃 及四聖賢屛貼 而其於開視緘鎖之際 整巾盥手 齊誠致敬 則庶幾不負先生遺
意 而於後學尊慕之義 亦不無少補矣 玆庸序其顚而記其事 以供後來君子之一粲

己丑仲春上澣 後學 權必昇 謹序

원임록院任錄 발문

　서원 안에는 예부터 원임록院任錄이 있었는데 원근의 선부형先父兄 중에 각
기 원장院長과 유사有司를 맡은 분들의 휘자諱字 및 연조年條를 기록한 것이었
다. 이에 한번 책을 펼쳐보면 집집마다 선대先代의 자취가 완연히 책속에 있
는 것 같았으니 그 첨앙하면서 존중함이 어떠했겠는가! 그러나 갑신년(1764)
연간에 이 원안原案이 불행히도 분실되었으니 그 애석함을 어찌 말로 다할
수 있겠는가! 못난 내가 외람되이 원임院任을 맡게 되었는데 동임同任은 권생
權生 필승必昇이다. 이에 서로 얘기하면서 임안任案을 고증할 수 없음을 탄식하
다가 다시 임안任案 책자 한 권을 만들었다. 그러나 세대가 오래되어 어떤
분이 몇 년에 무슨 소임을 맡았는지 하나하나 상세히 알 수가 없었다. 그러므
로 예전 원안原案은 다시 정리하지 못하고 지금부터 처음 기록하여 차후의
본안本案으로 만들었으니 그 예전 기록을 애석하게 여기는 정이 심중에서 가
시지 않았다.
　권생權生 필승必昇이 그 옛날 기록이 없어져 후인들이 참고할 수 없음을 개
탄하다가 이에 몇 줄의 글을 지어 서술하였다. 선부형先父兄의 원임록院任錄이
옛날에는 있다가 지금 없어진 사실을 이 글에서 알 수 있으니 이 서술을 작성
함이 어찌 까닭이 있지 않다고 하겠는가! 서원의 기록과 네 분 성현의 병풍첩
은 후학들의 존모尊慕가 원임록에 비해 더욱 심대한데도 아직까지 보관할 장
소가 없어 갑신년(1764) 원임록의 우환이 염려되었다. 그러므로 다시 벽 사이
에 감실龕室 하나를 만들어 안치했으니 차후로 유사들이 이를 근수謹守한다면

천고토록 첨앙하는 자리에 거의 폐함이 없을 것이다. 전후의 사실은 권생權生 필승必昇이 이미 서술하여 모두가 볼 만 하지만 내 또한 한 마디 말이 없을 수가 없으므로 삼가 그 서술 뒤에 적는다.

기축년(1769) 중춘 상순 후학 조휘진趙輝晉[112] 근발

院任錄跋

院中古有院任錄 乃遠近先父兄之各爲院長有司之諱字及年條所錄也 一開卷而家家先蹟 宛然如在卷中 其爲瞻仰之尊重 何如哉 甲申年間 此案不幸見失 痛惜可勝言哉 不佞忝在任末 同任權生必昇也 相與嘖嘖而歎任案之無徵 更造任案一冊子 而世代久遠 某員之爲某年某任 不能一一詳悉 故不復修舊案 而自今始書 可作日後之案 其爲痛惜舊錄之情 不釋于中也 權生必昇 嘅其古蹟之無存 後視之無憑 玆成數行文以叙 先父兄之院任錄 古有而今無 於是叙可知 則是叙之成 豈非有迪乎 院錄及四聖賢屛帖 後學之尊慕 比院任錄尤有甚 而曾無所藏之地 甲申任錄之患可慮 故更造一龕於壁間以奉置 此後有司 謹以守之 則千古瞻仰之地 庶幾不廢耶 前後事蹟 權生必昇 旣爲之叙 咸可觀也 余亦不可無一言 故謹書叙後

己丑仲春上澣 後學 趙輝晉 謹跋

원지발문

우리 선조 노선생의 덕천원지德川院誌는 고종 8년(1871) 서원을 훼철한 후 근 반세기 동안 서원에 상세하고 명확한 원지院誌가 없었다. 무오년(1918)에 사우를 중건한 이후 원지를 계속 기록하여 후세에 소명함을 갖추었지만 그 원지를 기록하는 것이 또한 중한 일인데도 방치하여 무관심함이 없지 않았다. 아! 기존의 원지는 작은 지첩紙帖을 조잡하게 엮어서 봉심奉審하는 이로 하여금 소략하고 졸렬한 감이 없지 않게 하여 다시 고쳐 작성하고자 하였다.

내가 욕되게도 내임內任으로 있으면서 이를 무심하게 볼 수 없어 등사하여 개편하고 싶은 생각이 여러 번이었지만 이에 글이 서툴러 누차 주저하였다.

---

112) 조휘진趙輝晉(1729~1796): 자는 문연文然, 호는 동와東窩, 본관은 함안으로 소남에 거주했다. 조종도趙宗道의 후손이다. 저술로 『동와집』이 있다.

그러나 끝내 강 건너 불 보듯이 할 수 없어 이에 감히 염치를 무릅쓰고 현재弦齋113) 문숙門叔의 유초 잡기를 고증하고 다음으로 또 다시 근고 사적 중에 기재할 만한 것을 수집하여 남김없이 수록하였다. 구지舊誌를 보전하기 위해 무오년 구지를 등사했으니 구지는 선배들의 수필手筆일 뿐만 아니라 이것이 아니면 뒷날의 징신徵信이 명확할 수가 없다. 그러므로 구본舊本은 그대로 보존하고 다시 구지를 필사하여 앞부분에 편집하여 일책을 만들었다. 그러나 능히 세밀하지 못하여 여러 군자의 일갈一喝을 기다리니 그 신중해야 할 도리에 행여 어긋나고 틀렸다는 꾸짖음이 없겠는가! 외람되고 참람함이 지극하지만 어리석고 망령됨을 헤아리지 않고서 대략 편성한 전말을 기술하여 여러 군자에게 고한다. 지금 이후로 후임자는 수시로 남김없이 수록함이 마땅할 것이다.

을축년(1985) 유하절 12세손 의생義生 삼가 기록함

院誌跋文

維我先祖老先生 德川院誌 自高宗八年 毀院之後 近半世紀間 院無詳明之誌 戊午(西紀一九一八年) 重建祠宇以後 繼錄院誌 以備後世昭然 而其爲誌者 亦不可无重事 而捨置無關 噫 旣存院誌 粗綴小帖 使奉審者 不無疎劣之感 俾欲改作 而義生忝在內任 不可泥視 故思欲騰寫改編者 屢矣 乃不佞文拙 屢次躊躇 然竟不可視岸火事 玆敢冒濂 考證弦齋門叔遺草雜記 次又復蒐集近故事蹟 可爲記載者 則無漏蒐錄 保全舊誌 騰戊午舊誌 舊誌不惟前輩之手筆也 無非此則後之徵信 不爲明確 故依舊本保存 更寫舊誌編前改作一冊 而未能委細 幸俟一喝 僉君子 其於愼重之道 幸無差謬之責否 猥僭極矣 不揆愚妄 畧叙編成顚末 以諗于也 而自今以後後任者 隨時無漏修錄者 可也 僉君子云爾

乙丑榴夏 十二世孫 義生 謹識

• 정축년 서기 1997년 남명기념관 부지 토지 및 지장물 보상을 시작하여 2000년까지 마쳤다.

---

113) 현재弦齋: 조용상曺庸相(1870~1930)이다. 자는 이경彛卿, 호는 현재弦齋, 남명의 후손이다. 저술로 『현재집』이 있다.

- 기묘년 서기 1999년 세면장 및 화장실을 신축하였다.

- 신사년 서기 2001년 유적을 정비하고, 서원을 보수하였다.

- 임오년 2002년부터 남명기념관 건립에 착수하여 2004년에 준공하였다.

- 갑신년 서기 2004년 산천재 단청을 칠하고 진입로 흙다짐을 하고 잔디를 식재하였다.

- 기축년 2009년 곳간채를 보수하였다.

- 경인년 서기 2010년 산천재를 보수하였다.

- 신묘년 서기 2011년 서원 관리사를 개축하고 여재실을 보수하였다.

- 계사년 서기 2013년 수우당 최영경 선생의 위패를 다시 숭덕사에 봉안하였다. 이때 숭덕사 고유문과 봉안문은 강구율이 지었다.

수우당 복향시 숭덕사 고유문

유

단군기원 4346년 세차계사○○삭○○ 유학○○○는 삼가

문정공 남명 조선생께 밝게 고하옵니다.

엎드려 생각건대

하늘이 뭇 백성을 낳음에, 사물이 있음에 법칙도 있도다. 사람이 세상 사이에 태어나서, 스승이 없으면 살 수가 없다네. 성인에 세상을 교화할 때, 스승을 세워 배우기를 힘쓰네. 황하와 태산이 정기를 모아, 세상의 큰 스승을 탄생했네. 태사공 조계룡의 후손이요, 창녕의 화려한 문벌이다. 가로되 오직

남명 선생은, 품성과 자질이 자격에 합당하네. 이른 나이에 뜻을 세워, 남쪽 지방에서 우뚝 일어났네. 오로지 유학에다 뜻을 두어, 도의 깃발 높이 휘날렸네. 제자백가의 모든 책들을, 통달하지 못함이 없었네. 학문은 위기지학을 일삼았고, 덕은 실천을 소중하게 여겼네. 비록 깊은 산속에 살았으나, 백성들의 고통 잊지 아니했네. 나아가고 물러가는 대의를, 누가 선생의 짝을 짓겠는가? 덕산과 도산이, 가히 쌍벽이라고 말하겠네. 죽기를 무릅쓰고 바른 말을 하여, 중도를 세우고 표준을 세웠네. 공론을 버리고 독실하게 실행함에, 털끝만큼도 틀림이 없었네. 경과 의의 두 글자를, 평생의 지결로 삼았네. 문생을 가르쳐 인도할 적에, 반드시 이 두 조목을 강의했네. 팔도의 많은 선비들을, 아무리 멀어도 다 받아주었네. 귀와 얼굴에 대고 친절히 가르쳐, 멀리 나라의 동량을 기대했네. 아침과 저녁으로 정성을 기울여, 드디어 큰 인물 완성시켰네. 수백 명의 제자 가운데, 수우당이 자리에 참여했네. 덕천서원 처음 창건할 때, 선사만 홀로 모셨다네. 광해군의 시대에 미쳐, 바야흐로 종향을 허락했네. 세월이 흐르고 흘러도, 향사를 그치지 아니했네. 흥선대원군이 집권하여, 팔도에 훼철령을 발동했네. 덕천서원이 조정에 호소했으나, 불행하게도 훼철을 당했네. 어쩔 수 없이 위패를 묻어서, 마침내 제사를 모시지 못하였네. 천도란 언제나 순환하여, 어디에서건 회복하지 않음이 없네. 본손과 사림들이, 안간힘을 다하여 복설했네. 일이 뜻대로 되지 않아, 수우당은 궐향이 되었네. 제사를 못 받든 지가, 지금 팔십년이 되었네. 사림과 본손들이, 배향 의논 일제히 발동했네. 공의가 비로소 결정되어, 스승 곁에 다시 배향했네. 위대하신 선사시여! 길이 애휼을 베푸소서. 아름다운 수우당이여! 받은 은혜 길이 보답하소서. 지금으로부터 이후로는, 침체하지 말고 반드시 번성시키소. 두 신주 공경하게 받들어, 천추로 없어지지 않게 하소. 산골 시냇물에서 쑥을 캐어, 석채례를 향기 나게 지내네. 제례 물품을 깨끗하게 장만하니, 스승과 제자가 함께 흠향하네. 위대하도다! 남명 선생이여, 백세의 목탁이 되셨도다. 세상에 유교를 업으로 하는 사람들, 반드시 선철들을 기억하소. 아침과 저녁으로 생각하고 상상하여, 오직 이 법칙을 본받으시오. 성현들의 경전을, 봄과 가을로 탁마하는데, 이것을 연역하여 오장 안에 깊이 쌓으시오. 삼분과 오전들을, 여름과 겨울로 공부하는데, 이것들을 읊고 분석하여, 육부에다 온축하시오. 내 몸에만 그치지 말고, 길이 후손들에게 전해주소. 우리 유도의 귀한 씨앗을, 대대로 김매고 갈아서, 낮에는 물을 주고 밤에는 보호하여, 영원한 세상에 법칙이 되게 하소. 대대로 제사를 지내어, 만대에 그 향기 나게 하소서. 숭덕사의 신령한 기운이, 길이 해와 달을 짝하리라. 소략하게 약간의 예물 베풀어, 공경히 한 잔을 바치노니, 스승과 제자의 존귀한 혼령은, 거의 제사 흠향을 일삼으소서.

守愚堂復享時崇德祠告由文

維

檀君紀元四千三百四十六年 歲次癸巳 ○○月干支朔 ○○日干支 幼學○○○ 敢昭告于

文貞公南冥曺先生 伏以

天生烝民 有物有則 人生世間 無師不活 聖人敎世 立師務學 河嶽鍾精 誕降鴻碩 太師苗裔 昌山華閥 曰惟南冥 品資當格 早世立志 崛起南服 專意洙泗 高揚道節 諸子百書 無不通達 學事爲己 德重踐實 雖居深山 不忘民瘼 出處大義 伊誰作匹 德山陶山 可謂雙璧 冒死正言 建中建極 去空篤行 毫不差忒 敬義二字 生平旨訣 敎迪門生 必講二目 八域多士 無遠不納 提耳面命 遠期樑國 朝暮傾誠 遂成大物 數百弟子 守愚參席 德院始創 先師獨食 逮及光海 方許從喫 荏苒歲月 享祀不輟 興宣操柄 毁令八域 德院籲朝 不幸見撤 無奈埋版 終不享餟 天道循環 無往不復 本孫士林 盡力復設 事不稱意 守愚享闕 頓絶香火 于今八十 士林本孫 享議齊發 公議始定 復享師側 偉哉先師 永施愛恤 美哉守憂 受恩永答 而今而後 勿替必殖 欽奉兩主 千秋不滅 采蘩于澗 釋菜芬苾 蠲潔禮品 師弟共啜 大哉南冥 百世木鐸 世之業儒 必憶先哲 朝思暮想 惟效是法 聖經賢傳 春磨秋琢 演之繹之 五內深積 三墳五典 夏絃冬讀 吟之辨之 六腑蘊蓄 不止吾身 永傳後續 吾道貴種 代代耘耔 晝水夜護 永世矜式 世世苾芬 萬代厥馥 崇德靈氣 長配日月 略陳薄儀 敬薦一酌 師弟尊靈 庶事歆禴

수우당 최선생 봉안 숭덕사 고유문

유

단군기원 4346년 세차계사 ○월간지삭 ○○일간지 유학○○○는 삼가 밝게 수우당 최선생께 고하옵니다.

엎드려 생각건대, 성대하도다. 수우당이여! 화순 고을 화려한 문벌이네. 서울에서 생장하여, 어려서부터 영특하였네. 방장산 아래에, 남명 선생이 서식했네. 강당에서 도를 강의함에, 학 울음이 멀리까지 퍼졌네. 명성을 듣고 제자가 되어, 드디어 큰 제자가 되었네. 경과 의의 중요한 뜻을, 평생 동안 패복했네. 집에서는 집안 정치를 하고, 묘당에서는 정직하게 대처했네. 예전에 스승에게 배운 바를, 정치에 하나하나 옮겼네. 솔선으로 몸소 실천하니, 임금과 백성들이 화협하였네. 이와 같은 풍성한 공업은, 모두 스승이 주신 것 힘입었네. 하루아침에 불행하게도, 뭇 소인들이 사악함 자행했네. 악독한 소인들이 참소를 함에, 착한 선비들 대적하지 못했네. 간악한 마수 피하지 못하여, 마침내 흉적을 맞았네. 우리나라 모든 백성들, 공을 위해 애석해 하였네. 재앙 지난 후 세상 안정되어, 물의가 종식되었네. 배향하자는 의논들을, 사림들이 일제히 발동했네. 한 입에서라도 나온 듯이, 조금도 반발하는 사람 없네. 묘당이 공적을 헤아림에, 광해군이 배향을 조칙했네. 영광스럽게 숭덕사에 들어가, 비로소 스승 모시고 흠향했네. 물처럼 세월은 흘러가는데, 일이 예측하지 못하게 되었네. 어쩔 수 없이 신주를 묻고, 마침내 제사를 그치게 되었네. 어언간 세월이 흘러가서, 경모함이 소홀해졌네. 수우당의 자손 된 사람들은, 원한을 무엇으로 능히 풀겠는가? 남명 문도의 후손 된 사람들, 탄식을 무엇으로 능히 다하겠는가? 세상이 쇠퇴하고 도가 미약해졌으나, 유림의 씨앗은 끊어지지 아니했네. 겨울 지나고 봄을 맞이하여, 한 가닥 양의 맥이 존재했네. 날마다 달마다 크고 자라나서, 우리 유도가 천하에 뻗쳤네. 사림들이 공의를 일으켜, 스승 곁에 다시 배향했네. 수우당의 자손 된 사람들, 묵은 원한 이에 씻었으며, 남명 문도의 후손 된 사람들, 장탄식을 능히 다하게 되었네. 이에 길일을 가려서, 공경히 신주를 받들도다. 산골 시냇물에서 마름을 캐어, 길이 제사를 받드노라. 공경히 생각건대 존령께서는, 여기에서 흠향하소서. 천신은 우리들을 보우하사, 길이 이에 싫어함이 없게 하고, 진실로 저승의 복을 드리워서, 우리 유도를 크게 회복해주소서. 삼가 맑은 술과 여러 안주로써, 뜻을 펼쳐 공경히 고하고 삼고 고하나이다.

守愚堂崔先生奉安崇德祠告由文

維

檀君紀元四千三百四十六年 歲次癸巳 ○月干支朔 ○○日干支 幼學○○○ 敢
昭告于
　守愚堂崔先生 伏以
　猗歟守愚 和順華閥 生長漢師 少小英特 方丈山下 南冥棲息 鱣堂講道 鶴鳴遠及
聞名束脩 遂成高足 敬義旨訣 生平佩服 在家爲政 廟堂處直 往昔攸學 移政一一
率先躬行 君民和協 如茲豊功 摠賴師錫 一朝不幸 羣壬恣愿 鬼蜮攸譖 善類不敵
不避奸手 竟中凶鏑 靑邱臣民 爲公哀惜 禍後世安 物議終熄 配享議論 士林齊發
如出一口 少無反撥 廟堂數功 光海享勅 榮入德祠 始享配食 歲月如流 事將不測
無奈埋主 終休享餟 於焉居諸 羹墻疏忽 爲子孫者 恨何堪釋 門生後承 歎何能竭
世衰道微 儒種不絶 過冬迎春 一線陽脈 日就月將 道亘寰域 士林公議 復享師側
爲子孫者 宿恨乃雪 門生後承 長歎能乏 茲涓吉日 欽奉神木 采蘋于澗 永薦芬苾
恭惟尊靈 於斯享喫 天神佑我 永斯無斁 式垂冥䚣 吾道恢復 謹以淸酌 用伸虔告

기록화사업을 시행하였다.

· 갑오년 2014년 산천재 및 관리사를 보수하였다.

· 병신년 2016년 남명기념관의 유물구입사업과 전시관 보수공사 및 홍
 보물 제작을 추가로 시행하였다.

1부 남명 선생편

제1장 남명 선생의 유향

제2장 남명 선생의 생애자료

제1장 남명 선생의 유향

〈개요〉

　　남명 선생의 유묵과 유품은 많이 남아 있지 않다. 선생 사후 불과 20년 만에 임진왜란이 일어나 선생께서 남긴 것들 거의 모두가 병화에 소실되었기 때문이다. 특히 선생의 제자 50여 명이 의병장으로 일어나 왜군의 작전에 심각한 타격을 주었기에 선생에 대한 왜군의 감정이 극도로 좋지 않았던 것으로 볼 수 있다. 일제강점기에도 선생의 위패를 봉안하고 문중에서 불천위제사를 드리는 별묘(여재실)로 들어가는 종택 입구에 면사무소를 설치하여 그 기운을 꺾고자 하였다고 한다.

　　현재 선생의 유묵으로 알려지고 있는 것은 8종이다. 그러나 선생의 친필로 알려진 간찰 중 1장은 선생의 작품이 아닌 것으로 판단되어 여기에서 제외하였으며, 여기에 수록한 「의성김씨묘지」와 「판교공묘갈명」도 선생의 친필은 아닌 것으로 판단되지만 선생이 지은 글이므로 포함하였다. 나머지 5편의 글은 지금까지 선생의 친필로 인정되고 있다.

　　선생의 문집은 여러 차례에 걸쳐 간행되었다. 여기에 수록한 문집과 목판은 산천재의 장판각에 보관되어 있던(현재는 남명기념관 수장고에 보관되어 있음) 마지막 목판으로 98년도에 다시 영인한 것과 초간본인 '갑진본(1604)' 그리고 1700년 이후 간행된 이정본 계통의 주요 판본들이다.

　　선생은 평소에 허리에 검을 즐겨 차고서 '경의검'이라 하였다. 나중에 이것을 정인홍에게 전했다고 하는 설도 있으나 확인된 바는 없다. 또한 옷섶에 방울을 차고서 '성성자'라고 하여 그 소리로 항상 스스로를 경계하였다. 이것은 선생의 제자이자 외손서인 동강 김우옹에게 주었다는 사실이 확인된다.

　　'사성현 유상 병풍'으로 불리는 작은 병풍은 선생이 직접 그린 공자 주렴계 정명도 주자 등의 흉상인데, 세월이 지나면서 계속 종이를 새로 입히고 덧칠을 하여 최근에는 거의 그림을 알아볼 수 없는 실정이었다. 2016년도에 진주박물관에서 이 그림에서 새로 입힌 종이와 덧칠을 제거하고 원래의 모습에 가까운 상태로 복원하였다. '신명사도'도 감정 결과 조선중기의 재질이 확인되어 진주박물관에서 '사성현 유상 병풍'과 같이 원형에 가깝게 복원하였다.

1) 유묵遺墨

서이군원길소증심경후 書李君原吉所贈心經後

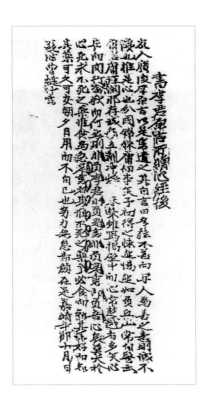

남명이 김해에 정착한 후인 1531년에 동고東皐 이준경李浚慶으로부터 『심경心經』을 기증받고서 느낀 감상을 쓴 글로서 현재 동아대학교박물관에 소장되어 있다. 『교감 국역 남명집』에 수록되어 있으므로 번역문만 싣는다. 여기서 선생은 『심경』에서 말하는 '이 마음을 저버리면 자신의 마음을 저버리는 것'이라고 하면서 자신의 「좌우명」을 처음으로 드러내고 있다.

나의 벗 광릉 이원길이 이 책을 주면서, 스스로 말하기를 "나는 비록 착하지 못하지만 남이 착하도록 도와주려는 생각은 진실로 얕지 않다. 이 '마음'을 잘 미루어나가면 비록 나라를 나누어주더라도 저울 눈금처럼 자잘하게 여길 것이다"라고 하였다.

　　내가 처음 이 책을 받고는 황송하고 두려워서 마치 산더미를 짊어진 듯하였다. 내가 항상 스스로 경계하여 "언행을 신의 있게 하고 삼가며, 사악함을 막고 정성을 보존하라. 산처럼 우뚝하고 못처럼 깊으면 움돋는 봄날처럼 빛나고 빛나리라"라는 말을 써서 벽에 걸어두었으나, 마음은 늘 초나라와 월나라 사이처럼 아득히 멀어져 있는 경우가 많았다.

　　마음은 죽고 육체만 걸어 다닌다면 금수가 아니고 무엇이겠는가? 그렇다면 내가 이군을 저버린 것이 아니라 바로 이 책을 저버린 것이며, 이 책을 저버린 것이 아니라 바로 내 마음을 저버린 것이다. 그러니 슬프기로는 마음이 죽은 것보다 더 큰 것이 없다. 죽지 않는 약을 구했으면 먹는 것이 급한 일인데, 이 책은 아마 마음을 죽지 않게 하는 약이리라. 반드시 먹어서 그 맛을 알고 좋아해서 그 즐거움을 알아야, 오래갈 수도 있고 편안할 수도 있으며, 아침저녁으로 일상생활에서 쓰기를 스스로 마지않을 것이다. 노력하여 게으르지 않도록 하라, 안자와 같이 되는 길이 바로 여기에 있느니라.

　　　　　　가정 신묘년(1531) 10월 일에 하성 조건중이 쓰다.

남명 선생이 배삼익裵三益에게 보낸 편지

남명 선생이 제자인 임연재臨淵齋 배삼익裵三益(1534~1588, 자는 여우汝友)에게 보낸 편지이다. 『임연재문집』「연보」에 의하면 배삼익은 32세 때에 밀양 교수로 부임하여 선생을 배알한 것으로 나타난다. 첫머리의 '교아校衙'가 향교 관아를 지칭하는 말이므로 이 편지도 그 당시에 쓴 것임을 알 수 있다. 배삼익이 보내준 물고기와 약재 등에 대해 고마움을 표시하는 내용이다. 이 편지글은 성균관대학교에서 간행한 『근묵槿墨』의 제1권에 수록된 것에서 발췌한 것이다.

여우汝友¹⁾ 시사侍史²⁾에게 절하며 사례함. 배정자裵正字³⁾ 교아校衙⁴⁾

매양 한 번 헤어지고 나면 오랫동안 봄날의 회포 같습니다. 참으로 십 년 동안 서로 이끌어주어 세월이 오래 될수록 더욱 깊어짐을 알겠습니다. 미련이 남아 그칠 수가 없으니 어찌 이것이 도를 배운 사람의 일이겠습니까! 홀로 자탄할 뿐입니다.

지금 계응啓應⁵⁾을 만나 얘기가 끝나지도 않았는데 황혼녘에 다시 서신을 받고 아울러 부쳐준 물고기도 받았습니다. 계응도 공에게 들은 것이 있는지 매 번 가져다주는 것이 물고기뿐만이 아닌데 공이 다시 중첩하여 보내주니 어찌 선물하는 것을 남용하십니까? 염소焰焇⁶⁾도 또한 너무 많으니 장차 주머니에 넣어두었다가 필요할 때를 대비하겠습니다.

차후로 소식 또한 끊어지고 노부老夫의 죽음도 얼마 남지 않았으니 한갓되이 슬프고 한스러울 뿐입니다. 엎드려 바라건대 살펴보십시오. 삼가 사례 드립니다. 등불 아래 객을 마주하여 서둘러 적어 보냅니다.

섣달 26일   건중楗仲

---

1) 여우汝友: 배삼익裵三益(1534~1588)의 자字. 배삼익은 흥해인興海人으로 호가 임연재臨淵齋이고 안동에 거주했으며 퇴계의 문인이다. 명종 19년(1564) 문과에 급제하여 호조좌랑 풍기군수 양양부사 사헌부 장령 성균관 사예 황해도 관찰사를 지냈다. 『남명집』에 보면 배삼익이 남명 선생을 위해 지은 만시輓詩가 등재되어 있다.

2) 시사侍史: 윗사람을 모시고 문서를 맡아보는 사람이란 뜻으로 서찰 봉투에 상대방을 높여서 쓰는 말이다.

3) 정자正字: 홍문관 승문원 교서관 등에 소속된 정 9품직 벼슬이다.

4) 교아校衙: 향교 관아이다. 『임연재선생문집』 「연보」편에 보면 배삼익은 32세인 1565년 9월에 밀양 교수로 부임하여 남명 선생을 배알하였다고 한다.

5) 계응啓應: 미상未詳

6) 염소焰焇: 염소焰消인 듯하다. 염소는 소석消石이라고도 하는데 염전에서 나는 광물질로 적열積熱을 풀어주고 소변을 잘 나오게 하며 오임五痳을 다스리는 약재로 사용된다.

汝友 侍史 拜謝 裹正字 校銜

每作一別 長似春懷 定知十年相携 愈

久愈深 留滯不已 豈是學道之事也 獨

自鳴嘆 今見啓應 說到不已 向昏 復得

信字 竝蒙 惠寄江魚 啓應 因 公有聞

件件所惠 不啻江魚

公復稠疊委遺 何見

賜之濫耶 焰焇亦至太優 將囊貯 以備緩

急 此後 消息亦斷 老夫存亡無日 徒懷

悵恨 伏惟

尊照 謹謝

臘二十六日　燈下對客 草送

楗仲

남명 선생이 성수침成守琛에게 보낸 편지

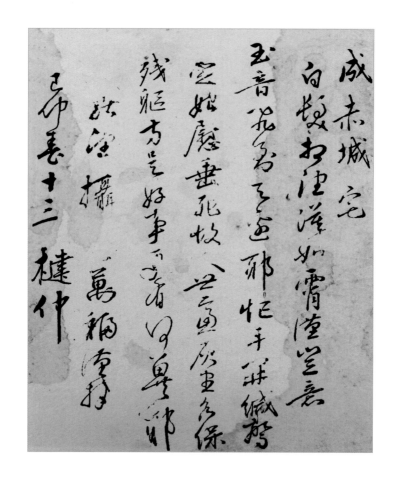

남명 선생이 벗인 청송 성수침 선생의 편지를 받고서 답장으로 쓴 글이다. 아마도 명종 14년(1559) 기묘년에 쓴 것으로 추정된다. 이 간찰은 의령의 강구봉 씨가 소장하고 있다.

성적성成赤城[7] 댁

백발 되어 서로 바라보니 아득하기가 하늘의 은하 같은데 어찌 옥음이 날아서 하늘 끝에 이를 줄을 알았겠습니까? 급히 손을 놀려 봉함을 열어보고는 놀라움이 진정되자 비로소 위안이 되었습니다.

죽을 때가 다 된 친구이니 세상 생각이 식은 재처럼 다하였습니다. 각자 쇠잔한 몸을 보전하고 있는 것만으로도 바야흐로 좋은 일인데 다시 무슨 바람이 있겠습니까? 단지 바라건대 몸조리 잘 하시어 만복하십시오. 삼가 절합니다.

기*년[8] 중춘 13일 건중楗仲

成赤城宅
白髮相望 漠如霄漢 豈意
玉音飛到天邊耶 忙手開緘 驚
定始慰 垂死故人 世慮灰盡 各保
殘軀 方是好事 更有何翼耶
姑望攝履萬福 謹拜
己仲春十三 楗仲

---

7) 적성赤城은 적성積城(현 파주)인 듯하다. 성수침은 만년에 적성 현감을 제수 받았다.
8) 천간天干에 기자己字가 들어가는 해를 말하는데 지지地支는 생략되어 있다. 명종 14년 기미년(1559)으로 추정된다.

남명 선생이 토끼를 요청하는 편지

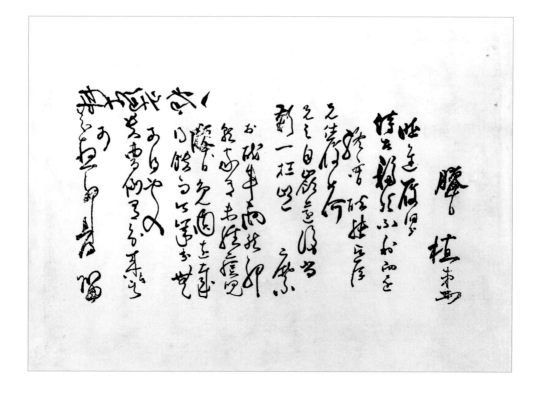

초서草書로 쓴 편지로서 현재 경북 예천군 풍양면 삼강리 고故 정재홍鄭載洪 씨 집안에서 소장하고 있다. 허권수 교수의 탈초와 번역을 첨부한다.

어제 이동履洞[9])에 갔더니 시자侍者가 처소를 옮겼습니다. 만나지 못하고 돌아와 밤새도록 안타까웠습니다. 문안드리니 형은 벼슬 중의 근황이 어떻습니까? 형이 영남에서 돌아온 후 여태 한 번 왕림하기를 아끼시니 어찌 직분에 얽매여 그런 것입니까?

드릴 말씀은 집안에 두창痘瘡[홍역]을 마치지 않은 아이가 있습니다. 납일臘日[섣달]의 토끼고기를 해마다 구해 먹였는데 금년에는 구할 데가 없습니다. 귀조貴曹에는 관례상 나누어주는 것이 있을 것이니 보내줄 수 있겠습니까?

나머지는 모두 한 번 만날 때로 미루고 이만 줄입니다. 늙은이가 송구합니다.

납일臘日에   식植 아우 올림.

> 臘日　植弟頓
>
> 昨進履洞 則
> 侍者移次 不利而還
> 終宵耿悵 卽候
> 兄 仕履如何
> 兄之自嶺還後 尙
> 靳一往 豈緣
> 於職事而然耶
> 就 家有未經痘兒
> 臘日兔肉 連歲
> 得饋 而今年 則無
> 可得處
> 貴曹 例有分來者 其
> 可
> 送惠耶 都留
> 一穩 不備 老悚

---

9) 이동履洞: 『서울지명사전』에 보면 중구 을지로 저동 초동 사이에 걸쳐 있던 마을 이름으로 신을 파는 가게가 있어 신전골이라 하였다고 한다.

1부 남명 선생편……131

남명 선생이 이요李瑤에게 보낸 편지

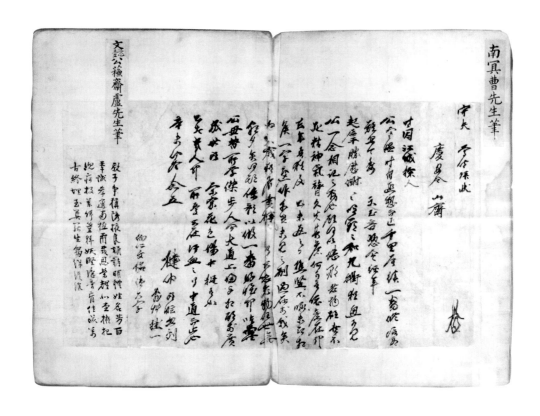

선생이 신미년(1571)에 경안령 이요에게 보낸 글이다. 이요李瑤(1537~?)는 세종의 아들인 담양 군의 증손으로 자가 수부이다. 안부를 묻고 학문에 정진하기를 바라면서 '한혈마汗血馬가 달려가다 가 중도에서 그만두는' 일이 없기를 바란다고 하고 있다.

수부守夫10)의 학문하는 시하侍下에 드리는 글

경안령慶安令 산재山齋

때때로 강성江城 사람을 인하여 공公의 안부를 탐지하고는 스스로 멀리서 그리워할 뿐입니다. 천리 길을 계속 왕래할 수 없으니 한번 서신을 보내기도 어렵습니다. 홀연히 이제 옥음玉音을 보여주어 근년의 기거가 평안함을 알았으니 심히 위로되고 감사합니다. 명학鳴鶴의 화답이 도성까지 통하여 공이 일념으로 기억해주는 근면함을 보겠으니 돌아보건대 어찌 감당하겠습니까?

노부老夫는 비록 다행히 죽지는 않았지만 정신과 기력이 예전 상태를 잃은 지 오래되었으니 어찌 예전 모습 그대로 있다고 말할 수 있겠습니까? 지난 해 내가 공이 돌아가기 전에 문안할 수도 있었는데 나무하는 아이가 겨를이 없어 안부 편지 한 자도 전하지 못하고 문득 천리 멀리 만날 수 없는 작별을 하였으니 허물이 나에게 있습니다. 짐작컨대 내년에도 고향 행차가 있겠지만 단지 노부가 세상에 살아 있을 날이 얼마 없어 염려스러우니 어찌 해 그림자를 잡아매어 한 번 좋은 회포를 나누기를 기약하겠습니까?

오직 바라건대 공은 배운 바를 폐하지 말고 인간의 대도大道 위를 활보하여 서로 더불어 넓은 성城으로 돌아가기를 기약합시다. 종가宗家의 화색花色이 빛나는 장중에서 공과 같이 특출한 이가 몇이나 되겠습니까? 단지 우려되는 바는 한혈마汗血馬가 달려가다가 중도에서 그만두는 것입니다.

건중健仲이 현기증이 나서 어지러이 써서 만에 하나를 거론합니다.

---

10) 수부守夫: 경안령慶安令 이요李瑤(1537~?)의 자字. 이요는 세종의 아들인 담양군潭陽君의 증손曾孫이다.

慶安令　山齋

時因江城人探
公寒溫　時自遐想而已　千里莫續　一番修信爲
難　忽今委　示玉音　憑審經年
起居平勝　慰謝慰謝　嗚鶴之和　九衢猶通　可見
公一念相記之勤也　顧何以堪耶　老物雖幸不
死　精神氣瘁　久失其舊　何可言依舊在耶
去年　吾猶及公未返之日　樵竪不暇　未卽相
候一字　遽作千里未見之別　過在於我矣
想來歲　猶有桑梓之行　只恐老物住世無
朝夕矣　何期係影　以做一番好懷耶　唯冀
公毋替所學　傑步人間大道上　歸與相期於廣
城地頭　宗家花色場中　挺有如
公者幾人耶　所憂只在汗血之行　中道而止也
辛未仲冬念五　　楗仲　頭眩*　劇亂艸　挂一

의성 김씨 묘지義城金氏墓誌

선생의 제자이자 외손서인 동강東岡 김우옹金宇顒의 누이를 위해 1570년에 지은 묘지문墓誌文이다.
현재 남명의 후손인 고故 조봉조曺鳳祚 씨 집안에서 소장하고 있는데,『교감 국역 남명집』에 수록
되어 있으므로 번역문만 싣는다.

집에 칠보의 구슬이 있다면 사람들은 그 집이 가난한 집이 아님을 안다. 김씨 가문의 경우는 이옥·대옥이 있는 셈이다. 삼척 부사 김공 사로는 아들 셋을 두었으니, 우홍·우굉·우옹이다. 모두 좋은 성적으로 문과에 급제해 문원을 독차지해서 우리나라의 쌍벽이 되었다. 딸 하나를 두었는데 강 위에 뜬 아름다운 달이 물속에 떨어진 것 같았으니, 세 아들에 비교하자면 천구가 완염 가운데 있는 것 같았다. 이군 응명에게 시집간 사람이 바로 그 사람이다.

몇 살 안 되었을 때 길쌈 벽돌이나 가지고 노는 것이 그녀의 일이련마는 어버이의 병에 한 번도 곁을 떠난 적이 없었다. 점점 자라서는 의젓하고 차분하며, 단정하고 순수하였다. 효성과 우애의 마음은 타고난 것이었다. 시집가서는 시어머니의 성품이 너그럽지 않고 남편은 생각이 모자랐지만, 공경히 따르고 온화하게 견디며 부도를 잘 지켰다. 친정어머니가 돌아가시자 허둥지둥 달려와서 애통해 하다가 자리에 쓰러졌다. 상을 다 마치기도 전에 병이 심해져 일어나지 못하고 말았으니, 애석하다.

부인의 보계는 문소에서 나왔으니 고려 태자첨사 용비의 후손이요 통정대부 부사 희삼의 딸이다. 바탕이 맑고 깨끗해서 안팎으로 모두 흠이 없었다. 예의범절이 정성스럽고 단아했으며, 말과 행동에 법도가 있었다. 재물에 대해 욕심을 내지 않고 남을 꾸짖는 모진 소리를 입에 올리지 않았다. 백로는 희고 까마귀는 검은 것은 대개 타고난 바탕이 있어서 그렇게 된 것이다.

병이 깊어진 지 여러 날 되어 기력이 실낱같았으나, 정신과 언동은 평소 때나 꼭 같았다. 집안 식구들이 신에게 빌어 보자고 하자 문득 역정을 내어 "죽고 사는 것은 천명이 있는 것이니, 푸닥거리를 해서 피할 수 있는 것이 아니다"라 고 하면서 못하게 하였다. 다만 대부에 관한 몇 마디 말을 여러 동기간들에게 부탁하고 세상을 떴다. 아무리 옛날에 독실히 공부하여 훌륭한 인격을 갖춘 사람이라 하더라도 아마 이러하지는 못했을 것이다. 오직 정명도 선생의 딸이 이와 흡사할 뿐이다. 향년은 스물일곱 살이었고 딸아이가 하나 있었다. 선영 곁에 합장하였다.

선대부는 나와 사이좋게 지냈고, 우옹은 또 나의 손녀에게 장가들었다. 우옹이 울면서 나에게 말하기를 "저는 차마 흰 옥이 누런 흙 속에 묻혀서 까마득히 아무도 모르게 하지는 못하겠습니다. 누이의 행적을 비석에 새겨 그녀의 존재를 남기게 해 주십시오"라고 하였다. 나는 남에 대해서 잘 인정해주지 않는다. 무슨 일이 있어도 살아 있는 사람에게 아첨한 적이 없었는데, 지금 편안히 지내면서 어찌 죽은 귀신에게 아첨하려 하겠는가? 마침내 이어서 말하기를 "부인은 문 밖 출입을 하지 않아서 이정에 기록되지는 못한다. 그러나 달 속의 계수나무와 같아 사람들이 가까이 할 수는 없어도 향내는 그치지 않는다"라고 하였다. 나는 마침 통혼한 가문의 우호로 인해 그 향기를 맡고 이를 기록한다.

융경 4년 경오년(1570) 10월 모일에 남명 조식이 쓰다

판교공묘갈명判校公墓碣銘

선생이 직접 지은 부친 승문원판교承文院判校 조언형曺彦亨의 묘갈명이다. 이 글은 선생의 친필로 알려져 있지만 약간의 의문점도 있다. 자식으로서 아버지의 묘갈을 지었는데, '임금을 섬기고 백성을 다스릴 적에 기술할 만한 덕이 있다면 사관이 기록하고 백성들이 말할 것'이라고 하여 한 글자의 수식도 없음을 볼 수 있다.

2) 사성현 유상 병풍과 신명사도

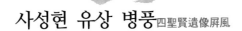

사성현 유상 병풍四聖賢遺像屏風

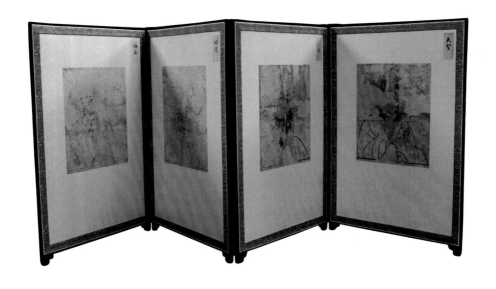

남명 선생은 공자孔子, 주렴계周濂溪, 정명도程明道, 주자朱子 등 네 성현의 흉상胸像을 손수 그려서 높이가 60cm가 채 안 되는 자그마한 네 폭의 병풍으로 만들어 놓고 때때로 직접 가르침을 받는 듯이 참배하였고 한다.

이 병풍은 선생의 후손인 고故 조원섭曹元燮 씨가 소장하고 있다가 작고하기 전에 남명기념관으로 기증하였다. 덕천서원이 훼철되고 난 후 산천재에서 이 화병을 모시고서 채례를 드렸는데, 이때 남명 선생의 위패를 동편에 모시고 함께 향사를 드렸다. 2016년 현재 이 화병은 국립진주박물관 에서 최대한 원형을 회복한 것이다.

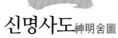

신명사도神明舍圖

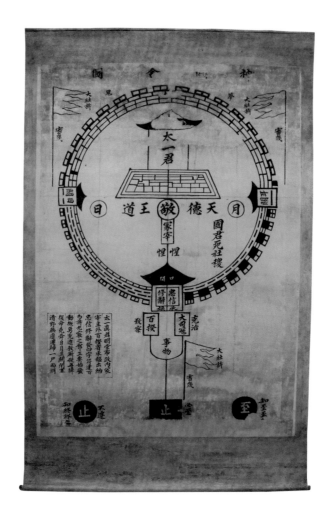

'신명사도'도 감정 결과 조선 중기의 재질이 확인되어 진주박물관에서 '사성현 유상 병풍'과 같이 원형에 가깝게 복원하였다.

3) 패검佩劍과 성성자惺惺子

▲ 패검

▲ 복원된 경의검과 성성자

남명 선생은 평소 뜻을 굳게 하기 위해 칼을 즐겨 차고 있었다고 전한다. 칼은 약간 긴 것과 짧은 것 두 자루였다고 한다. 칼자루는 상아象牙로 만든 것(흰자루)과 물소뿔로 만든 것(검은 자루) 두 종류였으며, 1960년대 초까지 검은자루로 만든 것은 있었다고 전한다. 칼 자루에는 '내명자경內明者敬 외단자의外斷者義(안으로 마음을 밝히는 것은 경이요, 밖으로 행동을 결단하는 것은 의이다)'라는 명銘을 새겼으므로 '경의검敬義劍'으로 불린다. 이 경의검은 선생의 사후에 조선의 선비 사회에서 전설처럼 전해지고 있었다고 하며, 이 경의검을 직접 본 느낌을 기록으로 남긴 경우도 있다.

긴 칼은 6.25 당시 인민군 장교가 가져간 것으로 전해지고 짧은 칼은 그 이후에 분실된 것으로 전해지는데, 이 사진은 선생의 후손 고故 조원섭曺元燮 씨가 일제강점기에 찍어 둔 것이다. 남명 선생께서는 평소 스스로 경각심을 일깨우기 위해 성성자惺惺子라는 방울을 옷섶에 달고 다녔는데, 나중에 이를 제자인 동강 김우옹에게 주었다고 한다. 오른쪽 사진은 2001년 남명탄신 500주년을 맞이하여 기념사업의 일환으로 '경의검'과 함께 복원한 '성성자'의 모습이다.

4) 문집文集 및 목판木板

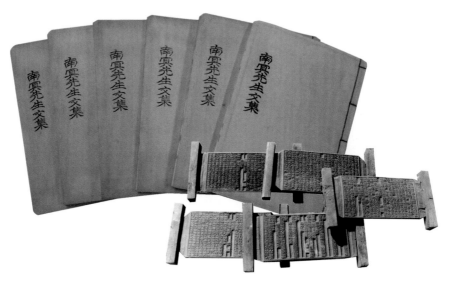

▲ 현존하는 목판과 1998년에 인출한 문집

선생의 문집은 1602년에 제자인 정인홍 등에 의해 해인사에서 처음 간행되었는데, 책판이 불에 타 2년 뒤에 다시 간행하여 현재까지는 이것이 최고본最古本으로 확인되는 '갑진본(1604)'이다. 그 후 『남명집』은 여러 가지 이유로 인해 수정·보완되면서 현재까지 확인된 바로는 대략 16차에 이르는 판본이 있다.

위의 책은 현재 남명기념관에 보관되어 있는 목판으로 1998년에 인출한 판본이며, 다음 쪽의 그림은 현존 최고본인 갑진본(1604) 계열의 병오본 『남명집』의 주요 판본들이다.

▲ 현존 최고본인 갑진본(1604) 계열의 『남명집』

(이상필 교수가 소장하고 있는 3권 2책의 완질 병오본(1606) 『남명집』)

▲ 이정본 계통의 『남명집』

(남명 선생의 후손인 조영철 씨 등이 기증한 판본으로 남명기념관에 전시되어 있다.)

제2장 남명 선생의 생애자료

<개요>

이 장에서는 남명 선생의 생애자료를 기록한 글을 싣는다. 선생 사후 제자인 내암 정인홍과 동강 김우옹이 각각 행장을 지었다. 당시 선생의 문하에는 학문적으로나 정치적으로 상당한 명망을 지닌 제자들도 있었지만 당시 30대 중반이었던 두 사람이 행장을 지은 것은 의미하는 바가 있다고 하겠다. 정인홍은 임종 직전의 선생이 평소의 독서 차기인 「학기」를 『근사록』의 체제에 따라 분류 편집할 것을 허락할 정도로 아끼며 기대한 인물이었다. 김우옹은 남명 선생의 절친한 친구인 김희삼의 아들로 어려서부터 학행이 뛰어났고 성년이 되어서는 남명 선생의 외손서가 된 인물로 문장이 뛰어났다. 이 둘의 「행장」은 그 내용이 대부분 비슷하지만 또한 다소 다른 점도 있으므로 그 차이를 살펴보는 것도 흥미롭다. 『남명집』과 『내암집』 및 『동강집』에 수록된 두 「행장」은 모두 지은 시기가 1572년 윤2월로 되어 있다. 그런데 두 「행장」의 내용에는 모두 4월 6일에 있었던 남명의 장례식도 언급하고 있다.

대곡 성운이 지은 묘갈명墓碣銘은 가장 절친한 친구의 입장에서 남명 선생의 생애와 학덕을 잘 묘사하고 있는 명문으로 남명 선생에 대한 후대의 평가에서 기준이 되는 글이라고 할 수 있다. 특히, 그 명銘에서 이르기를 '그러나 어찌 반드시 금일의 사람에게만 알아주기를 구하겠는가! 곧바로 백세를 기다려도 아는 이는 알아 줄 것'이라고 하여 당시에 남명이 임금이 제대로 알아주지 못해 세상을 위해 쓰이지 못했음을 탄식하고 있다.

보통 묘지명은 장례식에 맞추어 짓는 것이지만 남명 선생의 경우는 구한말의 거유인 면우 곽종석이 지었다. 그 글의 말미에 '당일에 선생은 경과 의를 해와 달로 가르쳤지만, 선생이 돌아가시고 난 오늘날에는 "선생이 곧 일월先生卽日月"이라'고 표현할 정도로 극진한 존경심을 표하고 있기도 하다.

남명 선생의 신도비명神道碑銘은 아마도 우리 역사에서 다른 유례가 없을 정도로 네 개나 된다. 이는 인조반정이라는 역사적 사건이 초래한 결과로서 남명학파의 부침을 담고 있다. 처음 정인홍이 신도비명을 지어 비석으로 세웠다가 인조반정 이후 철거하고, 이후 송시열과 허목 그리고 조경 등이 지은 신도비명이 있다. 미수 허목이 지은 것으로 덕산에 신도비를 세우고 우암 송시열이 지은 것은 부득이 합천의 용암서원 뜰에 비석으로 세워 '용암서원묘정비龍巖書院廟庭碑'라고 하였다. 용주 조경이 지은 것은 비석으로 세우지 못했다. 그러다가 일제강점기에 우여곡절을 겪으면서 허목이 지은 비석을 철거하고 송시열이 지은 것으로 다시 세웠다. 따라서 여기에 수록한 순서는 정인홍 허목 송시열 조경의 순으로 하였다. 비석에 새겨진 글은 문집에 수록된 글과 약간 차이가 나는 경우가 더러 있는데, 여기서는 비석에 쓰인 글을 따랐다.

선생의 비문을 쓴 인물들은 모두가 당대의 명문장들로서 그 문체가 지극히 고상하다. 이들의 문장은 참으로 전범이 되기에 족하여 후인들이 쉽게 비판할 것이 못되며, 두고두고 깊이 완미할 가치를 지니고 있다고 하겠다.

마지막에는 선생의 「연보」를 실었는데, 편의상 핵심적인 내용만을 수록하였다.

행장行狀

　　선생의 성은 조씨曺氏이고 휘는 식식植이며 자는 건중楗仲이니 세계가 창산昌山에서 나왔다. 고려 태조의 덕궁공주德宮公主가 하가下嫁하여 아들 서瑞를 낳아 형부원외랑이 되었으니 선생의 시조이다. 고조 휘 은殷은 중랑장이고 비妣 곽씨郭氏는 현감 홍인興仁의 여이며 증왕부 휘 안습安習은 성균생원이고 비妣 문씨文氏는 학유 가용可容의 여이며 왕부 휘 영永은 벼슬하지 않았고 비妣 조씨趙氏는 감찰 찬瓚의 여이다. 고考 휘 언형彦亨은 통훈대부 승문원 판교이니 충순위 이국李菊의 여와 결혼하여 홍치弘治 신유년1501 6월 임인에 가수현嘉樹縣 토동兎洞에서 선생을 낳았다.

　　관례 전에 공명과 문장으로 스스로 기약하더니 일세一世를 능가하여 천고千古에 내달릴 뜻을 지녔다. 책을 읽음에 좌구명左丘明과 류종원柳宗元의 문장을 즐겼고 글을 지을 때는 기고奇高함을 좋아하여 세체世體를 달갑게 여기지 않더니 누차 향시에 합격하여 명성이 사림에 진동했다. 가정嘉靖 병술년(1526)에 선대부先大夫의 상을 당하여 시묘侍墓로 3년을 마쳤다. 선생은 집안이 청빈하고 결혼한 김해金海의 부가婦家가 자못 넉넉하여 모부인을 모시고 나아가 봉양했다. 을사년(1545)에 모친상을 당하여 관棺을 받들고 돌아와 선대부의 묘 동쪽 기슭에 장사하고 시묘를 처음과 같이 하였으며 상복을 벗지 않았고 초려를 벗어나지 않았다. 상을 마치고 인하여 본향本鄕에 거주했으니 구택舊宅 가까이에 일실一室을 지어 계부당鷄伏堂이라 하였고 앞 시내를 굽어보는 곳에 모옥茅屋을 지어 뇌룡사雷龍舍라 하고는 화공으로 하여금 뇌룡雷龍의 형상을 그리게 하여 벽에 붙였다. 만년에는 두류산頭流山 아래 복거하여 그 집을 다시 뇌룡雷龍으로 이름 짓고 달리 정사精舍를 지어 산천재山天齋라 편액하고는 노년을 보냈다.

　　선생은 호매豪邁하여 무리와 어울리지 않았고 높은 식견은 천성에서 나왔다. 종종 정유년(1537) 선생의 나이 37세였으니 이때 나라에 다급한 일이 없었는데도 홀로 우환의 기미를 보고 드디어 선부인先夫人에게 청하여 과거를 포기하고는 산림에 은둔하였다. 의춘宜春의 명경대明鏡臺를 사랑하여 왕래하며 거처한 지 수 년이었고 김해의 탄동炭洞에 산해정山海亭을 지어 학문을 강론하고 덕을 쌓으며 외물外物을 바라지 아니한 것이 또한 수년이었다. 중종이 비로소 헌릉참봉을 제수했으나 나가지 않았고 명종이 전생서 종부시 주부를 제수하고 또 단성丹城 현감을 제수했으나 모두 나가지 않았으며 소를 올렸지만 비답批答이 없었다. 그 뒤에 또 사지를 제수했으나 나가지 않았고 병인년(1566)에 유일遺逸로 불렀지만 사양했으며 다시 상서원 판관으로 부르자 이에 명을 받아 사정전思政殿에서 인견하였다. 주상이 치란의 도와 학문의 방법을 물으니 대답하여 말하기를 "고인古人의 치란은 서책에 있으니 신의 말을 기다릴 필요가 없습니다. 신은 가만히 생각건대 군신 사이에는 정의情義가 서로 부합하여 환연히 틈이 없어야 하니 이것이 바로 다스림의 법도입니다. 옛날 제왕들은 신하 대접을 벗과 같이하여 더불어 치도治道를 강론했으나 지금은 비록 이와 같지 못하더라도 반드시 정의情義가 서로 부합한 연후에 가능할 것입니다." 하였다. 또 말하기를 "백성들의 흩어짐이 물이 사방으로 흐르는 것과 같으니 마땅히 불난 집을 구하듯이 하여야 합니다. 인주의 학문과 다스림의 근본은 반드시 스스로 체득함을 기다려야 할 것이니 한갓되이 남의 말을 듣는 것은 무익합니다."라고 하였다. 주상이 또 삼고초려三顧草廬의 일을 물으니 대답하기를 "반드시 영웅을 얻은 연후에야 큰일을 할 수 있기 때문에 세 번이나 제갈량諸葛亮을 찾아 간 것입니다. 제갈량이 일고一顧에 일어나지 않은 것은 혹자들이 시세時勢가 그러했다고 하지마는 그러나 소열昭烈과 함께 일한 지 수십 년 동안 끝내 한실漢室을 회복하지 못했으니 이는 곧 알 수 없습니다." 하고 드디어 고산故山으로 돌아왔다.

융경隆慶 정묘년(1567) 지금의 주상이 왕위에 올라 교서敎書로 부르니 사양하여 말하기를 "신은 늙음이 심하고 병이 깊으며 죄가 많아 감히 명을 따를 수 없습니다. 재상의 직분은 사람을 등용하는 것보다 큰일이 없는데도 지금 이에 선악善惡을 논하지 않고 사정邪正을 분별하지 아니 합니다."라고 하였다. 이때 근신近臣이 경연에서 주상에게 아뢰어 말하기를 "조식曹植은 배운 바가 유자儒者와 다르기에 이로써 사양한 것입니다." 하였다. 교지를 연이어 내려 반드시 불러들이고자 하였으나 다시 사양하고 말하기를 "청컨대 구급救急이란 두 글자를 올려 몸을 바침에 대신합니다." 하고 인하여 시폐時弊 십수조十數條를 열거하여 말하기를 "온갖 병폐가 바야흐로 위급하여 천의天意와 인사人事를 능히 헤아릴 수 없는데도 이를 방치하여 구제하지 아니하고 한갓되이 허명虛名을 일삼으면서 논의만 열중합니다. 아울러 산야山野의 버려진 사람을 불러 서 현인賢人을 구한다는 미명美名을 더하니 명분이 실지를 구하기에 부 족함이 마치 그림의 떡으로 허기를 채우기에 부족한 것과 같습니다. 청컨대 완급緩急과 허실虛實을 다시 자세히 살펴십시오." 하였다. 당시 주상이 바야흐로 유학 제현을 불러 온 조정이 성리性理를 논설하고자 하니 조정의 기강이 무너지고 나라의 근본이 날로 쇠퇴함으로 선생이 대개 이를 깊이 염려하여 언급한 것이다. 무진년(1568)에 다시 교지敎旨 를 내려 부르니 사양하고 봉사封事를 올렸는데 비답批答을 내려 이르기 를 "이 격언格言을 보니 재덕才德의 높음을 더욱 알겠다."고 하였다. 다시 종친부 전첨을 제수했으나 병으로 사양하고 나가지 않으니 조정에서 자리를 비워두고 기다린 지가 일 년이 넘었다. 신미년(1571)에 큰 흉년 이 들자 주상이 곡식을 하사했는데 인하여 감사하고 다시 상소한 뜻으 로 거듭 아뢰어 간절함을 보였다. 이 해 12월 병이 들어 침과 약을 썼으나 오랫동안 효험이 없었다. 주상이 내관內官을 보내어 문병하였지 만 이르지 아니하여 세상을 떠났으니 임신년(1572) 2월 8일로 향년 72세이다. 선비들이 서로 조문하며 사문斯文을 위하여 통곡했으니 유독 문하생뿐만 아니었다.

선생은 천자天資가 이미 특별하고 오랫동안 힘써 수양했으며 의義를 이에 바탕삼아 참으로 이로써 성취했으니 역량은 족히 만 길 높은 산악 같고 신채는 일월과 더불어 광채를 다툴 만하였다. 세인이 좋아하는 일체를 초개 같이 여겨 이로써 다른 사람에게 바라지 않았고 "저들이 부귀富貴로써 한다면 나는 인의仁義로써 대하리니 내 무엇을 꺼리겠는 가!" 하여 스스로 경솔히 쓰임을 구하지 않았다. 엄정하고 준결했으나 온화하고 정성스런 뜻이 일찍이 서로 통하지 않음이 없었으며 고답하고 초월했으나 백성을 사랑하고 세상을 근심하는 마음은 일찍이 하루도 잊지 못하였다. 그 부모를 섬김에는 신혼晨昏으로 반드시 정성定省하여 돌아가실 때까지 그만두지 않았고 부모가 연로하고 집안이 가난했지만 숙수菽水를 오히려 즐기면서 녹봉을 위해 벼슬하고자 아니했으며 친상親喪을 치를 때는 예를 좇아 허물이 없었다. 그 형제간의 우애에는 집안의 재물을 모두 형제에게 나누어주어 조금도 스스로 지니지 않았고 아우 환桓과 더불어 한 담장 안에 살면서 같은 문으로 출입했으며 늙도록 적사嫡嗣가 없자 승중承重으로 환桓에게 부탁하였다. 그 사람을 대할 때는 비록 비부鄙夫 야인野人이라도 반드시 온화한 안색과 따뜻한 말로 능히 그 진정을 다하게 했으니 선행을 하면 반드시 마주하여 칭찬했고 허물이 있으면 문득 잘 인도했다. 서로 아는 사람에게도 그 병통을 꺼리지 아니하고 처방을 내려 하여금 스스로 다스리게 하였다. 비록 소원해도 그 단점을 덮어두지 않았으며 사람을 관찰할 때 꿰뚫어보는 법과 경중을 달아보는 깊이에는 쉬이 헤아릴 수 없는 점이 있었다. 그 세상을 잊지 않음에는 백성들의 괴로움을 염려하여 마치 자기 몸이 아픈 듯이 하였고 회포가 쌓이어 이를 얘기할 때면 혹 목이 메면서 이어 눈물을 흘렸다. 벼슬아치와 더불어 얘기할 때 일분이라도 백성을 이롭게 할 수 있는 일이 있으면 힘을 다하여 고했으니 그 혹 베풀어지기를 바라서이다. 누차 불러도 나가지 않았고 남들이 알아주지 않아도 걱정하지 않았으니 사람들은 혹 그 높고 강직하여 벼슬하지 않는 이로

만 인식하고 애초부터 몸을 고결히 하여 세상을 초월한 선비가 아닌 줄을 알지 못했다. 일찍이 왕명을 받고 나아가 아룀이 정성스럽고 간절했으며 거듭 봉장封章을 올려 단충丹衷을 쏟았으니 군신의 의를 처음부터 폐하고자 아니했다.

고괘蠱卦 상구上九의 전傳에서 말한 선비의 고상함은 한 가지 길만 있는 것이 아니다. 도덕을 품고서도 때를 만나지 못하여 고결히 자기를 지킨 이도 있고 자족의 도를 알아 물러나서 스스로를 보전한 이도 있으며 능력과 분수를 헤아려 알아주기를 구하지 아니한 이도 있고 청렴과 절개로 자기를 지켜 천하의 일을 탐탁하게 여기지 않으면서 홀로 그 일신을 깨끗이 지닌 이도 있으니 혹자는 선생이 이 몇 가지 중에 해당된다고 여겼다. 지금 선비들의 습성이 투박해져서 이욕利欲이 드러나고 의리義理가 상실됨을 염려했으니 겉으로는 도학道學을 내세우지만 안으로 사리私利를 품어 시세를 따라 명성을 취하는 이가 세상에 만연한지라 심술心術을 무너뜨리고 세도世道를 그르침이 어찌 단지 홍수와 같은 이단異端 뿐이겠는가! 그들의 처신과 행사를 보건대 왕왕 전혀 학자 같지 아니하여 속학배들이 이를 좇아 비난하니 이는 참으로 명성만 취하고 알맹이를 버린 자들의 죄이다. 그 사이 행여 진실하게 학문을 하는 이도 또한 잘못된 이름을 입을 수도 있어 안타깝지만 그러나 단지 학문이 진실하지 아니함을 근심할 뿐 어찌 이를 고민하겠는가! 매양 초학들이 성명性命의 이치를 고담高談하는 것을 들으면 항상 꾸짖어 말하기를 "공부란 처음부터 사친事親 경형敬兄의 사이에서 벗어나지 않거늘 초학의 선비가 혹 그 부모 형제에게는 잘못하면서 문득 천도天道의 묘리妙理를 찾고자 하니 이것이 무슨 공부이며 무슨 습성인가!" 하였다. 이기李芑가 일찍이 영남으로 부임했는데 기芑는 평소 중용中庸을 즐겨 읽어 당시 사람들에게 추중을 받았다. 책을 가지고 선생을 찾아와 의리義理에 의심나는 점을 논하자 답하여 말하기를 "상공相公은 제가 과업科業을 버리고 산림에 살고 있으니 혹 학문을 쌓아 견문이 있으리라 짐작하였겠지만 이는 속임을 많이 당한 것입니다. 이 몸은 병이 많기에 인하여 조용한 곳에 들어앉아 단지 여생을 보전할 뿐 의리義理의 학문은 강론할 바가 아닙니다." 하였다. 이렇게 겸손할 말로 회피함에는 실로 뜻이 있었으니 기芑는 결국 을사사화의 흉괴兇魁가 되었다. 출처를 군자의 대절大節로써 깊이 여겼으니 고금의 인물을 두루 논할 때에는 반드시 먼저 그 출처를 살핀 연후에 그 행사行事의 득실을 논했다. 일찍이 말하기를 "근세에 군자로서 자처하는 사람이 또한 적지 않지만 출처가 의義에 합당한 이는 전혀 듣지 못했다. 얼마 전 오직 퇴계退溪가 고인古人에 거의 가깝다고 하지만 그러나 인욕人欲이 다했는가를 논할진대 필경 그 분수를 다하지 못함이 있다."고 하였다.

병인년(1566)에 왕명을 받았는데 당시 이일재李一齋도 또한 사축으로 부름을 받아 경사京師에 이르렀다. 하루는 서로 만나는 자리에 선비들이 많이 모여들자 일재一齋가 사도師道로써 자임하여 후배와 더불어 의리義理를 강론하였다. 선생이 술잔을 들다가 문득 이를 희롱하여 말하기를 "그대와 나는 모두 도둑이다. 이름을 도둑질하고 벼슬을 훔치고도 이에 감히 남을 향해 학문을 논하니 어찌 그대의 우각牛角을 굽히지 아니하는가? 심히 경건하지 못하다."고 하였다. 선비들이 이를 괴이하게 여기자 선생이 이르기를 "일재一齋는 세습에 물들었는데도 엄연히 현자로 자처하니 내 수긍할 수 없다."고 하였다. 일찍이 부윤 이정李楨과 더불어 오랫동안 사귀다가 취향이 갑자기 달라 자못 서로 어긋나더니 뒤에 일로 인하여 절교하였다. 선생은 구차히 따르지도 아니하고 구차히 침묵하지도 않았으니 식자들은 비록 이를 좋아했지만 알지 못하는 이들은 또한 자못 싫어했다. 나아가고 물러남에 반드시 때를 보아 스스로를 지키려하였고 남을 좇고자 아니하여 암혈巖穴을 굳게 닫고서 죽어도 후회함이 없었으니 천 길을 나는 봉황이라 하여도 될 것이다. 세상에 군자들이 나아가 등용되어선 좋은 일을 하려다 도리어 일을 실패하고 몸을 망쳐 사림에 화를 끼친 이들을 애석히 여겼으니 이는 바로 기미를 살핌에 밝지 아니하고 시세를 판단함에 자세하지 아니하며 또한 송宋나라 원풍元豊 연간의 대신大臣들과 함께 하는 뜻을 알지 못했기 때문이다. 나라의 큰일을 담당한 이들이 기미를 알지 못하고 시세를 살피지 아니하며 마음을 합치지 않고서 단지 강직과 날카로움으로 자임하여 망녕되이 일을 저지르고는 혹 서로 전후하여 승부를 다투니 이는 처음부터 진심으로 나라를 위한 것이 아니라 단지 사심을 좇았을 뿐이다. 어떤 사람이 묻기를 "선생으로 하여금 세상에 뜻을 얻게 한다면 큰 사업을 이루겠습니까?"라고 하자 말하기를 "나는 일찍이 덕과 재주가 없고 잘난 점이 없으니 어찌 능히 사업을 감당하겠는가! 단지 훌륭한 친구를 서로 권장하고 후배들을 발탁하여 많은 현재賢材로 하여금 각각 그 재능을 다하게 하고서는 앉아서 그 성공을 살피는 일은 내가 혹 할 수 있을 것이다."고 하였다. 어떤 이가 지금의 과거를 결단코 폐지할 수 없다고 하니 말하기를 "옛날 선비를 뽑을 적에는 어깨를 나란히 하여 나온 이들이 모두 훌륭한 인재였으니 비유컨대 재목을 길러 들보와 기둥과 서까래 같은 재목들이 모두 갖추어짐에 재목 따라 이를 벌채하여 큰집을 짓는 것과 같다. 양성함에 법도가 있고 등용함에 빠뜨림이 없으면 절로 넉넉해질 것이다."고 하였다. 일찍이 이르기를 "제갈공명諸葛孔明은 소열昭烈이 삼고三顧하여 나왔으나 행할 수 없는 시기에 행하려고 하다가 소용小用의 유감을 면하지 못했다. 만약 끝내 소열昭烈을 위해 일어나지 아니하고 차라리 융중隆中에서 일생을 마쳐 천하 후세가 무후武侯의 사업을 알지 못하더라도 또한 괜찮았을 것이다." 하였으니 고인을 상론할 때 전언前言에 얽매이지 아니하고 일단의 새로운 뜻을 구함이 왕왕 이와 같았다.

그 학문을 함에는 선생의 나이 25세 때에 벗들과 함께 산사山寺에서 공부를 하였는데 성리대전性理大全을 읽다가 허노재許魯齋가 말한 "이윤伊尹이 뜻한 바를 뜻으로 삼고 안연顔淵이 학문한 바를 학문으로 삼아서 나아가면 큰일을 하고 물러나선 지킴이 있어야 하나니 장부는 마땅히 이와 같아야 한다. 나아가서 성취함이 없고 물러나서 지킴이 없다면 뜻한 바와 학문한 바가 장차 무엇이겠는가!"라는 구절에 이르러 이에 비로소 전일의 학문이 옳지 않음을 깨달아 부끄러움에 땀을 흘리고 망연자실하여 밤이 새도록 잠자리에 들지 않다가 새벽에 벗들에게 읍하고 돌아왔다. 이로부터 성현의 학문에 전념하여 용감히 직진하더니 다시 속학俗學에 굽히지 않았다. 날렵하고 분방한 기운이 한 번 크게 변하자 동정動靜과 어묵語默은 예전 모습이 아니었지만 오히려 스스로는 완전히 씻지 못했다고 여겼다. 그 독서를 할 때에는 일찍이 장구章句를 해석하지 아니하고 혹 10행을 이울러 읽어 내려가다가 자기에게 절실한 곳에 이르면 문득 깨달아 전념하였다. 화항직방和恒直方으로 사자부四字符를 삼고 격물치지格物致知로 제일 공부로 삼았으며 경敬으로써 심신을 돌아보고 기미로써 미세한 움직임을 살폈으며 주일근독主一謹獨으로 금인명金人銘을 지었고 색태塞兌라는 글자를 써서 근언계謹言戒로 삼았으니 모두 표제標題로 삼아 염두에 두었던 것이다. 항상 금령金鈴을 차고 다니면서 성성자惺惺子라 하였으니 깨어 있음을 환기시킨 공부이며 선성현先聖賢의 유상遺像을 그려 때때로 궤안에 펼쳐놓고 엄숙히 마주하였다. 항상 혁대革帶를 묶었으니 명銘하기를 "혀는 새는 것이고 가죽은 묶는 것. 산 용을 잡아 묶어 깊은 곳에 감춰두라." 하였고 즐겨 보검寶劍을 찼으니 명銘에 말하기를 "안으로 밝은 것은 경敬이고, 밖으로 끊는 것은 의義이다."라고 하였다. 일찍이 신명사도神明舍圖를 만들어 이에 명銘을 지었는데 안으로는 마음을 잡아 함양하는 실체를 드러내고 밖으로는 성찰하여 극복하는 공부를 밝혔으니 표리表裏가 일치한 모양과 동정動靜이 서로 함양되는 이치가 그림을 보면 일목요연하여 모두 볼 만하였다. 이는 선생이 스스로 체득한 바를 손수 그린 것이다. 선유들이 논한 천도天道 천명天命 심心 성정性情 이기理氣 등과 학문하는 차례와 덕에 들어가는 맥락을 손수 그린 그림이 한두 개가 아니며 모두 지극히 분명했으니 또한 남에게 보이려고 한 것이 아니었다.

항상 논어論語 맹자孟子 중용中庸 대학大學 근사록近思錄 등과 같은 책을 연구하여 그 근본을 북돋우고 그 취향을 넓혔으니 그 중에 나아가 더욱 자기에게 절실한 부분은 다시 사색을 더하였다. 거론하여 남에게 말할 때는 구차히 널리 펼쳐 듣기 좋음을 구하지 않았고 문득 강론하여 외인外人들의 논란을 야기하지 않았으니 이는 선생이 실질에 근본하여 요점을 파악한 것이다. 최후로 특별히 경의敬義를 드러내어 창벽 간에다 크게 써 놓고 일찍이 말하기를 "오가吾家에 이 두 글자가 있는 것은 하늘에 일월日月이 있는 것과 같으니 만고에 뻗치도록 바뀌지 않을 것이다. 성현의 천만 마디 이야기가 그 귀결점은 모두 이 두 글자를 벗어나지 않는다."고 하였다. 학문에는 반드시 자득自得함을 귀하게 여겼으니 말하기를 "한갓되이 서책을 의지하여 의리를 강론하여도 실제로 체득함이 없는 것은 끝내 소용이 없으니 이를 마음에 체득하여 입으로 표현하기 어려운 듯이 해야 한다. 학자는 말을 잘하는 것으로 귀하게 여기지 않아야 한다."고 하였다. 대개 선생은 이미 경전經傳을 널리 구하고 백가百家를 두루 통한 연후에 번잡함을 수렴하고 몸소 실천하여 요점을 터득했으니 스스로 일가一家의 학문을 이루었다. 일찍이 학자들에게 일러 말하기를 "학문하는 요점은 먼저 지식을 고명하게 해야 하니 마치 태산에 올라 만물이 모두 아래에 있는 것 같은 연후에야 오직 나의 행하는 바가 이로울 것이다."고 하였다. 또 말하기를 "도시의 큰 시장을 구경해 보면 금은金銀의 노리개가 없는 것이 없지만 종일토록 거리를 오르내리면서 그 값을 얘기해보아도 결국 자기 집안의 물건이 아니 되니 도리어 나의 한 필 베로써 한 마리 고기를 사가지고 오는 것만 못하다. 지금의 학자들이 성리性理를 높이 얘기하면서도 자기에게 소득이 없는 것은 무엇이 이에 다르겠는가!" 하였다. 또 말하기를 "밤중의 공부는 절실한 곳이 많으니 잠을 많이 자지 않아야 한다." 하였고 또 "평소 거처할 때 처자妻子와 섞여 지내는 것은 옳지 않다. 비록 자질이 훌륭하더라도 습성에 빠져들면 끝내 바른 사람이 될

수 없다."고 하였으니 이는 모두 선생의 평소 말씀이다. 사람을 가르칠 때는 반드시 자질을 보고 이를 좇아 격려했으며 책을 펼쳐 강론하고자 아니 했으니 말하기를 "옛날 성인들의 미묘한 말과 깊은 뜻 중에 사람들이 쉽게 깨달을 수 없는 것은 주자周子 정자程子 장자張子 주자朱子가 서로 이어 천명하여 남김이 없다. 학자들은 그 알기 어려움을 근심하지 말고 단지 실천하지 않음을 근심해야 할 뿐이다. 단지 그 흐릿함만 깨우쳐주면 깨어난 뒤에는 천지일월을 장차 스스로 볼 것이다."고 하였다. 일찍이 책을 저술하지 않았으니 단지 독서할 때 중요한 말을 차기箚記하여 이를 학기學記라 이름했다.

선생은 기우氣宇가 청고하고 눈빛이 형형하여 바라봄에 진세塵世의 인물이 아님을 알 수 있다. 언론의 빼어남은 우레가 치고 바람이 일듯하여 사람들로 하여금 은연중에 이욕利欲의 잡념을 없게 하였으니 자기도 모르게 사람을 감화시킴이 이와 같았다. 평소 거처할 때 종일토록 단정히 앉아 일찍이 나태한 모습이 없었고 귀한 손과 마주해도 동요되지 않았으며 천하거나 어린이를 접할 때도 해이함이 없어 나이 칠순이 넘도록 항상 한결 같았으니 그 자연함이 이와 같았다. 가수嘉樹의 선업이 매우 빈약하여 혹 흉년이 들면 집안사람들이 나물밥조차 잇지 못했으나 선생은 느긋이 걱정하지 않았다. 덕산德山에 거처한 뒤에도 화전火田에서 거둔 곡식은 겨우 연명할 정도였지만 선생은 태연히 항상 넉넉한 듯하였다. 병환이 나신 뒤로 혼절했다가 소생한 것이 몇 번이었지만 사생死生으로써 조금도 의義를 어지럽히지 않았고 부인의 손에서 운명할 수 없다 하여 방실旁室로 하여금 접근치 못하게 하였다. 병환이 조금 차도 있을 적에는 문득 경의敬義로써 힘써 문생에게 말하기를 "이 두 글자는 학자에게 지극히 중요하다. 오로지 공부가 원숙해야 하나니 원숙해지면 한 점의 티끌도 마음에 없을 것이다. 나는 이 경지에 이르지 못하고 죽는다."고 했으니 평생토록 지닌 바를 이에서 더욱 징험하겠다. 아! 외진 땅에 말세 되어 도학道學이 떨쳐지지 못하더니 선생께서 우뚝이 떨치고 일어나 사전師傳을 말미암지 아니하고 능히 스스로 수립하여 초연히 홀로 나아갔다. 대개 또한 사람 중에 이에 능한 이가 드문지 오래되었으니 이는 내가 좋아하는 바에 아첨하는 말이 아니다. 이해 겨울 두류산頭流山에 목가木稼 재앙이 있어 식자들이 자못 철인哲人에게 불행이 있으리라 하더니 선생이 과연 병을 얻어 일어나지 못했다. 세상을 떠나던 날 세찬 바람과 폭우가 몰아쳤으니 사람들이 우연이 아니라 하였다.

부인은 남평南平 조씨曹氏 충순위 수琇의 여이니 선생보다 먼저 별세했다. 1남 1녀를 낳았으니 아들 차산次山은 풍골이 비범했으나 9세에 요절했고 딸은 만호 김행金行에게 출가하여 2녀를 낳았는데 장녀는 권지승문원 부정자 김우옹金宇顒에게 시집갔고 다음은 유학 곽재우郭再祐에게 시집갔다. 선생은 부인과 비록 사이가 좋지는 못했지만 종신토록 은의恩義를 끊지는 않았다. 선생과 판관 이희안李希顔은 지기知己의 벗으로 내외內外가 더불어 통했는데 이李가 일찍이 말하기를 "조모曹某는 그 부부 사이에 더욱 남달리 행하기 어려운 바가 있으나 남들이 이를 알지 못한다."고 했으니 그 지적한 바를 알 수는 없지만 벗들이 신복信服했음을 볼 수 있다. 만년에 방실旁室을 얻어 3남 1녀를 낳았으니 차석次石은 부사 김수생金水生의 딸에게 장가들었고 차마次磨는 미혼이며 차정次矴과 여식은 모두 어리다. 4월 초 6일에 산천재山天齋 뒤 임좌壬坐 병향원丙向原에 장사했으니 선산에 환장還葬하지 못한 것은 시세가 혹 그러했을 것이다. 아! 아!

융경隆慶 6년(1572) 임신 윤 2월 일
문인 생원 정인홍鄭仁弘 근장謹狀

先生 姓曹氏 諱植 字楗仲 系出昌山 高麗太祖 德宮公主 下嫁生子瑞 爲
刑部員外郎 於先生始祖 高祖諱殷 中郎將 妣郭氏縣監興仁之女 曾王父諱

安習成均生員 妣文氏學諭可容之女 王父諱永不仕 妣趙氏監察瓚之女 考
諱彦亨通訓大夫承文院判校 娶忠順衛李菊女 以弘治辛酉六月壬寅 生先生
於嘉樹縣之兎洞 未冠 以功名文章自期 有駕一世軼千古之意 讀書喜左柳
文字 製作好奇高 不屑爲世體 屢捷發解 名震士林 嘉靖丙戌 遭先大夫憂
廬墓終三年 先生家世淸貧 授室金官 婦家頗饒 奉母夫人就養 乙巳丁憂 奉
柩還葬于先大夫墓東岡 廬墓如初 身不脫衰 足不出廬 服闋 因居本業 近舊
宅 構一室曰鷄伏堂 俯前流 結茅屋曰雷龍舍 使工畫者摹雷龍狀 棲諸壁 晩
卜頭流山下 其室復以雷龍名 別構精舍 扁曰山天齋 老焉 先生豪邁不群 明
見高識 出於天性 中廟丁酉 先生年三十七 于時 國家無朝夕之虞 獨見有憂
違之幾 遂請命先夫人 棄擧子業 笠邆山林 愛宜春之明鏡臺 往來棲息 累歲
月 作山海亭于金官之炭洞 講學蓄德 不願乎外者 亦有年矣 中廟始授獻陵
參奉 不就 明廟除爲主簿典牲也宗簿也 又除爲縣監丹城也 皆不就 上疏不
報 其後又授司紙 不就 丙寅以遺逸召 辭 復以尚瑞院判官徵 乃拜引對思政
殿 上問治亂之道爲學之方 對曰古今治亂 載在方策 不須臣言 臣竊以爲君
臣之際 情義相孚 洞然無間 此乃爲治之道 古之帝王 遇臣僚若朋友 與之講
明治道 今雖不能如此 必須情義相孚 然後可也 又言生民離散 如水之流 救
之當如失火之家 人主之學 出治之本 必須自得 徒聽人言 無益也 上又問三
顧草廬事 對曰必得英雄 然後可以有爲 故至於三顧亮 亮一顧不起 或者時
勢然也 然與昭烈 同事數十年 竟未能興復漢室 此則未可知也 遂去歸故山
隆慶丁卯 今上嗣服 以敎書召之 辭曰臣老甚病深罪深 不敢趨命 宰相之職
莫大於用人 今乃不論善惡 不分邪正 蓋時有近臣 於筵中白上 曰曹植所學
異於儒者 故以此辭 有旨繼下 必欲徵起 復辭曰請獻救急二字 以代獻身 因
歷擧時弊十數條 曰百疾方急 天意人事 有未能測 舍此不救 徒事虛名 論篤
是與 幷求山野棄物 以助求賢美名 名不足以救實 如畫餠之不足以救飢 請
以緩急虛實 更加審處焉 時主上方問儒學諸賢 滿朝論說性理 而朝綱不振
邦本日壞 先生蓋深念之 故及之 戊辰 又下旨趣召 辭 上封事云云 批下云
觀此格言 益知才德之高矣 轉授宗親府典籤 以病辭不就 朝廷虛位以待者
逾一年 辛未 大匈歉 上賜之粟 因陳謝 復以疏意申啓 而更剴切焉 是年十
二月 疾作 鍼藥久不效 上遣中使問疾 未至而終 壬申二月八日也 享年七十

有二 士子相弔 爲斯文慟 不獨門下輩也 先生天資旣異 克治力久 義爲之質
而信以之成 力量足以岳立萬仞 神采可與日月爭光 一切世好視若草芥 而
不以此望於人 以仁以義 吾何慊乎 而不自輕以求用 方嚴淸峻 而和易懇惻
之意 未嘗不相濟 高蹈遠引 而愛物憂世之念 未嘗一日忘 其事親也 晨必省
昏必定 終不或輟 親老家貧 菽水猶歡 不欲爲祿仕 執親之喪 遵禮不怠 其
友睦也 家藏盡以業兄弟 一毫不自與 與弟桓居共一垣 出入同門 年老無嫡
嗣 以承重付桓 其接物也 雖鄙夫野人 必和顔溫語 使得盡其情 爲善必面稱
有過輒導 於相識之人 不諱其病痛 因投鍼劑 使之自治 雖疎遠 不沒其長
雖親愛 不掩其短 至於觀人之際 視察之鑑 斤兩之蘊 有未易窺測者 其不忘
世也 念生民困悴 若恫瘝在身 懷抱委襞 言之或至嗚噎 繼以涕下 與當官者
言 有一分可以利民者 極力告語 覬其或施 屢徵不起 不見是而無憫 人或認
爲高亢不仕之人 而不知初非潔身長往之士也 嘗趨朝命 奏對誠切 再上封
章 披瀝丹悃 則君臣之義 初不欲廢也 蠱之上九 傳曰士之高尙 亦非一道
有懷抱道德 不偶於時 而高潔自守者 有知止足之道 退以自保者 有量能度
分 安於不求知者 有淸介自守 不屑天下之事 而獨潔其身者矣 或者 先生於
此數者 居一焉 病今之士習偸弊 利欲勝而義理喪 外假道學 內實懷利 以趨
時取名者 擧世同流 壞心術誤世道 豈特洪水異端而已 觀其行己做事 往往
專不似學者 所爲俗學輩 從而譏誚焉 此固取名蔑實者之罪也 其間倘有眞
實爲學者 亦被假僞之名 初可痛也 然特患學不眞實而已 庸何病於此乎 每
聞初學高談性命之理 未嘗不呵止之 曰爲學初不出事親敬兄之間 始學之士
或不能於其父母兄弟 而遽欲探天道之妙 此何等學也 何等習也 李芑嘗出
使嶺外 芑曾以喜讀中庸 爲時所推 以書抵先生 論義理疑處 答曰相公以植
棄擧業入山林 意或積學有見 而不知被欺已多矣 此身多病 仍投閑靜 只爲
保得餘生 義理之學 非所講也 遜辭靳避 實有深意 芑卒爲乙巳兇魁 深以出
處爲君子大節 泛論古今人物 必先觀其出處 然後論其行事得失 嘗曰近世
以君子自處者 亦不爲不多 出處合義 蔑乎無聞 頃者唯景浩 庶幾古人 然
論人欲盡 畢竟有未盡分矣 丙寅拜命 時李一齋 亦以司畜召 至京師 一日相
見 士子坌集 一齋以師道自任 與後輩講論義理 先生因杯勻 遽爲之戲 曰君
與我儘是盜 盜名字竊官爵 乃敢向人論學爲 胡不彎君牛角 不甚敬重 士子

多怪議 先生謂一齋滾同世習 儼然以賢者自當 吾所不服也 嘗與李府尹禎
友善 久之所趨頓異 頗與相失 後因事絶之 先生不苟從不苟默 識者雖好之
不知者亦頗惡之 隱見必欲相時自守 不欲徇人 牢關巖穴 死而不悔 謂之翔
千仞鳳凰 可也 惜世之君子 出爲時用 要做好事 事敗身僇 貽禍士林者 正
坐見幾不明 相時不審 又不知如元豊大臣同之義也 當國大事者 不知幾不
相時不恊 心强銳自任 胡亂作爲 或相前却 因較勝負 初非赤心謀國 只是徇
私意而已 有人問使先生得行於世 做得大事業否 曰吾未嘗有德有才而不長
豈得當了事 但尊舊相奬 後輩推拔 多小賢材 使之各效其能 坐觀其成功 吾
或庶幾焉 或言今之科擧 決不可廢 曰古有選士法 士比肩而出者 皆良才 譬
如養得林木 棟楹樑柟之材 靡有不具 比株而伐之 以構大廈 養之有道 而取
不遺 材用自無不足矣 嘗謂諸葛孔明 爲昭烈三顧而出 欲爲於不可爲之時
顧未免有小用之憾 若終不爲昭烈起 寧老死於隆中 天下後世 不知有武候
事業 亦未爲不可矣 尚論古人 不拘前言 更求一段新義 往往如此 其爲學也
先生年二十五歲時 偕友人隸業於山寺 讀性理大全 至許魯齋之言 曰志伊
尹之所志 學顏淵之所學 出則有爲 處則有守 丈夫當如此 出無爲處無守 所
志所學 將何爲 於是 始悟舊學不是 心愧背汗 惘若自失 終夜不就席 遲明
揖友人而歸 自是刻意聖賢之學 勇猛直前 不復爲俗學所撓 飛揚不羈之氣
一頓點化 動靜語默 非復舊時樣子 猶自以謂或未消了 其讀書也 不曾章解
句析 或十行俱下 到切己處 便領略過其用功也 以和恒直方 爲四字符 以格
物致知 爲第一工夫 敬以心息相顧 幾以察識動微 爲主一謹獨法 作金人銘
書塞兒字 爲謹言戒 皆標題而念在焉 常佩金鈴 號曰惺惺子 蓋喚惺之工也
畫先聖賢遺像 時展几案 肅容以對 常束革帶 銘曰舌者泄 革者結 縛生龍
藏漠冲 愛佩寶劍 銘曰內明者敬 外斷者義 嘗作神明舍圖 繼爲之銘 內以著
操存涵養之實 外以明省察克治之工 表裡無間之體 動靜交養之理 按圖了
然 有目皆可見 此先生所自得而手摹畫者也 以至先儒所論 天道天命心性
情理氣等處 與爲學次第 入德路脉 手自圖畫者 非一二而皆極分明 亦不以
示人 常繹論孟庸學近思錄等書 以培其本 以廣其趣 就其中 尤切己處 更加
玩味 仍擧以告人 未嘗苟爲博洽以徇聽聞之美 未嘗便爲講說引惹外人論議
此先生着實說約者也 最後特提敬義字 大書窓壁間 嘗曰吾家有此兩箇字

如天之有日月 洞萬古而不易 聖賢千言萬語 要其歸 都不出二字外也 學必
以自得爲貴 曰徒靠冊字上 講明義理 而無實得者 終不見受用 得之於心 口
若難言 學者不以能言爲貴 蓋先生旣以博求經典 旁通百家 然後斂繁就簡
反躬造約 而自成一家之學 嘗謂學者 曰爲學要先使知識高明 如上東岱 萬
品皆低 然後惟吾所行 自無不利 又曰遨遊於通都大市中 金銀珍玩 靡所不
有 盡日上下街衢 而談其價 終非自家家裡物 却不如用吾一匹布 買取一尾
魚來也 今之學者 高談性理 而無得於己 何以異此 又曰夜中功夫儘多切 不
可多睡 又曰恒居不宜與妻孥混處 雖資質之美 因循汩溺 終不做人矣 此皆
所雅言也 教人必觀資稟 將順激勵之 不欲便與開卷講論 曰從古聖人微辭
奧旨 人不易曉者 周程張朱 相繼闡明 靡有餘蘊 學者不患其難知 特患其不
爲已耳 只要喚覺其睡 覺後天地日月 將自覩得矣 未嘗著書 只有讀書時箚
記要語 名之曰學記 先生氣宇清高 兩目烔耀 望之知其非塵世間人物 言論
英發 雷屬風起 使人潛消利欲之念 而不自覺 其動人如此 燕居終日危坐 未
嘗有惰容 對貴客不爲動 接卑幼不以憚 年踰七旬 常如一日 其自然如此 於
嘉樹先業甚尠 歲或不熟 家人蔬食不繼 先生怡然不以爲意 山居之後 畲畬
所收 僅賴以不死 先生熙然常若甚饒 邁疾之日 絶而復甦者數 不以死生毫
髮亂義 不絶婦人手 令旁室不得近 少間 輒以敬義字 亹亹爲門生言 曰此二
字極切要 學者要在用功熟 熟則無一物在胸中 吾未到這境界以死矣 平生
所存 至此益驗矣 嗚呼 偏荒晩世 道學未唱 而先生傑然奮起 不由師傳 能
自樹立 逈發獨往 蓋亦民鮮能久矣 此非阿所好之言也 是冬 頭流木稼 識者
頗爲哲人憂 先生果得疾不瘳 卒之日 烈風暴雨 人以爲不偶然也 娶南平曹
氏 忠順衛琇之女 先歿 生男一女一 男曰次山 風骨不常 九歲而夭 女適萬
戶金行 生二女 長適權知承文院副正字金宇顒 次適幼學郭再祐 先生於內
子 雖不好合 終身不絶恩義 先生與李判官希顔 爲知己友 內外與通 李嘗曰
曹某 於其夫婦間 尤有人所難能者 而人莫之知也 未知所指 其爲朋友所信
服可見 晩得旁室 生三男一女 曰次石 娶府使金水生女 曰次磨 未娶 曰次
矴與女 皆幼 四月初六日 葬于山天齋後壬坐丙向之原 不得歸祔於先壟者
勢或使然也 嗚呼嗚呼

隆慶 六年 壬申 閏二月 日 門人 生員 鄭仁弘 謹狀

행장 行狀

선생의 성은 조씨曺氏이고 휘는 식植이며 자는 건중보楗仲甫이니 자호가 남명南冥이다. 조씨는 창산昌山의 저성著姓으로 고려 태조의 신덕왕후神德王后가 덕궁공주德宮公主를 낳아 조씨에게 하가下嫁하여 형부원외랑 서瑞를 낳았으니 이분이 시조이다. 그 후 9세 동안 평장사를 지내 대마다 위인이 났다. 선생은 홍치弘治 신유년(1501) 6월 26일 진시辰時에 태어났다. 나면서부터 특이한 자질이 있었으며 소시에 호방하고 용맹하여 얽매임이 없었다. 자라면서 글짓기를 좋아하여 기고奇高함에 힘쓰더니 문장으로 자부했다. 판교공이 매양 과거공부로 면려하면 선생은 스스로 그 재주를 크게 여겨 이르기를 "과거는 쉽게 합격할 수 있습니다." 하였다. 25세에 벗들과 함께 산사에서 과거공부를 하다가 성리대전性理大全을 읽으면서 노재魯齋 허형許衡의 말 중에 "이윤伊尹의 뜻을 뜻으로 삼고 안자顔子의 학문을 학문으로 삼아 나가서는 큰일을 하고 물러나서는 지킴이 있어야 하나니 장부는 마땅히 이와 같아야 한다."는 글귀를 보고 선생은 척연히 각성하고 망연히 자실하여 비로소 종전의 취향이 그릇됨을 깨달았다. 이에 "고인이 이른 바 위기爲己의 학문이라는 것은 대개 이와 같다." 하고 드디어 탄식하며 분발하여 밤새도록 자리에 들지 않더니 새벽에 벗들에게 읍하고는 돌아왔다. 이로부터 실학에 뜻을 돈독히 하여 각고면려하더니 종일토록 단정히 앉아 밤을 새운 지 수년이었다. 이미 경전을 널리 섭렵하고 백가를 두루 달통한 연후에는 번잡한 것을 수렴하여 간략히 하고 일신을 반성하여 요체를 터득했으니 스스로 일가一家의 학문을 이룩하였다. 가정嘉靖 정유년(1537) 선생의 나이 37세에 비로소 과거를 완전히 포기하고 유학에 전념하였다. 구원丘園에 물러앉아 수죽水竹 사이에 모옥茅屋을 지어서는 세상 일을 사절하고 한가히 자적했으니 이로 말미암아 조용히 수양하고 정신을 연마하여 조예가 더욱 고원해졌다. 집안이 청빈한 선생은 김해로 장가들어 부가婦家가 자못 넉넉했으며 선생이 이미 일찍 부친을 잃었는지라 드디어 모부인을 모시고 김해로 옮겨가 봉양했다. 을사년(1545)에 모친상을 당하자 관棺을 받들어 가수嘉樹로 환장還葬하고는 드디어 본향本鄕에 거처했으며 만년에는 두류산 덕산동에 복거하여 은거처를 정했다.

선생은 중종조에 천거를 입어 특별히 참봉에 제수되었으나 나가지 않았고 명종이 왕위에 올라 거듭 주부를 제수했지만 모두 나가지 않았다. 을묘년(1555)에 특별히 단성丹城 현감을 제수했으나 또 나가지 아니하고 봉사封事를 올렸으니 대략 이르기를 "전하의 국사國事는 이미 그릇되고 방본邦本은 이미 망했으며 천의天意는 이미 떠나고 인심人心은 이미 이반되었습니다. 자전慈殿은 사려가 깊으나 깊은 궁궐의 한 과부에 불과하고 전하께선 어리시어 단지 선왕의 한 고아일 뿐입니다. 백천 가지 천재天災와 억만 갈래 인심人心을 무엇으로 감당하고 무엇으로 수습하시렵니까? 시내가 마르고 우박이 내리니 그 조짐이 무엇입니까? 울음소리 슬프고 소복素服을 하였으니 형상이 이미 드러났습니다. 이때를 당하여 비록 주공周公 소공召公의 재주를 겸하고 나라의 중요한 자리에 있어도 또한 어찌 할 수 없거늘 하물며 일개 미천한 몸으로 재주가 초개같은 이에게 있어서야 어찌 하겠습니까? 위로는 능히 만에 하나도 위태로움을 해결하지 못하고 아래로는 능히 털끝만치도 백성을 도울 수 없으니 전하의 신하되기가 또한 어렵지 않겠습니까? 근왕勤王할 인재를 부르고 국사를 정돈함은 구구한 정형政刑에 있는 것이 아니라 오직 전하의 한 마음에 달렸습니다. 방촌方寸의 마음에 한마汗馬의 노력을 기울여 만우萬牛를 이끄는 위치에서 공을 거두어들이는 일은 그 기틀이 자신에게 있을 뿐입니다. 유독 알 수는 없지만 전하께서 종사하는 일은 무엇입니까? 학문을 좋아하십니까? 성색을 좋아하십니까? 궁마를 좋아하십니까? 군자를 좋아하십니까? 소인을 좋아하십니까? 좋아하는 바가 있는 곳에 따라 존망이 달렸습니다. 참으로 능히 하루에 확연히 깨닫고 분연히 노력하여 홀연 명덕明德과 신민新民의 안에서 터득함이 있으면 명덕 신민의 안에 만 가지의 선행이 모두 내재하고 백 가지의 조화가 흘러나오리니 이를 들어 시행하면 나라가 고르게 될 것이고 백성이 화평하게 될 것이며 위태로움이 편안하게 될 것입니다."라고 하였으니 소가 들어갔지만 비답이 없었다.

병인년(1566)에 조정에서 명유名儒인 성운成運 이항李恒 임훈林薰 김범金範 한수韓脩 남언경南彦經 등을 크게 부르면서 다시 유일遺逸로 선생을 불렀으나 사양하였다. 거듭 교지를 내려 두터이 부름으로 이에 응하여 나아가니 상서원 판관을 제수했고 명을 받들어 사정전思政殿에서 인견할 때에 주상이 치란의 도와 학문의 방법을 물었다. 이에 대답하여 말하기를 "고금의 치란은 서책에 있으니 신의 말을 기다릴 필요가 없습니다. 신은 생각건대 군신 사이에는 반드시 정의情意가 서로 부합한 연후에 큰일을 할 수 있을 것입니다." 하고 인하여 백성들이 떠도는 괴로운 정상을 극렬히 아뢰었다. 주상이 또 삼고초려三顧草廬의 일을 묻자 대답하기를 "제갈량諸葛亮은 영웅이라 사리를 능히 헤아리지 못할 이가 아니지만 그러나 소열昭烈과 더불어 수십 년간 함께 일하여 끝내 한실漢室을 회복하지 못했으니 신은 이를 알 수 없습니다." 하였으니 선생의 뜻은 대개 공명孔明의 출사를 부당하다고 이른 것이었다. 선생은 이미 입대入對하고 즉시 출발하여 남쪽으로 돌아왔으니 조명朝命을 기다리지 않았다. 융경隆慶 정묘년(1567)에 금상今上이 즉위하자 제일 먼저 교서敎書를 내려 권장하고 도움을 구한 바가 매우 지극했으며 얼마 후 연이어 교지敎旨를 내려 날씨가 따뜻한 때를 기다려 역말을 타고 길에 오르라고 하였으나 선생이 거듭 사양하였다. 처음 사양하면서 뜻한 바에는 "늙음이 심하고 병이 깊으며 죄가 많다."는 말이 있었고 또 말하기를 "재상의 직분은 인재를 등용하는 것보다 중한 일이 없는데 지금은 이에 선악善惡을 논하지 않고 사정邪正을 분별치 않습니다." 하였으니 당시 근신近臣이 경연에서 주상에게 아뢰기를 "조모曺某는 배운 바가 유자儒者와 다르기 때문에 이로써 사양한 것입니다."라고 하였다. 재차 사양하면서 뜻을 펼쳐 이르기를 "청컨대 구급救急 두 글자를 바쳐 나라 일으킬 일언一言으로 삼고 몸 바침에 대신합니다. 바야흐로 이제 방본邦本이 무너지고 온갖 폐단이 지극하니 마땅히 대소 관료들이 급박하게 여기기를 마치 화재나 수재에서 구하는 것과 같이 하여도 혹 지탱할 수 없거늘 한갓되이 허명만 일삼고 논의만 힘씁니다. 아울러 산야山野에 버려진 사람을 찾아내어 현인을 구한다는 미명을 더하니 명분이 실질을 구하기에 부족한 것이 마치 그림의 떡이 허기를 채우기에 부족한 것과 같습니다. 청컨대 완급緩急과 허실虛實을 분간하여 처치하십시오." 하였다. 이때에 주상이 바야흐로 유학儒學 제현諸賢을 불러 온 조정이 성리性理를 논하려 하자 조정의 기강이 해이해지고 나라의 근본이 날로 위축되었으니 선생은 이를 깊이 염려했기 때문에 아뢰어 언급한 것이었다.

무진년(1568)에 또 교지를 내려 불렀으나 사양하고 봉사封事를 올려 군덕君德을 개진하였으니 대저 선을 밝히고 몸을 정성되게 하는 것으로 요점을 삼았다. 그 마지막에 이르기를 "신이 전날에 뜻한 바 구급救急이라는 말에 아직까지 천의天意의 감동을 듣지 못했으니 응당 늙은 선비가 곧음을 파는 말이라고 여겨 족히 생각을 움직이지 못한 것이라 여겨집니다. 황차 군덕君德을 개진한 것도 고인들이 이미 진술한 전철에 불과하지만 그러나 전철을 말미암지 아니하면 다시 좇을 길이 없습니다." 하였다. 또 말하기를 "지금 왕령王靈은 떨쳐지지 아니하고 정사政事는 은혜를 빙자함이 많으며 조령朝令은 나오자마자 거두어져 기강이 서지 아니한 지 수세가 되었습니다. 헤아릴 수 없는 위엄으로 이를 진작시키지 아니하면 백방으로 흩어진 팥죽 같은 형세를 구할 수 없고 큰 장마비로서 이를 적시지 않으면 칠년 가뭄에 마른 풀을 살릴 수 없으니 반드시 명세命世의 보필을 얻어 상하가 공경하고 협력함이 같은 배를 탄 사람과 같이한 연후에 조금이라도 무너지고 메마른 형세를 다스릴 수 있을 것입니다."라고 하였다. 또 서리의 정상을 극언하여 말하기를 "당당한 천승千乘의 나라로서 조종祖宗 200년 업적을 의지하여 공경대부가 전후로 늘어서 따르거늘 정사를 아전에게 맡겨서야 되겠습니까? 이것은 소의 귀에도 들려줄 수 없는 일입니다. 군민軍民의 서정庶政과 나라의 기무機務가 모두 이 아전들의 손을 거치면서 사속絲粟 이상의 뇌물이 아니면 행해지지 아니하고 지방에서 바치는 물건은 일체 저지당해 한 물건도 상납되지 아니하니 어찌 전하께서 일국의 큰 부를 누리지 못하시고 도리어 노예가 방납防納한 물건을 의지할 줄 생각했겠습니까? 이에 싫증내지 아니하고 나라 창고의 물건을 도둑질하여 몇 자 몇 말의 저축도 없으니 나라는 나라꼴이 아니고 도적들만 수레 아래 가득합니다. 대저 윤원형尹元衡의 권세도 조정에서 능히 이를 바로잡았거늘 하물며 이 같은 이리와 쥐새끼의 허리와 목을 도끼로서[11) 다스리기에 부족하겠습니까? 왕정王廷에 포진한 이들치고 누가 세상을 건질만한 인재와 밤낮으로 수고하는 어진이가 아니겠습니까마는 간신姦臣이 자기와 어긋나면 제거하면서도 간리姦吏가 나라를 좀먹는 것은 방치합니다. 이는 일신만을 생각하고 나라를 염려치 않는 것이기에 명철明哲하다 하지만 어리석지 않음이 없으니[12) 자신의 즐거움으로 나라의 근심을 잊은 것입니다. 신은 깊은 산골에 살면서 굽어 살피고 우러러보며 탄식하고 한숨 쉬다가 이어 눈물 흘린 적이 자주 있었습니다. 신은 전하에게 군신의 정분이 일촌一寸도 없는데 무슨 군은君恩에 감격하여 탄식하고 눈물 흘림을 스스로 그칠 수 없었겠습니까? 교분은 얕은데 말이 깊으니 실로 죄가 많습니다. 홀로 헤아리건대 이 땅의 곡식을 먹고 사는 누세累世의 구민舊民으로 욕되이도 삼조三朝에 걸친 징사徵士가 되어 나라를 걱정하는 마음은 오히려 스스로 주周나라 과부[13)에 비견할 만하니 부

---

11) 원문의 '제부齊斧'는 자부資斧와 같은 말로 예리한 도끼 또는 제왕의 권력을 상징하는 황월黃鉞을 비유한다.

12) 원문의 '미철불우靡哲不愚'는 『시경詩經』 대아大雅 「억抑」편에 나오는 말이다.

름을 받은 날에 어찌 한 마디 말이 없을 수 있겠습니까?" 하였다. 소가 올라가자 교지를 내려 답하기를 "이 격언格言을 보니 재덕才德의 높음을 더욱 알겠다. 마땅히 유념하리라." 하였다.

기사년(1569) 겨울에 종친부 전첨으로 불렀으나 사양하였고 경오년(1570) 정월에 다시 불렀으나 또 사양했으니 조정에서 자리를 비워두고 기다린 지가 일 년이 넘었지만 끝내 나가지 않았다. 신미년(1571) 여름에 특별히 본도本道에 명하여 곡식 약간 섬을 하사하여 그 궁핍함을 규휼하였다. 선생이 소를 올려 감사하며 말하기를 "군의君義를 받친다."고 운운하니 주상이 답하기를 "그대의 소장을 살펴보니 나라를 걱정하는 정성은 비록 시골에 있어도 일찍이 잊지 아니함을 보겠다."고 하였다. 이 해 섣달에 선생께서 병이 나셨는데 임신년(1572) 정월에 본도本道에서 병으로 아뢰자 주상이 내관을 보내어 문병하였으나 이르지 아니하여 선생이 세상을 떠났으니 2월 8일이다. 이 날 큰 바람과 폭설로 천지가 아득했으며 산이 무너지고 두성斗星이 떨어졌으니 어찌 작은 변고이겠는가! 부음을 듣고 특별히 명하여 부의賻儀와 제사祭祀를 내리고 벼슬을 추증했다. 임신년 4월 6일에 산천재山天齋 뒷산 임좌壬坐 병향원丙向原에 장사했으니 유명遺命을 따른 것이다. 부인 남평南平 조씨曺氏는 충순위 수琇의 여이니 선생보다 5년 먼저 별세했고 김해金海에 장사했다. 아들 하나를 낳았으니 비범하여 선생이 매우 사랑하였으나 9세에 요절했다. 1녀는 만호 김행金行에게 출가하여 2녀를 낳았으니 장녀는 권지승문원 부정자 김우옹金宇顯에게 시집갔고 다음은 사인 곽재우郭再祐에게 시집갔다. 방실旁室의 아들 3인은 차석次石 차마次磨 차정次矴이고 딸은 어리다.

아! 선생은 간세間世의 호걸이니 설월雪月 같은 흉금과 강호江湖 같은

<hr>

13) 『좌전左傳』 소공昭公 24년에 나오는 고사故事로 주周나라 과부가 길쌈하는 실이 모자라는 것은 걱정하지 않고 나라가 망할까 염려했다고 한다.

성품으로 만물 밖에 우뚝 서서 일세를 내려다보았다. 고매한 식견은 천품에서 나왔으니 기미를 보고 일을 논함에 사람들의 의표를 뛰어넘었으며 시대를 근심하고 세상을 개탄한 충의의 떨침은 봉사封事와 주대奏對에서 대강 볼 수 있다. 천성이 강개하여 일찍이 남에게 부앙俯仰하지 않았으며 학사 대부와 더불어 이야기가 시정의 폐단과 백성의 곤궁함에 미치면 일찍이 팔을 걷고 목이 메이다가 때로는 눈물까지 흘려 듣는 이들이 경청했으니 이 세상을 잊지 못함이 대개 이와 같았다. 그러나 도를 말미암고 의를 지켰기에 스스로를 낮추어 등용됨을 즐기지 않았으며 가난을 편히 여기고 궁색함을 견디었기에 자신을 굽혀 세속을 따르지 않았다. 그러므로 세상을 길이 사양하고 암혈에서 일생을 마쳐 하여금 조정에서 재능을 시험하지 못해본 채 경륜의 사업은 연하煙霞 가운데서 영락했으니 아! 이것은 누가 그렇게 한 것인가! 그러나 그 성분性分의 안에서 체득한 바는 만고에 뻗치도록 없어지지 않을 것이니 애초부터 등용되거나 물러난다고 하여 더해지거나 감할 바가 아니었다. 선생은 재기가 매우 높아 호매하고 절륜했으며 의논이 뛰어나고 의용이 준엄하여 굳센 기운이 면목에 드러났다. 매양 그 모습을 대하고 그 언론을 접하면 방탕한 마음과 나약한 기운이 감히 심중에서 돋아나지 않았다. 그 조예의 높음과 자득의 오묘함은 어리석고 좁은 소견이 능히 측량하여 억설할 바가 아니다.

잠시 그 눈으로 본 사실로서 말한다면 서실에 홀로 거처하면서 정결하고 엄숙하였고 서책과 기물을 일정하게 두었으며 종일토록 단정히 앉아 일찍이 흐트러지고 기울어진 모습을 볼 수 없었다. 자정이 넘어 취침했으나 또한 일찍이 졸지 않더니 학자들에게 말하기를 "밤중의 공부는 절실한 것이 많으니 잠을 많이 자지 않아야 한다."고 하였다. 또 이르기를 "평소 거처할 때 처자와 섞여 지내는 것은 옳지 않다. 비록 자질이 아름답더라도 습성에 빠져들면 끝내 바른 사람이 될 수 없다."고 하였으니 그 뜻을 엄격히 하여 자립함에 이런 류가 많았다. 학문을 할 때는 지엽을 버리고 마음에 체득함을 귀하게 여겼고 실천을 급선무로 삼았다. 강론하고 분석하는 말을 즐겨하지 않았으니 대개 헛된 일과 빈말은 궁행躬行에 무익하다고 여겼기 때문이다. 책을 읽을 때는 장구를 해석하지 아니하고 혹 열 줄을 함께 읽어 내려가면서 자기에게 절실한 곳에 이르면 문득 깨달아 공부를 독실히 하였다. 항상 금방울을 차고 다니며 스스로 경계하면서 성성자惺惺子라 하였으니 대개 깨어있음을 환기시키는 공부였다. 일찍이 깨끗한 술잔에 맑은 물을 담아 양손으로 받들고 밤을 지새웠으니 대개 뜻을 다지는 일이었다. 또 작은 병풍에 선성先聖 선사先師의 유상遺像을 그리어 항상 궤안에 안치하고 매양 이를 엄숙히 마주하기를 시좌하여 앞뒤로 호위하듯 하였다. 일찍이 신명사神明舍를 그려 도圖를 만들어서는 항상 주시하며 경계했으니 그 명銘에 말하기를 "태일진군太一眞君이 명당明堂에서 정사 펴니, 안은 총재家宰 주관하고 밖은 백규百揆 살핀다. 추밀樞密 이에 출납할 때 충신忠信으로 꾸민 말씀, 사자부四字符 드러내고 백물기百勿旂 세웠구나. 아홉 구멍 사특함도 귀와 눈과 입에서 시발하니, 낌새 보아 물리치고 나아가 섬멸하라! 대궐 나가 복명하니 요순시절 일월이라, 세 관문 막아두면 맑은 들판 끝이 없어, 하나에로 돌아가 시동 같고 연못 같네!" 하였고 그 혁대명革帶銘에 말하기를 "혀는 새는 것이고, 가죽은 묶는 것. 산 용을 잡아매어, 깊은 곳에 감춰두라!" 하였으며 그 검명劍銘에 말하기를 "안으로 밝은 것은 경敬이고 밖으로 끊는 것은 의義이다." 하였으니 그 반성하여 안으로 닦고 독신하여 스스로 힘쓴 류가 이와 같았다.

김해에 계실 때 서실을 산해정山海亭이라 하였으니 산을 베고 바다에 임해 유심하고 광활함을 말한 것이며 그 방을 이름하여 계명繼明이라 하고는 좌우에 도서를 두고 고요히 앉아 함양한 지 대개 30여 년이다. 가수의 정사精舍를 계부당鷄伏堂이라 이름했으니 닭이 알을 품듯이 함양한다는 말을 취한 것이고 서실을 이름하여 뇌룡사雷龍舍라 하였으니 시동처럼 앉았다가 용처럼 나타나고 연못 같이 잠잠하다가 우레 같이 소리친다는 말을 취한 것이다. 산거정사山居精舍에 또한 뇌룡雷龍이라 이름을 걸고 그 곁에 "우뢰는 회명晦冥한 곳에서 소리 나고 용은 연해淵海에 산다."라고 적었으며 화공으로 하여금 뇌룡雷龍 형상 일폭을 그리게 하여 좌우座隅에 걸어 두었다. 최후로 서실을 지어 산천재山天齋라 하였으니 역易 대축괘大畜卦의 뜻을 취한 것이다. 재실에는 판창板窓이 있었는데 왼쪽에는 경자敬字를 쓰고 오른쪽에는 의자義字를 썼으니 경자 곁에 고인이 경敬을 논한 중요한 말을 세서細書하여 항상 눈으로 보며 마음으로 생각하였다. 병이 위독한 날에 이르러서도 오히려 그 말을 외워 입에서 끊이질 않았으며 자리에 누운 지 한 달이 넘어도 정신이 어지럽지 않아 학자와 더불어 얘기함에 오히려 행기行己의 대방大方과 출처出處의 대절大節로써 순순히 가르치기를 게을리 아니했다. 병이 위독해지자 자리를 돌려 머리를 동쪽으로 하였으며 부인들을 근접하지 말게 하고 내외를 안정하도록 경계하고는 웃으면서 문인에게 일러 말하기를 "사생死生은 평상의 이치일 뿐이다."라고 하였다. 또 말하기를 "천우天祐는 죽을 때에 풍악을 울리며 줄지어 노래와 춤을 추면서 죽었다 하나 이 어찌 사람의 진정이겠는가! 그 사람은 배우지 못했기 때문에 이와 같이 하였지만 나는 이와 같기를 원치 않는다." 하였으니 천우天祐는 삼족당三足堂 김선생金先生 대유大有이다. 아! 그 사생의 갈림길에서도 확연히 어지럽지 아니함이 이와 같았으니 평소 문학問學의 공부와 정력定力의 견고함이 다른 사람보다 크게 뛰어나 우뚝이 미칠 수 없음을 볼 수 있다.

학자들을 가르칠 때 이르기를 "도시의 큰 시장을 구경해보면 금은의 노리개가 없는 것이 없지만 종일토록 거리를 오르내리면서 그 값을 얘기해보아도 결국 자기 물건이 아니기에 단지 남의 일만 얘기할 뿐이니 도리어 나의 한 필 베로써 한 마리 고기를 사가지고 오는 것만 못하다. 지금의 학자들이 성리性理를 높이 얘기하면서도 자기에게 소득이 없으니 어찌 이에 다르겠는가!" 하였다. 또 말하기를 "염락濂洛 이후 저술과 집해輯解는 차례와 맥락이 일성日星 같이 밝으니 새로 배우는 소생들은 책을 펼치기만 하면 환히 알 수 있다. 다만 그 득력得力의 천심淺深은 구함의 성誠 불성不誠에 달렸을 뿐이다." 하였고 또 말하기를 "나는 학자들에게 단지 그 어리석음을 경계할 뿐이니 이미 눈이 뜨이면 스스로 능히 천지일월을 볼 것이다."라고 하였다. 그렇기 때문에 일찍이 학도를 위하여 경서를 강론하지 않았으며 단지 하여금 반구反求하여 스스로 터득하게 하였다. 그러나 그 정신과 풍도는 사람을 두렵게 하는 면이 있었기 때문에 따르는 학자들의 계발함이 많았으니 도리어 구구한 강설講說이 능히 미칠 바가 아니었다. 자못 참동계參同契를 즐겨 보았으니 지극히 좋은 부분은 학문에 도움이 된다고 여겼다. 또 일찍이 말하기를 "석씨釋氏가 상달上達한 곳은 우리 유가儒家와 더불어 일반이다."고 하였다. 음양陰陽 지리地理 의약醫藥 도류道流의 이론에 이르기까지 그 대강을 섭렵하지 않음이 없었고 궁마弓馬 행진行陣의 법과 관방關防 진수鎭戍의 자리에도 유의하여 궁구하지 않음이 없었으니 대개 그 재주가 높고 뜻이 굳세어 익히지 않은 것이 없었다.

평생 산수山水를 매우 좋아하여 무릇 천석泉石이 아름다운 곳은 편력하여 남김이 없었으니 더욱 두류산頭流山 산수의 장엄함을 사랑하여 열 번을 왕래했으나 싫어하지 않았다. 일찍이 이황강李黃江 제공과 더불어 두류산을 유람하고 기록을 남겼으니 세상에 전한다. 일찍이 글을 짓지는 않았지만 단지 독서할 때 중요한 말을 차기箚記하여 학기學記라고 이름했다. 아! 이것은 단지 강학한 규모이자 공부한 차례이며 의론한 실마리일 뿐이다. 그 용공用功은 친절하고 저명하여 확실한 서두부터 내려왔기 때문에 그 형형한 마음과 열렬한 기상은 세파에 우뚝 서서 후인을 밝게 비추니 백세의 뒷날에도 완부頑夫를 청렴히 하고 유부儒夫를 자립케 할 것이다. 장구章句에 매달리는 소유小儒들은 이목耳目에만 명을 붙이고 사촌四寸의 구이口耳만을 출입하면서 오히려 학술로써 선생을 논의하려 하지만 그 조그마한 이해에 임하여 겨우 터럭 같은 차이에도 당황하여 어쩔 줄을 모르거나 진퇴가 어지럽다. 그 우뚝이 독립하여 의연히 굽히지 아니함이 선생 같은 이를 구할진대 백 명 중에 한 사람도 볼 수 없으니 선생을 또한 어찌 가벼이 논의할 수 있겠는가! 소자小子의 조개껍질 같은 측량으로는 본래 넓은 바다의 깊고 얕음을 엿보기에 부족하지만 다만 오랫동안 종유하면서 그 행사行事의 자취를 제일 익히 보았기에 그 본 바를 대강 엮어서 입언군자立言君子들이 만에 하나라도 채택할 것을 대비한다.

융경隆慶 6년(1572) 윤 2월 일   종사랑 권지 승문원 부정자 김우옹金宇顒 근장謹狀

先生 姓曺氏 諱植 字楗仲甫 自號曰南冥 曺氏 爲昌山著姓 高麗太祖 神德王后 生德宮公主 下嫁于曺氏 生刑部員外郞瑞 定爲鼻祖 其後 九世平章 代有偉人 先生 以弘治辛酉六月二十六日辰時生 生有異資 早歲豪勇不羈 稍長喜爲文 務爲奇古 以文章自負 判校公 每勉以擧子業 先生自雄其才 謂科第可俯取 年二十五 偕友人 肄擧業於山寺 讀性理大全 至魯齋許氏語 有曰志伊尹之志 學顔子之學 出則有爲 處則有守 丈夫當如此 先生 於是 惕然警發 憫然自失 始悟從前所趣之非 而古人所謂爲己之學者 蓋如此也 遂喟然發憤 竟夜不就席 遲明揖友人而歸 自是 篤志實學 堅苦刻厲 終日端坐 夜以達朝者 累年 旣已 博求經傳 旁通百家 然後斂繁就簡 反躬造約 而自成一家之學 嘉靖丁酉 先生年三十七 始斷棄擧業 一意吾學 屛居丘園 結茅水竹之間 謝絕世故 蕭然自適 由是潛修靜養 磨厲精神 而所造益以高遠矣 家世淸貧 先生授室于金海 婦家頗饒 先生旣蚤孤 遂奉母夫人 就養于海上 乙巳丁憂 奉柩還葬于嘉樹 遂居本業 晩歲卜居頭流之德山洞 以定菟裘之計 先生 以中廟朝 用薦特除參奉 不就 明廟嗣服 再除主簿 皆不就 乙卯歲特除丹城縣監 又不就 上封事 略云殿下之國事已非 邦本已亡 天意已去 人心已離 慈殿塞淵 不過深宮之一寡婦 殿下幼沖 只是先王之一孤嗣 天災之百千 人心之億萬 何以當之 何以收之耶 川渴雨粟 其兆伊何 音哀服素 聲象已著 當此之時 雖有才兼周召 位居鈞軸 亦末如之何矣 況一微身 才如草

芥者乎 上不能持危於萬一 下不能庇民於絲毫 爲殿下之臣 不亦難乎 號召
勤王 整頓國事 非在於區區之政刑 唯在於殿下之一心 汗馬於方寸之間 而
收功於萬牛之地 其機在我而已 獨未知 殿下之所從事者 何事也 好學問乎
好聲色乎 好弓馬乎 好君子乎 好小人乎 所好在是 而存亡繫焉 誠能一日惕
然警悟 奮然用力 忽然有得於明新之內 則明新之內 萬善具在 百化由出 擧
而措之 國可使均也 民可使和也 危可使安也 疏入不報 丙寅 朝廷大召名儒
成運 李恒 林薰 金範 韓脩 南彥經等 復以遺逸 召先生 辭 再有旨敦諭 乃就
徵 除尙瑞院判官 拜命引對思政殿 上問治亂之道 爲學之方 對曰古今治亂
載在方策 不須臣言 臣之意 以爲君臣之間 必情意交孚 然後可以有爲也 因
極陳小民流移困頓之狀 上又問三顧草廬事 對曰諸葛亮英雄也 非不能料事
者 然與昭烈同事數十年 竟不能興復漢室 臣所不得而知也 先生意蓋謂孔
明不當出來也 先生旣入對 卽發南還 不竢朝命 隆慶丁卯 今上卽位 首下教
書 所以奬諭求助者 甚至 已而 繼有旨 待日候溫暖 乘駒上道 先生再辭 初
辭所志 有老甚病甚罪深之語 又言宰相之職 莫大於用人 今乃不論善惡 不
分邪正 時有近臣 於筵中白上 曺某所學 異於儒者 故以此辭 再辭所志 略
云請以救急二字 獻爲興邦一言 以代獻身 方今邦本分崩 百弊斯極 所宜大
小急急 如救焚拯溺 國或支持 而徒事虛名 論篤是與 竝求山野棄物 以助求
賢美名 名不足以救實 猶畫餠之不足以救飢 請以緩急虛實 分揀處置 是時
主上方嚮儒學諸賢 滿朝論說性理 而朝綱不振 邦本日蹙 先生蓋深念之 故
奏及之 戊辰 又下旨趣召 辭上封事 開陳君德 大抵以明善誠身爲要 而於其
終篇 有云臣前日所志 救急之言也 尙未聞天意感動 應以爲老儒賣直之言
不足以動念也 況此開陳君臣 不過爲古人已陳之塗轍 然不由塗轍 更無可
適之路矣 又言當今王靈不振 政多恩貸 令出惟反 綱紀不立者 數世矣 非振
之以不測之威 無以濟百散糜粥之勢 非潤之以大霖之雨 無以澤七年枯旱之
草 必得命世之佐 上下同寅協恭 如同舟之人 然後稍可以制頹靡燋渴之勢
矣 又極言胥吏之狀 曰堂堂千乘之國 籍祖宗二百年之業 公卿大夫 濟濟後
先相率 而歸政於儓隷乎 此不可聞於牛耳也 軍民庶政 邦國機務 皆由此刀
筆之手 絲粟以上 非回俸不行 方土所獻 一切沮抑 無一物上納 豈意殿下不
能享大有之富 而反資於僕隷防納之物乎 此而不厭 加以偸盡帑藏之物 靡

有尋尺斗升之儲 國非其國 盜賊滿車下矣 夫以尹元衡之勢 而朝廷克正之
況此狐狸鼠雛 腰領未足以膏齊斧乎 布列王國者 誰非命世之佐夙夜之賢耶
姦臣軋己則去之 姦吏蠹國則容之 謀身而不謀國 靡哲不愚 以樂居憂 臣索
居深山 俯察仰觀 噓唏掩抑 繼之以淚者數矣 臣於殿下 無一寸君臣之分 何
所感於君恩 而齎咨涕洟 自不能已耶 交淺言深 實有罪焉 獨計身爲食土之
毛 尚爲累世之舊民 忝作三朝之微土 猶可自比於周氂 可無一言於宣召之
日乎 疏奏 有旨優答 曰觀此格言 益知才德之高矣 當留念焉 己巳冬 以宗
親府典籤召 辭 庚午正月 再召 又辭 朝廷虛位以待者 逾年 竟不至 辛未夏
特命本路 宣賜米菽若干斛 以周其乏 先生上疏陳謝 曰獻言君義云云 上報
曰省賢疏章 可見憂國之誠 雖在畎畝 未嘗忘也 是歲臘月 先生寢疾 壬申正
月 本路以疾聞 上遣中使問疾 未至 而先生易簀 二月八日也 是日 大風暴
雪 天地昏暝 山頹斗隕 豈小變哉 訃聞 特命賜賻賜祭贈爵 壬申四月六日
葬于山天齋後峯 壬坐丙向之原 遵遺命也 夫人南平曺氏 忠順衛琇之女 先
五年卒 葬于金海 生一男儁異 先生奇愛之 九歲而夭 一女適萬戶金行 生二
女 長適權知承文院副正字金宇顒 次適士人郭再祐 旁室子三人 曰次石次
磨次矴 女幼 嗚呼 先生 可謂間世之英豪矣 雪月襟懷 江湖性氣 特立萬物
之表 俯視一世之上 高識遠見 出於天資 臨機論事 發人意表 而憂時憤世
忠激義形 發於囊封奏對之間者 槪可見也 天性忼慨 未嘗俯仰於人 常與學
士大夫 語及時政闕失 生靈困悴 未嘗不扼腕哽咽 或至流涕 聞者 爲之竦聽
其拳拳斯世 如此 然而由道守義 不肯自小以求用 安貧固窮 未嘗自屈以從
俗 故與世長辭 巖穴終古 使其未試於廊廟 而經綸之業 零落於烟霞 嗚呼
是孰使之然哉 然其所得於性分之內 而亘萬古而不磨者 則初不以用舍而加
損也 先生 才氣甚高 豪邁絶人 議論英發 儀容峻嶷 英毅之氣 達於面目 每
對其儀刑 接其言論 則放逸之心 偸懦之氣 自不敢萌于中矣 至其造詣之高
自得之妙 則有非迂愚管見 所能測度 而臆說之者 而姑卽其可見之實 則獨
處書室 整齊瀟洒 書冊器用 安頓有常 終日端坐 未嘗見其隋墮傾倚之時 夜
分就寢 亦未嘗昏睡 嘗語學者 曰夜中工夫儘多切 不可多睡 又云恒居不宜
與妻孥混處 雖有資質之美 因循汨溺 終不做人矣 其屬志自立 多此類也 其
爲學也 略去枝葉 要以得之於心爲貴 致用踐實爲急 而不喜爲講論辨析之

言 蓋以爲徒事空言 而無益於躬行也 其讀書 不曾章解句釋 或十行俱下 到
切己處 便領略 過其用功之篤也 常佩金鈴 以自警省 號曰惺惺子 蓋喚醒之
工也 嘗以淨盞貯淸水 兩手捧之終夜 蓋持志之事也 又有短屛畫先聖先師
遺像 常置凡案上 每對之肅然 如侍坐而後先焉 嘗摸畫神明舍爲圖 以寓目
存警 其銘 曰太一眞君 明堂布政 內家宰主 外百揆省 承樞出納 忠信修辭
發四字符 建百勿旂 九竅之邪 三要始發 動微勇克 進敎廝殺 丹墀復命 堯
舜日月 三關閉塞 淸野無邊 還歸一 尸而淵 其革帶銘 曰舌者泄 革者結 縛
生龍 藏漠冲 其劍銘 曰內明者敬 外斷者義 其反己內修 篤信自力 類如此
其在金海有書室曰山海亭 枕山臨海 幽邃而宏豁 名其房曰繼明 左右圖書
靜坐潛養 蓋三十餘年 嘉樹精舍 名曰鷄伏堂 取涵養如鷄抱卵之語 名書室
曰雷龍舍 取尸居龍見 淵嘿雷聲之語 山居精舍 亦揭名雷龍 書其旁 曰雷則
晦冥 龍則淵海 使龍眠畫雷龍狀一幅 垂之座隅 最後作書室曰山天齋 取易
大畜之義 齋有板窓 左書敬字 右書義字 其敬字邊旁 細書古人論敬要語 常
目擊而心念之 至於疾革之日 猶誦其語 不絕口 寢疾逾月 精爽不亂 其與學
者語 猶以行己大方 出處大節 諄諄不倦 疾甚則命旋席東首 揮婦人勿近 戒
內外安靜 笑謂門人 曰死生常理耳 又曰天祐之死 鳴琴鼓缶 羅列歌舞而化
此豈人情耶 渠不學 故如是 某却不要如此 天祐者 三足堂金先生大有也 鳴
呼 觀其死生之際 確然不亂如是 則可見其平生問學之工定力之固 有大過
人者 卓乎其不可及已 其敎學者 則有云遨遊於通都大市之中 金銀珍玩 靡
所不設 終日上下街衢 而談其價 終非自家家裏物 只是說他家事爾 却不如
用吾一匹布 買取一尾魚來也 今之學者 高談性理 而無得於己 何以異此 又
言濂洛以後 著述輯解 階梯路脉 昭如日星 新學小生 開卷洞見 至其得力之
淺深 則只在求之誠不誠如何耳 又言吾於學者 只得警其昏睡而已 旣開眼
了 自能見天地日月矣 似故未嘗爲學徒談經說書 只令反求而自得之 然其
精神風力 有竦動人處 故從學者 多所啓發 却非區區講說所能及也 頗喜看
參同契 以爲極有好處 有補於爲學 又常言釋氏上達處 與吾儒一般 至於陰
陽地理醫藥道流之言 無不涉其梗槪 以及弓馬行陣之法 關防鎮戍之處 靡
不留意究知 蓋其才高志彊 而無所不學也 平生酷好山水 凡泉石佳處 遍歷
靡遺 尤愛頭流山水之壯麗 至於十往來不厭 嘗與李黃江諸公 遊頭流 有錄

行于世 未嘗著書 只有讀書時 箚記要語 名曰學記 嗚呼 此特講學之規模
做功之次第 議論之緒餘耳 其用功 則親切著明 要自確實頭做來 故其烱烱
之心 烈烈之氣 卓立頹波 照映方來 而廉頑立懦於百世之下矣 章句小儒 寄
命乎耳目 出入於四寸 而猶欲以學術議先生 至其臨小利害 僅如毫髮 而張
皇失措 進退無門 求其屹然獨立 毅然不拔 如先生者 百未見一人焉 則於先
生 又胡可以輕議焉哉 小子蠡測 本不足以窺滄海之淺深 徒以從遊之久 其
於行事之跡 睭之最熟 粗述所見 庶幾備立言君子 採摭之萬一云爾

　隆慶 六年 閏二月 日 門人 從仕郎 權知 承文院 副正字 金宇顒 謹狀

묘갈명墓碣銘 병서幷序

▲ 남명 선생 묘갈명

▲ 예전에 세웠던 세 기의 묘비들

선생의 묘소에 서 있는 이 묘갈명은 대곡大谷 성운成運이 지은 것으로, 처음 세운 비석은 남명의 제자인 탁계濯溪 전치원全致遠이 글씨를 썼으나 석질이 좋지 않아 마모되어 응와凝窩 이원조李源祚의 글씨로 다시 세웠다. 이 또한 석품石品이 좋지 않아 후에 심재深齋 조긍섭曺兢燮의 글씨로 세 번째의 비석을 세웠는데, 6.25 전쟁 중에 비석에 총탄 흔적이 생기는 등의 사정으로 인해 지금은 네 번째의 비석이 서 있고, 그 글씨는 권창현權昌鉉이 쓴 것이다. 셋 중 가장 작은 것은 예전에 세웠던 숙부인의 묘갈명이다. 근래에 그 옆에 다시 내용을 번역한 국역비를 세웠다. 남명의 묘소 아래 숙부인의 묘소 오른쪽 위편에 그동안 세웠던 비들을 모아서 세워두었는데, 첫 번째의 비석은 없어졌다.

조씨曹氏는 예부터 저명한 성으로 대마다 칭송되는 인물이 났다. 그 선대에 고려 태조 때 벼슬하여 형부원외랑을 지낸 휘 서瑞라는 분이 있었는데 덕궁공주德宮公主가 그 어머니이다. 그 뒤로 연이어 현달하여 휘 은殷은 중랑장이니 공에게 고조이고 이 분이 휘 안습安習을 낳았으니 성균 생원이며 생원이 휘 영永을 낳았으니 벼슬하지 않았다. 그 맏아들 휘 언형彥亨은 처음에 재예才藝로 뽑히어 이조정랑이 되었으나 꼿꼿하고 남과 어울림이 적어 벼슬이 승문원 판교에 이르러 졸했다. 그 배위 이씨李氏는 충순위 국菊의 여로 곤범閫範이 있었고 남편을 섬김에 덕을 어김이 없었다. 공은 그 둘째 아들이니 식植이 이름이고 건중楗仲이 그 자이다.

공은 태어나면서 자품이 총명하고 용모가 빼어났으며 아이 때부터 정중함이 어른과 같아 또래들을 따라 장난치지 않았고 놀이 물건도 또한 손에 가까이 하지 않았다. 판교공이 사랑하여 말을 할 때부터 무릎 위에 앉혀 놓고 시서詩書를 가르쳤는데 응대하여 문득 외우면서 잊지 않았다. 나이 8~9세에 병으로 자리에 눕게 되어 모부인이 근심스런 안색을 지으니 공이 자세를 가다듬고 기운을 내어 짐짓 차도를 보이며 고하기를 "하늘이 사람을 낼 때 어찌 헛되이 하겠습니까! 지금 제가 다행히 남자로 태어났으니 하늘이 반드시 부여한 바가 있어 저에게 성취를 요구할 것입니다. 하늘의 뜻이 여기에 있는데 제가 어찌 오늘 갑자기 요절함을 근심하겠습니까?"라고 하니 듣는 이가 비범하게 여겼다. 점점 자람에 온갖 서적을 널리 통달하지 않음이 없었고 더욱 좌구명左丘明 류종원柳宗元의 문장을 좋아하였다. 이런 까닭으로 문장이 기고奇高하면서도 기력氣力이 있으며 경물을 읊고 사실을 기록함에 처음부터 생각을 기울이지 않은 듯하지만 말이 엄하고 뜻이 세밀하여 엄연히 법도가 있었다. 과거시험으로 인하여 유사有司에게 글을 바치니 유사가 대책對策을 보고 크게 놀라 일등 이등으로 발탁한 것이 무릇 세 번이었으며 고문古文을 배우는 이들이 다투어 전송하면서 본보기로 삼았다.

가정嘉靖 5년(1526)에 판교공이 세상을 떠나니 공은 도성에서 상여를 받들고 내려와 고향에 안치하고는 모부인을 모시고 돌아와 봉양하였다. 공이 어느 날 글을 읽다가 노재魯齋 허형許衡14)의 말 중에 "이윤伊尹의 뜻15)을 뜻으로 삼고 안자顏子의 학문16)을 학문으로 삼으라"는 글귀를 보고는 척연히 깨달아 발분하고 면려하더니 육경六經 사서四書 및 주자周子 정자程子 장자張子 주자朱子가 남긴 글을 강송하면서 이미 하루 해를 다 보내고 또 밤중까지 계속하여 체력이 소진되고 정신이 고갈되도록 연구하고 탐색하였다. 공은 학문에는 경敬을 지니는 것보다 요긴한 것이 없다고 생각했기 때문에 주일主— 공부에 전념하여 밝게 깨어 혼매하지 않았으며 몸과 마음을 거두어 지켰다. 또 학문에는 욕심을 적게 하는 것보다 앞서는 것이 없다고 생각했기 때문에 극기克己에 힘써서 찌꺼기를 씻어 내고 천리天理를 함양하였다. 보이지 않고 들리지 않는 곳에서도 경계하고 깊은 곳에 홀로 있을 때에도 성찰하여 앎이 이미 정묘한 가운데서도 더욱 그 정묘함을 구하였고 행함에 이미 힘쓴 가운데서도 더욱 그 힘을 기울였으며 돌이켜 체험하고 실지를 밟는 것으로 급선무로 삼아 반드시 그 경지에 도달함을 구하였다. 가정嘉靖 24년

---

14) 허형許衡(1209~1281)은 원元나라 하내인河內人으로 자는 중평仲平 호는 노재魯齋 시호는 문정文正이다. 요추姚樞에게 종학하면서 이정二程과 주자朱子의 저서를 보고는 행도行道로써 자임했고 두묵竇黙과 강습하면서 경전經傳 자사子史 예악禮樂 성력星曆 병형兵刑 식화食貨 수리水利 등을 모두 통달했다. 세조世祖 때 국자좨주國子祭酒 중서좌승中書左丞을 지냈고 저서로는 『독역사언讀易私言』 『노재유서魯齋遺書』 등이 있다.

15) 이윤伊尹은 탕湯임금의 신하로 탕임금을 보필하여 하夏나라 걸왕桀王을 추방하고 상商나라를 건국했다. 『맹자』 「만장萬章」 상편에 보면 이윤이 유신有莘의 들판에서 밭을 갈면서 요순堯舜의 도道를 즐기다가 탕임금이 세 번을 초빙하자 이에 번연히 뜻을 바꾸어 "내가 시골에 살면서 홀로 요순의 도를 즐기는 것 보다는 이 임금으로 하여금 요순 같은 임금이 되게 하고 이 백성으로 하여금 요순의 백성이 되도록 하는 것이 낫지 않겠는가! 나는 천민天民 중에 선각자로 내 장차 이 도로써 이 백성을 깨우칠 것이니 내가 아니면 누가 깨우치겠는가!"라고 하면서 천하의 막중한 대사大事를 자임하고는 탕임금에게 나아가 이를 설득하여 하나라를 정벌하고 백성을 구제했다.

16) 안자顏子는 공자의 제자 중에 가장 학문을 좋아했던 안회顏回. 안회는 극기복례克己復禮에 진력하여 인仁을 함양하였고(『논어』 「안연편」) 공자가 박문약례博文約禮로써 인도하자 그의 모든 재능을 쏟아 학문을 성취하여 성인의 진면목을 보았으며(『논어』 「자한편」) 일단사一簞食와 일표음一瓢飮으로 누항陋巷에 거처하면서도 그 즐거움을 고치지 않은 인물이다(『논어』 「옹야편」).

(1545)에 모부인 상을 당하여 선친의 묘 왼편에 부장하였다.

공은 지혜가 밝고 식견이 높아 진퇴의 기미를 잘 살폈다. 일찍이 스스로 보건대 세도世道가 쇠퇴하여 인심이 그릇되고 풍속이 각박해져 대교大教가 침체되었으며 또 현인의 벼슬길이 기구하여 재앙의 기미가 은밀히 드러났다. 이때를 당해서는 비록 교화를 만회함에 뜻을 둔다 해도 도道가 때를 만나지 못하여 결국 내가 배운 바를 행하지 못할 것이라고 여겼다. 이런 까닭으로 과거에도 나가지 않고 벼슬도 구하지 않았으며 뜻을 거두어 산야에 은둔하였다. 이에 남명南冥이라 자호하고 그 지은 정자를 산해山海라 하였으며 사슭를 뇌룡雷龍이라 하였다. 최후에는 두류산 수굴운동水窟雲洞으로 들어가 8~9개의 서까래를 얽어매어 산천재山天齋라 편액하고는 몸을 깊이 감추어 스스로 수양한 지 수 년이 되었다.

중종조에 천거되어 헌릉참봉을 제수했으나 나가지 않았고 명종조에 또 유일로서 재차 전생서 종부시 주부를 제수하고 이어 단성丹城 현감을 제수했으나 모두 나가지 않았다. 인하여 글을 올려 이르기를 "국사가 날로 그릇되고 민심이 이미 떠났으니 그 반전의 기틀은 구구한 정형政刑에 있는 것이 아니라 오직 전하의 마음에 있습니다."라고 하였다. 그 뒤 조지서 사지를 제수했으나 병으로 사양했으며 또 상서원 판관으로 불러 들여 전전前殿에서 인견하였다. 이에 주상이 치도治道를 물으니 대답하여 말하기를 "고금의 치란은 책에 실려 있으니 신의 말을 기다릴 필요가 없습니다. 신이 가만히 생각건대 임금과 신하 사이에 정의情義가 서로 부합하여 환연히 틈이 없어야 더불어 다스림을 이룰 수 있습니다. 옛날 제왕들은 신하 대접하기를 벗과 같이 하여 더불어 치도治道를 밝혔으니 신하의 말을 듣고 칭찬하며 감탄한 성군의 성대함이 있게 된 까닭입니다. 바야흐로 이제 백성들이 고통에 빠져 서로 흩어짐이 마치 어지러이 흐르는 물과 같으니 마땅히 서둘러 구하기를 불난 집에 불을 끄는 것과 같이 하여야 합니다."라고 하였다. 또 학문하는 방법을 물으니 대답하기를 "인군의 학문은 다스림을 내는 근원이고 학문은 마음으로 체득함이 제일 귀합니다. 마음으로 체득하면 천하의 이치를 궁구할 수 있고 사물의 변화에 대응할 수 있어 만 가지 기미를 모두 잡아 스스로 무사할 것이니 그 노력은 단지 경敬에 있을 뿐입니다." 하였으며 또 삼고초려三顧草廬의 일을 묻자 대답하기를 "반드시 인물을 얻어야 한실漢室 회복을 도모할 수 있기 때문에 세 번이나 찾아간 것입니다." 하니 주상이 칭찬하였다.

융경隆慶 원년(1567)에 선조가 즉위하여 교지를 내려 불렀으나 사양하였고 이어 징명徵命이 있었지만 또 사양하면서 소를 올려 "청컨대 구급救急이란 두 글자를 받쳐 몸을 바침에 대신합니다." 하고는 시폐時弊 열 가지를 진언했다. 융경隆慶 2년(1568)에 부름을 입었으나 사양하고 또 봉사封事를 올려 말하기를 "다스림의 도는 인군의 명선성신明善誠身에 있으니 명선성신은 반드시 경敬으로써 주를 삼아야 할 것입니다." 하고 인하여 서리의 폐단을 극언하였다. 한참 후 종친부 전첨을 제수했으나 또 사양했으며 신미년(1571)에 큰 흉년이 들어 주상이 곡식을 내리자 글로써 감사를 드리고 인하여 말하기를 "여러 번 소를 올려 말씀을 드렸으나 말이 그대로 시행되지 않았습니다." 하였으니 말이 매우 간절하고 곧았다. 임신년(1572)에 병이 심해지자 주상이 의원을 보내 병을 다스리게 하였으나 도착하기 전 그 해 2월 8일에 세상을 떠나니 향년 72세이다. 산천재 뒷산에 자리 잡아 4월 6일에 안장하였다.

공은 천품이 영달英達하고 기국이 고매高邁했으며 단엄端嚴하고 직방直方하며 강의剛毅하고 정민精敏하였다. 조행이 확고하여 모든 행동은 법도를 따랐으니 눈으로는 나쁜 것을 보지 않고 귀로는 엿듣는 일이 없었다. 장중한 마음을 항상 흉중에 지니고 태만한 모습을 밖에 드러내지 않았으며 항상 깊은 방 안에 조용히 거처하면서 발걸음이 문 밖을 나가지 않았으니 비록 이웃에 사는 이들도 그 얼굴 보기가 드물었다. 닭이 우는 소리를 듣고 새벽에 일어나 관을 쓰고 띠를 두르고는 자리를 정돈하여 시동尸童처럼 앉아서 어깨와 등이 꼿꼿했으니 바라봄에 마치 도형이나 조각상 같았다. 책상을 치우고 서책을 펴면 심안心眼을 집중하여 조용히 관조하고 깊이 사색하면서 책 읽는 소리를 내지 않았으니 방안이 고요하여 마치 사람이 없는 듯하였다. 용의와 거동이 침착하고 단정하여 스스로 준칙이 있었으며 비록 급하고 놀란 때를 당해도 법도를 잃지 않았으니 매우 볼 만 하였다. 집안에서는 엄하게 사람들을 다스려 규문閨門과 외정外庭의 남녀 모두가 정숙했으니 가까이 모시는 몸종들도 머리를 가다듬어 쪽을 단정히 아니하면 감히 나오지 못했으며 비록 부부 사이라도 또한 그러했다.

벗을 사귐에 반드시 단정하여 그 사람이 벗할 만하면 비록 포의라도 왕공처럼 높여 반드시 예로서 공경했고 벗하지 못할 사람이면 비록 벼슬이 높고 귀하여도 흙으로 만든 인형같이 여겨 함께 앉기를 부끄러워하였다. 이 때문에 사귐이 넓지 못했지만 그러나 그 더불어 아는 이는 학행과 문예를 지니어 모두 당세의 이름난 선비 중에 선택된 사람들이었다. 인물을 감별하는 안목이 환하게 밝아서 사람들이 숨길 수 없었으니 어떤 신진 소년이 청반淸班에 올라 명성이 드러났는데 공이 한 번 보고 사람들에게 말하기를 "그 재주를 믿고 스스로 뽐내며 기세를 부려 사람 대하는 것을 보니 뒷날 어질고 능한 이를 해치는 일이 반드시 이 사람을 연유할 것이다." 하였다. 그 후 과연 높은 벼슬에 올라 몰래 흉악한 괴수와 결탁하여 법을 농간하고 위세를 부려 선비들을 섬멸하였다. 또 어떤 선비가 글재주는 있으나 급제하지 못했는데 그 사람됨이 음험하고 시기심이 많아 어진 이를 원수같이 여겼다. 공이 우연히 모임 중에서 보고 물러나 친구에게 말하기를 "내 그 사람의 미간을 살펴보고 그 사람됨을 짐작컨대 외모는 호탕하지만 흉중에 남을 해칠 마음을 품었으니 만일 벼슬을 얻어 심술을 부리면 선인들이 위태할 것이다." 하였으니 친구가 그 밝음에 탄복했다.

매양 국기일國忌日을 당하면 풍악을 듣지 않고 고기를 먹지 않더니 하루는 두세 명의 높은 관리가 공을 청하여 절에 모여서 술자리를 벌였다. 공이 천천히 말하기를 "모 대왕의 기일忌日이 오늘인데 여러분은 어찌 잠시 잊었는가?" 하니 좌우가 깜짝 놀라 사과하고 서둘러 풍악과 고기를 물리고는 술만 한두 잔 돌리다가 이내 헤어졌다. 천성이 효우에 돈돈하여 부모 곁에 있을 때는 반드시 온화한 얼굴로 잘 봉양하여 그 마음을 기쁘게 하였으며 부드러운 옷과 맛있는 음식을 또한 두루 갖추었다. 상喪 중에는 애모하여 피눈물을 흘렸으며 상복을 벗지 않고 밤낮으로 빈소를 떠나지 않았으니 비록 병이 들어도 또한 여막에서 물러나지 않았다. 제사에는 반드시 제물을 갖추어 알맞게 익었는지 깨끗하게 씻었는지를 부엌 하인에게만 맡기지 아니하고 반드시 몸소 살폈다. 조문하는 이가 있으면 반드시 엎드려 곡하고 절만 할 뿐 함께 앉아 말하지 않았으며 하인에게 분부하여 상을 마치기 전에는 집안의 번잡한 일로 찾아와 고하지 말게 하였다. 그 아우 환桓과 더불어 우애가 매우 두터웠으니 말하기를 "지체支體는 떨어질 수 없다" 하고는 한 울타리 안에 같이 살면서 출입에 문을 달리 하지 않았고 밥상과 잠자리를 함께 하며 즐겁게 지냈다. 재산을 덜어 형제 중 가난한 이에게 나누어 주고 털끝만큼도 스스로 가지지 않았으며 누가 상사의 슬픔을 당했다는 말을 들으면 자기 일처럼 아파하면서 달려가 도우기를 수화水火의 재난을 구하듯 하였다. 능히 세상을 잊지 못해 나라를 걱정하고 백성을 근심하더니 매양 달 밝은 밤이면 홀로 앉아 슬피 노래하고 노래가 끝나면 눈물을 흘렸으나 곁에 있는 이들이 그 까닭을 알지 못했다.

공은 만년에 학문이 더욱 진보하고 조예가 더욱 정심했으며 사람을 가르칠 때에는 각기 그 재능에 따라 독실하게 하였다. 질문이 있으면 반드시 의심스런 뜻을 분석하여 그 말이 추호도 남김이 없어 듣는 이로 하여금 환히 통달하게 한 다음에야 그만 두었다. 또 배우는 이들을 경계하여 말하기를 "지금의 학자들이 지극히 가까운 것은 버리고 높고 먼 것만을 쫓으니 병통이 적을 뿐만 아니다. 학문이란 처음부터 부모를 섬기고 형을 공경하며 어른에게 공손하고 어린이를 사랑하는 사이에서 벗어나지 않는다. 만일 여기에 힘쓰지 않고 갑자기 성명性命의 오묘함을 궁구하고자 하면 이것은 인사人事 상에서 천리天理를 구하는 것이 아니니 결국 실지로 얻음이 없을 것이다." 하였다. 옛 성현의 유상遺像을 그려 놓고 아침마다 배알하며 엄숙히 공경하기를 스승 앞에서 직접 가르침을 듣는 듯이 하였다. 일찍이 말하기를 "학자는 잠을 많이 자지 말 것이니 사색 공부는 밤중에 더욱 전념할 수 있다" 하였다. 매양 글을 읽다가 긴요한 말이 있으면 반드시 세 번 거듭 읽었고 붓으로 이를 기록하여 『학기學記』라 이름 하였다. 손수 신명사神明舍를 그리고 인하여 명銘을 지었으며 또 천도天道 심心 성정性情 및 도道에 나아가고 덕德에 들어가는 당실堂室과 과급科級을 그렸으니 그런 류가 하나 만이 아니었다. 또 창벽 사이에 경의敬義 두 글자를 크게 써서 학자에게 보이고 또한 스스로도 경계했으며 병이 위독할 적에도 오히려 경의설敬義說을 들어 간곡히 문생에게 훈계하였다. 임종시에 부인들을 물리쳐 가까이 오지 못하게 하였고 죽음을 편안히 여겨 마음의 동요 없이 조용히 잠자듯이 하였다. 주상이 제문을 내리고 곡식을 부의했으며 사간원 대사간으로 증직하였다.

부인은 남평 조씨南平曹氏로 충순위 수琇의 여이니 공보다 먼저 별세했다. 아들 딸 둘을 낳았는데 아들은 일찍 죽었고 딸은 만호 김행金行에게 출가하여 2녀를 낳았으니 맏사위 김우옹金宇顒은 현재 승문원 정자이고 다음 곽재우郭再祐는 학문을 닦고 있다. 방실旁室에서 3남 1녀를 낳았으니 아들은 차석次石 차마次磨 차정次矴이고 딸은 제일 뒤에 태어나 어리다.

아! 공은 학문에 독실하고 실행에 힘썼으며 도를 닦고 덕에 나아가 깊은 조예와 넓은 견문은 비견할 이가 드물었으니 또한 미루어 전현前賢에 짝이 되고 후세 학자의 종사宗師가 될 만하나 혹자들이 알지 못하여 그 논평에 상이한 점이 있다. 그러나 어찌 반드시 금일의 사람에게만 알아주기를 구하겠는가! 단지 백세를 기다려 아는 이만이 알아 줄 뿐이

다. 내 외람되이 벗의 반열에 들어 종유한 지 가장 오래이니 전후에서
그 덕행을 보아 또한 남들이 미처 알지 못한 바가 있다. 이는 모두
눈으로 본 것이지 귀로 들은 것이 아니기에 가히 사실로 전할 수 있다.
명銘하여 이르기를,

　　하늘이 덕을 내려 어질고 곧았으니, 거두어 몸에 지녀 자용自用하기
넉넉했다. 남들에게 펴지 못해 은택 보급 못했으니, 시세인가 명운인가
백성 무록無祿 슬플 뿐!

우인友人 창녕昌寧 성운成運 지음

후학 안동安東 권창현權昌鉉 삼가 씀

선생 몰후 385년 병신 10월 일 다시 세움

文貞公墓碣銘 幷序

　　曹故爲著姓 稱世有人 其先 有仕高麗太祖時 爲刑部員外郎諱瑞者 德宮
公主 其母也 其後 相繼昌顯 至諱殷爲中郎將 於公爲高祖 是生諱安習 成
均生員 生員生諱永 不仕 其嗣曰諱彦亨 始以才藝選 爲吏曹正郎 狷介寡合
官至承文院判校以卒 其配李氏 忠順衛菊之女 有閫範 事君子無違德 公其
第二子 植名 而楗仲其字也 生而岐嶷 容貌粹然 自爲兒 靜重若成人 不逐
輩流與戲 游弄之具 亦莫肯近其手 判校公愛之 自能言 抱置膝上 授詩書
應口輒成誦不忘 年八九歲 病在席 母夫人 憂形於色 公持形立氣 給以小間
且告之曰 天之生人 豈徒然哉 今我 幸而生得爲男 天必有所與 責我做得
天意 果在是 吾豈憂今日遽至天歿乎 聞者異之 稍長 於書無不博通 尤好左
柳文 以故 爲文奇峭有氣力 詠物記事 初不似經意 而辭嚴義密 森然有律度
因國策士 獻藝有司 有司得對語 大驚 擢置第一第二者 凡三焉 學古文者
爭相傳誦以爲式 嘉靖五年 判校公捐館 公自京師 奉裳帷 安置于鄕山 迎歸
母夫人侍養焉 公一日讀書 得魯齋許氏之言 曰志伊尹之志 學顏子之學 惕

然覺悟 發憤勵志 講誦六經四書 及周程張朱遺籍 旣窮日力 又繼以夜 苦力
弊精 研窮探索 以爲學莫要於持敬 故用工於主一 惺惺不昧 收斂身心 以爲
學莫先於寡欲 故致力於克己 滌淨査滓 涵養天理 戒懼乎不覩不聞 省察乎
隱微幽獨 知之已精而益求其精 行之已力而益致其力 以反躬體驗 脚踏實
地爲務 求必蹈夫閫域 二十四年 丁母夫人憂 附葬于先大夫墓左 公智明識
高 審於進退之機 嘗自見世衰道喪 人心已訛 風漓俗薄 大敎廢弛 又況賢路
崎嶇 禍機潛發 當是時 雖有志於挽回陶化 然道不遇時 終未必行吾所學 是
故 不就試不求仕 卷懷而退居山野 自號南冥 名其所築亭曰山海 舍曰雷龍
最後 得頭流山 入水窟雲洞 架得八九椽 扁曰山天齋 深藏自修 年紀積矣
在中廟朝 以薦 拜獻陵參奉 不起 明廟朝 又以遺逸 再除爲典牲宗簿主簿
尋遷丹城縣監 皆不起 因上章曰 國事日非 民心已離 其轉移之機 非在區區
之政刑 惟在於 殿下之一心 其後 拜司紙 以疾辭 又以尙瑞判官 徵入 引對
前殿 上問爲治之道 對曰 古今治亂 載在方策 不須臣言 臣竊以爲君臣之際
情義相孚 洞然無間 可與致治 古之帝王 遇臣僚若朋友 與之講明治道 所以
有吁咈都兪之盛也 方今生民 困悴離散 如水之潰流 當汲汲救之 如失火之
家云云 又問爲學之方 對曰 人主之學 出治之源 而其學貴於心得 得於心
可以窮天下之理 可以應事物之變 而總攬萬機 自無事矣 其要 只在敬而已
又問三顧草廬事 對曰 必得人 可以圖復漢室 故至於三顧 上稱善 隆慶元年
今上嗣服 有旨召 辭 繼有徵命 又辭 奏疏請獻救急二字 以代獻身 陳時弊
十事 二年 被召 辭 又上封事 言爲治之道 在人主明善誠身 明善誠身 必以
敬爲主 因極陳胥吏姦利事 久之 授宗親府典籤 又辭 辛未 大饑 上賜之粟
以書陳謝 因言累章獻言 言不施用 辭甚切直 壬申 病甚 上遣醫治疾 未至
以其年二月八日終 享年七十有二 卜窆于山天齋後山 葬用四月六日 公天
姿英達 器宇高嶷 端嚴直方 剛毅精敏 操履果確 動循繩墨 目無淫視 耳無
側聽 莊敬之心 恒存乎中 惰慢之容 不形于外 常潛居幽室 足不踏門墻之外
雖連棟而居者 罕得見其面 聽鷄晨興 冠頂帶腰 正席尸坐 肩背竦直 望之若
圖形刻像 拂床開卷 心眼俱到 默觀而潛思 口不作伊吾之聲 齋房之內 寂然
若無人 威儀容止 舒遲閑雅 自有準則 雖在忽卒驚擾之際 不失常度 甚可觀
也 族家 莊以蒞衆 閨庭之間 內外肅整 其室婢之備近侍者 不斂髮正鬐 不

敢進 雖其配偶之尊 亦然 取友必端 其人可友 雖在布褐 尊若王公 必加禮
敬 不可友 官雖崇貴 視如土梗 恥與之坐 以此 交遊不廣 然其所與知者 有
學行文藝 皆當世名儒之擇也 藻鑑洞燭 人無能廋匿 有新進少年 踐清班擅
盛譽 公見告人曰 觀其挾才自恃 乘氣加人 異日賊賢害能 未必不由此人 其
後果登崇位 陰結兇魁 弄法行威 士類殲焉 又有士子 有文才未第 其人 陰
猜媚嫉 仇視賢人 公偶見於群會中 退而語友人曰 吾察於眉宇之間 而得其
爲人 貌若坦蕩 中藏禍心 如使得位逞志 善人其殆乎 友人服其明 每値國諱
不聆樂啖肉 一日 有二三名宦 請公會佛寺張飮 公徐言曰 某大王諱辰 今日
是也 諸公 豈偶忘之耶 左右失色驚謝 亟命退樂去肉 酒一再行乃罷 天性篤
於孝友 居親之側 必有婉容 以善爲養 悅其心志 衣柔膳甘 亦莫不具 其在
服 哀慕泣血 不脫経帶 晨夜身未嘗不在几筵之側 雖遘疾 亦莫肯退就服舍
祭必備物 烹調之宜 滌拭之潔 不以獨任廚奴 必躬親視之 有弔慰者 必伏哭
答拜而已 未嘗坐與之語 戒僮僕 喪未終 勿以家事宂雜者來諗 與第桓友愛
甚篤 以爲支體 不可離也 同居一垣之內 出入無異門 合食共被 怡怡如也
捐家藏 分與兄弟之貧乏者 一毫不自取 聞人遭死喪之戚 痛若在己 匍匐盡
力 如救水火 不能忘世 憂國傷民 每値淸宵皓月 獨坐悲歌 歌竟涕下 傍人
殊未能知之也 公晚歲 學力益進 造詣精深 其教人 各因其才而篤焉 有所質
問 必爲剖析疑義 其言細入秋毫 使聽者 洞然暢達而後已 且戒學者曰 今之
學者 捨切近 趨高遠 不是小病 爲學 初不出事親敬兄弟長慈幼之間 如或不
勉於此 而遽欲窮探性命之奧 是不於人事上求天理 終無實得 摹古聖賢遺
像 每朝瞻禮 肅然起敬 如在函丈間 耳受而命之誨 嘗曰 學者 無多著睡 其
思索工夫 夜中尤專 每讀書得緊要語 必三復乃已 取筆書之 名曰學記 手自
圖神明舍 因爲之銘 又圖天道心性情 與夫造道入德 堂室科級者 其類非一
又於窓壁間 大書敬義二字 以示學者 且自警焉 病且亟 猶擧敬義說 懇懇爲
門生申戒 其沒也 斥婦人不得近 安於死 心不爲動 怡然如就寢 上賜祭賻粟
贈司諫院大司諫 夫人 南平曹氏 忠順衛琇之女 先公沒 生男女二人 男早夭
女歸于萬戶金行 生二女 其壻之長曰 金宇顒 今爲承文院正字 次曰 郭再祐
方學文 旁室生三男一女 男曰次石次磨次矴 女最後生幼 嗚呼 公篤學力行
修道進德 精詣博聞 鮮與倫比 亦可追配前賢 爲來世學者宗師 而或者之不

知 其論有異焉 然何必求知於今之人 直百世以俟知者知耳 運忝在交朋之
列 從遊最久 觀德行於前後 亦有人所不及知者 此皆得於目 而非得於耳 可
以傳信 其辭曰

天與之德 旣仁且直 斂之在身 自用則足 不施于人 澤靡普及 時耶命耶 悼民
無祿

友人 昌寧 成運 撰
後學 安東 權昌鉉 謹書
先生歿後 三百八十五年 丙申 十月 日 改立

묘지명墓誌銘 병서幷序

　　황명皇明 홍치弘治 14년 우리 조선 연산군 7년(1501) 신유 6월 26일 남명 선생이 삼가현三嘉縣 토동兔洞에서 태어났으니 무지개가 집안 우물에서 뻗쳐 나와 자색 광채가 방안에 가득하였다. 융경隆慶 6년 선조대왕 5년(1572) 임신 2월 초 8일 진주晉州 두류산頭流山 아래 사륜동絲綸洞 정침正寢에서 고종考終했으니 산이 무너지고 나무에 얼음이 맺히는 이변이 있었다. 그 태어남에 천지가 영광으로 여기고 그 죽음에 천지가 슬퍼하였다. 철인哲人의 흥망은 예부터 그러했으니 아! 그 어찌하여 그러한가! 선생의 장지葬地는 침실 뒤 임좌원壬坐原에 있으니 유명遺命을 따른 것이다. 선생의 벗 대곡大谷 성선생成先生 운運이 그 묘갈을 지으면서 선생의 진학進學 성덕成德의 실체와 출처出處 동정動靜의 절도를 극진히 말하여 마치 향당에 성인상聖人像을 그려 놓은 것 같으니 백세의 후에도 이를 읽는 이는 선연히 선생을 다시 보는 것 같을 것이다. 다만 그 묘혈墓穴에 기록하여 능곡陵谷의 변고를 대비하는 글이 누락되어 마련하지 못한 지가 또한 300여 년이더니 선생의 원손遠孫 용상庸相이 여러 군자의 명으로 그 글을 나에게 청하였다. 선생이 일찍이 말하기를 "오가吾家에 경의敬義가 있는 것은 하늘에 일월日月이 있는 것과 같아서 만고에 불변할 것이다."라고 하였다. 아! 선생이 계실 때에는 곧 당일의 형상이 있는 경의였고 선생이 돌아가신 후에는 그 마음이 오히려 없어지지 아니하여 곧 만고에 불변하는 경의이니 선생은 곧 일월이다. 일월을 어찌 그려서 전할 수 있겠는가! 누차 사양했으나 이루지 못했기에 삼가 그 시말과 대개를 기술하여 만고의 이목耳目에게 보인다.

　　선생의 휘는 식植이고 자는 건중楗仲이며 창녕 조씨이니 고려 평장사 휘 겸謙의 후손이다. 대대로 현달하여 동방의 거족이 되었고 성균 생원 안습安習에 이르러 비로소 삼가三嘉에 이주했으니 이 분이 선생에게 증조이다. 조祖 영永은 봉사이니 벼슬하지 않았고 고考 언형彦亨은 승문원 판교이니 청개淸介로 이름이 났으며 비妣 인천이씨仁川李氏는 충순위 국菊의 여이니 부덕婦德이 있었다. 선생은 어려서부터 비범하고 행동이 무거웠으며 놀이와 장난을 아니 하여 엄연히 성인의 풍도가 있었다. 재주가 총명하여 겨우 말할 무렵 대인공이 글자를 가르쳐 주면 문득 외워 잊지 않았고 취학해서는 반드시 그 뜻을 추구하여 이해하지 않고는 그만두지 않았다. 점점 자람에 경사經史를 섭렵하고 고문古文을 즐겨 지었으니 언사가 군세고 변화가 무상하여 엄연히 법도가 있었으므로 사람들이 다투어 전송하였다. 개연히 공업功業으로 기약하여 천문 지리 의학 산술 궁마 행진 같은 것도 두루 통달하여 그 온축을 넉넉히 하였으며 항상 일세를 다스리고 천고에 능가할 뜻을 지녔으니 과장에 나가 향시에 누차 합격했다. 25세에 산사山寺에서 성리대전을 읽다가 허노재許魯齋가 말한 "이윤伊尹의 뜻을 뜻으로 삼고 안연顏淵의 학문을 학문으로 삼아 나가면 하는 일이 있고 처하면 지킴이 있어야 하나니 대장부는 마땅히 이와 같아야 한다. 나가서 하는 바가 없고 처하여 지키는 바가 없다면 뜻한 바와 배운 바로 장차 무엇을 하겠는가!"라는 대목에 이르러 드디어 활연히 깨닫고 성현의 학문에 전념하였다. 육경사자六經四子와 정주유서程朱遺書를 돌려가며 숙독하고 밤낮으로 정묘한 이치를 궁구하여 마음에 터득하면 몸소 이를 행하였다. 이에 지식은 날마다 고명함에 이르고 행실은 날마다 일상에서 성취되어 마음에 지닌 것은 더욱 중해지고 밖으로 바라는 것은 더욱 가벼워져 태연히 즐거워했으니 대개 장차 나가서는 행하고 물러나서는 지키려는 뜻이 있었기 때문이다. 오직 부모가 계시기 때문에 힘써 과거에 나갔으나 세도가 날마다 쇠퇴함을 보고는 배운 바가 시세에 어긋남을 헤아렸으니 드디어 모부인에게 아뢰고 과거를 포기하였다. 그러나 도와 덕이 충만하여 따르는 이들이 날마다 많아지고 명실이 점점 높아지자 공경들이 서로 편지하여 천거를 논하였다.

중종 무술년(1538)에 헌릉 참봉을 제수하고 명종 무신년(1548)에 전생서 주부로 높였으며 신해년(1551)에 종부시로 옮겨 제수했으나 모두 나가지 않았다. 대개 기묘년(1519) 이래로 현로賢路가 기구하여 참소가 성행하고 을사년(1545) 이후 외척이 권력을 천단하여 정사가 무너지고 선류善類가 도륙되었다. 이에 선생과 평소 교분이 두텁던 청명직절淸名直節한 이들이 반이 넘게 참화를 당했으니 선생은 마침내 확고히 꺾을 수 없는 뜻을 지녔던 것이다. 을묘년(1555)에 단성丹城 현감을 제수하자 소를 올려 사양하면서 극언하기를 "국사國事는 이미 그릇되고 방본邦本은 이미 망했습니다. 소관小官은 아래에서 노닥거리며 주색만을 즐기고 대관大官은 위에서 소일하며 오직 재물만 늘리며 내신內臣은 세력을 결집하여 연못에서 용이 싸우듯 하고 외신外臣은 백성을 핍박하여 들에서 이리처럼 날뜁니다. 자전慈殿은 사려가 깊으나 심궁深宮의 한 과부에 불과하고 전하殿下는 어리시어 단지 선왕先王의 한 고아일 따름입니다. 백천 가지 천재天災와 억만 갈래 인심人心을 무엇으로 감당하고 무엇으로 수습하겠습니까?" 하고 말미에 말하기를 "국사의 정돈은 오직 전하의 일심一心에 달렸습니다. 참으로 능히 어느 날 확연히 깨달아 학문에 주력하여 명덕明德과 신민新民의 도에 체득함이 있으면 만 가지의 선행이 갖추어지고 백 가지의 교화가 이루어져 나라는 안정되고 백성은 화목하며 위태로움은 편안하게 할 수 있을 것입니다. 이에 신은 마땅히 미천한 말석에서 채찍을 잡고 그 심력을 다하여 신의 직분을 다할 날이 어찌 없겠습니까!" 하였다.

　소가 들어가자 주상이 노하여 말이 자전慈殿을 핍박했다면서 장차 치죄하려고 하였는데 당시 재상의 구원 덕분에 무사하였다. 기미년(1559)에 조지서 사지를 제수했으나 나가지 않았고 병인년(1566) 7월 교지를 내려 불렀으며 8월에 상서원 판관을 제수하고 교지를 내려 재촉하여 불렀다. 당시 권간들이 축출되고 유배되었던 명류들이 모두 조정에 들어와 조정이 조금씩 깨끗해졌으니 선생은 은혜를 거듭 내림에 한 번 군신의 의를 펴지 않을 수 없다고 생각하여 드디어 도성에 들어가 백의白衣로 사정전에서 알현하였다. 주상이 치도治道를 물으니 대답하기를 "군신의 사이에 정의情義가 서로 부합하여 혼연히 틈이 없어야 더불어 일을 할 수 있습니다. 백성들의 괴로움은 마땅히 불난 집을 구하듯이 서둘러야 합니다."라고 하였다. 학문하는 방법을 물으니 대답하기를 "인주人主의 학문은 마음으로 체득함이 으뜸입니다. 마음에 체득하면 천하의 이치를 궁구하고 사물의 변화에 대응할 수 있으니 그 요점은 단지 경敬에 있을 뿐입니다." 하고 7일을 머물다가 곧 사양하고 돌아왔다.

정묘년(1567)에 선조가 즉위하여 특별히 불렀으나 당시 시기하는 자가 경연에서 선생을 폄하자 선생이 드디어 병으로 사양했다. 또 교지를 내려 부르니 선생이 글을 올려 사양하면서 인하여 당시의 급무를 극론하고 또 말하기를 "이를 버려두고 구제하지 않으면서 산야에 버려진 사람을 구하여 어진 이를 구한다는 미명을 채우는 것은 그림의 떡이 배를 채우지 못하는 것과 같습니다." 하였다. 다음 해에 다시 부르니 소를 올려 사양하고 극언하기를 "다스리는 도리는 요점이 인군의 명선明善과 성신誠身에 있을 뿐입니다. 본성 안에 만 가지의 이치가 구비되어 있으니 마음은 이 이치가 모이는 주체이고 몸은 이 마음이 담긴 그릇입니다. 그 이치를 궁구함은 장차 운용하기 위해서이고 그 몸을 닦음은 장차 도를 행하려는 것이니 그 공부는 반드시 경敬으로써 주를 삼아야 합니다. 경敬으로써 몸을 닦아 천덕天德을 통달하고 왕도王道를 행한다면 정사와 교화를 베풂에 바람이 일고 구름이 달리 듯 하리니 아래 사람에게는 반드시 이보다 더함이 있을 것입니다." 하였다. 기사년(1569)에 종친부 전첨을 제수하고 경오년(1570)에 다시 불렀으나 모두 사양하고 나가지 않았다. 신미년(1571)에 본도本道에 명하여 음식을 하사하니 소를 올려 감사하며 말하기를 "국사國事가 이미 버려졌는데 백공百工은 둘러서서 구경만 할 뿐 구하지 않습니다. 신이 일찍이 거친

소를 거듭 올렸으나 서둘러 은위恩威를 내려 기강을 세웠다는 말을 듣지 못했습니다. 하민下民이 흩어지고 방본邦本이 상실되었는데도 이제 노신老臣은 헛되이 우로雨露의 은혜에 감사할 뿐 하늘이 새는 것을 도울 수가 없습니다."하였다.

다음 해 선생이 병으로 눕자 문인 김동강金東岡 우옹宇顒이 마땅한 호칭을 물으니 "처사處士가 괜찮다."고 말하였다. 부음이 조정에 알려지자 사간원 대사간으로 추증했으며 부의를 하사하고 제사를 드렸다. 병자년(1576)에 사림이 덕천德川에 서원을 건립하여 선생에게 향사하였고 삼가三嘉의 용암龍巖과 김해金海의 신산新山에서도 또한 일제히 봉안했다. 광해주 기유년(1609)에 여러 서원에 아울러 사액하고 얼마 후 증 의정부 영의정 겸 영경연 홍문관 예문관 춘추관 관상감사 세자사를 더했으며 봉상시에서 시호를 의론하여 문정文貞이라 하였다. 삼사와 관학 및 삼남三南의 선비들이 누차 소를 올려 문묘배향을 청했으나 비답이 없었다.

선생은 남평조씨南平曺氏 충순위 수琇의 여와 결혼하여 1남 차산次山을 낳았으나 일찍 죽었고 1녀는 상산인商山人 만호 김행金行에게 출가했으니 동강東岡 김문정金文貞 선생과 망우당忘憂堂 곽충익공郭忠翼公 재우再祐는 만호의 두 사위이다. 방실旁室 송씨宋氏가 3남을 두었으니 차석次石은 현감이고 차마次磨는 감찰이며 차정次矴은 가선대부이다. 현감의 1남 진명晉明은 찰방이고 감찰의 3남 중에 경명敬明은 사과이고 익명益明 복명復明은 모두 장사랑이며 가선의 2남 중에 준명浚明은 생원이고 극명克明은 선무랑이다. 이후로 극히 번성하여 내려왔으니 지금 모두 기록할 수 없다.

아! 선생은 세상에 드문 호걸의 자질로 경륜과 왕좌王佐의 재능을 품어 항상 애군愛君 우국憂國 제시濟時 택물澤物의 정성에 극진하였다. 그러나 도를 굽히어 따르거나 들어간 뒤에 요량하는 것은 군자에게 없는 법이다. 항상 말하기를 "처신의 처음에는 마땅히 금옥이 작은 먼지의 더러움도 용납하지 않는 것 같이 하고 동정을 산악 같이 하여 만 길의 절벽처럼 우뚝 섰다가 때가 되어 펼칠 적에는 바야흐로 허다한 사업을 이루어야 한다."고 하였다. 이것이 그 종신토록 불우해도 밭두렁에서 요순堯舜을 즐기고 유심한 가운데서 한운寒雲을 좋아하며 출처의 사이에 권도權度가 정확하여 털끝만큼도 구차하지 않았던 바이다. 세인 가운데 혹 처사處士들의 고답高踏과 방외인方外人들의 피세避世로 선생을 의심하는 이는 모두 자기를 파는 것을 부끄러이 여기지 않는 자들이다. 선생이 일찍이 말하기를 "자릉子陵은 나와 도가 같지 않다. 나는 이 세상을 잊지 못하는 사람이다." 하였으니 선생의 뜻은 곧 이윤伊尹의 뜻이고 이에 그 근본을 취한 곳은 이른 바 안연顏淵의 학문을 학문으로 삼는다는 것이 이것이다.

선생은 도학자들이 해침을 당한 뒤에 태어나 사우연원師友淵源의 계도도 없이 홀로 유언遺言 가운데서 천성千聖의 심법心法이 결단코 경의敬義 두 글자에 벗어나지 않음을 보고는 존심存心과 명리明理 양면으로 공부를 하여 유심한 곳에서도 귀신을 엄숙하게 하고 천지에 동참하였으며 미세한 접촉에도 저울을 지니고 호리毫釐를 헤아리는 것과 같았다. 무릇 일동一動 일정一靜 일언一言 일묵一默 일시一視 일청一聽 일사一事 일행一行에도 이 경의敬義를 말미암아 나아가고 유지하지 않음이 없었음으로 천덕天德에 달통하여 사심私心이 깨끗이 소멸하였으니 천질天質이 융화하고 흉금胸襟이 쇄락하며 기상氣象이 청명하여 모든 행동이 스스로 법도와 규격 안에서 벗어남이 없었다. 평소 눈으로는 음시淫視함이 없었고 귀로는 경청傾聽함이 없었으며 나쁜 이야기를 입에서 내지 않았고 태만한 자세를 몸에 보이지 않았다. 조용한 방에 들어 앉아 새벽에 일어나고 밤중에 잠자면서 관대를 단정히 하고 허리를 꼿꼿이 하여 시동尸童 같이 앉아 있었으니 바라봄에 도형이나 조각상 같았다. 책을 펼쳐 조용히 궁구하면서 읽는 소리를 내지 않았고 도를 즐기면서 근심을 잊어 여유롭고 고아하게 지냈으니 비록 총망한 가운데서도 상도常道

를 잃지 않았다. 손수 대성大聖과 주자周子 정자程子 주자朱子의 초상을 그리어 감실에 모셔 놓고 날마다 사당에 참배한 뒤 반드시 우러러 마주하기를 친히 가르침을 받는 듯이 하였다. 이연평李延平의 고사를 모방하여 항상 방울을 차고 다니며 성찰했으니 이름을 성성자惺惺子라 하였다.

부모를 섬김에 안색을 기쁘게 하여 뜻을 봉양하였고 맛있는 음식을 손수 갖추어 바쳤으며 상喪을 당해서는 애모하여 피눈물을 흘리면서 밤낮으로 질대絰帶하고 궤연几筵을 떠나지 않았다. 조문객이 이르면 엎드려 곡하며 답배할 뿐 일찍이 더불어 말하지 않았고 하인에게 경계하여 집안 일로 여막에 고하지 말게 했다. 아우 환桓과 더불어 한 집에 살면서 잠자리를 같이 하며 우애가 두터웠으니 함께 받은 지체肢體는 나눌 수 없다고 여겼기 때문이다. 규문閨門 안에서도 공경함이 손님과 같고 엄숙함이 조정과 같았으니 비록 하녀들도 머리와 의복을 단정히 아니하면 감히 보지 않았다. 시골에 살면서도 시대를 상심하고 나라를 염려함이 지성에서 나왔으니 매양 청명한 밤 밝은 달빛 아래 홀로 앉아서 슬피 노래하다가 노래가 끝나면 눈물을 흘렸으며 국기일國忌日을 당해서는 풍류를 듣지 않고 고기를 먹지 않았다. 사람들과 사귈 때에는 반드시 그 뜻을 보았으니 포의라도 왕공 같이 받드는 이가 있었고 고관이라도 인형 같이 천하게 여기는 이도 있었다.

학자와 더불어 말할 때에는 항시 절근切近함을 버리고 고원高遠함을 추구하는 것으로 깊이 경계하여 하여금 부모를 섬기고 형을 공경하며 어른을 받들고 아이를 사랑하는 일에 진력하게 하였다. 항상 말하기를 "인사人事에서 천리天理를 구하지 않으면 끝내 실득實得이 없다."고 하였다. 일찍이 불교는 곧장 상달上達에 힘쓰기 때문에 실지實地가 없다 하였고 육상산陸象山은 강학講學을 일삼지 않았으므로 잘못되었다고 하였다. 질의하여 가르침을 청하는 이가 있으면 정밀하게 분석하고 털끝만한 틀림도 없어 듣는 이가 환하게 깨우쳤다. 매양 말하기를 "학문하는 요점은 하여금 지식을 고명高明하게 하는 것이니 마치 태산에 올라 만물이 모두 아래에 있는 것과 같은 연후에야 오직 나의 행하는 바가 이롭다."고 하였다. 그러나 또한 일찍이 서책에 장황하고 저술에 현란하여 그 구이口耳의 헛되고 과장스런 습성을 조장하지 않았다. 그러므로 그 자공子貢의 반열에 들지 못한 이는 대개 성性과 도道의 묘리妙理를 들어보지 못해 선생의 학문을 일러 행실에만 돈독하고 지식에는 급급하지 않다고 하였다.

선생은 일찍이 고인들이 도를 논하고 학문을 논한 것 중에 요긴하고 뜻에 맞는 학설을 모아서 학기學記라 이름하고는 몸소 궁구하고 마음으로 체득하여 잠시도 방과하지 않았다. 또 성誠이 태극太極이 되고 천인天人이 한 이치이며 마음이 성정性情을 거느린다는 등의 이론을 그림으로 그렸으니 조리가 치밀하고 요지가 정교하였다. 마음의 미발未發은 성性이고 이발己發은 정情이니 그 발함에 사단四端 칠정七情은 이발理發 기발氣發의 분별이 있다고 하였다. 이어 말하기를 "이목구비의 욕구는 천리天理에서 함께 나왔다."고 하였다. 이는 그 대본大本을 하나로 보고 분수分殊의 차이에 분명한 입장으로 종횡이 아울러 갖추어져 조금도 누락됨이 없으니 후세에 각기 일편에만 근거하여 말하는 이들이 능히 미칠 바가 아니다. 그 신명사도명神明舍圖銘을 지어 태일진군太一眞君으로서 마음이 태극太極의 본지本旨임을 게시했으니 경敬은 총재冢宰가 되어 천덕天德과 왕도王道의 요체를 세우고 지知는 백규百揆가 되어 사물의 기미를 살피며 의義는 사구司寇가 되어 발동發動하는 조짐을 억제하게 하였다. 밖으로는 삼관三關을 방어하여 조차造次에도 감히 소홀히 아니하고 안으로는 사직社稷을 수호하여 전패顚沛에도 떠나지 아니하니 이를 곳을 알아 이르고 마칠 곳을 알아 마친 것이다. 그 존심存心 찰리察理 성신省身 극기克己 조도造道 성덕成德의 실체가 정연히 조리 있고 확연히 근거 있지 않음이 없어 만세토록 학자들의 지남指南이 될 것이니 이는 어찌 편질篇帙을 쌓아 그 사설辭說을 많이 한 연후에 지극하다 하겠는가! 대개 견해가 참다우면 말이 스스로 간략하고 지식이 명확하면 행동이 스스로 순수해지는 것이다.

내 가만히 참람하게 논해보건대, 선생의 갈고 닦은 명행名行은 주렴계周濂溪와 같고, 세상을 덮을 만한 영명英明은 소강절邵康節과 같으며, 정밀한 생각과 노력한 실천은 장횡거張橫渠와 같고, 엄숙하게 정제함은 정이천程伊川과 같으며, 저술을 숭상하지 않고 조용히 사색하여 환하게 통철함은 이연평李延平과 같고, 경敬을 지니고 의義를 밝혀 이를 태극太極 동정動靜의 이치에 융합하고 유명幽明과 거세巨細를 하나로 꿰뚫은 것은 참으로 주자朱子의 방에 들어가도 부끄러움이 없을 것이다. 그 마음은 이치와 상응하고 행실은 지식과 일치하여 일념一念도 구차하게 스스로 속임이 없고 일사一事도 호도하여 스스로 편함이 없으며 조용하고 엄격히 중립하여 치우침이 없는 것은 우리나라에서 구해 보건대 비록 미증유의 인호人豪라 하여도 괜찮을 것이니 아! 참으로 성대하다. 선생은 일찍이 남명南冥이라 자호했으니 대개 은둔에 뜻을 둔 것이다. 장수처藏修處로 김해金海에 있는 산해정山海亭은 태산에 올라 바다를 본다는 뜻을 부친 것이고, 삼가三嘉에 있는 계부당鷄伏堂은 함양한다는 뜻이며, 뇌룡정雷龍亭은 연못처럼 고요하다가 우레 같이 소리치고 시동처럼 있다가 용 같이 나타난다는 뜻을 취했고, 진주晉州에 있는 산천재山天齋는 전언前言 왕행往行을 많이 알아 그 덕을 쌓고 강건剛健 독실篤實하여 광채가 날마다 새롭다는 뜻을 취했으니 이에 나아가면 선생이 일생 동안 노력한 바를 뚜렷이 볼 수 있을 것이다. 명銘하여 이르기를,

나를 안다는 사람은 춘풍春風의 화락에 호해湖海의 기개라 말하고, 나를 모르는 사람은 뇌수雷首의 청렴에 부춘富春의 고절이라 말한다. 내 뜻을 지녔으니 나아가선 천하에 소소簫韶 풍류 떨치고, 내 근심 없으니 물러나선 누항陋巷에서 단표簞瓢 가난 즐겼다. 빛나는 신명神明은 태극의 정령精靈이고, 만고의 경의敬義는 일월의 광채光彩이다. 하늘 이치 사람 사업 본래부터 차이 없고, 명선明善 성신誠身 박문博文 약례約禮 두 갈래

아니다. 과거에 물어보고 미래를 기다려도, 나를 아는 것은 하늘뿐이다.

후학 포산苞山 곽종석郭鍾錫 삼가 지음

墓誌銘 幷序

皇明弘治十四年 我 朝燕山主七年 辛酉六月二十六日 南冥先生生于三
嘉縣之兎洞 有虹起于宅井 光紫滿室 隆慶六年 我 昭敬大王五年 壬申二月
初八日 考終于晉州之頭流山下絲綸洞正寢 有山崩木稼之異 其生也天地爲
之榮 其歿也天地爲之哀 哲人休咎 自古則然 吁其胡爲哉 先生之葬 在寢後
壬坐之原 遵遺命也 先生之友 大谷成先生運 銘其碣 極道先生進學成德之
實 出處動止之節 有若鄕黨之畵聖人 百世之下 讀之者怳然如復見先生也
特其所以誌之玄竁 而備陵谷之遷者 闕焉不事 且三百年餘 先生遠孫庸相
以諸君子之命 命其辭于鍾錫 先生嘗曰 吾家之有敬義 如天之有日月 亘萬
古不可易 嗚乎 先生之存 卽當日有象之敬義也 先生之沒 其心猶不泯 卽萬
古不可易之敬義也 先生卽日月也 日月可繪而傳耶 辭之屢而不得 則謹次
其始卒大槪 而聽萬古之目焉 先生 諱植 字楗仲 昌寧曹氏 高麗平章事諱謙
之後也 奕世隆顯爲東土鉅宗 至成均生員安習 始居于三嘉 是於先生爲曾
祖 祖永奉事不仕 考彦亨承文院判校 以淸介稱 妣仁川李氏忠順衛菊女 有
閨範 先生幼而岐嶷 擧止凝重 不遊嬉狎弄 儼然有成人儀 天才穎悟 甫能言
大人公授以字 輒成誦不忘 及就學必求其義 不解不止 稍長涉獵經史 喜爲
古文 辭致蒼勁 變化無常 而森然有律度 人爭傳誦 慨然以功業自期 如星緯
方輿醫經算術弓馬行陣 靡不旁通究知 以富其蓄 常有經濟一世 駕軼千古
之志 就場屋 累擧于鄕 二十五歲 讀性理大全於山寺 至許魯齋言 志伊尹之
志 學顔淵之學 出則有爲 處則有守 大丈夫當如此 出無所爲 處無所守 則
所志所學將何爲 遂脫然契悟 專意聖賢之學 將六經四子及濂閩遺書 循環
熟複 窮日繼夜 硏精咀實 會之心而反之躬 所知日極乎高明 而所行日就乎
平常 存乎內者益重 而慕於外者益輕 囂囂以樂 而盖將有用行舍藏之意焉

猶以親在 黽勉就公車 見世道日漓 而度所學之乖於時 則遂稟請於母夫人
而廢擧業 然道成德充 而信從者日衆 望實漸隆 而公卿交章論薦 恭僖王戊
戌 除獻陵參奉 恭憲王戊申 陞典牲署主簿 辛亥 遷宗簿寺 幷不就 盖自己
卯來 賢路崎嶇 誣網羅織 而乙巳以後 戚畹擅威福 政紀隳壞 善類坑戮 先
生平日所與契厚 清名直節之人 强半遭慘禍矣 先生於是 確然不可拔之志
焉 乙卯 除丹城縣監 上疏辭 極言 國事已非 邦本已亡 小官嬉嬉於下 姑酒
色是樂 大官泛泛於上 惟貨賂是殖 內臣樹援 龍挐于淵 外臣剝民 狼恣于野
慈殿塞淵 不過深宮之一寡婦 殿下幼沖 只是先王之一孤嗣 天災之百千 人
心之億萬 何以當之 何以收之 末言 國事整頓 惟在殿下之一心 苟能一日惕
然警悟 致力於學問之上 有得於明新之道 則萬善具在 百化由出 國可使均
也 民可使和也 危可使安也 臣當執鞭於廝臺之末 竭其心膂 以盡臣職 寧無
日乎 疏入 上怒 以爲語逼慈殿 將加之罪 賴時相營救 得無事 己未 除造紙
署司紙 不就 丙寅七月 有旨召 八月 除尙瑞院判官 有旨促召 時權奸放黜
名流之被謫者 皆召列於朝 朝著稍清明 先生以爲恩旨荐下 不容不一伸分
義 遂入都 以白衣登對于思政殿 上問治道 對以君臣之際 情義相孚 洞然無
間 可與有爲 生民困悴 當汲汲救之如失火之家 問爲學之方 對曰 人主之學
貴於心得 得於心 可以窮天下之理 應事物之變 其要只在敬而已 留七日 卽
辭歸 丁卯 昭敬王卽祚 以特敎召 時有娼嫉者 短先生於筵中 先生遂辭以疾
又有旨召 先生以狀辭 因極論時急 且曰 舍此不救 求山野棄物 以助求賢之
美名 猶畫餠之不足以充飢 翌年 又有 旨召 上疏辭 極言爲治之道 要在人
君明善誠身而已 性分之內 萬理備具 心者是理所會之主也 身者是心所盛
之器也 窮其理 將以致用也 修其身 將以行道也 其所以爲功 則必以敬爲主
修己以敬 達天德行王道 則施之政敎 風動雲驅 下必有甚焉者 己巳 授宗親
府典籤 庚午 再召 皆辭不就 辛未 命本道 賜食物 上疏謝曰 國事已去 百工
環視莫救 臣嘗再陳荒疏 未聞亟下恩威 以立紀綱 群下解體 邦本遂喪 今老
臣徒謝雨露之 恩 而無以補天之漏 明年而先生寢疾 門人金東岡宇顒 問所
宜稱 曰處士可也 訃 聞 贈司諫院大司諫 賜賻致祭 丙子 士林建書院于德
川 以祀先生 三嘉之龍巖 金海之新山 亦一體奉安 光海主己酉 幷宣額于諸
院 已而 加 贈議政府領議政 兼 領經筵 弘文館 藝文館 春秋館 觀象監事

世子師 太常 議諡曰文貞 三司館學及三南紳士 屢疏請躋享聖廡而不報 先生娶南平曺氏忠順衛琇女 生一男次山蚤夭 一女適商山人萬戶金行 東岡金文貞先生 及忘憂堂郭忠翼公再祐 萬戶之二女婿也 旁室宋氏 擧三男 次石縣監 次磨監察 次矸階嘉善 縣監一男 晋明察訪 監察三男 敬明司果 益明復明幷將仕郞 嘉善二男 浚明生員 克明宣務郞 以後克蕃以延 今不可勝錄於乎 先生以間世豪傑之姿 抱經綸王佐之才 常惓惓於愛君憂國濟時澤物之誠 而枉道而徇 入以後量 君子無此道也 常曰 行己之初 當如金玉不受微塵之汚 動止如山嶽 壁立萬仞 時至而伸 方做出許多事業 此其所以終身不遇而樂堯舜於畎畝 媚寒雲於幽獨 出處之間 權度精切 有不可以一毫苟者也 世之或 以處士之高蹈 方外之果忘 疑先生者 皆不恥於自鬻者也 先生嘗曰 子陵與我不同道 余未忘斯世者也 先生之志 卽伊尹之志也 而乃其所本則有之 所謂學顔淵之所學者 是也 先生生道學斬伐之餘 無師友淵源以啓發之 而獨得於遺言之中 見千聖心法之斷斷不外於敬義二字 存心明理 兩下用功 幽獨之居 而可以肅鬼神而參天地 纖微之接 而有如持權衡而稱毫釐 凡一動一靜一言一默一視一聽一事一行 罔不由這上 循蹈夾持 達于天德 以至己私淨盡 天質融化 襟宇灑落 氣象淸通 而周旋作止 自不離於規矩丈度之內矣 平居 目無淫視 耳無傾聽 淫滅之評 不出於口 惰慢之容 不設于體 靜室潛居 晨興夜寐 冠帶整飾 生腰尸坐 望之若圖形刻象 開卷默究 不作咿唔 樂而忘憂 舒遲閑雅 雖在匆卒 不失常度 手摹大聖及周程朱三子像妥之龕 日拜廟畢 必瞻禮對越 若親熏炙 倣李延平故事 常佩金鈴以警省 名曰惺惺子 事親 容色愉悅 養之以志 甘毳洗腆 需之以忠 其丁艱 哀慕泣血晨夜經帶 不離几側 弔者之至 伏哭答拜 未嘗坐與之語 戒僮僕 勿以家事諗于廬 與弟桓 同居共被 友愛怡怡 以爲肢體之連 不可分也 閨門之內 敬如賓客 肅如朝廷 雖婢使不端髻整服 不敢見 深居窮華 而傷時念國 發於至誠每淸宵晧月 獨坐悲歌 歌竟涕下 其値國諱 不聆樂啖肉 與人交 必視其志布褐而有尊禮王公者 軒冕而有鄙夷泥梗者 其與學者言 懇懇以捨切近趨高遠爲戒 令盡力於事親敬兄悌長慈幼之間 常曰 不於人事上 求天理 終無實得 常以佛氏之徑務上達 謂無脚踏地 以陸氏之不事講學爲非 有質疑請益者 爲之剖析精微 絲毛不爽 而聽者渙然 每曰 爲學要使知識高明 如上東岱

萬品皆低 然後吾所行無不利矣 然而亦未嘗張皇於書牘 衒耀於著述 以長
其口耳虛夸之習 故其不在子貢之列者 蓋莫聞性道之妙 而謂先生之學 篤
於行而不急于知也 先生嘗裒輯古人論道論學 喫緊會意之說 命曰學記 體
究心驗 頃刻不放過 又圖誠爲太極 天人一理 心統性情等事 條理詳密 而旨
義精粹 如以心之未發爲性 已發爲情 而其發也 四端七情 有理發氣發之分
旋曰 耳目口鼻之欲 同出於天理 此其卓見于大本之一 而瞭然於分殊之際
橫竪俱勘 絶無滲漏 非後世能言 各據一偏者 所可企及也 其爲神明舍圖銘
以太一眞君 揭心爲太極之旨 敬爲冢宰 而立天德王道之要 知爲百揆 而致
察於事物之幾 義爲司寇 而勇克於發動之微 外禦三關 造次而不敢疎 內守
社稷 顚沛而不暫去 知至而至 知終而終 其存心察理 省身克己 造道成德之
實 莫不井然有條 確然有據 而可以爲萬世學者之指南 此何待於連篇累牘
而多其辭說 然後爲至哉 蓋見之眞則所言自簡 知之明則所行自純 竊嘗僭
論 以爲先生 砥礪名行 似無極翁 英邁蓋世 似邵堯夫 精思力踐 似橫渠氏
嚴肅整齊 似伊川子 不尚纂述 而靜觀默識 灑然瑩澈 似延平氏 居敬精義
會之於太極動靜之理 而幽明鉅細 無不貫于一者 則固無愧入紫陽之室矣
其心與理涵 行與知一 無一念苟且以自欺 無一事糊塗以自便 從容嚴毅 中
立而不倚者 求之東方 雖謂之未始有之人豪 可也 於乎 其盛矣 先生嘗自號
曰南冥 蓋志于韜晦也 藏修之在金海曰山海亭 有寓於登泰山而觀於海也
在三嘉曰鷄伏堂 涵養之義也 曰雷龍亭 取淵默却雷聲 尸居却龍見之義也
在晉曰山天齋 取多識前言往行 以畜其德 剛健篤實 輝光日新之義也 卽此
而先生所以用功於一生者 可躍如而見也 銘曰

人之知我 春風之樂 湖海之豪 人不知我 雷首之清 富春之高 我則有志 行
而爲勻天之簫韶 我則無憫 藏之爲陋巷之簞瓢 有赫神明 太極之靈 敬義萬
古 日月之晶 天人理事本無間 明善博約匪二途 質往俟來 知我者天乎

後學 苞山 郭鍾錫 謹記

신도비명神道碑銘 병서幷序

　선생이 세상을 떠나자 산천재山天齋 뒷산에 유택을 정하고 비를 세웠으니 그 비문은 대곡大谷 성선생成先生이 지었다. 성선생은 우리 선생에게 동도同道의 벗이니 선생의 학문과정과 도덕범주와 계파연원을 상세히 기록하여 다시 첨가할 것이 없다. 30여 년 뒤 큰 아들이 옛날 비석의 품질이 좋지 않아 이미 많이 훼손되어 오래도록 보전할 수 없다면서 돌을 깎아 장차 개수하려 하였다. 마침 성균관 유생들이 소장을 올려 증작贈爵과 사시賜諡를 청하여 윤허를 받았다. 드디어 새 돌로 신도비를 마련하여 나에게 글을 청하기에 사양함을 이루지 못했다. 아! 일월日月을 그리는 이는 그 모양을 그릴 수는 있어도 어찌 능히 그 광채까지 그릴 수 있겠는가!

　선생의 휘는 식植이고 자는 건중楗仲이니 창산인昌山人이다. 시조 서瑞는 고려에 벼슬하여 형부원외랑이니 그 모친이 덕궁공주德宮公主이다. 그 후 생원 안습安智은 선생의 증대부曾大夫이고, 생원이 영永을 낳았으니 벼슬하지 않았으며, 이분이 판교 언형彦亨을 낳았다. 판교가 이씨李氏에게 장가들어 선생을 낳았으니 홍치弘治 신유년(1501) 6월 임인일이다. 선생은 도덕에 뜻을 두어 일찍부터 과거 공부를 싫어하더니 옛터 곁의 시냇가에 모옥을 지어 뇌룡사雷龍舍라 하고 남명南冥이라 자호했다. 만년에는 두류산 덕천동德川洞에 복지하여 은둔하더니 재실의 편액을 산천山天이라 하였다. 중종조부터 이미 벼슬을 제수하는 왕명이 있었으나 나가지 아니했고 명종 선조 양조의 소명召命이 전후로 거듭 이르렀지만 오랫동안 나가기를 꺼리다가 뒤에 상서원 판관으로 한 번 은명恩命에 사례했으니 대개 군신의 의義를 폐하고자 아니 해서이다. 나아가 왕을 뵙고는 이내 돌아와 세상을 떠났으니 향년 72세이다.

　세상 사람들은 혹 고항高亢하다 여기고 혹 일절一節이라 배척하니, 심하다 그 도를 알지 못함이여! 일찍이 들건대 군자는 중용에 의거하여 세상을 피해 남이 알아주지 않더라도 후회하지 않는다고 하였다. 중용의 쓰임새는 정해진 자리나 틀이 있는 것이 아니라 오직 그때에 따를 뿐이니 범인이 능히 알 수 있는 바가 아니다. 순舜임금이 미천한 시절 깊은 산 속에 살았는데 세상에 요堯임금이 없었다면 이로써 마쳤을 것이니 양단兩端을 잡아 그 중용을 취함이 이에 있지 않겠는가! 세 번이나 자기 문 앞을 지나면서도 들어가지 아니한 우직禹稷도 중용을 취한 것이고 한 그릇의 밥과 한 표주박의 물로 누추한 거리에 살았던 안자顔子 또한 중용을 지킨 것이다. 그렇기 때문에 은둔하여 후회하지 아니함은 성인도 고항高亢이라 하지 않고 이에 중용을 의거했다고 하였으니 그 뜻을 여기에서 이미 볼 수 있다. 하물며 증자曾子 자사子思가 벼슬하지 아니하고 그 뜻을 고상히 지킴도 또한 하나의 도임에 있어서이랴! 그렇지 않다면 또한 고항高亢에 거의 가깝고 일절一節에 거의 가깝지 않겠는가! 만약 지금의 이야기와 같다면 중용의 뜻은 사라질 것이다. 또 학문의 요체는 처함에 지킴이 있고 나아감에 행함이 있을 뿐이다. 그 공부의 실지는 내외가 직방直方하여 경의敬義가 정립되어야 한다. 이를 유지하고 향상하여 시종始終을 이룩함에는 어찌 경의敬義 두 글자와 같이 궁극적인 것이 있겠는가! 만약 한갓되이 구설을 내세우고 문사만 휘갈긴다면 비록 학문의 명성을 잃지는 않는다 해도 단지 하나의 앵무새 일 뿐이다.

선생은 학문이 단절되고 도가 상실된 시대에 태어나 확연히 경의敬義로서 근본을 삼았다. 이미 널리 섭렵하고 돌이켜 요약하여 일용에 이롭고 일신에 편안했으며 40여 년 동안 동정動靜을 아울러 함양하면서 엄숙히 마주하여 신심身心 상의 대상으로 삼았다. 그러므로 출처에 시의時義를 얻어 떠남에 3일 동안 먹지 않았고[17] 스스로 발걸음을 꾸며 걸어

---

17) 「명이괘明夷卦」 초구初九에 '군자우행君子于行 삼일불식三日不食'이라 하였다.

갔으니[18] 이는 바로 떠날 곳이 있음에 사람들이 까닭을 물어 본다는 명이괘明夷卦 초구初九의 효상爻象인 것이다. 날개를 일찍이 늘어뜨리지 않았고[19] 덕은 건드릴 수 없었으니 범인을 초월함은 백세를 기다려도 마땅히 미혹하지 않을 것이다. 세상에 다리를 떨며 자립하지 못하고 남을 따라 아래에 있으면서도 스스로 도학道學과 시중時中을 한다는 이와 비교한다면 정금精金과 광석鑛石의 차이일 뿐만 아니다. 이에 선생은 세상에서 은둔하여 후회하지 않는 군자가 아니겠는가! 중용을 의거했다는 말이 장차 누구에게 돌아가겠는가!

남평南平 조씨曺氏에게 장가들어 1남 차산次山을 낳았으니 요절하였고 1녀는 만호 김행金行에게 시집갔다. 소실小室에서 3남 1녀를 낳았으니 장남 차석次石은 현감이고, 다음 차마次磨는 주부이며 다음 차정次矴은 만호이다. 김행金行은 2녀를 낳았으니 장녀는 부제학 김우옹金宇顒에게 시집갔고 차녀는 감사 곽재우郭再祐에게 시집갔다. 차석次石은 1남 1녀를 낳았으니 아들은 진명晉明이고 딸은 만호 성기수成耆壽에게 시집갔다. 차마次磨는 5남 1녀를 낳았으니 장남 욱명旭明은 일찍 죽었고 다음은 경명敬明이며 딸은 참봉 정흥례鄭興禮에게 시집갔고 다음은 익명益明이며 나머지는 어리다. 차정次矴은 2남 2녀를 낳았으니 장남은 준명浚明이고 딸은 사인 정위鄭頠에게 시집갔으며 다음은 극명克明이고 딸은 어리다. 명銘하여 이르기를,

종일토록 열중한 학문 오직 위기爲己이고, 동정動靜은 때에 맞아 머물 곳에 머물렀다. 숨어 아니 쓰임은 구연九淵의 용과 같고, 그 즐거움 불개不改하여 끼니 자주 걸렀다. 독립불구獨立不懼 둔세무민遯世无悶 대과大過 괘상卦象 틀림없고, 7일 만에 찾았으니 수식首飾 잃음 뉘가 알랴![20] 뜻

---

18) 「비괘賁卦」 초구初九에 '비기지賁其趾 사거이도舍車而徒'라 하였고 그 주註에 '강덕명체剛德明體 자비어하自 賁於下 위사비도지거爲舍非道之車 이안어도보지상而安於徒步之象'이라 하였다.

19) 「명이괘明夷卦」 초구初九에 '명이우비明夷于飛 수기익垂其翼'이라 하였다.

밖에도 무슨 병이 불치不治에 이르렀나21), 아! 선생께선 저승 일월日月 되었으리. 덕천강德川江 위에다 편석片石 이에 세우노니, 높은 산 넓은 물과 그 수명 함께 하리!

문인 정인홍鄭仁弘 삼가 지음.

神道碑銘 并序

先生歿 幽宅于山天齋後岡 樹之碑 其文大谷成先生撰 成先生 於吾先生 同道友也 先生學問工程 道德範宇 與系派源流 詳載無以復加也 後三十餘 年 胤子以舊碑石品下 剝缺已多 不可圖久遠 伐石將改之 適泮儒上章 請加 贈爵贈諡 蒙允 遂以新石爲神道碑 請文辭不獲焉 噫 摹日月者 得其形 其 能得其光乎 先生 諱植 字楗仲 昌山人也 始祖曰瑞 仕高麗爲刑部員外郎 其母德宮公主也 其後有生員安習 於先生曾大父也 生員生永 不仕 是生判 校彦亨 判校娶李氏 生先生 弘治辛酉六月壬寅也 先生志於道德 早厭擧子 業 就舊業旁川上 構茅屋曰雷龍舍 自號南冥 晩卜頭流德川洞肥遯焉 齋扁 曰山天 自中廟朝 已有除命 不就 明廟宣廟兩朝 召命前後沓至 久不肯就 後以尙瑞判官 一謝恩命 君臣之義 不欲廢也 登對訖 便還山 以至易簣 享 年七十二 世之人 或認爲高元 或斥爲一節 甚矣 其不知道也 嘗聞君子依乎 中庸 遯世不見知而不悔 中之用 無定位 無定體 惟其時 非衆人所能知 舜 側微 居深山中 世無堯 終焉 執兩端用其中 不在玆乎 三過門不入 禹稷是 中 一簞瓢在陋巷 顔氏亦中 故遯世不悔 聖人不曰高元 乃曰依乎中庸 其義 已可見 況曾思子 不仕高尙 亦一道也 不然 亦不幾於高元乎 不幾於一節乎 若如今之說 中之義蝕矣 且學之要 處有守出有爲而已 其工程實地 內外直 方 敬義立 夾持向上 成始終 豈有如二字終且盡也 若徒能滕口舌騁文辭 雖

---

20) 「기제괘旣濟卦」 육이六二에 '부상기불婦喪其茀 물축勿逐 칠일七日 득得'이라 하였다.

21) 원문의 '모설毛舌'은 '모생설毛生舌'의 준말로 혀에 털이 생기면 뽑을 수가 없듯이 어떤 일을 고칠 수 없음을 비유한다.

不失學問之名 特一鸚鵡耳 先生生學絶道喪時 確然以敬義爲本 旣博而反
約 利用安身 四十餘年 動靜交養 儼乎對越 爲身心上物事 故出處得時義
于行不食 賁趾而徒 此正有攸往 人有言之爻象也 翼未嘗垂 德不可拔 度越
諸人 百世竢 宜不惑 視世之咸股不處 隨人執下 自認爲道學爲時中者 不啻
精金與沙礦也 先生非遯世不悔之君子乎 依乎中庸 將誰歸乎 娶南平曹氏
生男一曰次山天 女一適萬戶金行 小室生男三女一 長曰次石縣監 次曰次
磨主簿 次曰次矴萬戶也 金行生二女 長適副提學金宇顒 次適監司郭再祐
次石生一男一女 男晉明 女適萬戶成耆壽 次磨生五男一女 男長旭明早死
次敬明 女適參奉鄭興禮 次益明 餘幼 次矴生二男二女 男長浚明 女適士人
鄭顓 次克明 女幼 銘曰

　乾乾夕惕 學惟爲己 動靜不失 寔艮其趾 潛而勿用 九淵之龍 其樂不改 庶
乎屢空 不懼無悶 過大靡爽 七日而得 誰識萑喪 不知何病 任佗毛舌 於乎
先生 冥道日月 德川之上 片石爰竪 山崇水洋 庶其齊壽

　　　　　　　　　　　　　門人 鄭仁弘 謹撰

신도비명神道碑銘 병서并序

▲ 옛날 신도비 귀부龜趺

허목이 지은 신도비를 세웠던 귀부다. 산청군 시천면 사리의 산천재 옆 마을 안에 남아 있었던 이 귀부는 그 크기로 보아 신도비의 규모를 짐작할 수 있다. 사실 이 귀부는 처음 정인홍이 지은 신도비명을 세웠을 때의 것이라고 전하기도 한다. 인조반정으로 그 비를 철폐할 때 귀부는 남겨 두었다가 다시 사용했을 가능성이 매우 크다. 그런데 허목이 지은 비석을 철폐할 때 비신碑身은 부수어 강에 버리고 이수螭首는 몇 조각으로 부수어 귀부 옆의 담장 일부분이 되었다. 비석이 서있을 당시에는 덕산으로 들어가는 모퉁이를 돌아들면 비석의 모습이 큰 거울처럼 환히 빛났다고 전한다. 근래까지 이 귀부는 남아 있다가 최근에 없어졌으므로 이 사진을 싣는다. 원래 이 거북모양의 귀부는 비희贔屭라는 이름의 용으로 입에 여의주를 물고 있다.

선생의 성은 조씨曹氏이고 휘는 식植이며 자는 건중보楗仲甫이다. 그 선대는 창녕인昌寧人이니 고려 형부원외 서瑞의 후예이고 중랑장 은殷의 4세손이다. 증조부는 국자생원 안습安習이고 조부 영永은 벼슬하지 않았으며 부친은 승문원 판교 언형彦亨이고 모친은 숙인 이씨李氏이니 명明나라 홍치弘治 14년(1501) 6월 임인에 선생이 가수현嘉樹縣에서 태어났다. 어려서부터 호기豪氣가 절륜했고 문장을 익힘에 좌구명左丘明 유종원柳宗元의 글을 즐겨 읽어 그 기재奇才를 자부하였다. 26세에 노재魯齋 심법心法 가운데 "이윤伊尹의 뜻을 뜻으로 삼고 안자顔子의 학문을 학문으로 삼아 나가서는 큰일을 하고 물러나서는 지킴이 있어야 한다."라는 글귀를 보고는 망연자실하여 한숨 쉬며 탄식하여 말하기를 "고인의 위기爲己 학문이 대개 이와 같다."고 하면서 뜻을 가다듬고 분발하여 용감히 매진하였다. 이미 백가百家를 섭렵하고 돌이켜 요약하여 굳세고 엄격했으며 눈으로는 못된 것을 보지 않고 귀로는 나쁜 말을 듣지 않아 장중하고 경건하더니 스스로 일가一家의 학문을 이루었다. 태일太一로써 종주를 삼고 화항和恒과 직방直方으로 부절을 삼았으며 극치克治를 우선하고 충막沖漠을 근본하여 논란과 답술을 좋아하지 않았으니 쓸데없는 말은 궁행躬行에 무익하다고 여겼다. 뜻을 숭상하고 몸을 고결히 하여 구차히 따르거나 침묵하지 않았으며 스스로를 가벼이 여겨 쓰임을 구하지 아니하고 우뚝이 자립하였다.

학문을 논함에 반드시 자득自得을 우선하고 고명高明을 귀하게 여겼으니 항상 얘기하기를 "비유컨대 높은 곳에 올라 만품萬品이 모두 아래로 보이는 것 같은 연후에야 오직 나의 행하는 바가 스스로 이로울 것이다."고 하였다. 행기行己의 대방大方과 출처出處의 대절大節을 중하게 여기더니 신명사명神明舍銘을 지어 말하기를 "구규九竅의 사악함이 삼요三要에서 시발하니 기미 보아 극복하고 나아가 섬멸하라." 하였다. 또 적기를 "배를 가라앉히고 솥을 깨어버리며 막사를 불태우고 3일의 양식만 지니고서 죽어도 돌아오지 않겠다는 각오를 보여야 하니 반드시 이와 같이 사욕私慾을 섬멸해야 만이 내 마음에 모름지기 한마汗馬의 공이 있다고 얘기할 수 있다." 하였다. 사람을 가르칠 때는 반드시 그 자품에 따라 격려했으며 책을 놓고 강론하지 않았으니 말하기를 "지금의 학자들은 성리性理를 고상히 얘기하지만 그 마음에 실지로 체득함이 없다. 이는 마치 도시의 큰 시장에서 진귀한 보물과 노리개를 보고서 헛되이 높은 값만 얘기하는 것과 같으니 참으로 한 마리의 생선을 직접 사는 것만 못하다. 성인의 뜻은 전유前儒들이 이미 모두 말해 놓았으니 학자들은 그 알지 못함을 근심하지 말고 행하지 못함을 근심해야 한다. 그 체득의 깊고 얕음은 구함이 정성스러운가 정성스럽지 않는가에 달렸다. 나는 학자에게 혼미함을 깨우쳐 줄 뿐이다. 눈이 열리면 능히 천지 일월을 볼 것이니 경서를 논하는 것은 반성하여 자득함만 못하다."고 하면서 책을 볼 때도 또한 장구章句를 세세히 해석하지 아니하고 대략 그 종지宗旨만을 취했을 뿐이다.

중종 명종이 연이어 유일遺逸로서 불렀지만 나가지 않았으며 명종이 특별히 단성丹城 현감을 제수했으나 또 나가지 아니하고 상소하여 말하기를, "국사國事가 이미 그릇되고 방본邦本이 이미 망했으며 천의天意가 이미 떠나고 인심人心이 이미 이반되었습니다. 자전慈殿께선 사려가 깊지만 깊은 궁중의 한 과부寡婦에 불과하고 전하께선 어리시어 단지 선왕의 한 고아孤兒일 뿐입니다. 백천 가지 천재天災와 억만 갈래 인심人心을 무엇으로 감당할 것이며 무엇으로 수습하겠습니까? 전하께서 종사하는 바는 무슨 일입니까? 학문을 좋아하십니까? 성색을 좋아하십니까? 궁마를 좋아하십니까? 군자를 좋아하십니까? 소인을 좋아하십니까? 좋아하는 바에 따라 나라의 존망이 달렸습니다." 하였으니 소가 들어갔지만 비답批答이 없었다. 다음 해 주상이 유학 성운成運 이항李恒 임훈林薰 김범金範 한수韓脩 남언경南彦經 등을 크게 불렀으니 선생도 또한 부름 가운데 있었다. 이에 나아가니 상서원 판관을 제수하고 주상이 사정전思政殿에서 인견하였는데 주상이 한소열漢昭烈의 삼고초려三顧草廬에 관한 일을 물었다. 선생이 대답하여 말하기를 "반드시 인재를 얻은 연후에 큰일을 할 수 있습니다. 그러나 제갈량諸葛亮이 소열昭烈을 수십 년 동안 섬겼으나 끝내 한실漢室을 회복하지 못했으니 이는 신이 감히 알 수 없는 바입니다." 하고 이내 돌아왔다. 정묘년(1567) 선조가 즉위하여 선비들을 등용하면서 예로 부름이 매우 지극했으나 선생은 끝내 나가지 아니하고 소를 올려 군덕君德과 정폐政弊를 이야기하기를 "신은 깊은 산중에 살면서 굽어 살피고 우러러 보며 한숨 쉬고 괴로워하다가 이어 눈물을 흘린 적이 자주 있습니다. 신은 전하에게 조금도 군신의 연분이 없거늘 어찌 군은君恩에 감격하여 탄식하고 눈물짓기를 스스로 그치지 못했겠습니까? 이 땅의 곡식을 먹고 누세를 살아 온 구민舊民으로 어찌 부름을 받고서도 한 마디 말이 없을 수 있겠습니까?" 하였다. 기사년 (1569)에 특별히 종친부 전첨을 제수했으나 나가지 않았고 신미년 (1571) 본도本道에 명해 곡식을 하사하여 진휼하니 선생이 소를 올려 사은謝恩하고 인하여 군의君義 두 글자를 바쳤다. 다음 해 감사가 선생이 병이 났다고 아뢰자 주상이 내관內官을 보내 문병하였으나 선생이 이미 세상을 떠났으니 2월 8일로 향년 72세였다.

선생은 일찍이 패검명佩劍銘을 지어 말하기를 "안으로 밝히는 것은 경敬이고 밖으로 결단하는 것은 의義이다." 하였고 창문 벽에 또 경의敬義를 크게 써 놓고 말하기를 "오가吾家에 이 두 글자는 천지에 일월日月이 있는 것과 같다."고 하였다. 병이 나자 정인홍鄭仁弘 김우옹金宇顒을 불러 경의敬義를 거듭 강조하면서 이르기를 "공부가 익숙해지면 일물一物도 흉중에 없을 것이다. 나는 이 경지에 도달하지 못했다."고 하였다. 그리고 내외內外를 경계하여 안정시키고 자리를 돌려 머리를 동으로 누이고는 세상을 떠났다. 당시 남사고南師古라는 이가 있어 천문을 잘 보았는데 말하기를 "소미성少微星이 광채를 잃었으니 처사處士에게 재앙이 있겠다."고 하였는데 선생이 돌아가셨다. 주상이 치제致祭하여 이르기를 "하늘이 대로大老를 남겨두지 아니하니 소자小子 누구를 의지할까!" 하였고 대사간에 추증하였으며 그 해 4월 덕산德山에 안장하였다. 광해 때에 증 영의정을 더하고 문정文貞이라 시호했으며 선생은 달리 남명南冥이라 자호하였다. 가수嘉樹에 계부당鷄伏堂이 있으니 함양하기를 닭이 알을 품 듯 하라는 뜻이고 그 시내 위에 뇌룡정雷龍亭이 있으니 시동처럼 앉아 있다가 용 같이 나타나고 연못처럼 고요하다가 우레 같이 소리친다는 뜻이다. 진주 덕산에 산천재山天齋가 있으니 주역 대축괘大畜卦의 강건剛健하고 독실篤實하고 광채가 나서 날마다 그 덕을 새롭게 한다는 뜻이다. 묘소는 산천재山天齋 뒤에 있다. 오덕계吳德溪 최수우崔守愚 정한강鄭寒岡 김동강金東岡 제현이 모두 스승으로 섬겼으니 덕계德溪는 각의 견절刻意堅節하다 하였고 수우守愚는 강대탁원剛大趂遠한 재주라 했으며 동강東岡은 열일추상烈日秋霜의 기개라 하였고 한강寒岡은 태산벽립泰山壁立의 기상이 있다고 했으며 퇴계退溪 이선생李先生은 이르기를 건중楗仲은 군자 출처의 의義에 합당하다고 하였다. 명銘하여 이르기를,

고결하게 자수自守하고 은거하여 의義를 행했으니, 그 몸 아니 욕되고 그 뜻 아니 변하였다. 도道를 굽혀 시속時俗 좇지 않았으니, 일신 사업 고상히 이루었다.

후학 허목許穆 삼가 지음

神道碑銘 幷序

先生 姓曺氏 諱植 字楗仲甫 其先昌寧縣人 高麗刑部員外瑞之後 而中郎將殷之四世孫也 曾大父 國子生員安習 大父永不仕 父承文院判校彦亨 母淑人李氏 皇明弘治十四年六月壬寅 先生生於嘉樹縣 少豪氣絶倫 學文章 好讀左柳氏 自負其奇才 二十六見魯齋心法 志伊尹之志 學顔子之學 出則有爲 處則有守 憫然自失 喟然歎息而言曰 古人爲己之學 蓋如此 刻意奮屬

勇往直前 旣博於百氏 反而守約 剛毅方嚴 目無淫視 耳無側聽 莊敬不惰
自成一家之學 以太一爲宗 以和恒直方爲符 以克治爲先 以沖漠爲本 不喜
論難答述 以爲徒言無益於躬行 尚志潔身 不苟從不苟默 不自輕以求用 卓
然有立 言學必先自得 而貴高明 常言曰 譬如登高 萬品皆低 然後 惟吾所
行自無不利 以行己大方出處大節爲重 作神明舍銘 有曰 九竅之邪 三要始
發 動微勇克 進敎廝殺 又書之曰 沉舡 破釜甑 燒廬舍 持三日糧 以示必死
無還心 必如此廝殺 可言於吾心須有汗馬之功 敎人必隨人資稟 而激勵之
不開卷講論曰 今之學者 高談性理 無實得於其心 如遊通都大市 見珍寶奇
玩 空談高價 不如沽得一尾魚 聖人之旨 前儒旣盡言之 學者不患不知 患不
行 其得力之淺深 在求之誠不誠如何耳 吾於學者 喚覺昏睡而已 開眼 能見
天地日月 談經說書 不如反求而自得之 觀書 亦不曾章解句釋 領略其宗旨
而已 中宗明宗連以遺逸召 不起 明宗特拜丹城縣監 又不起 上疏曰 國事已
非 邦本已亡 天意已去 人心已離 慈殿塞淵 不過深宮之一寡婦 殿下幼沖
只是先王之一孤嗣 天災之百千 人心之億萬 何以當之也 何以收之也 殿下
所從事者 何事也 好學問乎 好聲色乎 好弓馬乎 好君子乎 好小人乎 所好
在是 而存亡繫焉 疏入不報 明年 上大召儒學 成運 李恒 林薰 金範 韓修
南彦經等 先生亦在召中 乃就徵 拜尙瑞院判官 上引見思政殿 上問昭烈三
顧草廬事 先生對曰 必得人然後 可以有爲也 然亮事昭烈數十年 卒不能興
復漢室 臣不敢知者也 卽還山 丁卯 宣祖卽位 嚮用儒雅 禮召甚至 而先生
終不起 上疏 言君德政弊曰 臣索居深山 俯察仰觀 噓唏掩抑 繼之以淚者數
矣 臣於 殿下 無一君臣之分 何所感於君恩 而咨嗟涕洟 自不能已也 食土
之毛 爲累世舊民 可無一言於宣召之下乎 己巳特拜宗親府典籤 不就 辛未
令本道賜之粟以賙之 先生上疏謝 因進君義 後年監司以疾聞 上遣中貴人
問之 先生己歿 二月八日 年七十二 先生嘗作佩劒銘曰 內明者敬 外斷者義
窓壁又大書敬義曰 吾家此二字 如天地之有日月 疾病 呼鄭仁弘金宇顒 語
敬義亹亹 曰用工熟 無一物在胸中 吾未到此境 戒內外安靜 旋席東首而歿
時有南師古者 善觀象曰 少微無光 處士之災 先生歿 上祭之曰 天不慗遺大
老 小子疇依 追爵大司諫 其四月葬德山 光海時 加贈領議政 諡文貞 先生
別自號曰南冥 嘉樹有鷄伏堂 涵養如鷄抱卵之義也 其溪上亭曰雷龍亭 尸

居龍見淵默雷聲之義也 晉州德山有山天齋 易大畜 剛健篤實 輝光日新其
德者也 墳墓在山天齋後 德溪 守愚 寒岡 東岡 數賢者 皆師事之 德溪 曰刻
意堅節 守愚 曰剛大趫遠之才 東岡 曰烈日秋霜之氣 寒岡 曰有泰山壁立之
像 退陶李先生 曰楗仲合於君子出處之義云 銘曰

高潔自守 隱居行義 不辱其身 不降其志 不屈道而循時 高尚其事

後學 許穆 謹撰

신도비명神道碑銘 병서幷序

▲ 송시열이 지은 신도비 및 국역비

현재 덕산의 남명기념관 경내에 서있는 이 비석은 허목이 찬한 신도비를 철폐한 이후에 다시 세운 것으로 원래는 도로변에 선생의 묘소와 같은 방향인 임좌병향壬坐丙向으로 있었다. 원래 선생이 덕산으로 들어와 거처했던 집인 뇌룡사雷龍舍 일대와 별묘인 여재실 일대를 정비하여 남명기념관을 건립하면서 이 비석도 현재의 위치로 옮겼다. 똑같은 내용의 비석이 합천의 용암서원 뜰에도 서있다.

남명 선생이 이미 세상을 떠남에 선비는 더욱 구차해지고 풍속은 더욱 투박해졌으니 식자들이 선생을 사모함이 더욱 간절하다. 그러나 사람들이 의義를 귀히 여기고 이利를 천하게 여기며 조용히 물러남을 가상히 여기고 탐욕을 부끄러이 여길 줄을 알게 되었으니 선생의 공이 참으로 위대하다. 선생은 천분天分이 특출했으니 아홉 살 나던 해에 심한 병이 들자 모부인에게 고하여 말하기를 "소자가 다행히 남자로 태어나 하늘이 반드시 부여한 바가 있을 것이니 오늘 어찌 일찍 죽을까 염려하십니까?" 하였다. 성동成童 때에 기묘사화의 참혹함을 직접 눈으로 보고 마침내 과거에 나가지 아니하다가 친명親命으로 한 번 응시하였다. 글을 지음에 좌구명左丘明 유종원柳宗元의 글을 좋아했는데 어느 날 염계濂溪 선생의 글 중에 "이윤伊尹의 뜻을 뜻으로 삼고 안연顔淵의 학문을 학문으로 삼는다."는 말을 읽고 개연히 분발하여 산재山齋에서 제생에게 하직하고 돌아왔다. 이에 날마다 육경六經 사자四子와 송宋나라 제현의 글을 읽으면서 자세히 연구하고 힘써 터득하여 밤낮을 이어 쉬지 않았으며 손수 공자孔子와 주자周子 정자程子 주자朱子의 모습을 그려 경모景慕의 뜻을 부쳤다. 송규암宋圭菴 선생과 이준경李浚慶 영상이 대학大學 심경心經 등의 책을 증정하자 선생이 문득 편지하여 말하기를 "이 책을 얻고부터 두렵기가 산을 짊어진 것 같다."고 하면서 더욱 박실朴實한 공부에 전념하였다. 당시 문정왕후文定王后가 자리하여 대윤大尹 소윤小尹이 서로 헐뜯자 선생은 더욱 당세에 뜻이 없어 영영 과거를 포기하고 지리산智異山에 들어가 집을 짓고 거처하면서 산천재山天齋라 편액하고는 한결같이 매진하여 조예가 더욱 고명高明하였다. 일찍이 회재晦齋 이언적李彦迪 선생의 천거로 재랑齋郞을 제수했으나 나가지 않았고 뒤에 회재晦齋가 본도本道 관찰사로 왔을 때 보기를 청했지만 또한 사양하였다.

명종 3년 특명으로 벼슬을 높여 두 번이나 주부를 제수하고 퇴계退溪 이선생李先生이 조정에 있으면서 글을 보내 출사出仕를 권했으나 끝내 나가지 않았으며 또 단성丹城 현감을 제수했지만 소를 올려 사양하였다. 21년에 판관으로 승격하여 소명召命을 두 번이나 내리고 인하여 약과 음식을 하사하니 선생이 드디어 부름에 응하였다. 주상이 인견하고 치도治道를 물으니 선생이 대답하여 말하기를 "치도治道는 책 속에 있으니 신의 말을 기다릴 것이 없습니다. 신은 생각건대 군신 사이에 반드시 정의情義가 서로 통한 연후라야 가히 할 일이 있을 것입니다." 하고 인하여 생민生民의 곤궁 초췌한 상황을 극진히 진술하였다. 주상이 학문하는 방법을 묻자 대답하기를 "반드시 마음으로 체득해야 할 것이니 한갓되이 사람들의 말만 들어서는 불가합니다." 하였으며 또 주상이 제갈공명諸葛孔明의 일을 묻자 대답하기를 "공명孔明이 소열황제昭烈皇帝와 더불어 십 년을 같이 일하였으나 능히 한실漢室을 회복하지 못했으니 신은 까닭을 알지 못하겠습니다." 하고 다음 날 돌아왔다. 선조 초년에 부름이 두 번 있었으나 또 사양하고 인하여 시폐십사時弊十事를 올렸다. 2년에 또 부름을 받고 소를 올려 말하기를 "인주의 치도治道는 선을 밝히고 몸을 정성스럽게 하는데 있으니 반드시 경敬으로써 주를 삼으십시오." 하고 또 서리의 실정과 폐단을 극진히 아뢰었으며 전첨을 제수했으나 나가지 않았다. 이 때 큰 흉년이 들어 주상이 곡식을 내려 구휼하자 선생이 글을 올려 사례하고 또 말하기를 "여러 번 어리석은 저의 말을 올렸지만 쓰인 바가 없습니다." 하였으니 언사가 매우 간절하고 곧았다. 병이 위독해지자 주상이 들으시고 어의御醫를 보내 살피게 하였으나 선생이 이미 세상을 떠났으니 실로 융경隆慶 임신년(1572) 2월 8일이었다. 전년에 뒷산에서 목가木稼의 재앙이 있었고 중국의 성관星官이 우리나라 행인에게 말하기를 "너희 나라 높은 선비가 근간에 불리할 것이다."라고 하였는데 이에 과연 징험되었으니 아! 철인哲人의 나고 죽음이 어찌 우연이겠는가! 4월 6일 산천재山天齋 뒷산에 안장하였다.

선생은 기개가 고상하여 엄격하고 정대했으니 장중한 마음을 항상 심중에 지니고 태만한 기색을 외모에 나타내지 않았다. 깊은 방안에 거처할 때도 어깨와 등이 꼿꼿했으며 새벽 일찍 일어나 조용히 앉아서 묵묵히 보고 정밀히 사색했으니 고요하기가 마치 사람이 없는 듯하였다. 그 학문은 오로지 경의敬義로서 주를 삼았고 좌우의 물건에 새기어 스스로 경계한 바도 이것이 아님이 없었기 때문에 선생은 신채가 고결하고 용모가 준엄하였다. 그 극기克己에는 한 칼로 양단하듯 하였고 그 처사處事에는 물이 만길 높이에서 떨어지듯 하여 절대로 어긋나거나 구차한 뜻이 없었으며 평소 집안사람들도 감히 시끄러운 말과 지나친 웃음을 짓지 아니하여 안팎이 엄숙하였다. 효우孝友에 가장 돈독했으니 부모를 모심에 선善으로 봉양 하였고 오로지 그 마음과 뜻을 즐겁게 하였다. 상喪을 치를 때는 읍혈하며 애모하였고 전후상前後喪에 모두 시묘 살면서 하인에게 경계하여 집안 일로 와서 고하지 못하게 하였다. 조문하는 이가 있으면 다만 엎드려 곡하면서 답배答拜할 뿐 일찍이 더불어 앉아 말하지 않았다. 아우 환桓과 우애가 더욱 돈독하여 항상 말하기를 "지체支體는 나눌 수 없다." 하고 한 담장 안에 살면서 출입문을 달리하지 않았다. 비록 산림에 물러나 있었지만 시대를 상심하고 나라를 걱정함은 지성至誠에서 나왔으니 매양 밤중에 홀로 앉아 슬피 노래하고 눈물을 흘렸으나 사람들이 이를 알지 못하였다.

벗을 사귐에 반드시 그 사람됨을 살폈으니 뜻에 맞지 않는 이는 비록 고관이나 요로의 사람이라도 장차 자기를 더럽힐 것같이 여겼다. 성청송成聽松 성대곡成大谷 성동주成東洲 이황강李黃江 김삼족당金三足堂 등 여러 군자와 더불어 서로 친하기를 지란芝蘭 같이 하였으며 퇴계 선생과 더불어 왕복 변론하였다. 일찍이 퇴계 선생에게 보낸 편지에 "평소 경앙함이 태산북두와 같다." 하였고, 퇴계도 선생을 논하여 말하기를 "군자의 출처 대의에 합당하다."고 하였다. 선생은 사람을 가르칠 때 각각 그 재능에 맞게 하였고 질문하는 바가 있으면 반드시 이를 분석하여 남김 없이 설명하였으니 듣는 이가 밝게 깨우쳤다. 일찍이 말하기를 "오늘날의 폐단은 고원高遠한 것을 즐겨 좇으면서 자기에게 절실한 병통을 살피지 않는 데 있다. 성현의 학문은 처음부터 일용에서 벗어나지 아니하니 만일 이것을 버리고 갑자기 성리性理의 깊은 뜻을 알고자 한다면 이것은 진성盡性과 지명知命이 효제孝悌에 근본하지 않는 것이다." 하였고, 또 말하기를 "성인의 미묘한 말과 깊은 뜻은 선유先儒들이 연이어 밝혔으니 배우는 이들은 알기 어려움을 근심하지 말고 위기爲己의 실속 없음을 염려하라."고 하였다. 글을 읽다가 긴요한 곳에 이르면 반드시 세 번 반복한 후 그만 두었으며 인하여 두 책을 이루어 학기學記라 하였고 그 문집 약간 권이 세상에 전한다. 주상이 제문과 곡식을 내리고 대사간에 추증했으며 뒤에 다시 영의정으로 추증하고 문정文貞이라 시호했다. 진주晋州 삼가三嘉 김해金海 고을의 선비들이 모두 사당을 지어 향사를 드린다.

선생의 휘는 식植이고 자는 건중楗仲이다. 조씨曺氏는 창녕昌寧에서 나왔으니 중시조 휘 서瑞는 고려 태조의 외손이며 이로부터 사대부가 끊이지 않았다. 소감 휘 대장大莊은 선생의 6대조이고 고조 은殷은 영동정이며 증조 안습安習은 생원이고 조부 영永은 벼슬하지 않았다. 선고 언형彦亨은 급제하여 내외의 벼슬을 두루 지냈고 모친 이씨李氏는 충순위 국菊의 여이다. 홍치弘治 신유년1501 6월 26일 삼가三嘉 토동兎洞에서 선생을 낳았다. 부인 조씨曺氏는 그 부친이 수琇이니 남평인南平人이다. 아들 차산次山을 낳았으나 일찍 죽었고 딸은 만호 김행金行에게 시집갔다. 측실側室에서 난 아들 차석次石 차마次磨는 모두 현감이고 차정次矴은 호군이다. 김행金行의 두 딸은 참판 김우옹金宇顒과 감사 곽재우郭再祐에게 시집갔다. 차석次石의 아들 진명晋明은 찰방이고 차마次磨의 아들은 경명敬明 익명益明 복명復明이며 딸은 참봉 정흥례鄭興禮에게 시집갔다. 차정次矴의 아들 준명浚明은 생원이고 다음은 극명克明이며 딸은 정위鄭頠에게 시집갔다. 진명晋明은 설㚜을 낳고 경명敬明은 업嶫 완晥 돈暾 오晤를 낳고 익명益明은 수晬 장帳을 낳고 복명復明은 징矘 단暺을 낳고 준명浚明은 진晨 변昪 서暑를 낳고 극명克明은 경景 안晏을 낳았으니 진晨 변昪 안晏은 모두 생원이다. 내외 증손 현손이 모두 약간인이다.

나는 후세에 태어나 문하에서 청소하며 모시지는 못했지만 그러나 일시 제현의 의논을 상상해 헤아려 보건대 그 벽립천인壁立千仞과 일월쟁광日月爭光의 기상은 지금까지 오히려 사람들로 하여금 늠름히 경외敬畏하게 하니 그 풍성風聲을 일으켜 무너진 습속을 진작시킨 것이 마땅하다. 임종에 이르러서도 오히려 경의敬義로서 열심히 학자들에게 이야기하였으니 이른 바 기력이 다할 때까지 조금도 해이함을 용납하지 않음이 아니겠는가! 맹자孟子가 말하기를 "성인은 백세의 스승이니 백이伯夷와 유하혜柳下惠가 그런 분이다." 하였는데 주자朱子가 이 말을 인용하여 동계東溪 고등高登22)을 칭송하였다. 행여 주자朱子로 하여금 다시 일어나게 한다면 선생의 각하脚下에 이 말을 쓰지 않겠는가! 그렇지 않겠는가! 반드시 능히 알 사람이 있을 것이다. 명銘하여 이르기를,

고상한 천품이라 흉중에 티끌 없어 깨끗하고 활달했다. 옛 것 믿고 의리 좋아 명절名節에 힘썼으니 횡류橫流 중의 지주砥柱였다. 산 속에 집을 짓고 당우唐虞를 읊으면서 배회하며 자락自樂했다. 오직 이 경敬과 의義는 성사聖師의 교훈이라 크게 벽에 걸었다. 깨어 있고 씻어 없애 상제上帝를 대한 듯 밤낮으로 힘썼다. 성상께서 기다리니 찬연히 나갔다가 홀연 이내 돌아왔다. 수양하는 용맹은 용을 잡고 범을 묶듯 늙을수록 돈독했다. 명성 더욱 높아지고 사림 더욱 흠모하니 북두성이 북에 있듯! 목가木稼 재앙 알리고 소미小微 광채 잃었으니 철인哲人 횡액 당하였다. 높은 산 무너지니 나라에 전형典刑 없어 선비 뉘를 본받으랴! 오직 그 풍성風聲은 완부頑夫 유부懦夫 바로 세워 우리 국맥國脈 길이 했다.

---

22) 고등高登(?~1148): 송宋나라 장포인漳浦人으로 자字는 언선彥先, 호號는 동계東溪이다. 휘종徽宗 때에 태학생太學生으로 금병金兵이 남하하자 채경蔡京 등 6적賊을 참할 것을 상소했고 고종高宗 소흥紹興 2년 진사시進士試에 급제하여 시정時政을 극언했으며 도당심찰都堂審察로 부임하여 시의時議 6편을 상소했다. 강직剛直함을 굽히지 않았고 권귀權貴에게 아첨하지 않았으며 결국 진회秦檜에게 미움을 받아 용주容州로 유배되었다.

두류산 하늘 솟고 그 냇물 땅을 갈라 깊고도 우뚝하다. 천억 년 흘러도 선생의 이름은 이와 함께 무궁하리.

대광보국숭록대부 의정부 좌의정 겸 영경연사 감춘추관사 세자부 치사 봉조하

은진恩津 송시열宋時烈 찬撰

숭록대부 행 이조판서 의금부사 지성균 겸 독변 내무부사 홍문관제학 예문관제학

원임규장각학사 시강원일강관 영가永嘉 김성근金聲根 전篆

가선대부 이조참판 김학수金鶴洙 근서謹書

神道碑銘 幷序

南冥先生旣沒　土益苟俗益渝　有識者思先生益甚　然人人尙知貴義賤利
恬退之可尙　貪冒之可羞　則先生之功實大矣　先生天分絶異　生九歲　嘗疾甚
先生告母夫人　曰我幸爲男子　天必有所與　今日豈憂天死乎　甫成童　目見己
卯士禍之慘　遂不赴擧　以親命嘗一就　爲文慕左柳　一日讀濂溪　志伊學顔之
語　慨然發憤　自山齋揖諸生歸　日讀六經四子　及宋時諸賢書　精究力索　夜以
繼日　手摹先聖及周程朱三子像　以寓景慕之意　宋圭菴先生　李相浚慶　贈以
大學心經等書　先生輒書　曰自得此書　悚然如負丘山　益從事於朴實之地　時
文定正位　大小尹相構　先生益無當世意　永抛博士業　入智異山　築室以居　扁
曰山天齋　一意進修　所造益以高明　嘗以晦齋先生薦授齋郎不就　後晦齋按
道求見　亦辭謝　明廟三年　特命超叙　兩拜主簿　退溪李先生在朝　以書勸起
終不肯　又除丹城縣監　上疏辭　二十一年陞判官　召旨再下　仍賜藥餌食物　先
生遂赴召　上引見問以治道　先生　對曰道在方冊　不須臣言　臣以爲必須君臣
之間　情義交孚　然後乃可有爲也　因極陳生民困悴之狀　上問爲學之方　對曰
必須心得　不可徒聽人言也　上又問孔明事　對曰孔明與昭烈同事十年　不能
興漢　臣所不得知　翌日謝歸　宣廟初　再有徵命　又辭因陳時弊十事　二年又承
召　上章言爲治之道　在人主明善誠身　必以敬爲主　又極陳胥吏情弊狀　除典
籤不拜　歲大饑　上賜粟以周　先生上書陳謝　且曰累陳愚言　無所施用　辭甚切

直 其疾亟 上俄聞 遣醫視之 則先生已沒 實隆慶壬申二月八日也 前歲後山
木稼 帝京星官 語本朝行人 曰汝國高人 近將不利 至是果驗 噫 哲人生沒
豈偶然哉 四月六日 葬于山天齋後 先生氣宇高嶷 嚴毅正大 莊敬之心 恒存
于中 怠慢之氣 不設于形 潛居幽室 肩背竦直 晨興靜坐 默觀精思 闃若無
人 其學專以敬義爲要 左右什物 所銘而自警者 無非此事 故先生神彩峻潔
容貌俊偉 其克己如一刀兩段 其處事如水臨萬仞 絶無依違苟且之意 平居
家人不敢闌語娛笑 內外斬斬 最篤於孝友 在庭闈間 油油翼翼 以善爲養 專
以悅其心志 其持制血泣哀慕 前後皆廬墓 戒僮僕毋以家事來諗 人有來吊
者 只伏哭答拜而已 未嘗與之坐語 與弟桓友愛彌篤 常曰支體不可分也 同
居一墻之內 出入無異門 雖退處山林 傷時憂國 出於至誠 每中夜 獨坐悲歌
泣下 人殊未之知也 取友必審其人 有不可於意者 雖達官要人 若將浼焉 最
與成聽松大谷東洲李黃江金三足堂諸君子 相好若芝蘭 與退溪先生 往復辨
論 嘗與退溪書 曰平生景仰 有同山斗 退溪論先生 曰合於君子出處之義也
先生教人 各因其材 有所質問 必爲之剖析傾倒 聽者洞然開釋 嘗曰今日之
弊 喜趨高遠 不察切己之病 聖賢之學 初不出日用之間 如或捨此而遽欲窺
性理之奧 是盡性知命 不本於孝悌也 又曰聖人微辭奧旨 先儒相繼闡明 學
者不患難知 患無爲己之實也 讀書至緊要處 必三復乃已 仍成二冊 曰學記
其文集若干卷 行于世 上賜祭賻粟 贈大司諫 後加贈領議政 諡文貞 晉州三
嘉金海諸邑章甫 皆設祠以享焉 先生諱植 字楗仲 曹氏出昌寧 中始祖瑞 實
麗祖外孫 自是士大夫不絶 小監諱大莊 是先生六代祖 高祖殷令同正 曾祖
安習生員 祖永不仕 考彦亨登第歷揚中外 妣李氏 忠順衛菊之女 以弘治辛
酉六月二十六日 先生生于三嘉之兎洞 夫人曹氏 其父琇 世爲南平人 生子
次山天死 女適萬戶金行 側出次石次磨皆縣監 次矴護軍 金行二女 適參判
金宇顒 監司郭再祐 次石男晉明察訪 次磨男敬明益明復明 女適參奉鄭興
禮 次矴男浚明生員 克明 女適鄭顧 晉明生晜 敬明生曅晥曒晤 益明生晡晭
復明生曤喘 浚明生晜昇曻 克明生景晏 晜昇晏皆生員 內外曾玄孫略千人 余
生後世 未及灑掃於門下 然一時諸賢之論 想像而揣模 其壁立千仞 日月爭
光之氣像 至今猶使人凜然畏敬 其扶樹風聲 以振委靡之習俗也 宜哉 至於
啓手足 而猶以敬義 諄諄語學者 所謂一息尚存 不容少懈者耶 孟子 曰聖人

百世師也 伯夷柳下惠是也 朱夫子取此語 以稱東溪高公 倘使夫子復起 則
先生脚下 其不用此語乎 抑否乎 必有能識之者矣 銘曰

　天賦之高 襟懷無累 灑灑落落 信古好義 名節自勵 橫流碣石 築室山間 嘯
吟唐虞 徜徉自樂 惟敬與義 聖師所訓 大揭墻壁 喚醒滌濯 對越上帝 日乾
夕惕 聖朝側席 賁然來斯 欻反初服 進修之勇 捕龍縛虎 老而彌篤 聲名愈
高 士林愈傾 如斗在北 木稼徵災 小微藏輝 哲人之厄 高山既頹 邦無典刑
士靡矜式 惟厥風聲 廉頑立懦 壽我國脈 頭流倚天 其川柝地 齋淪磅礴 有
來千億 先生之名 與之無極

　大匡輔國崇祿大夫 議政府 左議政 兼 領經筵事 監春秋館事 世子傅 致仕
　　　　　　　　　　　　　　　　　奉朝賀 恩津 宋時烈 撰
　崇祿大夫 行 吏曹判書 義禁府事 知成均 兼 督辦 內務府事 弘文館提學
　　　藝文館提學 原任奎章閣學士 侍講院日講官 永嘉 金聲根 篆
　　　　　　　　嘉善大夫 吏曹參判 金鶴洙 謹書

신도비명神道碑銘 병서幷序

유학儒學이 동방에 전해진 지는 오래되었다. 본조本朝의 열성列聖이 모두 도안道岸에 먼저 올라 이단異端을 배척하고 공도孔道를 존숭하더니 인재를 모아 태학太學의 학생을 양성하고 훌륭한 폐백으로 암혈의 선비들을 초빙하였다. 중종 인종 명종 3세에 이르러서는 더욱 사도斯道에 뜻을 더하여 이에 송도松都에서 서화담徐花潭을 얻고 호서湖西에서 성대곡成大谷을 얻고 호남湖南에서 이일재李一齋를 얻었으며 남명南冥 선생도 영남에서 나란히 섰으니 참으로 그 무리 중에서 뛰어난 분들이다.

선생은 영남 삼가인三嘉人이다. 두류산 아래에 은거하여 법도法度를 따르고 인의仁義를 복응하여 저민 고기를 맛보듯 도를 깊이 음미하였다. 학문은 안자顏子로써 기준을 삼고 뜻은 이윤伊尹으로써 표적을 삼아 누항陋巷의 더러움을 알지 못했고 단표簞瓢의 가난을 근심하지 않았으며 천사千駟의 벼슬을 돌아보지 않았고 만종萬鍾의 녹봉을 받지 않았으니 초연히 자득하여 결코 세의世意 따라 즐기는 바를 버리지 않았다. 조정에서 부르는 예가 삼성三聖을 지나도록 해이하지 아니하고 더욱 근면하였기에 선생은 부득이 일어나 대궐로 나아갔으며 주상이 전전前殿에서 마주했으니 곧 명종 때이다. 주상이 먼저 다스리고 학문하는 방법을 물으니 모두 사실과 이치로서 대답하였고 또 삼고초려三顧草廬의 일을 묻자 선생이 대답하여 말하기를 "한실漢室을 회복하기 위해서는 반드시 영웅의 도움을 받아야 했기 때문에 세 번이나 찾아 간 것입니다." 하였으니 주상이 칭찬하였으며 다음 날 환산還山하였다. 처음 선생이 단성丹城 현감을 사양할 때에 인하여 소를 올려 "국사國事가 그릇되고 천의天意가 떠났으며 인심人心이 이반되었다."고 극언하면서 위로는 자전慈殿과 주상에 이르기까지 조금도 꺼림이 없었다. 명종은 그 말이 지나치게 곧음에 노하여 죄를 주려고 하였으나 대신들의 역간力諫에 힘입어 그만

두었다. 그 후 선조 원년 선생이 봉사封事를 올려 인주가 다스림을 펴는 근본을 논하고 또 서리가 나라를 전횡하는 폐단을 논하면서 수십백언數十百言이 요점을 취함에 통쾌하고 곡절을 따짐에 소상하였다. 이에 식자들이 이르기를 "200년 동안 국가의 곪은 종기를 혁파하였으니 비록 창공倉公과 편작扁鵲인들 어찌 여기에 더하겠는가!" 하였다. 소가 들어가자 주상이 특별히 비답을 내렸으며 소지김늘와 속육粟肉을 전후하여 서로 내린 것이 수 년이었으나 선생은 한 번 거취를 결정한 뒤로 다시 뜻을 바꾸지 않았다. 임신년(1572) 봄에 선생이 편찮으시어 본도本道에서 조정에 알리자 주상이 내관內官을 보내 문병하였는데 도착하니 선생이 이미 서거하였다. 부음이 알려지자 특별히 명하여 사간원 대사간에 추증했으니 대개 일찍이 선생에게 명하고자 했던 것으로 그 뜻을 편 것이다. 또 유사에게 명하여 부의賻儀를 내리고 다시 예조에 명하여 제랑祭郎을 보내 글을 지어 제사했다.

아! 선생의 도는 주역 고괘蠱卦 상구上九에 있으니 오직 도덕을 지니고서도 때를 만나지 못해 고결히 스스로를 지킨 것이 그것이다. 그러나 그 뜻은 임금과 백성을 근심하였기 때문에 입에서 나온 모든 말은 처사處士의 과대한 이야기일 뿐만 아니다. 옛날 양가죽 옷을 입은 엄광嚴光은 광무제光武帝와 함께 잠잔 일 외에는 반 마디도 한실漢室에 도움을 주었다는 이야기를 듣지 못했고 태원泰原의 주당周黨은 엎드려 숨어 배알하지 않았을 뿐이니 이들은 비록 고사高士로서 한 때에 이름이 났지만 운대박사雲臺博士 범승范升의 비난이 그 사후에 뒤따랐다. 선생은 그렇지 아니하여 올린 봉사封事는 임금을 바로잡는 일과 백성을 건져내고 세상을 구제할 계책이 아님이 없었으니 천추의 선비 중에 반드시 반도 못 읽어서 책을 덮고 울먹일 이가 있을 것이다. 애석하다, 성왕聖王이 서로 계승하였으나 선생의 말을 모두 수용하지 못하여 허물을 돌릴 곳이 없으니 이는 어찌 유독 선생만의 불행이겠는가!

나는 후대에 태어났기에 선생의 시대와 떨어짐이 거의 100여 년이다.

오직 예전에 남토南土의 객이 되어 선생 고향을 방문한 적이 있었는데 높은 절벽이 하늘을 찌르고 맑은 시내가 골짜기를 내달리며 한 티끌의 번잡함도 용납하지 않는 경치에서 선연히 선생의 모습을 상상할 수 있었기에 곁에서 배회하며 초연히 흠모한 지 오래였다. 이제 선생의 후손 찰방 진명晉明 진사 준명浚明 등이 영남의 인사와 더불어 도모하여 말하기를 "조정에서 처음에 선생에게 간의諫議를 내리시고 뒤에 의정議政을 추증했으며 또 시호가 있으니 법도상 마땅히 묘도에 신도비神道碑를 세워야 하는데도 지금토록 비석이 없어 불초들이 감히 집사를 번거롭게 합니다." 하였다. 내 예로서 사양하여 말하기를 "아니 어찌 가하겠는가! 못난 나는 단지 곡사曲士일 뿐이니 어찌 감히 노선생의 성덕盛德을 형용하겠는가! 부처 머리에 오물을 씌운다는 비난이 염려스럽다. 그러나 남명 선생의 추상열일秋霜烈日 같은 기상은 지금토록 아녀자와 농사꾼의 입에서도 사라지지 아니하니 내 비록 불민하나 어찌 유독 이에 뒤지겠는가!" 하고 드디어 먼저 선왕先王들의 어진 이를 등용하고 소원한 이를 가까이 하는 특별한 예우를 서술하고 인하여 선생의 출처어묵出處語默의 대절을 언급하였다. 대저 선생의 학문한 차례와 구도求道의 분발과 문장의 기고奇古함은 선생의 도의우道義友인 대곡大谷 성선생成先生이 묘갈墓碣에 갖추어 새겨 한 치도 남김이 없으니 다른 사람이 사족蛇足을 다는 것은 망령된 일이다.

선생의 휘는 식植이고 자는 건중楗仲이며 호가 남명南冥이다. 조씨曺氏는 예부터 벼슬한 집안이니 고려부터 조선에 들기까지 명경대부名卿大夫가 끊이지 않았다. 휘 언형彦亨은 이조정랑으로 뽑혔다가 승문원판교에 이르러 별세했으니 선생의 황고皇考이고 이국李菊의 여에게 장가들어 선생을 낳았다. 선생은 남평南平 조씨曺氏에게 장가들어 아들 차산次山을 낳았으나 일찍 죽었다. 편방便房을 두어 약간 인을 낳았고 진명晉明 준명浚明은 손자이다. 선생의 묘는 두류산 사륜동絲綸洞 산천재山天齋 뒤에 있다. 선생이 돌아가신 지 5년 만에 학자들이 덕천德川 용암龍巖 신산新山

세 곳에 서원을 세워 향사享祀를 드린다. 아! 선생은 인품이 매우 높고 기국이 엄정하여 식자識者나 불식자不識者나 선생을 보면 공경하지 않음이 없었다. 선생은 다른 사람에게 허여許與함이 적었지만 유독 퇴계退溪 선생에게는 한 번도 만난 적이 없다 하여 꺼려하지 않았고 왕래한 서찰이 매우 빈번했으며 반드시 선생이라 칭했으니 후세의 논자들이 혹 두 선생이 서로 친하지 않았다고 여기는 것은 이상한 일이다. 명銘하여 이르기를,

방장산方丈山 우뚝 솟아 만 길이니 선생의 기상은 백세토록 추앙하고, 덕천강德川江 깊고 맑아 소슬하니 선생의 도덕은 갈수록 활발하다. 오직 군자가 삼가할 바는 진퇴출처 뿐이기에, 정도正道로써 않을진대 어찌 취해 사사로이 하겠는가! 높은 도리 행하기 어려우니 차라리 간직하여 구원九畹에서 난초 키웠다. 선성왕先聖王이 불러서 칭송할 뿐만 아니었으니, 대개 장차 천하의 선비를 본받게 함이었다. 산해동山海洞 풍경은 변함이 없고, 거북 등에 서린 용은 선생의 신도비神道碑. 내 명銘하여 새기노니 무성한 녹죽綠竹에서 그 모습 상상하리.

후학 조경趙絅 삼가 지음

神道碑銘 幷序

吾道之東久矣 本朝列聖 率先登道岸 斥異端尊孔軌 以菁莪棫樸養庠膠 以玄纁禮幣聘巖穴 至中仁明三世 尤加意斯術 於是 松都得徐花潭 湖西得 成大谷 湖南得李一齋 南冥先生 幷峙于嶺南 實拔乎其莘 先生嶺之三嘉人 也 隱於頭流山下 踐蹈矩矱 佩服仁義 必嚌裁■■ 學以顏子爲準繩 志以伊 尹爲標的 陋巷之不知 簞瓢之不憂 千駟之不顧 萬鍾之不受 囂囂自得 絶未 有舍所樂爲世意 徵招之禮 歷三聖 不解益勤 先生不得已而起 赴闕下 上賜

對前殿 卽明廟時也 上首問爲治爲學之方 俱質言理對 又問三顧草廬 先生
對曰圖復漢室 必資英雄 故至於三顧 上稱善 翌日還山 初先生辭丹城縣監
也 仍上疏極言 國事非 天意去 人心離 上及慈殿乘輿 亡少忌諱 明廟怒其
語太直 欲罪之 賴大臣力諫救而止 其后 宣廟元年 先生上封事 論人主出治
之本 又論胥吏專國之弊 數十百言 掣領痛快 曲折擬擬 識者以爲覷破二百
年國家養癰 雖倉扁何以加 疏入 上優批以答 召旨粟肉 前後相嗣者累年 先
生一決去就 不復幡然 壬申春 先生寢疾 本道以聞 上遣中使問疾 至則先生
已逝矣 訃聞 特命贈司諫院大司諫 蓋嘗欲以命先生者 申其志 又命有司賜
賻 又命儀曹 賜祭郞 將文以祭 嗚呼 先生之道 在易蠱之上九 惟持道德 不
遇於時 而高潔自守者是已 然其志以君民爲憂 故率所發於口 不徒爲處士
之大言也 昔羊裘男子 與帝共臥外 無聞半辭裨補於漢室 泰原周黨 伏而不
謁而已 是雖宿高士 名於一時 雲臺博士范升之譏 隨其后 先生則不然 所上
封事 無非匡君之事 拯民救世之策 千秋之士 必有讀未半廢書而泣者矣 惜
也 聖聖相繼 而不能盡用其言 歸咎無處 寧獨先生之不幸 綗生也後 去先生
之世 幾乎百有餘載 唯其昔客南土 過先生桑梓鄕 峭壁謁霄 玉流噴壑 不受
一塵之惹者 怳若挹先生之謦欬其側也 徘徊悵然慕之者久之 今先生之後孫
察訪晉明進士浚明等 與嶺之人士謀 曰朝家始賜先生以諫議 后加贈議政
且有諡 於法 宜樹豊碑於墓道 至今無顯刻 不肖敢以煩執事 綗禮辭 曰惡
惡可 不佞直拘曲士耳 安敢形容老先生盛德 戴穢佛頭之譏 是懷 然南冥先
生之爲秋霜烈日 至今不泯於婦孺田畯之口 綗雖不敏 獨後是歟 遂先敍先
王就賢體遠之異數 仍及先生出處語默大節 若夫先生爲學次第 入道憤孟
文章奇古 先生道義友大谷成先生 備勒麗牲之石 不遺錙銖 他人畫蛇足則
妄也 先生諱植 字楗仲 號南冥 曺故爲官族 自麗入我朝 名卿大夫不絶 有
諱彦亨 選爲吏曹正郞 至承文院判校以卒 先生皇考也 娉李菊之女 生先生
先生 娉南平曹氏 生子名次山 苗而不秀 置便房 生若而人 晉明浚明孫也
先生墓在頭流之綸洞山天齋後 先生歿五年 學者創德川龍巖新山三處書院
俎豆之 嗚呼 先生人品甚高 器局峻整 識與不識 見先生莫不加敬 先生 於
人少許可 獨於退溪先生 不以無一日雅爲嫌 往復書牘甚數 必稱先生 后之
論者 或以爲二先生不相 能異哉 銘曰

方丈之山 巖巖而萬丈 先生之氣像兮 百世所仰 德川之水 泓澄而蕭瑟 先生之道德兮 愈往而潑潑 惟君子所愼 進退出處兮 不以道 曷取夫隱 遯道之難行兮 寧卷而懷兮 滋蘭九畹 先聖王不徒徵辟而襃美之兮 蓋將風之乎天下之士 山海之洞 雲物不改兮 負鼇蟠螭者 先生神道碑耶 我命刻之 起遐想於綠竹猗猗

後學 趙絅 謹撰

연보年譜

1501년(1세) 연산군 7년, 음력 6월 26일 진시辰時(오전 7시~9시). 경상도 삼가현三嘉縣 토동兎洞(현 경상남도 합천군 삼가면 외토리)의 외가에서 태어났다. 자字는 건중楗仲, 호號는 남명南冥 또는 산해山海·방장노자方丈老子·방장산인方丈山人, 본관은 창녕昌寧. 아버지는 승문원承文院 판교判校를 지낸 조언형曹彦亨, 어머니는 인천 이씨仁川李氏이며 충순위忠順衛 이국李菊의 따님이다.

1507년(7세) 중종 2년. 아버지로부터 글을 배우다. 『시경』, 『서경』 등을 입으로 가르쳐주니 바로 외워 잊지 않았다.

1509년(9세) 중종 4년. 병이 들어 위독했으나 이를 걱정하는 어머니를 보고 "하늘이 사람을 태어나게 한 것이 어찌 우연이겠습니까? 지금 제가 다행히 장부로 태어났으니 하늘이 저에게 부여한 사명이 반드시 있을 것입니다. 어지 지금 갑자기 요절할까 걱정할 것이 있겠습니까?"라 하여 주위를 놀라게 했다.

1515년(15세) 중종 10년. 아버지가 단천 군수에 임명되어 임지로 따라가서 살았다. 이곳에 생활하는 동안 유교경전 뿐만 아니라, 주석서 및 제자백가·천문·지리·의학·수학·병법등을 두루 공부하였다. 관아에 있는 동안 직접 행정체계의 불합리성과 아전들의 농간, 백성들의 곤궁함을 직접 목격하였다.

1518년(18세) 중종 13년. 아버지를 따라 서울 장의동藏義洞으로 돌아왔다. 이때부터 깨끗한 그릇에 물을 가득 담아 꿇어앉아 두 손으로 받쳐 들고서 기울어지거나 흔들리지 않은 채로 밤을 새우며 자신의 뜻을 가다듬는 것과 띠에 쇠방울을 차고 다니며 그 소리를 듣고 정신을 깨우쳐 자신을 성찰하는 자기수양 방법을 스스로 마련해 실천하였다. 이웃에 살던 대곡大谷 성운成運과 교유했고,

청송聽松 성수침成守琛과도 교분을 쌓았다.

1519년(19세) 중종 14년. 기묘사화己卯士禍가 일어났다. 산 속 절간에서 공부를 하다가 정암靜庵 조광조趙光祖의 부고를 들었다. 이때 숙부 조언경曺彥卿도 조광조 일파로 몰려 파직되었다.

1520년(20세) 중종 15년. 진사·생원 초시와 문과 초시에 급제하였다. 생원·진사·회시會試에는 응하지 않았다.

1521년(21세) 중종 16년. 부모님의 권유에 따라서 문과 회시에 응시하였으나 합격하지 못하였다.

1522년(22세) 중종 17년. 남평 조씨南平曺氏 충순위忠順衛 조수曺琇의 딸에게 장가들었다.

1525년(25세) 중종 20년. 절간에서 공부하다가 『성리대전性理大全』에서 원나라 학자 노재盧齋 허형許衡의 글을 읽고 과거를 위해 하는 공부가 크게 잘못되었음을 깨달았다. 그 길로 집으로 돌아와 육경과 사서 및 송유宋儒들이 남긴 글들을 공부하였다.[23] 공자孔子·주염계周濂溪·정명도程明道·주자朱子의 초상화를 그려 네 폭 병풍을 만들었다. 이 병풍을 자리 곁에 펴두고서 아침마다 우러러 절을 올려 마치 직접 가르침을 받듯이 극진한 정성을 기울였다.

1526년(26세) 중종 21년. 부친상을 당하였다. 서울에서 영구靈柩를 모시고 고향으로 가서 장례를 치르고 시묘살이를 하였다.

1528년(28세) 중종 23년. 부친의 삼년상을 마쳤다. 이해 가을, 직접 아버지의 묘갈명墓碣銘을 지었고 성우成遇와 함께 지리산을 유람하였다.

1529년(29세) 중종 24년. 의령宜寧 자굴산闍崛山에 있는 절에 머물며 글

---

23) 이상필 교수는 남명 선생이 '위기지학'에 전념하게 된 시기를 31세 무렵으로 보면서 이와는 다른 견해를 가지고 있다. 그 근거로는 『서리원길소증심경후書李原吉所贈心經後』 및 『서규암소증대학책의하書圭菴所贈大學冊依下』 등의 글에서 남명 선생이 직접 표현한 내용을 들고 있는데, 충분히 재고할 가치가 있다고 보인다.

을 읽었다.

1530년(30세) 중종 25년. 어머니를 모시고 김해金海 신어산神魚山 아래로 옮겨 살았다. 별도로 정사精舍를 지어 산해정山海亭이라 이름 붙였다. 대곡 성운·청향당淸香堂 이원李源·송계松溪 신계성申季誠·황강黃江 이희안李希顏 등이 내방하여 학문을 강론하였다.[24]

1531년(31세) 중종 26년. 동고東皐 이준경李浚慶이 보내온 『심경心經』 뒤에 '이원길이 선물한 『심경』 끝에 씀[書李原吉所贈心經後]'이라고 글을 써 넣었다.

1532년(32세) 중종 27년. 규암奎菴 송인수宋麟壽가 보내온 『대학大學』 뒤에 '규암이 선물한 『대학』 책갑 안에 씀[書圭菴所贈大學冊依下]'라고 글을 써 넣었다. 성우가 보내온 『동국사략東國史略』에 발문跋文을 붙였다.

1533년(33세) 중종 28년. 향시에 응시하여 1등으로 합격하였다.

1534년(34세) 중종 29년. 봄, 회시에 응시하였으나 불합격하였다.

1536년(36세) 중종 31년. 첫째 아들 차산次山이 태어났다. 가을, 향시에 응시하여 3등을 하였다. 이해 서암棲巖 정지린鄭之麟이 와서 배웠다. 남명이 제자를 가르친 것은 이때부터이다.

1538년(38세) 중종 33년. 회재晦齋 이언적李彦迪과 이림李霖의 천거로 헌릉獻陵 참봉參奉에 임명되었으나 사양하고 나가지 않았다.

1543년(43세) 중종 38년. 경상감사慶尙監司로 와 있던 이언적이 편지를 보내 만나자고 했지만 사절했다.

1544년(44세) 중종 39년. 아들 차산이 병으로 사망하였다.

1545년(45세) 인종 1년. 10월, 친구 이림·곽순郭珣·성우 등이 간신들에게 죽임을 당했다는 소식을 들었다.

---

24) 여기에 대해서도 이상필 교수는 견해를 약간 달리하고 있다. 실제로 남명 선생이 서울생활을 완전히 청산하게 되는 시기는 32세로 보아야 하는데, 김해에 정착하지도 않은 시기에 산해정을 지었다는 것은 사리에 맞지 않는다고 보고 있다.

11월, 어머니상을 당하였다.

12월, 어머니 영구를 모시고 삼가로 돌아가 아버지 산소 동쪽 언덕에 장사지내고 시묘살이를 하였다.

1547년(47세) 모부인의 묘갈을 세웠다.

1548년(48세) 명종 3년. 2월, 상복을 벗다. 전생서典牲署 주부主簿에 임명되었으나 나가지 않았다. 김해에서 삼가현 토동으로 돌아와 계부당鷄伏堂과 뇌룡사雷龍舍를 지어 강학하고 제자들이 거처할 장소로 삼았다.

1549년(49세) 명종 4년. 제자들과 감악산紺岳山을 유람하고 포연浦淵을 구경하였다.

1551년(51세) 명종 6년. 종부시宗簿寺 주부에 임명되었으나 나가지 않았다. 이해 덕계德溪 오건吳健이 와서 배웠다.

1552년(52세) 명종 7년. 아들 차석次石이 태어났다.

1553년(53세) 명종 8년. 벼슬에 나올 것을 권유하는 퇴계退溪의 편지에 답장을 보내 벼슬하러 나가지 못하는 뜻을 밝혔다.

1555년(55세) 명종 10년. 단성현감丹城縣監에 임명되었으나 나가지 않고 상소하여 국정 전반에 대해서 비판하였다.

1557년(57세) 명종 12년. 아들 차마次磨가 태어났다. 보은報恩 속리산俗離山으로 대곡 성운을 방문하였다. 이때 보은 현감으로 있던 동주東洲 성제원成悌元을 만나 명년 8월 한가위 때 합천陜川 해인사海印寺에서 만나기로 약속하였다.

1558년(58세) 명종 13년. 진주목사晉州牧使 김홍金泓, 자형 이공량李公亮, 황강 이희안, 구암龜巖 이정李楨 등과 함께 지리산을 유람하였다. 이해 8월 15일에 해인사에서 성제원을 만났다.

1559년(59세) 중종 14년. 조지서造紙署 사지司紙에 임명되었으나 병을 핑계로 나가지 않았다.

5월, 초계草溪로 가서 황강 이희안의 죽음을 조문하고 장례를 감독하였다.

8월, 성주星州로 칠봉七峯 김희삼金希參을 찾아가 며칠 머물며 의리지학義理之學을 강론하였다.

1560년(60세) 명종 15년. 아들 차정次矴이 태어났다.

1561년(61세) 명종 16년. 지리산 아래 덕산德山 사륜동絲綸洞으로 옮겼다. 산천재山天齋를 세워 자신과 제자들의 거처와 강학의 장소로 사용하였다.

1562년(62세) 명종 17년. 밀양密陽으로 가서 친구 송계 신계성의 죽음을 조문하고 묘갈명을 지었다.

1563년(63세) 명종 18년. 남계서원灆溪書院에 가서 일두一蠹 정여창鄭汝昌의 사당에 참배하고 여러 학생들이 강講하는 것을 들었다. 이때 부친상을 당하여 시묘살이 하고 있는 친구인 갈천葛川 임훈林薰을 찾아가 위로하였다. 동강東岡 김우옹金宇顒이 와서 배웠다.

1565년(65세) 명종 20년. 수우당守宇堂 최영경崔永慶이 서울에서 폐백을 들고 찾아와 가르쳐주기를 청하였다. 성암省庵 김효원金孝元이 찾아와 배우기를 청하였다.

1566년(66세) 명종 21년. 봄, 한강寒岡 정구鄭逑가 찾아와 집지執贄하였다. 7월, 임금의 전지傳旨가 있었으니 나가지 않자, 8월에 상서원尙瑞院 판관判官으로 다시 부름을 받았다.

10월 3일, 대궐에 나가 숙배肅拜하고 사정전思政殿에서 명종을 만나 이야기를 나누었으나 무슨 일을 함께 해볼 만한 임금이 못 된다고 판단하여 11월에 지리산으로 돌아왔다.

1567년(67세) 선조 즉위년. 11월, 새로 즉위한 임금이 교서敎書를 내려 특별히 불렀으나 상소만 하고 나가지 않았다.

12월, 또다시 불렀지만 사장辭狀만 올리고 나가지 않았다. 이해 망우당忘憂堂 곽재우郭再祐가 와서 『논어』를 배웠다.

1566년(68세) 선조 1년. 5월, 임금으로부터 전지가 있었으나 상소하여 사양하여다.

7월, 부인 조씨曹氏가 세상을 떠났다.

1569년(69세) 선조 2년. 종친부宗親府 전첨典籤에 임명되었으나 병으로 사양하고 나가지 않았다.

1570년(70세) 선조 3년. 임금이 다시 벼슬에 나오라고 불렀지만 사양하였다. 벼슬을 계속 사양하여 끝내 나가지 않았는데, 이는 남명에게 내린 벼슬이 경륜經綸을 펼칠 수 있는 자리가 아니었기 때문이다.

1571년(71세) 선조 4년. 4월, 임금이 경상감사慶尙監司를 통해 남명에게 음식을 내려보냈다. 남명은 상소하여 사례하였다. 12월 21일, 갑자기 등창으로 병을 얻었다.

1572년(72세) 선조 5년. 1월, 옥계玉溪 노진盧禛·내암 정인홍·동강 김우옹·한강 정구·각재覺齋 하항河沆 등이 찾아와 문병하였다. 이때 자신이 죽은 후 칭호를 처사處士로 하라고 제자들에게 일렀다.

1월에 경상도 감사가 남명에게 병이 있다고 임금에게 아뢰어 특별히 서울에서 파견된 전의典醫가 도착하기도 전에 세상을 떠났다. 숨을 거두는 순간까지도 경의敬義의 중요함을 제자들에게 이야기하였고, 경의에 관계된 옛 사람들의 중요한 말을 외웠다. 부고가 조정에 알려지자 선조 임금은 통정대부通政大夫 사간원司諫院 대사간大司諫을 증직贈職하였으며, 부의賻儀를 내리고 예관禮官을 보내 남명의 영전에 치제致祭하였다.

2월 8일, 산천재에서 숨을 거두다.

4월, 산천재 뒷산 정남향에서 동쪽으로 15도 틀어진 임좌壬坐의 언덕에 장사지냈다. 이때 문인이나 친구들이 보내온 만사挽詞와 제문祭文이 수백 편에 달했다.

남명은 권간權奸들의 횡포로 사림이 여러 차례 죽임을 당하여 도학道學이 거의 사라지려는 시대에 태어나 분발 정진하여 유학을 진흥시키고, 후학들을 가르쳐 인도한 공이 크다. 노년에 이르기까지 이러한 정신이 조금도 쇠퇴하지 않았으며, 초야에 묻혀 지내면서도 한시도 국가와 민족을 잊지 않고 학문으로 현실을 구제하려는 생각을 갖고 있었다.

1576년 선조 9년. 유림과 제자들이 덕산德山에 덕산서원德山書院을 건립하여 석채례釋菜禮를 행하였다. 유림들이 삼가三嘉에 회산서원晦山書院을 건립하였다.

1588년 선조 11년. 유림들이 김해에 신산서원新山書院을 건립하였다.

1609년 광해군 1년. 국가에서 덕천서원德川書院(덕산서원의 바뀐 이름)·용암서원龍巖書院(회산서원의 바뀐 이름)·신산서원에 사액賜額이였다.

1615년 광해군 7년. 성균관 유생들이 남명의 증직과 증시贈諡를 상소하여, 대광보국숭록대부大匡輔國崇祿大夫 의정부議政府 영의정領議政 겸 영경연홍문관예문관춘추관관상감사領經筵弘文館藝文館春秋館觀象監事 세자사世子師 직직과 문정文貞이라는 시호를 받았다.

남명에게 문정이라는 시호를 내린 것은 '도덕이 있고 견문이 넓기' 때문에 '문文'이라 하고, '도를 곧게 지켜 흔들림이 없었기' 때문에 '정貞'이라고 한 것이다.

1617년 광해군 9년. 생원生員 하인상河仁尙 등 유림이 연명으로 상소하여 남명을 문묘文廟에 종사從祀할 것을 건의했지만, 받아들여지지 않았다. 이후에도 경상도 유림이 7회, 충청도 유림이 8회, 전라도 유림이 4회, 성균관과 사학四學 유생들이 12회, 개성부 유림이 1회, 홍문관弘文館에서 1회, 양사兩司에서 1회 상소했으나 남명의 문묘종사文廟從祀) 끝내 허락받지 못했다.

2부 수우당 선생편

〈개요〉

수우당 최영경 선생은 처음 뇌룡정으로 남명 선생을 찾아 속수를 드리고 제자의 예를 갖추었다. 이후 가끔 스승을 찾은 것으로 되어 있으나 구체적인 기록으로는 1569년에 산천재에서 부사 성여신이 남명 선생을 처음으로 찾아뵈었을 때, 서울에서 내려온 수우당이 함께 자리를 한 사실이 『부사집』에 보인다. 남명 선생이 돌아가시자 제문을 올려 치제하고 심상心喪 3년을 지냈다. 덕천서원의 창건에 정성을 다하였으며 서원의 원규를 정하는 일도 모두 주선하였다. 서원 앞의 세심정 가에 소나무를 심었는데, 사람들이 수우송守愚松이라고 불렀다.

기축옥사에 억울하게 연루되어 심한 국문으로 1590년 옥중에서 졸하였다. 이 와중에 동생 여경餘慶도 죽고 또한 일찍이 하나 뿐인 아들도 잃어 후사가 끊어졌는데, 다음해에 신원되어 이원익 등의 주청으로 재종 동생의 아들 홍서弘緖로 뒤를 잇게 하였다. 또 대사헌 홍여순의 논계로 사헌부 대사헌에 추증되고, 동강 김우옹이 대사헌이 되었을 때 예관을 보내 제사를 지낼 것을 청하여 윤허 받았다. 이때에 내린 제문이 선조사제문이다. 광해군 연간인 1612년에 진사 하증 등 300여 명이 상소하여 덕천서원에 배향할 것을 주청하여 윤허 받았다. 이런 사정으로 인하여 수우당 선생이 남긴 유물은 거의 없다고 할 수 있다.

다만 수우당 선생의 친필로 알려지고 있는 유묵이 하나 전하고 있으나 글자가 흐려서 판독이 불가능하다. 『수우당선생실기』는 1700년에 처음 2권 1책으로 간행되었다가 다시 1910년 무렵 후손 상윤과 윤진에 의해 다시 본집 1권 부록 3권 2책으로 간행되었다. 선조가 내린 「사제문」은 비석으로 만들어 수우당 선생이 살았던 옛 터에 세운 도강서당의 마당에 세웠다. 근래에 그 비석의 마모가 심하여 새 비석을 옆에 세우고 비각을 건립하였다.

수우당 선생의 생애자료에 관한 글에서는 선생이 직접 지은 남명 선생의 제문을 먼저 실었고, 나머지는 이현일이 지은 행장과 정인홍이 지은 묘갈명 및 김도화가 지은 묘지명 그리고 이헌주가 지은 신도비명을 차례로 수록하였다. 수우당 선생의 묘소는 경기도 고양시 벽제동 산에 있는데 정인홍이 지은 묘갈명이 비석으로 서 있다. 정인홍이 지은 글이 비석으로 남아있는 유일한 경우이다. 신도비명은 근래의 인물인 이헌주가 지은 것으로 역시 도강서당 앞에 세웠다.

제1장 수우당 선생의 유향

수우당 선생 실기守愚堂先生實記

유묵遺墨

선조사제문宣祖賜祭文

수우당 선생 실기守愚堂先生實記

▲『수우당실기』

『수우당 선생 실기』는 1700년에 양천익梁天翼에 의해서 처음 2권 1책으로 간행되었다. 200여년이 지나서 선생의 후손 상윤相允과 윤진輪振에 의해 다시 본집 1권 부록 3권 2책으로 간행하였다. 「서문」은 곽종석郭鍾錫이 쓰고 이어서 「수우당 선생 세계도」를 싣고, 권1에는 수우당 선생이 직접 지은 시詩 6수와 소疏 1편 공사供辭 2편 서書 7편 제문祭文 2편이 있다. 나머지 부록은 모두 후대의 글이다.

유묵遺墨

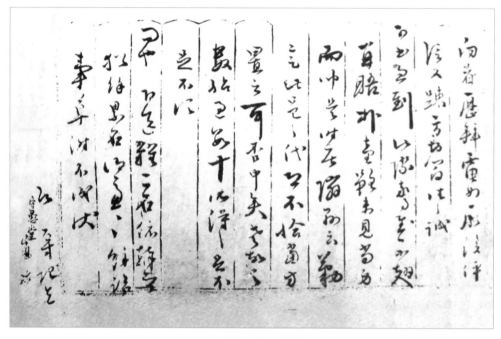

▲ 수우당 선생 유묵

수우당 선생의 유묵으로 알려져 있는 글이다. 오래되어서 결락되고 판독하기 어려운 부분이 많아 정확한 내용을 알 수 없다. 남명기념관에 전시된 것이다.

선조사제문宣祖賜祭文

▲ 선조사제문 비각碑閣 및 비석碑石

기축옥사에 억울하게 연루되어 국문을 받던 중 1590년에 세상을 뜬 수우당 선생이 다음해에 신원되고 동강 김우옹이 대사헌으로 있으면서 제사를 지내줄 것을 청하여 선조가 제관을 보내 치제하면서 내린 제문을 비석으로 만들어 세운 것이다. 처음 만든 비석이 마모되어 근세에 다시 새 비석을 만들어 세우고 비각을 건립하였다. 도강서당 동편에 있다.

만력萬曆 22년(1594) 세차歲次 갑오 12월 일에 국왕國王이 신 예조정랑 정홍좌鄭弘佐를 보내 증贈 사헌부司憲府 대사헌大司憲 최영경崔永慶의 영령靈에 유제諭祭하노니,

오직 영령은 아! 슬프다. 이제는 어쩔 수가 없다. 그 죄가 무엇인가 참화가 그대에게 전가되었다. 경卿은 아름다운 선비로 물외物外에 우뚝 서서, 높은 풍범風範 준절하여 족히 속습俗習 바로잡았다. 은둔한 지 10년 동안 생추生蒭 한 묶음 자족했고,[1] 황곡黃鵠처럼 높이 날아 주살 놓기 어려웠다.

어찌하여 불행히도 재앙에 걸렸는가, 기회 보아 악감惡憾을 풀려고 단호短弧[2]가 독기를 쏘았다, 헛된 말을 날조하여 기꺼이 옥사를 일으키더니, 죽이지 않고는 만족하지 않아 마침내 옥중에서 죽게 했다. 원기가 두성斗星까지 뻗쳤으니 통한痛恨 어찌 다함이 있겠는가!

무릇 사소한 억울함도 내 오히려 부끄러워하였거늘, 우리 어진 선비를 섬멸했으니 어찌 차마 이를 참겠는가! 참화가 내란內亂[3]에서 배태했으니 이는 누구의 소치인가! 국인鞫人의 간특함이 또한 심히 가혹했으니, 한번 노怒하여 급히 제지하려 했건만 내 능히 이루지 못하였다.

시비是非 이내 규명되어 밝기가 일월日月 같지만, 가만히 생각하니 아픈 마음 뼈에 사무친다. 죽은 이는 다시 살아날 수 없으니 단지 탄식만 더할 뿐이다. 간흉奸兇을 베어 죽임에 이미 부월斧鉞을 보였고, 구천九泉의 경卿을 위로하여 또한 이미 증직贈職했다. 간특한 무리에게 추가로 죄를 주어 억울함을 풀었으나, 내 마음 비통함은 이에 이르러 더욱 깊다. 이에 제사 내리어 슬픈 정성 표하노니, 정령精靈 행여 있으면 바라

---

1) 『시경詩經』「소아小雅」〈백구白駒〉편에 "순결한 흰 망아지[皎皎白駒] 저 공곡에 있으니[在彼空谷] 싱싱한 꼴 한 묶음에[生蒭一束] 그 사람 옥과 같네[其人如玉]."라는 말이 있는데 이 시는 숨어사는 현자賢者를 칭송하는 말이다.

2) 단호短弧: 물여우. 물속에 살면서 모래를 머금고 있다가 사람의 그림자를 향해 쏘면 그 사람이 병이 난다는 전설상의 동물로 남을 음해하는 자를 비유한다.

3) 원문의 인갑因甲은 『서경書經』「다방多方」편의 "因甲于內亂"이란 말에서 나왔다.

건대 흠향歆饗하라.

　(삼가 살펴보건대 사제문賜祭文은 3편이 있었는데 신묘년(1591) 초 추
증追贈 때의 제문과 또 특별히 내린 제문 2편은 난리 중에 유실되어
기록할 수 없다. 단지 갑오년(1594)에 정철鄭澈을 추삭追削할 때의 제문
1편이 남아있을 뿐이니 어찌 사문斯文의 일대 손실이 아니겠는가! 뒷날
이를 찾아서 보충하기를 기다린다.)

賜祭文

　維 萬曆 二十二年 歲次 甲午 十二月 日 國王 遣臣禮曹正郞 鄭弘佐 諭祭
于贈司憲府大司憲崔永慶之靈 惟靈 嗚呼哀哉 已矣已矣 厥罪伊何 禍嫁于
己 卿以佳士 物外特立 高風峻節 足以礪俗 肥遯十年 生芻一束 黃鵠高飛
繒繳難施 如何不幸 未免則罹 乘時釋憾 短弧肆毒 鑿空造虛 甘心速獄 不
殺不厭 竟致瘐死 寃氣干斗 恨曷窮已 凡在誣枉 尙予之恥 殲我良士 胡寧
忍是 禍胎因甲 是誰之致 鞫人忮忒 亦孔之酷 一怒遄沮 予遂不克 是非旋
正 昭如日月 靜言思之 痛心切骨 死不復生 只增咄咄 誅奸旣死 已示斧鉞
慰卿泉壤 亦旣贈職 追罪羣憝 以伸鬱抑 予心之痛 到此彌深 是用賜祭 聊
展悲忱 精爽尙在 庶幾來歆 謹按 賜祭文 凡有三 而辛卯初 追贈時祭文 又
特祭文二篇 則兵燹中 遺落未記 只存甲午追削鄭澈時祭文一篇 豈非斯文
之一大欠哉 姑俟異日搜補云

제2장 수우당 선생의 생애자료

제남명조선생문祭南冥曺先生文

수우당 선생

아! 애통합니다. 선생께서 이에 이르셨습니까! 정도를 밝혀 실천에 힘쓴 학문과 백성을 다친 사람처럼 여겨 괴로워한 인자함과 강명 정대하고 탁월 고원한 재주를 촌분도 당시에 베풀지 못하고 촌분도 후세에 전하지 못한 채 뜻을 품고 몸을 따라 돌아가셨으니 헛되이 이 공산空山에서 이름만 해와 달과 더불어 빛날 뿐입니다. 아! 하늘이 선생을 태어나게 한 것은 과연 무엇을 위함이었습니까!

아! 애통합니다. 소자小子 무상無狀하여 늦게 절을 올렸으니 까마득한 고산高山은 감히 우러러 볼 수 없었지만 소쇄한 청풍淸風은 참으로 심복하였습니다. 장차 가까운 곳으로 이주하여 문하에서 빗자루 잡으면서 덕의德義에 감화되기 바랐더니 하늘이 돕지 않아 문득 이 망극함에 이를 줄을 어찌 짐작했겠습니까!

아! 비통합니다. 문하에 알현한 지 비록 여러 해가 지났지만 천리 길에 병 많은 몸이라 얼굴 뵙고 가르침 받은 날이 그 얼마였습니까! 태만하고 불경하여 안부 여쭙는 일도 또한 자주 못했으니 지금 추념함에 죽어도 여한이 있겠습니다.

병상에 계실 때는 부축하지 못했고 돌아가셨을 때는 반함飯含조차 못했으며 부음訃音 듣고 달려감도 남에게 미치지 못했으니 뒷날 저승에서 무슨 면목으로 다시 뵙겠습니까! 죽어도 여한이 있겠습니다.

아! 비통합니다. 설월雪月 같은 정화精華를 다시 언제 받들 수 있겠습니까! 단지 박전薄奠을 갖추어 작은 정성 올림에 글을 못하고 정의가 비통하여 말에 두서가 없습니다. 존령尊靈께서 계신다면 이 마음 살펴주십시오. 상향

祭南冥曺先生文

嗚呼哀哉 先生而至於斯耶 明正務實之學 如傷痛癏之仁 剛大趫遠之才 無分寸施之於時 無分寸傳之於後 而齎志殉身以歿 空令此空山 名與日月 昌焉 嗚呼 天之生先生也 果何爲耶 嗚呼哀哉 小子無狀 晚幸納拜 莫莫高 山 雖不敢仰止 灑灑淸風 實所心服 方將卜居近境 庶得執箒門下 薰沐德義 豈料旻天不弔 奄至斯極 嗚呼慟哉 獲拜門下 今雖累年 千里多病 承顏承誨 其日幾何 怠慢不敬 修問起居 亦多闕焉 追惟至今 死有餘憾 病不得擧扶 歿不得飯含 奔赴亦未得及人 他日地下 將何面目 更承前席 死有餘憾 嗚呼 慟哉 雪月精華 更炙何日 聊備薄奠 用薦微誠 荒衰不文 情意悲迫 言無次 叙 尊靈不亡 必鑑此心 尚饗

행장行狀

선생의 휘는 영경永慶이고 자는 효원孝元이며 성은 최씨崔氏이니 그 선조가 화순인和順人이다. 상조上祖 휘 세기世基는 고려 왕씨 때에 현달하여 평장사平章事를 지냈으며 오산군烏山君에 봉해졌다. 이로부터 세세로 고관이 이어지고 대대로 위인이 났으니 휘 영유永濡에 이르러서는 벼슬이 해주목사이고 시호가 충절忠節이다. 조선에 들어와 그 아들 휘 원지元之는 벼슬이 호조참의에 이르렀으니 선생에게 8대조이다. 그 후 수세 동안 연이어 높은 벼슬이 났으니 증조 휘 중홍重洪은 전라도 관찰사이고 조 휘 훈壎은 사헌부 감찰이다. 고考 휘 세준世俊은 병조좌랑이고 비妣 손씨孫氏는 문정공文貞公 휘 순효舜孝의 아들 현감 휘 준濬의 여이다.

가정嘉靖 기축년(1529) 7월 16일 갑자에 선생께서 한양漢陽 원동리院洞里 본가에서 태어났다. 나면서부터 영준하여 보통 아이들과 달랐으니 관찰공이 특별히 사랑하였다. 어린아이 때부터 사람들이 혹 진귀한 과일이나 맛있는 음식을 주면 반드시 품에 간직하였는데 그 까닭을 물으면 "돌아가 부모와 조부모에게 드릴 것입니다."라고 하였다. 책을 읽을 줄 알게 되자 기자箕子의 맥수가麥秀歌[4]에 이르러 문득 흐느끼며 눈물을 흘렸으니 사람들이 이미 그 충효군자忠孝君子가 될 것임을 알았다. 점점 자라면서 입에는 상스러운 말을 담지 않았고 행동과 걸음걸이는 엄연히 성인의 풍모가 있었다. 좌랑공佐郎公이 가르치는 것도 또한 반드시 단정하고 엄숙한 방도로써 하였으며 선생께서도 능히 정훈庭訓을 좋아 항상 스스로 면려했으므로 독서와 학문은 독려하지 않아도 날마다 유익함이 있었다. 이미 약관의 나이에 누차 향시鄕試에 합격했

---

4) 맥수가麥秀歌: 은殷나라가 망한 후 기자箕子가 고국故國 은허殷墟를 지나가면서 망국亡國을 상심하여 지었다는 노래로 원문은 다음과 같다. "麥秀漸漸兮 禾黍油油 彼狡僮兮 不與我好兮"

으나 문득 회시會試에 불리했으니 이에 더욱 학문은 내외와 경중의 구분이 있음을 알고 드디어 수신修身과 수도守道에 힘쓰면서 남에게 알아줌을 구하지 않았다.

부친상을 당하여 슬픔으로 몸을 훼손함이 예제를 넘어 거의 지탱하지 못할 것 같았다. 모부인이 그 상을 치르지 못할까 근심하여 자신도 또한 미음조차 먹지 않았다. 이에 선생께서 모부인을 위해 뜻을 조금 굽혔지만 졸곡卒哭 후에도 채소와 과일을 먹지 않았다. 모부인이 일찍이 질병으로 위독해지자 선생께서 팔뚝을 찔러 피를 받아 약에 타서 올렸더니 드디어 병이 나았다. 뒤에 모친상을 당해서도 슬퍼함이 전상前喪과 한결같았고 시묘하면서 상기를 마쳤다. 매양 조석으로 묘소에 올라 곡하였고 음식을 올릴 때는 반드시 어육魚肉을 갖추었다. 하루는 큰 비가 내려 저자길이 막히자 채소만으로 음식을 올리고는 물러나 여막에 엎드려 슬픔을 이기지 못하였다. 이에 홀연 맹수가 큰 산돼지 한 마리를 묘소 앞에 두고 떠났으니 사람들이 모두 경탄하면서 효성에 감응한 소치라고 하였다.

상을 마치고는 드디어 벼슬에 뜻을 끊고 조용히 스스로를 지키면서 천하의 만물을 보되 족히 그 마음을 움직이고 그 지조를 바꿀 것이 없었지만 형제와 친족 간의 즐거움은 언제나 충만하였다. 제매弟妹와 더불어 재산을 나눌 적에도 무릇 건장한 노복과 비옥한 전답은 모두 나누어 주고 스스로 그 노약하고 척박한 것만을 취하였다. 신씨愼氏 댁에 시집간 누이가 일찍 홀로 되어 의지할 곳이 없게 되자 선생께서 집으로 데려와 부양하면서 그 보살피는 근면함이 늙도록 쇠하지 않았다.

융경隆慶 정묘년(1567)에 남명南冥 조선생曺先生을 진양晋陽의 산천재山川齋에서 배알하였는데 조선생이 한 번 보고 그 인품이 심히 고상함을 칭탄하였다. 선생께서 이에 의귀依歸할 곳을 얻음을 기뻐하여 수시로 필마를 타고 남쪽으로 내려와 스승을 모시고 조용히 지내면서도 매양

사는 곳이 너무 멀어 끊임없이 가르침을 받지 못하는 것을 한탄하였다. 스승이 돌아가셨다는 소식을 듣고는 천리 먼 길을 달려와 제문을 지어 올렸으며 심상心喪 3년을 입었다.

당시 도성都城 중의 많은 선비들이 선생의 행의行義로써 조정에 아뢰니 특별히 동도東都 재관齋官을 제수했으나 나가지 않았다. 뒤이어 육품직六品職을 초수招授하고 누차 수령守令 도사都事를 제수했으나 모두 병으로 사양하였다. 대개 당시 조정의 의론이 분열되고 간흉들이 권력을 부리는 것을 보고는 더욱 벼슬에 뜻이 없었으니 첩첩 산중 깊은 곳에 들어가 오두막을 짓고서 노년을 보내려고 하였다.

만력萬曆 을해년(1575)에 또 사축司畜으로 부름을 받자 선생께서 집안 대대로 여러 임금에 걸쳐 녹祿을 먹었으니 이제 만약 끝내 명命을 받지 않는다면 의리상 미안한 일이라고 여겨 이에 대궐로 나아가 숙배肅拜하고는 진양의 예전 시골집으로 남하하여 거처하였다. 소재蘇齋 문충공文忠公 노수신盧守愼이 서찰을 보내 나무라면서 말하기를 "군자의 처세處世에는 자기를 고집하는 해가 크다."고 하니 선생께서 답하여 말하기를 "내가 생각건대 벼슬에 나가는 해도 또한 적지 않다."고 하였다. 인하여 진주晉州 도동道洞 죽림竹林 가운데 집을 지어 그 당堂에 수우守愚라 편액을 걸었다. 뜰에는 매화와 국화를 심고 백학白鶴 한 쌍을 기르며 좌우에 도서를 두고 그 사이에 거처하면서 마음을 가라앉혀 깊은 이치를 완미하며 그 즐거움으로 근심을 잊었다.

일시의 명현名賢인 동강東岡 김선생金先生 한강寒岡 정선생鄭先生 황암篁巖 박공朴公 제인齊仁 대소헌大笑軒 조공趙公 종도宗道로 더불어 도의道義의 교분을 맺어 학문을 서로 도우는 유익함이 있었으며 그 권세와 이욕의 어지러움을 초연히 멀리 피하여 장차 자기를 더럽힐 것처럼 여겼다. 서애西厓 문충공文忠公 유성룡柳成龍이 영남 관찰사로 있을 적에 관내를 순행하다가 진주에 이르러 선생의 집을 방문하였다. 집은 만죽동萬竹洞 가운데 있었는데 선생께서 낡은 의관을 갖추고 혼연히 나와 맞이했으니 풍채가 소연하여 속세를 벗어난 것 같았으며 얘기가 당세의 일에 미치자 사람을 놀라게 했다고 하였다. (이 말은 서애 연보 중에 있음.)

선생께서 일찍이 대설大雪이 내린 후 정원의 대나무는 눈에 덮여 땅에 쓰러지고 홀로 푸른 소나무만 우뚝 서서 굽히지 않은 것을 보고는 탄식하여 말하기를 "세한歲寒 연후에 곧은 소나무의 굳센 절개를 알겠다. 저 대나무의 나약함은 족히 볼 것이 못된다."고 하였다. 또 일찍이 한강寒岡의 백매원百梅園에 들렀는데 때가 마침 2월이라 매화가 만개하였다. 선생께서 하인을 불러 도끼를 가져오게 하더니 하여금 정원에 가득한 매화나무를 베어버리라고 하였다. 좌중의 사람들이 모두 놀래 만류하자 선생께서 웃으면서 그만두게 하고는 말하기를 "매화가 귀한 바는 눈 쌓인 골짜기의 혹독한 추위 속에서 온갖 꽃보다 앞서 제일 먼저 피는 것이다. 이제 저 도리桃李와 함께 봄을 다투니 어찌 족히 귀하겠는 가! 제공들이 만류하지 않았다면 매화는 거의 면치 못했을 것이다." 하였으니 대개 그 평소 우뚝이 특립特立한 지조가 있었기 때문에 사물을 인용하여 뜻을 부침이 이와 같았다.

만력 신사년(1581)에 지평持平으로 부름을 받자 소疏를 올려 사직하면서 아울러 품은 생각을 진술했는데 대략 말하기를 "당금에 국시國是가 정해지지 않고 공론公論이 행해지지 않아 붕당朋黨이 바람을 일으키고 기강紀綱이 날로 무너집니다. 이는 참으로 나라의 안위와 존망이 달린 조짐이니 모름지기 성명聖明으로 이를 밝히시고 위엄威嚴으로 이를 진무하여 이에 편당偏黨의 무리로 하여금 그 흉중의 간계를 펴지 못하게 하여야 할 것입니다." 하였다. 뒤에 다시 지평持平으로 불렀으나 모두 나가지 않았으니 멀리 피하고 높이 서서 까마득히 세상에는 뜻이 없었다. 그러나 인물의 선악과 포폄의 논의에 있어서는 꺼리는 바가 없어 비록 권력을 쥐고 요직에 앉아 있는 자라도 참으로 마음에 차지 않으면 조금도 용서하지 않았으니 이런 까닭으로 일시의 권간權奸들이 원수처럼 미워하였다.

적신賊臣 정여립鄭汝立이 모반謀反으로 주살誅殺됨에 미쳐 일의 기미가 전전轉輾하여 일시의 명현名賢 중에 무고를 당해 원통하게 죽은 이들이 매우 많았다. 당시 길삼봉吉三峯이란 요악妖惡한 말이 원근에 전파되자 기회를 엿보던 자들이 선생의 성씨姓氏와 명호名號로써 억지로 날조하여 길삼봉이란 글자를 지어냈으니5) 이는 마치 북제北齊 때에 조정祖珽이 백승百升의 노래를 지어내 곡율광斛律光을 모함해 죽인 것과 같았다.6) 선생께서 이에 의금부7)에 체포되었는데 금오랑金吾郎이 그 원통함을 안타깝게 여겨 칼을 풀고 걸어가게 하려고 하였으나 선생께서 말하기를 "군명君命이다. 벗을 수 없다."고 하였으니 의금부 관리와 나졸들이 모두 감격하여 눈물을 흘렸다.

이미 옥獄에 갇혀서는 앉을 때마다 반드시 대궐을 향하였고 언사와 행동이 조용하고 차분하여 조금도 기미가 말이나 안색에 드러남이 없었다. 당시 역적 집안의 종들이 진술하면서 선생을 끌어댔으나 말하는 바에 타당하지 않은 점이 많았다. 이에 선생 집안의 하인들도 또한 심문을 받게 되었는데 어떤 이가 선생에게 청하기를 국청鞫廳에서 진술할 말을 가르쳐주어 그들로 하여금 다름이 없게 하라고 하니 선생께서

---

5) 선조수정실록 중 선조 22년 10월 1일 기사에 보면 황해도 관찰사 한준韓準 재령군수 박충간朴忠侃 안악군수 이축李軸 신천군수 한응인韓應寅 등이 정여립鄭汝立의 모반에 관한 변서變書를 올렸는데 그 내용 가운데 공모자의 한 사람으로 길삼봉吉三峰이란 이름이 나온다. 이후 국청鞫廳의 심문을 통해 길삼봉吉三峰을 색출하는 과정에서 그 거주지 용모 행적 등에 관하여 온갖 말들이 돌고 돌다가 결국에는 길삼봉吉三峰이 최삼봉崔三峰이고 최삼봉崔三峰은 최영경崔永慶이란 날조된 말이 나왔으며 이로 인해 선생께서 의금부에 체포되었다. 이 무고誣告의 시말은 『수우당실기守愚堂實記』『대동야승大東 野乘』의 「기축록己丑錄」 등에 상세히 기록되어 있다.

6) 곡율광斛律光은 북제北齊의 명장名將으로 혁혁한 전공을 세운 사람인데 당시 적국敵國인 북주北周의 장군 위효관韋孝寬이 그를 제거하기 위해 간첩을 통하여 "百升飛上天(百升이 하늘에 날아오르니), 明月照長安(明月이 장안을 비춘다)."이란 말을 전하자 평소 곡율광斛律光에게 원한을 품고 있던 간신 조정祖珽이 이 말을 거리의 아이들에게 노래로 불러 퍼뜨리게 하고는 뒤에 후주後主 고위高緯에게 무고誣告하여 곡율광斛律光을 죽이게 하였다. 노래 가사 중 백승百升은 곡율광斛律光의 성姓을 지칭하고 명월明月은 그의 자字이니 곡율광斛律光이 왕이 된다는 뜻이다.

7) 원문의 금의錦衣는 명나라 때 황궁을 호위하던 금의위錦衣衛의 준말인데 후에 감찰과 형옥까지 담당했으니 조선의 의금부가 이에 해당한다.

언짢아하면서 말하기를 "그들이 마땅히 스스로 알아서 할 것인데 무엇을 지시한단 말인가?" 하였다. 하인들이 심문을 받으면서 온갖 혹독한 형벌을 당했으나 끝내 다른 말이 없었으니 또한 선생의 덕화德化가 사람들에게 영향을 줌이 심대한 것을 징험할 수 있다.

　이보다 앞서 십수 년 전에 선생께서 아들 상을 당했는데 여립汝立이 학사學士 이발李潑로 인하여 찾아와 조문하였다. 선생께서 그 용모와 언사를 살펴보니 교만하고 윗사람을 멸시하여 길상吉祥의 선인善人이 아니었지만 그가 찾아와 조문했으므로 일찍이 다른 사람에게 답하는 편지 가운데 감사의 말을 붙여 보냈다. 그런데 이때 이르러 선생께서 역적과 편지를 통하고 서로 왕래했다고 말하는 자가 있자 선생께서 진술서를 갖추어 심문에 답하였다. 이에 대략 말하기를 "신臣이 역적과 더불어 평소 알지 못한 것은 국인國人이 모두 아는 바입니다. 신이 정축(1577) 연간에 독자獨子를 잃어 서울로 돌아와 장사를 치렀는데 이발李潑 등이 본래 신과 더불어 교분이 두터웠으므로 찾아와 위문하였고 역적도 또한 조문 행렬 가운데 있었습니다. 비록 잠시 상대하였지만 그 말을 듣고 그 모습을 보고는 이미 법을 지키지 않는 모양이 있음을 알았기에 이발李潑과 안민학安敏學 등에게 경계하여 하여금 서로 친하지 말게 하였습니다. 신이 이미 그 이와 같음을 알면서 어찌 조금이라도 두터운 정이 있었겠습니까? 만약 서로 사귐이 두터웠다면 그 집에 소장한 간찰 중에 어찌 한 번이라도 문자로 수작한 자취가 없고 단지 휴지休紙 말단에 수인사修人事 몇 자로 뒤를 줄인 말이 있을 뿐이겠습니까? 길삼봉의 이야기에 이르러서는 더욱 극히 근거가 없습니다. 무릇 사람들이 자호自號할 적에는 혹 평생의 지원志願으로써 하거나 혹 사는 곳의 산천山川으로써 합니다. 신은 학자들이 스스로 겸손히 자제하지 아니하고 고원함을 스스로 내세움을 근심하였기 때문에 신이 일찍이 별사別舍를 지어 수우守愚로써 이름을 붙였으니 어찌 감히 다시 다른 호를 쓰겠습니까? 하물며 삼봉三峯은 바로 간신 정도전鄭道傳의 호인데 신이 또한 어찌 즐겨 답습하여 스스로를 더럽히겠습니까? 간악奸惡하고 모질媢嫉한 무리들이 근거 없는 이야기를 환영처럼 지어내어 현란한 패금貝錦을 짜듯이8) 참언讒言을 꾸미고 거리마다 방榜을 붙여서 반드시 신을 죽인 후에야 그만두려고 하는 것입니다. 신은 보잘것없는 일개 외로운 몸이니 어찌 감히 스스로 해명하겠습니까? 믿는 바는 오직 천일天日이 조림照臨하는 것일 뿐입니다."라고 하였다.

주상主上이 그 원통함을 살펴 특별히 석방할 것을 명하자 선생께서 명을 듣고 눈물을 흘리며 말하기를 "성명聖明이 밝게 비치니 감격하여 우러름을 이길 수 없다. 단지 나의 아우가 함께 화변禍變에 걸려 은택을 입지 못하고 불행하게도 먼저 죽었다. 재앙은 나로 인해 일어났는데 나를 말미암아 죽었으니 이것이 슬프다." 하였으니 듣는 이들이 눈물을 흘리지 않음이 없었다. 선생의 아우 여경餘慶이 신령新寧 현감으로 있을 적에 선생께서 매양 편지를 보내 정성스럽게 충군애민忠君愛民으로 경계하였다. 죄인 집안의 문서를 수색하다가 주상이 이를 보고는 그 우애의 간절함을 자주 칭탄하더니 인하여 석방하라는 명이 있었다고 한다.

선생께서 옥에서 풀려나자 기운이 쇠잔하여 말은 하지 못하고 가마꾼에게 손으로 가리키면서 광화문光化門 밖으로 나아가 대로 엮은 가마에서 내려 은명恩命에 감사의 절을 올렸다. 집에 이르러 수일을 머물렀는데 하루는 우계牛溪 성혼成渾이 그 아들을 시켜 쌀 한 말을 보내면서 "장차 시골로 내려간다는 말을 들었으니 이로써 행로의 비용으로 삼으십시오." 하였다. 그 아들이 인하여 묻기를 "공께서는 누구에게 미움을 받아 이에 이르렀습니까?" 하니 선생께서 천천히 말하기를 "네 아비에게 미움을 받았다."고 하였다.

다음 날 헌부憲府에서 계啓를 올려 재국再鞫을 청하면서 삼봉의 이야기

---

8) 원문의 처비성금萋斐成錦은 온갖 현란한 언사로 남을 참소하여 해를 입히는 것을 비유하는 말인데 『시경詩經』「소아小雅」〈항백巷伯〉편의 "萋兮斐兮 成是貝錦 彼譖人者 亦已大甚"이란 구절에서 나왔다.

는 단서가 이미 드러났으니 과연 헛된 소문이 아니라고 하였다. 선생께서 이에 다시 국정鞫庭에 들어갔는데 옥관獄官이 옥졸로 하여금 온갖 곤욕을 주게 하였으나 선생께서는 조금도 굽히지 아니하고 사기辭氣가 태연자약하였다. 당시 백사白沙 이상공李相公 항복恒福이 문사랑問事郎이 었는데 나와서 사람들에게 말하기를 "이 노인은 생사가 달린 때를 당해서도 지키는 바를 굽히지 않으니 참으로 미칠 수 없다."고 하였으며 또 말하기를 "이제 죄수를 심문하면서 거인巨人을 보았다. 만약 이 노인을 보지 않았다면 거의 평생을 그릇되게 보낼 뻔하였다."라고 하였다. 다른 재상들 중에 국청鞫廳에 참석한 이들도 입을 모아 칭탄하지 않음이 없었으니 어떤 이는 걸상에서 내려와 기립하기도 하였다.

선생께서 한성漢城에 계실 적에는 문을 닫고 조용히 지내면서 쓸데없이 사람들을 사귀지 않았다. 포의布衣인 안민학安敏學이란 자가 날마다 찾아와 선생을 뵙고는 돌아가 우계牛溪 성혼成渾에게 일러 말하기를 "이곳에 최처사崔處士가 살고 있는데 참으로 기사奇士입니다. 공은 어찌 가서 만나지 않습니까?" 하였다. 우계가 이에 찾아와 만나기를 청하자 선생께서 나와 맞이함에 차가운 기색이 감돌면서 용모가 심히 엄격하였다. 우계가 더불어 종일토록 이야기 하다가 돌아가서 사람들에게 말하기를 "오늘 최군崔君을 만났는데 나도 모르게 청풍淸風이 늠름하였다."고 하였다. 이로부터 선생께서도 또한 때때로 왕래하였는데 그가 왕실의 외척外戚과 서로 사귐이 두텁다는 말을 듣고는 드디어 절교하였다. 또 선생께서 일찍이 이르기를 "율곡栗谷 이이李珥는 불만인의不滿人意하고 정철鄭澈은 색성소인索性小人"이라 하였다. 이런 까닭으로 중인衆人의 원망이 모여 때를 기다려 드러난 것이니 사람들이 이르기를 "이 옥사가 일어난 것은 전적으로 혼渾의 문객과 철澈의 도당에서 나왔다."고 하였다.

선생께서 이미 국문鞫問을 당하면서 극도로 괴로워하자 위관委官이 의원을 보내 진찰하게 하였다. 선생께서 팔을 소매 속으로 움츠리며 말하기를 "나의 병은 위관이 다스릴 바가 아니다." 하면서 끝내 진찰하지 못하게 하였다. 호남 사람 임탁林侂이 함께 옥중에 있으면서 선생에게 몸을 가다듬는 방도를 물었다. 선생께서 "그대의 자字가 무엇인가?" 하고 묻자 자정子正이라고 대답하니 선생께서 천천히 말하기를 "이 한 자면 족하다. 달리 무엇을 구하겠는가!" 하였다. 하루는 선생께서 정신이 혼미하고 기운이 나른하여 곁에 있는 사람의 무릎을 베고 누웠다. 곁에 있던 사람이 그 정신을 시험하고자 글 한 자를 써서 가르침을 주기를 청하였다. 선생께서 천천히 일어나서 붓을 찾아 정자正字 하나를 크게 쓰고는 돌아보며 말하기를 "그대는 이 글자의 뜻을 아는가?" 하였다. 얼마 후 다시 누워 조금 있다가 조용히 서거逝去하셨으니 이때가 만력萬曆 경인년(1590) 9월 28일이다. 춘추는 62세이고 그해 모월某月 모일某日에 양주楊州 서쪽 목암동木巖洞 모향某向 언덕에 안장安葬하였다. 부인夫人 이씨李氏는 화암부수花巖副守 억세億歲의 여이니 공정대왕恭靖大王의 5세손이다. 유순하고 정숙하여 부덕婦德과 규범閨範을 깊이 갖추었으며 사후死後에 선생과 같은 묘墓에 안장하였다.

당시 역변逆變을 다스린 지 얼마 되지 않아 권간權奸들이 세력을 휘두르니 조정에서는 서로 돌아보며 숨을 죽이면서 감히 그 원통함을 쟁송하는 자가 없었다. 학봉鶴峯 문충공文忠公 김성일金誠一이 일찍이 부제학으로 경연經筵에 입시入侍하여 선생께서 억울하게 무고誣告를 당한 형상을 극간極諫하여 말하기를 "신은 비록 영경永慶의 얼굴을 알지 못하지만 그 입심立心과 행사行事를 들어보니 참으로 절의節義를 지켜 죽을 사람이었습니다. 평소 그 논의가 엄정하여 굽히는 바가 없었기 때문에 일시의 권간들이 원수처럼 원망하게 되었습니다. 이에 시세를 편승하여 모함을 엮어내고 근거 없는 죄상을 어지럽게 더하여 결국 옥중에서 죽게 하였으니 만고의 원통冤痛 중에 무엇이 이보다 더하겠습니까?" 하였으니 주상이 이에 명하여 직첩職牒을 수여하였다.

뒤에 또 대사헌 홍여순洪汝淳의 논계論啓로 인하여 특별히 사헌부 대사헌에 추증하고 예관禮官을 보내 제사祭祀를 내렸으며 그 집안을 후하게 구휼하였다. 그 후 동강東岡 문정공文貞公 김우옹金宇顒이 대사헌이 되고 김공金公 륵功이 부제학이 되고 이공李公 개塏가 대사간이 되어 삼사三司 합계合啓로 정철鄭澈의 관직을 삭탈할 것을 청하고 또 예관禮官을 보내 제사를 지낼 것을 청했으니 모두 계사啓辭에 의거하여 윤허允許하였다. 광해 임자년(1612)에 진사 하증河憕 등 300여 명이 소를 올려 조남명曺南冥의 덕천서원德川書院에 배향할 것을 청하여 시행하였다.

선생에게는 아들 홍렴弘濂이 있었으나 불행히도 일찍 죽어 후사後嗣를 의탁할 곳이 없었다. 오리梧里 상국相國 이원익李元翼과 영창군永昌君 유의柳儀 등 수십 인이 계啓를 올려 후사를 세울 것을 청하자 이에 선생의 재종제再從弟 윤경胤慶의 아들 홍서弘緖로써 뒤를 잇게 하였으니 음사蔭仕로 전중감殿中監에 이르렀다. 4남 1녀를 두었으니 장남은 혜譓이고 다음은 의誼 량諒 원諼이며 딸은 사인士人 강문재姜文載에게 출가했다.

혜譓는 아들 하나를 두었으니 정기廷夔이고 딸 세 명은 모두 출가하여 사인士人의 처가 되었으니 한익형韓益亨 정래형鄭來亨 하은河穩이 그 사위이다. 의誼는 아들이 없고 단지 1녀를 두었으니 사인士人 허개許鍇에게 출가했고 량諒은 1남을 두었으니 정석廷奭이며 원諼은 1남 1녀를 두었으니 아들은 정윤廷尹이고 딸은 진사 양천익梁天翼에게 출가했다. 정기廷夔는 1남을 두었으니 기중器重이고 정석廷奭은 1남 3녀를 두었으니 아들은 임중任重이고 1녀는 사인士人 조재趙榟에게 출가했으며 나머지는 미혼이다. 정윤廷尹은 1남 1녀를 두었으니 아들은 태중泰重이고 딸은 사인士人 신창기愼昌基에게 출가했다.

선생의 효우孝友의 돈독함은 천성에서 나왔으니 살아계실 적의 봉양과 돌아가신 뒤의 제사에는 남들이 따를 수 없는 행실이 있었고 동기간을 보살피는 마음은 늙도록 쇠하지 않았다. 성효誠孝가 이르는 바에는 산신령의 감응이 있었고 우애友愛의 간절함에는 임금의 칭탄이 발하였다. 그 큰 행실이 이와 같으니 그 사소한 일은 모두 생략해도 무방할 것이다.

대개 선생께서는 천지간의 순강純剛 지정至正한 기운을 품부하여 크게는 처심處心과 행기行己에서 작게는 동작動作과 언어言語에 이르기까지 그 어느 하나도 올바름에서 나오지 않은 것이 없었다. 비록 생사生死가 달린 절박한 순간이라도 또한 반드시 직절直節로써 스스로를 면려하고 정도正道로써 스스로를 지켜 위세를 두려워하지 않고 이해에 거리낌이 없었으니 이는 죽을 때까지 변하지 않았다.

학봉鶴峯 김문충공金文忠公이 이른 바 "절개를 지켜 의리에 죽을 사람"이란 말과 대암大菴 박공朴公 성惺이 이른바 "기상이 준결峻潔하다"는 말과 행촌杏村 민공閔公 순純이 이른바 "흉금이 쇄락灑落하다"는 말과 덕계德溪 오공吳公 건健이 이른바 "간세間世의 호걸"이란 말과 성암省菴 김공金公 효원孝元이 이른바 "산을 움직이기는 쉬워도 우리 최장崔丈을 움직이기는 어렵다"고 한 말은 참으로 확론確論이니 다시 고쳐 평할 것이 없다.

선생께서는 읽지 않은 책이 없었지만 소학小學 근사록近思錄 등의 책을 더욱 존신尊信했으니 마음을 가라앉혀 깊은 뜻을 완미하면서 한 자도 그냥 지나침이 없었으며 몸소 체득하여 이를 실행하였다. 학자들 중에 구이口耳의 빌미로만 삼고 실천에 힘쓰지 않는 자를 보면 반드시 꾸짖어 말하기를 "어찌 한갓되이 겉으로만 따르면서 남에게 자랑하는 것만 좋아하고 기꺼이 자신을 속이면서도 부끄러운 줄을 알지 못하는가!" 하였다. 글을 지을 때는 화려함을 취하지 않고 오직 간략한 말로 이치를 통하게 함에 힘썼으니 항상 말하기를 "어찌 반드시 꾸미고 다듬어서 교묘하고 화려한 태를 다투어 드러내어 상채上蔡의 앵무새란 조롱9)을 취하겠는가!" 하였다.

---

9) 상채上蔡는 송宋나라 유학자 사량좌謝良佐를 지칭하는 말이다. 『심경부주心經附註』에 보면 그가 일찍이 "名利의 관문을 통과해야 만이 바야흐로 조금 평온할 것이다透得名利關 方是小歇處. 지금의 사대부들은 어찌 족히 거론하겠는가! 말에만 능한 것이 참으로 앵무새 같다今之士大夫 何足道 能言 眞如鸚鵡也."라고 하였다.

선생의 용모는 단정하고 엄숙했으니 눈동자는 형형하게 빛났고 수염은 길이가 6~7촌이 되었으며 그 깨끗하고 소탈함은 신선과 같았다. 평소 무릎을 모우고 단정히 앉아 있으면 근엄하여 사람들이 바라보고 두려워했으나 그 사람을 대하고 사물을 접함에 미쳐서는 말과 기운이 온화하여 보는 이들이 마음으로 기뻐하면서 감복하지 않음이 없었다.

본성이 고결하고 몸가짐이 근엄했으며 교유를 즐기지 않았고 언소言笑를 함부로 하지 않았다. 사양하거나 수용할 때도 한결같이 도의道義로써 헤아려 그 의로운 것이 아니면 지푸라기 하나도 남에게 받거나 주지 않았고 그 벗할 만한 사람이 아니면 비록 사신使臣이나 주목州牧이 찾아와 명함을 내밀어도 문득 병으로 사양하면서 만나보지 않았다. 집안이 심히 청한清寒하여 자주 끼니를 걸렀으나 언제나 좋은 안색을 지으면서 끝내 탄식하거나 원망하는 뜻이 없었다.

바야흐로 그 옥중에 있을 때 몸은 포승에 묶여 온갖 곤욕을 당했지만 고관 대인들도 그 용모와 행동을 보고 송연悚然히 경탄하지 않음이 없었을 뿐만 아니라 아래로 서리 옥졸에 이르기까지 또한 모두 다투어 공경했으니 참으로 정신과 풍채가 사람으로 하여금 두려워하고 사랑하게 한 이가 아니라면 어찌 능히 이와 같겠는가! 아! 하늘이 이미 선생에게 지절志節과 풍개風槪를 부여함이 이와 같은데도 결국 당세에 용납되지 못하고 천추에 원통함을 품었으니 이는 어찌 하늘의 기수氣數가 때에 따라 변하여 혹 그 선인에게 복을 주고 악인에게 화를 주는 이치를 상실하여 이에 이르렀는가? 더욱 탄식할 뿐이다.

비록 그러하나 내 일찍이 전대의 역사를 두루 보건대 한漢나라와 송宋나라의 말기에 즉위한 인군人君은 간흉奸凶을 물리치고 충현忠賢을 포상한 일을 들어보지 못했으니 마침내 한나라 왕실이 기울어지고 송나라 국운도 무너졌다. 이제 우리 소경대왕昭敬大王은 즉시 선생의 원통함을 통촉하여 관직을 회복시키고 제사를 내렸으며 정철을 가차 없이 물리쳐 조야에 포고하였다. 저들을 음흉한 성혼과 악독한 정철이라고 지목

한 열 줄의 사제문은 밝기가 일성日星 같아 구천의 원혼을 위로하고 지사의 통한을 풀어주었다. 이런 까닭으로 비록 중간에 재난을 당하여 나라의 위태로움이 누란累卵과 같았지만 마침내 옛 문물을 회복하고 종사宗社가 다시 안정되었던 것이다. 두공부杜工部가 이른바 "주周나라 한漢나라가 다시 흥했으니, 선왕宣王과 광무제光武帝는 참으로 명철했다."10)고 한 것은 참으로 이를 먼저 예견한 말이니 아! 아름답다.

이제 선생의 세대가 지난 지 거의 두 갑자甲子가 되어 간다. 하루는 선생의 증손 정윤廷尹이 그 종형從兄의 아들 임중任重과 함께 진사 양천익梁天翼이 지은 선생의 행실기行實記 한 통을 안고서 수백 리를 멀다 않고 찾아와 외람되이 현일玄逸을 돌아보며 그 행장行狀 글을 청하였다. 현일의 태어남이 후세인지라 비록 하풍下風을 좇아 후진後塵을 접하지는 못했지만 다행히도 일찍이 근세의 대유大儒 선생들이 칭술한 선생 지행志行의 대강을 보고서 참으로 이미 경앙하고 흠모한 지 오래 되었다.

고故 상국相國 미수眉叟 허문정공許文正公이 기록한 선생의 유사遺事를 보니 길삼봉의 노래를 날조한 것과 백사집白沙集의 무언誣言을 개역改易한 것이 상세하였다(『미수기언眉叟記言』 중에 있음). 나는 이에 더욱 지극한 울분과 비통을 이길 수 없었는데 유독 그 일이 화가禍家의 종적과 연관되어 여태까지 논찬하고 기술한 글이 없어 장차 소멸하여 전함이 없음을 면할 수 없으니 어찌 거듭 통탄하지 않겠는가!

내 이미 두 군君이 멀리서 찾아와 요청하는 근면함을 중하게 여기고 또 선생에 대한 고산高山과 경행景行의 앙모仰慕가 일어나 감히 부덕不德하고 불문不文이라 하여 사양할 수 없었다. 이에 양진사梁進士가 찬집한 실기實記와 행록行錄 중에서 간추리고 정리하여 위와 같이 행장行狀을 엮어 당세의 병필자秉筆者가 필삭하고 취사하는 자료로 삼게 한다.

---

10) 두보杜甫의 「북정北征」이란 시에 "周漢獲再興 宣光果明哲"이란 구절이 있다.

숙종 29년(1703) 12월 신묘 재령載寧 이현일李玄逸 장狀

行狀

先生 諱永慶 字孝元 姓崔氏 其先和順人 上祖 諱世基 顯高麗王氏時 爲平章事 封烏山君 自是 赫世冠冕 代有偉人 至諱永濡 官海牧 謚忠節 入本朝 子諱元之 官至戶曹參議 於先生間八世 其後數世 率相繼爲顯官 曾祖諱重洪 全羅道觀察使 祖諱壎 司憲府監察 考諱世俊 兵曹佐郎 妣孫氏 文貞公 諱舜孝之子 縣監 諱濬之女 以嘉靖己丑 七月十六日甲子 生先生于漢陽院洞里第 生而峻爽 異凡兒 觀察公 奇愛之 自在髫齔時 人或與之珍果異味必納諸懷中 問之則曰 將歸遺二親若王父母 及知讀書 至箕子麥秀歌 輒嗚咽流涕 人已知其爲忠孝君子人矣 稍長 口不出俚屑之語 行止步趍 儼然有成人儀範 佐郎公 所以敎養之者 亦必以端楷整肅之方 先生 克遵庭訓 常自飭厲 讀書學文 不待課督 日有開益 旣冠 屢捷發解 禮圍輒不利 於是 益知爲學有內外輕重之分 便以修身守道爲務 不復求知於人 及丁外艱 哀毁踰禮 幾不能支 母夫人 憂其不勝喪 亦不進粥飮 先生 爲之稍變其節 而卒哭後 猶不食蔬果 母夫人 嘗疾病危篤 先生 刺臂出血 和藥以進 遂得病良已及後丁憂 所以致哀之者 一如前喪 廬墓以終制 每晨夕 上墓哀臨 上食必具魚肉 一日大雨 道不通 止用蔬菜以上食 退伏廬次 哀不自勝 忽有猛獸 以一大猪 置墓前而去 人皆驚歎 以爲孝感所致 旣卒喪 遂絶意進取 恬靜自守視天下萬物 無足以動其心易其操者 而鴒原花樹之樂 怡怡如也 及與弟妹析箸 凡壯僕腴畝 悉推與之 自取其羸殘磽瘠 愼氏妹 早寡無依 率養于家眷念之勤 至老不衰 隆慶丁卯 謁南冥曺先生于晉陽之山天齋 曺先生 一見異之 稱其人品甚高 先生於是 喜得依歸 有時匹馬南歸 侍燕從容 每以所居絶遠 不得源源承敎爲恨 及聞其易簀 千里奔赴 爲文以祭之 服心喪三年 時都中多士 以先生行義 聞于朝 特拜東都齋官 不就 尋超授六品職 累除守令都事 皆以疾辭 蓋見當時朝議多歧 凶邪柄用 益無意仕宦 欲就萬山深處 爲結茅終老計 萬曆乙亥 又以司畜徵 先生 以家世累朝食祿 今若終不拜命 於

義未安 乃詣闕祗肅 南下晉陽舊田廬以居焉 蘇齋盧文忠公 貽書責之曰 君
子處世 執之害 大矣 先生 復書若曰 吾恐通之害 亦不少 仍築室於晉之道
洞竹林中 扁其堂曰守愚 庭植梅菊 養白鶴一雙 左右圖書 俛仰其間 潛心玩
蹟 樂以忘憂 與一時名賢 東岡金先生 寒岡鄭先生 篁巖朴公齊仁 大笑軒趙
公宗道 結道義交 有麗澤相資之益 其於勢利紛華 超然遠避 若將浼焉 西厓
柳文忠公 按節嶺南時 行部至州 訪先生家 家在萬竹中 先生 攝弊衣冠 欣
然出迎 風致蕭然出塵 語及當世事 驚人云語在西厓年譜中 先生 嘗於大雪
後 見園中叢竹 皆冒雪委地 獨蒼松 特立不撓 歎曰 歲寒然後 知貞松之勁
節 彼竹之委靡 不足觀也 又嘗至寒岡百梅園 時當二月 梅花盛開 先生 呼
僮取斧 使之斫倒滿庭梅樹 一座皆驚交止之 先生 笑而止曰 所貴乎梅者 謂
當雪壑窮寒 先百花 頭上開也 今與桃李爭春 曷足貴乎 非諸公救止 梅乎幾
不免 蓋其平生 有挺然特立之操 故引物連類 寓意如此 萬曆辛巳 以持平被
召 上疏辭免 兼陳所懷 略曰 當今 國是靡定 公論不行 黨比成風 紀綱日壞
此實安危存亡之幾 必須明以燭之 威以鎮之 乃可使偏黨之徒 不得肆其胷
臆矣 後再以持平徵 皆不就 遠引高蹈 邈然無意於世 至於臧否人物 論議褒
貶 無所顧忌 雖執權柄居要路者 苟有不滿意處 不少饒假 以故 大爲一時權
奸所仇怨 及賊臣鄭汝立 謀反伏誅 事機轉輾 一時名賢 被誣寃死者甚衆 時
有吉三峯妖惡之言 傳播遠邇 俟釁觀隙者 以先生姓氏名號 傳會作吉三峯
字 有若北齊時 祖珽 造百升之謠 構殺斛律光之爲者 先生於是 有錦衣逮
金吾郎 悶其寃 欲脫械以行 先生曰 君命也 不可脫 禁吏拿卒 皆感激泣下
旣入圓扉 坐必面闕 言辭擧止 從容靜暇 略無幾微見言色 時 逆家奴 辭引
先生 所言多不讎 而先生家奴僕 又將就鞠 或請先生 指授供辭 毋令異同
先生不肯曰 渠當自爲之 何以敎爲 及當訊劾 慘毒備至 終無異辭 亦可以驗
其德化之入人深也 前是十數年 先生有子之喪 汝立因李學士潑來弔 先生
察其容貌辭氣 驕騫慢上 非吉祥善人 而爲其來問已 嘗附謝於答人書中 至
是 有以通書相往來爲言者 先生具爰書置對 略曰 臣與逆賊 素昧平生 國人
所共知 臣於丁丑年間 喪獨子 歸葬洛下 李潑等 素與臣厚 來相問慰 逆賊
亦在弔列 雖暫時相對 聽其言 觀其貌 已知其有不律底模樣 戒李潑安敏學
等 使之毋相親近 臣旣知其如此 豈有一分交厚之情哉 若果相交相厚 則其

家所藏簡札中 豈無一番翰墨酬酢之跡 只有休紙末端 修人事數字歇後語而
已乎 至於吉三峯之說 尤極無據 凡人自號 或以平生志願 或以所居山川 臣
患學者不自謙抑 而高自標致 故 臣嘗構成別舍 扁以守愚 何敢更用他號 況
三峯 乃奸臣鄭道傳之號 臣又豈肯蹈襲 以自汙哉 奸凶媢嫉之輩 幻出無根
之說 萋斐成錦 粘榜街巷 必欲殺臣而後已 臣以眇然一介孤蹤 何敢自明 所
恃者 惟天日照臨而已 上察其冤 特命原宥 先生聞命 涕泣曰 离明委照 感
戴難勝 但念吾弟 同罹禍變 未蒙沛澤 不幸先死 孽自己作 由我而死 是可
悲已 聞者莫不流涕 始先生之弟餘慶 爲新寧守 先生每致書 惓惓以忠君愛
民爲戒 及搜括罪人家文書 至上覽之 亟稱其友愛懇到 因有是命云 先生旣
出獄 氣微不能出聲 手指舁杠者 詣光化門外 下編輿 拜謝恩命 至家留數日
成牛溪渾 使其子來致斗米 辭曰 聞將下鄕 以此爲行路之費 因問曰 公見惡
於何人而至此 先生徐曰 見惡於乃翁也 翌日 憲府啓請再鞫 以爲三峯之說
端緒已露 果非虛傳 先生於是 復入鞫庭 獄官令皁隸 捽辱百端 先生不少撓
屈 辭氣自若 時 白沙李相公 爲問事郎 出謂人曰 此老 當死生之際 不易所
守 誠不可及也 又曰 今因訊囚 得見巨人 若不遇此老 幾枉過了平生 至他
卿宰 入參鞫廳者 莫不交口稱歎 或至下床起立 初先生在漢城中 杜門靜處
不妄交接 有布衣安敏學者 日日來候先生 歸語成牛溪渾曰 此間有崔處士
眞奇士也 公盍往見之 牛溪於是 踵門請見 先生出迎 寒色蕭然 容貌甚嚴
牛溪與之語終日 歸謂人曰 今日得見崔君 不覺淸風凜然 自是 先生亦時與
之往還 及聞與戚里相交厚 遂與之絶 又嘗謂 李栗谷珥 爲不滿人意 鄭澈
爲索性小人 以故 衆怨參會 待時而發 人謂是獄之成 專出於渾客澈黨之爲
也 先生旣繫治困篤 委官遣醫診視 先生縮臂袖中曰 吾疾 非委官所治 終不
使之診 湖南人林悏 同在囚中 問君子攝身之方 先生問曰 君之表德爲誰 對
曰子正也 先生徐曰 此一字足矣 何用他求 一日先生神昏氣倦 枕傍人脚膝
而臥 傍人欲試其精神 請寫一字爲教 先生徐起索筆 大書一正字 顧謂曰 君
識此字義否 俄復臥有頃 恬然而逝 時萬曆庚寅 九月二十八日也 春秋六十
二 以其年某月某日 葬楊州治西木嚴洞某向之原 夫人李氏 花巖副守 億歲
之女 恭靖大王五世孫也 柔嘉貞淑 深得壺彝閨範 及卒葬同塋 時新經逆變
權奸用事 朝著之間 環顧屛息 莫敢有訟其冤者 鶴峯金文忠公 嘗以副提學

入侍經筵 極陳先生橫被誣罔之狀曰 臣雖不識永慶之面 聞其立心行事 眞
是伏節死義之人也 緣其平日論議嚴正 無所回撓 故 大爲一時權奸所仇怨
乘時構陷 橫加媒蘗 以至瘐死獄中 萬古冤枉 孰加於是 上於是 命授職牒
後又因大司憲洪汝諄論啓 特贈司憲府大司憲 遣禮官賜祭 厚恤其家 其後
東岡金文貞公 爲大司憲 金公玏 爲副提學 李公慄 爲大司諫 三司合啓 請
追削鄭澈官職 又請遣禮官致祭 皆依允 光海壬子 上舍生河憕等 三百餘人
上疏 請配享曹南冥德川書院事 得施行 先生只有一子弘濂 不幸夭死 嗣續
無托 梧里李相國 與永昌君柳公儀等數十人 啓請立后 於是 以先生再從弟
胤慶 子弘緖爲後 以蔭仕至殿中監 有四男一女 男長曰譓 次曰誼 曰諒 曰
諒 女適士人姜文載 譓有丈夫子一人曰廷夔 有女子子三人 皆嫁爲士人妻
韓益亨 鄭來亨 河穩 其壻也 誼無子 只有一女 適士人許鍇 諒有一男曰廷
夑 源有一男一女 男曰廷尹 女適國子上庠梁天翼 廷夔有子一人曰器重 廷
夑有一男三女 男曰任重 女適士人趙梓 餘在室 廷尹有一男一女 男曰泰重
女適士人愼昌基 先生 孝友之篤 得於天性 生養歿祭 有過人之行 恤念同氣
至老不衰 誠孝所格 致山靈之感應 友愛情摯 動蔬宸之嘉歎 其大如此 其細
行疎節 皆可略也 蓋先生稟受得天地間純剛至正之氣 大而處心行己 細而
動作言語 無一不出於正 雖當死生危迫之際 亦必以直節自勵 正道自律 不
懾不疚 至死不變 鶴峯金文忠公 所謂伏節死義 大菴朴公惺 所謂氣像峻潔
杏村閔公純 所謂胷襟灑落 德溪吳公健 所謂間世人豪 省菴金公孝元 所謂
撼山易 撼吾崔丈難者 誠爲確論 無復改評矣 先生於書無所不讀 而尤尊信
小學近思錄等書 潛心玩繹 無一字放過 體認而服行之 見學者但爲口耳之
資 而不務踐履者 則必責之曰 何其徒徇外而爲人 甘自欺而不知恥也 爲文
辭 不取藻華 惟以辭約理達爲務 常曰 何必雕鐫刻鏤 競爲巧麗之態 以取上
蔡鸚鵡之譏乎 先生姿貌端嚴 雙眸熒然 鬚髯略長六七寸 清疎若神 平居斂
膝危坐 儼然人望而畏之 及其待人接物 言溫而氣和 見者莫不心悅而誠服
素性高潔 持身嚴謹 不喜交遊 不妄言笑 辭受之際 一以道義裁之 非其義也
一芥不以取與人 非其友也 雖星使州牧 詣門投刺 輒辭疾而不見 家甚淸寒
屢至空乏 常帶好容顏 終無戚嗟怨尤之意 方其在理時 身嬰縲絏 窘辱備至
非但達官大人 見其容貌擧止 莫不悚然驚歎 下至吏胥徒隷 亦皆奔走致敬

苟非精神風采 爲人所畏愛者 能如是乎 嗚呼 天旣卑先生以志節風槩有如
是者 而卒不得見容於當世 抱冤於千載 豈天之氣數 有時相推相蕩 或失其
福善禍淫之常理 而至於是歟 尤可歎已 雖然 愚嘗歷觀前史 漢宋之季 當宁
御極之君 未聞有指斥姦凶 褒獎忠賢之擧 卒致漢室傾頹 宋祚陵替 今我昭
敬大王 旋燭守愚之冤 旣復官致祭 痛斥鄭澈 布告中外 至目之以凶毒 十行
宸翰 炳如日星 於以慰泉下之冤 伸志士之恨 以故 雖中遭陽九之會 國勢危
如累卵 而卒能匡復舊物 宗社復安 杜工部 所謂周漢獲再興 宣光果明哲者
實爲先獲之言也 嗚呼休哉 今距先生之世 甲子殆將再周矣 一日 先生之曾
孫廷尹甫 與其從兄子任重 抱梁上庠所撰 先生行實紀一通 不遠數百里 辱
以顧玄逸 請所以狀其行者 玄逸之生也後 縱未及趨下風接後塵 幸嘗得觀
近世大儒先生 所稱述先生志行之梗槩 固已景仰欽慕之者 久矣 及覩故相
眉叟許文正公 所記先生遺事 其於搆成吉三峯之謠 及改易白沙集之誣詳矣
語在眉叟記言中 愚於是 尤不勝憤懣傷悼之至 獨其事涉禍家蹤跡 尚闕論
撰記述之文 將不免堙沒而無稱 豈不重可歎哉 愚旣重兩君遠來需索之勤
且起高山景行之思 不敢以不德不文辭 乃就梁上庠 所撰輯 實記行錄中 節
略編摩 狀次之如右 以爲當世秉筆者 筆削去取之資云 謹狀

今上之二十九年 十二月 辛卯 載寧 李玄逸 狀

묘갈명墓碣銘

▲ 수우당 선생 묘소

선생의 묘소는 경기도 고양시 벽제동 산에 있다. 이 묘소에 서 있는 묘갈비는 내암 정인홍이 지은 글로 세운 것이다. 내암이 지은 글로 지금까지 비석으로 남아 있는 것으로는 유일하다고 알려져 있다.

공의 휘는 영경永慶이고 자는 효원孝元이며 화순인和順人이니 증 참의 원지元之의 후손이다. 증조 중홍重洪은 전라도 관찰사이고 증조비는 정부인 현풍玄風 곽씨郭氏이며 조 훈壎은 언양彦陽 현감이고 조비는 숙인 진주晋州 강씨姜氏이다. 고考는 세준世俊이니 병조좌랑이고 비妣는 공인 평해平海 손씨孫氏이니 찬성 문정공文貞公 순효舜孝의 아들 현감 준濬의 여이다.

공은 가정嘉靖 기축년(1529) 7월 16일 갑자에 태어났다. 비범한 자질이 있어 우뚝이 두각을 드러내니 관찰공이 특별히 사랑하였다. 이미 자라서는 입으로 상스러운 말을 하지 않았고 걸음걸이는 법도가 있었으며 행실을 다스림이 엄정하여 남과 더불어 구차히 영합하지 않았다. 일찍이 어떤 사람과 교유하였는데 그 사람이 왕실의 외척과 교분이 두터워 당시 이름을 떨치자 절교하였다. 권력과 세도를 좋아하는 자가 혹 힘써 만나보기기를 권하자 팔을 뿌리치며 거절하면서 장차 자기를 더럽힐 것처럼 여겼다.

일찍이 지평持平으로 불렀으나 나가지 아니하고 사직소를 올렸는데 그 가운데 '성명聖明으로 기미를 밝히고 위엄威嚴으로 이를 진압하여 편당偏黨의 무리로 하여금 그 흉중의 억측을 펴지 못하게 하시라'는 등의 말이 있었다. 이에 크게 당시 무리들의 미움을 받다가 결국 역모逆謀로써 무고를 당하여 위관委官에게 국문을 받았다. 성충聖衷이 현명하고 신중하여 특별히 석방되었으나 간흉들이 망극하여 반드시 그 마음을 흡족하게 하고자 하였으니 마침내 천수天壽를 누리지 못하였다. 아! 선비에게 무리와 어울리지 않는 지조志操가 있는 것은 하늘이 수립해준 것이다. 그러나 사람은 반드시 그를 죽여 버리니 이는 유독 무슨 마음인가! 비록 능히 죽일 수는 있지만 끝내 죽일 수 없는 것이 있으니 이는 어찌 천리天理가 아니겠는가!

공의 인의仁義는 천성에서 나왔다. 부모를 생전에 섬기고 사후에 장사하면서 공경과 효성을 다했으니 사람들이 다른 말을 할 수 없었다.

일찍부터 고상한 경지에 올라 속습俗習에서 벗어났고 명리名利에 초연했으며 곤궁해도 근심하지 않았고 뜻을 지켜 스스로를 믿었으니 천하의 만물 중에 족히 그 마음을 움직이고 그 지조를 바꾸게 할 것이 없었다. 책을 볼 적에는 자기에게 절실한 것을 추구했고 문사를 꾸미는 것을 일삼지 않았으며 언행이 암암리에 법도와 합치되어 고인古人에게 부끄러움이 없었다. 일찍이 폐백幣帛을 지니고서 남명南冥 선생을 배알하였고 선생이 돌아가시자 사우祠宇를 건립했으며 진양晉陽에 은둔하여 노년을 보냈다.

옥중에 있을 때는 날마다 대궐을 향하여 앉아서 잠시도 변함이 없었으며 담소함이 평소와 같아 어떤 기미도 드러냄이 없었다. 유사有司가 반드시 연좌시키고자 하여 위협과 곤욕과 모함과 날조를 자행했으나 공은 태연히 개의치 않았으며 응대함에 조금도 굽히지 않았다. 한 문사랑問事郎이 말하기를 "이 사람은 능히 사생死生을 도외시하니 미칠 수가 없다."고 하였다. 하인 몇 명이 또 체포되자 혹이 말하기를 "하인들이 문초問招를 받을 것이니 청컨대 상세히 지시하라."고 하였다. 이에 공이 정색을 하고 말하기를 "스스로 마땅히 진술할 것인데 내가 무엇을 관여하겠는가!" 하면서 끝까지 서로 가까이 하지 않았다. 왕옥王獄에는 수직守直이 있어 비록 고관대작이 갇히더라도 그 능욕함에 거리낌이 없었으나 공을 섬김에는 경건하여 마치 어진 하인이 엄한 주인을 섬기는 것 같았으니 이는 또한 공의 풍신風神이 스스로 완악한 무리를 감동시킨 것이다.

아! 공이 끝내 화를 면하지 못한 것은 사람에 의한 것이지 하늘에 의한 아니다. 하늘은 참으로 돌보아주었지만 사람이 결국 모함하였다. 공이 감동시킨 것은 하늘이고 공이 불능한 것은 사람이니 군자가 사람에게 불능한 지는 오래되었다. 누차 부름을 받았으나 모두 나가지 않았고 오직 사축司畜에만 사은謝恩하고 돌아왔다. 공이 세상을 떠나자 성명聖明이 통촉하여 흉도兇徒들을 삭출했으며 죽음을 애도하고 사후에 존숭하여 벼슬을 추증하고 제사를 내렸으며 그 처자를 구휼하였다. 아! 사람도 능히 죽일 수 없는 것에는 끝내 어찌 할 수 없다. 머리꾸미개를 잃었지만 7일 만에 찾았으니[11] 공은 하늘을 감동시킨 것이 확실하다.

공은 화암부수花巖副守 억세億歲의 여에게 장가들어 아들 홍렴弘濂을 낳았으나 공보다 먼저 요절하였고 측실에서 1남 2녀를 낳았는데 왜구에게 잡혀갔다. 강군姜君 극신克新은 공과 가장 친하고 또 배움을 받았기에 그 무덤에 비석을 세워 그 자취를 표하고자 하였다. 사우士友들이 힘을 모아 서로 도우면서 무상無狀한 내가 공을 안다고 하여 거칠고 둔하다 해도 들어주지 않고 억지로 갈명碣銘을 청하였다. 이에 사양함을 이루지 못하고 명銘하여 이르기를,

목암동木巖洞영구營丘의 산등성이, 사척四尺의 봉분은 공의 묘소이다. 몸은 죽일 수 있어도 지조는 더욱 빛나, 여기 비석 세우니 유풍遺風 절로 유장하리.

서산瑞山 정인홍鄭仁弘 찬撰

墓碣銘

公 諱永慶 字孝元 和順人 贈參議元之之後也 曾祖重洪 全羅道觀察使 曾祖妣 貞夫人玄風郭氏 祖壎 彦陽縣監 祖妣 淑人晉州姜氏 考世俊 兵曹佐郎 妣 恭人平海孫氏 贊成文貞公 舜孝之子 縣監 潩之女 公以嘉靖己丑七月十六日甲子生 有異質 巀然出頭角 觀察公 奇愛之 旣長 口無俚近語 步趨有法度 制行峻整 與人不苟合 嘗與人遊從 其人與戚里交厚 有時名 絶之 有嗜權樂勢者 或勉使相見 掉臂若將浼 嘗以持平召 不就 上辭職疏 其中有 明以燭幾 威以鎭之 使偏黨之徒 不得肆其胷臆等語 大爲時輩喧媚 畢竟誣

---

11) 『주역周易』 기제괘旣濟卦의 육이六二 효사爻辭에 "부인이 그 머리꾸미개를 잃었으니[婦喪其茀] 쫓지 말면[勿逐] 7일 만에 얻을 것이다[七日得]."라고 하였다. 이는 비록 변고를 당하여도 중정中正한 도道를 잃지 않으면 7일 만에 다시 본래의 지위를 회복한다는 말이다.

以非道 問于廷尉 宸衷明愼 特蒙渙宥 奸兇罔極 必欲甘心 竟不得以大辜終
焉 嗚呼 士有不羣之操 天與其樹立 人必殺越之 此獨何心 雖能殺越 終不
以殺越者存 庸非天乎 公仁義 性於天 事生喪死 致敬致孝 人無間然 早自
高蹈 於俗翏蛻如也 於聲利超然也 處約而不悶 有守而自信 天下萬物 無足
以動其心易其操者 看書切己 不事文藻 言行暗與道合 無媿古人 嘗執贄 見
南冥先生 先生卒 爲立祠宇 菟裘晉陽老焉 及在幽繫中 日必面闢而坐 未嘗
頃刻變 談笑如平日 無幾微見焉 有司必欲及之 恣威辱誣捏 公怡然不以爲
意 辨對不少詘 有一問事郞 言此人能置死生於度外 不可及也 蒼頭數輩 亦
被逮 或曰蒼頭當置辭 請詳指敎 公正色曰 自當爲辭 我何與焉 終不與之相
近 王獄間有直 雖薦紳囚繫 其凌挫無顧忌 事公虔 若良奴僕事嚴主 此亦公
風神 自有感動頑類者 噫 公之終不免者人 非天也 天實理之 人卒陷之 公
之所動者天 公之所不能者人 君子之不能於人 久矣 累徵皆不起 獨於司蓄
拜謝而歸 公歿 离明洞燭 削黜兇徒 隱卒崇終 贈之爵 賜之祭 恤其孥 噫
人於不可得以殺越者 終不容如何 喪甫而七日得 公之動乎天者 孚矣 公娶
花巖副守億歲之女 生子弘濂 先公歿 旁室生一男二女 遭倭寇擄焉 姜君克
新 於公最親 且受學 欲石其墓 著其跡 士友出力相助 謂無狀知公 不聽荒
頓 强爲之請 辭不獲 銘曰 木之巖 營丘岡 四尺封 公之藏 身可死 守益光
石于此 風自長

瑞山 鄭仁弘 撰

묘지명墓誌銘

　증자曾子가 말하기를 "육척六尺의 어린 임금을 맡길 수 있고 백리百里의 나라 정사를 위임할 수 있으며 대절大節에 임해서도 그 지조를 뺏을 수 없다면 군자이겠는가? 군자이다." 하였고 맹자孟子가 말하기를 "부귀富貴에도 방탕하지 않고 빈천貧賤에도 변절하지 않으며 위무威武에 굴하지 않는다면 이를 일러 대장부라 한다."고 하였으니 고금을 두루 살펴보건대 이 말을 감당할 수 있는 사람이 천하에 무릇 몇이나 되겠는가! 우리나라에서는 오직 수우당守愚堂 선생이 그 사람일 것이다.

　선생의 휘는 영경永慶이고 자는 효원孝元이며 성은 최씨崔氏이니 화순인和順人이다. 시조 휘 세기世基는 고려조에 평장사로 오산군烏山君에 봉해졌고 중세의 휘 원지元之는 조선조 호조참의였는데 이로부터 벼슬이 계속 이어졌다. 증조 휘 중홍重洪은 관찰사이고 조 휘 훈壎은 감찰이며 고考 휘 세준世俊은 좌랑이고 비妣 손씨孫氏는 문정공 순효舜孝의 아들 현감 준濬의 여이니 그 세덕世德의 성대함이 이와 같다.

　나면서부터 기상이 준상峻爽하여 보통 아이들과 달랐으니 진귀한 과일을 얻으면 반드시 간직하여 부모에게 드렸다. 독서를 좋아하여 책려함을 번거롭지 않게 하였고 기자箕子의 맥수가麥秀歌에 이르러서는 흐느끼며 눈물을 흘렸다. 행동과 걸음걸이에 엄연히 어른의 모습이 있었으니 그 날 때부터 자질資質의 아름다움이 이와 같았다.

　효제孝悌가 출천하여 부모를 섬김에 그 정성이 지극했으니 선공先公의 상을 당해서는 슬픔으로 몸을 상함이 예제를 넘었다. 모부인이 이를 걱정하여 미음을 억지로 권하자 이에 선생께서 비로소 먹기를 조금 허락했으나 졸곡卒哭에 이르기까지 여전히 그렇게 하였다. 모부인이 질병에 걸려 위독하자 선생께서 팔을 찔러 피를 받아 약에 타서 올렸는데 드디어 병이 나았다. 모부인의 상을 당해서도 슬퍼함이 전상前喪과 같았으며 조석으로 전奠을 올림에 반드시 어육魚肉을 갖추었다. 하루는 비가 내려 어육을 갖추지 못하여 묘소에 엎드려 호곡하였는데 호랑이가 산돼지를 물고 와 상석에 두고 떠났으니 사람들이 모두 경이롭게 여겼다. 형제와 우애가 매우 돈독했으니 분가分家할 적에 무릇 건장한 하인과 기름진 전답을 모두 나누어 주었다. 일찍 홀로된 신씨愼氏 댁에 시집간 누이를 보살피면서 그 근실함이 늙도록 쇠하지 않았으니 그 천륜天倫의 돈독함이 이와 같았다.

소시에 누차 향시鄕試에 합격했지만 회시會試에 불리하자 수신修身과 구도求道에 힘을 기울였다. 책은 읽지 않은 것이 없었으나 소학小學 근사록近思錄 등을 더욱 존신하였고 잠심하여 탐구하면서 한 글자도 그냥 지나치지 않았으며 마음으로 체인하고 복응하여 행했으니 그 학문을 좋아하여 싫어하지 않음이 이와 같았다.

일찍이 집지執贄하여 남명南冥 선생을 배알하고는 의귀依歸할 곳을 얻음을 기뻐하더니 감복하여 섬기기를 오로지 하였다. 또 동강東岡 한강寒岡 두 선생과 황암篁巖 박제인朴齊仁 대소헌大笑軒 조종도趙宗道 등 제현과 더불어 도의道義의 교분을 맺어 시월時月로 강마하면서 자익資益함이 매우 많았으니 그 사우師友 간에 보인輔仁한 노력이 이와 같았다.

처음에 사관祠官을 내렸으나 취임하지 않았고 누차 수령守令을 제수했지만 나가지 않았다. 사축司畜의 부름이 있자 잠시 응하였다가 곧 물러났으며 또 사헌부 지평持平의 명을 받고는 소疏를 올려 소회를 진언하였다. 노소재盧蘇齋의 서찰에 답하면서 "벼슬에 나가는 해害도 또한 적지 않다."고 하였으니 그 출처出處의 정대함이 이와 같았다.

집안이 매우 청한淸寒하여 밥 짓는 연기가 자주 끊겼지만 항상 밝은 안색을 띠었다. 의롭지 않은 물건은 취하지 않았고 예가 아닌 자리는 나가지 않았다. 늦게 핀 한매寒梅를 베어버리려 하였고 눈 속의 소나무가 홀로 빼어남을 칭탄했으니 그 지행志行의 고결함이 이와 같았다.

의금부에 체포되어서도 담소가 태연자약하였으며 국정鞫庭의 엄한 심문을 대하여도 언사가 자세하고 간절하였다. 삼봉三峯이란 날조된 무고와 정적鄭賊[12]의 모함하는 악행도 모두 햇볕에 눈 녹듯 없어졌으며 위관委官도 예의를 표하고 옥졸도 감복하였다. 비록 옥중에서 돌아가심을 면치 못했으나 성명聖明이 통촉하여 신설伸雪이 이내 내려졌으니 천하가 모두 선생의 원통함을 알게 되었다.

대개 당초 권간權奸들이 원통한 옥사를 조성한 것도 하늘의 뜻이고 뒤에 성신聖神이 흉계를 밝게 파헤친 것도 또한 하늘의 뜻이다. 하늘이 이미 선생에게 이와 같은 자질을 품부하고서도 또 다시 선생에게 이와 같은 재앙을 내린 것은 그 까닭이 무엇인가!

학봉鶴峯 선생은 절개를 지켜 의리에 죽을 분이라 허여했고 서애西厓 선생은 당세에 사람을 경악하게 한 분이라고 칭탄했으며 덕계德溪 선생은 세상에 드문 호걸이라 하였고 대암大菴 박공朴公은 기상이 준결峻潔하다고 하였으며 성암省菴 김공金公은 산을 움직이기는 쉬워도 우리 최장崔丈을 움직이기는 어렵다고 하였으니 일시의 선배들이 추중推重한 말이 또 이와 같다.

그러므로 미수眉叟 허선생許先生이 유사遺事를 지으면서 남김없이 기록하여 기휘忌諱함이 없었고 남악南岳 이선생李先生이 행장行狀을 지으면서 상세하게 적어서 빠뜨림이 없었다. 이는 모두 대군자大君子의 곤월袞鉞[13] 같은 필법이니 후세에 글을 짓는 이들이 대저 누가 감히 그 외양만 모방하여 스스로 어리석고 망령된 꾸짖음을 취하겠는가!

부인은 종실宗室 이씨李氏로 화암부수花巖副守 억세億歲의 여이다. 사자嗣子 홍서弘緖는 음직 감찰로 4남을 낳았으니 혜譓 의誼 량諒 원諒이고 1녀는 강문재姜文載에게 출가했다. 혜譓의 아들은 정기廷虁이고 딸은 한익형韓益亨 정래형鄭來亨 하은河櫶에게 출가했다. 의誼의 1녀는 허개許鍇에

---

12) 정적鄭賊: 정철을 지칭하는 말이다.

13) 곤월袞鉞: 곤의袞衣와 부월斧鉞. 옛날에 상을 줄 적에는 곤의袞衣를 내리고 벌을 줄 적에는 부월斧鉞을 내렸는데 이는 그 선악善惡에 대한 포폄褒貶의 엄정함을 말한다.

게 출가했고 량諒의 아들은 정석廷奭이며 원謜의 아들은 정윤廷尹이고 딸은 양천익梁天翼에게 출가했다. 정기廷夔의 아들은 기중器重이고 정석廷奭의 아들은 임중任重이며 딸은 조재趙梓에게 출가했다. 정윤廷尹의 아들은 태중泰重이고 딸은 신창기愼昌基에게 출가했다. 나머지는 모두 기록하지 않는다.

아! 선생께서 서거하신 지 이제 300년이 지났다. 매양 한화寒花 같은 적막한 감회만 있었는데 이제 주손胄孫 학수鶴洙가 족인族人 한진翰振으로 하여금 400리를 달려오게 하여 묘지명墓誌銘을 청하였다. 돌아보건대 나는 아득한 후생으로 어찌 감히 이를 하겠는가! 누차 사양해도 이루지 못했으니 삼가 여러 선배들이 저술한 것을 보고서 그 대강을 취하여 명銘을 짓는다. 명하여 이르기를,

일월日月의 광채는 선생의 도학道學이요, 태산泰山이 무너지지 않음은 선생의 면목面目이니, 천추만세토록 길이 우리 유림의 긍식矜式이로다.

후학後學 의금부義禁府 도사都事 문소聞韶 김도화金道和 근찬謹撰

墓誌銘

曾子曰 可以託六尺之孤 可以寄百里之命 臨大節而不可奪 君子人歟 君子人也 孟子曰 富貴不能淫 貧賤不能移 威武不能屈 此之謂大丈夫 歷觀今古 可以當此語者 天下凡幾人哉 其在東國 惟守愚堂先生 其人也歟 先生諱永慶 字孝元 姓崔氏 和順人也 始祖曰世基 高麗朝 爲平章事 封烏山君中世 有諱元之 本朝 戶曹參議 自是 珪笏相承 曾祖諱重洪 觀察使 祖諱壎監察 考諱世俊 佐郎 妣孫氏 文貞公舜孝之子 縣監澝之女 其世德之盛 有如此者 生而峻爽 異凡兒 得珍果 必懷而遺父母 好讀書 不煩鞭督 至箕子麥秀歌 嗚咽流涕 行止步趨 儼然有成人樣 其生質之美 有如此者 孝弟出於天 事父母 極其誠 及遭先公喪 哀毀過制 母夫人憂之 强勸粥飮 先生始飮

小許 至卒哭尙然 母夫人偶疾欸甚 先生刺臂血 和藥以進 病遂良已 旣遭故
致哀如前喪 晨夕饋奠 必具魚肉 一日阻雨不得具 伏墓號哭 有一虎負猪 置
床而去 人皆驚異 與兄弟友愛愈篤 及析箸 凡壯僕腴畝 悉推與之 率育愼氏
妹蚤寡者 眷撫之勤 至老不衰 其彝倫篤行 有如此者 其少也 屢擧於鄕 而
輒不利 卽以修身求道爲務 於書無不讀 而尤尊信小學近思等書 潛心玩究
不一字放過 必體認而服行之 其好學不厭 有如此者 嘗贄拜于南冥先生 喜
得依歸 服事專專 又與雨岡先生 及朴篁巖齊仁 趙大笑宗道 諸賢 結道義交
時月講磨 資益弘多 其師友輔仁之力 有如此者 始拜祠官 不就 屢除守令
不起 司畜有召 而暫應旋退 憲臺有命 而疏陳所懷 其答盧蘇齋書 有曰 通
之害 亦不小矣 其出處之正 有如此者 家甚淸寒 廚烟屢空 而常帶好容顔
物不取非義 足不踐非禮 斫倒寒梅之晚發 歎賞雪松之孤秀 其志行之高潔
有如此者 就錦衣之逮捕 而談笑自若 對鞫庭之嚴訊 而辭氣精切 三峯傅會
之誣 鄭賊援引之惡 皆如雪於睍 委官動容 徒隷感服 雖不免啓足於縲絏之
中 而离明洞照 渙霈旋降 天下皆知先生之冤 蓋當初權奸之釀成冤獄者 天
也 後來聖神之燭破肝肚者 亦天也 天旣賦先生 如是之資斧 又復厄先生 如
是之禍窄者 其故何哉 鶴峯先生 以伏節死義許之 西厓先生 以當世驚人稱
之 德溪先生曰 間世人豪 大菴朴公曰 氣象峻潔 省菴金公曰 撼山易 撼吾
丈難 其一時先輩 推重之言 又有如此者 是以 眉叟許先生之撰遺事 備述而
不諱 南岳李先生之叙善狀 詳載而不遺 皆大君子袞鉞之筆也 後世觚墨之
徒 夫孰敢畵葫依樣 自取愚妄之誅哉 夫人 宗室李氏 花巖副守 億載之女也
嗣子弘緖 蔭監察 生四男 譓誼諒源 一女姜文載 譓 子廷虁 女韓益亨 鄭來
亨 河穩 誼 一女許鍇 諒 一子廷奭 源 子廷尹 女梁天翼 廷虁 一子器重
廷奭 子任重 女趙梓 廷尹 子泰重 女愼昌基 餘不盡錄 嗚呼 先生之葬 今距
數三百歲矣 每有寒花寂歷之感 今胄孫鶴洙 使族人翰振 跋涉四百里 以竁
誌請 顧道和 藐然後生 何敢焉 蓋累辭不獲 則謹就諸先輩所述 撮其大而爲
之銘 銘曰 日月有明 先生之道學 泰山不頹 先生之面目 秋千歲萬分 永爲
吾黨之矜式

後學 義禁府 都事 聞韶 金道和 謹撰

신도비명神道碑銘 병서幷序

▲ 수우당 선생 신도비

수우당 선생이 기축옥사에 억울하게 연루되어 1590년 옥중에서 돌아가시고 다음해(1591)에
신원되어 사헌부 대사헌에 추증되었으나 오랜 세월동안 신도비를 세우지 못했다. 근래에 이헌주
가 비명을 지어 선생의 유허에 세운 도강서당 앞에 비석을 만들어 세웠다.

수우당守愚堂 최선생崔先生은 조선의 대현大賢이다. 선조宣祖 때에 기축년(1589) 역옥逆獄이 일어나 일시의 명사名士들이 불의에 주륙誅戮을 당했는데 선생께서도 또한 이를 면하지 못했다. 비록 즉시 군상君上이 신설伸雪하였지만 그러나 국인國人들이 지금까지 추도追悼하고 있으니 이는 또한 천리天理와 민심民心이 스스로 그만둘 수 없기 때문이다. 선생께서 돌아가신 후 묘비墓碑가 세워지고 실기實記가 간행되었으며 도강서당道江書堂과 청풍사淸風祠가 건립되어 무릇 사후死後의 일이 대략 갖추어졌으나 유독 신도비神道碑의 건립이 여태 이루어지지 못했다. 이에 여러 후손들과 사림이 개연히 상의하여 말하기를 "선생의 관직은 이품二品에 이르렀으니 법도 상 마땅히 이수螭首와 귀부龜趺를 갖춘 비碑가 있어야 한다. 어찌 서로 이를 도모하지 않겠는가!" 하였다. 드디어 웅장한 비석을 마련하여 서당書堂 앞에 세우면서 주손冑孫 준렬俊烈이 그 비문을 나에게 부탁하였다. 돌아보건대 미미한 말학 후생이 어찌 감히 이를 감당하겠는가마는 이미 누차 사양함을 이루지 못했으니 삼가 여러 선현先賢들이 찬술한 문자를 근거하여 이에 서문을 짓는다.

　선생의 휘는 영경永慶이고 자는 효원孝元이며 화순인和順人이니 고려 평장사 오산군烏山君 휘 세기世基가 그 상조上祖이다. 감사 중홍重洪 현감 훈壎 병조좌랑 세준世俊은 그 선계先系이고 비妣 평해平海 손씨孫氏는 문정공 순효舜孝의 손녀이자 현감 준濬의 여이다. 중종中宗 기축년(1529) 한성漢城에서 선생을 낳았으니 수우당守愚堂은 그 자호自號이다. 천품이 준결하였는데 어려서 사기史記를 읽다가 기자箕子의 맥수가麥秀歌에 이르러 문득 울면서 눈물을 흘렸으니 사람들이 모두 그 비상함을 알았다. 조금 자라서는 행동과 언사에 법도가 있어 엄연히 성인의 풍모와 같았다. 성품이 지극히 효성스러웠으니 외출하여 진귀한 과일이나 특별한 음식을 얻으면 지니고 돌아와 부모에게 드렸다. 부친께서 돌아가시자 슬픔으로 몸을 훼손함이 예제를 넘었는데 모부인께서 이를 근심하여 억지로 미음을 권하니 선생께서 비로소 마시기를 조금 허락했지만 졸곡卒哭에 이르기까지 그렇게 하였다. 모친께서 일찍이 병이 위독해지자 선생께서 팔뚝을 찔러 피를 받아 약에 타서 올리니 마침내 완쾌하였다. 뒤에 모친상을 당하여 시묘侍墓하면서 슬픔을 받쳤는데 조석으로 음식을 올릴 적에 반드시 어육魚肉을 갖추었다. 하루는 비로 인해 길이 막혀 제수祭需를 갖추지 못하고 묘소에 엎드려 호곡號哭하였는데 호랑이가 산돼지를 물어다가 묘소 앞에 두고 떠났으니 사람들이 효성에 감응한 소치라 하였다. 아우와 더불어 우애가 매우 깊었으니 분가할 적에 건장한 하인과 기름진 전답은 모두 양보하고 스스로는 그 노약하고 척박한 것만을 취하였다. 신씨愼氏 댁에 시집간 누이가 일찍 홀로 되어 의지할데가 없자 집으로 데려와 보살피면서 늙도록 소홀하지 않았으니 그 천륜天倫에 돈독함이 이와 같았다.

소시에 과거공부를 하여 누차 향시鄕試에 합격했지만 복시覆試에 불리하자 마침내 벼슬에 마음을 버리고 도학에 뜻을 두었다. 책은 읽지 않은 것이 없었지만 소학小學 근사록近思錄 등에 더욱 전념하여 깊이 탐구했으며 깨우침이 있으면 반드시 몸과 마음에 체득하였고 한갓되이 귀로 듣고 입으로 말만하는 것을 일삼지 않았다. 일찍이 집지執贄하여 남명南冥 선생을 배알하고는 의귀依歸할 곳을 얻음을 기뻐하면서 복종하고 섬김을 근면히 하였으며 매양 거주지가 너무 멀어 자주 가르침을 받들지 못함을 한스러워하였다. 스승의 부음訃音을 듣고는 크게 애통해하면서 천리 길을 달려와 글을 지어 제사를 드렸고 또 예를 갖춰 심상心喪을 입었다. 당시 선비들이 선생의 행의行義로써 조정에 천거하자 사관祠官을 제수하였고 뒤에 또 수령守令 도사都事 지평持平을 제수했으나 모두 나가지 않았다. 단지 사축司畜으로 부름이 있자 잠시 응하였다가 이내 돌아왔으니 이는 대개 당시에 조정의 의론이 분분하고 간사한 자들이 국사를 전횡하여 의리상 벼슬할 수 없었기 때문이었다. 이에 진주晋州 도동道洞의 죽림竹林 가운데 집을 지어 수우당守愚堂이라 하고는 뜰에 매화와 국화를 심고 백학白鶴 한 쌍을 기르면서 좌우에 도서를 두고 즐기면서 근심을 잊었다. 김동강金東岡 정한강鄭寒岡 박황암朴篁巖 조대소헌趙大笑軒 하각재河覺齋 제현과 도의道義로써 강마하여 서로 깊이 유익함이 있었다. 집이 매우 가난하여 왕왕 끼니를 잇지 못했지만 항상 안색이 밝았으며 의롭지 않은 물건은 취하지 않았고 예가 아닌 자리는 나가지 않았다. 인물의 선악을 평할 때는 논의가 정직했으니 마음에 합당하지 않은 바가 있으면 비록 권세 있고 고귀한 자라도 면전에서 배척하면서 조금도 용서함이 없었다.

정여립鄭汝立이 모역謀逆으로 복주伏誅될 적에 선생께서 삼봉三峯으로 모함을 당하여 왕옥王獄에 갇혔다. 대개 선생께서 우계牛溪 성혼成渾과 당시 일찍이 왕래하다가 그가 왕실의 인척과 서로 교제함이 두텁다는 말을 듣고는 드디어 절교하였고 또 일찍이 송강松江 정철鄭澈을 일러 색성소인素性小人이라 하였다. 이런 까닭으로 온갖 원망이 모여서 이런 말을 날조하여 선생을 중상中傷하였던 것이다. 선생께서는 이미 국정鞫庭에서도 언사와 행동이 조용하고 담담하여 조금도 두려워하는 기색이 없었다. 그 공초供招에 대략 말하기를 "삼봉三峯의 이야기는 전혀 근거가 없습니다. 무릇 사람이 자호自號를 지을 때는 혹 평생의 지원志願으로써 하거나 혹 거주지의 산천山川으로써 합니다. 신臣은 학자들이 스스로 겸손하게 근신하지 않고 제멋대로 고상하게 표방함을 근심하였기 때문에 신이 거주하는 집을 수우守愚로 편액하였으니 어찌 감히 다른 호를 사용하겠습니까? 하물며 삼봉三峯은 바로 간신 정도전鄭道傳의 호이니 신이 또한 어찌 이를 답습하겠습니까? 저 질투하는 무리들이 근거 없는 말을 날조하여 교묘히 죄상을 꾸며서 신을 죽인 이후에 그만두려는 것입니다. 혈혈단신 외로운 신은 달리 의지할 곳이 없습니다. 믿는 바는 오직 천일天日이 조림하는 것일 뿐입니다."라고 하였다. 주상主上이 그 원통함을 살펴 특별히 석방함을 내리자 선생께서 어명을 듣고 눈물을 흘리며 말하기를 "임금의 은혜가 하늘과 같으니 감격하여 우러름이 망극하다. 다만 생각건대 나의 아우 여경餘慶이 함께 화변에 걸려들어

은택을 입지 못하고 불행히도 먼저 죽었다. 재앙은 나로 말미암아 일어났는데 나의 아우가 무슨 죄인가! 이것이 슬플 따름이다.”라고 하였다.

선생께서 옥에서 나와서는 대궐에 나가 절하며 사은謝恩하고 집에 와서 며칠을 머물렀다. 이에 우계牛溪가 그 아들을 시켜 쌀말을 보냈는데 그가 말하기를 “공은 누구에게 거슬림을 당해 이에 이르렀습니까?” 하니 선생께서 말하기를 “네 아비에게 미움을 받았다.”고 하였다. 다음 날 헌부憲府에서 계를 올려 재국再鞫을 청하자 선생께서 이에 또 국정鞫庭에 들어가 온갖 곤욕을 당하였다. 그러나 조금도 굴하지 아니하고 사기辭氣가 태연자약했으니 말하기를 “명수命數가 아님이 없다. 단지 마땅히 그 올바름을 순순히 받아들일 뿐이다.”라고 하였다. 당시 백사白沙 이상공李相公이 문사랑問事郞이었는데 나와서 사람들에게 말하기를 “이 노인은 사생死生이 달린 때를 당해서도 그 지키는 바를 바꾸지 않으니 미칠 수가 없다.” 하였고 국청鞫廳에 참석한 다른 재상宰相들도 또한 입을 모아 칭탄하지 않음이 없었다. 선생께서는 일찍이 폐질肺疾을 앓았는데 이때에 이르러 점점 극심해지자 위관委官이 의원을 보내 진찰하기를 청하니 선생께서 거절하면서 허락하지 않았다. 함께 옥에 수감된 자가 군자君子의 섭신攝身하는 방도를 묻자 선생께서 말하기를 “그대의 표덕表德이 무엇인가?” 하였다. “자정子正입니다.” 하니 선생께서 말하기를 “이 한 자면 족하다. 달리 무엇을 구하겠는가!” 하였다.

바야흐로 병이 위독해지자 바를 정자正字한 자를 크게 써서 사인士人에게 주면서 말하기를 “그대는 이 글자의 뜻을 아는가?” 하고는 얼마 후 옥중에서 세상을 떠났으니 이때가 만력萬曆 경인년(1590) 9월 28일이다. 향년 62세이고 양주楊州 서쪽 목암동木巖洞 자좌子坐에 안장하였다. 부인은 종실宗室 이씨李氏로 부수副守 억세億歲의 여이니 심히 곤범壼範이 있었고 같은 묘墓에 안장하였다. 선생께서 돌아가신 후 얼마 못되어 주상主上께서 특별히 신설伸雪을 명하였고 가선대부嘉善大夫 대사헌大司憲에 추증했으며 예관禮官을 보내 제사를 내리고 그 집안을 후하게 구휼하였다. 뒤에 삼사三司의 논계論啓로 인하여 정철鄭澈의 관직을 추탈하였다. 광해光海 임자년(1612)에 조령朝令으로 덕천서원德川書院의 남명 선생에게 배향配享하였다. 선생에게는 한 아들 홍렴弘濂이 있었으나 불행히도 요절했다. 오리梧里 이상국李相國이 후사後嗣를 세울 것을 계청啓請하여 이에 선생의 종제從弟 윤경胤慶의 아들 홍서弘緒를 취하여 뒤를 이었으니 음직 전중감殿中監이다. 4남 1녀를 두었으니 아들은 혜譓 의誼 량諒 원源이고 딸은 사인 강문재姜文載에게 출가했다. 이하는 생략한다.

선생께서 저술한 문자는 화란禍亂 중에 분실하여 그 학술의 전모를 상고할 수 없으니 심히 한스럽다. 그러나 학봉鶴峯 선생이 선생을 칭송하여 "절개를 지켜 의리에 죽을 분"이라 하였고 서애西厓 선생이 말하기를 "당세의 위인偉人"이라 하였으며 덕계德溪 선생이 말하기를 "간세間世의 인걸"이라 하였고 대암大菴 박공朴公이 말하기를 "기상이 준결峻潔하다." 하였으며 성암省菴 김공金公이 말하기를 "산을 흔들기는 쉬워도 최장崔丈을 흔들기는 어렵다."고 하였다. 이것만 보아도 선생을 상상할 수 있으니 구구한 문자의 전함과 부전함으로 어찌 족히 그 경중을 따지겠는가! 이어 명銘을 지어 끝을 맺으니 그 사詞에 이르기를,

산해山海의 문하에는 준사들이 운흥雲興했으니, 그 누가 훌륭하지 않았겠는가마는 선생 같은 분은 없었다. 생각건대 선생께서는 천품이 빼어났으니, 벽립壁立의 기상과 봉상鳳翔의 풍범을 지니셨다. 지절志節은 일세에 높았고 식견識見은 천고를 통달했으며, 일념으로 매진함은 정학正學과 정도正道였다. 오직 경敬과 오직 의義는 사문師門의 요결이니, 가슴에 안고 띠에 적어 한 순간도 잃지 않았다. 고학皐鶴 울음 위에 들려 벼슬 부름 누차 이르렀으나, 부운浮雲 같은 공명功名이라 굳게 누워 나가지 않았다. 비록 출사出仕하지 않았지만 나라를 잊지는 않았으니, 근심 깊은 단침丹忱은 과녁 향한 화살 같았다. 기축년의 참화慘禍에 천지가 캄캄하더니, 구름 흙비 소진하자 일월日月 다시 밝았다. 사제賜祭하고 증작贈爵하니 은택恩澤 이미 지극했고, 선비들 향사享祀하니 숭모崇慕 또

한 독실했다. 한 때 잠시 굽혔다가 백세百世 기리 펼쳤으니, 생각건대 선생께선 구천九泉에서 여한餘恨이 없으리. 오직 여기 신도神道에는 여태 전각篆刻 없었으니, 이에 도모하고 상의하여 높은 비석 세웠다. 밝은 사적事蹟 글로 적어 무궁토록 전하노니, 무릇 이곳 지나는 이 청풍清風 느껴 엄숙하리.

후학後學 성산星山 이헌주李憲柱 근찬謹撰

守愚堂 崔先生 神道碑銘 幷序

守愚堂崔先生 國朝大賢也 當宣廟己丑逆獄起 一時名士多橫被誅戮 而 先生亦不得免焉 雖卽爲君上之所伸雪 然 國人猶至今追悼之 盖亦天彝民 衷之所不容自已也 先生歿後 墓碑成矣 實記行矣 道江書堂及清風祠建矣 凡於後事大略備具 而獨神道之刻 尚未遑焉 至是 諸後孫與士林 慨然謀曰 先生官至二品 於法宜有螭龜之奠 盍相與圖之 遂治一穹碑 奉樹于書堂之 前 胄孫俊烈 勾其文於憲柱 顧眇末後生 何敢焉 旣累辭不獲 則謹據諸先賢 撰述文字 而爲之序曰 先生 諱永慶 字孝元 和順人 高麗 平章事 烏山君 諱世基 其上祖 監事重洪 縣監壎 兵曹佐郎世俊 其系世也 妣平海孫氏 文 貞公舜孝孫 縣監濬女 中宗己丑 生先生於漢城 守愚堂其自號也 天資峻爽 幼而讀史 至箕子麥秀歌 輒鳴咽流涕 人皆知其非常 稍長 行止語默有度 儼 然若成人儀 性至孝 出而得珍果異味 必懷而納諸父母 父公歿 哀毁逾制 母 夫人憂之 强勸粥飲 先生始飲少許 至卒哭猶然 母嘗病劇 先生刺臂出血 和 藥以進 遂得良已 後遭喪 廬墓致哀 朝晡奠饋 必具魚肉 一日阻雨不得具 伏墓號哭 有虎負猪 置墓前而去 人謂孝感也 與弟友甚 當析箸 壯僕腴畝 悉讓與之 自取其弱與瘠 愼氏妹 早寡無依 率歸于家而撫恤之 至老不衰 其 篤於倫類此 少治擧業 屢捷鄉解 而不利於禮圍 遂不心進取 有志于道 於書 無不讀 而尤專信小學近思錄等書 沈潛玩究 有得必體諸身心 而不徒事口 耳已也 嘗贄拜南冥先生 喜得依歸 服事惟謹 而每以所居絶遠 不得數承教 誨爲恨 及聞易簀 爲之大痛傷 千里奔赴 爲文以祭之 又服心喪如禮 時 多

士以先生行義 薦于朝 拜祠官 後又除守令都事持平 皆不起 至於司畜有召
而暫應旋歸 盖以當時朝議多歧 憸奸用事 義不可仕也 乃就晉之道洞竹林
中 而起一堂曰守愚 庭植梅菊 養白鶴一雙 左右圖書 樂以忘憂 與金東岡
鄭寒岡 朴篁巖 趙大笑軒 河覺齋 諸賢 道義講磨 甚相得也 家甚貧 往往蔬
糲不繼 而恒有好容顏 物不取非義 足不踐非禮 至於臧否人物 論議正直 意
有所不合 雖權貴輒面折之 不少假借 及鄭汝立謀逆伏誅 先生以三峯被誣
囚王獄 盖先生與成牛溪渾 時嘗往還 及聞與戚里相交厚 遂與之絶 又嘗謂
鄭松江澈 爲索性小人 以故衆怨蝟集 捏造是言以中傷先生也 先生旣鞫庭
言辭擧止 從容靜暇 略無幾微恐懼色 其供招略曰 三峯之說 極爲無據 凡人
自號 或以平生志願 或以所居山川 臣患學者不自謙牧 而高自標榜 故臣所
居舍 扁以守愚 何敢更用他號 況三峯乃奸臣鄭道傳之號 臣又豈肯蹈襲爲
哉 彼媚嫉之輩 幻出無根之言 萋斐成錦 必欲殺臣而後已 孑然孤臣 無他依
賴 所恃惟天日照臨而已 上察其寃 特賜厚宥 先生聞命涕泣曰 君恩如天 感
戴罔極 但念吾弟餘慶 同罹禍變 未蒙沛澤而不幸先死 孽自己作 吾弟何罪
是可悲已 先生出獄 詣闕拜謝 至家留數日 牛溪使其子來致斗米曰 公見忤
於何人而至此 先生曰 見惡於乃翁也 翌日 憲府啓請再鞫 先生於是 又入鞫
庭 捽辱有加而不少挫屈 辭氣自若曰 莫非命也 但當順受其正而已 時 白沙
李相公 爲問事郎 出語人曰 此老 當死生之際 不易所守 不可及也 至他卿
宰之參聽者 亦莫不交口稱歎 先生嘗苦肺痿 至此轉劇 委官遣醫請診 先生
拒不許 有同在囚中者 問君子攝身之方 先生曰 子之表德云何 曰子正 先生
曰 此一字足矣 何求乎他哉 方疾革 大書一正字 與士人曰 君識此字義否
有頃 啓手足于獄中 寔萬曆庚寅 九月二十八日也 春秋六十二 葬楊州治西
木巖洞子坐 夫人 宗室李氏 副守億歲之女 甚有壺範 葬同塋 先生歿後未幾
自上特命伸雪 追贈嘉善大夫大司憲 遣禮官賜祭 厚卹其家 後因三司論啓
追奪鄭澈官職 光海壬子 以朝令 享德川書院 以配南冥先生 有一子曰弘濂
不幸早夭 梧里李相國 啓請立後 於是 取先生從弟胤慶子弘緖爲嗣 陰殿中
監 有四男一女 男曰諰誼諒源 女適士人姜文載 以下略 先生所著文字 失於
禍亂中 無由考其學術之全 甚可恨也 然 鶴峯先生稱先生曰 伏節死義 西厓
先生曰 當世偉人 德溪先生曰 間世人豪 大菴朴公曰 氣象峻潔 省菴金公曰

撼山易 撼崔丈難 卽此而可以想見先生矣 區區文字之傳否 何足爲輕重哉
繼爲銘以約之 其詞曰

山海之門 髦士雲興 孰不彬彬 無如先生 盖惟先生 天挺殊姿 壁立之氣 鳳
翔之儀 志高一世 識通千古 一念惺惺 正學正道 維敬維義 師門有訣 服膺
書紳 造次勿失 皐鶴上聞 旌招累至 雲視功名 牢臥不就 雖則不就 志不忘
國 耿耿丹忱 如矢于的 己丑之禍 天地晦盲 雲霾消盡 日月更明 賜祭贈爵
恩渥已極 章甫俎豆 崇慕亦篤 一時之屈 百世之伸 我想先生 無憾九原 惟
是神道 尙闕篆刻 乃謀乃諮 治此崇石 作詞昭蹟 以詔無窮 凡百過者 肅此
淸風

後學 星山 李憲柱 謹撰

3부 서원편

제1장 자료편

덕천서원德川書院 봉안문奉安文/ 춘추향사축문春秋享祀祝文/ 향례의절享禮儀節/ 정조대왕正祖大王 친제사제문親製賜祭文/ 원임록院任錄과 중수임안重修任案/ 원생록院生錄/ 남명선생청무소축南冥先生請廡疏軸/ 사우연원록師友淵源錄/ 기타 자료들

제2장 현판편

덕천서원德川書院 사우상량문祠宇上樑文__오장/ 덕천서원德川書院 중건기重建記__하증/ 경의재敬義齋 중수기重修記__남이우/ 경의당敬義堂 중건상량문重建上樑文__하겸진/ 경의당敬義堂 중건기重建記__권재규/ 경의당敬義堂 중건기重建記__김진문/ 절목節目__정현석/ 완문完文__예조/ 세심정기洗心亭記__하수일/ 세심정원운洗心亭原韻 및 차운시次韻詩__조희일 외

제3장 수우당 선생 배향 관련 자료

수우당 선생이 지은 덕천서원德川書院 춘추상향문春秋常享文__수우당 선생/ 예조청허배향덕천서원계禮曹請許配享德川書院啓__예조/ 덕천서원德川書院 배향시配享時 봉안고문奉安告文/ 2013년 수우당守愚堂 복향시復享時 숭덕사崇德祠 고유문告由文__강구율/ 2013년 수우당守愚堂 최선생崔先生 숭덕사崇德祠 봉안고유문奉安告由文__강구율

<h1>〈개요〉</h1>

　덕천서원은 1576년에 창건하여 처음 명칭은 덕산서원德山書院이었는데, 1609년에 덕천서원으로 사액 받았다. 이후 강우유림의 본산으로서 그 역할을 다하였으나 인조반정 이후 다소 쇠락하였다. 그러나 17세기에는 『덕천원생록』에서 보는 바와 같이 여전히 상당한 위상을 유지하고 있었던 사실을 알 수 있지만 18세기에 들어서부터는 뚜렷한 역할을 하지 못한 것으로 보인다. 더구나 대원군 때 서원철폐령으로 훼철된 이후 1927년 중건될 때까지 50여 년이 넘는 기간 동안에는 그 존재조차 없었던 것이다.

　그러나 덕천서원은 강우유림의 구심점으로서의 역할을 오랫동안 해온 만큼 훼철된 기간에도 서원의 자료들은 다수가 보존되어 지금도 남아 있지만 역사의 변천과정을 반영하듯이 우여곡절도 담고 있다고 할 수 있다.

　제1장 자료편에 수록한 『향례의절』은 번역문을 수록하였는데 서원의 향사에 대한 일반인의 이해를 돕는데 도움이 될 것으로 생각된다. 이 자료는 근본적으로 『국조오례의』에 기초하여 만든 것이며, 더 멀리 본다면 『주례』에서 그 근원을 찾을 수 있다. 「정조대왕친제사제문」을 여기에 수록한 것은, 원래 이 사제문을 비석으로 만들어 서원의 뜰에 세워두었기 때문이다. 지금은 없어졌지만 6.25 전쟁 당시만 하더라도 인민군들이 서원에 주둔하면서 여러 용도로 사용하였다는 증언이 있고 그 이후 현재 서원 앞에 있는 은행나무 근처에 매립하였다는 이야기가 전해오고 있다. 『원임록』과 『원생록』에 수록된 인물들에 대해서는 기본적인 자료들을 모아서 도표로 정리하여 이해하기 쉽도록 하였다. 선생을 문묘에 종사하기 위하여 노력한 흔적인 『남명선생청무소축』은 원래의 자료보다 남아 있는 자료가 부족하지만 그 내용은 대부분 대동소이하다. 그래서 가장 대표적인 문장으로 알려진 「고령소」한 편을 번역하여 수록하고 나머지는 명칭과 상소를 쓴 주체를 밝히는 도표로 정리하였다. 남명 선생의 『사우연원록』은 여러 차례에 걸쳐 수정 보완되면서, 현재는 대표적으로 『산해사우연원록』과 『덕천사우연원록』 두 가지로 남아 있다. 이 사우연원록들의 유래와 편찬과정을 설명하고 『덕천사우연원록』을 중심으로 제자들의 명단을 도표로 정리하여 수록하였다.

　제2장 현판편에서는 예전부터 덕천서원 경의당에 걸려 있던 현판이나 근래에 추가로 제작하여 게시한 현판 모두를 수록하였다. 세심정도 큰 의미에서는 서원의 일부였으므로 그 현판도 여기에 포함하였다. 특히 지금은 남명기념관의 수장고에 보관되어 있는 세심정 차운시 현판을 찾은 것이 계기가 되어 그 원운시를 찾게 되었다. 세심정을 두고 읊은 시는 매우 많으며 대표적 원운시도 두 가지가 있다. 여기서는 발견된 차운시에서 사용하고 있는 운자의 원운을 찾아 두 가지만 싣는다.

　제3장 수우당 선생 배향 관련 자료편에서는 수우당 선생이 지은 「덕천서원 춘추상향문」을 먼저 싣고, 덕천서원에 수우당 선생의 배향을 허락하는 예조의 회계문과 봉안시의 고유문 그리고 덕천서원 훼철 이후 그 위패를 봉안하지 못하다가 2013년에 다시 봉안하게 되었을 때의 고유문 등을 수록하였다.

제1장 자료편

덕천서원德川書院 봉안문奉安文

덕산서원 중수 봉안문

정인홍

진뢰震雷의 닥침이 위급하여 마땅히 구릉九陵에 올랐지만,[1] 마룻대가 휘어졌으니[2] 어찌하겠습니까! 이제야 때가 되어 본래 모습 회복하였습니다.[3] 옛 터에 다시 건립하여 사당 신위 거듭 새로우니, 온당하고 편안하여 우러러 의지할 곳이 있습니다. 다행히도 우리 후학의 꾸밈없는[4] 사문斯文에, 배향할 분이 있으니 길이 외롭지 않을 것입니다.

德山書院 重修 奉安文

鄭仁弘

震來之厲 當躋于陵 棟橈奈何 七日斯得 舊址再構 廟位重新 于妥于寧 瞻依有所 幸我來學 白賁斯文 從配有人 永保不孤

---

1) 『주역周易』「진괘震卦」 육이六二 효사爻辭에 '震來厲 億喪貝 躋于九陵 勿逐 七日得'이란 말이 있는데, 여기서는 전란의 위급함을 당하여 간신히 안전한 곳으로 피신함을 비유하는 듯하다.

2) 원문의 '동요棟橈'는 『주역周易』「대과괘大過卦」 구삼九三 효사爻辭의 '棟橈 凶'에 나오는 말인데 여기서는 서원 건물이 훼손됨을 말한다.

3) 원문의 '칠일득七日得'은 『주역周易』「진괘震卦」「기제괘旣濟卦」 등 곳곳에 나오는 말인데, 환란을 당하여도 중정中正함을 잃지 않고 있으면 칠일七日 만에 시운時運이 다시 돌아와 본래의 모습을 회복한다는 뜻이다.

4) 원문의 '백비白賁'는 『주역周易』「비괘賁卦」 상구上九 효사爻辭인 '白賁 无咎'에 나오는 말로 화려한 꾸밈이 없는 본래의 질박한 상태를 의미한다.

수우당 선생 덕천서원 배향시 봉안 고유문

영귀靈龜를 버리지 않았으니,5) 횡류橫流 중의 지주砥柱였습니다. 고상한 자취6) 길이 정길貞吉하니, 산처럼 우뚝하고 양기陽氣처럼 휴명休明합니다. 선사先師께서 외롭지 않으리니, 도道가 같고 법法이 일치합니다.7) 이제 이에 받들어 배향配享하니, 후학 계도 이지러짐이 없을 것입니다.

德川書院 配享時 奉安 告文

靈龜不舍 砥柱橫流 賁趾永貞 山立揚休 先師不孤 道同揆一 今茲奉配 啓後周缺

---

5) 『주역周易』 이괘頤卦 초구初九 효사爻辭에 "舍爾靈龜(너의 靈龜를 버리고) 觀我朶頤凶(나를 보고서 턱을 벌리니 흉하다.)"이란 말이 있다.

6) 원문의 賁趾는 『주역周易』 분괘賁卦 초구初九 효사爻辭인 '賁其趾 舍車而徒'에서 나온 말인데 강덕剛德과 명체明體를 지닌 사람이 의롭지 않은 수레를 버리고 그 걸음을 고상히 하여 걸어간다는 뜻이다.

7) 원문의 揆一은 『맹자孟子』 〈이루離婁〉편의 "先聖後聖 其揆一也"란 말에서 나왔다.

춘추향사축문 春秋享祀祝文

남명 선생 상향축

하홍도[8]

도는 중용을 의지했고 학문은 경의를 성취했습니다.
은둔하여 형통했으니 백세토록 무궁할 것입니다.

南冥先生 常享祝

河弘度

道依中庸 學成敬義 以遯而亨 百世以俟

수우당 선생 상향문

아! 선생께서는, 학문은 위기爲己에 힘썼고, 식견은 명결明決함을 지녔습니다. 도道는 수신守身을 으뜸으로 삼았고,[9] 공功은 이단異端을 물리침과 대등합니다.[10]

守愚堂先生 常享文

嗚呼 先生 學務爲己 識造明決 道存守爲 功侔距闢

---

8) 하홍도河弘度(1593~1666): 자는 중원重遠, 호는 겸재謙齋, 본관은 진양으로 옥종에 거주했다. 저술로 『겸재집』이 있다.

9) 원문의 守爲는 『맹자孟子』〈이루離婁〉편에 나오는 '守執爲大 守身爲大'의 준말인 듯하다.

10) 원문의 距闢은 『맹자孟子』〈등문공滕文公〉편에 나오는 '距楊墨'과 '闢異端'의 준말인 듯하다.

향례의절享禮儀節

▲『향례의절』

덕천서원에서 행하는 춘추향례 및 남명선비문화축제 등의 향례에 대한 내용과 절차를 수록한 책이다. 춘추향사에 대한 의절은 지금의 의절과는 다소 다른 것으로 예전에 시행하던 절차를 담고 있다. 나머지 내용은 지금도 그대로 준수하고 있는 양식이다.

설찬도設饌圖

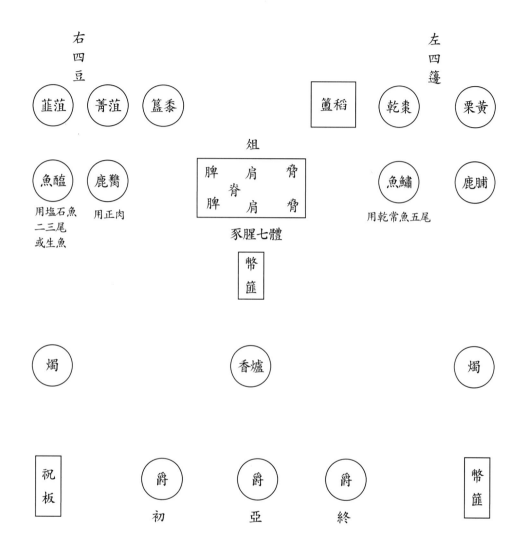

右四豆　　　　　　　左四籩

韭菹　菁菹　簋黍　　　簠稻　乾棗　栗黃

魚醢　鹿臡　　　　　　魚鱐　鹿脯

用塩石魚　用正肉　　　用乾常魚五尾
二三尾
或生魚

俎
脾　肩　脅
脊
脾　肩　脅
豕腥七體

幣篚

燭　　　香爐　　　燭

祝板　爵　爵　爵　幣篚
　　　初　亞　終

제집사諸執事 위지도位之圖

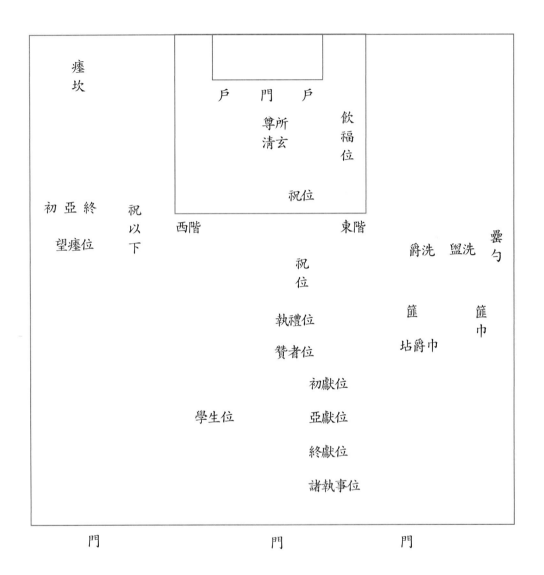

시일時日

　서원은 봄 가을 두 중월仲月 중정中丁 일에 선사 증 영의정 문정공 남명 조선생에게 향례享禮를 드린다.
　한 달 전에 서원 소속 관원을 선발하여 향례를 준비한다.
　기일에 앞서 행사 집사관執事官은 서원의 강당에 모여 의절儀節을 익히고 마치면 물러난다.

時日

　書院　以春秋二仲月中丁　享禮先師贈領議政文貞公南冥曺先生　前一月 檢擧院所屬　排辨享禮　前期　行事執事官　集肄儀節於院之講堂　訖退

재계齋戒

　향례 5일 전에 집사관은 산재散齋하는 3일 동안은 정침正寢에 자면서 조문 문병 음악 및 더럽고 나쁜 일에 관여하지 않아야 하고 치재致齋하는 2일 동안은 하루는 청사廳事에서 하고 또 하루는 이른 아침에 사소祠所에 나아가 재숙齋宿하면서 오직 향례 일만 행하고 그 나머지는 모두 금한다.

齋戒

　前享禮五日　執事官　散齋三日　宿於正寢　不吊喪問疾作樂及與穢惡　致齋 二日　一日於廳事　其一日質明赴祠所宿齋　惟享禮事得行　其餘悉禁

진설陳設

    향례 3일 전에 유사有司는 묘당廟堂 문밖 적당한 곳에 행사 집사관의 처소를 마련한다. (이날 제기祭器를 먼저 씻는다.)

- 2일 전에 유사는 희생을 끌고 사소祠所에 나아간다.
- 하루 전에 묘당의 안팎을 소제한다. (이날 제기를 다시 씻는다.)
- 향례일 축시丑時 전 5각에 집사자는 신위神位의 왼쪽에 폐비幣篚를 진설한다. (폐백은 흰 명주나 혹은 모시로 하는데 길이가 1장 8척이다.) 축판祝板은 신위의 오른쪽 탁자에 둔다. (축판은 길이가 한 자 2촌이고 넓이가 8촌인데 가래나무나 혹은 잣나무로 만든다.)
- 다음으로 제기를 진설하고 제물을 담당하는 자가 이를 담는다. 왼쪽에는 변籩이 4개이다. (첫째 줄은 건조乾棗를 앞에 놓고 어숙魚鱐을 다음에 놓는다. 둘째 줄은 율栗을 앞에 놓고 녹포鹿脯를 다음에 놓는다.) 오른쪽에는 두豆가 4개이다. (첫째 줄은 구저韭菹를 앞에 놓고 어해魚醢를 다음에 놓는다. 둘째 줄은 청저菁菹를 앞에 놓고 녹니鹿臡를 다음에 놓는다.)
- 조俎 하나는 변두籩豆 사이에 놓는다. (시성豕腥 일곱 부위를 담는데 양비兩髀는 상단에 놓고 양견兩肩과 양협兩脅은 다음에 놓고 척척脊은 가운데 놓는다.)
- 보簠 하나는 변籩 앞에 놓는다. (벼를 담는다.)
- 궤簋 하나는 두豆 앞에 놓는다. (기장을 담는다.)
- 술잔 세 개는 변두籩豆 사이에 놓는다.
- 묘당 위 동남 모퉁이에 상준象尊 두 개를 설치한다. (하나는 청주淸酒를 담고 하나는 현주玄酒를 담는다.)
- 유사는 신위 앞에 촛불을 설치한다.
- 세기洗器 두 개를 동계東階의 동쪽에 설치한다. (관세盥洗는 동쪽에 놓고 작세爵洗는 서쪽에 놓는다.)
- 술그릇은 세기洗器 동쪽에 놓는데 국자를 엎어놓는다.

- 광주리는 세기洗器 서남에 놓는데 수건을 펴서 담아둔다. (작세爵洗의 광주리에는 또 술잔을 담아서 탁자 위에 놓는다.)
- 술그릇과 광주리를 들고 있는 자는 그 뒤에 자리한다.
- 읍揖하는 자리를 묘당 남쪽 대문 밖에 설치한다. 초헌관初獻官은 서쪽에서 동향하고 아헌관亞獻官 종헌관終獻官 축祝은 동쪽에서 서향하는데 북쪽이 위이다. (축의 자리는 조금 물러선다.)
- 또 삼헌관三獻官의 자리를 묘당 아래 동계東階의 동남에 설치하여 서향하게 하는데 북쪽이 위이다.
- 축의 자리는 두 곳인데 뜰 가운데서 조금 북쪽이다.
- 학생의 자리는 뜰 가운데서 북향하는데 서쪽이 위이다.
- 여러 집사의 자리는 헌관의 뒤이다. (보충)
- 초헌관의 음복飮福 자리를 동서東序에 서향으로 설치한다.
- 또 축의 자리를 묘당 위 앞 기둥 사이에 서향으로 설치한다.
- 예감瘞坎을 묘당의 북쪽 임방壬方 자리에 파는데 네모나게 깊이 파서 물건을 담기에 충분하도록 하고 남쪽으로 계단을 낸다.
- 망예望瘞하는 자리를 예감의 남쪽에 설치한다.
- 삼헌관은 남쪽에서 북향하는데 서쪽이 위이다.
- 축은 동쪽에서 서향한다.

陳設

前享禮三日 有司 設行事執事官次於廟門外隨地之宜(此日 先滌祭器) ○前二日 有司 牽牲詣祠所 ○前一日 掃除廟之內外(此日 再滌祭器) ○享禮日丑前五刻 執事者 陳幣篚於神位之左(幣以白絹或苧 長一丈八尺) 祝板於神位之右 置於坫(祝板 長尺二寸 廣八寸 梓楸或栢 爲之) ○次設祭器 掌饌者實之左四籩(第一行 乾棗在前 魚鱐次之 第二行 栗在前 鹿脯次之) ○右四豆(第一行 韭菹在前 魚醢次之 第二行 菁菹在前 鹿臡次之) ○俎一在籩豆間(實以豕腥七體

兩髀在上端 兩肩兩脅次之 脊在中) ○簋一在籩前(實以稻) ○簠一在豆前(實以黍) ○爵三在籩豆之間 ○廟上東南隅 設象尊二(一實淸酒 一實玄酒) ○有司設燭于神位前 ○設洗二於東階之東(盥洗在東 爵洗在西) ○罍在洗東 加勺 ○篚在洗西南 肆實以巾(若爵洗之篚 則又實以爵加坫) ○執罍篚者位於其後 ○設揖位於廟南門外 初獻在西東向 亞終獻及祝在東西向北上(祝位稍却) ○又設三獻官席位於廟下東階東南西向北上 ○祝位二於庭中稍北 ○學生位於庭中北向西上 ○諸執事位於獻官之後(補) ○設初獻飮福位於東序西向 ○又設祝位於廟上前楹間西向 ○開瘞坎於廟宇之北壬地 方深取足容物 南出階 ○階(삭제)設望瘞位於瘞坎之南 ○三獻官在南北向西上 ○祝在東西向

성찬省饌

(국조오례에는 성생기省牲器라 하였다.)

향례 하루 전에 헌관은 그 관속을 거느리고 상복常服 차림으로 제물祭物을 검열한다. (미시未時 후 2각에 집사자執事者는 묘당 위 동쪽 측계側階 북쪽에 제기祭器를 진설하는데 모두 자리를 깔고 수건 덮개로 덮는다. 3각에 헌관 이하 모두는 동문 밖으로 나아간다. 알자謁者가 헌관을 인도하여 묘당에 나아간다. 조계阼階로 올라가 제기의 세척 상태를 살핀다. 집사자가 덮은 보자기를 걷고 청결함을 고한다. 마치면 인도하여 내려와 희생犧牲을 살피는 자리로 나아간다. (보충))

• 희생犧牲의 살찜을 살펴본다. (집례執禮는 동문 밖에 서향으로 생방牲榜을 설치하는데 남쪽이 위이다. 장생자掌牲者는 희생의 서남에서 북향하여 자리하고 축은 희생의 동쪽에 자리하는데 각기 희생의 뒤쪽에 서고 축사祝史는 각기 그 뒤에 서서 모두 서향한다. 헌관은 희생 앞 조금 북쪽에 자리하여 남향한다. 감찰監察은 헌관의 서쪽 자리하여 남향하는데 조금 뒤에 선다. 장생자는 희생을 끌고 자리에 나아가 조금 앞에서 "희생을 살펴보시기를

청합니다." 하고는 물러나 자리로 돌아간다. 헌관은 희생을 살펴본다. 장생자가 또 앞으로 나와 손을 들고 말하기를 "돌脂" 하고는 자리로 돌아간다. 축은 희생을 한 바퀴 돌아보고는 서향하여 손을 들고 말하기를 "충充" 하고는 자리로 돌아간다. 축과 장생자는 차례로 희생을 끌고 부엌으로 나아가 전사관典祀官에게 준다. 전사관은 재인宰人을 인솔하여 희생을 잘라 찬소饌所에 놓는다. (보충))

- 부엌에 나아가 씻는 것을 살펴본다. (알자謁者는 헌관을 인도하여 부엌으로 나아가 솥을 살피고 씻는 것을 본다. 명수明水와 명화明火 취하는 것을 감시한다. 명수는 음감陰鑑에서 취하고 명화는 양수陽燧에서 취하는데 음감을 창졸간에 준비하지 못했으면 우물물로 대신한다. 명화는 불을 지피는데 사용하고 명수는 그릇에 담아둔다. (보충))
- 마치면 각기 재소齋所로 돌아간다.
- 포시晡時 후에 장묘자掌廟者는 묘당 안팎을 소제한다.

省饌(國朝五禮云 省牲器)

前享禮一日 獻官帥其屬 常服閱饌物(未後二刻 執事者設祭器於廟上東側階北 皆藉以席 加以巾蓋 三刻 獻官以下 就東門外 謁者引獻官詣廟 升自阼階視滌濯 執事者擧羃告潔 旣訖引降 就省牲位 ○補) ○視牲充腯(執禮設牲榜於東門外西向南上 掌牲者位於牲西南北向 祝位於牲東 各當牲後 祝史各在其後 俱西向 獻官位於牲前近北南向 監察位於獻官之西南向差後 掌牲者牽牲就位 少前曰請省牲 退復位 獻官省牲 掌牲者 又前擧手曰腯 復位 祝巡牲一匝 西向擧手曰充 復位 祝與掌牲者 以次牽牲詣廚 授典祀官 典祀官帥宰人 割牲置於饌所 ○補) ○詣廚 視滌漑 訖(謁者引獻官詣廚 省鼎鑊 視滌漑 監取明水火 取水於陰鑑 取火於陽燧 陰鑑未能猝辦 以井水代之 火以供爨 水以實尊 ○補) ○各還齊所 ○晡後 掌廟者掃除廟之內外

행사行事

　　향례 당일 축시丑時 전 5각(행사는 중춘仲春에는 축시 7각에 하고 중추仲秋에는 축시 1각에 한다) 행사 집사관은 각자 들어와 자기 자리에 나아간다.

- 장찬자掌饌者는 그 관속을 거느리고 관세盥洗하는 자리에 나아가 손을 씻고 손을 닦는다.
- 찬구饌具에 제물 담기를 마친다.
- 찬자贊者는 초헌관을 인도하여(행사 집사관은 모두 찬자가 인도한다) 상복 차림으로 동쪽 계단으로 올라가(행사 집사관은 올라가고 내려올 적에 모두 동쪽 계단으로 한다) 진설을 점검하고 마치면 물러나 자리로 나아간다.
- 각자 그 제복祭服을 입는다.
- 찬자는 학생을 인도하여 먼저 들어와 자리에 나아간다.
- 찬자는 삼헌관과 축을 인도하여 묘당 남쪽 문밖 읍하는 자리에 나아가 선다. (마땅히 의례儀禮의 손님은 서쪽에 주인은 동쪽에 자리한다는 것으로 차서를 정한다.)
- 찬자는 읍하는 것을 도우고 인도하여 들어와 자리에 나아가 서향하여 선다.
- 다음으로 축을 인도하여 들어와 묘당 아래에 나아가 서향하여 선다.
- 찬자는 삼헌관의 앞에 마주 서서 행사를 청하고 물러나 자리로 돌아온다.
- 찬자는 초헌관 이하 모두를 인도하여 계단 사이 절하는 자리에 나아가 두 줄로 북향하는데 서쪽이 위이다. (보충) 모두 재배再拜한다.
- 찬자는 축을 인도하여 묘당에 올라가 자리에 나아간다.
- 축은 신위 앞에 나아가 감실龕室을 연다. (보충)
- 집례는 "행전폐례行奠幣禮"라고 말한다. (보충)

行事

享禮日 丑前五刻(行事 仲春用丑時七刻 仲秋用丑時一刻) 行事執事官 各入就次 ○掌饌者 帥其屬 詣盥洗位 盥手帨手(補) ○實饌具畢 ○贊者引初獻官 常服(凡行事執事官 皆贊者引) 陞自東階(凡行事執事官 陞降皆自東階) 點視陳設 訖退就次 ○各服其服 ○贊者引學生 先入就位 ○贊者引三獻官及祝 詣廟南門外揖位 立定(當以儀禮 賓西主東之位爲序) ○贊者贊揖 引入就位西向立 ○次引祝 入就廟下西向立 ○贊者對立於三獻之前 贊請行事 退復位 ○贊者引初獻以下 詣階間拜位 重行北向西上(補) 皆再拜 ○贊者引祝 升廟就位 ○祝詣神位前 啓籩(補) ○執禮曰行奠幣禮(補)

전폐奠幣

찬자는 초헌관을 인도하여 관세盥洗하는 자리에 나아가 북향하여 선다.

- 집뢰자執罍者는 물을 뜬다.
- 초헌관은 홀笏을 꽂고서 손을 씻고 손을 닦는다.
- 홀을 잡고 신위 앞에 나아가 북향하여 선다.
- 홀을 꽂고 꿇어앉는다.
- 봉향자奉香者는(헌관의 오른쪽에 있음) 향합을 받들고 봉로자奉爐者는(헌관의 왼쪽에 있음) 향로를 받들어 꿇어앉아 올린다. (보충)
- 찬자는 세 번 상향上香하는 것을 돕는다. (보충)
- 봉로자는 향로를 향탁 위에 놓는다. (보충)
- 축은 신위의 왼쪽에 나아가 서향하여 홀을 꽂고 꿇어앉는다.
- 집사자는 폐백幣帛을 축에게 준다.
- 축은 폐백을 받들어 초헌관에게 준다.
- 축은 홀을 잡고 일어난다.

- 초헌관은 폐백을 받아 올리기를 마치고는 홀을 잡고 몸을 굽혀 엎드렸다가 일어난다.
- 축은 자리로 돌아간다.
- 초헌관은 계단을 내려와 자리로 돌아간다.
- 집례執禮는 "행초헌례行初獻禮"라고 말한다. (보충)

奠幣

贊者 引初獻官 詣盥洗位 北向立 ○執罍者 酌水 ○初獻 搢笏 盥手悅手 ○執笏 詣神位前 北向立 ○搢笏 跪 ○奉香者(在獻官之右) 捧香盒 奉爐者(在獻官之左) 捧香爐 跪進(補) ○贊者 贊三上香(補) ○奉爐者 奠爐于香卓上(補) ○祝 詣神位之左 西向 搢笏 跪 ○執事者 以幣授祝 ○祝 奉幣 授初獻 ○祝 執笏 興 ○初獻 受幣 奠訖 執笏 俛伏興 ○祝 復位 ○初獻 降階復位 ○執禮曰 行初獻禮(補)

초헌初獻

찬자는 초헌관을 인도하여 다시 관세盥洗하는 자리에 나아가 북향하여 선다.
- 홀을 꽂고서 손을 씻고 손을 닦는다.
- 홀을 잡고 다음으로 작세爵洗하는 자리에 나아가 북향하여 선다.
- 홀을 꽂고서 잔을 씻고 잔을 닦는다.
- 잔을 집사자에게 준다.
- 홀을 꽂고 묘당에 올라가서 준소尊所에 나아가 북향하여 선다.
- 집사자가 잔을 초헌관에게 준다.
- 초헌관은 홀을 꽂고 꿇어앉아 잔을 잡는다.

- 집준자執尊者는 보자기를 걷는다.
- 집사자는 술을 따른다.
- 초헌관은 잔을 집사자에게 주고 일어난다.
- 홀을 잡고 신위 앞에 나아가 북향하여 선다.
- 홀을 꽂고 꿇어앉는다.
- 집사자는 잔을 초헌관에게 준다.
- 초헌관은 잔을 잡아 세 번 제주祭酒하고 잔을 드린다.
- 홀을 잡고 몸을 구부려 엎드렸다가 일어난다.
- 조금 물러나 꿇어앉는다.
- 집사자는 보簠와 궤簋의 개자를 연다. (보충)
- 다음으로 축을 인도하여 신위 앞에 나아가 동향한다.
- 홀을 꽂고 꿇어앉아 축문祝文을 읽는다.
- 읽기를 마치면 홀을 잡고 일어선다.
- 축은 자리로 돌아간다.
- 찬자는 초헌관을 인도하여 계단 사이 절하는 자리로 나아간다.
- 초헌관은 재배한다.
- 초헌관은 계단을 내려와 자리로 돌아간다.
- 집례는 "행아헌례行亞獻禮"라고 말한다. (보충)

初獻

　　贊者 引初獻 再詣盥洗位 北向立 ○搢笏 盥手帨手 ○執笏 次詣爵洗位 北向立 ○搢笏 洗爵拭爵 ○以爵授執事者 ○執笏 升廟詣尊所 北向立 ○執事者 以爵授初獻 ○初獻 搢笏 跪 執酌 ○執尊者 擧羃 ○執事者 酌酒 ○初獻 以酌授執事者 興 ○執笏 詣神位前 北向立 ○搢笏 跪 ○執事者 以爵授初獻 ○初獻 執爵 三祭酒 奠酌 ○執笏 俛伏興 ○少退跪(補) ○執事者 啓簠簋蓋(補) ○次引祝 詣神位前 東向 ○搢笏 跪 讀祝文 ○讀訖 執笏興 ○

祝復位 ○贊者 引初獻 (詣)階間拜位 ○初獻 再拜 ○初獻 降階復位 ○執禮
曰 行亞獻禮(補)

아헌亞獻

　　찬자는 아헌관亞獻官을 인도하여 관세盥洗하는 자리에 나아가 북향하
여 선다.

- 홀을 꽂고서 손을 씻고 손을 닦는다.
- 홀을 잡고 작세爵洗하는 자리에 나아가 북향하여 선다.
- 홀을 꽂고서 잔을 씻고 잔을 닦아 집사자에게 준다.
- 홀을 잡고 묘당에 올라가서 준소尊所에 나아가 북향하여 선다.
- 집사자는 잔을 아헌관에게 준다.
- 아헌관은 홀을 꽂고 꿇어앉아 잔을 잡는다.
- 집준자는 보자기를 걷는다.
- 집사자는 술을 따른다.
- 아헌관은 잔을 집사자에게 주고 일어난다.
- 홀을 잡고서 신위 앞에 나아가 북향하여 선다.
- 홀을 꽂고 꿇어앉는다.
- 집사자는 잔을 아헌관에게 준다.
- 아헌관은 잔을 잡아 세 번 제주祭酒하고 잔을 드린다.
- 홀을 잡고 몸을 구부려 엎드렸다가 일어난다. 조금 물러나 재배한다.
- 찬자는 아헌관을 인도하여 계단 사이 절하는 자리로 나아간다.
- 아헌관은 재배한다.
- 계단을 내려가 자리로 돌아간다.
- 집례는 "행종헌례行終獻禮"라고 말한다. (보충)

亞獻

　贊者 引亞獻 詣盥洗位 北向立 ○搢笏 盥手帨手 ○執笏 詣爵洗位 北向
立 ○搢笏 洗爵拭爵 以授執事者 ○執笏 升廟詣尊所 北向立 ○執事者 以
爵授亞獻 ○亞獻 搢笏 跪 執酌 ○執尊者擧羃 ○執事者酌酒 ○亞獻 以酌
授執事者 興 ○執笏 詣神位前 北向立 ○搢笏 跪 ○執事者 以爵授亞獻 ○
亞獻 執爵 三祭酒 奠酌 ○執笏 俛伏興 (少退再拜 원문에) ○贊者 引亞獻
階間拜位 ○亞獻 再拜 ○降階復位 ○執禮曰 行終獻禮(補)

종헌終獻

　찬자는 종헌관終獻官을 인도하여 관세盥洗하는 자리에 나아가 북향하
여 선다.

• 홀을 꽂고서 손을 씻고 손을 닦는다.
• 홀을 잡고 작세爵洗하는 자리에 나아가 북향하여 선다.
• 홀을 꽂고서 잔을 씻고 잔을 닦아 집사자에게 준다.
• 홀을 잡고 묘당에 올라가서 준소尊所에 나아가 북향하여 선다.
• 집사자는 잔을 종헌관에게 준다.
• 종헌관은 홀을 꽂고 꿇어앉아 잔을 잡는다.
• 집준자는 보자기를 걷는다.
• 집사자는 술을 따른다.
• 종헌관은 잔을 집사자에게 주고 일어난다.
• 홀을 잡고서 신위 앞에 나아가 북향하여 선다.
• 홀을 꽂고 꿇어앉는다.
• 집사자는 잔을 종헌관에게 준다.
• 종헌관은 잔을 잡아 세 번 제주祭酒하고 잔을 드린다.

- 홀을 잡고 몸을 구부려 엎드렸다가 일어난다. (조금 물러나 재배한다.)
- 찬자는 종헌관을 인도하여 계단 사이 절하는 자리로 나아간다.
- 종헌관은 재배한다.
- 계단을 내려가 자리로 돌아간다.
- 집례는 "행음복수조行飮福受胙"라고 말한다. (보충)

終獻

賛者 引終獻 詣盥洗位 北向立 ○搢笏 盥手帨手 ○執笏 詣爵洗位 北向立 ○搢笏 洗爵拭爵 以授執事者 ○執笏 升廟詣尊所 北向立 ○執事者 以爵授終獻 ○終獻 搢笏 跪 執酌 ○執尊者 舉羃 ○執事者 酌酒 ○終獻 以酌授執事者 興 ○執笏 詣神位前 北向立 ○搢笏 跪 ○執事者 以爵授終獻 ○終獻 執爵 三祭酒 奠酌 ○執笏 俛伏興 (少退再拜 원문에) ○賛者 引終獻 階間拜位 ○終獻 再拜 ○降階復位 ○執禮曰 行飮福受胙(補)

음복수조飮福受胙

찬자는 초헌관을 인도하여 계단을 올라가서 동서東序에 나아가 서향하여 선다.
- 집사자는 잔에 복주福酒를 따라 잔 하나에 합하여 둔다.
- 잔을 잡고서 초헌관의 왼쪽에 나아가 북향하여 선다.
- 축은 나아가 초헌관의 서쪽에 서서 동쪽을 향하여 재배하기를 아뢴다.
- 초헌관은 재배하고 홀을 꽂고 꿇어앉아 잔을 받는다.
- 제주祭酒를 하고 술을 맛본다.
- 잔을 놓는다.
- 집찬자執饌者는 조俎에 신위 앞의 조육俎肉을 덜어서 조俎 하나에 합하

여 둔다. (조육은 정척正脊과 횡척橫脊에서 덜어낸다.)

- 또 두豆에 서黍와 직稷의 메를 취하여 두豆 하나에 합하여 둔다.
- 먼저 메를 초헌관에게 준다.
- 초헌관은 받아서 집찬자에게 준다.
- 집사자는 다시 잔을 초헌관에게 준다.
- 초헌관은 잔을 받아 마시고 잔을 비운다.
- 집사자는 빈 잔을 받아서 다시 탁자에 놓는다.
- 초헌관은 홀을 잡고 몸을 구부려 엎드렸다가 일어나서 재배하고 내려가 자리로 돌아간다.
- 집사자는 각자 자리로 돌아간다.
- 집례가 "사조賜胙 재배再拜"라고 말한다.
- 재위자는 모두 재배한다. (이미 음복하고 수조受胙한 자는 절하지 않는다.)
- 집례가 "철변두徹籩豆"라고 말한다. (보충)

飮福受胙

贊者 引初獻 升階 詣東序 西向立 ○執事者 以爵酌福酒 合實於一爵 ○持爵 詣初獻之左 北向立 ○祝 進立初獻之西 東面 白再拜 ○初獻 再拜 搢笏 跪 受爵 ○祭酒 啐酒 ○奠爵 ○執饌者 以俎進减神位前胙肉 合實一俎 (胙减正脊橫脊) ○又 以豆取黍稷飯 合實一豆 ○先以飯 授初獻 ○初獻受訖 以授執饌者 ○執事者 再以酌 授初獻 ○初獻 受爵 飮 卒爵 ○執事者 受虛爵 復於坫 ○初獻 執笏 俛伏興 再拜 降復位 ○執事者 各復位 ○執禮曰 賜胙 再拜 ○在位者 皆再拜(已飮福受胙者 不拜) ○執禮曰 徹籩豆(補)

철변두(보충)

축은 들어가 변두籩豆를 거둔다. (거둔다는 것은 변과 두 각각 하나를 본래 있던 곳에서 조금 옮겨 놓는 것이다.)

• 집례가 "재배"라고 말한다.
• 재위자는 모두 재배한다.
• 축은 신위 앞에 나아가 감실龕室을 닫는다. (보충)
• 집례는 "망예望瘞"라고 말한다.

徹籩豆(補)

祝入 徹籩豆(徹者籩豆各一 少移於故處) ○執禮曰 再拜 ○在位者 皆再拜 ○祝 詣神位前 闔龕(補) ○執禮曰 望瘞

망예望瘞

찬자는 초헌관 이하 모두를 인도하여 망예望瘞하는 자리에 나아간다. (헌관은 북향하여 서고 축 이하는 서향하여 선다. 보충)

• 축은 폐백과 축판을 가져온다.
• 서쪽 계단으로 내려와 (보충) 묻는 구덩이에 놓는다.
• 집례는 "가예可瘞"라고 말한다.
• 반 정도 구덩이에 흙을 덮는다.
• 초헌관 이하 모두는 남쪽 문 밖 읍하는 자리에 나아가 선다.
• 집례는 도와서 읍하라 말하고 예를 마치면 물러난다.
• 유사는 그 관속을 거느리고 예찬禮饌 거두는 것을 감시한다.
• 사당 문을 닫고 내려가 물러간다.

望瘞

贊者 引初獻以下 就望瘞位(獻官北向立 祝以下西向立 ○補) ○祝 取幣祝板 ○降自西階(補) 寊于瘞坎 ○執禮曰 可瘞 ○寊土半坎 ○初獻以下 詣南門外揖位 立定 ○執禮者 贊曰揖 禮畢 退 ○有司 帥其屬 監徹禮饌 ○闔戶以降 乃退

축문식祝文式

維歲次某年 (春三秋九)月某朔 某日 後學某官姓名
敢昭告于
先師文貞公南冥曺先生 伏以敬義之學 出處以時 卓立大東 百世
宗師 屬茲季(季春仲秋) 謹以潔牲 潔盛醴齊 式陳明薦 尚饗

執事榜第次

初獻　亞獻　終獻 祝 執禮 奉香 奉爐 贊引 司尊 奠爵 判陳 學生

망권피봉식望圈皮封式

德川書院薦圈
某斯文 座前 某洞

年某月某日德川書院享禮初獻
望
幼學姓名 有官者去幼學書官銜

原
某年某月某日院會中 踏防僞
　　前二日午前入院

집사천권시청돈서식執事薦圈時請敦書式

伏惟(孟春秋仲春秋)尊體百福仰祝 來月某日干支 將行本院(春秋)享 而獻
官之望 歸於座下故 玆以專(人·書) 仰請須以前二日午前入院 以敦享禮 幸
甚 餘不備上

국기일國忌日

太祖 忌五月二十四日	神懿王后韓氏 忌九月二十三日
神德王后康氏 忌八月十三日	
定宗 忌九月二十六日	定安王后金氏 忌六月二十五日
太宗 忌五月十日	元敬王后閔氏 忌七月十日
世宗 忌二月十七日	昭憲王后沈氏 忌三月二十四日
文宗 忌五月十四日	顯德王后權氏 忌七月二十四日
端宗 忌十月二十四日	定順王后宋氏 忌六月四日
世祖 忌九月八日	貞熹王后尹氏 忌三月三十日
德宗 忌九月二日	昭惠王后韓氏 忌四月二十七日
睿宗 忌十一月二十八日	章順王后韓氏 忌十二月五日
安順王后韓氏 忌十一月二十三日	
成宗 忌十二月二十四日 恭惠王后韓氏 忌四月十五日	
貞顯王后韓氏 忌八月二十二日	
中宗 忌十一月十五日	端敬王后愼氏 忌十二月七日
章敬王后尹氏 忌三月二日	

文定王后尹氏 忌四月七日

仁宗 忌七月一日　　　　　仁聖王后朴氏 忌十一月二十九日

明宗 忌六月二十八日　　　仁順王后沈氏 忌正月二日

宣祖 忌二月初一日　　　　懿仁王后朴氏 忌六月二十七日

仁穆王后金氏 忌六月二十八日

元宗 忌十二月二十九日　　仁獻王后具氏 忌正月十四日

仁祖 忌五月八日　　　　　仁烈王后韓氏 忌十二月九日

莊烈王后趙氏 忌八月二十六日

孝宗 忌五月四日　　　　　仁宣王后張氏 忌二月二十四日

顯宗 忌八月十八日　　　　明聖王后金氏 忌十一月五日

肅宗 忌六月八日　　　　　仁敬王后金氏 忌十月二十六日

仁顯王后閔氏 忌八月十四日

仁元王后金氏 忌三月二十六日

景宗 忌八月二十五日　　　端懿王后沈氏 忌二月七日

宣懿王后魚氏 忌六月二十九日

英祖 忌三月五日　　　　　貞聖王后徐氏 忌二月十五日

貞純王后金氏 忌正月十二日

眞宗 忌十一月十六日　　　孝純王后趙氏 忌十一月十四日

正宗 忌六月二十八日　　　孝懿王后金氏 忌三月九日

純祖 忌十一月十三日　　　純元王后金氏 忌八月四日

翼宗 忌五月六日　　　　　神貞王后趙氏 忌四月十七日

憲宗 忌六月六日　　　　　孝顯王后金氏 忌八月二十五日

哲宗 忌十二月八日　　　　哲仁王后金氏 忌五月十二日

高宗 忌十二月　　　　　　明成王后閔氏 忌

純宗 忌　　　　　　　　　純明王后閔氏 忌

남명선생추모제南冥先生追慕祭 제관천권서식祭官薦圈書式

皮封　　　德川書院聯函
某斯文　某　座下

第○○回　南冥선비文化祝祭初獻官(隨稱)
望
官職或幼學　某姓　某名
歲于年月日(陽曆分定日)

德　　川　　書　　院
慶南私立中高等學校長會

서식書式

伏惟仲夏
尊體百福仰祝耳　第○○回
南冥先生追慕祭定在於八月十八日九時而初獻官之望歸於
座下故玆呈薦圈望須前日賁臨以敦禮事千萬幸甚
干支　年　月　日

德川書院
　　院長　某

　　　　院任　某

　　　　　　　等拜

춘추향사천권서식_{春秋享祀薦圈書式}

德川書院(春秋)享(初獻祝)
望
幼學
年 月 日
會中

집사천권시청돈서식_{執事薦圈時請敦書式}

伏惟(仲秋夏春)
尊體百福仰潔區第德川書院(春享秋享)定在於(三月初丁獻官九月初丁執禮
祝)之望歸於座下故玆呈薦
圈望須前期
賁臨以敦禮事天萬幸甚
年　月　日
　　德川書院　院任
　　　　　某
　　　　　　等拜

원장천권시_{院長薦圈時}

伏惟(春夏秋冬)
尊體萬重　仰潔區區第　今次改邀院長之望　歸於
尊座　故玆以行公　三月　日　而賁臨以敦禮事
千萬幸甚

정조대왕正祖大王 친제사제문親製賜祭文[11]

병진년(1796) 9월 25일

국왕이 신 예조정랑 민광로閔廣魯를 보내어 문정공 남명 조식의 영령에게 유제諭祭하노니,

용은 심연深淵 잠겨있고 봉황 천 길 나르니, 세상 드문 영물靈物은 높거나 깊이 있다. 하물며 인걸人傑이야 어찌 자주 나타날까, 기산箕山 허유許由 아득하고 상산사호商山四皓[12] 적막하다. 고절高節을 우러러니 유수流水 백운白雲 아련한데, 다행이도 남명南冥이 이에 동국東國 태어났다. 깨끗하고 당당하며 높고도 우뚝하여, 일성日星이 광채 뿜듯 상설霜雪이 고결하듯! 내 사책史冊 열람하며 경卿의 평일 알아보니, 신명 통한 효우孝友에다 세상 덮을 명절名節이라! 절륜한 자질과 독특한 안목으로, 절간에서 물러날 제 좌류左柳 연모 끊었고, 등불 밝혀 밤을 새며 사자四子 육경六經 전념터니, 칼에 새겨 분발하고 방울 차서 각성했다. 옷깃 걷고 당堂에 올라 공자孔子 유상遺像 모시었고, 직방直方으로 가다듬어 표리表裏 함께 함양했다. 의義와 짝한 그 기개 성찰하여 충만하니, 영우嶺右에 펼친 풍범 유부儒夫 완부頑夫 깨우쳤다. 작도다! 제갈량諸葛亮이여, 원하는 바 이윤伊尹이니, 세상 어찌 잊었으랴 한밤중 눈물 흘려! 만년 한 번 나아와 큰 계책 펼치고는, 돌아가 은둔하니[13] 산천재山天齋 별장일세. 지리산

---

11) 정조 20년(1796)에 당시 남인의 영수였던 명재상 채제공이 덕천서원의 원장을 역임한 시점에 내린 것으로 보이는데, 분명한 이유는 알 수 없어도 정조가 직접 제문을 지어서 남명의 영전에 치제한 것이다. 『남명집』에서는 이것을 「정종대왕친제사제문」이라고 하였는데, '정종'은 고종 때 '정조'로 추존되었으므로 여기서는 '정조대왕'이라고 표기하였다.

12) 원문의 '商顔'은 상산商山의 별칭 혹은 商山之顔의 준말이고 상산商山에는 진나秦라 말기 동원공東園公 기리계綺里季 하황공夏黃公 녹리선생甪里先生 등 네 사람이 난리를 피하여 은둔했는데 모두 나이가 80이 넘어 수염과 눈썹이 희었으므로 사호四皓라 하였다고 한다.

두류頭流에서 옷 털고 갓끈 씻어, 영남 호남 벗 사귀니 지란芝蘭 향기 소영韶濩[14] 풍류! 내 왕위 임하여 옛 본받아 다스릴 제, 뉘 광란狂瀾 막으며 뉘 공경公卿 맡으랴! 누가 병폐 고쳐주며 누가 우매 깨쳐줄까, 만약 경卿이 있었다면 손바닥 보듯 쉬웠으리. 소성少微星 찬란하고 뇌룡사雷龍舍 우뚝하니, 청풍清風 이에 늠름하여 나의 말 떳떳하다.

國王遣臣禮曹正郞閔廣魯 論祭于文貞公南冥曺植之靈 龍藏九淵 鳳翔千尋 希世之物 不高則深 矧伊人豪 出豈數數 箕岑迢遞 商顔寂寞 緬仰遐標 水流雲白 何幸南冥 乃生東國 灑灑落落 岩岩屹屹 日星輝晶 霜雪皎潔 予閱遺乘 跡卿平日 通神孝友 盖世名節 絶異之質 獨得之見 蕭寺一揖 左柳割戀 焚膏繼晷 四子六經 銘劒奮志 佩鈴喚惺 攝齊如侍 夫子遺像 直方不渝 表裏交養 是氣配義 內省自慊 以風嶠右 懦立頑廉 少哉諸葛 願則伊尹 世豈果忘 有涕夜隕 晩來一出 爲伸大防 歸歟塞兌 山天之庄 智異頭流 振衣濯纓 取友湖嶺 芝蘭韶濩 予臨九五 慕古爲治 孰障狂瀾 孰踏寔地 孰醫病瘵 孰警慵睡 如起卿來 運掌之易 微宿不昧 龍舍歸然 清風凜如 無愧予言

---

13) 원문의 '塞兌'는 『노자老子』 56장의 '塞其兌 閉其門'에서 나온 말이다.

14) 소韶는 순舜임금의 음악이고 영濩은 제곡帝嚳의 음악으로 '韶濩'은 순후한 옛날 음악을 범칭한다.

원임록院任錄과 중수임안重修任案

▲ 원임록 및 중수임안

덕천서원의 원장과 원임의 명단을 수록한 책이다.

덕천서원 원임록 [상권]

년도	院長	院任
1576년(병자, 선조9)	알 수 없음	알 수 없음
1592년(임진, 선조25)	河沆15)	
1601년(신축, 선조34)	陳克敬	鄭大淳 孫均
1609년(기유, 광해 원년)		河公孝 趙璘
1611년(신해, 광해3)	李瀞	柳宗日, 重修任 柳慶一
1614년(갑인, 광해6)	河憕	
1624년(갑자, 인조2)	李大期	
1628년(무진, 인조6)	權濤	
1644년(갑신, 인조22)	姜大遂	
1650년(경인, 효종 원년)	河溍	
1652년(임진, 효종3)	尹承慶	
1657년(정유, 효종8)	曹挺立	
1659년(기해, 효종10)	崔弘緖	
1663년(계묘, 현종4)	河弘度	
1671년(신해, 현종12)	權克有	
1689년(기사, 숙종15)	權斗望	
1694년(갑술, 숙종20)		
1700년(경진, 숙종27)	불분명	權汝亨 金聖咸
1704년(갑신, 숙종30)	불분명	
1705년(을유, 숙종31)	李翼年	
1706년(병술, 숙종32)		
1707년(정해, 숙종33)	權繼亨	金尙德
1711년(신묘, 숙종37)	불분명	
1714년(갑오, 숙종40)	朴崇圭	
1717년(정유, 숙종43)	朴鏜	
1721년(신축, 경종 원년)	李萬敷	河世龜 權大一
1722년(임인, 경종2)	朴粹彦	

년도	院長	院任
1723년(계묘, 경종3)		河世龜 朴粹彦
1724년(갑진, 경종4)	李萬敷	河德長
1725년(을사, 영조 원년)		朴孝彦 河德長
1726년(병오, 영조2)	河泗	柳仁年 南益圭
1727년(정미, 영조3)		李佖 李胤紀 金壽甲
1728년(무신, 영조4)		權大復 金壽甲
1730년(경술, 영조6)		權大復 河潤垕
1731년(신해, 영조7)	불분명	李如珠 河潤垕 河潤垕 權大銓
1733년(계축, 영조9)	權鏡	河德浩 權必守
1734년(갑인, 영조10)	불분명	
1735년(을묘, 영조11)	申命耈	河潤遠 權式亨
1736년(병진, 영조12)	鄭彦儒	李德恒
1737년(정사, 영조13)	불분명	權重萬 鄭世鵬 金尙精
1738년(무오, 영조14)	權大勣	
1739년(기미, 영조15)	尹東鳴	河世傳 河圖錫 李胤迪
1740년(경신, 영조16)	불분명	
1741년(신유, 영조17)	불분명	李台相 李瑞雨
1743년(계해, 영조19)	李齊聃	
1744년(갑자, 영조20)		李台相 金泳
1745년(을축, 영조21)	蔡膺一	李德寬 金泳
1746년(병인, 영조22)		

15) 하항은 생몰연대가 1538~1590년이다. 따라서 1592년에 덕천서원 원장을 지냈다는 이 기록은 오류이다. 여러 정황으로 본다면 하항이 덕천서원 원장을 지낸 시기는 그로부터 적어도 4~5년 전일 것으로 추정할 수 있다.

덕천서원 원임록 [하권]

년도	원장	원임
1769년(기축, 영조45)	李之億	春 權必昇 趙輝晉 秋 都吉謀 崔震爕
1770년(경인, 영조46)		春 河達聖 河明海 秋 河一浩 朴鼎吳
1771년(신묘, 영조47)	春 權式亨 秋 張趾學	趙瀁 李命寅
1772년(임진, 영조48)		春 李基全 權燂
1773년(계사, 영조49)	洪名漢	春 權燂 金有商
1774년(갑오, 영조50)		春 金有商 李啓茂 秋 李可輩
1775년(을미, 영조51)	春 權煒 秋 河德玄	春 姜世儁 沈錫輔 秋 權必濟 河朝海
1776년(병신, 영조52)	秋 河悳玄	春 許涵 朴胄新
1777년(정유, 정조 원년)	春 鄭致儉 秋 李萬育	春 梁希淵 秋 成大圭
1779년(기해, 정조3)		春 李允吉 秋 孫塇祖
1780년(경자, 정조4)		春 鄭必毅 秋 鄭梧
1782년(임인, 정조6)		春 許璃
1783년(계묘, 정조7)		春 南斗樞 秋 姜殷采
1784년(갑진, 정조8)	春 趙貞相	春 河源浩 柳坰 春 柳瑩 柳景泌 春 梁希參
1785년(을사, 정조9)	春 蔡濟恭	春 孫汝欽 春 李巘
1787년(정미, 정조11)		春 李元福 文斯玉 姜周瑞 秋 李再平 金正鍊
1788년(무신, 정조12)		春 河正中
1789년(기유, 정조13)		秋 權必忠

년도	원장	원임
1790년(경술, 정조14)		春 河正中 柳象經 春 河達聖 權必彦
1791년(신해, 정조15)		春 河膺德 李元福
1792년(임자, 정조16)		春 柳中鐸
1795년(을묘, 정조19)		春 河應德 李必茂
1796년(병진, 정조20)	春 蔡濟恭	春 金始赫 朴文衡
1797년(정사, 정조21)		春 河以泰 朴在儉 秋 趙得愚
1798년(무오, 정조22)		春 李應龍 李宜璿
1799년(기미, 정조23)		春 許洄 秋 權大㝡 河錫爕
1800년(경신, 정조24)	春 韓大裕	春 成東佐
1801년(신유, 순조 원년)		春 權正麟
1802년(임술, 순조2)		秋 河禹浩
1803년(계해, 순조3)		春 李基中 秋 鄭斗煥
1804년(갑자, 순조4)	春 河鎭伯	春 鄭錫一 金龍漢
1805년(을축, 순조5)	秋 權正九	秋 趙思愚 金奎成
1806년(병인, 순조6)	春 趙得愚	春 河鎭洛 秋 朴旨說 李守儉
1807년(정묘, 순조7)	春 李元福 秋 尹光顔	春 柳孝民 河禹泰 秋 河禹泰 權柱漢
1808년(무진, 순조8)	秋 鄭宗魯	春 權衡 秋 成師悅
1809년(기사, 순조9)		春 李基漢
1810년(경오, 순조10)	春 尹光重	春 李峻 沈一大
1811년(신미, 순조11)		春 柳正鐸 春 河鎭曄
1812년(임신, 순조12)	春 金正鍊 洪大淵	春 李憙烈 河鎭曄 趙熙榮 春 河治浩 權時樞

년도	원장	원임
1813년(계유, 순조13)		春 權正時 秋 金奎漢 河治浩
1814년(갑술, 순조14)	春 李益運	春 金奎漢 韓光履
1815년(을해, 순조15)		春 李敬謀 權煋 李佑根 春 權襃 李敏烈
1816년(병자, 순조16)		春 沈一憲 權炕 春 崔尙恒 曺允賢 成東臣 秋 朴天健 都必弘 李存烈
1817년(정축, 순조17)		春 權炉
1818년(무인, 순조18)	春 李志容	春 朴民耆 春 鄭孝寧 春 鄭匡魯, 趙熙載 春 曺允泳
1819년(기묘, 순조19)	秋 韓致應	秋 權正龍, 朴大淳
1820년(경진, 순조20)		春 柳宜漢 鄭槿 李基性 秋 李邦烈
1822년(임오, 순조22)		春 河大範 權顯明 秋 李壤
1823년(계미, 순조23)		春 鄭有善 權成洛 秋 河致中 權燦
1824년(갑신, 순조24)		春 柳岾 金樂漢 郭守翊
1825년(을유, 순조25)		春 許瀚 權煊
1826년(병술, 순조26)	秋 洪時濟	春 李緯儉 秋 李師默
1827년(정해, 순조27)		春 李廷烈 秋 李師默 沈聖集
1828년(무자, 순조28)		秋 李師默 廷馨善
1829년(기축, 순조29)		春 曺允玩 李始晉
1830년(경인, 순조30)		秋 權煊 許述 沈永漢
1831년(신묘, 순조31)	春 洪命周	春 廷啓贄 河彦哲 權爀 李元永
1832년(임진, 순조32)		春 許杠
1833년(계사, 순조33)		春 權憲成 秋 金在漢 姜宇煥

년도	원장	원임
1834년(갑오, 순조34)		春 朴致靈 李宇模 柳秉龍 李煥黙 秋 李益儉
1835년(을미, 헌종 원년)		春 李煥黙 柳錫元
1836년(병신, 헌종2)		春 趙進孝 權德明 李佑九 秋 河鳳運
1838년(무술, 헌종4)		春 金永耈 李觀榮
1839년(기해, 헌종5)		春 權正執
1840년(경자, 헌종6)		春 曺孟振 金珍 秋 河範運 郭源兆
1841년(신축, 헌종7)		春 河範運 朴受麟 秋 河濟賢
1842년(임인, 헌종8)		春 金宗鎭 趙處愚 沈良漢
1843년(계묘, 헌종9)	春 鄭鴻慶	春 具錫疇 權海成 秋 鄭煥星
1844년(갑진, 헌종10)		春 朴奎書 李丁儉
1845년(을사, 헌종11)		春 李佑孟 曺定振 李鎭幹
1846년(병오, 헌종12)		春 河相範 秋 李憲秉 權正善
1847년(정미, 헌종13)		春 李文永 李桂幹
1848년(무신, 헌종14)		秋 權在成
1849년(기유, 헌종15)		春 河正賢 柳在賢
1850년(경술, 철종 원년)		春 權翼錘 李相八
1851년(신해, 철종2)		春 河鎭嶋 金珩
1852년(임자, 철종3)		春 趙挺孝 李龜泰
1853년(계축, 철종4)		春 金履鎭 李賢萬 春 成翰周 李慶煥
1854년(갑인, 철종5)	春 曺錫雨	春 金鎭滈
1855년(을묘, 철종6)	春 權大肯	春 沈良漢 李邦儉
1856년(병진, 철종7)		春 河慶祚
1857년(정사, 철종8)		春 沈若漢 郭東楨
1858년(무오, 철종9)		春 李佑浩 柳圭賢 李憲幹

년도	원장	원임
1859년(기미, 철종10)		春 河鎭櫓 朴受景 郭淳兆
1860년(경신, 철종11)		春 金泰鎭
1861년(신유, 철종12)		春 河聖龜 權基亨
1862년(임술, 철종13)		春 成鳳周 春 韓聖立 金履杓 秋 鄭煥伍 秋 權翼民
1863년(계해, 철종14)	春 영상 鄭元容	春 朴八榮 春 權極樞
1864년(갑자, 고종 원년)		春 朴尙采 朴夏模 秋 柳起永
1865년(을축, 고종2)		春 許樋 成洽 秋 權柄成
1866년(병인, 고종3)		春 河載厚 沈履三
1867년(정묘, 고종4)		

1927년 덕천서원 중건 후 임원 명단

년도	원장	원임
1927년(정묘)		韓愼 曺建相
1929년(기사)		權球煥 曺建相
1931년(신미)		河亨植 曺秉斗
1933년(계유)		鄭珉鎔 曺杓
1934년(갑술)		鄭珉鎔 曺杓
1935년(을해)		閔成鎬 權忠容 曺杓
1937년(정축)		鄭允煥 河載玄 曺杓
1940년(경진)		都秉圭 李敎永 曺秉炯
1944년(갑신)		都秉圭 權載弘 曺秉炯

년도	원장	원임
1945년(을유)		都秉圭 李敎永 曺秉炯
1947년(정해)		朴道和 鄭然明 曺秉炯
1952년(임진)		崔奎煥 權昌鉉 曺秉炯
1953년(계사)		朴道和 崔奎煥 曺相權
1954년(갑오)		李垞洙 孫永錫 曺相權
1955년(을미)		李垞洙 孫永錫 曺相權
1956년(병신)		河禹善 李炳錫 曺哲爕
1957년(정유)		河禹善 李炳錫 曺哲爕
1958년(무술)		河禹善 李炳錫 曺哲爕
1961년(신축)		梁憙煥 李炳碩 曺哲爕
1963년(계묘)		梁憙煥 李炳碩 曺碩煥
1964년(갑진)		李炳碩 李文海 曺碩煥
1965년(을사)		李炳碩 李文海 曺碩煥
1966년(병오)		李炳碩 李文海 曺碩煥
1967년(정미)		閔泳馥 鄭直敎 曺碩煥
1968년(무신)		朴泰坤 鄭直敎 曺秉迹 秋 李璋洙 鄭直敎 曺秉迹
1969년(기유)		李璋洙 鄭直敎 曺秉迹
1970년(경술)		李璋洙 權東赫 曺秉迹 秋 李璋洙 權東赫 曺秉迹
1973년(계축)		鄭泰泓 金錫熙 曺秉政
1974년(갑인)		鄭泰泓 金錫熙 曺學煥 秋 金錫熙 金然埴, 曺學煥
1975년(을묘)		秋 鄭道錫 金錫熙 曺學煥
1977년(정사)		春 鄭道錫 韓英愚 曺學煥
1978년(무오)		春 成煥德 沈在善 曺義生
1981년(신유)	春 全相希	秋 河東根 李相學 曺義生
1986년(병인)		春 權震慶 全孟煥 曺義生
1987년(정묘)		權震慶 全孟煥 曺穩煥
1989년(기사)		河炳列 朴雨達 曺穩煥

년도	원장	원임
1990년(경오)		河炳列 朴雨達 曺鍾明
1992년(임신)		梁在道 鄭泰秀 曺鍾明
1995년(을해)		鄭泰守 河有楫 曺穩煥
1997년(정축)	李賢宰	鄭泰守 河有楫 曺穩煥
1998년(무인)	李賢宰	河有楫 金 煉 曺又煥
2001년(신미)	李賢宰	河有楫 金 煉 曺又煥 曺鍾浩
2003년(계미)	李賢宰	河有楫 金 煉 曺鍾浩 曺基成
2006년(병술)	李賢宰	河有楫 金 煉 曺基成 曺澤煥
2008년(무자)	李賢宰	河有楫 權寧達 曺基成 曺澤煥
2009년(기축)	李賢宰	河有楫 權寧達 曺澤煥 曺相壽
2011년(신묘)	李賢宰	河有楫 權寧達 曺澤煥 曺相壽
2012년(임진)	李賢宰	河有楫 權寧達 曺相壽
2013년(계사)	趙淳	李秉道 李完圭 曺相壽 曺正煥
2015년(을미)	趙淳	李秉道 李完圭 曺正煥 曺鍾燮
2016년(병신)	趙淳	許捲洙 河大逹 曺正煥 曺鍾燮

원생록院生錄

▲ 『덕천서원원생록』

덕천서원에서 강학한 원생들의 명단을 수록한 책이다.

덕천서원에는 원생의 명단을 수록한 『덕천서원원생록德川書院院生錄』
이 있다. 그러나 이 책자에 수록된 명단은 성명姓名과 자字만 기록되어
있다. 이것을 토대로 남명 선생의 11세손인 조상하曹相夏(자는 문경文卿,
호는 석암石菴, 1887~1925)가 보완하여 『덕천서원청금록德川書院靑衿錄』을
덕천서원에서 발행하였다. 이 책은 총 8권으로 되어 있는데, 각 권의
편찬 연도를 정리해 보면 아래와 같다.16)

권	편찬 연도	수록인원
1	1609년(기유, 광해 원년) 7월 12일	93명
2	1623년(계해, 인조 원년) 5월	185명
3	1629년(기사, 인조 7) 11월	172명
4	1634년(갑술, 인조 12) 4월 15일	212명
5	1642년(임오, 인조 20) 2월 17일	240명
6	1650년(경인, 효종 원년) 9월 6일	266명
7	1657년(정유, 효종 8) 3월	114명
8	1671년(신해, 현종 12) 12월	125명

이 자료를 보면, 17세기까지는 덕천서원을 중심으로 남명학파가 활
발하게 활동한 것을 알 수 있다. 그러나 17세기 후반부터 원생수가
급격히 줄어들어, 인조반정 이후 남명학파가 침체되어가는 현상을 엿
볼 수 있다. 또한 18세기에는 원생록이 만들어지지 않은 것을 보면,
덕천서원의 교육이 제대로 이루어지지 않은 것을 알 수 있다.
　아래 도표는 『청금록』에 수록된 인물을 권별로 정리하되, 찾아보기
쉽도록 가나다순으로 정리하였다. 또한 『청금록』 기사 가운데 꼭 필요

---

16) 『덕천서원원생록』에 관한 내용과 아래에 도표로 정리한 명단은 최석기, 『덕천서원』(경상대학교
　　남명학연구소 남명학교양총서 27, 경인문화사, 2015)의 제3장에 수록된 것을 그대로 전재하였음을
　　밝힌다.

한 인적사항만 발췌하였고, 이상필 교수의 『남명학파의 형성과 전개』(와우, 2005)의 부록 II를 참고하여 보충하였다.

덕천서원청금록德川書院靑衿錄 권1: 1609년(기유, 광해 원년 7월 12일)

성명	자	호	본관	거주	비고
姜　潾(1568~1619)	克紹	灆陰	晉陽	함양	홍문관교리
姜　遵(? ~ ?)	順夫				
姜　巘(? ~ ?)	子仰				
姜慶昇(1577~ ?)	善進	紫巖	晉陽	의령	
姜克新(? ~ ?)	敬甫		晉陽	진주	
姜渭明(1558~ ?)	景靜	晉陽	晉陽	함양	찰방
姜應璜(1559~1636)	渭瑞	白川	晉陽	함양	
姜翼文(1568~1648)	君遇	贑庵	晉陽	합천	문과, 예조판서
姜弘振(? ~ ?)	子興		晉陽		진사
郭永禧(1560~1619)	德修	晩翠堂	玄風	고령	문과, 현감
權　濤(1575~1644)	靜甫	東溪	安東	단계	대사간
權　瀁(1555~1618)	景止	花陰	安東	삼가	목사
權　濟(1548~1612)	致遠	源堂	安東	진주	권문현 아들
權　濬(1578~1642)	道甫	霜巖	安東	단성	문과, 광주목사
權克亮(1584~1631)	士任	東山	安東	단계	
金龍翼(? ~ ?)	時擧		蔚山	진주	통덕랑
金鳳翼(1570~ ?)	德擧		蔚山	진주	김운익 동생
金聲振(1577~ ?)	而玉		商山	진주	
金玉立(? ~ ?)	汝輝		蔚山	산청	김운익 조카
金雲翼(1562~ ?)	士擧	靜齋	蔚山	곤양	경릉참봉
金應成(1556~1614)	仲時	凝軒	瑞興	밀양	승지
南應箕(? ~ ?)	說卿		宜寧	진주	사헌부감찰
文　後(1574~1644)	行先	練江齋	江城	하동	

성명	자	호	본관	거주	비고
文景晉(1576~1647)	子昭	松溪	南平	합천	
文景虎(1556~1619)	君變	嶧陽	南平	합천	정인홍 문인, 찰방
朴 基(? ~ ?)	而圓				
朴乾甲(? ~ ?)	應茂	愚拙齋	密陽	삼가	생원
朴坤甲(1561~ ?)	應辛	西庵	密陽	삼가	박건갑 동생
朴道元(1593~1648)	一之	農隱	慶州	함안	박제인 손자
朴思齊(1555~1619)	景賢	栢淵	竹山	삼가	정인홍 문인
朴壽宗(1565~ ?)	裕後	釣溪	高靈	합천	사마
朴汝樑(1554~1611)	公幹	感樹齋	三陟	함양	정인홍 문인, 지평
朴而章(1547~1622)	叔彬	龍潭	順天	고령	정인홍 문인
朴日就(? ~ ?)					
朴廷璠(1550~1611)	君臨	島巖	高靈	고령	좌승지
朴齊仁(1536~1618)	仲思	篁巖	慶州	함안	남명 문인
朴昌先(1578~1619)	克述	梅軒	고령	고령	박정번 아들
裴應袞(? ~ ?)	仲輔				
裴亨遠(1552~ ?)	君吉	汀谷	盆城	합천	교수
成 攬(? ~ ?)	道甫				
成 鑄(1571~1618)	翁如	梅竹軒	昌寧	진주	성여신 아들
成 鐄(1590~1659)	而振	川齋	昌寧	진주	성여신 아들
成景琛(1543~ ?)	仲珍	鵲溪	昌寧	창녕	남명 문인
成辨奎(1556~ ?)	賓如	寒沙	昌寧	성주	
成汝信(1546~1632)	公實	浮査	昌寧	진주	남명 문인
成效奎(1577~ ?)	景旭		昌寧	안의	
孫 珏(? ~ ?)	而獻		密陽	진주	
孫 均(? ~ ?)	克平		密陽	곤양	진사
孫 繡(1577~ ?)	井翁		密陽	하동	
孫 紹(? ~ ?)	輝甫				
孫 坦(? ~ ?)	克履				
宋希昌(1539~1620)	德淳	松軒	恩津	삼가	남명 문인

성명	자	호	본관	거주	비고
申 檜(1546~ ?)	養仲	伊溪	高靈	진주	최영경 문인
愼友益(? ~ ?)					
安 鵠(? ~ ?)	逸擧				
安 憙(1551~1613)	彦優	竹溪	順興	함안	
安克家(1547~ ?)	宜之	磊谷	耽津	초계	현감
梁世鴻(1567~ ?)	可漸				
吳 長(1565~1617)	翼承	思湖	咸陽	산청	정언
吳汝穩(1561~1633)	隆甫	洛匡	高敞	고령	문과, 보덕
柳 暢(? ~ ?)	景達				
柳慶一(? ~ ?)	祥仲				
柳關榮(? ~ ?)	德茂		文化	진주	柳宗智 아들, 봉사
柳德龍(1563~1644)	時見	鵃鶴堂	文化	삼가	하항 문인
柳德麟(1563~1644)	伯游	拙軒	文化	삼가	
柳德鳳(? ~ ?)	時下				
柳伊榮(? ~ ?)	道茂		文化	진주	柳宗智 아들, 훈도
柳宗日(? ~ ?)	晦仲				
柳仲龍(1558~1635)	汝見	漁適	文化	합천	문과, 교리
柳震楨(1563~1631)	任可	石軒	全州	합천	문과, 한림
柳弘樑(? ~ ?)	任吉				
尹 銑(1559~1639)	澤遠	秋潭	坡平	삼가	문과, 우참찬
尹承慶(1582~ ?)	善叔		坡平	진주	진사
尹信男(1578~ ?)	彦述		坡平	거창	선무랑
尹英男(1582~ ?)			坡平		尹信男 동생, 생원
尹右辟(1585~1657)	子翼		坡平	삼가	尹銑 아들, 진사
尹左辟(1584~ ?)	汝翼		坡平	삼가	尹銑 아들, 진사
李 殼(1575~1631)	遵晦	梅軒	星州	단성	이유함 아들
李 術(1564~ ?)	樂夫	潛翁	仁川	경산	진사
李 堈(1586~ ?)	士虛	道山	載寧	진주	
李 對(? ~ ?)	養龍				

성명	자	호	본관	거주	비고
李 城(? ~ ?)	汝義	友梅堂	鐵城		
李 瑛(1585~1635)	而晦	紫圃	陜川	단성	이천경 아들
李 墌(1572~1637)	士厚	心遠堂	完山	성주	
李 瀞(1541~1613)	汝涵	茅村	載寧	진주	남명 문인, 문과
李 㰖(? ~ ?)	學止				
李 洞(? ~ ?)	明源				
李 屹(1557~1627)	山立	蘆坡	碧珍	삼가	정인홍 문인, 진사
李見龍(1580~1654)	誠伯	竹圃	星山	고령	헌릉참봉
李光友(1528~1619)	和甫	竹閣	陜川	단성	남명 문인, 왕자사부
李大期(1551~1628)	任重	雪壑齋	全義	초계	정인홍 문인
李大約(1560~1614)	善守	成皐	全義	초계	李大期 동생, 사마
李大一(1547~1595)	守而	馬岩	星州	거창	정인홍 문인
李明慤(1572~ ?)	子純		星山	함안	
李明慇(1569~1637)	一初	菊菴	星山	함안	
李明忠(1565~1624)	養初	梅竹軒	星山	함안	진사
李山立(1572~ ?)	靜容		咸安	고성	
李尙訓(? ~ ?)	志甫		全義		진사
李惟說(1569~1626)	汝賚	梧齋	星州	단성	이유함 동생, 생원
李惟誠(1557~1609)	汝實	梧月堂	星州	단성	문과, 정랑
李而楨(? ~ ?)	馨甫		載寧	함안	
李宗郁(? ~ ?)	希文	和軒	慶州	의령	
李遵訓(? ~ ?)	奉之				李尙訓 동생, 진사
李天慶(1538~1610)	祥甫	日新堂	陜川	단성	남명 문인
李賀生(1553~1619)	克胤	梅月堂	星州	진주	
李賢佑(1548~1623)	盡忠	兎川	仁川	삼가	남명內姪
李會一(1582~ ?)	極甫	睡軒	碧珍		李屹 아들, 진사
林承信(1557~1589)	可立	西澗	恩津	안의	林芸 아들
林眞怤(1586~1657)	樂翁	林谷	恩津	삼가	대군사부
張爾瞻(? ~ ?)	愼甫				

성명	자	호	본관	거주	비고
張益奎(1595~1671)	文哉	于房	昌寧		
鄭 謇(？~？)	直甫				
鄭 逑(1543~1620)	道可	寒岡	淸州	성주	남명 문인, 대사헌
鄭 澰(？~？)	淸叟		瑞山	합천	鄭澆 동생, 부사
鄭 澆(？~？)	雲叟	琴月軒	瑞山	합천	정인함 종질
鄭 蘊(1569~1641)	輝遠	桐溪	草溪	안의	문과, 참판
鄭 濬(？~？)	深源		晉陽	진주	
鄭 滌(1577~1638)	新仲	西湖	瑞山	합천	정인준 아들
鄭 暄(1588~1647)	彦昇	學圃	延日	진주	영산현감
鄭慶雲(1556~？)	德顯	孤臺	晉陽	함양	정인홍 문인, 진사
鄭大淳(1552~？)	熙叔	玉峰	延日	진주	
鄭麟祥(1544~？)	仁伯	龜溪	晉陽		
鄭承尹(1541~1610)	任仲	南溪	晉陽	진주	남명 문인, 진사
鄭承勳(1541~1610)	善述	梅竹堂	晉陽	곤양	진사
鄭穎達(1577~？)	士立		晉陽	진주	장사랑
鄭仁濬(1551~1625)	德淵	龜潭	瑞山	합천	정인홍 재종제
鄭仁涵(1546~1613)	德渾	琴月軒	瑞山	성주	정인홍 從弟
鄭悌生(1574~？)	順源	東湖	晉陽	진주	정승윤 아들, 진사
鄭昌緒(1560~1602)	士孝	六友堂	晉陽	합천	
鄭昌世(1585~1611)	希周		草溪	안의	鄭蘊 조카
鄭孝生(？~？)	聖源			하동	鄭承尹 조카
鄭喜新(？~？)	慶夫		晉陽	진주	통덕랑
趙 璞(1569~1652)	瑩然	鳳岡	林川	진주	호군
曹 炅(1625~？)	晦甫	松軒	昌寧		曺慶洪 조카
趙 瑞(？~？)	瑩叔				
曹 泉(？~？)	以甫	明齋	昌寧		曺慶洪 아들
曹慶泓(1554~？)	士吉	桐山	昌寧	진주	하항 문인
趙英沂(1583~？)	聖與		咸安	함안	
趙英漢(1565~？)	太沆		咸安		사재감참봉

성명	자	호	본관	거주	비고
趙完璧(? ~ ?)	汝守				
曺應仁(1556~1624)	善伯	陶村	昌寧	합천	왕자사부
趙任道(1585~1664)	季重	澗松	咸安	함안	대군사부
曺挺立(1583~1660)	以正	梧溪	昌寧	합천	문과, 대사간
曺挺生(1585~1645)	以寧	陶溪	昌寧	합천	조정립 동생
曺浚明(? ~ ?)	子深		昌寧	개령	남명 후손
曺晉明(? ~ ?)	子昭		昌寧	진주	남명 후손
趙徵杞(1590~ ?)	獻甫		咸安	진주	
陳 惇(1559~ ?)	叔允	虛白堂	驪陽	함양	
陳 亮(? ~ ?)	汝明	竹橋	驪陽	고성	
崔夢龜(1582~ ?)	瑞胤	畸翁	陽川	고령	최몽룡 동생
崔夢龍(1579~1655)	祥胤	悔窩	陽川	고령	崔汝契 아들
崔汝契(1551~1611)	舜輔	梅軒	陽川	고령	훈도
崔弘路(? ~ ?)	叔欽				
崔興虎(1561~ ?)	文仲		全州	고성	통덕랑
河 瑄(? ~ ?)	士潤		晉陽	진주	하수일 조카
河 惺(1571~1640)	子敬	竹軒	晉陽	진주	진사, 현감
河 琬(1588~ ?)	叔珍		晉陽	진주	하수일 아들
河 璋(? ~ ?)	仲潤	樂溪	晉陽		하수일 조카, 선교랑
河 憕(1563~1624)	子平	滄洲	晉陽	진주	진사
河 悏(1583~1625)	子幾	丹池	晉陽	진주	진사
河 渾(1548~1620)	性源	暮軒	晉陽	합천	정인홍 문인
河鏡昭(1567~ ?)	公極	東亭	晉陽	진주	
河景新(1584~ ?)	子淑		晉陽	진주	河渾 조카
河景涵(? ~ ?)	汝和		晉陽		
河公孝(1559~1637)	希順	台村	晉陽	진주	
河奎衍(? ~ ?)	亨甫				
河大中(? ~ ?)					
河龍瑞(? ~ ?)	文應		晉陽	진주	

성명	자	호	본관	거주	비고
河受一(1553~1612)	太易	松亭	晉陽	진주	문과
河應圖(1540~1617)	元龍	寧無成	晉陽	진주	남명 문인, 진사
河仁尙(1571~1635)	任夫	慕松齋	晉陽	진주	생원
河弘魯(? ~ ?)	省吾		晉陽	진주	하응도 아들
河弘晉(? ~ ?)	錫汝		晉陽		하응도 아들
韓大立(1569~ ?)	卓爾	丹巖	汭川	단성	
韓夢參(1589~1662)	子變	釣隱	淸州	진주	
韓夢逸(1577~ ?)	子眞	鳳岳	淸州	진주	사마
韓聲振(1559~ ?)	可遠	松隱	淸州	합천	생원
許 燉(1586~1632)	德輝	滄洲	金海	삼가	예조정랑
許景胤(1573~1646)	士述	竹庵	金海	김해	
許宗茂(1591~ ?)	景實		金海	의령	
許從善(1563~1642)	吉彦	草亭	河陽	합천	정인홍 문인
許洪器(1571~1640)	大受	遜齋	金海	삼가	군자감판관
許洪材(1568~1629)	大用	德庵	金海	삼가	찰방

덕천서원청금록 권2: 1623년(계해, 인조 원년 5월)

성명	자	호	본관	거주	비고
姜 憕(1604~ ?)	仲純		晉陽	진주	
姜 遵(? ~ ?)					
姜 橞(1584~ ?)	材予	晩翠亭	晉陽	진주	부호군
姜 壦(1606~ ?)	汝諧		晉陽	의령	
姜克新					권1
姜大遂(1591~1658)					권3
姜得胤(1589~ ?)	彦述		晉陽	진주	
姜敏孝(? ~ ?)	士順		晉陽	진주	

성명	자	호	본관	거주	비고
姜應璜					권1
姜翼文					권1
姜晉善(? ~ ?)	士友				
姜浩宗(1550~ ?)	景會	文庵	晉陽	진주	誤記인 듯함
權 濤(1575~1644)	靜甫	東溪	安東		권1
權 濬					권1
權 濼(1569~1633)	達甫	默翁	安東	단계	
權克亮					권1
權克履(1601~ ?)	元吉	德庵	安東	단성	
權克重(1598~1636)	學固	謹齋	安東	단성	
權克昌(1579~ ?)	士長		安東	단성	權濟 조카
金復文(1590~1629)	克彬	遯齋	商山	단성	
金鳳翼					권1
金秀立(? ~ ?)	汝實		蔚山		金鳳翼 아들
金玉立					권1
金義立(? ~ ?)	汝方				
金忠立(? ~ ?)	汝誠				
金卓立(? ~ ?)	汝尙				
南應箕					권1
盧克復(1573~ ?)	吉甫	月華堂	光州	초계	이조정랑
都聖兪(1581~1657)	隣哉	葵軒	星州	단성	
文 後					권1
文景晉(1576~1647)	子昭	松溪	南平	합천	
朴 楣(1588~ ?)	彦仕	道庵	密陽	단성	
朴 絪(1583~1640)	伯和	无悶堂	高靈	합천	
朴 知(? ~ ?)	明允				
朴乾甲					권1
朴坤甲					권1
朴道元					권1

성명	자	호	본관	거주	비고
朴思齊(1555~1619)					誤記
裴大維(1563~1632)	子張	慕亭	盆城	영산	문과, 병조참지
裴弘祐(1580~1627)	綏甫	養志齋	盆城	영산	
詐宗茂(1591~ ？)					권1
成 攬					권1
成 錞(1590~1659)	而振	泉齋	昌寧	진주	성여신 아들
成 錤(1595~1665)	而和	惺惺齋	昌寧	진주	성여신 아들
成 鐄(1588~ ？)	而廣	在川亭	昌寧	진주	성여신 아들
成辨奎					권1
成汝信					권1
成以道(？ ~ ？)	景修				
成瀚永(1592~1640)	渾然	筠塢	昌寧	진주	성박 아들
成澥永(？ ~ ？)	浩然		昌寧	진주	성여신 손자
成好詢(？ ~ ？)	詢之	性窩	昌寧		成景琛 아들
成好正(1589~1639)	尙夫	彊齋	昌寧	함안	
成效奎(1577~ ？)	景旭		昌寧	안의	성팽년 아들
孫 珏					권1
孫 繘					권1
孫 坦(？ ~ ？)					
孫 赫(？ ~ ？)	晦伯		密陽		
孫錫胤(1591~ ？)	汝善	松村			
孫錫祚(？ ~ ？)	汝章				
孫之順(1595~ ？)	順之		密陽	단성	
安 鵠					권1
梁 桓(？ ~ ？)	廷瑞				
梁世鴻(？ ~ ？)					
柳 暢(？ ~ ？)					권1
柳慶一					권1
柳德龍					권1

성명	자	호	본관	거주	비고
柳復亨(? ~ ?)	元叔		文化	진주	
柳映漢					권3
柳伊榮					권1
柳挺豪(? ~ ?)	應時				
柳仲龍					권1
尹 銑					권1
尹承慶					권1
尹信男					권1
尹英男					권1
尹右辟					권1
尹正辟(1592~ ?)	君翼		坡平	삼가	尹銑 아들
尹左辟					권1
李 㤗					권1
李 塀					권1
李 殼					권1
李 對					권1
李 城					권1
李 燁(? ~ ?)	文孺		載寧	김해	진사
李 瑛(1585~1635)					권1
李 埔					권1
李 堉(? ~ ?)	土養		載寧		
李 垠(1577~ ?)	而遠		星州		
李 垤(1584~ ?)	而泰		星州	송계	
李 㙫					권1
李 炯(1595~ ?)	子晦	德翁	載寧	함안	
李見龍					권1
李大期					권1
李德明(? ~ ?)	景修	春雨堂	江陽		
李明懲					권1

성명	자	호	본관	거주	비고
李明忠					권1
李明國(1601~ ？)	汝顔				
李培根(？ ~ ？)	而發		고성	진주	李城 아들
李山立					권1
李壽國(1599~1645)	而賢		星州	단성	
李如漢(？ ~ ？)	應是		載寧	진주	
李榮國(1598~ ？)	汝龜	心雲齋	載寧	진주	
李英男(？ ~ ？)	叔挺				
李玉立(1575~ ？)	粹容		咸安	고성	
李惟說					권1
李而楧					권1
李廷賓(1599~ ？)	德讓	梅軒	陜川	단성	
李宗郁(？ ~ ？)	希文	和軒	慶州	의령	
李遵訓					권1
李重光(1592~1685)	景顯	號杏亭	載寧	진주	
李之馪(1588~1663)	汝聞	雲愍	長水	청계	
李之馪(1577~ ？)	子聞	竹村	長水	칠원	
李賀生					권1
李行周(？ ~ ？)	克欽				
李屹					권1
林眞怘					권1
張爾武(1587~ ？)	丕承				장이문 동생
張爾文(1593~ ？)	丕顯		丹陽	진주	진사
張益奎(1595~1617)	文哉	于房	昌寧		
全大器(？ ~ ？)	敬賜				
全雲翼					권1
鄭䇾					권1
鄭溥(？ ~ ？)	施遠				
鄭蘊					권1

성명	자	호	본관	거주	비고
鄭 頎(1599~1657)	子儀	秋潭	延日	진주	
鄭 濬					권1
鄭 滌					권1
鄭 暄					권1
鄭慶雲					권1
鄭大新(? ~ ?)	克念				
鄭麟祥(1544~ ?)	仁伯	龜溪	晉陽		권1, 誤記
鄭承勳					권1
鄭穎達					권1
鄭惟達(1580~ ?)	士顯		晉陽		
鄭以譓(1590~1643)	愼和	慕軒	晉陽	사천	
鄭仁濬					권1
鄭悌生					권1
鄭周翼(? ~ ?)					
鄭昌詩(? ~ ?)	鳴周	絲川	草溪	안의	鄭蘊 아들
鄭弘振(? ~ ?)	興伯				
鄭孝生					권1
鄭喜漸(? ~ ?)	進夫				
趙 璡					권1
曹 炅					권1
趙 琜					권1
曹 泉					권1
曹慶洪					권1
趙汝瑾(? ~ ?)	德溫				
趙英沂					권1
趙英漢					권1
趙英灝(? ~ ?)	太浩	場巖	咸安	함안	
曹應仁					권1
趙任道					권1

성명	자	호	본관	거주	비고
曹挺立					권1
曹挺生					권1
曹浚明					권1
陳 亮					권1
陳 惇					권1
陳翊國(? ~ ?)	仲輔	華軒			
崔 瀁(? ~ ?)	克深	大明處仁	全州	하동	
崔夢龜					권1
崔夢龍					권1
崔振虎(1573~ ?)	炳叔		全州	진주	
崔興虎					권1
河 漣(? ~ ?)	明伯				
河 忭(1581~ ?)	子賀	丹洲	晉陽		
河 璿(1583~165?)	士潤	松臺	晉陽	진주	
河 性					권1
河 楡(? ~ ?)	汝源				
河 溍(1597~1658)	晉伯	台溪	晉陽	진주	문과, 집의
河 憕					권1
河 鐸(? ~ ?)	汝振				
河 悏					권1
河景新					권1
河景中(? ~ ?)	子由				
河公孝					권1
河奎衍(? ~ ?)					
河龍瑞					권1
河仁尙					권1
河智尙(? ~ ?)	通夫		晉陽	진주	하징 조카
河弘度(1593~1666)	重遠	謙齋	晉陽	진주	
河弘魯					권1

성명	자	호	본관	거주	비고
河弘毅(? ~ ?)	重吾				
韓夢參(1589~1662)	子變	釣隱	淸州	진주	권1
韓夢逸					권1
許 燉					권1
許景胤					권1
許以翰(1572~ ?)	衛甫	慕省齋	金海	고성	
許洪器					권1
許洪材					권1
黃 瑠(1609~ ?)	汝器	歲寒齋	檜山	진주	

덕천서원청금록 권3: 1629년(기사, 인조 7년 11월)

성명	자	호	본관	거주	비고
姜 憬					권2
姜 玩(? ~ ?)	君瑞		晉陽	사천	
姜 壎					권2
姜大遂(1591~1658)	學顏	寒沙	晉陽	합천	권2
姜得胤					권2
姜敏孝					권2
姜渭達(? ~ ?)	君輔		晉陽	진주	
姜翼文					권2
姜晉善					권2
姜浩宗					권2
權 濤					권2
權 濬					권2
權 溁					권2
權克亮					권2

성명	자	호	본관	거주	비고
權克履					권2
權克臨(1608~ ?)	叔正	愚川	安東		權濬 아들
權克重					권2
權克昌					권2
權斗慶(1604~ ?)	慶之		安東		權克亮 아들
權允中(? ~ ?)	執甫				
金玉立					권2
金復文					권2
金鳳翼					권2
金秀立					권2
金雲翼					권2
金義立					권2
金忠立					권2
金卓立					권2
都　顗(? ~ ?)	子美	屏山齋	星州	단성	都聖兪 조카
盧克復					권2
都聖兪					권2
朴　絪					권2
朴　知					권2
朴坤甲					권2
朴道元					권2
裴大維					권2
成　錞					권2
成　鋧					권2
成　鑛					권2
成汝信					권2
成瀚永					권2
成瀄永					권2
成好詢					권2

성명	자	호	본관	거주	비고
成好正					권2
孫 珏					권2
孫 紀(? ~ ?)	振卿		密陽		
孫 縞					권2
孫錫胤					권2
孫錫祚					권2
孫之復(1610~ ?)	泰叔		密陽		
孫之順					권2
孫泰中(? ~ ?)	享彦				
愼 衍(1576~ ?)	茂甫		居昌	사천	
沈□煌(? ~ ?)	叔章	石亭	靑松	합천	
沈廷式(? ~ ?)	公憲		靑松	단성	
安 鵠					권1,2에 보임, 誤記
安夢禛(? ~ ?)	君協				
梁 崟(? ~ ?)	景止				
梁世鴻					권1,2에 보임, 誤記
吳國獻(1599~1672)	仲賢	漁隱	海州	단성	
柳 暢					권1,2에 보임, 誤記
柳慶一					권2
柳德龍					권2
柳昔瑜(? ~ ?)	尙友	養眞齋	晉州	단성	
柳映漢					권2
柳再新(? ~ ?)	光叔		晉州	사천	
柳再亨(? ~ ?)	時叔		晉州	사천	
柳挺豪					권2
柳仲龍					권2
尹 銑					권2
尹承慶					권2
尹英男					권2

성명	자	호	본관	거주	비고
尹右辟					권2
尹正辟					권2
尹左辟					권2
尹 □(? ~ ?)					
李 穀					권2
李 堈					권2
李 對					권1,2에 보임, 誤記
李 城					권2
李 燁					권2
李 瑛					권2
李 垍					권2
李 垍					권2
李 垠					권2
李 材(? ~ ?)	大叔				
李 垤					권2
李 炯					권2
李見龍					권2
李德明					권2
李明國					권2
李培根					권2
李壽國					권2
李時衍(? ~ ?)	仲實				
李時郁(1608~ ?)	文哉				李瑛 아들
李如漢					권2
李榮國					권2
李英男					권2
李玉立					권2
李廷賓					권2
李之蕡					권2

성명	자	호	본관	거주	비고
李賀生					권2
李行周					권2
李厚根(? ~ ?)	而久		固城		李城 아들
林眞怘					권2
張爾武					권2
張爾文					권2
全大器					
鄭 枏(? ~ ?)	任重	他石齋	延日	진주	鄭暄 아들
鄭 頒(? ~ ?)	子長				
鄭 溥					권2
鄭 蘊					권2
鄭 穩(? ~ ?)	而幹				
鄭 頴					권2
鄭 濬					권2
鄭 暄					권2
鄭德泓(? ~ ?)	文遠		晉陽		
鄭麟祥					권1,2에 보임, 誤記
鄭順吉(? ~ ?)	汝常				
鄭承勳					권2
鄭穎達					권2
鄭以譧					권2
鄭悌生					권2
鄭周翼					
鄭昌詩					권2
鄭孝生					권2
趙 璵					권2
曹 炅					권2
趙 球(? ~ ?)	粹溫				
趙 瑃					권1,2에 보임, 誤記

성명	자	호	본관	거주	비고
曹敬明(? ~ ?)	子直		昌寧	진주	曹次磨 아들
曹慶洪					권2
趙汝瑾(? ~ ?)					
趙英沂					권2
趙任道					권2
曹挺立					권2
曹挺生					권2
曹浚明					권2
曹晉明					권1
曹次磨(1557~1639)	二會	慕亭	昌寧	진주	남명 아들
陳 惇					권2
陳 亮					권2
陳翊國					권2
崔 絅(1608~ ?)	尙之	慕學齋	慶州	단성	崔起宗 아들
崔 濦					권2
河 湕					권2
河 忭					권2
河 性					권2
河 檜					권2
河 濬					권2
河 潃(1605~ ?)	淸伯	草亭	晉陽		河濟 동생
河 濟					권2
河景中					권2
河公孝					권2
河奎衍					권1,2에 보임, 誤記
河達泳(? ~ ?)	大源				
河達遠(1603~ ?)	伯源		晉陽	진주	河惺 아들
河達悠(1608~ ?)	士源		晉陽		河惺 아들
河愼幾(1607~ ?)	汝敬		晉陽		河應圖 손자

성명	자	호	본관	거주	비고
河仁尙					권2
河自潢(? ~ ?)	學海		晉陽	진주	河受一 손자
河弘達(1603~1651)	致遠	樂窩	晉陽	진주	하홍도 동생
河弘度					권2
韓夢參					권1,2
韓夢逸					권2
韓時重(1608~ ?)	汝任	沙谷	淸州		韓夢逸 아들
許 燉					권2
許宗茂					권1,2
許洪器					권2
洪 櫻(? ~ ?)	以行				
黃 瑠					권2

덕천서원청금록 권4: 1634년(갑술, 인조 12년 4월 15일)

성명	자	호	본관	거주	비고
姜 憕					권3
姜 瑛(? ~ ?)	君獻		晉陽	사천	
姜 榴(1591~ ?)	君直		晉陽	진주	
姜 玩					권3
姜 壎					권3
姜國望(? ~ ?)	眞是				
姜大逵(1576~ ?)	學漸		晉陽	합천	
姜大遂					권3
姜大延(1606~1655)	學平	鏡湖	晉陽	산청	姜翼文 아들
姜大適(1594~1678)	學仲	鷗洲	晉陽	합천	
姜文弼(? ~ ?)	聖老	松亭	晉陽	함양	

성명	자	호	본관	거주	비고
姜敏孝					권3
姜渭達					권3
姜翼文					권3
姜在文(? ~ ?)	浩然				
姜晉善					권2,3
姜浩宗					권3
孔 勖(? ~ ?)	勖哉	深齋	曲阜	의령	
權 濤					권3
權 濬					권3
權克履					권3
權克臨					권3
權克頤(? ~ ?)					
權克重					권3
權克昌					권3
權克斅(1608~ ?)	學半				
權斗慶					권3
權尙中(? ~ ?)	擇甫				
權允中(? ~ ?)					
權泰男(1597~ ?)	仲進	白窩	安東	단성	
金鳳翼					권3
金秀立					권3
金粹文(? ~ ?)	潤伯				
金玉立					권3
金雲翼					권3
金允兼(? ~ ?)					
金卓立					권3
盧克復					권3
盧 泹(1576~ ?)	亘古	樂分窩	光州		盧克復 아들
盧享運(1584~1650)	時甫	素庵	豊川	함양	

성명	자	호	본관	거주	비고
盧亨弼(1605~1644)	志行	雲堤	豊川	함양	
都 頎(1601~ ?)	大甫	慕齋			
都 顗					권3
都聖兪					권3
林眞愻					권3
朴 緯(1605~ ?)	仲密	愚村			
朴 絪					권3
朴 知(? ~ ?)					
朴慶光(1608~ ?)	祐甫		泰安	진주	
朴道元					권3
朴以熹(1601~ ?)	德彦		潘南	함양	
朴以爀(1602~ ?)	啓晦	省愆齋	潘南	산청	
裴一長(1613~ ?)	子禧	戒軒	盆城		
成 錞					권3
成 鋧					권3
成 鐄					권3
成源永(1614~ ?)	淵然				
成瀚永					권3
成澥永					권3
成好詢					권3
成好正					권3
孫 珏					권3
孫 紀(? ~ ?)					
孫 繘					권3
孫尙謙(? ~ ?)					
孫錫胤					권3
孫錫祚					권3
孫錫孝(? ~ ?)	松村		密陽		孫錫胤 종제
孫之復					권3

성명	자	호	본관	거주	비고
孫之順					권3
孫之燕(1612~ ?)	貽叔				
孫泰中(? ~ ?)					
宋 翊(? ~ ?)	輔而				
宋齊聖(? ~ ?)	君望				
愼 衍					권3
申汝顔(1610~ ?)	仁仲		高靈		
沈廷亮(1613~ ?)	明允	茅軒	靑松		
安 鵠					권1~3에 보임, 誤記
安世慶(? ~ ?)	善餘				
梁 崏(? ~ ?)					
梁慶纘(? ~ ?)	丕承		南原	단성	
梁世鴻					권1~3에 보임, 誤記
魚敬身(1606~ ?)	省吾	竹軒	咸從		
吳國獻					권3
禹汝懋(1591~ ?)	大伯	凍川	丹陽	안의	
柳 琪(? ~ ?)					
柳 暢					권1~3에 보임, 誤記
柳慶一					권2,3에 보임
柳德龍					권3
柳昔瑜					권3
柳映漢					권3
柳再華(? ~ ?)			晉州	사천	
柳挺豪					권3
柳希稷(1609~ ?)	舜卿	林隱	晉陽		
尹 □(? ~ ?)					
尹 銑					권3
尹承慶					권3
尹英男					권3

성명	자	호	본관	거주	비고
尹右辟					권3
李 奎(1612~ ?)	文瑞		星山		
李 栒(? ~ ?)					
李 對					권1~3에 보임, 誤記
李 城					권3
李 燁					권3
李 瑛					권3
李 垍					권3
李 垍					권3
李 垠					권3
李 材(? ~ ?)					
李 楸(? ~ ?)					
李 崔(1590~ ?)	擎宇	梅竹軒	仁川	삼가	
李 垤					권3
李 炯					권3
李見龍					권3
李起源(? ~ ?)	進夫				
李德明					권3
李明國					권3
李培根					권3
李壽國					권3
李菁國(1612~ ?)	以靈	島谷	星州		
李時郁					권3
李榮國					권3
李英男					권3
李廷賓					권3
李廷碩(? ~ ?)	公輔				
李重發(? ~ ?)			全州		李垍 아들
李之積					권3

성명	자	호	본관	거주	비고
李賀生					권3
李弘道(1599~ ?)	克文		陜川	함양	
李厚根					권3
張爾武					권3
張爾文					권3
鄭 枡					권3
鄭 頥					권3
鄭 愽(? ~ ?)					鄭孝生 아들
鄭 蘊					권3
鄭 惲(? ~ ?)					
鄭 頙					권3
鄭 檼(? ~ ?)					
鄭 銓(? ~ ?)					
鄭 濬					권3
鄭 積(? ~ ?)					
鄭 暄					권3
鄭光淵(1600~ ?)	止叔	滄洲	河東	함양	
鄭麟祥					권1~3에 보임, 誤記
鄭順吉(? ~ ?)					
鄭順命(1599~ ?)	克愛		慶州	단성	
鄭時修(1601~ ?)	敬叟	琴川	東萊	거창	
鄭延度(1614~ ?)	叔憲	寒溪			
鄭延序(1610~ ?)	仲節	宜齋			
鄭穎達					권3
鄭悌生					권3
鄭周翼(? ~ ?)					
鄭昌謨(1605~ ?)	鳴夏	佩弦堂	草溪		鄭蘊 아들
鄭昌詩					권3
鄭昌訓(1602~ ?)	鳴殷		草溪		鄭蘊 아들

성명	자	호	본관	거주	비고
鄭孝生					권3
趙 瑔					권3
曹 炅					권3
趙 球(? ~ ?)					
趙 瑞					권1~3에 보임, 誤記
趙 瑾(1612~ ?)	舜瑞				
曹敬明					권3
曹時亮(1603~ ?)	寅叔	雪洲	昌寧	합천	曹挺立 아들
曹時逸(1607~ ?)	日休		昌寧		曹挺生 아들
趙汝瑾(? ~ ?)					
趙英沂					권3
趙任道					권3
曹挺立					권3
曹挺生					권3
曹浚明					권3
曹晉明					권3
趙徵商(1609~ ?)	質甫				
趙徵夏(? ~ ?)	敬甫				
曹次磨					권3
陳 亮					권3
陳翊國					권3
崔 絅					권3
崔 灛					권3
河 湕					권3
河 瑾(? ~ ?)	汝溫				
河 忭					권3
河 璿					권3
河 性					권3
河 楛					권2,3

성명	자	호	본관	거주	비고
河 溭					권3
河 溍					권3
河見文(? ~ ?)	君瑞	梅軒			
河景中					권3
河公孝					권3
河奎衍					권1~3에 보임, 誤記
河達道(1612~ ?)	季源				
河達泳(? ~ ?)					
河達遠					권3
河達長(1614~ ?)	以遠				
河愼幾					권3
河愼行(1613~ ?)	汝敏				
河仁尙					권3
河自澂(1614~ ?)	聖會				
河自潢					권3
河弘達					권3
河弘度					권3
韓夢逸					권3
韓夢參					권3
韓時重					권3
許 瀨(? ~ ?)	靜甫				
許以乾(? ~ ?)					
許宗茂					권1~3에 보임, 誤記
許洪器					권3
洪 櫻					권3
黃 瑠					권3

덕천서원청금록 권5: 1642년(임오, 인조 20년 2월 17일)

성명	자	호	본관	거주	비고
姜瑛					권4
姜楹					권4
姜玩					권4
姜國望					권4
姜大逵					권4
姜大遂					권4
姜大延					권4
姜大適					권4
姜文弼					권4
姜敏孝					권4
姜渭達					권4
姜翼文					권4
姜在文					
姜振國(1618~ ?)	子由		晉陽	진주	
姜晉善					권4
姜晉興(? ~ ?)	子述				
姜浩宗					권4
孔勖					권4
權濤					권4
權濬					권4
權克謙(? ~ ?)	益之		安東		權濬 아들
權克履					권4
權克臨					권4
權克毅					권4
權斗慶					권4
權斗極(? ~ ?)					
權斗望(1620~ ?)	子瞻	明庵			

성명	자	호	본관	거주	비고
權尙中(? ～ ?)					
權允中(? ～ ?)					
權以中(? ～ ?)	時一				
權泰男					권4
權必中(? ～ ?)	惟一				
金 澳(? ～ ?)	源仲				
金邦弼(? ～ ?)	元老				
金尙汲+金(1621~1686)	瑀卿	槐亭	商山	단성	
金秀立					권4
金粹文(? ～ ?)					
金玉立					권4
金卓立					권4
金澤泂(? ～ ?)	太精				
盧 洹					권4
盧亨運					권4
盧亨弼					권4
都 㻟(1609～ ?)	士甫	葵軒			
都 頏(1614～ ?)	碩甫		星州	단성	都聖兪 아들
文 鑑(? ～ ?)	明叔				
閔邦翼(? ～ ?)	子卿				
朴 緯					권4
朴 知					권4
朴慶光					권4
朴道元					권4
朴文淵(1615～ ?)	晦叔				
朴文燁(1618～ ?)	明憲				
朴承甲(1614～ ?)	而述		密陽	단성	
朴以燾					권4
朴以爀					권4

성명	자	호	본관	거주	비고
朴以炯(1608~ ?)	用晦	松溪	潘南	산청	
裴一長					권4
卞三進(? ~ ?)	士溫				
成 鐏					권4
成 錕					권4
成 鑌					권4
成泗永(1617~ ?)	涵然				성여신 손자
成源永					권4
成治永(1616~ ?)	煥然		昌寧	진주	성여신 손자
成澥永					권4
成好詢					권4
孫 珏					권4
孫 紀(? ~ ?)					
孫錫祚					권4
孫之復					권4
孫之燕					권4
孫之玩(? ~ ?)	汝溫				
孫之後(1619~ ?)	可畏				
孫晉中(? ~ ?)	以漸		密陽	하동	
孫泰中(? ~ ?)					
宋 翊(? ~ ?)					
宋齊聖(? ~ ?)					
愼 衍					권4
愼龜壽(1599~ ?)	澤老				
申汝顔					권4
沈廷亮					권4
安 鵠					권1~4에 보임, 誤記
安世慶(? ~ ?)					
安一桂(? ~ ?)					

성명	자	호	본관	거주	비고
梁慶纘					권4
梁世鴻					권1~4에 보임, 誤記
梁晉瞻(？ ~ ？)	景行				
魚敬身					권4
吳國獻					권4
禹汝柣					권4
柳 奎(？ ~ ？)	文明				
柳 㰱(1616~ ？)	輝仲		晉陽	단성	
柳 烜(1634~ ？)	文晦	畏軒	全州	산청	
柳德龍					권4
柳昔璘(？ ~ ？)	季友				
柳昔琳(1614~ ？)	淑友		晉州	단성	
柳昔玭(1609~ ？)	淑淸		晉州		
柳昔瑜					권4
柳昔瑨(？ ~ ？)	獻哉				
柳晟漢(？ ~ ？)	應晦				
柳暎漢					권4
柳翼辰(？ ~ ？)	應慶				
柳再明(？ ~ ？)	汝見				
柳必亨(？ ~ ？)	欣甫				
尹 昇(1597~ ？)	曦甫		茂松		
尹承慶					권4
尹右辟					권4
尹應運(？ ~ ？)	時甫				
李 奎					권4
李 對					권1~4에 보임, 誤記
李 燁					권4
李 永(？ ~ ？)	子久				
李 材(？ ~ ？)					

성명	자	호	본관	거주	비고
李 齊(? ～ ?)	子正				
李 崔					권4
李 垤					권4
李 炯					권4
李見龍					권4
李景茂(? ～ ?)	汝實				
李景煥(? ～ ?)	汝文				
李起源(? ～ ?)					
李培根					권4
李尙仁(1614～ ?)	子寬				
李壽國					권4
李蓍國					권4
李時達(1619～ ?)	叔兼				
李時郁					권4
李如泌(1617～ ?)	尙友		載寧	진주	
李榮國					권4
李英男					권4
李偉男(? ～ ?)	叔雄				
李仁國(? ～ ?)	汝眞				
李廷賓					권4
李廷碩(? ～ ?)					
李存曖(? ～ ?)	德章				
李重祿(1611～ ?)	將甫				
李重發(? ～ ?)					
李重蕃(? ～ ?)					
李重禛(1613～ ?)	休甫				
李重禵(1614～ ?)	眞甫				
李之蕡					권4
李玄栽(1620～ ?)	培元	竹村			

성명	자	호	본관	거주	비고
李馨國(1583~ ?)	聞遠		星州	단성	
李弘道					권4
李厚根					권4
林眞怤					권4
張 垣(1616~ ?)	君翰				
張爾武					권4
全 琦(? ~ ?)	子重				
田榮國(1594~ ?)	翊甫	遜溪	潭陽	의령	
鄭 枡					권4
鄭 深(? ~ ?)	清叔				
鄭 濱(? ~ ?)	浩遠				
鄭 顥					권4
鄭 銓(? ~ ?)					
鄭 濬					권4
鄭 積(? ~ ?)					
鄭 海(? ~ ?)	大遠				
鄭 暄					권4
鄭光淵					권4
鄭德涵(1609~ ?)	景遠		晉陽	산청	
鄭順吉(? ~ ?)					
鄭時修					권4
鄭延度					권4
鄭延序					권4
鄭穎達					권4
鄭有祐(1615~ ?)	吉叔		海州	단성	
鄭爾垣(? ~ ?)	德夫				
鄭日章(? ~ ?)	晦伯				
鄭悌生					권4
鄭周翼(? ~ ?)					

성명	자	호	본관	거주	비고
鄭昌謨					권4
鄭昌詩					권4
鄭昌訓					권4
曹 □(? ~ ?)	伯昇				
曹 □(? ~ ?)	晦之				
趙 瑓					권4
曹 景(1623~ ?)	文叔				
趙 球(? ~ ?)					
曹 昪(? ~ ?)	揚之				
趙 瑞					권1~4에 보임, 誤記
曹 暑(? ~ ?)	遠之				
曹 晟(1617~ ?)	晦叔				
曹 曤(1617~ ?)	季晦				
曹 腕(1619~ ?)	可晦	方隱			
趙 琢(? ~ ?)	文彦				
曹 晶(? ~ ?)	晦夫				
趙 瑾					권4
曹世翱(? ~ ?)	瑞伯				
曹世勳(1604~ ?)	國老	雲溪			
曹時亮					권4
曹時逸					권4
趙汝瑾(? ~ ?)					
趙英沂					권4
趙任道					권4
曹挺立					권4
曹挺生					권4
曹浚明					권4
曹晉明					권4
趙徵商					권4

성명	자	호	본관	거주	비고
趙徵夏					권4
陳翊國					권4
崔 絅					권4
崔起寧(1575~ ?)	昌叔	拙齋	慶州	단성	
崔起宗(1576~ ?)	孝甫	愁愁子	慶州	산청	
崔處厚(1623~ ?)	子緯		全州	하동	
崔厚立(? ~ ?)	載而		全州	하동	
河 湕					권4
河 瑾					권4
河 怌					권4
河 楧					권2~4에 보임
河 濬					권4
河 湪					권4
河 浯					권4
河見文					권4
河達永(? ~ ?)	混源	具邇堂	晉陽		
河達長					권4
河達天(? ~ ?)	自源				
河愼幾					권4
河愼言(? ~ ?)	汝訥		晉陽		하응도 손자
河愼行					권4
河自濂(1620~ ?)	學源	正齋			
河自澂					권4
河自灝(1595~ ?)	汝遇				
河自潢					권4
河必達(? ~ ?)	百里				
河弘達					권4
河弘度					권4
河喜仁(? ~ ?)	安中				

성명	자	호	본관	거주	비고
韓夢逸					권4
韓夢參					권4
韓時重					권4
韓時泰(? ~ ?)	叔亨				
許 瀨					권4
許 昊(? ~ ?)					
洪 櫻					권4
黃 瑠					권4
黃 㑺(1610~ ?)	明遠		長水	단성	
黃 晦(? ~ ?)	叔顯				

덕천서원청금록 권6: 1650년(경인, 효종 원년 9월 6일)

성명	자	호	본관	거주	비고
姜 瑛					권5
姜 楹					권5
姜 玩					권5
姜 埈(1617~ ?)	平叔				
姜大逵					권5
姜大遂					권5
姜大延					권5
姜大適					권5
姜東望(? ~ ?)	汝眞				
姜文弼					권5
姜渭達					권5
姜渭進(? ~ ?)	君弼		晉陽	진주	
姜晉善					권5

성명	자	호	본관	거주	비고
姜晉興(？ ～ ？)	子述				
姜徽衍(？ ～ ？)	舜五	莘庵	晉陽		姜大遂 아들
孔 勖					권5
權 鍒(？ ～ ？)					
權 釴(1627～ ？)	仲伯	取道軒			
權 欽(1623～ ？)	子昂		安東	의령	
權克謙					권5
權克履					권5
權克臨					권5
權克敹					권5
權斗望					권5
權斗漢(？ ～ ？)					
權得經(？ ～ ？)	守甫				
權尙中(？ ～ ？)					
權泰男					권5
金 頊(1602～ ？)	愼伯	沙月堂	義城	진주	
金聃壽(1570～ ？)	台叟	秋水	慶州		
金邦弼(？ ～ ？)					
金尙汲+金					권5
金秀立					권5
金粹文(？ ～ ？)					
金玉立					권5
金嶷立(1601～ ？)	重夫	遯齋	善山	함양	
金廷碩(？ ～ ？)					
金卓立					권5
金渃洄(？ ～ ？)					
盧 溥(1631～ ？)	天如	寓軒			
盧 涓(？ ～ ？)	汝用				
盧 洹					권5

성명	자	호	본관	거주	비고
盧 瀚(1627~ ？)	天卿	誠齋			
盧 灝(？ ~ ？)	麗伯				
都 頊					권5
都 頣					권5
文 鍌(？ ~ ？)					
朴 曼(1610~ ？)	大卿	守拙齋	高靈		朴絪 아들
朴 緯					권5
朴 晟(1619~ ？)	巨卿	養眞齋			
朴慶光					권5
朴鳴震(？ ~ ？)					
朴文淵					권5
朴文燁					권5
朴承甲					권5
朴以燾					권5
朴以燦					권5
朴以炯					권5
裴一長					권5
卞三遇(？ ~ ？)	時汝				
卞三進(？ ~ ？)					
成 錞					권5
成泗永					권5
成源永					권5
成治永					권5
成澥永					권5
成灝永(？ ~ ？)	淳然				
成好晉(？ ~ ？)					
孫 紀					권5
孫 莆(？ ~ ？)	馨仲				
孫 芬(？ ~ ？)	馨伯				

성명	자	호	본관	거주	비고
孫錫祚					권5
孫之復					권5
孫之璹(1624~ ?)	肅夫				
孫之燕					권5
孫之玩					권5
孫之後					권5
宋挺濂(1612~ ?)	繼孟	存養齋	恩津	합천	
宋挺涑(1615~ ?)	繼道	雪窓			
宋齊聖(? ~ ?)					
愼 衍					권5
申汝顔					권5
愼台壽(? ~ ?)	天老				
沈廷亮					권4,5
安 鵠					권1~5에 보임, 誤記
安世慶(? ~ ?)					
安時進(? ~ ?)	彦漸				
梁 崔(1622~ ?)	景望		南原		
梁世濟(? ~ ?)					
梁世鴻					권1~5에 보임, 誤記
梁元鎭(? ~ ?)	伯望				
梁泰濟(1613~ ?)	澤普	聾齋	南原	함양	
魚敬身					권5
吳國獻					권5
禹汝栐					권5
柳 奎					권5
柳 烜					권5
柳昔璘					권5
柳昔琳					권5
柳昔玭					권5

성명	자	호	본관	거주	비고
柳昔瑜					권5
柳昔瑠					권5
柳晟漢					권5
柳廷豪					권5
柳必亨(? ~ ?)					
尹 証(? ~ ?)	克裕				
尹 喜(1610~ ?)	吉甫		坡平		尹銑 손자
尹承慶					권5
尹右辟					권5
尹應運(? ~ ?)					
李 奎					권5
李 榑(? ~ ?)	伯昇				
李 燁					권5
李 薱(1628~ ?)	君實	靜求軒	載寧		
李 烇(? ~ ?)	文仲				
李 齊					권5
李 柱					권5
李 垤					권5
李 集(? ~ ?)	義仲		載寧		
李見龍					권5
李景茂(? ~ ?)					
李景煥(? ~ ?)					
李光彦(1620~ ?)	士元	罍巖	光州	고령	
李起源(? ~ ?)					
李培根					권5
李尙仁					권5
李尙直(1633~ ?)	士溫				
李尙亨(1627~ ?)	子長				
李壽檍(1613~ ?)	德老	號梧潭	碧珍		李屹 손자

성명	자	호	본관	거주	비고
李蓍國					권5
李時達					권5
李時䪨					권5
李時郁					권5
李藎國(1627~ ?)	士徵		星州		
李如泌					권5
李榮國					권5
李偉男(? ~ ?)					
李惟碩(1604~ ?)	大而	梅軒	星山		
李仁國(? ~ ?)					
李廷賓					권5
李廷爽(1611~ ?)	公輔	菊軒	陜川		李光友 손자
李存瞰(? ~ ?)					
李重祿					권5
李重蕃(? ~ ?)					
李重祼(1623~ ?)	誠甫	德所			
李重禛					권5
李重禩					권5
李重輝(? ~ ?)	晦仲				
李玄栽					권5
李弘道					권5
李厚根					권5
林眞忕					권5
張 墉(1627~ ?)	君翼				
張 垣					권5
張爾武					권5
全 琦(? ~ ?)					
鄭 枅					권5
鄭 潯(1619~ ?)	淸叔				

성명	자	호	본관	거주	비고
鄭 濆(? ~ ?)					
鄭 頠					권5
鄭 銓(? ~ ?)					
鄭 濬					권5
鄭 積(? ~ ?)					
鄭 鐸(? ~ ?)	晉望	樂齋	草溪	개성	
鄭 海(? ~ ?)					
鄭光先(? ~ ?)	述夫				
鄭光淵					권5
鄭光元(? ~ ?)	善夫				
鄭德涵					권5
鄭順吉					권5
鄭延康(1631~ ?)	台叟				
鄭延度					권5
鄭延序					권5
鄭穎達					권5
鄭惟燾(? ~ ?)					
鄭有祐					권5
鄭爾垣(? ~ ?)					
鄭昌詩					권5
鄭泰卿(? ~ ?)	子亨				
曹 □					권5
趙 璊					권5
曹 景					권5
趙 球(? ~ ?)					
趙 瑞					권1~5에 보임, 誤記
曹 暑					권5
曹 晏(1625~ ?)	幼安山				
曹 暯					권5

성명	자	호	본관	거주	비고
曹 腕					권5
趙 琠(? ~ ?)	公華				
曹 晶					권5
趙命圭(1630~ ?)	伯玄				
曹世彬(? ~ ?)	瑞伯				
曹世雄(1638~ ?)	敵萬				
曹時亮					권5
趙汝瑾					권5
趙任道					권5
曹挺立					권5
曹浚明					권5
曹晉明					권5
趙徵商					권5
趙徵聖(1605~ ?)	忠甫	景淵亭	咸安	함안	
趙徵遠(1615~ ?)	士厚		咸安	함안	
陳翊國					권5
崔 絅					권5
崔 誼(? ~ ?)	子正				
崔起寧					권5
崔厚立					권5
河 渫					권5
河 瑾					권5
河 洺(1630~ ?)	次海				
河 彬(? ~ ?)	成伯				
河 璿					권5
河 沅(1628~ ?)	大仲	松坡			
河 崙(1625~ ?)	武仲				
河 棆					권2~5에 보임, 誤記
河 㴻					권5

성명	자	호	본관	거주	비고
河 溍					권5
河 澄(? ~ ?)	泰和				
河見文					권5
河達永					권5
河達長					권5
河達天					권5
河達漢(1624~ ?)	通源				
河愼幾					권5
河愼行					권5
河自濂					권5
河自灝					권5
河自渾(1631~ ?)	源始				
河必達(? ~ ?)					
河弘達					권5
河弘度					권5
韓夢參					권5
韓時重					권5
韓時泰					권5
韓時憲(1642~ ?)	汝章	筠谷			
許 堈(1614~ ?)	士正	晦溪			
許 瀗(? ~ ?)					
許 暑(? ~ ?)	南仲				
洪 櫻					권5
黃 瑠					권5
黃 晥					권5
黃 晦					권5

덕천서원청금록 권7: 1657년(정유, 효종 8년 3월)

성명	자	호	본관	거주	비고
姜 埈					권6
姜大適					권6
姜渭進					권6
姜胤冑(1621~ ?)	伯昌		晉陽	곤양	
姜晉興					권6
姜徽衍					권6
孔 勖					권6
權 鍵(? ~ ?)	子昭		安東	단성	
權 鍼(1639~ ?)	美卿	篤軒	安東	단성	
權 鑐(1628~ ?)	孟堅	荷亭	安東	의령	
權 釱					권6
權 欽					권6
權克有					권6
權斗望					권6
權斗陽(1630~ ?)	子平		安東	단성	權濤 손자
權得經					권6
金 碩(1627~ ?)	季晶	小山			
金 確(1615~ ?)	太晶	幼淸	商山	단성	
金命兼(1635~ ?)	景鎰	三緘齋			
金尙汲+金					권5,6
金嶷立					권6
金以兼(? ~ ?)	南實				
盧 湏(? ~ ?)					
盧 瀚					권6
盧 灦					권6
都 頍					권6
朴 舅					권6

성명	자	호	본관	거주	비고
朴文燁					권6
朴文益(? ~ ?)	浩然				
朴文嚇(1628~ ?)	明叔				
裴一長					권6
卞三達(? ~ ?)	用汝				
卞三遇					권6
卞三進					권6
成灝永					권6
孫 莆					권6
孫 芬					권6
孫之復					권6
孫之璕					권6
孫之燕					권6
孫之後					권6
孫必三(1636~ ?)	德周				
宋挺濂					권6
宋挺涑					권6
宋齊聖					권6
沈廷亮					권4~6
安時進					권6
梁世濟					권6
梁鎭南(? ~ ?)	仲望		南原		
梁泰濟					권6
吳達後(? ~ ?)	孝餘				
柳 烜					권6
柳得培(1602~ ?)	茂伯				
柳之遠(1634~ ?)	茂卿	陽村	晉州	단성	
柳之和(1638~ ?)	以漸	月澗	晉州	단성	
尹 謨(? ~ ?)	克裕				

성명	자	호	본관	거주	비고
李 煜(? ~ ?)	彦明				
李 楥(? ~ ?)	濟卿		全義	단성	
李 棖(1632~ ?)	君涉		全義	단성	
李 芯(1631~ ?)	君聞	謹齋			
李 楷(1634~ ?)	季膺		全義	단성	
李光彦					권6
李光震(1634~ ?)	春長	艮齋	碧珍		李屹 증손
李藩國(1629~ ?)	士聞		星州	단성	
李尙直					권6
李尙亨					권6
李菁國					권6
李時達					권6
李蓋國					권6
李如泌					권5,6
李義馦(? ~ ?)	聞伯				
李晉敬(? ~ ?)					
李玄柱(1633~ ?)	直元				
張 墠(1630~ ?)	君望				
張 墉					권6
全 琦					권6
鄭 □(? ~ ?)	而瑞				
鄭 淑(? ~ ?)	汝澄				
鄭 溥					권6
鄭 銓					권6
鄭光元					권6
鄭斗炯(? ~ ?)					
鄭鳴珩(? ~ ?)	輝伯				
鄭星履(1635~ ?)	君鳥	拙齋	延日	진주	鄭暄 손자
鄭爾垣					권6

성명	자	호	본관	거주	비고
曺 晬(1622~ ？)	汝仲				
曺 㷌					권6
趙東圭(1635~ ？)	信仲				
趙命圭					권6
趙錫三(？ ~ ？)	寵卿				
曺世雄					권6
曺夏榮(1639~ ？)	實之				
曺夏章(1639~ ？)	士彬		昌寧	함양	조차마 증손
崔 絅					권6
崔 嶙(1632~ ？)	汝景		全州		
崔 綎(？ ~ ？)	冕之				
崔厚立					권6
河 瑾					권5,6
河 洺					권6
河 檍(？ ~ ？)	隆伯				
河 澈(1635~1704)	伯應	雪牕	晉陽	진주	하홍달 아들
河見文					권6
河達漢					권6
河道潤(？ ~ ？)	太始				
河道一(？ ~ ？)	貫之				
河自渾					권6
河必達					권6
河海寬(1634~ ？)	漢卿	一軒	晉陽	진주	하진 아들
河海宇(1623~ ？)	夏卿				
韓時龜(1645~ ？)	汝禎		清州	진주	한몽삼 아들
韓時重					권6
韓時憲					권6
許 晩(1621~ ？)	太初		金海		
洪 櫻					권6

덕천서원청금록 권8: 1671년(신해, 현종 12년 12월)

성명	자	호	본관	거주	비고
姜命世(1632~1708)	德秀	笑癡子	晉陽	함양	姜繗 증손
姜文翰(1640~ ?)	聖用		晉陽	진주	
姜瑞周(1640~ ?)	叔璜		晉陽		姜得胤 손자
姜錫周(1623~ ?)	尙輔				
姜聖載(1648~ ?)	汝望		晉州	의령	
姜昌世(1634~ ?)	德有	默容齋	晉陽	함양	姜繗 증손
姜憲世(1642~ ?)	德而	天默齋	晉陽		姜繗 증손
姜獻之(1624~ ?)	子卿	退休齋	晉陽	의령	
姜顯世(1644~ ?)	德濟	竹塢	晉陽		姜繗 증손
姜徽望(1626~1695)	載叔	在澗堂	晉陽	합천	
姜徽鼎(1634~1674)	汝九	竹峰	晉陽	산청	姜大延 아들
姜徽泰(1644~ ?)	汝初	月松齋	晉陽		姜大延 아들
姜熙世(1637~ ?)	德明	玩逝軒	晉陽	함양	姜繗 증손
權德華(1635~ ?)	希伯		安東		權克昌 아들
權斗老(1648~ ?)	子壽		安東		權壽 손자
權斗瑞(? ~ ?)	子徵		安東		權濬 손자
權斗元(? ~ ?)	子善		安東	단성	權壽 손자
權斗瞻(1641~ ?)	子望	南齋	安東	단성	權壽 손자
權斗興(1647~ ?)	子謙		安東	단성	權壽 손자
權萬亨(? ~ ?)	德□		安東		權克亮 손자
權復亨(? ~ ?)	雷萬		安東	의령	權濬 증손
權碩亨(1648~ ?)	汝果	松亭	安東		權溁 증손
權汝亨(1649~ ?)	春長		安東		權濬 증손
權永亨(? ~ ?)	永叔		安東		權溁 증손
權宇亨(1640~ ?)	九萬	霜巖	安東	신반	權濬 증손
權再亨(1641~ ?)	聖甫		安東	단성	權克亮 손자
權處亨(1646~ ?)	而遂	雙淸軒	安東		權濬 손자

성명	자	호	본관	거주	비고
權就亨(? ~ ?)	處安		安東		權準 증손
權太亨(? ~ ?)			安東		權濬 증손
金　葆(1629~ ?)	章卿	聽天齋	善山	함양	金嶷立 아들
金□□(1635~ ?)	一卿	牧齋	善山	함양	金嶷立 아들
金百鍊(1642~ ?)	子精		商山		
金善兼(1634~ ?)	達夫	南溪			
金聲振(? ~ ?)	汝鳴				
金有兼(? ~ ?)	南叔				
南壽星(1639~ ?)	箕叔				
盧　滣(1639~ ?)	聖源				
盧碩賓(1639~ ?)	大觀	芳谷	光州	초계	
朴尚圭(1621~1683)	商卿	鏡川	羅州	삼가	
朴世章(1645~ ?)	士彬		密陽	단성	
朴崇圭(1635~ ?)	康侯	追齋			
成　椮(1648~ ?)	彦卿		昌寧		성여신 증손
孫必大(1644~ ?)	君聖				
宋挺泰(1628~ ?)	泰叟	雙棟軒	恩津	삼가	
宋挺弼(1625~ ?)	弼卿	川上齋	恩津	삼가	
宋挺漢(1621~ ?)	成叔		恩津	합천	宋挺濂 동생
宋挺華(? ~ ?)	和正	四吾堂	恩津	삼가	
宋之栻(1636~ ?)	敬修		恩津	삼가	송정렴 아들
梁天翼(1638~ ?)	天卿	春窩	南原		梁泰濟 아들
梁漢禎(? ~ ?)	必有				
柳東耉(? ~ ?)	太卿				
柳堯卿(? ~ ?)	聖輔				
柳雲鱗(1639~ ?)	君擧		全州	진주	
尹商衡(? ~ ?)	元老		坡平	합천	
尹亨商(1638~ ?)	聖遇		坡平		尹銑 증손
尹亨泰(1642~ ?)	泰來		坡平	삼가	

성명	자	호	본관	거주	비고
李 茂(? ~ ?)					
李 薈(1636~ ?)	以益		載寧	진주	李堈 손자
李 蘅(1640~ ?)	以聞	霽軒	載寧	진주	李堈 손자
李莒雋(? ~ ?)	子愼	四吾堂	全州	성주	李垍 손자
李景胤(? ~ ?)	具瞻				
李東柱(1629~ ?)	汝敬		陜川	단성	李光友 종현손
李東弼(1633~ ?)	精卿		陜川		李光友 현손
李苔國(1635~ ?)	子壽		星山	진주	
李思溫(? ~ ?)	和叔				
李尙絅(1647~ ?)	晦之				李尙道 동생
李相五(1653~ ?)	正甫		載寧	영해	
李尙弼(? ~ ?)	泰卿				
李錫生(? ~ ?)	德而				
李時益(? ~ ?)	益來				
李榮震(1640~ ?)	吉長	勿齋	碧珍		李屹 증손
李玉堅(1627~ ?)	子精		仁川	함안	
李胤老(1645~ ?)	仁翁		星州		李菩國 아들
李胤彭(1639~ ?)	仁叟		星州	단성	李壽國 아들
李章奎(1642~ ?)	汝彬		載寧		李玄栽 아들
李楚柱(? ~ ?)					
李漢柱(1644~ ?)	擎仲				
田 霌(1624~ ?)	時潤		潭陽	의령	田國榮 아들
全氣正(1633~ ?)	而正	洛陰	全州	초계	
鄭景履(1646~ ?)	善綏	無黨軒	延日	진주	鄭枡 아들
鄭東耈(? ~ ?)	春卿				
鄭斗齡(1636~ ?)	壽卿	三吾堂			
鄭世和(? ~ ?)					
鄭有禧(1633~ ?)	景綏	玉峰	海州	진주	
鄭持世(? ~ ?)	任伯				

성명	자	호	본관	거주	비고
鄭會世(1641~ ?)	子久				鄭喜新 손자
趙 洅(? ~ ?)	汝濬				
趙達三(? ~ ?)	達卿				
趙錫圭(1648~ ?)	信叔	默齋			
趙晉三(? ~ ?)	晉卿				
曹夏一(1650~ ?)	以貫		昌寧		曹晏 아들
曹夏銓(1627~ ?)	元甫		昌寧	합천	조정립 손자
曹夏賢(1633~ ?)	士希		昌寧	합천	조정립 손자
曹漢相(? ~ ?)	巨卿		昌寧		曺慶洪 종증손
曹漢翼(? ~ ?)	舜汝	山陰齊	昌寧		曺慶洪 증손
曹漢柱(? ~ ?)	敬宇		昌寧		曺慶洪 종증손
崔明翼(? ~ ?)	德顯				
崔宇碩(1645~ ?)	頎叔		慶州		崔起宗 아들
崔宇昌(? ~ ?)	長卿		慶州		崔絅 아들
崔宇卓(? ~ ?)	立卿		慶州		崔絅 아들
河 栦(1747~ ?)	德彦	台軒	晉陽		河受一 증손
河 涷(? ~ ?)	宗海		晉陽		河悍 손자
河 瀛(? ~ ?)	君海				
河 泳(1649~ ?)	子涵		晉陽		河弘度 아들
河 橫(1651~ ?)	子貞		晉陽		河溍 손자
河 楷(? ~ ?)	夏仲				
河 灝(1643~ ?)	汝海		晉陽	진주	河悏 손자
河 泂(1649~ ?)	景海		晉陽		河悏 손자
河廣潤(? ~ ?)	泰升				
河大潤(1649~ ?)	泰而		晉陽		河仁尙 손자
河木+奕(1647~ ?)	子亨		晉陽		河溍 손자
河世潤(1640~ ?)	泰章		晉陽		河仁尙 손자
河世熙(1647~ ?)	皡如	石溪	晉陽	진주	河受一 현손
河潤宇(1648~ ?)	澤甫		晉陽		河憕 증손

성명	자	호	본관	거주	비고
河潤寅(1650~ ?)	澤乎		晉陽		河惺 증손
河自瀜(1646~ ?)	叔長		晉陽		河璿 아들
河海量(? ~ ?)	斗卿		晉陽		河溎 아들
河海壽(1648~ ?)	成卿		晉陽		河漣 아들
河海逸(1631~ ?)	安卿				
韓德有(? ~ ?)	天與				韓時泰 조카
許 鋿(1639~ ?)	尙遠	梅窩	金海		許洪材 증손
許 鍼(1637~ ?)	成遠	遜巖	金海	의령	許洪材 증손
許 塤(1627~ ?)	和叔	道庵	金海	삼가	許燉 아들
許 熙(1629~ ?)	暐如	嫌臨齋	金海	의령	許洪器 아들
黃夏鼎(? ~ ?)	士重				

남명선생청무소축南冥先生請廡疏軸

▲ 『남명선생청무소축』

남명 선생을 문묘에 종사하기 위하여 여러 차례에 걸쳐 올린 상소문을 모은 자료집이다.

남명 선생 청무소[17)

문묘文廟는 유학의 종사宗師인 공자孔子 및 그 후학들의 위패를 모시고 제사를 지내는 사당이다. 조선시대 국립학교인 성균관과 향교는 제향공간인 대성전大成殿과 강학공간인 명륜당明倫堂으로 구성되어 있다. 문묘는 바로 대성전을 일컫는 말이다.

조선시대 문묘는 1398년에 완공되었다. 공자를 중앙에 모시고, 그 앞에 안자顔子·증자曾子·자사子思·맹자孟子를 모시고, 그 밑에 공자 문하 10철哲 및 송나라 때 6현賢을 모시고, 좌우 양무에 공자의 70대 제자, 중국 역대 현인, 우리나라 18현을 배향하고 있다. 우리나라 18현은 신라시대 최치원崔致遠·설총薛聰, 고려시대 안유安裕·정몽주鄭夢周, 조선시대 김굉필金宏弼·정여창鄭汝昌·조광조趙光祖·이언적李彦迪·이황李滉·이이李珥·성혼成渾·김장생金長生·송시열宋時烈·송준길宋浚吉·박세채朴世采·조헌趙憲·김집金集·김인후金麟厚 등이다.

조선시대 문묘종사에 대한 청원은 사림정치가 시작된 선조 대에 일어났다. 1610년(광해 2) 성균관 유생들의 주도로 5현의 문묘종사 청원이 있자, 광해군이 이를 받아들여 대신들의 동의를 얻어서 그해 9월 5현을 문묘에 종사하게 하였다.

남명이 문묘종사에서 제외되자, 1615년부터 각지에서 남명의 문묘종사를 청하는 상소가 이어졌다. 『조선왕조실록』에 보이는 남명의 문묘종사 청원 기록을 간략히 정리하면 다음과 같다.[18)

---

17) 이 내용은 최석기, 『덕천서원』(경상대학교 남명학연구소 남명학교양총서 27, 경인문화사, 2015)의 제4장에 수록된 것을 발췌하였음을 밝힌다.

18) 최석기, 『『조선왕조실록』에 보이는 남명 조식』 2, 경인문화사, 2009, 85~128쪽 참조.

날짜	상소자	내용
1615년(광해 7) 3월 23일	河仁尙(경상도 생원) 등	문묘종사청원, 鄭逑가 首論
1615년(광해 7) 6월 23일	閔潔(성균관 유생) 등	문묘종사청원
1615년(광해 7) 윤8월 22일	李術(공홍도 생원) 등	문묘종사청원
1615년(광해 7) 9월 9일	羅元吉(南平 생원) 등	문묘종사청원
1616년(광해 8) 8월 26일	沈之淸(성균관 유생) 등	문묘종사청원
1617년(광해 9) 7월 13일	승정원	문묘종사 마땅
1617년(광해 9) 7월 16일	부제학 李好信 등	문묘종사 마땅
1617년(광해 9) 7월 19일	사헌부	문묘종사 마땅
1617년(광해 9) 9월 4일	李德茂(생원)	문묘종사청원
1617년(광해 9) 9월 10일	柳震楨(합천 생원) 등	문묘종사청원
1617년(광해 9) 9월 21일	사헌부	문묘종사청원
1617년(광해 9) 9월 25일	홍문관	문묘종사청원
1617년(광해 9) 10월 1일	楊時益(전라도 생원) 등	문묘종사청원
1617년(광해 9) 10월 1일	柳義男(성균관 유생) 등	문묘종사청원
1617년(광해 9) 10월 4일	한양 四學 유생	문묘종사청원
1617년(광해 9) 10월 25일	柳震楨(경상도 생원) 등	문묘종사청원
1617년(광해 9) 10월 27일	鄭灡(전라도 유학) 등	문묘종사청원
1617년(광해 9) 10월 28일	柳馨春(공홍도 유생) 등	문묘종사청원
1617년(광해 9) 11월 17일	鄭晩(유학)	문묘종사청원
1617년(광해 9) 12월 9일	申尙淵(전라도 유학)	문묘종사청원
1620년(광해 12) 8월 20일	禹舫(성균관 유생)	문묘종사청원
1620년(광해 12) 8월 21일9	禹舫(성균관 유생)	문묘종사청원
1883년(고종 20) 12월 8일	張祐遠(경상도 생원) 등	문묘종사청원

『덕천서원지』에 실린 문묘종사청원 상소는 각지·각사各司에서 올린 상소를 분류해 수록하고 있는데, 이를 다시 정리하면 다음과 같다.

날짜	상소자	비고
1614년(광해 6) 12월	李宗立(경상도 생원) 등	경상도 유생 一疏
1615년(광해 7) 3월 23일	河仁尙(진주 생원) 등	경상도 유생 二疏
1615년(광해 7) 3월 25일	河仁尙(생원) 등	경상도 유생 三疏(高靈疏)
1615년(광해 7)	李垕(생원) 등	경상도 유생 四疏
1615년(광해 7)	하인상, 이종립 등인 듯함	경상도 유생 五疏
1615년(광해 7)	개성부 유생 李隣 등	개성부 유생 상소
1615년(광해 7) 6월 23일	성균관 유생 閔潔 등	성균관 유생 一疏
1615년(광해 7)	성균관 유생	성균관 유생 二疏
1615년(광해 7)	성균관 유생	성균관 유생 三疏
1615년(광해 7)	성균관 유생	성균관 유생 四疏
1615년(광해 7)	성균관 유생	성균관 유생 五疏
1616년(광해 8) 8월	성균관 유생	성균관 유생 六疏
1616년(광해 8) 8월 26일	성균관 유생(沈之淸 등)	성균관 유생 七疏
1616년(광해 8) 8월	공홍도 생원 李衍 등	충청도 유생 상소
1617년(광해 9) 9월 20일	성균관 유생(禹惇·朴明胤 등)	성균관 유생 一疏
1617년(광해 9)	성균관 유생(柳昌吉 등)	성균관 유생 二疏
1617년(광해 9)	성균관 유생(鄭期造 등)	성균관 유생 三疏
미상(1617년인 듯함)	四學 유생	四學 유생 一疏
미상(1617년인 듯함)	四學 유생	四學 유생 二疏
1617년(광해 9) 9월 4일	공홍도 생원 李德茂 등	충청도 유생 一疏
미상(1617년인 듯함)	이덕무인 듯함	충청도 유생 二疏
1617년(광해 9) 10월 27일	부여 유생 柳馨春 등	충청도 유생 三疏
1617년(광해 9) 10월	裵輔德	擬疏
1617년(광해 9) 9월	전라도 생원 辛敬業 등	전라도 유생 一疏
미상(1617년인 듯함)	전라도 유생 辛敬業 등	전라도 유생 二疏
1617년(광해 9) 11월	전라도 진사 丁駿 등	전라도 유생 상소
1617년(광해 9) 12월 9일	전라도 유생 申尙淵 등	전라도 유생 상소
1617년(광해 9) 9월	홍문관	箚子
1617년(광해 9) 10월	사헌부	啓請

날짜	상소자	비고
1617년(광해 9) 10월	사간원	箚子
1618년(광해 10)	전라도 나주 진사 朴文煥 등	전라도 유생 상소
1620년(광해 12) 8월 20일	성균관 생원 禹舫 등	성균관 유생 一疏
1620년(광해 12) 8월 23일	성균관 생원 禹舫 등	성균관 유생 二疏
1620년(광해 12) 8월 24일	성균관 생원 禹舫 등	성균관 유생 三疏
1620년(광해 12)	성균관 생원 禹舫 등	성균관 유생 四疏
1629년(인조 7) 10월 27일	전라도 생원 楊時益 등	전라도 유생 상소

맨 뒤에 있는 1629년(己巳) 전라도 생원 楊時益 등의 상소는 1617년(丁巳)의 오기인 듯하다.

이상의 도표를 통해 볼 때 남명을 문묘에 종사시켜 달라고 청원한 상소는 1615년부터 본격적으로 제기되어 1620년까지 6년 동안 지속된 것을 알 수 있다. 상소한 사람은 경상도 유생은 물론, 전라도·충청도·한양·개성부 유생 등 전국적인 현상을 보이고 있다. 또한 조정의 이른바 삼사三司라고 하는 홍문관·사간원·사헌부 및 승정원에서도 문묘종사를 청원하고 있다.

남명 선생의 문묘종사 청원 상소는 총 45차례 있었던 것으로 알려지고 있다. 남명의 문묘종사는 안타깝게도 성사되지 못하였다. 1623년 인조반정으로 북인정권이 무너지고 남명학파도 권력에서 배제됨으로써 문묘종사 청원도 일어나지 못하였다.

청무소 중에서 1615년 3월 6일에 올린 경상도 고령소는 남명 선생을 문묘에 종사해야 하는 당위성에 대해 논리적으로 잘 쓴 것으로 인정받고 있기에 아래에 그 내용을 수록한다.

경상도 고령에서 올린 남명선생청무소請廡疏

을묘년(1615) 3월 6일

▲ 청무소 중 고령소 부분

신臣 등은 엎드려 생각건대, 나라는 도道로써 존엄해지고 도는 학문으로써 응축되니 나라를 경영하면서 도를 숭상하지 않고 도를 행하면서 학문에 근본하지 않으면 나라는 나라가 아니고 도는 도가 아닙니다. 그렇지만 도는 헛되이 행해질 수 없고 학문은 저절로 밝아질 수 없으니 반드시 명세命世의 참된 선비가 나타나 도학道學의 주재자가 되고 사문斯文의 준적을 확립한 연후에야 도가 이에 응축되고 학문이 이에 밝아질 것입니다. 그리고 기강이 이로써 실추되지 않고 나라가 이를 힘입어 쇠퇴하지 아니하여 사람은 사람다워지고 나라는 나라다워질 것이니 참된 선비가 국가에 있어 어찌 중차대하지 않겠습니까? 이런 까닭으로 옛날의 명군明君들은 어진 선비를 존숭하여 그 생졸에 차이가 없었으니 다행히도 더불어 동시대에 서로 만나면 스승으로 섬기면서 신하 삼지 못했기에 계책이 있으면 자문하고 간언이 있으면 수용하였습니다. 그리고 불행히도 더불어 동시대에 서로 만나지 못하면 추모하여 흠앙하면서 높은 벼슬로 포상하고 밝은 제례로 향사하였으니 대저 그 뜻이 어찌 한갓되겠습니까? 대개 이와 같이 아니하면 내가 현인을 받들고 도를 즐기는 마음을 다하여 후학들이 전범으로 삼을만한 방도를 보여줄 수 없다고 여겼기 때문입니다. 이런 까닭으로 공자孔子 문하의 칠십 제자 가운데 스승에게 친히 수업한 이와 역대 선유先儒 중에서 사문에 공이 있는 이는 모두 성묘聖廟에서 종사從祀하고 있으니 그 의의가 심원합니다.

신 등이 가만히 엎드려 생각건대, 고故 징사徵士 신臣 조식曺植은 그 학문의 정대함과 도덕의 순후함이 이미 성명聖明의 통촉함을 입어 영의정領議政에 추증되고 또 문정文貞이라 시호하였으니 참으로 천세에 드문 성대한 일입니다. 그러나 문묘文廟 종사從祀의 전례가 여태 궐하였으니 어찌 성세의 흠전과 사문의 불행이 아니겠습니까? 이것이 바로 신 등이 우러러 성청聖聽을 흐리게 하면서도 능히 스스로 그만 둘 수 없는 점이니 엎드려 바라건대 전하께서는 살펴주십시오.

대저 조식의 사람됨은 천자天資가 고매하고 기우氣宇가 광활하며 단엄端嚴하고 직방直方하며 강의剛毅하고 정민精敏하였습니다. 조리가 확고하고 거동이 엄격하여 장중한 마음은 언제나 내면에 충만했고 태만한 기운은 밖으로 드러나지 않았습니다. 닭 울음을 듣고 새벽에 일어나 자리를 정돈하고 시동처럼 앉아 있었으니 바라봄에 마치 도형이나 목상과 같았습니다. 사승師承 관계를 말미암지 않고 도체道體를 암암리에 깨쳤으니 학문은 반드시 육경六經 사서四書를 근본으로 삼고 도는 반드시 주자周子 정자程子 장자張子 주자朱子를 법도로 삼아 체험을 몸소 하고 실지를 답습하였습니다. 조존操存의 공부가 조금이라도 소홀할까 두려

위하여 성현의 유상遺像을 좌우에 걸어놓고 성찰省察의 공부가 혹 나태할까 염려하여 경의敬義 두 글자를 벽상에 적어놓고는 끊임없이 보고 살피면서 시종 일순도 빈틈이 없었습니다. 앎이 이미 정밀한데도 더욱 그 정밀함을 추구하고 행함에 이미 진력했는데도 더욱 그 진력함을 다했으니 문을 닫고 책을 펼치면 정신이 상통하고 마음이 융합하였습니다. 학기편學記編에는 그 글이 남아있고 신명사神明舍에는 그 명이 적혀있으며 천도天道 천명天命 조도造道 입덕入德 등의 도식은 사람을 가르치고 학문을 닦는 방도가 아님이 없으니 그 사문에 공이 있음이 참으로 옛날의 참된 선비에 부끄러울 것이 없습니다.

세 조정이 불렀으나 한 번도 출사하지 않았으니 그 특립독행特立獨行과 봉상천인鳳翔千仞의 기상은 마땅히 털끝만큼도 세상에 뜻이 없는 것 같았지만 그러나 애국우민의 정성은 너무나 간절하여 능히 잊지 못하였습니다. 이에 혹시 말이 백성과 국가에 미치면 일찍이 한숨 쉬며 답답해 하다가 오열하면서 눈물을 흘리지 않음이 없었습니다. 구급救急이란 두 글자의 헌납과 시폐時弊 십조十條의 진언은 정묘년(1567) 사직하는 상소에 극진하였고 또 무진년(1568) 봉사封事에서는 명선明善과 성신誠身을 다스림의 근본이라 하면서 명선과 성신은 경敬을 위주로 해야 한다고 하였으니 평생토록 학문한 공력이 경敬이란 한 글자에서 벗어나지 않았음을 또한 볼 수 있습니다. 도학道學의 중책을 자임하고 군민君民의 기탁을 인식하였으나 때를 만나지 못하여 덕을 품고서 세상을 은둔했으니 이는 어찌 세도世道의 불행이 아니겠습니까?

아! 사문의 영수領袖와 유가의 종장宗匠으로써 공로가 우리의 도를 빛나게 하고 혜택이 이 나라 백성에게 파급되어 사람들로 하여금 군신君臣과 부자父子의 도리를 알게 한 것은 모두 그의 힘입니다. 이런 까닭으로 당시의 명유인 성운成運이 그 무덤에 기록하기를 '학문에 독실하고 실행에 힘썼으며 도를 닦고 덕에 나아갔으니 또한 미루어 전현前賢에게 짝이 될 만하고 후세 학자의 종사宗師가 될 것이다'라고 하였습니다.

성운은 바로 독실한 군자이니 이 말 한 마디는 족히 백세토록 확신할 수 있을 것입니다. 엎드려 바라건대 전하께서는 당시의 경복敬服함을 미루어 생각하시고 신 등의 오늘 말을 굽어 살펴주십시오. 실천의 돈독함이 이미 저와 같고 계도의 공로가 또한 이와 같으니 그 혹 한 가지 기예나 미미한 공으로써 문묘에 배향된 자와 비교한다면 어찌 만만 배나 차이나지 않겠습니까?

아! 근년 이래로 인심人心이 맑지 않고 사습士習이 더욱 변하여 도의가 무슨 물건인지 학문이 무슨 일인지도 모르면서 오직 부화 경박한 것만 숭상하고 사사 편벽된 것만 일삼습니다. 이는 어찌 현인의 떠남이 이미 오래되어 사람들의 이목에 남아있던 유풍과 여운이 날마다 소멸하여 그러한 것이 아니겠습니까? 신 등은 이를 심히 비통해 하고 있습니다. 전하께서 이때에 성대한 은전을 특별히 행하고 존숭함과 장려함을 밝게 보이시어 일시의 이목을 새롭게 하고 만세의 모범을 세우신다면 사람들은 본받을 데가 있고 선비들은 나아갈 곳을 알아 인심과 세도가 정대함을 기약하지 않아도 저절로 정대해질 것입니다. 참으로 바라건대 성명聖明께서 이 이치를 깊이 살피시어 지체하거나 의심하지 마시고 선비를 존숭하는 미의美意를 돈독히 하고 도를 중시하는 지성至誠을 확장하여 특별히 명세의 참된 선비를 들어서 하여금 문묘의 제사에 배향하게 하여 사문을 부지하고 원기를 배양하신다면 사습이 정대해지고 풍속이 순후해져 도가 이로써 응축되고 나라가 이로서 존엄해질 것이니 신 등은 심히 다행함을 이길 수 없을 것입니다. 신 등은 지극한 간절함과 황공함을 감당할 수 없어 삼가 죽음을 무릅쓰고 아룁니다.

비답批答에 말하기를 '소를 살펴보니 너희들의 정성을 모두 알겠다. 다만 문묘의 종사는 중대한 일이기에 경솔히 의론할 수 없다. 잠시 후일을 기다리라'고 하였다.

慶尙道 高靈疏

乙卯 三月 六日

臣等 伏以 國以道而尊 道以學而凝 爲國而不尙乎道 爲道而不本於學 則國不國而道不道矣 然而 道不可以虛行 學不可以自明 必有命世之眞儒作焉 爲道學之主宰 作斯文之準的 然後 道斯凝 而學斯明 紀綱以之而不墜 邦國賴之而不夷 人爲人而國爲國矣 眞儒之於國家 不其重且大矣乎 是故古之明君 尊尙賢士 無間存沒 幸而與之同時 則師之而不臣之 有謨則咨之 有言則受之 不幸而不得與之同時 則追慕而欽想之 褒之以崇秩 享之以明禋 夫其意豈徒然哉 盖以爲不如是 無以盡吾尊賢樂道之心 而示後學矜式之方矣 是以 聖門七十子之親炙於函丈者 與夫歷代儒先之凡有功於斯文者 皆得從祀於聖廟 其義遠矣哉

臣等 竊伏念 故徵士臣曹植 學問之正 道德之醇 已入於聖鑑之洞燭 而旣贈領議政 又諡文貞 誠千載罕有之盛擧 而從祀之典 尙闕焉 寧不爲盛時之虧典 斯文之不幸哉 此臣等之所以仰瀆睿聽 而猶不能自已者也 伏願殿下試垂察焉

夫曹植之爲人 天資超邁 氣宇恢廓 端嚴直方 剛毅精敏 操履果確 動循繩墨 莊敬之心 常存乎中 惰慢之氣 不形于外 聽鷄晨興 正席尸坐 望之若圖形刻像 不由師承而默契道體 學必以六經四書爲本 道必以周程張朱爲法 反躬體驗 脚踏實地 恐操存之小忽也 則揭聖賢遺像於座隅 慮省察之或怠也 則書敬義兩字於壁上 靈靈觀省 終始無間 知之已精而益求其精 行之已力而益致其力 杜門開卷 神會心融 學記編有其書 神明舍有其銘 至於天道天命造道入德之圖 無非敎人爲學之方 其有功於斯文 實無愧於古之眞儒矣

三朝徵辟 一不就仕 其特立獨行 鳳翔千仞之氣像 宜若一毫無意於世 而愛君憂國之誠 則眷眷焉不能忘焉 或時語及民國 未嘗不歔欷掩抑 以至鳴咽而流涕 救急二字之獻 時弊十條之陳 懇懇於辭謝之章 而又以明善誠身 爲人主出治之本 而明善誠身 以敬爲主 平生爲學用功 不出於敬之一字 亦可見矣

任道學之重 念君民之寄 而道不遇時 懷德遯世 玆豈非世道之不幸哉

噫 領袖斯文 宗匠儒家 功光乎吾道 澤及乎斯民 使人人知君臣父子之義
者 皆其力也 是以 同時名儒成運 題其墓曰 篤學力行 修道進德 亦可追配
前賢 爲來世學者之宗師 運是篤實君子人也 一言足以取信百世 伏願 殿下
追念當時之所敬服 而俯察臣等今日之言也 踐履之篤旣如彼 啓迪之功又如
此 其視或以一藝 或以微功 而得配者 豈不爲萬萬乎哉

嗚乎 比年以來 人心不淑 士習益渝 不知道義之爲何物 學問之爲何事 而
惟浮薄是尙 偏私是事 此豈非去賢已遠 遺風餘韻之在人耳目者 日就沉埋
湮滅而然耶 臣等竊甚悲焉 殿下及此旹 而特擧盛典 明示崇奬 聳一時之瞻
聆 作萬世之楷範 則人有矜式 士知趨向 人心世道 不期正而自正矣 誠願聖
明 深燭此理 無所遲疑 敦崇儒之美意 廓重道之至誠 特擧命世之眞儒 俾侑
文廟之苾芬 以扶樹斯文 以培養元氣 則士習正 風俗淳 道以之而凝 國以之
而尊 臣等不勝幸甚 臣等無任激切屛營之至 謹昧死以聞

批曰 省疏 具悉爾等之誠 但從祀重事 不可輕議 姑待後日

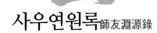

사우연원록師友淵源錄

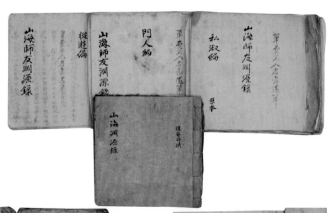

▲ 남명선생사우록

(『산해연원록』과 『산해사우연원록』 그리고 『덕천사우연원록』 및 『덕천사우연원록전말』)

남명 선생의 사우록으로 간주할 수 있는 자료들은 대체로 7종 정도가 있다. 그 중에서 『산해사우연원록』과 『덕천사우연원록』은 제대로 된 형식을 갖추고 있으나 나머지는 전하지 않거나 편집본의 형태로 남아 있다.

남명 선생 사우록[19]

남명 선생과 도의道義로 교유하였던 인물들과 남명 선생으로부터 직접 가르침을 받았던 제자들 그리고 후대에 태어나 남명 선생의 학덕學德을 추앙하면서 그 정신을 이어받고자 한 사숙인물私淑人物들에 대한 자료를 모은 책이 '남명선생사우록南冥先生師友錄'이다. 현재까지 남아 있거나 알려진 남명 선생의 사우록은 다음과 같으며, 이를 오이환 교수의「『산해사우연원록』의 편찬」및「『산해사우연원록』의 출판」(『남명학파연구』상, 진주: 남명학연구원출판부, 2000, 173~257쪽 소재)을 토대로 하여 정리한다.

1)『산해연원록山海淵源錄』또는『산해회강록山海會講錄』

이 자료는 현재 남아 있지 않다. 1530년 남명 선생이 서울 생활을 청산하고 김해로 내려와 처음으로 강학을 시작한 곳이 '산해정山海亭'인데, 그 낙성을 축하하여 황강黃江 이희안李希顔(1504~1559)·청향당淸香堂 이원李源(1501~1568)·송계松溪 신계성申季誠(1499~1562)·대곡大谷 성운成運(1497~1579) 등 남명 선생 평생의 지기知己들과 원근의 선비들이 모여 여러 날 유상강마遊賞講磨하면서 이 책을 찬수撰修하였다는 기록이 있다(『황강실기黃江實記』및『청향당실기淸香堂實記』). 이에 대해『황강실기』나『청향당실기』에서는『산해연원록』이라고 하였고,『송계실기松溪實記』에서는『산해회강록』이라 하였다. 명칭은 어떠하든 이른바 '하늘의 덕성德星이 모였다'는 평을 들은 이 모임에 참석한 사람들은 모두가 당대의 명류名流들이었으므로, 사실상 남명학파는 이 모임으로부터 비

---

19) 이하의 내용은 김경수·사재명『남명선생문인자료집』(남명학연구원출판부, 사단법인 남명학연구원, 2001)에 수록된「해제」부분을 전재한 것임을 밝혀둔다.

롯한다고 볼 수 있으며, 그러한 의미에서 이 자료는 남명 선생 사우록의 효시가 된다.

2) 각재覺齋 하항河沆 찬撰 『산해연원록』

이 자료 역시 현재 남아 있지 않다. 각재 하항(1538~1590)은 남명 선생의 문인門人으로서 덕천서원의 초대 원장院長을 지내면서 서원의 연혁을 정리한 『덕산지德山志』를 집필하였다.

이 책에 대해서는 무민당无悶堂 박인朴絪(1583~1640)이 편찬한 『산해사우연원록山海師友淵源錄』에 발문跋文을 쓴 겸재謙齋 하홍도河弘度(1593~1666)의 글에, '각재는 일찍이 남명 선생의 「언행록言行錄」과 「유사遺事」 및 「사우록」을 편찬하였는데 임진왜란으로 소실되었다'고 되어 있다. 그러나 이것도 책으로 간행되었던 것이 아니고 필사본의 형태로 보존되어 있었던 것으로 보인다. 또한 이것은 순수하게 각재 한 사람에 의한 작업으로만 이루어진 것은 아니라고 볼 수 있다. 왜냐하면, 임진왜란 이후 중건한(1602) 덕천서원의 원장을 맡았던 남명 선생의 제자 백곡栢谷 진극경陳克敬(1546~1617)의 『백곡실기栢谷實記』에 실린 「가전家傳」・「행장行狀」・「묘갈명墓碣銘」 등에 그가 임란 이전에 남명사우록의 편찬에 관여한 사실이 기록되어 있기 때문이다.

이 문헌은 사제師弟관계를 중심으로 편찬되었던 것이므로 엄밀한 의미에서의 '사우연원록'이라고 보이며, 산해정에서 만들어진 『산해연원록』을 계승 또는 보완한 것이 아닐까 한다.

물론 이 자료에 그 이후 계속 찾아든 종유인물이나 제자들에 관한 기록을 보충해 갔는지의 여부는 알 길이 없다. 그런데 이것은 남명 선생의 다른 저술이나 소장 자료와 같이 임진왜란 당시에 소실燒失되었으리라 추측해 볼 수 있다.

3) 모정慕亭 조차마曹次磨 초본草本 「사우록」 및 「연보年譜」

모정 조차마(1557~1639)는 남명 선생의 둘째 아들로서 그 형인 차석次石(1552~1616)의 사후死後에 남명 후손의 대표자로서 많은 일을 한 인물이다. 이 자료도 현재까지 발견되지 않고 있다. 그러나 이 자료가 있었다는 것은『산해사우연원록』을 편찬한 무민당이 강재疆齋 성호정成好正(1589~1639)에게 보낸 편지에서 확인된다.

그 기록에 의하면, '제가 수 년 전에 덕산에 가서 조산인曺山人[모정]을 만나니, 손수 쓴 두 작은 책자를 나에게 보였는데, 그 하나는 사우록이요 다른 하나는 연보 초고였다. 사우록은 사람마다 각각 성명과 실적을 몇 줄씩 적었을 뿐이었으며, 연보는 연대별로 간략히 서술했을 뿐'이었다고 되어 있다. 이 기록을 볼 때 그러한 초고본이 있었다는 사실이 확인된다. 그는 당시 77세의 고령이었으므로 이를 완전한 형태로 정리하기 위해서 강재 성호정과 겸재 하홍도에게 그 작업을 부탁하였으나 강재의 질병과 겸재의 사양으로 뜻을 이루지 못하자, 무민당에게 이 일을 위촉하게 되고, 이를 계기로 하여 현재 전하고 있는 남명 선생 사우록이 나오게 되었다.

4) 무민당无閔堂 박인朴絪이 편집한 필사본『산해사우연원록』

무민당 박인은 모정의 위촉을 받아 남명 선생 사우록의 편집을 시작하였다. 무민당의 문집인『무민당집无閔堂集』에 기록되어 있듯이, 무민당이 이 일을 맡게 된 것은 평생을 두고 남명 선생을 동방에서 가장 뛰어난 인물로 추앙했던 데서도 그 이유를 찾을 수 있다. 그가 모정의 초본을 근거로『산해사우연원록』의 편찬을 시작한 것은 1633년경이며, 이 작업은 3년여의 기간을 거쳐 1636년에 완성하였다.

무민당이 이 작업을 함에 있어서 가장 큰 목적을 둔 점은, 인조반정 이후 당시 시대적 상황이 남명학의 소외시대였던 점을 감안하여, 사우록의 편찬이 남명 선생의 선양에 가장 효과적이라는 점에 초점을 맞추었다. 그러나 이 책은 인물의 수록 순서 및 인물별로 수집한 자료량의 차이로 인한 불균형이 나타난다. 특히 남명 선생의 고제高弟이며, 그 자신의 스승이기도 한 내암來庵 정인홍鄭仁弘을 처음에는 수록하였다가 임곡林谷 임진부林眞怤(1586~1657)와 간송澗松 조임도趙任道(1585~1664)의 의견에 따라 이를 삭제한 것 등을 들 수 있다.

그런데 이 책은 자료를 수집하기가 매우 어려웠던 시대적 상황 속에서, 그 자신이 밝힌 것처럼 자료의 입수가 가능한 인물들로 책의 범위를 한정하였다. '만약 사문師門에 출입한 사람을 모두 수록하기로 한다면 그 수가 헤아릴 수 없을 것'이라 한데서 이러한 사정을 잘 알 수 있다. 이 작업을 진행하면서 혼자서 수집하기 힘든 자료의 입수를 위해서 임곡 임진부·간송 조임도·겸재 하홍도 등을 참여시키고, 동계桐溪 정온鄭蘊(1569~1641)을 비롯한 몇 사람들에게서 협조를 얻고 있다. 그리하여 결국 이 책에는 남명 선생 종유인물 24명, 문인 50명을 수록하여 편찬을 마치게 된다.

무민당은 남명 선생을 배향하고 있던 세 서원 중의 하나인 합천의 용암서원龍巖書院에서 이탑李䎘과 문송文頌을 중심으로 정사淨寫하고 이의 간행을 위해서 노력하였으나, 그 결실을 보지 못하고 4년 뒤에 세상을 떠났다. 이로 보아 이 책은 무민당이 세상을 떠난 뒤에 간행되었음을 알 수 있다. 오이환 교수가 무민당의 벽한정碧寒亭에서 80년대 중반에 발견하여 학계에 알려진, 현재 남아 있는 필사본 9권 4책의 『산해사우연원록』은 그 상태로 보아 무민당 당시의 것이 아니고 그보다 후대에 다시 정사하여 제본한 것으로 추측된다.

5) 『남명별집南冥別集』으로 간행된 『산해사우연원록』

위에서 살펴본 바와 같이 무민당이 편찬한 『산해사우연원록』은 필사본의 형태로 간행에는 이르지 못하였다. 무민당은 세상을 떠나기 전에 겸재에게 이 책의 간행을 위촉하였으나, 겸재도 쉽게 이 일을 추진할 수 없었다.

이 책의 간행은 무민당의 당색黨色문제와 연관되어 지연되었던 것이며, 이러한 과정에서 가장 대폭적인 변화를 거쳐 숙종 때에 간행된 것이 이른바 '이정합집본釐正合集本'이라고 불리는 것이다. 이것은 『산해사우연원록』을 포함하여 모두 9책으로 간행되었다.

그 후 무민당이 편찬한 사우록의 순서를 바꾸고 내용 가운데 일부분을 증감하여 교정본을 간행하였는데, 이에 적극 참여한 인물은 묵재黙齋 김돈金墩(1702~1770)과 어은漁隱 박정신朴挺新(1705~1769)으로, 이들은 모두 이 별집의 끝에 「남명선생별집교정발南冥先生別集校正跋」을 남기고 있다. 한편 이 발문跋文에 기록된 간행연도는 '숭정삼갑신맹동일崇禎三甲申孟冬日'로 되어 있어 1764년임을 알 수 있다.

6) 복암復菴 조원순曺垣淳이 편찬한 『산해연원록』

이 자료는 남명 선생의 10대손인 복암 조원순(1850~1903)이 『산해사우연원록』의 미비한 점을 보충하고자 하는 목적에서 1894년경에 편찬한 것이다. 그러나 이것은 남명 선생의 종유인물과 제자들에 대한 구분도 없는 등 그 형태상 완성된 사우록이라고 보기에는 무리가 있다.

7) 담헌澹軒 하우선河禹善이 주편主編한 『덕천사우연원록』

6권 2책의 연활자본鉛活字本으로 된 이 책의 끝부분에 수록되어 있는

「덕천사우연원록편집소임명단」의 작성 연도에 '정유丁酉 5월 15일'로 되어 있어, 1957에 편찬을 위한 작업이 시작되었음을 알 수 있다. 그리고 그 뒤에 붙은 담헌 하우선(1894~1975)의 「덕천사우연원록발德川師友 淵源錄跋」의 간기刊記에는 '歲庚子 七月 상한上澣'으로 적혀 있어, 약 3년여의 자료수집 및 편집 기간을 거쳐 1960년에 간행된 사실을 확인할 수 있다.

이 책은 기존의 『산해사우연원록』에서 누락된 종유인물들과 제자들에 관한 자료를 연원가로부터 단자單子를 받아서 등재하고, 남명 선생의 재전再傳제자들인 사숙인물들을 수록한 것이 특징이다. 그러나 이 책은 동시에 몇 가지 문제점도 가지고 있다. 추가한 문인들 중에서 더러는 생몰연대生沒年代에 대한 정확한 고증을 거치지 않음으로 해서 포함되어서는 안 될 인물들이 수록된 경우도 있고, 『남명집』 부록에 보이는 인물들을 검증을 거치지 않고 문인으로 편입한 경우도 있으며, 사숙인물들의 수록 기준도 명확하지 않아 계통별로 정리가 되지 않은 감도 있다. 뿐만 아니라, 한 인물을 이중으로 등재한 경우도 있고, 남명 선생의 문인이라는 직접적인 증거가 미흡한 인물도 포함된 것 등이다.

『덕천사우연원록』을 중심으로 현재까지 밝혀진 남명 선생의 문인을 도표로 정리하면 다음과 같다.

『德川師友淵源錄』의 南冥門人(淵源錄順)

師友錄順	姓名	生沒年度	字	號	本貫	居住	關聯資料
001	吳健	1521~1574	子强	德溪	咸陽	山淸	『德溪集』
002	崔永慶	1529~1590	孝元	守愚堂	和順	晋州	『守愚堂實紀』 2권 2책
003	鄭仁弘	1536~1623	德遠	來庵	瑞山	陜川	『來庵集』 3권 3책
004	鄭逑	1543~1620	道可	寒岡	西原	星州	『寒岡集』 4권 2책, 「寒岡年譜」, 「言行錄」 1책
005	金宇宏	1524~1590	敬夫	開巖	義城	星州	『開巖集』

師友錄順	姓名	生沒年度	字	號	本貫	居住	關聯資料
006	金宇顒	1540~1603	肅夫	東岡	義城	星州	『東岡集』 17권 18책
007	李濟臣	1510~1582	彦遇	陶丘	鐵城	宜寧	『陶丘實紀』
008	林 芸	1517~1572	彦成	瞻慕堂	恩津	安陰	『瞻慕堂集』 3권 2책
009	裵 紳	1520~1573	景餘	洛川	星州	玄風	『洛川集』 2권 2책
010	宋師頤	1519~1592	敬叔	新淵	礪山	星州	
011	崔 櫟	1522~ ?	大樹		完山	花潭	
012	姜 翼	1523~1567	仲輔	介庵	晋陽	咸陽	『介庵集』 2권 1책
013	李俊民	1524~1591	子修	新庵	全義	琴山	
014	鄭 琢	1526~1605	子精	藥圃	清州	醴泉	『藥圃集』, 『藥圃先生立朝事蹟』 2권 2책
015	李光友	1529~1619	和甫	竹閣	陝川	丹城	『竹閣集』
016	河 沆	1538~1590	灝源	覺齋	晋陽	水谷	『覺齋集』
017	文益成	1526~1584	叔栽	玉洞	南平	陝川	『玉洞集』
018	朴齊仁	1536~1618	仲思	篁嵒, 靜黙齋	慶州	咸安	『篁嵒集附農隱集』
019	李天慶	1538~1610	祥甫	日新堂	陝川	丹城	『日新堂集』
020	鄭 構	1522~ ?	肯甫	永慕庵	慶州	丹城	
021	李 晃	1530~1580	景升	桐谷	星州	丹城	『桐谷實紀』
022	具 忭	1529~ ?	時中		綾川	京城	
023	李光坤	1528~ ?	後仲	松堂·清香堂	陝川	丹城	
024	權文任	1528~1580	興叔	源塘	安東	丹溪	『花山世紀』 中 卷4~5 「源塘公」
025	盧 欽	1527~1602	公愼	立齋	光州	三嘉	『立齋集』 3권 1책
026	全致遠	1527~1596	士毅	濯溪	完山	草溪	『濯溪集』
027	林希茂	1527~1577	彦實	濫溪	羅州	咸陽	『濫溪集』 2권 1책
028	郭 䭐	1531~1593	泰靜	禮谷	玄風	率禮	『禮谷集』
029	趙宗道	1537~1597	伯由	大笑軒	咸安		『大笑軒集(逸稿)』, 『大笑軒遺稿』
030	李 琰	1537~1587	玉吾	雲塘 (安溪)	鐵城	曹洞	

師友錄順	姓名	生沒年度	字	號	本貫	居住	關聯資料
031	河應圖	1540~1610	元龍	寧無成	晋陽	新豊	『寧無成逸稿』2권 1책
032	金孝元	1542~1590	仁伯	省菴	善山	京城	『省菴集』2권 1책, 『省菴遺稿』
033	朴漆	1538~1581	景淸	雪峯	密陽	星州	『雪峯實紀』1권 1책
034	權世倫	1542~ ?	景彛	仙院	安東	丹城	
035	河晋寶	1530~1585	善哉	永慕亭	晋州	丹牧	
036	李魯	1544~1598	汝唯	松巖	鐵城	宜寧	『松巖集』6권 3책
037	盧錞	1551~ ?	子協	梅窩	新昌	陜川	
038	金弘微	1557~1605	昌遠	省克堂	商山	尙州	『省克堂集』3권 2책
039	趙瑗	1544~1595	伯玉	雲岡	林川	琴山	『嘉林世稿』2책, 上「雲岡遺稿」
040	李瀞	1541~1613	汝涵	茅村	載寧	元堂	『茅村集』
041	成汝信	1546~1632	公實	浮查	昌寧	琴山	『浮查集』4권 4책
042	柳宗智	1546~1589	明仲	潮溪	文化	晋州	『潮溪實紀』
043	李大期	1551~1628	任重	雪壑	全義	草溪	『龍蛇日記』, 『雪壑謏聞』1책, 『雪壑集』4권 2책
044	郭再祐	1552~1617	季綏	忘憂堂	玄風	宜寧	『忘憂堂集』5권 3책
045	孫天祐	1533~1594	君弼	撫松	密陽	水谷	
046	李濟臣	1536~1583	夢應	淸江	全義	陽根	『淸江集』
047	陳克敬	1546~1617	景直	柏谷	驪陽	栢谷	『柏谷實紀』2권 1책
048	河天澍	1540~ ?	解叔	新溪	晋陽	新豊	
049	愼公弼	?~ ?	士勳	靜齋	居昌	晋州	
050	李瑤	1537~ ?	守夫		全州	京城	
051	李純仁	1533~1592	伯生	孤潭	全義	京城	『孤潭集』5권 2책(遺稿), 『孤潭逸稿』
052	李喜生	?~1584	景胤	碧珍	碧珍	咸安	『碧珍逸稿』
053	吳僩	1546~1589	毅叔	守吾堂	咸陽	山淸	『守吾堂實紀』
054	宋寅	1517~1584	明仲	頤庵	礪山	京城	『頤庵集(頤庵遺稿)』
055	河洛	1530~1592	道源	喚醒齋	晋陽	水谷	『喚醒齋集』

師友錄順	姓名	生沒年度	字	號	本貫	居住	關聯資料
056	金沔	1541~1593	志海	松菴	高靈	高靈	『松庵實紀』 고령문화원 편역(1978)
057	都希齡	1539~1566	子壽	養性軒·龜谷	星州	咸陽	『養性軒實紀』
058	吳澐	1540~1617	大源	竹牖	高敞	咸安	『竹牖集』(죽유전서간행회, 1983)
059	崔滉	1529~1603	彦明	月潭	海州	京城	
060	俞大修	1546~1586	士永		漢陽	京城	
061	鄭復顯	1521~1591	遂初	梅村	瑞山	咸陽	『梅村實紀』 2권 1책
062	鄭之麟	1520~ ?	麟瑞	棲岩	草溪	西磵	
063	朴齊賢	1521~1575	孟思	松嵒	慶州	咸安	『松嵒集』 2권 1책
064	鄭惟明	1539~1596	克允	嶧陽	草溪	安陰	
065	梁弘澍	1550~1610	大霖	西溪	南原	咸陽	『西溪逸稿』 1책, 『龍城世稿補遺』(1981)
066	房應賢	1524~1589	俊夫	沙溪	南陽	龍城	『沙溪房公實紀』 1책
067	金信玉	1534~1598	公瑞	雙峰	善山	安陰	
068	梁應龍	?~ ?	士雲			晉州	
069	金勘	?~ ?	勘之			晉州	
070	李郁	1556~1593	文哉		驪興	晉州	
071	朴淳	1523~1589	和叔	思菴	忠州	京城	『思菴集』
072	李陽元	1526~1592	伯春	鷺渚	全州		
073	李山海	1539~1609	汝受	鵝溪,	韓山	京城	『鵝溪集(遺稿)』
074	尹根壽	1537~1616	子固	月汀	海平		『月汀集』 7권 4책, 『月汀別集』 2권 1책
075	鄭仁耉	1544~1617	德裕	文庵	瑞山	陜川	『湖山聯芳集』 2권 1책
076	朴潤	1517~1572	德夫	竹淵	高靈	高靈	
077	李宗榮	1551~1606	希仁	芝峯	慶州	宜寧	『芝峯集』 2권 1책
078	崔源	1510~ ?	道宗	鶴谷	陽川	高靈	
079	朴澤	1521~1566	恭夫	樂樂堂	高靈	高靈	
080	田有龍	?~?	見卿	蕭峯	潭陽	宜寧	

師友錄順	姓名	生沒年度	字	號	本貫	居住	關聯資料
081	李 昌	1519~1592	昌之	楸岡	星州	元堂	『楸岡實紀』 3권 1책, 『全義李氏家乘』
082	愼文彬	1519~ ?		鋪淵	居昌	三嘉	
083	姜 瑞	1510~1540	叔圭	梅谷	晋陽	宜寧	
084	李 曇	1524~1600	曇之	寒泉	星州	丹城	
085	許彭齡	1528~1584	天老	晩軒	金海	宜寧	
086	權文顯	1524~1575	明叔	竹亭	安東	丹溪	『花山世紀』中 卷3「竹亭公」
087	河魏寶	1527~ ?	美哉		晋陽	丹牧	
088	朴啓賢	1524~1580	君玉	灌園	密陽		『灌園集』 2권 1책
089	權文彦	1530~1592	俊叔	參議	安東	元堂	『花山世紀』 12권 2책 中 卷6「參議公」
090	裵祺壽	1532~ ?	晋益	大惶齋	盆城	林塘	
091	鄭白渠	? ~ ?	弘澤		草溪	草溪	
092	金聃壽	1535~1603	台叟	西溪	義城	星州	『西溪逸稿』 3권 1책
093	崔餘慶	? ~ ?	悌元	天民堂	和順	晋州	
094	李長榮	1521~1589	壽卿	竹谷	咸平	羅州	
095	卞玉希	1539~1593	得楚	坪川	草溪		
096	金大鳴	1536~1603	聲遠	白岩	蔚山	寺奉	『白岩逸稿』 1책
097	權 愉	? ~ ?			安東	固城	
098	鄭思賢	1508~1555	希古	月潭	晋陽	高靈	『月潭先生實紀』
099	柳永詢	1552~1632	詢之	拙庵 北川	全州	京城	
100	權文著	1526~ ?	粲叔		安東	丹城	
101	姜 燉	1540~1589	德輝	觀齋	晋陽		
102	鄭大方	1565~ ?	景道	東溪	慶州		
103	姜 熺	1542~1592	德章	頤齋	晋陽	德村	
104	李 佶	1538~ ?	汝開	儉溪· 獨村	星山	咸安	『儉溪集』 2권 1책
105	裵明遠	1542~1593	君晦	月汀	盆城	冶爐	

師友錄順	姓名	生沒年度	字	號	本貫	居住	關聯資料
106	朴寅亮	1546~1638	汝乾	萬樹堂	密陽	丹城	
107	陳克元	1534~1595	敬汝	月窩	驪陽	草溪	『月窩逸稿』2권 1책
108	朴而絢	1544~1592	汝粹	蒼涯	順天	星州	
109	姜濂	1544~1606	沿洛	晚松	晋陽	山清	『晚松實紀』
110	鄭麟祥	1544~ ?	仁伯	龜溪	晋陽		『龜溪鄭麟祥先生遺稿』(1995)
111	崔涏	?~?			全州	北川	
112	河宗岳	?~?	君礪	進士	晋陽	水谷	
113	吳倪	?~?	馨叔	義堂	咸陽	山清	
114	許筬	1548~1612	功彥	嶽麓	陽川	京城	『嶽麓集』2권 1책 附錄
115	許篈	1551~1588	美叔	荷谷	陽川	京城	『荷谷詩抄』1권, 『荷谷詩集』1권, 『朝天記』3권 3책
116	姜斌	?~?	仲圭	守庵	晋陽	宜寧	
117	河恒	1546~ ?	子常	松岡	晋陽	丹牧	『喬梓錄』
118	朴悅	?~?	汝安	臨履齋	密陽	三嘉	
119	鄭仁涵	1546~1613	德渾	琴月軒	瑞山	陜川	『湖山聯芳集』2권 1책
120	河渾	1548~1620	性源	暮軒	晋陽	冶爐	『暮軒集』6권 3책
121	權濟	1548~1612	致遠	源堂	安東	元堂	『花山世紀』中 卷7~9 「源堂公」
122	李承	1552~1598	善述	晴暉堂	全州	星州	『晴暉堂實紀』1책
123	李賢佑	1548~1623	盡忠	兎川	仁川	三嘉	『兎川實紀』3권 1책
124	曹受天	1550~ ?	古初	靜窩	昌寧	草溪	
125	崔汝契	1551~1611	舜輔	梅軒	陽川	高靈	
126	裵亨遠	1552~ ?	君吉	汀谷	盆城	冶爐	
127	姜濤	?~?	季圭		晋陽	宜寧	
128	柳德龍	1563~1644	時見	鷦鷯堂	文化	三嘉	『鷦鷯堂實紀』3권 1책
129	曹以天	1560~1638	順初	鳳谷	昌寧	草溪	『鳳谷逸稿』3권 1책
130	李宗郁	1553~1623	希文	和軒	慶州	宜寧	
131	曹湜	1526~1572	幼淸	梅菴	昌寧	咸陽	『梅庵逸稿』2권 1책

師友錄順	姓名	生沒年度	字	號	本貫	居住	關聯資料
132	曺義民	1545~1605	子方	敬慕齋	昌寧	三嘉	
133	曺次石	1552~1616	一會		昌寧	金海	
134	曺次磨	1557~1639	二會	慕亭	昌寧	德山	

추가 확인 문인(가나다순)

師友錄順	姓名	生沒年度	字	號	本貫	居住	關聯資料
001	金 行	? ~ ?			商山	山淸	
002	裵三益	1534~1588	汝友	臨淵齋	興海	安東	『臨淵齋集』
003	成彭年	1540~1694	頤翁	石谷	昌寧	安陰	『石谷集』
004	權應仁	1517~　?	士元	松溪	安東	星州	『松溪集』
005	盧 禛	1522~1574	子將	徙庵	豊川	咸陽	『豊川世稿』
006	文德粹	1516~1595	景潤	孤査	南平	三嘉	『孤査實紀』
007	李 騂	1539~1595	剛甫	山澤堂	星山	星州	『實記』
008	李 俌	1535~1600	汝宣	篁谷	廣平	咸安	『篁谷集』
009	金太乙	1530~1571	汝祥	矩翁	廣州	密陽	『矩翁遺稿』
010	宋希昌	1539~1620	德順	松軒	恩津	三嘉	
011	全八顧	1540~1612	景弼	原泉	竹山	加祚	
012	全八及	1542~1613	景追	原溪	竹山	加祚	

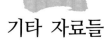

기타 자료들

▲ 왕실하사 오경백편

▲ 덕천서원유계안

(이 유계안은 1957년부터 서원의 유지·보수를 위한 모임의 명부로 10년 이상에 걸쳐 수천 명의 명단이 수록되어 있다. 당시 서원의 원임은 하우선 이병석 조철섭이었고, 이 사업의 결과로 덕천서원 동재를 복원하는 등의 결실이 있었다.)

▲ 덕천서원 도서목록

▲ 덕천서원 문서원부 및 수지부

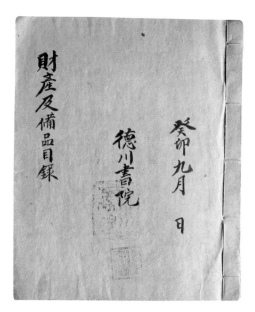

▲ 재산비품목록

▲ 입원록入院錄(덕천서원 방문록)

▲ 시도기

덕천서원에는 상당히 많은 자료들이 보존되어 있다. 이 책에 그 내용들을 모두 수록하기에는 어려움도 있고, 또한 서원의 내부 정보에 관련된 것도 있으며 나아가 다소 불요불급한 부분들도 있으므로 그 자료들은 모두 사진으로 찍어 디지털 자료로 영구적으로 보존하기로 하고, 여기서 그 구체적 내용은 생략한다.

제2장 현판편

덕산서원德山書院 사우상량문祠宇上梁文

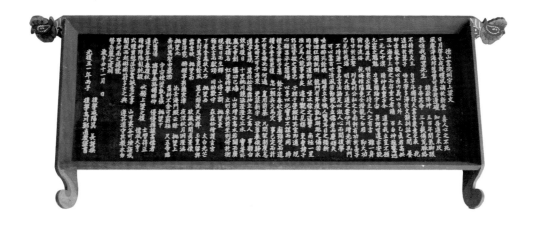

일월日月이 긴긴 밤을 밝게 하니 성대한 예의를 새 집에서 거행하고, 풍진風塵이 해동에서 일소되니 예전 모습을 남아있는 주춧돌에서 찾아본다.

인심人心이 죽지 않았음을 기뻐하고, 오도吾道가 소멸되지 않았음을 알겠다.

공손히 생각건대 우리 남명 선생은, 산악山嶽이 신기神氣를 내리고[20], 천제天帝가 대명大命을 부여했다.

오백년 간기間氣의 자취는 문왕文王을 기다리지 않았고, 삼천년 편국偏國의 맥락은 멀리 기자箕子에게서 이어졌다.

일찍부터 홀로 저 서언書言과 상의象意의 의미를 터득했고, 말학들이 대부분 문사文辭와 훈고訓詁에 침체됨을 깨우쳤다.

뇌룡사雷龍舍 가운데서 알을 품듯이 경敬으로써 안을 곧게 하고 의義로써 밖을 바르게 했으며, 산해정山海亭 위에서 진주眞珠를 양식하듯 본성本性을 굳게 지키어 궁구함이 정묘했다.

---

20) 『시경詩經』 대아大雅 〈숭고崧高〉편에 '崧高維嶽 駿極于天 維嶽降神 生甫及申'이란 구절이 있다.

태을진군太乙眞君은 일원一元의 충막함을 높이 받들었고, 백물신기百勿神旗에 구규九竅의 도깨비들이 놀래 도망갔다.

정신은 고금과 표리 되고, 역량은 우주를 뒤덮었다.

도는 나로 말미암아 정립되니 어찌 요순堯舜의 군민君民을 바라지 않겠는가, 이 몸은 세상과 어긋나니 또한 속류의 추세를 어찌 능히 따르랴!

명이明夷가 좌복左腹에 들었으니 주인이 하는 말을 기다릴 필요가 없었고,21) 건괘乾卦의 양효陽爻가 어리니 잠룡潛龍은 쓰지 말라22)는 뜻을 온전히 하였다.

몸은 비록 구학丘壑에서 지냈으나. 공은 이미 육영育英에서 드러났다.

의리義利와 공사公私의 구분을 판단함은 장식張栻이 맹자孟子보다 공로가 있었고, 천덕天德과 왕도王道의 요체를 밝힘은 이천伊川이 공문孔門에 광채를 더했다.

책 한 권 저술하지 않아도 명언名言과 법어法語는 족히 인심을 맑게 하고 후학을 열어주었으며, 백세토록 이름을 떨칠 청풍淸風과 고절苦節은 능히 유자儒者를 서게 하고 완부頑夫를 청렴케 하였다.

이에 취생몽사의 여혼餘魂을 일깨웠고, 이미 뒤집어진 광란狂瀾을 돌려놓았다.

조趙나라 성벽에 한漢나라의 붉은 깃발 세우니23) 사람들은 이목의 새로움에 놀랐고, 용문龍門에 도끼 흔적 남겼으니 누가 손발에 굳은 살 박힌 괴로움을 알겠는가!

시대를 보고 폐단을 구했으니 사도斯道가 항시 그러했고, 나를 헤아려 남에게 미쳤으니 능사能事를 모두 마쳤다.

---

21) 『주역周易』 「명이괘明夷卦」 육십사六四 효사爻辭에 '入于左腹 獲明夷之心'이란 말이 있고 초구初九 효사爻辭에 '君子于行 三日不食 有攸往 主人有言'이란 말이 있다.

22) 『주역周易』 「건괘乾卦」 초구初九 효사爻辭에 '潛龍勿用'이란 말이 있다.

23) 원문의 '趙壁立赤幟'는 『사기史記』 「회음후전淮陰侯傳」에 나오는 고사로 한신韓信이 조나라를 공격할 적에 기마병 2,000명에게 붉은 깃발을 주면서 자기가 거짓으로 달아나면서 적을 유인하면 조나라 성벽에 들어가 그 깃발을 꽂아 성이 이미 함락된 것처럼 보이라 하였다.

아! 목가木稼가 재앙을 드러내고, 문득 태산泰山이 무너짐을 보았다.

남극南極의 일성一星은 광채가 자미궁紫微宮 옛 자리로 돌아가고, 동로東魯의 제자諸子들은 마음으로 창평昌平에 집짓기를 원했다.

사우祠宇를 경영함은 비록 그 실당室堂에 가까움을 따랐지만, 향사享祀를 드림은 실로 이 저절로 동조함을 말미암았다.

규모는 수우당守愚堂에게 모두 여쭈었고, 건축은 각재覺齋에게 나눠 맡겼다.

십년 남짓 봄가을로 제향祭享이 경건하더니, 하루아침에 홀연히 병화兵火의 재앙을 당하였다.

묘당廟堂은 비록 불탔지만 도道는 아니 불탔으니 우리가 이곳을 버리고 어디로 가겠는가, 사업은 이미 정해졌으나 계획을 못 세웠으니 이때를 놓친다면 다시 오지 아니 할 것이다.

이에 예전 자리 닦아서, 다시 새 사우祠宇 건립했다.

건물의 제도는 모두 옛 모습 따랐고, 받들어 의귀依歸함은 길이 뒷날까지 본받으리.

만 그루 송령松嶺에는 서리 속에 고인高人의 자태가 빼어나고, 십리의 도천桃川은 거울 같이 맑은 물을 머금었다.

일은 백록서원白鹿書院의 중창重創과 유사하고, 뜻은 와룡사당臥龍祠堂의 본명本名을 드러냈다.

공사 이미 갖추어져, 들보 장차 올리려 한다.

산은 더욱 높아진 듯하고 물은 더욱 넓어진 듯하니 경치가 전일보다 빛나고, 서면 앞에 마주한 듯하고 수레에 앉으면 멍에에 보이 듯하니[24] 원컨대 긴 노래로 송축하리.

잠시 일손 멈추라, 환호 소리 도우리라.

---

24) 『논어論語』 〈위령공衛靈公〉편에 '立則見其參於前也 在輿則見其倚於衡也'라는 말이 있는데 이는 추모하는 대상을 항시 염두에 두어 한 순간도 잊지 말라는 뜻이다.

들보를 동쪽으로 던지니, 무성한 송회松檜가 묘소를 에워쌌다. 그 아래 금귀金龜 있어 큰 비석 떠받치니, 우리나라 만고토록 여풍餘風이 상쾌하리.

들보를 서쪽으로 던지니, 만 길 높은 두류산이 하늘에 닿았구나. 태백성太白星 광채가 상설霜雪 같이 비치니, 옥황상제 머물면서 부예浮霓를 제거했다.

들보를 남쪽으로 던지니, 취성정醉醒亭 그림자가 한담寒潭에 잠겼다. 이곳의 진경眞景을 알고자 한다면, 깊은 밤 가을 달이 맑은 물에 비침을 보게나.

들보를 북쪽으로 던지니, 만학萬壑의 시냇물이 바위틈에 내달린다. 이곳부터 바다까지 비록 멀다 하지만, 끊임없이 흘러가면 결국에는 도달하리.

들보를 위로 던지니, 천제天帝 거처 가까워 광채 실로 눈부시다. 우주의 동량棟梁을 그 누가 주관하나, 올라갈 길이 없어 이에 홀로 첨앙瞻仰한다.

들보를 아래로 던지니, 엄숙하게 읍양하는 모든 분들 선비일세. 해마다 제사를 봄가을로 드리니, 척강陟降하는 영령께서 큰 복으로 보답하리.

엎드려 바라건대 상량한 뒤로는, 사습士習 이에 올바르고, 유풍儒風 크게 떨쳐지리.

예의 아니 소홀하여 향기로운 향사의 봉행을 다하고, 유풍 듣고 일어나 훌륭한 선비들의 전범이 무성하리.

산이 무너지고 골짜기 메워진들 어찌 하남河南에 건 편액을 실추하랴, 도를 따르고 가르침 지키어 길이 악록岳麓에 세운 사당을 보존하세.

신축년(1601) 11월 일   후학 함양咸陽 오장吳長 근찬謹撰
광복 51년(1996) 병자   후학 오천烏川 정직교鄭直敎 근서謹書

德山書院祠宇上樑文

日月啓長夜 殷禮夙稱於新堂 風塵淨海邦 舊貫可尋於遺礎 喜人心之不
死 知吾道之未灰 恭惟我南冥先生 維嶽降神 于帝其命 五百年間氣 脚跟不
待於文王 三千載偏荒 脈絡遠紹於箕子 自早年獨得夫書言象意之表 悟末
學多滯於文辭訓詁之間 抱卵雷龍舍中 敬以直內義以方外 養珠山海亭上
操之而存索之者精 太乙眞君 高拱一元之冲漠 百勿神旗 驚逃九竅之魑魅
精神表裏古今 力量彌綸宇宙 道由我立 豈不願堯舜君民 身與世違 亦安能
俯仰流俗 明夷左腹 不待主人之有言 乾晦稚陽 竟全潛龍之勿用 雖一身自
甘於丘壑 卽大功已見於栽培 判義利公私之分 南軒有功於孟子 明天德王
道之要 伊川增光於孔門 不待著一書 名言法語足以淑人心而開後學 可以
奮百世 清風苦節能令立懦者而廉頑夫 喚醒醉死餘魂 障廻狂瀾旣倒 趙壁
立赤幟 人驚耳目之頓新 龍門有斧痕 孰知胼胝之偏苦 因時救弊 斯道卽然
推己爲人 能事畢矣 嗟冰稼之遑擘 遽日觀之見頹 南極一星 彩還紫微之舊
宅 東魯諸子 心願昌平之築場 于經于營 縱緣其室卽邇 以享以祀 實由不謀
而同 規模悉稟於守愚 締構分掌於來復 餘十年春秋虔事 忽一朝兵火爲灾
廟雖焚而道不焚 吾捨此而何適 事已定而計未定 時不可乎再來 爰用前基
更築新宇 凡間架制度 悉遵乎舊規 欲尊奉依歸 永效於後日 萬株松嶺 霜抽
立立之高人 十里桃川 鏡涵澄澄之止水 事類白鹿之重創 實著臥龍之循名
儻功已鳩 虹梁將擧 山若增而高 水若闢而廣 視前日而生輝 立則參於前 坐
則倚於衡 願長言而獻頌 小停工斲 同助歡呼 抛梁東 森森松檜護玄宮 下有
金龜扶大石 東封萬古爽餘風 抛梁西 萬丈頭流天與齊 太白光芒霜雪映 玉
皇留與剪浮霓 抛梁南 醉醒亭影蘸寒潭 欲識此間眞景像 夜深秋月洞澄涵
抛梁北 奔流萬壑由巖泐 此去海門縱云賒 盈科不舍可窮極 抛梁上 尺五帝
臨光瀅漾 宇宙棟梁孰主張 躋攀無路獨瞻仰 抛梁下 優優揖讓盡儒者 籩豆
年年春復秋 精神陟降報純嘏 伏願上梁之後 士習得正 儒風大亨 式禮莫愆
芯芯盡誠意之享 聞風而起 彬彬蔚多士之典 山可夷谷可埋 詎或墜河南之
揭號 遵其道守其敎 永勿替岳麓之建祠

歲 辛丑(1601) 十一月 日 後學 咸陽 吳長 謹撰
光復 五十一年(1996) 丙子 後學 烏川 鄭直敎 謹書

덕천서원德川書院 중건기重建記

▲ 『창주집滄州集』에 수록된 덕천서원 중건기

융경隆慶 임신년(1572) 봄에 남명 선생이 세상을 떠나자 여름 4월에 산천재山天齋 뒷산에 안장하고는 최수우당崔守愚堂 하각재河覺齋가 무성無成 하응도河應圖 무송撫松 손천우孫天佑 조계潮溪 유종지柳宗智와 더불어 처음으로 사우祠宇를 건립하자는 논의를 제창했다. 을해년(1575) 겨울 목사 구변具忭과 함께 적당한 자리를 물색하다가 드디어 구곡봉九曲峯 아래 살천薩川 위에다 터를 잡았으니 대개 산천재와 서로 바라보이는 곳이다. 이보다 앞서 무성無成이 여기에 조그마한 초가집을 지어놓고 때때로 선생을 모시고서 노닐었는데 이때에 이르러 그 집을 철거하고 자리를 잡았으니 이때가 병자년(1576) 봄이다. 이에 수우당 제현이 그 일을 주관했으니 음식을 맡은 이는 손승선孫承善이고 도료장都料匠은 승려 지관智寬이었다. 고을 아전 강세견姜世堅이 장부를 담당하고 목사 구변이 감사 윤근수尹根壽와 함께 협력하였다. 1년이 못되어 사우와 당재堂齋가 완공되고 다음 해 치장과 단청이 마무리되었다. 그리고 담장을 둘러싸고 담장 안에 샘물을 끌어와 좌우에 네모난 못을 만들어 그 가운데 연꽃을 심었다. 시내 위에 달리 두 칸 정자를 지어 풍영風詠하는 장소로 삼고는 세심洗心이라 편액했다가 뒤에 취성醉醒으로 바꾸었다. 이후로 춘추 석채釋菜를 더욱 경건히 받들었으니 당시에 하각재가 원장院長이었다.

불행히도 임진병란이 갑자기 일어나 강당講堂 재사齋舍 정자가 모두 불에 타버리고 오직 사우와 주사廚舍만이 화재를 면했는데 결국 정유재란에 불타고 말았다. 신축년(1601)에 목사 윤열尹說이 본주 선비들의 요청으로 중수重修를 협의하여 도모했으니 이에 청주목사를 지낸 이정李瀞 원장 진극경陳克敬 및 내가 돌아가면서 주관하였다. 임인년(1602)에 사우가 비로소 완공되고 신주神廚가 뒤이어 지어졌으니 당시 유사는 정대순鄭大淳 손균孫均이었다. 선생의 위판位板은 바위굴에 숨겨놓아 다행히 보존은 했지만 글씨가 흐려지고 불결하여 신판新板으로 바꾸었다. 계묘년(1603) 가을에 봉안하면서 수우당 선생을 배향했고 제기祭器는 또 서원 하인 세경世庚이란 자가 잘 보관하여 온전하였다. 병오년(1606)에 서재西齋를 건립했으니 순찰사 유영순柳永詢이 힘을 쏟았고 손득전孫得全이 공사를 감독했다. 유순찰柳巡察이 병사 김태허金太虛와 함께 찾아와 사우를 배알하고 인하여 쌀 20석과 조세租稅 50석을 내어 산으로 둘러싸인 가운데 1리를 이식利息하는 곳으로 삼아 서원의 경비를 마련하게 했다. 기유년(1609)에 강당을 영건하고 동재東齋와 주고廚庫를 연이어 지었으니 유사는 하공효河公孝 조겸趙璡이었다.

사우는 난리 뒤에 초창草創하면서 마룻대가 낮고 계단이 평평하여 그 규모가 적합하지 않았다. 신해년(1611)에 이를 새롭게 하여 그 옛터를 넓히고 마룻대와 동자기둥을 크게 하여 하여금 웅장하게 하였으니 공사를 다스린 유사는 유경일柳慶一이다. 그 예전 목재는 옮겨서 취성정醉醒亭을 지었는데 이보다 앞서 취성정 문밖 송림 두둑에 한 칸의 초정草亭을 새로 지어 세심정이란 옛 이름으로 편액하였다. 이는 서원 유사 유종일柳宗日이 선생이 지은 상정橡亭의 모습을 본 뜬 것이다. 전후의 계획은 모두 원장 이정李瀞에게서 나왔고 병사 최렴崔濂이 또한 힘을 쏟아 능히 순조롭게 진행되었으니 다행한 일이다. 대개 창립한 초기에 묘우廟宇와 당재堂齋가 정연히 질서가 있고 담장과 계단이 단정히 규모가 있었던 것은 수우당 선생의 치밀한 계획이 아님이 없었으며 난리 후 다시 영건할 적에도 모두 그 예전 제도를 인하였다. 단지 건물을 지을 적에 선후先後한 차례가 있고 장인들의 솜씨에 교졸巧拙의 차이가 있기 때문에 당재堂齋는 옛것에 미치지 못하지만 묘우廟宇는 전일보다 화려하다.

금상今上 기유년(1609) 봄에 승정원에서 글을 올려 특별히 세 서원이 사액을 받았으니 이곳이 그 하나이다. 사액을 청할 적에 수우당의 배향을 아울러 계품啓稟하지 못했는데 을묘년(1615)에 예조에서 서원 유생들의 상소로 인해 회계回啓하여 윤허를 받았다. 서원의 옛 이름은 덕산德山이었고 덕천德川은 새로 사액 받은 것이다. 정당은 경의당敬義堂이고 좌우의 협실은 동익실東翼室 서익실西翼室이다. 동서재는 예전에 경재敬齋 의재義齋라 하였다가 지금은 진덕재進德齋 수업재修業齋로 고쳤다. 재齋의 헌함은 광풍제월헌光風霽月軒이고 정문은 유정문幽貞門이다.

산을 의지하고 물을 굽어보면서 아늑하고 널찍하며 산봉우리들이 읍을 하고 시냇물이 감돌아 흐르면서 먼 것 같기도 하고 가까운 것 같기도 하여 스스로 아름다운 경치를 이루었으니 서원을 건립할 장소로는 이에 더 더할 것이 없다. 아! 방장산方丈山은 천하에 유명하고 덕산동德山洞은 드넓어 포용함이 있다. 천지가 이곳을 비장秘藏하여 그 몇 천 백년을 내려왔는지 알 수는 없지만 오늘을 기다려 산은 무이산武夷山이 되고 동은 백록동白鹿洞이 되어 만세토록 시서詩書와 예양禮讓의 자리가 되었다. 이 어찌 운수가 그 사이에 있는 것이 아니겠는가! 자리는 인물로 인하여 드러난다는 말이 참으로 확실하다. 하각재의 덕산지德山志에 사우를 경영한 규모와 제공이 일을 주관한 근면함이 상세하게 기록되어 하나도 빠짐이 없었으므로 후학들로 하여금 어제 일처럼 환히 알게 하였다. 그러나 결국 병화兵火 중에 잃어버렸으니 이에 지난 일들이 인멸할까 염려되어 그 전말을 대강 기록하여 뒷날의 상고를 대비한다.

천계天啓 임술년(1622) 가을 7월 상순   후학 진사 진산晉山 하증河憕 근지謹識

德川書院 重建記

　　隆慶壬申春 南冥先生歿 夏四月 葬于山天齋后原 崔守愚堂 河覺齋 與河
無成應圖 孫撫松天佑 柳潮溪宗智 始倡立祠之議 乙亥冬 與牧使具忭 相地
之宜 遂定址于九曲峯下隆川之上 蓋與山天齋相望地也 先是 無成結數椽
茅舍于此 時陪杖屨倘佯 至是乃撤其舍而卜之 時丙子春也 於是 守愚諸賢
幹其事 主供饋 孫承善也 都料匠 僧智寬也 州史姜世堅 掌簿籍 而具牧使
忭 與尹監司根壽 幷助力焉 未一年 祠宇暨堂齋成 粤明年 粧修丹艧訖 繚
以周垣 垣內引泉源 爲左右方塘 種蓮其中 別構三楹于溪上 爲風詠之所 扁
之曰洗心 後改以醉醒 自後 春秋釋菜 不懈益虔 于時 河覺齋爲院長 不幸
壬辰兵燹遽起 講堂齋亭 盡爲灰燼 唯祠宇廚舍得免 而竟火於丁酉之變 歲
辛丑 牧使尹說 因本州士子之請 協謀重修 於是 李淸州瀞 陳院長克敬 曁
余 更迭句管 而壬寅祠宇始完 神廚繼就 其時有司 鄭大淳 孫均也 先生位
板 藏於巖穴間 幸而獲保 漫漶不潔 改用新板 癸卯秋奉安 配以守愚先生
祭器亦賴院僕世庚者 善藏而得完焉 丙午建西齋 柳巡察永詢 所致力 而孫

得全 敦役焉 柳巡察 與兵使金太虛 來謁祠宇 因出米二十碩 租五十碩 環
山中一里 爲取息之地 以備院中之需 己酉 營講堂 而東齋廚庫繼之 有司則
河公孝 趙璉也 祠宇草創於亂后 棟卑級夷 不稱其制 辛亥 乃易以新之 增
其舊址 壯其棟梲 使之宏敞焉 董役有司則柳慶一也 以其舊材 移構醉醒亭
先此 創一間草亭於醉醒門外松林之畔 仍扁以洗心舊號 乃院有司柳宗日
象先生橡亭遺制也 前后規畫 皆出於李院長瀞 而崔兵使濂 亦爲之宣力 得
以就緒 幸也 蓋創立之初 廟宇堂齋之秩秩有序 垣墻階級之井井有規 無非
守愚先生心匠之運 而亂后重營 皆因舊制 第營作有先后 工匠有巧拙 故堂
齋不及於古 而廟宇有侈於前矣 今上己酉春 政院入啓 特蒙賜三書院額 此
其一也 請額時 守愚從配 未及幷啓 乙卯 禮曹因院儒疏回啓 蒙允焉 院舊
號德山 而德川新額也 正堂曰敬義 左右夾室曰東翼也西翼也 東西齋舊號
曰敬曰義 而今改以進德也修業也 齋軒則光風霽月 而正門則幽貞也 依山
俯水 奧衍繚廓 峯巒拱揖 川澤縈紆 若遠若近 自成形勢 建院之地 無以加
此也 噫 方丈之山 名於天下 德山之洞 廓而有容 天慳地祕 不知其幾千百
年 而有待於今日 山爲武夷 洞作白鹿 爲萬世詩書禮讓之地 則豈非有數存
乎其間 而地以人顯者信矣 河覺齋 有德山志 祠宇經營之規 諸公敦事之勤
纖悉詳密 無一或遺 俾後之學者 昭然若昨日事 竟失於兵火中 竊恐事歸漫
滅 粗述其顚末 以備後之考閱云

天啓 壬戌 秋七月 上澣　後學 進士 晉山 河憕 謹識

경의재敬義齋 중수기重修記

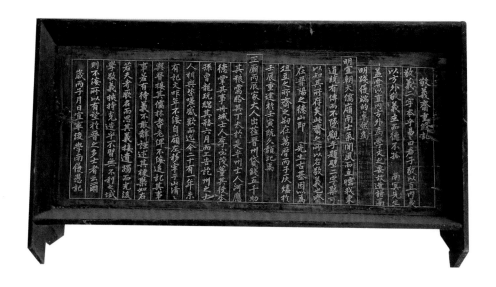

　경의敬義 두 글자는 주역에 근본한 것이다. 주역에 말하기를 '군자는 경敬으로써 안을 곧게 하고 의義로써 밖을 바르게 하나니 경의敬義가 정립되면 덕德이 외롭지 않다[25]'고 하였다. 남명 선생은 일찍이 안을 곧게 하고 밖을 바르게 하는 것으로써 학문의 요점으로 삼았다. 그렇기 때문에 조예가 고명하고 실천이 분명하여 우뚝이 명종 선조조에 대유大儒가 되었다. 영남의 사기士氣는 선생의 풍범을 보고 나약한 이가 뜻을 세웠으며 우리나라의 도통道統은 이로부터 전해져 끊어지지 않았다. 벽에 쓰인 두 글자를 보면 대개 선생이 지닌 바를 알 수 있으니 이것이 재齋를 경의敬義라 이름한 까닭이다.

　재실은 진양晉陽 덕산德山에 있는데 곧 선생의 옛 터이니 인하여 향사享祀를 받드는 장소로 삼았다. 재실의 창건은 만력萬曆 병자년(1576)이었으나 임진년(1592)에 소실되어 임인년(1602)에 중건했으니 이미 오래

---

25) 『주역周易』「곤괘坤卦」「문언전文言傳」에 나오는 말이다.

되어 퇴락하였다. 정조 병진년(1796)에 가대인家大人이 진주晉州로 부임하여[26] 돈 오천 냥을 내고는 식량을 보조하고 장정을 제공하였다. 이에 진주 선비 하응덕河應德이 그 일을 관장하고 단성 선비 이필무李必茂가 그 역사를 감독했으며 본손 조용완曹龍琓이 그 업무를 총괄하여 6개월 만에 공사를 마쳤다.

그러나 고을 선비들이 서로 더불어 탄식하는 가운데 지금까지 21년이 지나도록 기문記文이 없었다. 지난 해 내가 영좌嶺左로부터 산청山淸에 부임했는데 산청은 진주와 더불어 인접한 곳이다. 이에 유림의 장로들이 나로 하여금 그 일을 추기追記하게 함이 마치 기다리고 있은 듯하여 도의상 감히 사양하지 못하고 삼가 그 개략을 위와 같이 기록한다. 그 이름을 상고하여 그 뜻을 생각하고 남긴 자취를 접하여 후학을 빛내며 경의敬義를 마음에 지니어 능히 익히지 않더라도 이롭지 아니함이 없는 영역[27]에 나아가는 일은 내가 진주의 선비들에게 바라는 바이다.

병자년(1816)　의령宜寧 후학 남이우南履愚 기記

敬義齋重修記

敬義二字 本乎易 易曰君子 敬以直內 義以方外 敬義立 而德不孤 南冥先生 盖嘗以直內方外 爲學文之要 故造詣高明 踐履端的 卓然爲明宣朝大儒 嶺南士氣 聞風而立懦 我東道統 有傳而不墜 觀乎題壁二字 槩可以知其所存矣 此齋之所以名敬義也 齋在晉陽之德山 卽先生古基 因以爲俎豆之所 齋之㓝 在萬曆丙子 灰燼於壬辰 重建於壬寅 旣久頹圮焉 正廟丙辰 家大人

---

26) 『진양지晉陽誌』〈임관任官〉편에 보면 남이우南履愚의 부친인 남인로南寅老는 정조 19년(1795) 을묘에 진주 목사로 부임하여 22년(1798) 무오에 이임했다고 기록되어 있다.

27) 『주역周易』「곤괘坤卦」 육십이六二 효사爻辭에 '곧고 바르고 크니 익히지 않아도 이롭지 아니함이 없다[直方大 不習 无不利]'라고 하였다.

出莅晉州 貸錢五千 助其粮需 給其丁夫 於是乎 州士人河應德掌其事 丹城
士人李必茂董其役 本孫曹龍玩總其務 六月而工告訖 州之士人 相與咨嗟
感歎 而迄今二十有一年 未有記文 昨年不侫 自嶺左 移宰于山清 清與晉接
其儒林耆老 俾不侫追記其事 事若有待 義不敢辭 謹述其梗槩如右 若夫考
厥名而思其義 接遺躅而光後學 敬義挾持 克造乎不習無不利之域 則不侫
所以有望於晉之多士者云爾

歲丙子月日 宜寧 後學 南履愚 記

경의당敬義堂 중건상량문重建上樑文

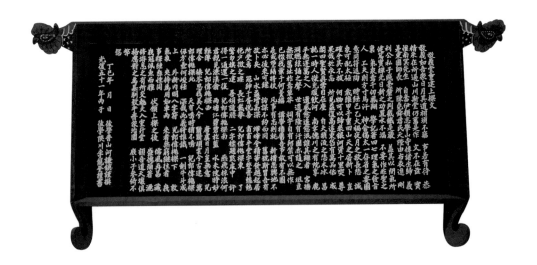

경의敬義는 우리에게 일월日月과 같으니 그 도道가 서로 전해져 다함이 없고, 정채精采는 지나간 산천山川에 남아 있으니 이 당堂은 옛 건물을 인하여 지었다.

일은 마치 기다림이 있는 듯하니, 사문斯文이 여기에 있지 아니한가!

공손히 생각건대 남명 선생은, 참으로 우리나라의 사표師表이다.

스스로 이윤伊尹의 뜻과 안연顔淵의 학문에 분발하여 산사山寺에서 제생에게 읍하고 돌아왔으며, 진언陳言한 바가 모두 요堯임금과 순舜임금의 군민君民이라 대궐에 포의布衣로 나아갔다.

의리義利와 공사公私와 자적子賊에는 털끝만한 판단도 쇠를 자르듯 엄격했고, 강건剛健하고 독실篤實하며 휘광輝光한 일신日新의 노력[28]은 물을 쏟아도 새지 않을 듯하였다.

대개 그 간기間氣를 품부 받아, 성인聖人을 비방하는 자를 막았다.

---

28) 『주역周易』 「대축괘大畜卦」 단사象辭에 '大畜 剛健 篤實 輝光 日新其德'이라 하였다.

기상은 천 길을 나는 봉황鳳凰이었고, 공부는 방촌 안에 한마汗馬와 같았다.

학기學記에 사칠四七과 이기理氣의 발함을 드러냈으니 요지는 퇴계退溪와 부합했고, 신명사神明舍에 태일太一과 존성存省의 요체를 걸었으니 그림은 태극도太極圖와 짝할 만하였다.

기묘년과 을사년에 큰 재앙 겪었으니 달밤의 노래가 구슬펐고, 태어난 해가 다시 돌아오니 산천재山天齋에 새로이 복거했다.

참으로 확고하여 꺾을 수는 없었지만, 어찌 과연 나라 일을 영영 잊었겠는가!

무슨 물건 지니고 돌아왔나 은하銀河가 십리이니 먹고도 남을 것이고, 소견이 더욱 높고 원대했으니 태산泰山에 올라가 만물이 모두 아래 있듯 하였다.

네 분 성현聖賢 진영을 항상 좌우座右에 두고서 우러러 보았고, 일시의 인걸人傑들을 가르쳐 역량에 따라 성취하게 하였다.

두류산 목가木稼 재앙 슬퍼한 이래로, 다행히도 덕천서원 향사享祀를 드렸다.

창평昌平에는 오두막 하나 없고, 녹동鹿洞에는 현송絃誦 소리만 들렸다.

유풍遺風은 멀어질수록 더욱 사라지니 누가 다시 계승하겠는가, 세도世道는 흥했다가 쇠하나니 나라도 이를 따라 망하였다.

서원을 찾아볼 수 없으니 옛 터엔 어언간 잡초만 무성하고, 향사는 이미 끊겼으니 우리들 어디에서 추모 정성 드릴까!

사우祠宇는 금지하는 국법이 있기에 지을 수 없지마는, 강학講學은 우리들의 일이니 어찌 도모하지 아니하랴!

이는 장차 끊어진 실마리를 잇는 것이니, 또한 필히 후인들이 계승할 것이다.

매사는 뜻이 있으면 이루어지니, 논의는 약속하지 않아도 한결같았다.

새 집이 홀연히 세워지니 자리는 바꾸지 않았고, 옛 이름 그대로 걸었으니 우리가 받은 바가 있기 때문이다.

산과 물은 더욱 높고 깊으며, 선비들은 서로 함께 기뻐하였다.

빛나는 정화精華가 발산되니 거처함에 소미성少微星의 궤도를 따르고, 엄숙한 당우堂宇가 정연하니 도깨비들이 백물기百勿旗를 보고 놀랄 것이다.

긴 들보 들어 올리니, 좋은 노래 울려 퍼진다.

어기여차 들보를 동쪽으로 던지니, 두 글자 표제標題가 조용히 걸렸다. 한 번 지나갈 때마다 한 번씩 외운다면, 응당 이에 그대들 염계옹廉溪翁을 친견하리.

어기여차 들보를 남쪽으로 던지니, 양당兩塘의 강물이 남색보다 더 푸르다. 제비 날아 수면 스침 어찌 이리 경박한가, 물결이 일기 전에 묘리妙理 품고 있었다네.

어기여차 들보를 서쪽으로 던지니, 진령榛苓 보며 우리 미인美人 생각한다.29) 요순시절 일월에 어찌 뜻이 없으련만, 침침한 먹구름이 고금에 어지럽다.

어기여차 들보를 북쪽으로 던지니, 만 길의 방호산方壺山 어찌 저리 높은가! 하늘이 울어도 울지 않는다 하였으니, 심오하다 이 뜻을 장차 누가 알겠는가!

어기여차 들보를 위로 던지니, 견우성과 북두성 사이에 검광劍光이 어렸다. 외단外斷하고 내명內明하는 여덟 글자 부절은, 협지夾持하여 사용함에 양륜兩輪과 같다네.

어기여차 들보를 아래로 던지니, 후인들 무궁토록 예전 성현聖賢 계승하리. 사업 닦고 경서 보는 본성 모두 같으니, 훌륭한 선비 차림 질서가 정연하다.

엎드려 바라건대 상량한 뒤로는, 유풍儒風 다시 번창하고, 성덕盛德

---

29) 『시경詩經』 패풍邶風 〈간혜簡兮〉편에 '山有榛 隰有苓 云誰之思 西方美人'이란 구절이 있다.

더욱 드러나리.

　장수藏修하고 유식游息할 장소가 있으니 서로 면려하여 입실入室하고 승당升堂하며, 쇄소灑掃와 응대應對를 바탕삼아 제가齊家하고 치국治國함을 이룩하세.

　돌아보건대 우리의 도道는 천지와 함께 하리니, 바라건대 소자小子들은 항시 면려하여 실추 말라.

　　　　정사년(1917) 월 일　후학 진산晋山 하겸진河謙鎭 근찬謹撰

敬義堂重建上樑文

　敬義如吾家日月 其道相須不窮 精采在所過山川 斯堂仍舊是作 事若有待 文不在玆 恭惟南冥先生 實是東國師表 自奮伊顔志學 山寺揖諸生歸 所陳堯舜君民 天陛由布衣進 義利公私子賊毫釐之判 截鐵是嚴 剛健篤實輝光日新之功 置水不漏 蓋其以間氣所稟 不要作非聖之人 氣象焉千仞鳳翔 工夫則方寸馬汗 學記著四七理氣之發 旨意同符退陶 神舍揭太一存省之要 圖象可配太極 時經己乙大禍 夜月之歌長悲 歲維甲子重回 山天之居新卜 誠確乎其不拔 豈果哉於永忘 何物可以歸來 銀河資十里喫 所見益復高遠 東岱有萬品低 尊閣四聖賢眞 常目在座 成就一時人傑 充腹飮河 自夫頭流之悲木冰 尙幸德川之有院享 昌平無蓬蒿之入 鹿洞聽絃誦之聲 遺風愈遠愈泯 誰其繼者 世道有隆有汙 國亦隨之 宮牆無徵 舊址於焉草芥 俎豆已掇 我輩于何羹牆 祠宇自有邦禁 可以無作 講學猶屬吾事 敢有不圖 是或墜緒將扶 亦必後來可繼 凡事有志則就 詢謀不約而同 新構忽與 地不改卜矣 舊號斯冒 吾有所受焉 山水益增高深 冠紳于胥悅喜 燁燁兮精華發越 起居挹少微之躔 肅肅乎堂宇整齊 魑魅驚勿旂之建 長虹載擧 善頌隨騰 兒郎偉抛樑東 二字標題默處中 了得一通還一復 許君親見濂溪翁 兒郎偉抛樑南 兩塘江碧碧於藍 燕飛掠浪何輕薄 水未波時妙理含 兒郎偉抛樑西 榛苓思我美人兮 唐虞日月豈無意 翳翳頑雲今古迷 兒郎偉抛樑北 萬仞方壺何峻極

天有鳴時猶不鳴 深哉此義將誰識 兒郞偉抛樑上 一劍牛斗成氣象 外斷內明八字符 夾持爲用如車兩 兒郞偉抛樑下 來者無窮繼往者 敦事釋經彛性同 峩峩冠佩魚而雅 伏願上樑之後 儒風再昌 盛德彌著 藏修游息之有所 交勉夫入室升堂 灑掃應對之爲基 馴致乎齊家治國 顧吾道天壤俱弊 庶小子參倚不怠

丁巳年 月 日 後學 晋山 河謙鎭 謹撰

경의당敬義堂 중건기重建記

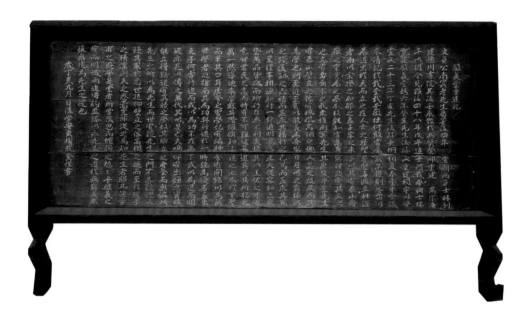

　문정공文貞公 남명 노선생이 역책易簀한 뒤 4년 선조 병자년(1576)에
사림이 덕천서원德川書院을 창건하였다. 그 후 임진년(1592) 병화兵火에
소실되어 계묘년(1603)에 중건했고 고종 경오년(1870)에 방령邦令으로
훼철되었다가 그 48년 후 무오년(1918)에 진사 하재화河載華가 사림과
더불어 경의당敬義堂을 중건했다. 6년이 지난 계해년(1923)에 선생의
후손들이 또 사우祠宇를 중건하여 영령을 안치했고 다시 23년 뒤 정해
년(1947)에 선생의 후손인 병형秉炯 상하相夏가 당중堂中 여러분의 논의
를 받들어 나에게 찾아와 기문記文을 청했다. 내 미천하고 졸렬하여
어찌 감히 감당하겠는가마는 누차 사양해도 이루지 못했으니 망령되
이 가만히 이르기를,

　도道는 하늘에서 나왔지만 이를 정립하는 것은 사람에게 있다. 옛날
의 수많은 성현들이 이 도를 정립하지 않음이 없었지만 내가 살펴보건

대 추鄒나라 맹자孟子와 송宋나라 주자朱子 같은 이가 그 태산교악泰山喬嶽의 자품을 지니고서 이로써 기본으로 삼았기 때문에 능히 지언知言 집의集義 궁리窮理 실천實踐을 함께 정립함에 더욱 힘을 기울였다. 이를 우리나라에서 구해보면 오직 남명 선생이 이에 거의 가깝다. 대개 선생은 태산벽립泰山壁立의 기상과 봉황고상鳳凰高翔의 취향을 지니어 사람들이 따를 수가 없었다. 그 학문은 지극히 가깝고 실질적이었으니 경의敬義로써 오가吾家의 일월日月로 삼아 이로써 궁구하고 이로써 실천하였다. 지식이 이미 정묘한 상태에서 더욱 그 정묘함을 구하고 행실이 이미 돈독한 상태에서 더욱 그 돈독함을 구하여 이치와 현상이 서로 융합되고 지식과 행실이 일치함에 이르렀으니 분명하고 깨끗하며 정대하고 조용하기가 마치 태산에 올라 만물이 눈 아래에 있는 것과 같아서 행하는 바가 스스로 이롭지 않음이 없었다. 오직 그 천자를 보필할 만한 재능으로 요순堯舜의 군민君民을 이루려는 뜻을 품었으나 시세가 불가하여 어렵게 나갔다가 쉽게 물러나 그 품은 뜻을 만에 하나도 펼치지 못했다. 그러나 후학을 가르침에 그 단계를 엄격히 하여 하여금 상달上達은 반드시 하학下學에 근본함을 알게 하고 그 구이口耳의 헛되고 과장된 폐단을 혁파했으며 학기편學記編과 신사도명神舍圖銘은 만세의 학자들에게 지침이 되었으니 그 일시에 공을 이룸과 도를 행함을 비교하건대 우열이 어떠한가! 맹자孟子 주자朱子가 어찌 일찍이 나아가 도를 행했겠는가마는 그러나 혹 공이 우禹임금보다 낮다고 아니하며 혹 물러나 도를 밝혔다고 하였으니 또한 족히 만대에 전해질 것은 오직 이것 때문이다.

아! 출중한 자질을 지녔기 때문에 능히 사도斯道를 정립했고 온축한 학문을 갖추었기 때문에 그 정립한 바가 완전하여 치우침이 없었으니 이것이 바로 선생이 선생된 까닭이다. 세인들이 의심하기를 선생의 문하는 담리談理를 좋아하지 않는다 하고 또 의심하기를 세상을 잊고서 한갓되이 벽립壁立의 기상과 고상高翔의 취향만을 우러러 도학의 정심한 부분은 주지하지 못했다 하니 어찌 선생을 얕게 아는 자들이 아니겠는가! 무릇 이 당堂에서 공부하는 선비들은 마땅히 깊이 생각하여 이를 체득하고 경의敬義의 실체에 힘써서 명선明善과 성신誠身이 나란히 진보하고 박문博文과 약례約禮가 아울러 이루어져 선생의 도를 무궁토록 길이 이은 연후에야 선생의 문도門徒됨에 부끄러움이 없을 것이다.

정해년(1947) 9월　후학 안동安東 권재규權載奎 근서謹書

敬義堂重建記

文貞公南冥老先生 易簀後四年 宣廟丙子 士林創建德川書院 其後壬辰毀於兵燹 癸卯重建 高宗庚午 以朝令見毀 後四十八年戊午 進士河載華與士林 重建敬義堂 越六年癸亥 先生後孫 又重建祠宇以妥靈 又二十三年丁亥 先生後孫秉炯相夏 奉堂中僉議 來請記於載奎 載奎微拙 何敢當 屢辭不獲 則妄竊以爲 道出於天 而立之在人 古之群聖群賢 每非立此道者 而以余揆之 如鄒之孟子宋之朱子 以其有泰山喬嶽之稟資 爲之基本 故能知言集義窮理踐實 共立之也 尤有力焉 求之我東 惟南冥先生 其庶幾乎 蓋先生有泰山壁立之像 有鳳凰高翔之趣 人莫之跂及 而其爲學也 則至近至實 以敬義爲吾家日月 以之窮格 以之踐履 知之已精而益求其精 行之已篤而益求其篤 以至理事相涵 知行一致 通明灑落 正大從容 如上東岱 萬品皆低而所行自無不利矣 惟其以王佐之才 有堯舜君民之志 而時有不可 難進易退 莫展其所抱之萬一 然導迪來學 嚴其階級 俾知上達之必本於下學 而革其口耳虛夸之習 學記有編 神舍有圖銘 以爲萬世學者之指南 其爲功與行道於一時 孰爲優劣 孟朱夫子 何嘗行道 而或以爲功不在禹下 或以爲退而明道 亦足以傳之萬代 其以是也夫 嗚呼 有出類之資 故能立得斯道 有眞積之學 故其所立之者 全而無偏 此先生之所以爲先生 而世有疑先生之門 不喜談理 又疑其果於忘世 徒仰壁立之像高翔之趣 而至於道學之精深 則未之悉焉 豈非淺之爲知先生者耶 凡諸章甫之遊學是堂者 所當深思而體得之

勉勉乎敬義之實 而明誠兩進 博約幷臻 以永先生之道於無窮 夫然後無愧
爲先生之徒也

　　　　　　　　歲丁亥 九月日 後學 安東 權載奎 謹書

경의당敬義堂 중건기重建記

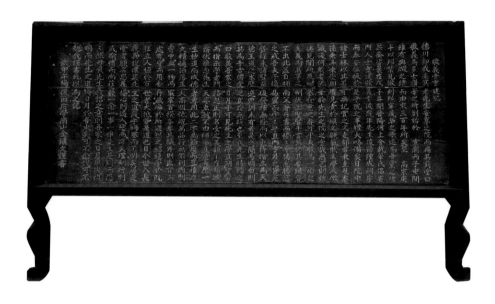

　덕천德川은 곧 우리 남명 노선생을 향사하는 서원으로 그 전당前堂을 경의敬義라 편액했으니 유생들이 학문을 연마하는 곳이다. 선조 병자년(1576)에 창건하여 중간에 비록 소실되고 중수한 일이 있지만 지금까지 3백여 년 이어 온 곳이다. 고종 경오년(1870)에 국법으로 서원이 철폐되니 송宋나라 신종神宗 때와 같이 잡초만 무성한 슬픔을 만나 마침내 우리 사림이 함께 탄식하게 되었다. 지난 무오년(1918)에 진양의 진사 하재화河載華씨가 고을 인사들을 창솔하여 경의당敬義堂을 중건하였고 몇 년 후 선생의 후손들이 이어서 사우祠宇를 지어 위판을 봉안하니 이에 서원의 규모가 대략 갖추어졌다. 하루는 서원의 여러 선비들이 기문記文이 없을 수 없다면서 도군都君 병규秉圭와 본손 병두秉斗 병섭秉燮 상권相權을 보내어 나에게 기문을 청했다. 돌아보건대 아득한 말학末學으로 식견이 좁은 못난 내가 어찌 감히 외람되이 선생의 서원인 경의당에 붓을 들 수 있겠는가! 청을 그만두지 않을진대 잠시 견문이 미치는 바를 기록하여 모든 이들의 바람에 부응하는 것이 어떻겠는가!

대저 경敬은 일심一心의 주체가 되고 의義는 만사萬事의 법도가 되니 위로 성현의 온갖 말씀을 거슬러 올라가도 그 핵심은 모두 이 두 글자에서 벗어나지 않는다. 태공太公이 단서丹書를 저술하여 태만과 욕심을 이기는 경계에 진심을 다하였고[30] 공자孔子가 주역에 십익十翼을 붙여서 안을 곧게 하고 밖을 바르게 하는 뜻에 정성을 다하였다. 이에 또 정주程朱 제현에 이르러 더욱더 남김없이 발명하여 경敬과 의義를 함께 정립하는 것으로 천덕天德과 왕도王道의 근본으로 삼았다. 이는 경전을 두루 살펴보아도 이같이 간단하면서도 분명한 것이 없으니 천고에 전수될 진전眞詮임에 의심이 없다. 우리 선생에 이르러 특별히 이를 높이 걸어 "경의敬義는 오가吾家의 일월日月이다."라고 하였으므로 이에 선생의 학문이 성현에게 직접 소급하여 학자에게 문로門路의 올바름을 제시한 것을 볼 수 있으니 경의당이라 이름한 뜻이 이에 있지 않겠는가!

가만히 생각건대 선생은 타고난 자질이 탁월하여 스승을 말미암지 아니하고 바로 대원大原으로 나아갔으니 일생동안 도를 오묘하게 하고 덕을 이룬 것은 오로지 이 두 글자를 법도로 삼았기 때문이다. 오래도록 힘을 쌓아 정통하고 쇄락하며 정대하고 고명하여 만물을 굽어보아 행함에 이롭지 않음이 없었다. 안으로는 흉중에 한 점의 티끌도 없어 총재冢宰와 백규百揆가 각각 그 직분을 다하며 밖으로는 나아가면 이루는 바가 있고 물러나서는 지키는 바가 있어 용사행장用舍行藏이 처하는 곳에 따라 편안하였다. 이로써 예전에 끊어진 학문을 계승하고 백세에 인극人極을 정립한 것은 대저 모두 이 도리이다. 지금의 세상은 암흑에 빠져 이설異說이 범람하고 선생의 도가 거의 사라져 불명不明하게 되었다. 이 당堂에 거처하는 사람은 당의 이름을 돌이켜보고 뜻을 생각하여

---

30) 「단서丹書」는 주周나라 문왕文王 때에 적작赤雀이 물고 온 상서로운 글로써 그 내용 중에 '공경이 태만을 이기는 자는 길하고 태만이 공경을 이기는 자는 멸한다敬勝怠者吉 怠勝敬者滅'는 구절이 있다고 한다.

마음을 가다듬을 때는 인욕人欲을 물리치고 천리天理를 보존하며 행실을 다스릴 때는 나태함을 경계하고 장엄함을 숭상해야 할 것이다. 한가지 생각과 한가지 일에도 오직 선생을 법 삼아 조심하고 삼가하여 선생의 가르침을 저버리지 않는다면 오가吾家의 일월日月이 거의 다시 밝아질 것이고 선생의 도는 장차 우리 동방에 일월이 될 것이니 어찌 염두에 두지 않을 것이며 힘쓰지 않겠는가! 삼가 이를 적어 기문으로 삼는다.

갑오년(1954) 양복절 후학 상산商山 김진문金鎭文 근서謹書

敬義堂重建記

德川卽我南冥老先生妥享之院 而扁其前堂曰敬義 爲多士講學之所 創始於 宣廟丙子 中間雖有興燬之蹟 而由來三百年所矣 至 高宗庚午 以邦禁見撤 則熙寧茂草之悵 迄爲吾黨之所共齎咨 曩在戊午年間 晉陽河上舍載華氏 倡省內人士 重建敬義堂 後幾年 先生後孫 踵成祠宇 而奉安位板 於是乎 院之事體 大略備矣 日院中諸士林 以其不可無記實之文 走都君秉圭 及本孫秉斗秉爕相權 見責於鎭文 顧菽然末學 人微識淺 何敢妄泚筆於先生之院之堂哉 無已則姑述見聞所及 以塞僉意之眷可乎 夫敬爲一心之主 義爲萬事之制 從上聖賢 千言萬語 其要歸皆不出此 蓋自師尚父著丹書 而惓惓乎勝怠勝慾之戒 吾夫子係易翼 而斤斤乎直內方外之旨 爰暨程朱諸賢 益復發揮無餘 而以夾持偕立 爲天德王道之本 歷選典訓 未有若是之簡易明白 則其爲千古傳受之眞詮無疑也 至我先生特揭之 曰敬義 吾家之日月于可見先生之學 直溯聖賢 而指示學者門路之正 則名堂之義 顧不在斯歟 竊伏惟念 先生天姿卓越 不由師承 直造大原 一生妙道而成德者 專用此二字爲節度 而眞積力久 精通洒落 正大高明 低視萬品 行無不利 內則胸中無一物 而冢宰百揆 各率其職 外則出有爲處有守 而用舍行藏 安於所遇 以之紹絶學於旣往 立人極於百世者 大抵皆是道也 目今世入長夜 異說懷襄 先生之道 幾乎晦塞 而不明矣 居是堂者 顧名思義 操心則遏人慾而存天理 制

行則戒偸惰而尙莊嚴 一念一事 一惟先生是則 而恐恐然毋負先生敎詔之意
則吾家之日月 庶幾復明 而先生之道 將日月於吾東矣 可不念哉 可不勉哉
謹書此以爲之記

歲甲午 陽復節 后學 商山 金鎭文 謹書

절목節目

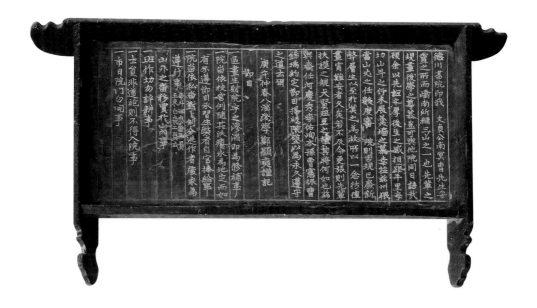

　덕천서원德川書院은 곧 우리 문정공 남명 조선생의 위패를 모신 곳으로 영남에서 말하는 삼산三山 서원書院[31] 중의 하나이니 선배의 규범과 후학의 사모함을 어찌 다른 서원과 더불어 동일하게 말할 수 있겠는가! 돌아보건대 나는 선의先誼의 두터움과 후생後生의 감회로써 서로 천리나 떨어져 있어 매양 태산북두泰山北斗와 같은 우러름이 간절했지만 추모의 정을 펴지는 못하였다. 다행히 이 고을에 부임하여[32] 외람되게 산장山丈의 임무를 맡아 자주 서원을 살펴보니 옛날의 모습은 이미 없어지고 새로운 폐단만 거듭 생겨 복구할 수 없는 지경인지라 일념으로 방황하면서 밤낮으로 편치 못한 지가 오래 되었다. 만약 지금 완전히 고치지 않는다면 선인들이 지켜온 법도와 대현을 향사하는 예의가 장

---

31) 덕산서원德山書院 도산서원陶山書院 옥산서원玉山書院을 지칭한다.

32) 『진양지晉陽誌』에 보면 정현석鄭顯奭(1817~1899)은 고종 4년(1867) 정묘에 진주 목사로 부임했다가 고종 7년(1870) 경오에 이임했다.

차 어찌 되겠는가! 이에 재임 하경수河慶秀 이우순李佑峋 본손 조헌진曺憲振 조석우曺錫瑀와 더불어 절목節目을 정하여 서원의 벽에 걸어놓고 영구히 지킬 법도로 삼는다.

경오년(1870) 중춘 팔계八溪 후학 정현석鄭顯奭 근기謹記

절목節目

一. 불어난 재물을 별도로 정하여 원우院宇에 비가 새면 즉시 보수할 일.
一. 원답院畓은 향교의 예에 의거하여 그 옥척沃瘠에 따라 길이 지정할 것이며 만약 절목을 준수하지 않고 속습을 따라 폐단을 일으키는 자는 스스로 관官에 받쳐야 할 일.
一. 원답院畓은 사답私畓에 부과하는 예를 따라 소작인에게 나누어주어 길이 준수할 일.
一. 산외山外의 전답은 산내山內로 이매移買할 일.
一. 반작班作은 절대로 농사를 허락하지 말 일.
一. 사원士員은 도포가 아니면 서원에 들어올 수 없게 할 일.
一. 장날에는 서원 문을 열지 말 일.

　　德川書院 卽我文貞公南冥曺先生 妥靈之所 而嶠南所稱三山之一也 先輩之規畫 後學之尊慕 豈可與他院同日語哉 顧余以先誼之厚 後生之感 相距千里 每切山斗之仰 未展羹墻之慕 幸莅玆州 猥當山丈之任 數度審院 則古規已廢 新弊層生 以至於莫之爲救 所以一念彷徨 晝宵難安者 久矣 若不及今更張 則先輩扶護之規 大賢俎豆之禮 其將何如也 玆與齋任河慶秀李佑峋 本孫曺憲振曺錫瑀 約定節目 揭版院壁 以爲永久遵守之道云爾

　　　　　　　庚午 仲春 八溪 後學 鄭顯奭 謹記

節目

一 區畫生財 院宇之滲漏 卽爲修補事

一 院畓 依校宮例 隨其沃瘠 永爲地定 而如有不遵節目 承習生弊者 自官
捧給事

一 院畓 依私畓對卜例 分送作者處 永爲遵行事

一 山外之畓 移買於山內事

一 班作 切勿許耕事

一 士員 非道袍 則不得入院事

一 市日 院門 勿開事

　덕천서원 유생인 진사 이우빈_{李佑贇}34) 등은 삼가 절하고 대종백_{大宗}
_伯35) 합하_{閤下}에게 글을 올립니다. 엎드려 생각건대 본주_{本州}의 덕천서
원은 곧 우리 문정공 남명 조선생의 위패를 모신 곳입니다. 원우의
안배와 수호의 절목은 도산_{陶山} 옥산_{玉山} 서원과 더불어 동일한 규모이
니 남쪽 지방에서 일컫는 삼산_{三山} 서원이 이것입니다. 옛날 가정_{嘉靖}
신유년(1561)에 선생이 처음으로 두류산_{頭流山} 덕천동_{德川洞}에 들어와서
산천재_{山天齋}와 상실_{橡室}을 짓고 당세의 제현들과 더불어 도학을 강론했
으니 이에 마을의 모습이 비로소 갖추어졌습니다. 융경_{隆慶} 임신년
(1572)에 이르러 선생이 돌아가시자 만력_{萬曆} 4년(1576)에 여기에 서원

---

33) 완문_{完文}은 조선시대 관청에서 발급하던 증명서이다.

34) 이우빈_{李佑贇}(1792~1855): 자_字는 우이_{禹爾}, 호_號는 월포_{月浦}이고 성주인_{星州人}으로 진주_{晋州} 여사_{餘沙}에
　　거주하였다. 순조 22년(1822) 사마시에 합격했고 저서로는 『월포집_{月浦集}』이 있다.

35) 대종백_{大宗伯}은 예조판서의 별칭이다.

을 세워 서원 아래 거주하는 백성들로 하여금 그 신역身役을 면해주고 오로지 수호하게 하였습니다. 이에 예조의 완문完文을 게시하여 지금토록 남아있기 때문에 수백 년 동안 옛 법도를 지켜 시행해 왔습니다. 최근 이래로 법규가 오래되고 폐단이 생겨 관역官役이 간간이 침범하니 만약 이런 일이 그치지 않는다면 대선생의 사액서원을 장차 어찌 수호할 수 있겠습니까? 이에 한결같은 목소리로 우러러 현인을 높이고 예의를 돈독히 하는 대종백 합하에게 고하노니 엎드려 바라건대 옛 법도를 따르라는 뜻을 엄격히 밝혀 대현의 사액서원 수호를 온전하게 하십시오. 삼가 어리석음을 무릅쓰고 아룁니다.

이미 완문完文이 걸려 있으니 본읍本邑은 더욱 신칙申飭하여 영구히 시행함이 마땅한 일이다.

정해년(1827) 11월 13일　예조禮曹

完文

德川書院 儒生進士李佑贇等 謹拜上書于 大宗伯閤下 伏以本州德川書院 卽我文貞公南冥曹先生 妥靈之所也 院宇排布 守護凡節 與陶山玉山 同一規模 而南州素稱三山是也 在昔嘉靖辛酉 先生始入于頭流山德川洞 築山天齋及椽室 與當世諸賢 講道論學 於是乎 村容始成 而至隆慶壬申 先生易簀 萬曆四年 建院于此 使院邸居民 除其身役 專意守護者 有春曹完文揭板 至今尚存 故累百年 遵古規施行矣 挽近以來 法久弊生 官役間侵 若此不已 大先生額院 將何以守護乎 茲以齊聲仰籲於尊賢敦禮之下 伏願嚴明題下遵古之意 以完大賢額院守護之地 謹冒昧以陳題

旣有完文揭板 則自本邑 更加申飭 永久施行 宜當向事

丁亥十一月十二日 禮曹

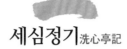

세심정기洗心亭記

▲ 세심정洗心亭

(사진에서 위의 현판은 선생의 후손 덕산德山 조봉조曺鳳祚가 쓴 것이고,
아래의 현판은 중천中天 김충렬金忠烈이 쓴 것이다)

경남 산청군 시천면 남명로 덕천서원 맞은편

세심정은 1582년에 처음 지었으나 임진왜란 때에 불에 타 그 뒤 자리를 조금씩 바꾸어 중건한
것이며, 후에는 취성정醉醒亭 또는 풍영정風詠亭이라 이름을 바꾸기도 하였다.

▲ 세심정기洗心亭記

　예기禮記에 일컫기를 '군자는 장수藏修하고 유식遊息한다'[36] 하였으니 대개 장수하는 곳에는 반드시 유식할 자리가 있는 것이 옛날의 법도이다. 삼가 서원의 제도를 살펴보면 사우祠宇를 건립하여 향사를 밝히고 명륜당明倫堂을 세워 인륜을 중시하며 동서재東西齋를 두어 학자를 거처하게 했으니 장수는 참으로 할 곳이 있다. 서원 남쪽에 시내가 있는데 허공을 머금어 푸른빛이 어렸으며 물이 돌아 흘러 맑은 연못이 되었으니 이에 임하면 기수沂水에서 목욕하는 흥취[37]가 있다. 또 시내 위에는 도림桃林이 있고 간간이 소나무와 능수버들이 섞여 있어 이를 쳐다보면 무릉도원 같으니 참으로 유상遊賞하기에 좋은 경치이다.

　이제 우리 최선생崔先生[38]께서 매양 지팡이 짚고 그 위를 소요하다가 정자를 지어 유식할 자리를 갖추려고 하였으나 서원의 역사가 끝나지 않아 이루지 못했다. 지난 임오년(1582) 봄에 비로소 경영하여 정자가

---

36) 『예기禮記』〈학기學記〉편에 나오는 말이다.

37) 『논어論語』〈선진先進〉편에 나오는 말로 공자孔子께서 자로子路 증석曾晳 염유冉有 공서화公西華에게 묻기를 '만약 너희를 알아주는 이가 있다면 무엇을 하겠느냐' 하니 최후로 증석曾晳이 말하기를 '모춘暮春에 봄옷이 마련되면 어른 5~6인과 아이 6~7명과 함께 기수沂水에서 목욕을 하고 무우舞雩에서 바람을 쐬겠습니다'라고 하였다.

38) 남명 선생의 제자인 수우당守愚堂 최영경崔永慶(1529~1590)을 말한다.

완성되자 경치는 더욱 아름다워져 시내는 그 맑음을 더한 것 같고 고기들은 그 즐거움을 더한 것 같았다. 이에 각재(覺齋)39) 숙부께서 주역의 성인이 세심(洗心)하는 뜻40)을 취하여 정자를 이름했으니 대개 물을 볼 적에는 방법이 있다41)는 뜻을 부친 것이다.

대저 물은 그 성질이 맑아 더러운 것은 씻으면 깨끗해지고 검은 것은 빨면 희어지기 때문에 시내를 누르고 정자를 세운 것은 장수하는 이로 하여금 답답함을 풀고 호연한 기개를 함양하게 하고자 함이다. 그리고 물로 인해 이름을 지은 것은 유식하는 이로 하여금 그것을 보고 자기를 반성하여 일일신(日日新)하고 우일신(又日新)하게 하고자 한 것이다. 우리 고을의 군자들이 참으로 능히 이 정자에 올라 선생의 유풍을 추상하고 또 능히 이름을 돌아보고 뜻을 생각하면서 마음을 맑게 하는 공부를 이룬다면 좋을 것이다. 내 어리석은 소생으로 참람히 고루함을 기록하고 또 이어 노래하기를,

높이 솟은 저 정자 우뚝하고 날렵하니, 노닐거나 쉬면서 군자 사는 곳이로다.

드넓은 이 냇물 옥과 같고 거울 같아, 군자 이를 본받아 반성하며 구해보리.

이 몸이 청명하면 나의 본성 찾으리니, 그렇지 않을진대 큰 글씨 여기 보라.

후학 진양(晋陽) 하수일(河受一)42) 근기(謹記)

---

39) 각재(覺齋): 남명 선생의 제자인 각재(覺齋) 하항(河沆)(1538~1590)을 말한다.
40) 『주역(周易)』〈계사상(繫辭上)〉편에 '蓍之德 圓而神 卦之德 方以知 六爻之義 易以貢 聖人 以此洗心 退藏於密'이란 구절이 있다.
41) 『맹자(孟子)』〈진심장상(盡心章上)〉편에 '물을 볼 적에는 방법이 있으니[觀水有術] 반드시 그 큰 물결을 보아야 한다[必觀其瀾]'라는 말이 있다.
42) 하수일(河受一)(1553~1612): 자(字)는 태이(太易), 호(號)는 송정(松亭)이고 진양인(晉陽人)이다. 선조 24년(1591)

洗心亭記

記稱 君子 藏焉修焉 息焉遊焉 蓋有藏修之所者 必有遊息之具 斯古道也
謹按書院制度 建祠宇以昭祀 立明倫堂以重倫 置東西齋以居學者 藏修固
有所矣 院之南 有溪焉 含虛凝碧 匯爲澄潭 臨之有浴沂之興 溪之上 有桃
林焉 間以松檉 望之如武陵之原 誠遊賞之佳勝者已 今我崔先生 每杖屨逍
遙其上 欲構亭以備遊息之具 以院役未就未成 越壬午春 始克經營 亭成而
勝益奇 溪若增其清 魚若增其樂 於是 覺齋叔父 取易聖人洗心之義 以名亭
蓋寓觀水有術之義也 今夫水其性清 汚者滌之潔 黑者濯之白 故壓流抗亭
欲使藏修者 宣暢湮鬱 善養吾浩然之氣也 因水命額 欲使遊息者 觀物反己
日日新 又日新也 吾黨君子 苟能登斯亭 遐想先生之遺風 又能顧名思義 克
收澄心之功則善矣 受一以昏愚小生 僭錄固陋 又從而歌曰

興彼高亭 翼如翬如 旣遊以息 君子攸居 浩玆溪流 玉潔鑑虛 君子以之 反
心求諸 清明在躬 可復吾初 苟或不然 視此大書

後學 晋陽 河受一 謹記

문과에 급제하여 형조정랑을 지냈고 문장으로 이름을 떨쳐 촉석루 중기를 지었으며 저서로『송정집』
이 있다.

세심정원운洗心亭原韻 및 차운시次韻詩

세심정원운43)

조희일趙希逸44)

夙世尋仁里	예전에 어진 마을 찾았다가,
重來入德門	오늘 다시 입덕문 들어왔다.
誰知方丈麓	뉘 알랴, 방장산 기슭에,
又有武陵源	뜻밖에도 무릉도원 있을 줄을!
水靜魚游樂	물이 맑아 고기들은 노는 모양 즐겁고,
山深鳥性存	산이 깊어 새들은 천성대로 지저귄다.
松陰古亭上	소나무 그늘 오랜 정자 위에서,
絶洒謝塵煩	정신이 쇄락하여 속세 번잡 없어진다.

---

43) 趙希逸의 문집인『竹陰集』을 보면 이 시의 원 제목이「南冥德川書院洞口」라고 되어 있는데 언제부터 세심정에 板上詩로 걸었는지 알 수 없다.

44) 죽음竹陰 조희일趙希逸(1575~1638): 자는 이숙怡叔이고 호는 죽음竹陰·팔봉八峰이며 본관은 임천林川으로 부친은 승지 조원趙瑗이고 모친은 병조판서 이준민李俊民의 딸이다. 선조 34년(1601) 진사시에 장원했고 이후 별시문과 문과중시에 급제하여 이조정랑 홍문관교리 예조 형조참판 승문원제조 등을 역임했다. 인조 9년(1631) 신미에 경상감사로 부임했는데 이 시는 당시에 지은 것으로 원제는 「南冥 德川書院 洞口 石刻入德門三字」라고 되어 있다.

▲ 김희영이 지은 차운시 현판

차세심정운次洗心亭韻

김희영金熙永[45)]

夙慕先生宅	일찍이 선생 댁을 그리다가,
今來入德門	이제야 입덕문 들어왔네.
高山呈秀氣	높은 산은 수려한 기운 드러내고,
流水溯眞源	흐르는 물은 참된 근원 소급하네.
數仞宮墻屹	수십 길의 궁장이 우뚝하니
千秋禮樂存	천추토록 예약을 보존하리.
臨風亭上立	바람 맞으며 정자 위에 섰으니,
雲月洗心煩	구름에 비친 달빛에 마음 번뇌 씻긴다.

---

45) 김희영金熙永(1807~1875): 자는 熙老, 호는 聽蕉이며 본관은 慶州이다. 경북 仁同의 若木(현 漆谷)에 거주하였다. 이 시는 『청초집』에 「次德川洗心亭韻」으로 수록되어 있다.

제3장 수우당 선생 배향 관련 자료

수우당 선생이 지은 덕천서원德川書院 춘추상향문春秋常享文

아! 선생께서는, 학문은 위기爲己에 힘썼고, 식견은 명결明決함을 지녔습니다. 도道는 수신守身을 으뜸으로 삼았고,[46] 공功은 이단異端을 물리침과 대등합니다.[47]

德川書院 春秋 常享文

嗚呼 先生 學務爲己 識造明決 道存守爲 功侔距闢

---

46) 원문의 守爲는 『맹자孟子』〈이루離婁〉편에 나오는 "守孰爲大 守身爲大"의 준말인 듯하다.
47) 원문의 距闢은 『맹자孟子』〈등문공滕文公〉편에 나오는 '距楊墨'과 '闢異端'의 준말인 듯하다.

예조청허배향덕천서원계禮曹請許配享德川書院啓

예조

예조에서 덕천서원에 배향을 허락해 달라고 청한 계사啓辭

경상도 진주의 하증河憕 등이 소疏를 올려 고故 증贈 대사간大司諫 징사徵士 신臣 조식曹植의 덕천서원에 고故 증贈 대사헌大司憲 징사徵士 신臣 최영경崔永慶을 전례에 의거하여 종사從祀함을 특별히 허락해주실 것을 청하였다.

답하기를 "해조該曹에 내려주라"고 하였다.

예조에서 회계回啓하여 말하기를 "서원의 건립은 사림이 선현先賢을 존모하는 일에서 나왔는데 사액賜額을 건의하여 청할 적에 조정에서 비로소 이를 들었습니다. 당초 조식의 덕천서원은 최영경이 식의 문인으로 일시의 선비들이 공히 존앙하여 아울러 종사從祀하였습니다. 이에 배향配享을 길이 허락하여 많은 선비들의 마음을 위로하는 것이 참으로 사리에 합당할 것이니 그들의 소원에 의거하여 시행함이 어떻겠습니까?" 하였다.

만력萬曆 40년(1612) 3월 11일 우승지 신 이지완李志完이 담당하여 아뢰니 계사啓辭에 의거하여 윤허允許하였다.

禮曹 請許配享德川書院 啓

慶尙道 晉州 河憕等 上疏 請於故贈大司諫徵士臣曹植德川書院 以故贈大司憲徵士臣崔永慶 特許依舊從祀云云 答曰下該曹 禮曹回啓曰 書院之設 出於士林中 尊慕先賢之擧 而至建請賜額之時 朝廷始得與聞焉 當初 曹植 德川書院 崔永慶 以植之門人 爲一時士子所共尊仰 竝爲從祀 永許共享 以慰多士之心 允合事宜 依願施行何如 萬曆 四十年 三月 十一日 右丞旨 臣李志完 次知啓 依允

덕천서원德川書院 배향시配享時 봉안고문奉安告文

영귀靈龜를 버리지 않았으니,[48] 횡류橫流 중의 지주砥柱였습니다. 고상한 자취[49] 길이 정길貞吉하니, 산처럼 우뚝하고 양기陽氣처럼 휴명休明합니다. 선사先師께서 외롭지 않으리니, 도道가 같고 법法이 일치합니다.[50] 이제 이에 받들어 배향配享하니, 후학 계도 이지러짐이 없을 것입니다.

德川書院 配享時 奉安 告文

靈龜不舍 砥柱橫流 貴趾永貞 山立揚休 先師不孤 道同揆一 今玆奉配 啓後罔缺

---

48) 『주역周易』이괘頤卦 초구初九 효사爻辭에 "舍爾靈龜(너의 靈龜를 버리고) 觀我朵頤凶(나를 보고서 턱을 벌리니 흉하다.)"이란 말이 있다.

49) 원문의 貴趾는 『주역周易』분괘貴卦 초구初九 효사爻辭인 〈貴其趾 舍車而徒〉에서 나온 말인데 강덕剛德과 명체明體를 지닌 사람이 의롭지 않은 수레를 버리고 그 걸음을 고상히 하여 걸어간다는 뜻이다.

50) 원문의 揆一은 『맹자孟子』〈이루離婁〉편의 "先聖後聖 其揆一也"란 말에서 나왔다.

2013년 수우당守愚堂 복향시復享時 숭덕사崇德祠 고유문告由文

강구율

유

단군기원 4346년 세차계사○○삭○○ 유학○○○감소고우
문정공남명조선생

엎드려 생각건대

하늘이 뭇 백성을 낳음에, 사물이 있음에 법칙도 있도다. 사람이 세상 사이에 태어나서, 스승이 없으면 살 수가 없다네. 성인에 세상을 교화할 때, 스승을 세워 배우기를 힘쓰네. 황하와 태산이 정기를 모아, 세상의 큰 스승을 탄생했네. 태사공 조계룡의 후손이요, 창녕의 화려한 문벌이다. 가로되 오직 남명 선생은, 품성과 자질이 자격에 합당하네. 이른 나이에 뜻을 세워, 남쪽지방에서 우뚝 일어났네. 오로지 유학에다 뜻을 두어, 도의 깃발 높이 휘날렸네. 제자백가의 모든 책들을, 통달하지 못함이 없었네. 학문은 위기지학을 일삼았고, 덕은 실천을 소중하게 여겼네. 비록 깊은 산속에 살았으나, 백성들의 고통 잊지 아니했네. 나아가고 물러가는 대의를, 누가 선생의 짝을 짓겠는가? 덕산과 도산이, 가히 쌍벽이라고 말하겠네. 죽기를 무릅쓰고 바른 말을 하여. 중도를 세우고 표준을 세웠네. 공론을 버리고 독실하게 실행함에, 털끝만큼도 틀림이 없었네. 경과 의의 두 글자를, 평생의 지결로 삼았네. 문생을 가르쳐 인도할 적에, 반드시 이 두 조목을 강의했네. 팔도의 많은 선비들을, 아무리 멀어도 다 받아주었네. 귀와 얼굴에 대고 친절히 가르쳐, 멀리 나라의 동량을 기대했네. 아침과 저녁으로 정성을 기울여, 드디어 큰 인물 완성시켰네. 수백 명의 제자 가운데, 수우당이 자리에 참여했네. 덕천서원 처음 창건할 때, 선사만 홀로 모셨다네. 광해군의 시대에 미쳐, 바야흐로 종향을 허락했네. 세월이 흐르고 흘러도, 향사를 그치

지 아니했네. 홍선대원군이 집권하여, 팔도에 훼철령을 발동했네. 덕천서원이 조정에 호소했으나, 불행하게도 훼철을 당했네. 어쩔 수 없이 위패를 묻어서, 마침내 제사를 모시지 못하였네. 천도란 언제나 순환하여, 어디에서건 회복하지 않음이 없네. 본손과 사림들이, 안간힘을 다하여 복설했네. 일이 뜻대로 되지 않아, 수우당은 궐향이 되었네. 제사를 못 받든 지가, 지금 팔십년이 되었네. 사림과 본손들이, 배향 의논 일제히 발동했네. 공의가 비로소 결정되어, 스승 곁에 다시 배향했네. 위대하신 선사시여! 길이 애휼을 베푸소서. 아름다운 수우당이여! 받은 은혜 길이 보답하소서. 지금으로부터 이후로는, 침체하지 말고 반드시 번성시키소. 두 신주 공경하게 받들어, 천추로 없어지지 않게 하소. 산골 시냇물에서 쑥을 캐어, 석채례를 향기 나게 지내네. 제례 물품을 깨끗하게 장만하니, 스승과 제자가 함께 흠향하네. 위대하도다! 남명선생이여, 백세의 목탁이 되셨도다. 세상에 유교를 업으로 하는 사람들, 반드시 선철들을 기억하소. 아침과 저녁으로 생각하고 상상하여, 오직 이 법칙을 본받으시오. 성현들의 경전을, 봄과 가을로 탁마하는데, 이것을 연역하여

　오장 안에 깊이 쌓으시오. 삼분과 오전들을, 여름과 겨울로 공부하는데, 이것들을 읊고 분석하여, 육부에다 온축하시오. 내 몸에만 그치지 말고, 길이 후손들에게 전해주소. 우리 유도의 귀한 씨앗을, 대대로 김매고 갈아서, 낮에는 물을 주고 밤에는 보호하여, 영원한 세상에 법칙이 되게 하소. 대대로 제사를 지내어, 만대에 그 향기 나게 하소서. 숭덕사의 신령한 기운이, 길이 해와 달을 짝하리라. 소략하게 약간의 예물 베풀어, 공경히 한 잔을 바치노니, 스승과 제자의 존귀한 혼령은, 거의 제사 흠향을 일삼으소서.

守愚堂復享時崇德祠告由文

維

檀君紀元四千三百四十六年 歲次癸巳 ○○月干支朔 ○○日干支 幼學○
○○敢昭告于

文貞公南冥曺先生

伏以, 天生烝民 有物有則 人生世間 無師不活 聖人教世 立師務學 河嶽
鍾精 誕降鴻碩 太師苗裔 昌山華閥 曰惟南冥 品資當格 早世立志 崛起南
服 專意洙泗 高揚道節 諸子百書 無不通達 學事爲己 德重踐實 雖居深山
不忘民瘼 出處大義 伊誰作匹 德山陶山 可謂雙璧 冒死正言 建中建極 去
空篤行 毫不差忒 敬義二字 生平旨訣 教迪門生 必講二目 八域多士 無遠
不納 提耳面命 遠期樑國 朝暮傾誠 遂成大物 數百弟子 守愚參席 德院始
創 先師獨食 逮及光海 方許從喫 荏苒歲月 享祀不輟 興宣操柄 毀令八域
德院籲朝 不幸見撤 無奈埋版 終不享餕 天道循環 無往不復 本孫士林 盡
力復設 事不稱意 守愚享闕 頓絶香火 于今八十 士林本孫 享議齊發 公議
始定 復享師側 偉哉先師 永施愛恤 美哉守愚 受恩永答 而今而後 勿替必
殖 欽奉兩主 千秋不減 采蘩于澗 釋菜芬苾 蠲潔禮品 師弟共啜 大哉南冥
百世木鐸 世之業儒 必憶先哲 朝思暮想 惟效是法 聖經賢傳 春磨秋琢 演
之繹之 五內深積 三墳五典 夏絃冬讀 吟之辨之 六腑蘊蓄 不止吾身 永傳
後續 吾道貴種 代代耘粕 晝水夜護 永世矜式 世世苾芬 萬代厥馥 崇德靈
氣 長配日月 略陳薄儀 敬薦一酌 師弟尊靈 庶事歆禰

2013년 수우당守愚堂 최선생崔先生 숭덕사崇德祠 봉안고유문奉安告由文

강구율

유

단군기원 4346년 세차계사 ○월간지삭 ○○일간지 유학○○○는 삼가 수우당 최선생께 고하옵니다.

엎드려 생각건대, 성대하도다. 수우당이여! 화순 고을 화려한 문벌이네. 서울에서 생장하여, 어려서부터 영특하였네. 방장산 아래에, 남명 선생이 서식했네. 강당에서 도를 강의함에, 학 울음이 멀리까지 퍼졌네. 명성을 듣고 제자가 되어, 드디어 큰 제자가 되었네. 경과 의의 중요한 뜻을, 평생 동안 패복했네. 집에서는 집안 정치를 하고, 묘당에서는 정직하게 대처했네. 예전에 스승에게 배운 바를, 정치에 하나하나 옮겼네. 솔선으로 몸소 실천하니, 임금과 백성들이 화협하였네. 이와 같은 풍성한 공업은, 모두 스승이 주신 것 힘 입었네. 하루아침에 불행하게도, 뭇 소인들이 사악함 자행했네. 악독한 소인들이 참소를 함에, 착한 선비들 대적하지 못했네. 간악한 마수 피하지 못하여, 마침내 흉적을 맞았네. 우리나라 모든 백성들, 공을 위해 애석해 하였네. 재앙 지난 후 세상 안정되어, 물의가 종식되었네. 배향하자는 의논들을, 사림들이 일제히 발동했네. 한 입에서라도 나온 듯이, 조금도 반발하는 사람 없네. 묘당이 공적을 헤아림에, 광해군이 배향을 조칙했네. 영광스럽게 숭덕사에 들어가, 비로소 스승 모시고 흠향했네. 물처럼 세월은 흘러가는데, 일이 예측하지 못하게 되었네. 어쩔 수 없이 신주를 묻고, 마침내 제사를 그치게 되었네. 어언간 세월이 흘러가서, 경모함이 소홀해졌네. 수우당의 자손 된 사람들은, 원한을 무엇으로 능히 풀겠는가? 남명 문도의 후손 된 사람들, 탄식을 무엇으로 능히 다하겠는가? 세상이 쇠퇴하고 도가 미약해졌으나, 유림의 씨앗은 끊어지지 아니했네. 겨울 지나고 봄을 맞이하여, 한 가닥 양의 맥이 존재했네. 날마다 달마다 크고 자라나서, 우리 유도가 천하에 뻗쳤네. 사림들이 공의를 일으켜, 스승 곁에 다시 배향했네. 수우당의 자손 된 사람들, 묵은 원한 이에 씻었으며, 남명 문도의 후손 된 사람들, 장탄식을 능히 다하게 되었네. 이에 길일을 가려서, 공경히 신주를 받들도다. 산골 시냇물에서 마름을 캐어, 길이 제사를 받드노라. 공경히 생각건대 존령께서는, 여기에서 흠향하소서. 천신은 우리들을 보우하사, 길이 이에 싫어함이 없게 하고, 진실로 저승의 복을 드리워서, 우리 유도를 크게 회복해주소서. 삼가 맑은 술과 여러 안주로써, 뜻을 펼쳐 공경히 고하고 삼고 고하나이다.

守愚堂崔先生奉安崇德祠告由文

維

檀君紀元四千三百四十六年 歲次癸巳 ○月干支朔 ○○日干支 幼學○○○ 敢昭告于

守愚堂崔先生 伏以

猗歟守愚 和順華閥 生長漢師 少小英特 方丈山下 南冥棲息 鱣堂講道 鶴鳴遠及 聞名束脩 遂成高足 敬義旨訣 生平佩服 在家爲政 廟堂處直 往昔攸學 移政一一 率先躬行 君民和協 如玆豊功 摠賴師錫 一朝不幸 羣壬恣慝 鬼蜮攸譖 善類不敵 不避奸手 竟中凶鏑 青邱臣民 爲公哀惜 禍後世安 物議終熄 配享議論 士林齊發 如出一口 少無反撥 廟堂數功 光海享勑 榮入德祠 始享配食 歲月如流 事將不測 無奈埋主 終休享餟 於焉居諸 羹墻疏忽 爲子孫者 恨何堪釋 門生後承 歎何能竭 世衰道微 儒種不絶 過冬迎春 一線陽脈 日就月將 道亘寰域 士林公議 復享師側 爲子孫者 宿恨乃雪 門生後承 長歎能乏 玆涓吉日 欽奉神木 采蘋于澗 永薦芬苾 恭惟尊靈 於斯享喫 天神佑我 永斯無斁 式垂冥嘏 吾道恢復 謹以清酌 用伸虔告

4부 산천재 및 남명기념관

〈개요〉

여기서는 덕산에 소재하고 있는 남명 선생의 사적지들을 모두 수록한다. 산천재와 남명기념관 그리고 선생의 묘소 및 여재실이 가까운 거리에 모여 있으며, 덕산으로 들어오는 입구에 입덕문과 덕문정이 있다.

제1장에서는 산천재의 자료들을 수록하였다. 산천재는 1561년 남명 선생이 회갑을 맞이하여 덕산에 터를 잡으면서 건립하여 생애의 마지막까지 12년간 제자를 양성한 곳이다. 임진왜란에 소실되어 오래 동안 복원되지 못하다가 1818년 지역의 유림들이 힘을 모아 중건하였다. 이후 덕천서원이 훼철되고 난 뒤에는 이곳에서 선생께서 직접 그려서 평소에 존모의 뜻을 붙였던 '사성현 유상 병풍'을 중앙에 모시고, 동편에 남명 선생의 위패를 모시고서 매년 음력 4월 10일에 채례를 드렸다. 1927년 숭덕사가 중건되어 덕천서원에서 다시 채례를 모시게 될 때까지 남명 선생의 채례는 이곳 산천재에서 이어지면서 그 중요한 역할을 하였던 것이다. 이러한 사실은 산천재에 남아있는 자료들에서 확인할 수 있으니, 산천재에는 재장齋長과 강장講長을 따로 두어서 그 역할을 분리했던 사실에서도 알 수 있다. 그렇게 구성된 유림의 모임은 지금까지도 이어지고 있어서 매년 음력 4월 10일 산천재유계가 행해지고 있다. 산천재에 남아 있는 자료로는 당시 석채례를 행할 때의 축문식과 홀기도 있다. 산천재의 재임 명단과 경임안도 남아 있으며, 중건 당시 관으로부터 그 보존과 운영을 위하여 필요한 지원을 받은 완문도 포함하였다. 또한 남명 선생이 덕산에 자리잡을 당시의 뜻을 담은 시 두 수도 걸려있다. 그리고 근래에 산천재로 들어가는 입구 원편에 '선조사제문비'를 세웠다. 선생이 산천재에서 돌아가시자 선조가 제문을 내려서 치제致祭한 뜻을 살리고자 한 것이다.

제2장에서는 남명기념관의 자료를 실었다. 남명선생탄신500주년기념사업의 일환으로 건립한 남명기념관에는 우암이 지은 신도비와 그 국역비 그리고 남명 선생이 남긴 대표적 글이라고 할 수 있는 「을묘사직소」 국역비 및 서리망국론으로 유명한 「무진봉사」 국역비가 서 있다. 「을묘사직소」는 뇌룡정 시절에 올린 것이므로 『용암서원지』에 수록하고 여기서는 제외하였다. 또한 '남명조식선생상'이 입상立像으로 서 있는데, 이 또한 500주년 기념사업의 일환으로 몇몇 뜻 있는 인사들이 기증한 것이다. 남명기념관은 전시실과 영상실이 본관에 위치하고 있으며 동쪽에

는 수장고와 사무실이 있고 서쪽에는 세미나실이 있어서 지금도 산청군청에서 지원하고 경상대학교 남명학연구소에서 운영하는 '산청선비대학'이 매년 70여 명의 지역민들에게 10년 이상 전통유학 공부의 기회를 제공하고 있다. 전시실 안에는 명종과 선조 그리고 광해군의 교지 및 사제문이 패널로 전시되어 있으므로 그 내용도 여기에 수록하였다.

제3장에서는 여재실과 덕문정 및 한국선비문화연구원 관련 자료들을 수록하였다. 여재실은 선생 집안의 가묘家廟로서 매년 설 추석 동지 및 선생과 정경부인 그리고 숙부인의 기일 등 여섯 번의 불천위제사를 드리고 있다. 덕문정은 지역의 뜻 있는 인사들 500여 명이 모여 결정한 '입덕문보승계'에서 사업의 일환으로 건립한 정자이다. 그 기본취지가 남명 선생의 정신을 본받고자 결성한 모임으로서 대체적으로 총무를 조씨 문중에서 맡는 것이 관례이다. 한국선비문화연구원은 남명 선생의 정신을 기반으로 '선비정신'을 이 시대에 계승 보급하고자 국비 198억 원과 선생 후손의 기부금 10억 원으로 설립한 연구 연수기관이다. '선비정신'과 '전통문화'를 중점적으로 연구하면서 '청렴'과 '인성' 그리고 '힐링'을 중심으로 학생 공무원 교육자 기업임직원 및 일반단체를 대상으로 연수를 진행하고 있다.

1 산천재	2 선조사제문비
3 여재실	4 남명기념관
5 남명 선생 묘소	6 남명선생신도비 및 국역비
7 남명조식선생상	8 을묘사직소 국역비
9 무진봉사 국역비	10 대문
11 화장실	12 주차장

산천재 일원 전경

▲ 산천재 전경

국가문화재 사적 305호
경남 산청군 시천면 남명로 310-8

산천재는 선생이 61세 때부터 돌아가실 때까지 생애의 마지막을 보내면서 후진을 양성하고
국정에 대해 충간을 올린 곳이다. 이 건물은 1561년에 지었으나 임진왜란에 소실되어 200년
이상 복구되지 못하다가 1818년에 중건하였다. 전서篆書 현판의 글씨는 판서判書 조윤형曺允亨이,
해서楷書 현판의 글씨는 참판參判 이익회李翊會가 썼다.

제1장 산천재 자료편

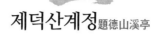

제덕산계정題德山溪亭

▲ 덕산계정시

(글씨는 선생의 11세손 모헌慕軒 조병철曺秉哲이 썼다)

청컨대 천 석의 종을 보라,	請看千石鐘
크게 치지 않으면 소리가 없다.	非大扣無聲
어찌하여 저 두류산은,	爭似頭流山
하늘이 울어도 울지 않는가!	天鳴猶不鳴

▲ 장판각藏板閣

경상남도 유형문화재 제164호(문집목판)

『남명집』의 목판을 보관하던 곳인데 현재는 남명기념관 수장고에 보관하고 있다.

▲ 산천재 벽화

산천재의 마루 위 안쪽 현판이 걸린 벽면에 그려진 그림이다. 정면에는 '상산사호도 商山四晧圖'(중간 사진)가, 왼쪽에는 '이윤우경도伊尹牛耕圖'(위의 사진), 오른쪽에는 '허유소보도許由巢父圖'(아래 사진)를 그려서 처사의 은일정신을 엿볼 수 있게 하였다. 그림이 매우 퇴락한 것을 근래에 새로 단청을 하면서 원형을 살려서 다시 그렸다.

덕산복거 德山卜居

▲ 산천재의 주련으로 걸린 '덕산복거'

(중건 이후의 글씨는 판서 조윤형이 썼으나 없어지고,
지금의 글씨는 선생의 11세손 모헌慕軒 조병철曺秉哲이 썼다)

봄 산 어디엔들 향기로운 풀 없으랴만.　　　　　春山底處无芳草

다만 천왕봉이 상제와 가까움을 좋아해 자리 잡았네.　只愛天王近帝居

빈손으로 왔으니 무얼 먹고 살거나,　　　　　　　白手歸來何物食

맑은 물 십 리이니 마시고도 남으리.　　　　　　銀河十里喫猶餘

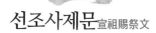

선조사제문宣祖賜祭文

▲ 선조사제문 국역비

국역비 건립추진위원장 덕천서원 원장 이현재

번역　　남명학연구원 원장 김충열

건립　　연구원 이사 12대손 조옥환

2007년 8월 18일

선조사제문

국왕이 예조좌랑 김찬金瓚을 보내어 고故 종친부 전첨 조식曹植의 영령에게 유제諭祭하노니,

생각건대 영령은, 하악河嶽의 정기 받고 우주宇宙의 정채 모아, 자품資稟이 빼어나고 기질이 순명純明했다. 난초 밭에 싹이 나듯 시례詩禮 가정 태어나, 문예文藝를 익힘에 출중하고 예리했다. 일찍부터 대의大義 보고 널리 오지奧旨 찾더니, 굳세게도 공자孔子 안자顔子 기약하여 나아갔다. 하늘이 사문斯文 버려 선비 갈 길 잃었으니, 참모습 버리고 시세에 아첨컨만, 뜻 더욱 굳게 하여 공公의 지조 변함없고, 문장 익힘 여사餘事이라 도道를 향해 매진했다. 나아갈 바 이에 있어 명성 싫어하더니, 보배를 품고서1) 연하烟霞에 깃들었다. 밤낮으로 경전 보며 더욱 공부 일삼더니, 우뚝하기 산과 같고 깊기로는 연못이라. 맑은 기상 서리 같고 고운 덕성 난향 같아, 빙호氷壺에 추월秋月이요 경성景星에 서운瑞雲이라. 어찌 세상 잊었으랴 근심 깊은 친신親臣이니, 아! 이 마음 요순堯舜 군민君民 바램이라2). 선대왕先大王 초년에 도적신하 권세 잡아, 백이伯夷 탐욕 도척盜跖 청렴, 사邪로 정正을 공격했다. 일월성신 흐려지고 인기人紀 장차 무너질 듯, 탄식하며 생각하니 뉘 탓하고 허물할까! 하늘이 성심聖心 도와 힘써 현인賢人 불렀으니, 구중九重에서 조칙 내려 옥백玉帛 선물 펄럭였다. 공이 이에 분발하여 나라 위해 헌신하니, 곧은 말 바람일 듯 사의辭意가 엄정했다. 명봉鳴鳳이라 뉘 말했나 뭇 죄악 발설하니, 간흉들 벌벌 떨고 백관들 땀 흘렸다. 위엄은 종사宗社 압도 충절은 조정朝廷 넘쳐, 위태롭다

---

1) 원문의 '握瑜懷瑾'은 『초사楚辭』 구장九章 「회사懷沙」에 나오는 말로 고귀한 덕성과 탁월한 재능을 소유하고 있는 사람을 비유한 말이다.

2) 『맹자孟子』 「만장萬章」 상편에 보면 이윤伊尹이 "내가 홀로 요순堯舜의 도道를 즐기는 것보다는 이 임금으로 하여금 요순堯舜 같은 임금이 되게 하고 이 백성으로 하여금 요순堯舜의 백성이 되도록 하겠다"고 포부를 밝힌 대목이 있다.

하였지만 공은 전혀 두려움 없어! 이에 말년 미쳐서는 성념聖念 깊이 슬퍼하여, 간사한 이 물리치고 어진 이 구하였다. 으뜸으로 공을 불러 역마 달림 빈번했고, 백의白衣 입고 등대登對하여 선언善言 모아 아뢰니, 응답함이 반향 같아 수어水魚 교분3) 즐겼었다. 공은 고산故山 생각하여 이내 빨리 돌아가니, 백구白駒 매기 어려우나 흥언興言 이에 남았었다.

내 왕위 계승하여 공의 명성 흠모타가, 이에 선지先志 이어 받아 누차 부름 내렸으나, 공이 끝내 막막하여 내 미충微衷 부끄럽다. 충정 쏟아 글 올리니 곧은 말에 식견 높아, 조석으로 마주하며 어전 병풍 대신했다. 행여 공이 찾아오면 나의 고굉股肱 삼으렸더니, 뜻밖에도 병이 들어 소미성少微星 변고 알려! 물 건널 제 뉘를 믿고 고산高山 어디 우러를까, 선비 뉘를 의지하고 백성 뉘를 바라보랴, 생각 이에 미치니 내 마음 처량하다. 옛 은자隱者 생각건대 대대로 광채 나니, 허유許由4) 무광務光5) 이름 날려 당우唐虞 시대 창성했고, 노중련魯仲連6) 진秦에 항거 엄광嚴光 한실漢室 부지하니, 비록 일절一節 이라지만 외려 소란 불식했다. 하물며 미덕美德 지녀 금옥金玉 같이 곧음에랴, 외진 시골 은거해도 세인들 추중했다. 당대에 광채 나고 백세에 공 있으니, 추중 비록 더하여도 어찌 예의 다할까! 예전 어진 임금들도 함께 못함 한恨했나니, 내 이 말 음미

---

3) 군신君臣 사이의 친밀함을 말한다. 『삼국지三國志』 촉지蜀志 「제갈량전諸葛亮傳」에 나오는 고사로 유비劉備가 제갈량諸葛亮과 정의가 날로 친밀하여 관우關羽 장비張飛 등이 이를 싫어하자 유비가 말하기를 "나에게 공명孔明이 있는 것은 물고기가 물에 있는 것과 같으니 원컨대 제군들을 다시 말하지 말라"라고 하였다.

4) 허유許由는 요堯임금 시절의 은사隱士이다. 요堯임금이 천하를 선양禪讓하려고 하자 기산箕山에 은둔했고 뒤에 다시 구주장九州長을 맡기려 하니 이 말을 듣고자 아니하여 영수潁水에서 귀를 씻었다고 한다.

5) 무광務光은 하夏나라 때의 은사隱士이다. 탕湯임금이 하夏나라 걸왕桀王을 정벌하려고 무광務光에게 상의하니 그가 "이는 나의 일이 아니다" 하면서 거절했고 탕湯임금이 걸왕桀王을 정벌한 뒤에 천하를 무광務光에게 양여하려고 하자 그는 돌멩이를 짊어지고 스스로 여수廬水에 빠져 죽었다고 한다.

6) 노중련魯仲連은 전국시戰國時 제齊나라 사람으로 고절高節을 지켜 벼슬하지 않았다. 그가 조趙나라에 갔을 적에 진秦나라가 조趙나라를 공격하여 위급하게 되었는데 위魏나라 사신 신원연新垣衍이 진秦나라 소왕昭王을 황제皇帝로 받들어 군대를 철수토록 하자고 하니 노중련이 대의를 역설하면서 "저들이 멋대로 황제라 칭한다면 나는 동해東海에 빠져 죽겠다"고 하였으며 진秦나라 장수가 이 말을 듣고 군대를 50리 퇴각시켰고 때마침 위魏나라의 원군이 도착하자 진秦나라가 군대를 전부 철수시켰다고 한다.

컨대 무척이나 부끄럽다. 음용音容 길이 막히어 회한悔恨 어찌 헤아릴까, 저 남방 돌아보니 산 높고 물 깊구나. 하늘이 아니 남겨7) 대로大老 이어 돌아가니, 나라 이에 공허하여 전형典刑 삼을 곳이 없다. 사자使者 보내 제사하는 내 마음 아프노니, 정령精靈 만약 불매不昧커든 나의 술잔 흠향 하라. (심의겸沈義謙 행함.)

　　國王遣禮曹佐郎金瓚 諭祭于故宗親府典籤曹植之靈 惟靈 河嶽正氣 宇宙精英 凝資秀朗 賦質純明 蘭畦苗芽 詩禮之庭 習文肄藝 超群撥硎 早見大義 旁搜蘊奧 嘐嘐孔顔 是期是造 天椓斯文 士失所導 雕眞毀朴 媚于時好 益堅所志 公不渝操 餘事究詞 望道憬憬 爰有所詣 遂厭聲華 握瑜懷瑾 高棲烟霞 晰夕典墳 益事講劘 卓爾山峻 淵若涵河 淸標霜潔 馨德蘭薰 氷壺秋月 景星慶雲 遠豈忘世 憂深戚臣 嗚呼此心 堯舜君民 先王初載 盜臣秉柄 夷貪跖廉 以邪攻正 三精幾瞀 人紀將覆 仰屋深思 誰因誰極 天佑聖衷 銳意徵賢 宣麻九重 玉帛翩翩 公斯奮屬 爲國身捐 讜言風發 義正辭嚴 孰謂鳴鳳 發此衆鉗 奸諛寒骨 具僚汗顔 威鎭宗社 忠激朝端 人謂公危 公不小慄 及玆季年 聖念深惕 黜回屛奸 思賢訪德 首起我公 馳驛頻繁 白衣登對 集美効君 答應如響 魚水相欣 公思舊居 式遄其歸 白駒難縶 興言在玆 逮予嗣服 夙欽公聲 遹追先志 屢煩干旌 公乎邈邈 愧我菲誠 瀝忠獻章 言危識宏 朝晡對越 以代宸屛 庶幾公來 作我股肱 詎意一疾 少微告徵 濟川誰倚 高山何仰 士子疇依 生民誰望 言念及此 予心惻愴 思昔隱遁 代有烈光 由務樹聲 唐虞其昌 魯連抗秦 嚴光扶漢 縱云一節 尙或弭亂 況乎美德 金玉其貞 棲身數畝 爲世重輕 光燭一代 功存百世 榮贈雖加 豈盡其禮 伊昔賢王 恨不同時 予味斯言 深懷怲怲 音容永隔 此恨何量 睠彼南服 山高水長 天不慭遺 大老繼零 國以空虛 奈無典刑 聊伻涗酌 予懷之傷 精靈不昧 歆我馨香 (沈義謙行)

---

7) 원문의 '天不慭遺'는 노신老臣의 죽음을 애도하는 말이다. 『시경詩經』 소아小雅 〈십월지교十月之交〉편에 '不慭遺一老 俾守我王'이라 하였고 공자孔子가 졸하자 애공哀公이 뇌사誄詞를 지어 말하기를 '旻天不弔 不慭遺一老'라 하였다.

완문完文8)

위 완문에서 작성하여 발급한 일은, 시천리矢川里 사륜동絲綸洞 산천재 山天齋는 곧 문정공 남명 조선생께서 만년에 장수藏修한 곳으로 제현諸賢 과 더불어 강학한 서재이다. 선생께서 친히 공부자孔夫子 주렴계周濂溪 정명도程明道 주회암朱晦庵의 유상遺像을 손수 모사하여 거처할 적에 항 상 첨모瞻慕하기를 함장函丈 앞에서 모시는 것처럼 하였다. 선생께서 역책易簀한 후 임진년(1592) 변란에 서재가 화재를 당했으므로 네 분 성현의 유상을 덕천서원에 옮겨 봉안한 것이 이미 오늘까지 이르렀다.

다행히도 정축년(1817) 가을 순영巡營에서 50석을 획급劃給하고 주목 州牧에서 20석을 출조出租하고 그 역정役丁을 제공하고 이웃 관아도 또한 보조하고 사림과 본손이 능력에 따라 재물을 출연하여 이 서재를 중건 하였다. 그리고 도유道儒들이 일제히 모여 네 분 성현의 유상을 예전대 로 환수하여 봉안하고 선왕先王께서 친히 지은 사제문賜祭文도 또한 판각 하여 이 서재에 봉안하였다.

이에 중한 바가 자별하여 그 수호守護하는 도리에 있어서도 관민官民 이 달리 유념하는 방도가 없지 않아야 하므로 재직齋直 5명과 수호군守護 軍 10명을 특별히 정하여 하여금 수호하게 한다. 재직 5명과 수호군 10명에게는 군보軍保와 잡역雜役을 물론하고 아울러 침범하지 말게 하 며 결원에 따라 수시로 대체하여 영세토록 수호를 준행할 뜻으로 이와 같이 완문을 작성하여 발급함.

병술년(1826) 12월 일

---

8) 원문 아래 첨부된 재직齋直과 수호군守護軍의 명단은 생략한다.

完文

　　右完文 爲成給事 矢川里 絲綸洞 山天齋 卽文貞公南冥曺先生 晚年藏修
之所 而與諸賢講學之齋也 先生 親自手模孔夫子周濂溪程明道朱晦庵遺像
居常瞻慕 如侍函丈 先生易簣後 當於龍蛇之變 齋入灰爐 故四聖賢遺像 移
安于德川書院者 已至于今 何幸 丁丑秋 自營門劃給五十石 州牧出租二十
石 給其役丁 隣官亦爲助給 士林與本孫 隨力出財 重建是齋 而道儒齊會
四聖賢遺像 依舊還安 先朝親製賜祭文 亦爲板刻 奉安于此齋 則所重自別
其在守護之道 官民必不無別般惕念之道 故齋直五名 守護軍十名 特爲別
定 使爲守護爲去乎 齋直五名 守護軍十名段 勿論軍保與雜役 並爲勿侵爲
旀 隨闕隨代 永世遵行守護之意 如是完文成給者

　　　　　　　　　　　　　　　　　　　　丙戌 十二月　日

使　（署押）

山天齋 齋直案
金時宗 陳得元 金漢宗 李孟云 姜渭哲　際

山天齋 守護軍案
金宗伊 李桂林 金連玉 安聖哲 柳尙文 徐水哲 金今幅伊
奴卶孫 李福仁 奴鉄金　際

使　　（署押）

완문完文9)

순영巡營 제사題辭와 예조禮曹 제사題辭를 아울러 기록함.

순영 제사

산천재가 중한 바는 다른 곳과 자별하므로 한결같이 본관의 완문을
좇아 영구히 준행함이 마땅한 일.

예조 제사

사림이 힘을 합쳐 주선하고 본관이 마음을 다해 원호하니 참으로
듣기 좋아 함께 감탄하였다. 이미 작성하여 발급한 완문이 있으니 영구
히 준행하여 앞으로 폐단이 없도록 함이 마땅한 일.

기축년(1829) 3월 일

※ 아래에 첨부된 재직齋直과 수호군守護軍의 명단은 생략한다.

完文

右完文 爲成給事 矢川里 絲綸洞 山天齋 卽文貞公南冥曺先生 晚年藏修
之所 而與諸賢講學之齋也 先生親自手模孔夫子周濂溪程明道朱晦庵遺像
居常瞻慕如侍函丈 先生易簀後 當於龍蛇之變 齋入灰燼 故四聖賢遺像 移
安于德川書院者 已至于今 何幸 丁丑秋 自營門劃給五十石 州牧出租二十
石 給其役丁 隣官亦爲助給 士林與本孫 隨力出財 重建是齋 而道儒齊會

9) 이 완문의 내용은 상기 병술년 완문과 동일하다. 단지 아래에 순영巡營 제사題辭와 예조禮曹 제사題辭가
   첨부되어 있으므로 그 제사만 번역하여 등재한다.

四聖賢遺像 依舊還安 先朝親製賜祭文 亦爲板刻 奉安于此齋 則所重自別 其在守護之道 官民必不無別般惕念之道 故齋直五名 守護軍十名 特爲別 定 使爲守護爲去乎 齋直五名 守護軍十名段 勿論軍保與雜役 並爲勿侵爲 旀 隨闕隨代 永世遵行守護之意 如是完文成給者

　巡營題 禮曺題 並錄
　營題　山天齋所重 與他自別 一從本官完文 永久遵行 宜當向事
　禮曺題　士林之同力周旋 本官之盡心願護 實爲樂聞 俱用感歎 旣有成出 之完文 永久遵行 俾無來弊 宜當向事

　　　　　　　　　　　　　　　　　己丑 三月　日

　　使　　(署押)

　山天齋 齋直案
　金時宗 陳得元 金漢宗 李孟云 姜渭哲　際

　　使　　(署押)

　山天齋 守護軍案
　金宗伊 李桂林 金連玉 故 朴東昌 柳尙文 徐水哲 金得大
　宋福伊 金快聖 兪尙亐伊　際

　　使　　(署押)

산천재山天齋 축문식祝文式

維歲次云云後學某敢昭告于

先聖孔夫子伏以集厥大成萬世之師今以吉辰

恭修釋菜之禮以濂溪周先生明道程先生

晦庵朱先生配南冥曺先生從祀尚

饗

산천재山天齋 석채의釋菜儀 홀기笏記

山天齋 釋菜儀

前期 獻官以下 皆盛服(今用深衣凉衫) 掌儀設神座 用席 先聖南向 配位 西向 從祀位東向 設祝板於先聖位之右 設香鑪香案香合於堂中 設祭器於 神座前 每位 各左一籩(今用漆盤 實以脯果) 右一豆(今用漆盤 實以筍菜) 設犧尊一於堂上東南隅(今以瓦尊代) 加勺羃 設燭皿於堂中 二於從祀位之 前 設洗二於東階之東(盥洗在東 爵洗在西) 卓一於洗東卓上 箱二(巾東爵 西) 設獻官位於堂下北向 分奠者一人次之 諸生又次之 皆北向西上 及期 掌儀 設椅子于各位 奉紙牌 安之

執事榜

獻官一人 分奠官一人 相禮一人 祝一人 掌儀一人 贊者二人 司尊一人 奉 香 奉鑪 各一人

行禮笏記

獻官以下序立於東廊下 ○掌儀帥執事者升堂實酒饌 ○贊者一人引獻官 升堂點閱 ○降就堂下位 ○分奠官及諸生各就位 ○贊者一人離位小前再拜 訖 ○進立於獻官之右西向曰再拜 ○在位者皆再拜 ○掌儀祝司尊者皆升 ○掌儀立於東序西向 ○祝立於阼階上西向 ○司尊者立於尊南北向 ○贊者 引獻官詣盥洗之南北向立 ○盥手帨手升 ○焚香再拜 ○降再詣盥洗之南盥 手洗手 ○詣爵洗南北向立 ○洗爵以授贊 ○升詣尊所西向立 ○贊以爵授 獻官 ○司尊擧羃酌酒 ○獻官以爵授贊 ○俱詣先聖前 ○獻官北向跪 ○贊 跪授爵 ○獻官執爵三祭 ○執事者奠爵於籩豆之間 ○俛伏興少立 ○祝詣

獻官之左 ○東向跪 ○讀祝 ○訖興復位 ○獻官再拜 ○次詣盥洗南盥手帨
手升詣配位前再拜 ○降再詣盥洗南盥帨 ○詣爵洗南洗諸配位爵訖 ○贊者
以盤兼倖升詣尊所 ○司尊擧羃酌酒諸配位爵 ○俱詣配位前 ○獻官東向跪
○贊跪授爵 ○獻官執爵三祭 ○執事者奠爵於籩豆之間 ○獻諸配位爵訖
○獻官俛伏興少退再拜 ○訖復位 ○在位

行從祀禮(獻官詣配位酌獻時)

　贊者一人引分奠官詣盥洗南北向立 ○盥手帨手升 ○焚香再拜 ○降再詣
盥洗南盥帨 ○詣爵洗南洗爵以授贊 ○升詣尊所西向立 ○贊以爵授分奠官
○司尊擧羃酌酒 ○分奠官以爵授贊 ○俱詣從祀位前 ○分奠官西向跪 ○
贊跪授爵 ○分奠官執爵三祭 ○執事者奠爵於籩豆之間 ○俛伏興少退再拜
○訖復位 ○在位者皆再拜退

산천재山天齋 재임안서齋任案序

▲ 산천재 재임안

산천재山天齋 재임안齋任案 서문

　서재가 완공된 후 7년 갑신년(1824)에 고을 인사들이 모두 서재에 모여 서로 경하하면서 낙성하고 향음례를 행하였다. 예식을 마치고 서로 더불어 말하기를, 아! 이는 하늘의 뜻이다. 이곳은 우리 선생께서 만년에 덕을 축적한 곳이 아닌가! 이를 산천山天으로 편액했으니 산천은 축적한 바가 지극히 큰 상이다. 하늘의 위대함으로써도 축적하여 산에 머무는 것이 대축大畜의 뜻이고 선생의 덕으로써도 축적하여 아래에서 함양한 것이 또한 대축의 뜻이다. 그 축적한 바를 좇아서 뜻을 취하여 명명했으니 이것이 서재의 이름을 산천으로 한 까닭이다. 경의敬義 두 자를 벽에 써서 축적할 바의 표준으로 삼고 시 한 수를 기둥에 써서 축적한 바의 여운을 보였다. 또 축적한 바가 유래한 근본을 추구하여 네 분 성현聖賢의 유상遺像을 그려서 게시했으니 이 서재의 본체가 더욱 소중하고 모습이 더욱 존엄한 것은 바로 백록동白鹿洞 옛 정사精舍와 더불어 그 자취를 함께 하고 그 성대함을 비할 만하기 때문이다. 이런 까닭으로 정조正祖께서 친히 사제문賜祭文을 지어 말하기를 "옷깃을 걷고 곁에서 모시듯 한 공부자孔夫子의 유상"이라 하였고 또 말하기를 "돌아가 은둔한 산천재山天齋 별장"이라 하였다.

대저 선생의 당사堂舍가 많지 않음이 아닌데도 성교聖敎가 유독 이 서재에만 미친 것은 특별히 이 서재가 다른 곳과 현격하게 구별되는 바이니 후학들의 존앙하는 정성도 더욱 깊어 태학이나 향교와 더불어 차이가 없었다. 이에 마땅히 경건히 수호하여 백세토록 전해야 하거늘 불행히도 임진년(1592) 난리에 화재를 당하고 창상의 변화에 폐허가 되어 금일에 이르기까지 행인 과객들이 그 남은 터만 지적할 뿐이었다. 그 성현의 유상은 왜구가 처음 침략할 적에 덕천서원으로 옮겨 모셔 비록 다행히 병화兵火를 면하기는 하였지만 오래도록 먼지 덮인 벽장에 방치하여 그 봉안하기 어려움이 지극하였다. 이것이 바로 우리 고을 선부로先父老들이 더욱 탄식하면서 이 서재를 복구할 생각을 하면서도 겨를이 없어 이루지 못한 점이다.

그러나 일의 성패와 굴신은 어찌 천시天時와 명수命數에 있지 아니함이 없겠는가! 정축년(1817) 가을 본손과 사림이 함께 도모하여 재목을 모아서 옛터에 이를 신축하고 다음 해 무인년(1818) 3월에 공사를 마쳤으며 갑신년(1824) 중하에 이르러 네 분 성현의 유상을 환수하여 봉안하였다. 이 서재에 오르면 근엄하게 공부자께서 자리에 앉아계시고 정자程子 주자朱子가 선후로 시립한 듯하여 우리 선생께서 당일에 앙모하던 정성을 완연히 금일에 다시 볼 수 있으니 이것이 하늘의 뜻이고 이것이 하늘의 뜻이다.

우리들이 이 지역에 수백 년 동안 거주하면서 집집마다 효제孝悌하고 사람마다 충신忠信하며 시서詩書를 외우고 태평太平을 즐기면서 오늘에 이른 것은 추호秋毫도 모두 선생께서 주신 것이다. 그렇다면 우리들이 선생을 존모하고 선생을 사랑하는 바가 마땅히 이르지 않는 곳이 없어야 할 것이다. 백년 이후에 태어나 아득히 백년 이전을 추앙하면서 그 전형典刑을 상상하고 그 공덕功德을 노래하고 그 언행言行을 복종하며 그 일찍이 독서하던 백가서와 금슬 궤장 병풍 도검 같은 것에 이르기까지 진귀하게 간직하고 보배롭게 지켜 유구하게 전해야 할 것이다. 하물며 이 서재는 겁화를 겪은 지 몇 성상星霜이 지나서야 다행히 거듭 신축한 것이니 어찌 또한 영구히 전할 방법을 도모하지 않겠는가! 대개 영구히 전할 방법은 오로지 수호守護함에 있고 이미 수호하고 있다면 임원任員이 없을 수가 없으며 이미 임원이 있다면 또 임안任案이 없을 수가 없다. 임안을 영구히 전하면서 오래 되고 오래 되어도 폐하지 않는다면 우리 선생께서 대축大畜의 남긴 뜻을 지금 이후로 거의 저버리지 않을 것이다.

이에 도회道會에서 재장齋長을 택해 천거함을 영구히 상행하는 법규로 정하고 또 재장안齋長案 한 권을 만들어 나에게 서문을 촉탁하였다. 돌아보건대 나는 과문寡聞하니 어찌 감히 이를 받들겠는가! 마땅히 백 번 절하면서 사양해야 하지만 단지 생각건대 끝까지 사양하는 것은 함께 존숭하고 수호해야 할 도리에 손실이 있을까 염려되고 또한 선부로의 유지를 받드는 뜻이 아니다. 이에 잠시 외람됨을 무릅쓰고 받아들여 드디어 예전 예석禮席에서 얘기한 내용을 기록하여 책머리에 얹는다.

숭정崇禎 197년(1824) 갑신 후학 이지용李志容[10] 근서

---

10) 이지용李志容(1753~1831): 자는 자옥子玉이고 호는 남고南臯이며 본관은 성주星州으로 단성丹城 초포草浦에 거주하였다. 영조英祖 29년 계유에 태어나 순조純祖 31년 신묘에 졸했으니 향년 79세이다. 매월당梅月堂 이하생李賀生의 현손이고 번암樊巖 채제공蔡濟恭과 남계南溪 이갑룡李甲龍의 문인이며, 문집이 있는데 그 서문은 면우俛宇 곽종석郭鍾錫이 지었다.

山天齋 任案序

齋成後 七年甲申 州之人士 咸聚于齋 相與慶而落之 行鄕飮禮 禮畢 相與
語曰 嗚呼 玆惟天哉 玆非我先生晚年畜德之所乎 扁之以山天 山天 所畜至
大之象也 以天之大而畜止於山 乃大畜之義也 以先生之德而畜養於下 亦
大畜之義也 從其所畜而取義命名焉 齋號 所以爲山天也 壁書敬義二字 以
爲所畜之標準 柱書瓊韻一絶 以示所畜之餘蘊 又推本所畜之有自來 而模
揭四聖賢遺像 則是齋所以體愈重而貌愈尊者 直與白鹿洞舊精舍 同其蹟而
比其盛也 是以 正廟 親製賜祭文曰 攝齊如侍 夫子遺像 又曰 歸歟塞兌 山
天之庄 夫先生之堂舍 不爲不多 而聖敎所以獨及於是齋者 特以是齋之與
他逈別 則後學尊仰之誠 益復與學校而無間矣 宜其糾護奉衛 百世以俟 而
不幸煨燼於龍蛇 邱墟於滄桑 至于今 行人過客 指點其遺址 其聖賢遺像 則
方島夷之蹂攘也 移奉于德院 雖幸得免於兵燹 而久處塵壁 極其難安 此吾
鄕先父老 所以益復齋咨 有以思復乎是齋 而因循未遑者也 豈事之成毁屈
伸 卽莫不有時與命存焉歟 歲丁丑秋 本孫曁士林 合謀鳩材 仍舊址以新之
越戊寅三月 工告斷手 至甲申仲夏 還奉四聖賢遺像 登斯齋也 儼乎如夫子
在座 程朱後先 而我先生當日寓慕之誠 宛然復見於今日 則玆惟天哉 玆惟
天哉 吾輩食玆土 數百年 家孝悌 人忠信 誦詩書 樂太平 以至于今日者 秋
毫皆先生賜也 然則 吾輩 所以尊慕先生 愛悅先生者 宜無所不至 生乎百載
之下 緬仰百載之上 而想像乎其典刑 咏歌乎其功德 佩服乎其言行 以至於
其所嘗讀百家書 及 琴瑟几杖屏障刀劍之屬 無不珍藏而寶守之 愛之護之
以傳之悠久 況乎 是齋也 經劫火幾星霜 而幸得以重新者 盍亦謀所以傳久
之道也 蓋傳久之道 亶在護守 而旣護守 不可無任員 旣有任員 又不可無任
案 案以傳久 久久不替 則我先生大畜之遺意 今而後庶不負矣 於是 自道席
擇薦齋長 爲永久常行之規 又作齋長案一冊 屬余以序之 顧余寡聞 曷敢承
當 所當百拜以辭 而第念 終辭之而已焉者 恐有損於同尊共衛之義 亦非所
以奉承先父老遺志之意也 所以姑此冒受 遂記向日禮席所講說者 弁之于卷
首云爾

　　　　　　　　崇禎 百九十七年甲申 後學 李志容 謹序

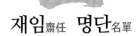

재임齋任 명단名單

李志容　　　子玉 癸酉 掌令 甲申四月日
曹龍玩[11]　　伯玉 癸未 縣監 甲申四月日

權燦　　　　尚輝 壬午　　　壬辰五月日
曹允泳[12]　慶遠 辛巳　　　壬辰五月日

趙熙榮[13]　乃兼 壬午 僉知 庚子四月日
曹允瑞[14]　君瑞 壬午　　　庚子四月日

李存烈[15]　穉久 乙未 僉知 甲辰十二月日

•齋號篆字—判書 曹允亨[16]

•齋號楷字—參判 李翊會[17]

---

11) 조용완曹龍玩(1763~?): 자는 백옥伯玉, 호는 덕암德巖이며, 조명훈曹命勳의 아들이다. 사우들과 함께 덕천서원과 산천재를 중수하였다.

12) 조윤영曹允泳(1761~?): 자는 경원慶遠이다. 덕천서원 원임을 지냈다.

13) 조희영趙熙榮(1762~?): 자는 내겸乃兼, 호는 황당篁塘이다. 조종도趙宗道의 후손이고, 조광세趙光世의 현손이다.

14) 조윤서曹允瑞(1762~?): 자는 군서君瑞이다.

15) 이존렬李存烈(1775~?): 자는 치구穉久이다. 덕천서원 원임을 지냈다.

16) 조윤형曹允亨(1725~1799): 자는 치행穉行, 호는 송하옹松下翁, 본관은 창녕이다. 문음門蔭과 학행學行으로 천거되어 1766년 벼슬길에 나간 뒤 여러 관직을 역임하다가 1791년에 호조참의가 되었다.

17) 이익회李翊會(1767~1843): 자는 좌보左甫, 호는 고동古東, 본관은 전의全義이며 서울에 거주했다. 1811년 문과에 급제하였다. 1827년 이조참의가 되었고, 1834년 홍문관제학弘文館提學에 올랐다. 1835년 이후 여러 차례 대사헌을 지냈고, 1843년 한성부판윤에 이르렀다. 삼우당문익점신도비三憂堂文益漸神道碑의 글씨를 썼다.

・重建記—州牧 洪百淳[18]

・任案序—掌令 李志容

・記實—縣監 曺龍玩

・柱書—判書 曺允亨

・營題—判書 李止淵[19]

・禮曺題—判書 趙鍾永[20]

---

18) 홍백순洪百淳(1762~?): 자는 치희穉熙, 본관은 남양이며, 서울에 거주하였다. 1823년 진주목사로 부임하였다.

19) 이지연李止淵(1777~1841): 자는 경진景進, 호는 희곡希谷이고, 본관은 전주全州로 세종의 다섯째 아들 광평대군廣平大君의 후손이다. 1805년 진사가 되고, 별시 문과에 병과로 급제하였다. 1806년 중시 문과에 을과로 급제해 승문원에 보직되었다. 1827년 한성판윤·예조판서 등을 역임하였고, 1837년 우의정이 되었다.

20) 조종영趙鍾永(1771~1829): 자는 원경元卿이고, 본관은 풍양豊壤이다. 1799년 정시문과에 급제하였다. 1810년 안주목사가 되었고, 이듬해 홍경래洪景來의 난이 일어나자 평정에 진력하였다. 경기도관찰사를 지냈으며, 예조·이조의 판서를 지냈다. 1829년 우참찬에 임명되었다.

산천재山天齋 경임안서經任案序

산천재는 곧 선생께서 강도講道한 장소이니 우리 유림이 경앙하는 자리로써는 덕천서원의 다음이다. 신미년(1871)에 서원이 훼철된 이후로 이 서재는 홀로 우뚝하게 한 조각 영광靈光[21]처럼 남아있어 선비들의 추앙과 향사의 존모가 더욱 중하였다. 그러나 물력物力이 탕진되어 퇴락하는 것을 보수하거나 유숙하는 이들의 요사와 식량 등 후학 군자들의 오랜 염려를 해결할 대책이 없었으니 문득 말세에 형극의 근심을 돌아보건대 우리 유림의 일월日月이 다시 도래하지 않을 것 같았다.

이에 선생의 후손 현감 석찬錫瓚[22]씨가 좌우로 분주히 다니면서 의정부에 호소하고 예조에 상소하여 서원의 자산貲産 중 향교에 편입된 것과 서원의 전방廛房 중 관아에 넘어간 것을 모두 본 서재로 환속하였다. 그리고 그 아우 석규錫圭와 족인 석중錫中 석운錫雲이 참으로 그 일을 주관하면서 심력을 다하여 매사를 마땅하게 처리했으니 학전學田을 매입하여 강회講會의 경비를 충당하고 건물을 보수하여 예전의 규모를 회복하였다.

강장講長 산장山長 재유사齋有司는 단성 진주 두 고을 선비들로부터 추천을 받아 권점으로 선출하는 것을 상례로 정하고 돌아가면서 시행하여 유지하고 수호함에 힘이 되게 하였다. 온갖 일을 혁신하여 체제를 개선하기 위해 도회道會를 개최한 것이 두 번이고 강회講會를 개최한 것이 두 번이다. 이는 모두 문헌에 관한 일로써 한 가닥 사문斯文이이로 말미암아 회복될 희망이 생겼으니 이는 기록할 만하다. 인하여

---

21) 영광靈光: 마지막으로 남아 있는 인물이나 물건을 비유하는 말로 북주北周 유신庾信의 「애강남부哀江南賦」에 "況復零落將盡 靈光歸然"이란 구절이 있다.

22) 석찬錫瓚: 조석찬曹錫瓚(1814~?)이다. 자는 예원禮元, 본관은 창녕으로 조차마曺次磨의 7대손이다. 1859년 기장 현감으로 부임하였다.

덕천서원의 고사故事를 본받아 전일 역임한 임원任員을 수록하고 책자 한 권을 만들어 동쪽 벽에 보관하여서는 후인으로 하여금 완공의 시말을 알게 하고 준수하여 폐하지 말게 하여 길이 도덕을 수호하고 학문을 장려하는 데 일조가 되게 한다.

계미년(1883) 정월 상순 강장講長 성채규成采奎23) 서序

山天齋 經任序

　　山天齋 卽先生講道之所 吾林景行之地 而乃德院之貳也 自辛未鞠茂 是齋 獨歸然如一片靈光 衿紳之追仰 羹墻之寓慕 尤有重焉 而顧物力蕩柝 震凌之屛幨 止宿之寮廩 無以策應後學君子長慮 却顧叔季荊棘之憂 若吾家日月 更不云來 先生後孫 縣監錫瓚氏 竭蹶左右 訴于政府 呈于春曹 院貲之墮於鄕校者 院廛之移於官房者 皆還屬本齋 而其弟錫圭 與族人錫中錫雲甫 實幹其事 竭心仔肩 方圓得宜 買置學田 爲講會之支億 修補室䢈 還疇古之繩準 講長山長齋有司 自丹晉二邦士人 選望出圈 立例輪行 爲扶翼崇護之是力 而凡百因革 周旋改觀 設道會者二 設講會者二 皆有文獻之事一綫斯文 從玆有牽復之望矣 此可以述焉 因追倣德川故事 修錄前經任員爲一冊子 藏于東壁 使後人有以知竣事之源委 式遵勿替 永爲衛道獎學之一助云爾

癸未 元月 上澣 講長 成采奎 序

---

23) 성채규成采奎(1812~1891): 자는 천거天擧, 호는 회산悔山, 본관은 창녕으로 성여신成汝信의 9세손이다. 모친은 권중도權重道의 후손이다. 저술로 5권 2책의 『회산문집』이 있다.

임안록任案錄

山長	幼學	金泰鎭24)	字仲淑	乙丑生	丁丑
	幼學	金履鎭25)	字安敬	丙寅生	
	幼學	曹旭振26)	字華益	乙卯生	
齋有司	幼學	河導運	字致壽	丙子生	
	幼學	曹錫圭	字伯源	乙卯生	
講長	幼學	李尙輔	字承遠	丁亥生	戊寅
齋有司	幼學	李鳳奎	字元瑞	辛未生	

山長	幼學	曹鵬振	字致謙	庚申生
齋有司	幼學	河載文27)	字義允	庚寅生
講長	幼學	河弘運28)	字禹瑞	癸未生
齋有司	幼學	李有濟	字世敬	辛巳生

山長	幼學	鄭煥大29)	字聲遠	丁卯生
	幼學	權國成	字	生
	幼學	曹貞喆	字仲吉	甲子生
齋有司	幼學	孫廷源30)	字俊汝	己丑生

---

24) 김태진金泰鎭(1805~?): 자는 중숙仲淑이고, 진주에 거주했다.

25) 김이진金履鎭(1806~?): 자는 안경安卿이고, 단성에 거주했다.

26) 조욱진曹旭振(1795~?): 자는 화익華益이고, 본관은 창녕으로 남명의 후손이다.

27) 하재문河載文(1830~1894): 자는 희윤義允, 호는 동료東寮, 본관은 진주로 하수일河受一의 후손이다. 수곡·안계 등지에 거주했다. 산천재에 출입하며 수학하였고, 하달홍河達弘·조성가趙性家·박치복朴致馥 등과 교유했다. 저술로 『동료집』이 있다.

28) 하홍운河弘運(1823~?): 허유許愈가 지은 하홍운의 행장 등 관련 기록에는 '하홍운河洪運'으로 표기되어 있다. 자는 우서禹瑞, 호는 쌍강雙岡, 본관은 진주로 하수일의 후손 하이태河以泰의 손자이다.

29) 정환대鄭煥大: 자는 성원聲遠, 호는 삼비재三非齋, 본관은 연일延日로 정몽주鄭夢周의 후손이다.

30) 손정원孫廷源: 자는 준여俊汝, 호는 초려草廬, 본관은 밀양이다.

	幼學	曺錫仲	字善文	丁丑生
山長	幼學	金泰鎭	字仲淑	乙丑生
	幼學	許		
	幼學	曺馨振	字敬重	庚午生
齋有司	幼學	李應奎	景具	乙未
	幼學	權璞容[31]	琢如	己丑
	幼學	曺錫魯	聖瑞	癸巳
	幼學	河載柱	天瑞	
	幼學	曺秉準	希善	乙卯
	幼學	金鎭愚	正規	丙戌
	幼學	郭鍾升[32]	英瑞	
	幼學	曺錫熙	晦而	辛丑
	幼學	權鳳直	衡準	壬辰
	幼學	趙鏞聲	聖道	甲辰
山長	牧使	趙弼永[33]		己丑
齋有司	幼學	曺鳳淳	舜慶	庚戌
	幼學	鄭祺永	泰允	
	幼學	鄭光圖		
	幼學	曺垣淳[34]	衡七	庚戌
	幼學	金鎭祜[35]	致受	乙巳

---

31) 권박용權璞容: 자는 탁여琢如, 본관은 안동으로 권규權逵의 후손이다.

32) 곽종승郭鍾升: 자는 영서英瑞, 호는 봉남鳳南, 본관은 현풍이다. 하달홍河達弘의 문인이다.

33) 조필영趙弼永(1829~?): 1887년 진주목사로 부임하였다.

34) 조원순曺垣淳(1850~1903): 자는 형칠衡七, 호는 복암復菴, 본관은 창녕으로 남명의 후손이다. 저술로 『복암집』 등이 있다.

35) 김진호金鎭祜(1845~1908): 자는 치수致受, 호는 물천勿川, 본관은 상산商山이다. 산청군 신등면 평지리 법물 마을에서 태어나 거주하였다. 18세 때 박치복에게 배웠고, 21세 때 허전에게 예학을 전수받았으며, 34세 때 이진상에게 수학하였다. 저술로 16권 9책의 『물천집』이 있다.

幼學 李志浩[36]	邦見	壬寅
幼學 曺秉準	希善	乙卯
幼學 權相倫[37]	章汝	
幼學 曺慶承	和彦	丙午
幼學 曺琪淳	明見	己酉

山長	牧使 金甲秀[38]		
齋有司	金泰林	柔克	癸卯
	李鎭根	敬重	壬子
	李應商	伯夏	辛亥
	沈履泰	敬瑞	癸卯
	曺龍淳	子仲	癸丑
	曺秉準	希善	乙卯
齋有司	李有完	仲淑	戊戌
	權政八	箕用	辛卯
	曺　鎔	仲昭	丁酉
	趙鎬來[39]	泰克	甲寅
	朴肇鉉	世和	辛丑
	曺恒淳	克卿	戊午
	河應魯[40]	學夫	戊申
	李爽柱	周擎	辛亥

---

36) 이지호李志浩(1842~1895): 자는 방현邦見, 호는 남당南堂, 본관은 합천으로 일신당日新堂 이천경 李天慶의 후손이다. 다수의 남명 관련 사업에 참여하였다.

37) 권상륜權相倫(1837~1900): 자는 장여章汝, 자호는 행하거사杏下居士, 본관은 안동으로 권규權逵의 후손이다.

38) 김갑수金甲秀: 1891년 진주 목사로 부임하였다.

39) 조호래趙鎬來(1854~1920): 자는 태긍泰兢, 호는 하봉霞峯·연재連齋이다. 산청군 단성면 소남 마을에서 태어났다. 저술로 8권 4책의 『하봉집』이 있다.

40) 하응로河應魯(1848~1916): 초명은 성로性魯, 자는 학부學夫, 호는 니곡尼谷, 본관은 진양이다. 하동군 옥종면 안계리에 거주하였다.

	曺沂淳	聖三	己未
齋有司	朴在舜	鳳汝	丁巳
	權相綱[41]	文載	丁巳
	曺鳳淳	鎬集	庚戌
	李尚九		甲寅
	李道樞[42]	擎維	戊申
	金忠燮	孝蒐	丙辰
	鄭濟鎔[43]	享魯	乙丑
	金昺洵	敬道	辛亥
講長	郭鍾錫[44]	鳴遠	丙午
齋有司	李亮洙[45]	敬九	丙午
	曺秉殷	敬哉	庚午
	朴在九	春汝	己未
	曺奇承	成贊	甲子
	曺再煥	士仁	乙未
	李志宅	敬三	壬申
	曺秉熹	慶仲	丙戌
	權相政	衡五	辛未
	曺杓	子昂	乙巳
	權世容	厚仲	乙亥
	曺悳相	仁夫	乙亥

---

41) 권상경權相綱: 자는 문재文哉(혹은 文載), 본관은 안동安東으로 단성 단계에 거주하였다.

42) 이도추李道樞(1848~1922): 자는 경유擎維, 호는 월연月淵, 본관은 성주星州이며, 산청군 단성면 남사리 남사南沙 마을에 거주하였다. 이도묵李道黙의 동생이다. 1883년 대원사에서 『남명집』 중간重刊을 위한 교정에 참여하였다. 저술로 9권 5책의 『월연집』이 있다.

43) 정제용鄭濟鎔(1865~1907): 자는 형로亨櫓, 호는 계재溪齋, 본관은 연일延日이다. 산청군 삼장면 석남리에서 태어나, 산청군 단성면 남사 마을에서 살았다. 저술로 8권 4책의 『계재집』이 있다.

44) 곽종석郭鍾錫(1846~1919): 자는 명원鳴遠, 호는 면우俛宇, 본관은 현풍玄風이다. 저술로 177권 63책의 『면우집』이 있다.

45) 이양수李亮洙: 자는 경규敬規, 본관은 성산星山으로 신안新安에 거주하였다.

李炳淳	子中	甲申		
曺秉炯	普卿	乙酉		
李炳坤	正夫	癸未		
曺秉熹	敬仲	丙戌		
都秉圭	允夫	丁亥		
曺秉燮	明仲	壬辰		
權疇錫	敬建	甲午		
曺秉龍	士允	己酉		
金萬洵	福源	丙申	商山人	戊戌
曺龍煥	祥雲	己酉		
鄭永錫	德行	戊子	海州人	庚子
曺景煥	祚景	丁巳		辛丑
都炫圭	尚行	乙巳	星州人	丙午
金容燦	致善		光山人	乙酉
曺碩煥	致敬	辛亥		
李炳碩	信彦	丁酉	陜川人	
鄭金永	聲宇	丙午	延日人	
曺伯煥	仁元	壬子		
李斗基	星叟	己酉	碧珍人	
金德龍	善淇	丁巳	金海人	
曺穩煥	丁丑			
曺冲煥	己未			
李碩相	斗錫	甲寅	星州人	
李五相	叔向	戊午	星州人	
梁在道	文聖	丙辰	南原人	
李章漢	文仲	乙卯	星州人	

1955년 이후 산천재山天齋 재임齋任

▲ 산천재 재회록

　산천재에서는 매년 음력 4월 10일에 유계儒契를 개최한다. 덕천서원
이 훼철된 뒤에는 산천재에서 이날 남명선생이 직접 그린 '사성현 유상
병풍四聖賢遺像屛風'을 중앙에 모시고, 남명 선생의 위패를 동편에 모시고
서 채례采禮를 드려 선생에 대한 향화香火를 이어갔다. 그리고 강회講會
를 베풀어 서원의 전통을 이었다. 그리하여 산천재에는 재장齋長과 강
장講長을 별도로 두었는데, 서원 중건 후에는 강장을 두지 않고 재장만
두고 있다. 명단은 재장과 유사有司이다.

연도	재장	거주	유사	거주
乙未(1955)	鄭道錫	菊洞	曺敬煥	大浦
丙辰(1976)	鄭道錫	菊洞	曺益煥	茶碉
辛酉(1981)	李斗基	絲里	曺益煥	茶碉

甲子(1984)	金德龍	絲里		曺景煥	〃
丁卯(1987)	金德龍	絲里		曺冲煥	〃
辛未(1991)	李章漢	水谷	安谷	曺戊煥	絲里
甲戌(1994)	梁在道	玉宗	大井	曺戊煥	絲里
丙子(1996)	鄭海永	玉宗	北方	曺戊煥	絲里
戊寅(1998)	李鍾泰	培養		曺云煥	絲里
庚辰(2000)	李琦相	南沙		曺云煥	絲里
乙酉(2005)	鄭泰守	城內		曺基成	垈下
丁亥(2007)	鄭泰守	城內		曺澤煥	絲里
壬辰(2012)	鄭泰守	城內		曺鍾浩	絲里
癸巳(2013)	鄭泰守	城內		曺相壽	明上
甲午(2014)	孫星模	南沙		曺正煥	新川

제2장 남명기념관 자료편

남명기념관南冥記念館

▲ 남명기념관

경남 산청군 시천면 남명로 311

남명기념관은 2004년에 준공하여 개관하였다. 이곳은 원래 남명이 거처하던 뇌룡사가 있던 자리라고 전하며, 옆에는 여재실이 있고 뜰에는 신도비 및 을묘사직소와 무진봉사 등의 국역비를 세웠으며, 남명의 전신 석상도 세워두었다. 건물 내부는 사무실 수장고 기념품전시판매소 영상실 전시관 세미나실 등으로 이루어져 있다. 현재 이곳을 중심으로 한 덕산의 남명사적지를 찾는 답사객은 연간 평균 10만 명을 훨씬 넘는다.

▲ 남명기념관 전시실 내부

▲ 남명 석상 및 비석

남명기념관의 마당 서쪽에는 네 기의 비석과 석상이 서 있다. 석상은 탄신500주년기념사업의
일환으로 중국 운남성의 옥석으로 선생의 상을 조각한 것이며, 비석은 왼쪽부터 송시열이 지은
신도비와 그 국역비, 을묘사직소(단성소) 국역비 및 무진봉사 국역비 등이다. 신도비는 큰 길
가에 남명의 묘소 방향과 같은 방향으로 세워두었다가 남명기념관을 건립하면서 그 부지가 정비
대상에 포함되어 현재의 위치로 옮겼다.

▲ 남명조식선생지상南冥曺植先生之像

彫刻 北京圓明園花園工藝彫刻廠

獻誠者 東邦石油株式會社

代表理事 朴炫秉

株式會社 새建設

會長 趙洪濟

中國淸華大學

敎授 彭林

西紀二千一年八月十八日

南冥先生誕辰五百周年

記念事業會 謹竪

南冥先生像贊

하늘이 울어도 울지 않는
頭流山 같은 氣像을 가지신 南冥 先生
儒學은 물론 天文 地理 兵法 醫藥 등
폭 넓게 工夫하여 敬義로 集約하여
實踐을 爲主로 하는 學問을 이루신 南冥 先生

山林處士로 지내셨지만
國家와 百姓을 걱정해
혼자 歎息하며 눈물 지우시던 南冥 先生

나랏님이 그릇되게 政治를 할 때
목숨 걸고 直諫한 丹城疏를 올렸고
선비들을 바른 길로 引導하여
國家의 棟樑으로 키우신 南冥 先生

참된 선비의 典範이요
우리 民族의 永遠한 스승이십니다
이제 誕辰五百周年을 맞이하여
鄭重하게 玉像을 다듬어 세워
길이 길이 崇慕의 마음을 붙이나이다

西紀二千一年八月十八日
德川書院 院長 李賢宰 謹撰
名譽哲學博士 鄭道準 謹書

▲ 남명선생신도비 및 국역비

西紀 二00六年五月　日
恩津 宋時烈 撰(지음)
延慶 金忠烈 譯(번역)
十二代孫 曺玉煥 竪(세움)

▲ 남명 선생이 단성현감을 사직하며 명종께 올린 상소문 국역비

국역비 건립추진위원장 덕천서원 원장 이현재

    번역   사단법인 남명학연구원 원장 이성무

    건립   남명학연구원 이사 12대손 조옥환

            二00九년 十월 九일

▲ 남명 선생이 선조대왕께 올린 무진봉사 국역비

국역비 건립추진위원장 덕천서원 원장 이현재
　　　번역　　사단법인 남명학연구원 원장 이성무
　　　건립　　남명학연구원 이사 12대손 조옥환
　　　　　二00九년 十월 九일

1. 설립 취지와 배경: 남명 선생 탄신 500주년을 기념하여 선생의 학덕을 추모하고 선생이 추구하고자 하였던 경의사상을 계승·발전시키고자 매년 국제학술회의, 남명 선생 관련 도서발간, 서사극공연, 의병출정식 등 남명선비문화축제를 개최하고 있으며, 선비공원 조성, 남명석상 건립 및 용암서원 복원, 남명학관 건립 등의 사업을 하였다. 남명기념관은 이러한 사업의 일환으로 계획되어 2004년 7월에 완공하였다.

2. 공사개요 1) 공사금액 : 56억(국비 31억, 도비 9억, 군비 16억)
            2) 사업기간 : 1995년~2004년 7월

3. 개관일: 2004년 8월18일

4. 기념관 안내
    제1전시실: 남명 선생이 실천하는 학문으로서 전환점이 된 서적들과 경의검, 성성자등 남명의 수행과 실천에 관련된 유물들을 살펴볼 수 있다.
    제2전시실: 남명의 가르침을 따랐던 제자들을 주제로 한 전시실로 제자들의 유물과 미니어쳐 연출, 의병활동과 관련한 조형물을 설치하여 그 업적을 돌아볼 수 있는 공간이다.
    제3전시실: 남명정신을 기리고 이어받기 위한 오늘날의 노력과 이에 대한 실천의지를 표현한 공간이다. 사숙 및 문인의 유물과 사적의 전경모형을 볼 수 있다.

5. 그 외 영상실, 수장고, 세미나실, 교육실, 사무실 등이 있다.

6. 운용: 1) 년 간 관람객 약 10만 명

2) 선비대학 운영: 매년 3월~11월(8개월)

　　　　　　　매주 수요일 19:00~22:00

　　　　　　　수강생 및 수료생 60~70명

7. 기념관 광장에는 신도비와 신도비문 국역비, 을묘사직소국역비, 무진봉사국역비, 남명 선생 석상 등이 있다.

8. 주변시설물: 산천재, 여재실, 묘소, 덕천서원

9. 2003년 8월부터 조승섭이 관리책임을 맡고 있다.

명종明宗 교지教旨

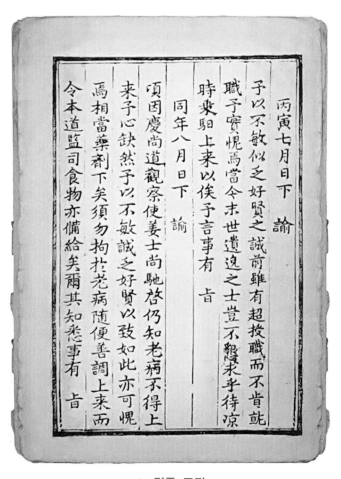

▲ 명종 교지

(남명기념관에 전시되어 있다.)

병인년(1566) 7월 일 하유下諭

내 불민하여 어진 이를 좋아하는 정성이 모자란 듯하다. 전일에 비록 품계를 초월하여 직분을 제수했으나 즐겨 나오지 않았으니 내 실로 부끄럽다. 이제 말세를 당하여 숨어있는 선비를 어찌 간절히 구하지 않겠는가! 서늘한 때를 기다려 역마를 타고 올라와 나의 말을 기다리라.

丙寅 七月 日 下 諭

予以不敏 似乏好賢之誠 前雖有超授職 而不肯就職 予實愧焉 當今末世 遺逸之士 豈不懇求乎 待凉時 乘駒上來 以俟予言事 有 旨

동년同年 8월 일 하유下諭

얼마 전 경상도 관찰사 강사상姜士尙의 치계로 인하여 노병 때문에 올라오지 못함을 알고는 내 마음이 서운하였다. 내 불민하여 어진 이를 좋아함이 참으로 모자라 이에 이르렀으니 또한 부끄럽다. 적당한 약제를 내리노니 모름지기 노병에 구애받지 말고 편리함을 따라 잘 조리하여 올라오라. 본도 감사에게 명하여 먹을 것을 또 갖추어 공급하게 하였으니 그대는 상세히 알라.

同年 八月 日 下 諭

頃因慶尙道觀察使 姜士尙馳啓 仍知老病 不得上來 予心缺然 予以不敏 誠乏好賢 以致如此 亦可愧焉 相當藥劑下矣 須勿拘於老病 隨便善調上來 而令本道監司 食物亦備給矣 爾其知悉事 有 旨

선조_{宣祖} 교지_{敎旨}

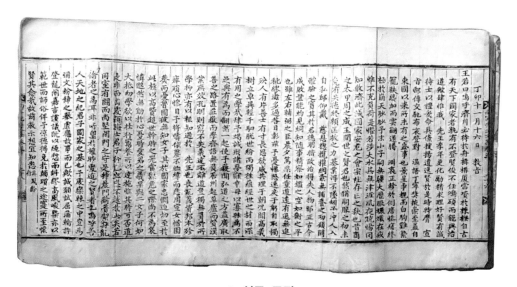

▲ 선조 교지

(남명기념관에 전시되어 있다.)

정묘년(1567) 11월 16일 교지敎旨

왕이 말씀하시기를, 아! 강물을 건너려면 반드시 주즙舟楫을 갖춰야 하고 큰집을 지으려면 마땅히 동량棟樑을 마련해야 한다. 예부터 천하 국가를 가진 이는 누가 대현大賢을 등용하지 아니하고 석학碩學을 임명하지 않고서도 능히 치도治道를 일으킨 이가 있겠는가! 그러므로 우리 선왕이 말년에 교화를 펼쳐 진심으로 다스림을 구하면서 어진 이를 좋아함에 정성스럽고 선비를 대접함에 예로써 하였다. 이에 백관百官에게 명하여 숨어 있는 어진 이를 찾게 하자 당시 특별히 교지敎旨를 받고서 역마가 다투어 달렸으며 포의로 등대登對할 때 고운 말씀이 간절하고 인도함이 지극했으니 대개 동국東國 이래로 일찍이 없었던 성대한 일이었다. 경성景星46)이 다투어 모였으나 백구白駒47)는 잡아매기 어려웠고 총애하여 벼슬을 겨우 더하자 구름 속으로 날개 이내 날아갔으니 깊은 마음은 실로 측석側席48)에서 쓰라렸고 참혹한 아픔은 결국 붕천崩天49)으로 지극했다.

못난 내 소자小子가 무궁토록 위대한 왕업을 계승하여서는50) 깊은 근심이 병이 되어 오직 감당하지 못할까 두려워함이 마치 큰물을 건넘에 나루가 없어 밤낮으로 상심하면서 건널 곳을 알지 못함과 같으니 이는 실로 국가의 안위와 종사의 존망이 달린 때이다. 옛날 상商나라 태갑太甲과 주周나라 성왕成王은 보기 드문 현군賢君이었지만 그러나 왕위를 계승한 초기에는 실덕失德을 면치 못하다가 마침내 신하들의 올바른 인도에 힘입어 국업國業을 능히 떨어뜨리지 않았다51). 하물며 어린

---

46) 경성景星은 덕성德星 혹은 서성瑞星이라고도 하며 나라에 도道가 있을 때 나타나는 상서로운 별이라고 한다.
47) 백구白駒는 현인賢人이나 은사隱士를 비유한 말이다. 『시경詩經』 소아小雅 〈백구白駒〉편에 나옴.
48) 측석側席은 임금이 현인賢人을 예우하기 위해 간절히 기다리는 자리를 말한다.
49) 붕천崩天은 명종明宗의 승하昇遐를 뜻한다.
50) 원문의 '嗣無疆大歷服'은 『서경書經』 〈대고大誥〉편에 나오는 말이다.

나는 사저私邸로부터 들어와 우러러 자전慈殿을 모시고 국권과 기강을 총괄함에 본래부터 보좌한 공로가 없고 돌아보건대 체험의 바탕이 없으니 그 군덕의 명암과 정치의 득실과 인물의 선악과 고금의 성패에 어찌 능히 환히 보고 알아 수시로 자세히 살핌을 빈 거울과 고른 저울같이 하겠는가! 비록 좌우에서 보필하는 신하가 밤낮으로 열심히 도우지만 임무는 무겁고 갈 길은 요원하여 물러나기만 하고 나아감이 없으니 잘못이 더욱 많아지고 허물이 날로 드러난다.

내 이에 거슬림을 초래하고 재앙을 당할까 두려워 조금이라도 선한 사람이나 잘난 선비가 있으면 생각건대 조정에서 모두 함께 다스리고자 하였다. 하물며 듣건대 높은 절의를 우뚝 세워 부귀를 가벼이 여기고 세속을 벗어나 홀로 가면서 세상을 경영할 재능을 지니고 유용한 학문을 쌓은 이에게 있어서랴! 그러므로 내 정성을 다하여 꿈속에서도 드러나니 바라건대 모자라고 어리석어 족히 더불어 큰일을 할 수 없다 하지 말고 번연히 한 번 일어나 나로 하여금 도를 펼치는 방책을 듣게 하고 선을 좇는 길을 더욱 넓히게 하라. 장악莊嶽에 두어 제齊나라 말을 배움에 설거주薛居州를 저버리지 말고[52] 초려草廬에서 일어나 한漢나라 왕업을 도움에 제갈량諸葛亮을 본받는다면 곤궁해도 의를 잃지 않을 것이고 영달해도 도를 저버리지 않으리니 어찌 유독 배운 바를 저버리지 않을 뿐이겠는가! 또한 선왕에게 받은 대접을 보답할 수 있을 것이다.

상란喪亂을 당해 의지할 곳이 없고 나라의 근본이 쇠잔하여 마음이 허탈하고 정상이 참혹하니 내 장차 뉘를 의지할까! 주周나라의 과부는

---

51) 태갑太甲은 탕湯임금의 손자로 즉위 초에 현명하지 못하여 그 조부의 전형을 전복시키자 이윤伊尹이 탕湯임금의 무덤이 있는 동桐 땅으로 추방했다가 잘못을 뉘우치고 덕을 닦으니 다시 데려와 왕업을 잇게 하였다. 성왕成王은 무왕武王의 아들로 어린 나이에 즉위하자 숙부인 주공周公이 총재冢宰가 되어 섭정하다가 장성한 뒤에 정사를 돌보게 하였다.

52) 『맹자孟子』 〈등문공하滕文公下〉편에 나오는 이야기로 맹자孟子가 송宋나라 신하인 대불승戴不勝에게 그대의 왕을 선하게 만들고자 한다면 마치 초楚나라 대부가 그 아들에게 제齊나라 말을 가르치려고 할 때 그 아들을 제齊나라의 거리인 장악莊嶽에 거처하도록 조치하듯이 그대 왕의 주변에 있는 사람들을 모두 설거주薛居州와 같은 선한 사람으로 교체하라고 권한 내용이다.

모자라는 실타래를 걱정하지 않고 왕실을 슬퍼했으며[53] 칠실漆室의 여자는 정원의 아욱을 아까워하면서 노魯나라를 근심했으니[54] 저들은 무지한 여자로되 그 나라에 대한 염려와 간절함이 이 정도에 이르렀다. 높고 어짊이 세인을 초월하여 시대를 주관할 그릇으로서 어렵고 위태한 때를 당하여 슬퍼하지 아니하고 막연히 마음에 격동함이 없다면 시대를 근심하고 임금을 사랑하는 의리가 참으로 두 여자와 비교컨대 어떠하겠는가! 대저 어려서 배움은 장성하여 행하고자 함이고 곤궁할 때 함양함은 영달하여 베풀려고 하는 것이다. 오직 그 때의 가부可否와 도의 시비是非에 따라 나가고 물러나며 드러내고 감추어야 하나니 사군자의 행기行己와 입지立志는 이에서 벗어나지 않는다. 만약 집안사람끼리 싸우는데도 굳게 문을 닫고 있다면[55] 이는 단지 성문을 지키거나 삼태기를 메고 숨어 살면서 몸을 깨끗이 하기 위해 인륜을 어지럽히는 자들의 행동일 뿐이니 시대를 가름하고 도를 따르는 어진 이에게 바랄 바가 아닌 것이다.

아! 선인善人은 천지의 기강이고 군자君子는 국가의 기틀이다. 내 상중喪中에 있으면서 어찌 글을 꾸미고 수식을 더해 헛되이 고사故事에 응할 뿐이겠는가! 참으로 원하건대 포륜蒲輪을 타고 용각龍閣에 올라[56] 좋은 말과 곧은 의견으로 허물을 고치고 잘못을 바로잡으며 높은 기풍과 굳센 기개로 또한 세상에 모범되고 시속의 스승이 되어 내 못난 덕으로

---

53) 『좌전左傳』 소공昭公 24년에 나오는 고사故事이다.

54) 『열녀전列女傳』에 나오는 고사로 노魯나라 목공穆公 때 칠실漆室 땅의 여자가 기둥에 기대어 한숨 쉬며 말하기를 "노魯나라 군주는 나이가 많고 태자는 어린 것이 걱정이다"라고 하자 이웃 부인이 말하기를 "이는 네가 걱정할 일이 아니라 노魯나라 대부가 걱정할 일이다"라고 하였다. 이에 그 여자가 다시 말하기를 "예전에 진晉나라 객이 우리 집에 머물면서 정원에 말을 매어 놓았는데 그 말이 정원의 아욱을 모두 짓밟아버려 일 년 내내 아욱 맛을 보지 못했다. 만약에 노魯나라에 우환이 생기면 우리 부녀들도 어찌 피할 수 있겠는가!" 하였다고 한다.

55) 『맹자孟子』〈이루하離婁下〉편에 나오는 말로 집안사람끼리 싸움이 일어나면 머리를 풀어헤치고 갓끈만 맨 채 서둘러 뛰어나가 해결해도 가하다고 하였다.

56) 포륜蒲輪은 부들로 바퀴를 감싼 수레인데 현인賢人을 영접할 적에 경례를 표하는 것이고 용각龍閣은 송宋나라 때 어서御書 전적典籍 도화圖畵 세보世譜를 보관하던 용도각龍圖閣의 준말이다.

하여금 실패의 길에서 벗어나게 하여 줄 것을 이에 지극히 바라노니 그대는 잘 생각하라. 그러므로 이에 교시教示하노니 마땅히 헤아려 상세히 알기 바라노라! (구봉령具鳳齡이 행함.)

丁卯 十一月 十六日 敎旨

王若曰 嗚呼 濟川必待於舟楫 構厦當資於棟樑 自古有天下國家者 孰有不登賢俊不任鴻碩 而能興治道歟 肆惟我 先王季年 更化勵精求理 好賢有誠 待士以禮 爰命具僚 搜揚遺逸賢 於是時 特膺 宣旨 郵傳交馳 布衣登對 溫語丁寧 獎掖崇至 蓋自東國以來 所未有之盛事也 景星爭覩 而白駒難縶 寵秩繾加 而雲翩還騰 淵衷正軫於側席 慘痛終極於崩天 眇眇予末小子 嗣無疆大歷服 嬛嬛在疚 惟不克負荷是懼 若涉大水 其無津涯 夙夜兢惕 罔知攸濟 此誠國家安危之會 宗社存亡之秋也 昔商之太甲 周之成王 間世之賢君也 然猶嗣服之初 未免有失德 終賴匡救之力 基業得不墜 矧予沖人 入自私邸 仰戴 慈恩 摠攬權綱 素無輔養之功 顧闕體驗之實 其於君德明暗 政治得失 人物邪正 古今成敗 豈能灼見炯知 隨事精察 如鑑之空 如衡之平也 雖左右輔弼之臣 晨夕篤棐 任重道遠 有退無進 秕繆滋多 過咎日彰 兹予憂慄 恐速戾于躬 自取禍殃 人有片善 士有寸長 思欲咸共理于朝 況聞高義樹立卓異 輕千駟脫世紛而獨往 蘊經世之材 而深有用之學哉 肆予竭誠 形諸夢寐 幸母以寡昧 爲不足與有爲 而翻然一起 使予獲聞弘道之方 益廣取善之路 置莊嶽而學齊語 無負居州 起草廬而贊漢業 庶效孔明 則窮不失義 達不離道 豈獨無負於所學 抑亦有以報知遇於 先王也 喪亂薦資 邦本殄瘁 殞心慘目 予將疇依 蓑不恤緯而悲周室 女惜園葵而憂魯國 彼無知女子 其於國家 忠憫迫切 至於此極 以高賢超世 幹時之器 當艱危之際 尚不爲哀憐 邈然無動於心 憂時愛君之義 果與二女子何如 大抵 幼學欲以壯行 窮養所以達施 惟其時可否道是非 而出處顯晦 士君子行己立志 不越於此矣 若同室有鬪 而尚堅閉門之守 是特晨門荷簣 潔身亂倫者之爲耳 非所望於權時處道之賢者也 嗚呼 善人天地之紀 君子國家之基也 予處欒棘之中 豈爲彌

文粉飾之擧 虛應故事而已歟 誠願試屈蒲輪 許登龍閣 嘉言讜議 旣以繩愆
而糾繆 高風峻槪 亦以範世而師俗 俾予凉德得免於顚躓之途 寔所至懷 賢
其念哉 故茲敎示 想宜知悉 (具鳳齡行)

동월 일 하유下諭

내 어진 선비를 보고 싶은 마음이 날마다 더욱 간절하다. 다만 나이
많은 사람이 이 같은 한추위에 혹 병이 날까 염려되어 능히 길에 오르
지 못하는 것 같으니 그대는 늦고 빠름에 구애받지 말고 날이 따뜻함
을 기다려 편안히 올라오라!

同月 日 下 諭

予欲見賢士之心 一日急於一日 但年高之人 如此隆寒 或慮傷寒 不克就
道 爾其勿拘遲速 待時日溫和 從容上來事 有 旨

무진년(1568) 5월 하유下諭

전일에 올린 글을 내 항상 좌우座右에 두고 보면서 성찰하는 사이에
이 격언格言을 보니 재덕才德의 높음을 더욱 알겠다. 내 비록 불민하나
또한 마땅히 유념하리니 너는 자세히 알라. 융경隆慶 2년(1568) 5월 일

戊辰 五月 下 諭

頃日所志 予常置諸座右 觀省之際 觀此格言 益知才德之高矣 予雖不敏

亦當留念 爾其知悉事 隆慶 二年 五月 日

신미년(1571) 6월 하유下諭

　올린 소장을 살펴보건대 그 우국의 정성은 비록 시골에 있어도 일찍
이 조금도 잊음이 없음을 볼 수 있으니 심히 가상하다. 그 하사한 작은
물건에 무슨 감사함이 있겠는가! 너는 감사하지 말 것이다. 융경隆慶
5년(1571) 6월 일

辛未 六月 下諭

　省所陳疏章 可見其憂國之誠 雖在畎畝 未嘗少忘也 甚用嘉焉 若其所賜
微物 何謝之有 爾其勿謝事　隆慶 五年 六月 日

광해군사제문光海君賜祭文

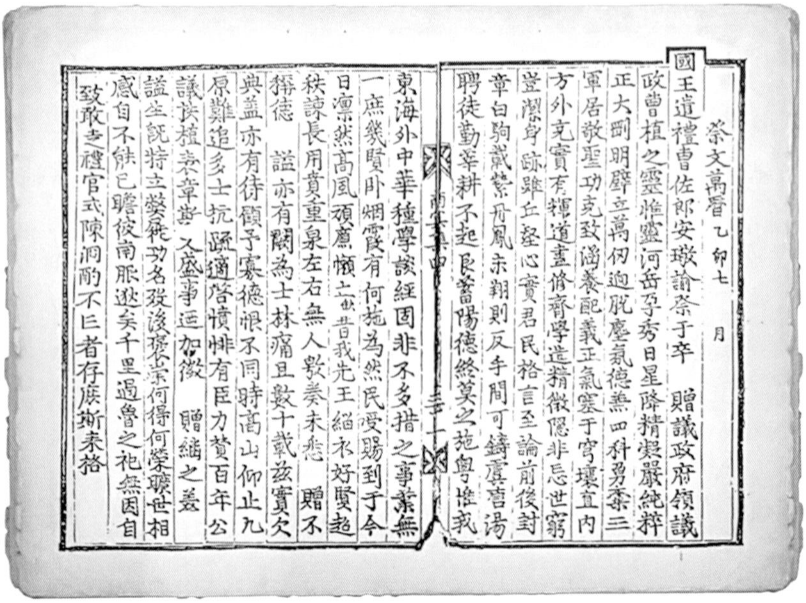

祭文
萬曆乙卯七月
國王遣禮曹佐郞安璥諭祭于卒 贈議政府領議
政曺植之靈 惟靈河岳孕秀日星降精凝嚴純粹
正大剛明壁立萬仞逈脫塵氛德兼四科勇奪三
軍居敬聖功克致涵養配義正氣塞于穹壤直內
方外克實有輝道盡脩齊學造精微隱非忘世窮
豈潔身跡雖丘壑心實君民格言至論前後封
章白駒絷維丹鳳未翔則反手間可鑄虞唐湯
聘徒勤莘耕不起良當陽德終莫之施粤惟我
東海外中華種學談經固非不多措之事業無
一庶幾賢卧烟霞有何施為然民受賜到于今
日凜然高風頑廉懦立昔我先王緇衣好賢超
秩諫長用賁重泉左右無人數奏未悉 贈不
稱德 諡亦有闕為士林痛且數十載玆實欠
典盍亦有待顧予寡德恨不同時高山仰止九
原難追多士抗疏適恪憤悱有臣力贊百年公
議挨植表章斯又盛事追加徽 贈繕之義
謚並旣特立褒稱功名歿後褒崇何得何榮聯世相
感自不能已瞻彼南服邈矣千里過魯之祀無因自
致敢遣禮官式陳泂酌不亡者存庶斯來格

▲ 광해군 사제문

(남명기념관에 전시되어 있다.)

만력萬曆 을묘년(1615) 7월

국왕이 예조좌랑 안경安璥을 보내어 졸증卒贈 의정부 영의정 조식曺植의 영령에게 유제諭祭하노니,

생각건대 영령은, 하악河嶽이 수기秀氣 안고 일성日星이 정광精光 내려, 엄격하고 순결하며 정대하고 강직했다. 만 길 절벽 우뚝하고 세속 멀리 벗어나, 덕은 사과四科57) 겸하였고 용기 삼군三軍 제압했다. 경敬에 처한 성인 공부 능히 함양 이루었고, 의義와 짝한 정기는 천지간에 가득 찼다. 내외內外 서로 직방直方하여58) 능히 광휘 드러냈고, 수신 제가 모두 이뤄 학문이 정밀했다. 은둔해도 세상 잊지 않았으니 곤궁 속에 고결함만 원했을까, 자취 비록 구학丘壑에 깃들어도 마음 실로 군민君民을 염려했다. 격언과 지론으로 전후 이어 봉장封章할 제, 백구白駒 이에 매어두어 단봉丹鳳 날지 않았다면, 손 뒤집는 사이에 요순堯舜시절 이뤘으리. 임금 부름 헛된 수고 초야에서 불기不起하니, 함축한 양덕陽德을 끝내 펴지 못했다. 생각건대 우리 동국東國 해외의 중화中華로서, 학문 전파 경서 강론 참으로 넉넉하니, 사업事業에 적용하면 성취함이 없으랴만, 현인 연하烟霞 누웠으니 무슨 베풂 있겠는가! 그러나 백성 혜택 오늘까지 이르러, 늠름한 고풍高風은 완부頑夫 유부懦夫 깨우쳤다. (빠짐)

예전 우리 선왕께서 현인 매우 좋아하여, 대사간 크게 내려 구천九泉을 빛냈으나, 좌우에 사람 없어 주달奏達 아니 상세터니, 증작贈爵이 미흡하고 시호諡號 또한 궐하였다. 사림이 상심한 지 수십 년 이더니, 이에 실로 흠전欠典은 또한 뒷날 기다린 듯! 내 과덕寡德 돌아보니 시대 다름 한스러워, 고산高山 같이 우러러도 저승 좇기 어렵다. 많은 선비 상소하여 답답함을 호소하고, 대신大臣 힘써 도우니 백년의 공의公議로다. 도道

---

57) 공자孔子 문하의 네 가지 교육 과목인 덕행德行 언어言語 정사政事 문학文學을 말한다.

58) 원문의 '直內方外'는 『역易』 곤괘坤卦 「문언文言」에 나오는 '君子 敬以直內 義以方外'의 준말이다.

지킴 표장表章하니 사문斯文의 성사盛事이라, 이에 휘증徽贈 더하고 좋은 시호諡號 내린다. 생전 이미 특립特立하여 폐사弊屣 같은 공명功名이니, 사후의 기림 또한 무엇이 영광되랴! 광세曠世의 감회를 이기지 못하여, 저 남방 쳐다봄에 아득한 천리이니, 찾아가 친히 제사 드릴 길이 없구나59). 이에 감히 예관禮官 보내 술잔을 드리노니, 영령 만약 있다면 바라건대 흠격歆格하라!

萬曆 乙卯 七月

國王遣禮曹佐郎安璹 諭祭于卒贈議政府領議政曺植之靈 惟靈 河岳孕秀 日星降精 凝嚴純粹 正大剛明 壁立萬仞 逈脫塵氛 德兼四科 勇奪三軍 居敬聖功 克致涵養 配義正氣 塞于穹壤 直內方外 克實有輝 道盡修齊 學造精微 隱非忘世 窮豈潔身 跡雖丘壑 心實君民 格言至論 前後封章 白駒載縶 丹鳳未翔 則反手間 可鑄虞唐 湯聘徒勤 莘耕不起 艮蓄陽德 終莫之施 粤惟我東 海外中華 種學談經 固非不多 措之事業 無一庶幾 賢臥烟霞 有何施爲 然民受賜 到于今日 凜然高風 頑廉懶立 (缺) 昔我先王 緇衣好賢 超秩諫長 用賁重泉 左右無人 敷奏未悉 贈不稱德 諡亦有闕 爲士林痛 且數十載 茲實欠典 盖亦有待 顧予寡德 恨不同時 高山仰止 九原難追 多士抗疏 邊啓憤悱 有臣力贊 百年公議 扶植表章 斯文盛事 逎加徽贈 繼之美諡 生旣特立 弊屣功名 歿後褒崇 何得何榮 曠世相感 自不能已 瞻彼南服 逖矣千里 過魯之祀 無因自致 敢走禮官 式陳泂酌 不亡者存 庶斯來格

---

59) 원문의 '過魯之祀'는 『사기史記』「공자세가孔子世家」에 나오는 말로 한漢나라 고황제高皇帝가 옛 노魯나라 땅을 지나다가[過魯] 태뢰太牢로써 공자孔子에게 제사를 드린 일을 지칭한다.

무진봉사 戊辰封事

▲ 무진봉사국역비

무진봉사戊辰封事

　경상도 진주에 사는 백성 조식曺植은 황공한 마음으로 절하고 머리를 조아리며 주상 전하께 상소하나이다. 엎드려 생각하건대, 소신은 노쇠한 병이 점점 더해 입은 음식 맛이 없고, 몸은 병석에서 일어나지 못하고 있습니다. 소신을 부르는 명이 거듭 내려오니, 출발하길 기다렸다 떠나는 것도 오히려 임금을 뒤로 하는 것일 것입니다. 신의 마음은 해를 향하는 접시꽃 같지만, 길만 바라볼 뿐 길을 나서기가 어렵습니다. 죽을 날이 머지않아 성은에 보답할 길이 없음을 알기에 감히 진심을 다해 주상 전하께 아룁니다.

　엎드려 보건대, 주상께서는 상등 지혜의 자질을 타고나신 데다 태평 지치를 이룩하고 싶은 마음을 갖고 계시니, 이는 참으로 백성과 사직의 복입니다. 그런데 백성을 잘 다스리는 도는 다른 데서 구하는 것이 아니라, 임금에게 있는 것을 구하면 되니, 그것은 바로 선을 밝히고[明善] 몸을 성실하게[誠身] 하는 것일 따름입니다. 선을 밝힌다는 것은 이치를 궁구하는 것[窮理]을 말하고, 몸을 성실하게 한다는 것은 몸을 닦는 것[修身]을 말합니다. 타고난 본성 안에는 온갖 이치가 다 갖추어 있으니, 인의예지仁義禮智가 그 본체입니다. 온갖 선이 모두 이로부터 나옵니다. 마음은 이치가 모인 곳의 주인이고, 몸은 이 마음이 들어 있는 그릇입니다. 그 이치를 궁구하는 것은 그것을 활용하려 하는 것이며, 몸을 닦는 것은 그 도를 행하려 하는 것입니다.

　이치를 궁구하는 터전이 되는 바는 글을 읽어 의리를 밝히는 것과 사물에 응접할 적에 그것이 마땅한지 아닌지를 구하는 것입니다. 그리고 몸을 닦는 요체가 되는 것은 예가 아니면 보지도 듣지도 말하지도 움직이지도 말라는 것이 그것입니다. 안으로 본심을 보존하고 혼자만 알고 있는 마음가짐을 삼가는 것이 천덕天德이고, 밖의 일을 살펴서 그 행실을 힘쓰는 것이 왕도王道입니다.

이치를 궁구하고 몸을 닦으며 본심을 보존하고 밖을 살피는 가장 큰 공부가 되는 것은 반드시 경敬을 주로 해야 합니다. 경이란 몸과 마음을 정돈하고 가지런히 하고 엄격하고 정숙하게 하는 것[整齊嚴肅], 정신을 또렷하게 하고 흐리게 하지 않는 것[常惺惺], 한 마음을 주로 하여 만사에 응하는 것[主一無適], 안을 곧게 하여 밖을 방정하게 하는 것[直內方外] 등으로, 공자께서 '경으로써 몸을 닦는다[修己以敬]'고 한 것이 그것입니다.

그러므로 경을 주로 하지 않으면 이 마음을 보존할 방법이 없고, 이 마음을 보존하지 않으면 천하의 이치를 궁구할 방법이 없습니다. 군자의 도는 일반인들도 누구나 알고 행할 수 있는 것으로부터 시작해서 가정·국가·천하에까지 넓혀 나가는 것에 불과합니다. 다만 그것은 선과 악이 나누어짐을 밝혀서 자신의 몸이을 조금도 거짓 없는 성誠이 되도록 돌이키는 데 달려 있을 따름입니다.

아래에서 사람의 일을 배우는 것으로부터 시작해 위로 하늘의 이치를 통달하는 데 이르는 것이 또한 학문을 해나가는 차례입니다. 사람의 일을 버려두고 하늘의 이치를 담론하는 것은 곧 입으로만 말하는 이치이며, 자신에게 돌이켜 반성하지 않고 듣고 아는 것만을 숭상하는 것은 귀로 듣기만 하는 학문입니다. 눈이 어지러이 휘날리는 것처럼 부화한 말만 하는 것을 말아야 하니, 그런 것에는 자신을 닦는 이치가 만무합니다.

전하께서 과연 경으로써 자신을 닦아 천덕에 통달하고 왕도를 행하여 반드시 지극한 선의 경지에 이른 뒤 그곳에 머무신다면, 선을 밝히는 일과 몸을 성실하게 하는 일이 모두 진전되고, 남과 내가 아울러 극진해져서, 정사와 교화에 베풀어지는 것이 바람이 움직이고 구름이 몰려가는 것과 같이 될 것입니다. 그리하여 아랫사람 중에는 반드시 그보다 더 잘 행하는 자가 있게 될 것입니다. 다만 왕의 학문이 일반 선비의 학문과 다른 까닭은 그 행하는 곳에서 구경九經을 더욱 중시하기 때문입니다.

『주역』이란 책은 그때그때의 상황에 따라 마땅하게 하는 뜻이 가장 중요합니다. 오늘날로 말하면 왕의 신령스러움은 거행되지 않고, 정사는 은혜와 관용을 베푸는 일이 많습니다. 명령이 내리면 반대만 해서 기강이 서지 않은 지 여러 대나 되었습니다. 헤아릴 수 없는 위엄으로 그런 누습을 떨쳐내지 않으면 맥없이 풀어진 죽과 같은 형세를 결집할 방법이 없습니다. 또 장마의 큰비로 흠뻑 적셔주지 않으면 오랜 가뭄에 메마른 풀을 살릴 길이 없습니다.

반드시 세상을 구할 수 있는 훌륭한 보좌관을 얻어서 위아래가 한마음으로 공경하고 협력하기를 마치 한 배를 탄 사람처럼 한 뒤에야, 무너지고 타 들어가던 형세를 조금 구제할 수 있을 것입니다. 그러나 사람을 취하는 것은 손으로 하는 것이 아니라, 임금이 몸으로써 하는 것입니다. 몸이 닦여지지 않으면 저울이나 거울처럼 공평한 판단을 할 수 있는 자기 견해가 없어서 선과 악을 알지 못하니, 사람을 등용하거나 버리거나 모두 잘못되는 것입니다. 또한 남들이 나의 쓰임이 되지 않는데, 내가 누구와 함께 다스리는 도를 이룩하겠습니까?

옛날 남의 나라를 잘 염탐하던 자는 그 나라 국세의 강약을 보지 않고, 사람을 쓰는 것이 선한지 악한지를 보았습니다. 여기에서 천하의 일이 극도로 어지럽고 극도로 태평한 것도 모두 사람이 그렇게 만드는 것이지 다른 것을 말미암아 그렇게 되는 것이 아님을 알 수 있습니다. 그렇다면 몸을 닦는 것은 정치를 펴는 근본이며, 어진 이를 등용하는 것이 정치를 행하는 근본입니다. 그리고 몸을 닦는 것은 또한 사람을 얻는 근본입니다. 성현의 천 마디 만 마디 말에 어찌 '자신을 닦고 사람을 쓰는 것'에서 벗어난 것이 있겠습니까? 등용한 사람이 적임자가 아니면 군자는 초야에 있고 소인이 나라를 마음대로 하게 됩니다.

예로부터 권신으로서 나라를 마음대로 했던 자도 있고, 외척으로서 나라를 마음대로 했던 자도 있으며, 부인이나 환관으로서 나라를 마음대로 했던 자도 있습니다. 그러나 지금처럼 서리胥吏가 나랏일을 마음대로 했던 것은 아직 들어보지 못했습니다. 정권이 대부에게 있어도 불가한데, 하물며 서리에게 있어서야 되겠습니까? 당당한 제후국으로 조종 이백 년 동안의 왕업에 힘입어 많은 공경대부가 앞뒤로 끊임없이 배출되어 서로 따르는데, 천한 서리에게 정사를 물려줄 수 있겠습니까? 이는 쇠귀에 경을 읽듯이 가벼이 흘려버릴 말이 아닙니다.

군대와 백성에 관한 모든 정사 및 한 나라의 기밀에 관한 일이 모두 서리의 손에서 나오고 있습니다. 그들은 매우 사소한 일일지라도 대가를 주지 않으면 일을 하지 않습니다. 그래서 재물은 안으로 모여들고 백성들은 밖으로 흩어져서 열에 하나도 남지 않았습니다. 심지어는 각각 자신이 맡은 고을을 자기의 물건으로 삼아서 문서를 만들어 자손에게 전하려 합니다.

토산물로 바치는 것을 일체 받지 않아 백성들은 한 가지 물건도 상납함이 없습니다. 토산물을 바쳐야 하는 사람은 구족의 것을 모으고 가산을 팔아 관청에는 내지 않고 개인에게 내는데, 본래 값의 백배가 아니면 서리들이 받지 않습니다. 나중에는 그처럼 계속 납부할 수 없어서 빚을 지고 도망치는 자들이 줄을 잇고 있습니다. 어찌 조종이 전해 주신 고을 백성의 공납이 엄연히 쥐새끼 같은 아전들이 나누어 갖는 것이 될 줄을 생각이나 했겠습니까? 또 어찌 전하께서 온 나라의 부富를 누리셔야 하는데 도리어 천한 서리들이 대신 바치는 물자에 의지하리라 생각이나 했겠습니까?

왕망王莽·동탁董卓처럼 간사한 계책을 쓰던 자도 이런 적은 없었으며, 망해가는 나라에서도 이와 같은 일은 없었습니다. 이들은 이와 같이 하면서도 만족하지 않고 임금의 내탕고內帑庫에 있는 물건까지 훔쳐내고 있습니다. 그래서 나라에는 조금의 저축도 없으니, 나라는 나라꼴이 아니고 도적이 도성에 가득합니다. 나라는 텅 빈 그릇만 안고 있어,

뼈만 남은 앙상한 나무처럼 서 있습니다. 조정에 있는 모든 사람들은 목욕재계하고서 이들을 함께 토벌해야 할 것입니다. 혹 힘이 모자라면 사방의 사람들을 불러 모아 분주히 임금을 도와서 잠자고 밥 먹을 겨를도 없이 주선해야 할 것입니다.

오늘날은 사람들이 모인 무리 중에서 도둑질하는 자가 있으면 장수에게 명을 내려 죽이거나 체포하게 하는데, 하루도 걸리지 않습니다. 그런데 서리나 아전들이 도둑질을 하고, 모든 관아의 하급관리가 한 무리가 되어 나라의 심장까지 들어가 점거를 하고서 나라의 맥을 해쳐 없어지게 하고 있습니다.

이들은 하늘과 땅의 신에게 제사지낼 희생을 훔칠 뿐만이 아닌데, 법관은 감히 문책을 하지 못하고, 형벌을 맡은 관리도 감히 꾸짖지 못하고 있습니다. 혹 한 관아의 관이 조금 그들을 규찰하려 하면 문책하고 파직하는 권한이 그들의 손아귀에 있기에 관원들은 속수무책으로 겨우 녹봉이나 타 먹고 살며 '예, 예' 하고 순응하면서 물러갑니다. 이것이 어찌 저들이 믿을 데가 없는 데도 이처럼 기탄없이 방자하게 날뛰는 것이겠습니까? 초나라 왕이 이른바 '도둑이 총애를 받으면 물리칠 수 없다'고 한 것이 바로 이런 경우입니다.

교활한 토끼가 세 개의 굴을 파 놓듯이 저마다 여러 갈래로 은신처를 파 놓고, 시내의 조개가 단단한 껍데기를 뒤집어쓰고 있듯이 자신을 보호해 줄 방패를 갖추어 놓고서, 몰래 독을 품고 온갖 가지 일을 꾸미고 있습니다. 사람이 능히 다스릴 수 없고, 법으로도 제재를 가할 수 없습니다. 이는 성에 굴을 파고 사는 여우나 토지신을 모신 사직에 집을 짓고 사는 쥐와 같아서 불을 때거나 물을 부어 쫓아 낼 수 없기 때문입니다.

또한 '교활한 토끼처럼 세 개의 굴을 파놓은 자'가 과연 누구이겠습니까? 그리고 '조개껍데기 같은 방패를 뒤집어 쓴 자'라고 어찌 벌이 없어서야 되겠습니까? 전하께서 크게 노하시어 한번 하늘의 기강을 진동하시고, 재상들과 얼굴을 맞대고 의논하여 그 까닭을 궁구하십시오. 그리고 순임금이 사흉四凶을 물리친 것처럼, 공자가 소정묘少正卯를 죽인 것처럼 전하께서 직접 결단하시면, 능히 악을 미워하는 극진한 도리를 다하게 되어 크게 백성의 마음을 두렵게 하고 복종시킴이 있을 것입니다.

만약 언관言官이 이런 일을 하자고 건의하기를 그치지 않아 어쩔 수 없이 그 말을 따를 수밖에 없게 된 뒤에 억지로 힘쓰며 구차하게 따른다면, 선악이 있는 곳과 시비가 나누어지는 바를 알지 못하여 임금된 도리를 잃게 될 것입니다. 임금이 도를 잃고서 능히 백성을 다스리는 경우가 어찌 있을 수 있겠습니까? 그러므로 나의 밝은 덕이 이미 밝혀지면, 거울처럼 밝은 덕이 여기에 있어 어떤 사물이든 비추지 않음이 없는 것입니다. 덕과 위엄이 더해지는 곳은 초목도 모두 휩쓸릴 것인데, 하물며 사람이야 말해 무엇 하겠습니까? 신하들이 다리를 벌벌 떨며 전전긍긍 분주하게 주선하면서 왕명을 받는 데 겨를이 없을 것인데, 어찌 한 치인들 간사함을 용납하는 계책이 있을 수 있겠습니까?

정사를 어지럽힌 대부에게도 오히려 일정한 형벌이 있어야 합니다. 저 막강한 윤원형尹元衡의 세도도 조정이 바로잡았는데, 하물며 이따위 여우나 쥐새끼 같은 놈들의 목을 치는 데에는 여러 도끼에 기름칠을 할 것도 없을 것입니다. '우뢰와 비가 한번 내리면 천지에 쓰러졌던 초목이 다 소생한다'고 한 것은, 위에서 임금이 몸을 닦으면 아래에서 나라가 다스려진다는 것을 말한 것입니다.

조정에 포진하고 있는 사람들 중 누군들 뛰어난 보좌관이 아니겠으며, 누군들 아침 일찍부터 밤 늦게까지 부지런히 일하는 어진 신하가 아니겠습니까? 그러나 간사한 신하들이 자기를 헐뜯으면 그들을 제거하지만, 간사한 서리들이 나라를 좀먹는 경우는 그들을 용납하며, 자신만 살기를 도모하고 나라를 유지하는 것은 도모하지 않고 있습니다. 명철한 사람도 어리석은 사람처럼 처신하지 않는 이가 없어서 근심스러운 상황에 처해 있으면서도 아랑곳 하지 않으니, 이 어찌 사람들이 도모하기를 굳세게 하지 않는 것이 아니겠습니까? 하늘이 명한 것이 있는데, 사람이 하늘의 명을 이지지 못하여 그런 일이 있는 듯합니다.

신은 본디 깊은 산속에 살면서 이런 상황을 굽어보고 우러러 살피며 탄식하고 근심하다가 눈물을 흘린 것이 여러 번이었습니다. 신은 전하와 군신의 교분이 조금도 없습니다. 임금의 은혜에 감격한 것이 무엇이 있기에 탄식하며 눈물을 흘리기를 그치지 못하겠습니까? 교분은 얕은데 아뢰는 말씀은 깊어졌으니, 실로 신에게 죄가 있습니다.

다만 생각하건대, 이 몸이 이 나라에서 생산된 곡식을 먹고 산 지 여러 대된 백성이고, 외람되이 세 조정의 징사徵士가 되었으니, 오히려 부질없이 나라를 걱정하는 주나라 때 과부에 스스로 비유할 수 있습니다. 그러니 전하께서 소명을 내려 부르시는 날 한 마디 말도 없을 수야 있겠습니까?

신이 전날 아뢴 '구급救急'에 대해 전하께서 불 속의 사람을 구제하듯, 물에 빠진 사람을 건져내듯 급급하게 하고 계시다는 말을 아직 듣지 못했습니다. 응당 '늙은 선비가 자신의 정직함을 아뢴 말인지라 도모할 바가 못 된다'고 생각하실 것입니다. 그런데 하물며 이번에 아뢴 '군덕君德'은 옛날 사람이 이미 말한 묵은 것에 불과한 데 말해 무엇 하겠습니까?

그러나 지난 사람이 말한 것을 말미암지 않으면 다시는 갈 만한 길이 없습니다. 임금의 덕을 밝히지 않고서 통제하고 다스리길 구하는 것은 배 없이 바다를 건너는 것과 같으니, 스스로 빠져 죽게 될 따름입니다. 이번에 아뢴 것은 저번에 아뢴 것보다 그 기미가 더욱 급합니다. 전하께서 신의 말을 저버리지 않고 아름답게 여겨 용납하신다면, 신은 천리 밖에 있을지라도 오히려 전하의 앞에 있는 것과 같을 것입니다. 하필 이 늙은이의 얼굴을 대하신 후에야 '신을 등용했다'고 하겠습니까?

또한 들건대 임금을 섬기는 자는 임금을 헤아려 본 뒤에 들어간다고 하니, 실로 신은 전하가 어떤 군주인지 모르겠습니다. 신의 말을 좋아하고 단지 신을 보려고만 하실 뿐이라면, 옛날 섭공葉公이 용을 좋아하던 일처럼 말로만 생색내는 일이 될까 두렵습니다. 오늘 전하께서 밝게 보셨느냐 밝게 보시지 못했느냐에 따라 앞으로의 치도가 성공할지 실패할지를 점칠 수 있을 것입니다. 삼가 전하께서는 이 점을 살피소서. 삼가 소를 올리나이다.

왕이 비답하기를 "전날 아뢴 뜻을 내가 항상 자리 옆에 두고 살펴보고 있는데, 또 이 격언을 보니 더욱 그대의 재주와 덕이 높은 것을 알겠다. 내 비록 영민하지는 못하지만 응당 유념할 것이니, 그대는 그리 알라." 라고 하였다.

융경隆慶 2년(1568년) 5월 ○일

戊辰封事

慶尙道晉州居民曹植 誠惶誠恐 拜手稽首 上疏于主上殿下 伏念 微臣衰病轉加 口不思食 身不離席 召命申疊 俟駕猶後 葵心向日 望道難進 固知死亡無日 無以報聖恩 敢竭心腹 以進冕旒 伏見 主上稟上智之資 有願治之心 此固民社之福也 爲治之道 不在他求 要在人主明善誠身而已 所謂明善者 窮理之謂也 誠身者 修身之謂也 性分之內 萬理備具 仁義禮智 乃其體也 萬善皆從此出 心者 是理所會之主也 身者 是心所盛之器也 窮其理 將以致用也 修其身 將以行道也 其所以爲窮理之地 則讀書講明義理 應事求其當否 其所以爲修身之要 則非禮勿視聽言動 存心於內 而謹其獨者 天德也 省察於外 而力其行者 王道也 其所以爲窮修存省之極功 則必以敬爲主 所謂敬者 整齊嚴肅 惺惺不昧 主一心而應萬事 所以直內而方外 孔子所謂修己以敬者 是也 故非主敬 無以存此心 非存心 無以窮天下之理 非窮理 無以制事物之變 不過造端乎夫婦 以及於家國天下 只在明善惡之分 歸之於身誠而已

由下學人事 上達天理 又其進學之序也 捨人事而談天理 乃口上之理也 不
反諸己而多聞識 乃耳底之學也 休說天花亂落 萬無修身之理也 殿下果能修
己以敬 達天德行王道 必至於至善而後止 則明誠竝進 物我兼盡 施之於政
教者 如風動而雲驅 下必有甚焉者矣 獨王者之學 或異於儒者 以其行處 尤
重於九經也 易之爲書 隨時之義 最大 由今言之 王靈不擧 政多恩貸 令出惟
反 紀綱不立者 數世矣 非振之以不測之威 無以聚百散糜粥之勢 非潤之以
大霖之雨 無以澤七年枯旱之草 必得命世之佐 上下同寅協恭 如同舟之人
然後稍可以濟頹靡燋渴之勢矣 然取人者 不以手而以身 身不修則無在己之
衡鑑 不知善惡 而用舍皆失之 人且不爲我用 誰與共成治道哉 古之善覘人
國者 不觀其國勢之強弱 觀其用人之善惡 是知天下之事 雖極亂極治 皆人
所做 不由乎他也 然則修身者 出治之本 用賢者 爲治之本 而修身又爲取人
之本也 千言萬語 豈有出此修己用人之外者乎 用非其人 則君子在野 小人
專國 自古 權臣專國者 或有之 戚里專國者 或有之 婦寺專國者 或有之 未聞
有胥吏專國如今之時者也 政在大夫 猶不可 況在胥吏乎 堂堂千乘之國 籍
祖宗二百年之業 公卿大夫濟濟先後 相率而歸政於儓隷乎 此不可聞於牛耳
也 軍民庶政 邦國機務 皆由刀筆之手 絲粟以上 非回俸不行 財聚於內 而民
散於外 什不存一 至於各分州縣 作爲己物 以成文券 許傳其子孫 方土所獻
一切沮却 無一物上納 賷持土貢者 合其九族 轉賣家業 不於官司 而納諸私
室 非百倍則不受 後無以繼之 逋亡相屬 豈意祖宗州縣 臣民貢獻 奄爲鼫鼠
所分之有乎 豈意殿下享大有之富 而反資於僕隷防納之物乎 雖莽卓之奸 未
嘗有此也 雖亡國之世 亦未嘗有此也 此而不厭 加以偸盡帑藏之物 靡有尋
尺斗升之儲 國非其國 盜賊滿車下矣 國家徒擁虛器 枵然骨立 滿朝之人 所
當沐浴共討 力或不足 則號召四方 奔走勤王 而不遑寢食者也 今人之相聚
者 有草竊 則命將誅捕 不俟終日 小吏爲盜 百司爲群 入據心胸 賊盡國脉
則不啻攘竊神祇之犧牷牲 法官莫敢問 司寇莫之詰 或有一介司員 稍欲糾察
則譴罷在其掌握 衆官束手 僅喫饘粥 唯唯而退 斯豈無所恃 而跳梁橫恣 若
是其無忌耶 楚王所謂盜有寵不可得去者 此也 各存狡兔之三窟 以備川蚌之
介甲 潛懷薰毒 萋斐百端 人不能治 法不能加 作爲城社之鼠 已不能燻灌 抑
爲三窟者 果何人耶 作爲介甲者 其無罰乎 殿下赫然斯怒 一振乾網 面稽宰

執 以究其故 斷自宸衷 如大舜之去四兇 孔子之誅少正卯 則能盡惡惡之極
而大畏民志矣 若言官論執不已 迫於不得已而後 黽勉苟從 則不知善惡之所
在 是非之所分 失其爲君之道矣 焉有君失其道而能治人者乎 故我之明德旣
明 則如鑑在此 物無不照 德威所加 草木皆靡 況於人乎 群下股慄兢惕 奔走
承命之不暇 庸有一寸容奸之計乎 亂政大夫 猶有常刑 夫以尹元衡之勢 而
朝廷克正之 況此狐狸鼠雛 腰領未足以膏齊斧乎 雷雨一發 天地作解 此之
謂身修於上而國治於下者也 布列王國者 誰非命世之佐 誰非夙夜之賢耶 奸
臣軋己則去之 奸吏蠹國則容之 謀身而不謀國 靡哲不愚 以樂居憂 斯豈人
謀之不競耶 若有天之所命 人不能勝天而然耶 臣索居深山 俯察仰觀 噓唏
掩抑 繼之以淚者 數矣 臣之於殿下 無一寸君臣之分 何所感於君恩 齎咨涕
洟 自不能已耶 交淺言深 實有罪焉 獨計身爲食土之毛 尚爲累世之舊民 添
作三朝之徵士 猶可自比於周娑 可無一言於宣召之日乎 臣之前日所陳救急
之事 尚未聞天意急急如救焚拯溺 應以爲老儒賣直之說也 未足以動念也 況
此開陳君德者 不過古人已陳之塗轍 然不由塗轍 則更無可適之路矣 不明君
德而求制治 猶無舟而渡海 祇自淪喪而已 其機益急於前所陳者 萬萬矣 殿
下若不棄臣言 休休焉有容焉 則臣雖在千里之外 猶在机筵之下矣 何必面對
老醜而後 曰用臣乎 抑又聞事君者 量而後入 實未知殿下爲何如主也 若不
好臣言 徒欲見臣而已 則恐爲葉公之龍也 請以今日睿鑑之明暗 卜爲來日治
道之成敗 伏惟上察 謹疏

　答曰 頃日所志 予常置諸座右 觀省之際 觀此格言 益知才德之高矣 予雖
不敏 亦當留念 爾其知悉事 有旨

　　　　　　　　　　　　　　　　　　　　　隆慶二年五月日

제3장 기타 사적

여재실如在室 상량문上樑文

▲ 여재실 전경

국가문화재 사적 305호
경남 산청군 시천면 남명로 311 남명기념관 옆

▲ 문중의 찬조인 명부(1964년 이후)

문중에서 불천위 제사를 드리는 가묘家廟로 선생과 정경부인 및 숙부인의 위패가 봉안되어 있다.
매년 세 분의 기일忌日과 설 추석 그리고 동지에 제례를 드린다.

여재실如在室 채례采禮 홀기笏記

▲ 남명 선생 기일忌日 축문祝文

維歲次干支二月干支朔初八日干支○○世孫○○○敢昭告于
顯先祖考徵士贈大匡輔國崇祿大夫議政府領議政兼領經筵弘文館藝文館
春秋館觀象監事世子師諡文貞公府君
顯先祖妣贈貞敬夫人南平曺氏
顯先祖妣淑夫人恩津宋氏歲序遷易
顯先祖考贈領議政諡文貞公府君諱日復臨追遠感時不勝永慕謹以淸酌庶
羞恭伸奠獻尙
饗

여기서 '顯先祖考贈領議政諡文貞公府君諱日復臨'라는 구절을 설에는 '歲序遷易時惟元朝'로, 추석에는 '歲序遷易時惟仲秋'로, 동지에는 '氣序流易時惟冬至'로 바꾼다.

별묘別廟 중수상량문重修上樑文

엎드려 생각건대, 산맥은 곤륜崑崙에서 비롯되었으니 지리산이 중조中祖되고, 물결은 동해東海로 흘러가니 덕천강이 조종朝宗이다.

율치栗峙가 겨드랑이 들고서 사동絲洞으로 들어와 명당을 정했고, 반야봉般若峰이 줄기를 떨쳐서 검음黔陰으로 내달려 안대를 이루었다.

동학洞壑이 넓게 펼쳐졌으니 이에 별계別界의 건곤이라 이르고, 일월日月이 밝게 빛나니 다투어 호중壺中의 천지라 일컫는다.

산은 산이고 물은 물이라 비록 일러 무정하다 하지만, 이미 물건 있고 각각 주인 있어 누가 능히 맡아서 다스릴까!

지난 신유년(1561)에, 우리 선조께서 이곳에 복거했으니 대개 산이 밝고 물이 맑음을 사랑한 까닭이요, 어진 사우들이 이에 종유했으니 바로 도를 강론하고 학문에 뜻을 두었기 때문이다.

지팡이로 남북의 언덕을 소요하면서, 은둔하여 자적하기 몇 년이나 한가했나!

하늘이 현인賢人을 앗아가니 소미성少微星은 광채를 잃었고, 사문斯文은 전통이 끊겼으니 목가木稼가 재앙을 드러냈다.

아! 예전 부형들이 산천재 유지遺址에다 별묘를 창건했고, 뒷날 자손들은 춘추로 휘일諱日마다 향사를 드렸다.

전답과 재물과 하인을 두었으니 길이 보전할 바탕이요, 사우와 강당과 재실이 있으니 모두 경모할 장소이다.

세월이 오래 되어 기와는 깨어지고, 풍우가 몰아쳐서 들보가 기울었다.

여러 종인들이 이에 중수重修할 의논을 정하고, 못난 형제가 유독 간역幹役의 임무를 맡았다.

촌민과 속인들이 다투어 달려와 신력身力을 바쳤고, 유림과 관청에서 제각기 보내어 비용費用을 도왔다.

우사雨師가 장마 비를 거두니 작업을 중지하는 근심이 없었고, 장정壯丁들이 추수 중에 틈을 내니 단숨에 이루는 공로가 있었다.

연장을 다루는 이는 이루離婁60)의 안목을 지녔고, 기교를 펴는 이는 공수자公輸子61)의 솜씨를 발휘했다.

톱과 줄자는 촌분도 어긋나지 않았고, 곡척과 먹줄은 한 치도 틀림이 없었다.

길고 짧음과 크고 작음이 모두 마땅함을 얻었고, 기둥과 들보 서까래와 문지방이 각기 제대로 갖춰졌다.

단칸집에 격식 없어 예전에 사림士林 논의 분분하더니, 좌우에 곁채 붙여 지금은 묘당廟堂 모습 정연하다.

터는 예전 자리 인했으니 일은 반으로 줄었지만 공로는 배가 되었고, 제도는 전례가 있으니 규모는 옛날 같지만 재목이 새롭다.

망했다가 흥해짐은 음양이 반복하는 주역의 이치이고, 쇠했다가 성해짐은 고금에 왕래하는 변함없는 도리이다.

단청의 채색은 오행五行을 갖추어 서기가 감돌고, 정당과 곁방은 삼재三才가 상응하여 근엄함을 이루었다.

담장은 넘을 수가 없으니 진유眞儒의 한사閑邪 정신 배어있고, 계단은 기울지 않았으니 석사碩士의 정도正道 모습 남아있다.

깊숙하고 그윽하니 영령 길이 흠향하며 척강陟降할 자리이요, 우뚝하

---

60) 옛날 황제黃帝 때의 사람으로 눈이 밝아 백보 밖에서도 추호秋毫의 끝을 볼 수 있었다고 한다.

61) 춘추시대 노魯나라의 장인匠人으로 손재주가 비상하고 목재를 가공하는 여러 가지 공구를 발명하여 목수들이 조사祖師라 불렀다고 한다.

고 날렵하니 후손 이에 천향薦香하며 향사할 곳이다.

희생이 살찌고 제주가 향기로우니 제상 위에는 예의禮儀 모두 갖춰졌고, 올라가 잔 드리고 내려와 절을 하니 진퇴하는 사이에 경의敬義 더욱 간절하다.

강산江山은 앞쪽 왼쪽에 맑은 기운 어렸고, 운림雲林은 뒤쪽 오른쪽에 채색이 빛난다.

쳐다봄에 동서남북 산세山勢가 꿈틀대고, 상상컨대 숱한 자손 여경餘慶이 면면하리.

방금 목수 노래 끝났으니, 감히 상량 송축 외친다.

엎드려 바라건대 상량한 뒤로는, 제족諸族이 화목하고, 여운餘韻이 찬연하리.

중수重修하는 일이 이미 끝났으니, 존숭尊崇하는 예를 어찌 폐하랴!

간절히 정성 모아 제사를 무궁토록 받들고, 연이어 계승하여 후세에 억만년토록 드리우리.

광명하고 정대한 석유碩儒를 배출하고, 간사하고 아첨하는 소인小人을 물리치리.

산이 무너지지 않고 물이 끊어지지 않듯이, 조씨曺氏도 더불어 이를 따라 유장하리.

숭정崇禎 기원후紀元後 재주갑再周甲 병자년(숙종22년, 1696) 윤 9월
5세손 조세관曺世觀 지음

別廟重修上樑文

伏以 山始崑崙來 智異爲中祖 水自東海流 德川是朝宗 栗峙掛脇 入絲洞
定明堂 般若振脉 走黔陰作案對 洞壑開豁 乃謂別界乾坤 日月明耀 爭稱壺
中天地 山自山水自水 雖云無情 旣有物各有主 孰能任管 粤在辛酉 我先祖

卜居于此 盖愛山明水麗 賢士友從遊於斯 爲是講道志學 杖屨逍遙 南北之
阿 肥遯自適 閑多幾年 天不憗遺 小微晦彩 斯文有闋 木稼呈妖 於戲 先父
兄創建別廟于山天遺墟 後子孫因依薦禋分春秋諱辰 置田置財置僕 無非永
久之資 有祠有堂有齋 都是致敬之所 年深歲久 瓦礫朽傷 風靡雨盪 梁桶頹
圮 玆者 諸宗爰定重葺之議 二愚獨擅幹役之任 村氓坊俗 爭赴致力 儒林縣
官 各送助財 雨師爲收其陰霏 工無停手之患 役丁敢闖其秋務 事有日成之
功 運機者 用離婁之明 效技者 售公輸之功 刀鉅尋引 不紊於分寸 規矩繩
墨 有尺乎絲毫 長短巨細 咸得其宜 棟樑榱桷 各得其所 單間禮沒 伊昔士
論朋具 左右附翼 于今廟貌整齊 基因舊開 事半而功倍 制有前定 自古而材
新 剝而復 陰盡陽回之易理 損而益 往古來今之常經 丹青各彩 備五行而蟠
瑞 正堂翼室 應三才而設儼 墻屋無得乎踰越 不泯眞儒之閑邪 階砌莫容夫
倚斜 況存碩士之正道 嶄然幽然 明靈永有昭饗陟降之所 翬如翼如 後昆定
獲薦香奉祭之地 牲肥醪香 樽俎之間禮儀具備 升奠降拜 進退之際敬義益
切 江山湊氣乎前左 雲林騰彩乎後右 顧瞻東西南北之山勢蹲蹲 可想百子
千孫之餘慶綿綿 才罷呼邪許之歌 敢喝兒郎偉之頌 伏願上樑之後 諸族和
睦 餘韻炳賁 重營之功已訖 崇奉之禮寧戲 勤勤懇懇 宜祀典勿替無窮 繼繼
承承 垂後世億萬斯年 輩出光明正大之碩儒 頓絕詖淫謟邪之宵奸 山不崩
水不絕 與曹氏隨以長

崇禎 紀元後 再周甲 丙子年 閏九月
五世孫 曺世觀 製

덕문정德門亭 상량문上樑文

▲ 덕문정

경남 산청군 단성면 백운로

이 정자는 선생의 유덕을 기리고 수려한 자연경관을 보존하고자 모인 보승계保勝契에서 1996년 5월 건립한 것으로 입덕문 가까운 곳 덕천강 가에 위치하고 있다.

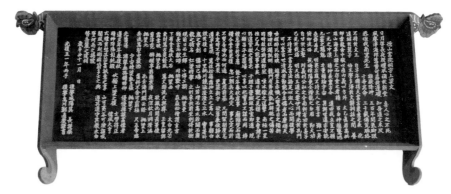

▲ 덕문정 상량문

산맥은 백두白頭에서 흘러내려 천왕봉天王峯이 신령한 기운을 간직했고, 지세는 주작朱雀으로 나뉘어 양단수兩端水가 청숙한 정기를 머금었다.

암벽 천 길에 대덕大德은 근역槿域에 떨쳐졌고, 은하 십리에 무릉武陵은 도원桃園에 펼쳐졌다.

공손히 생각건대 남명 선생은, 간세의 유현儒賢이요, 동방의 석학碩學이다.

보승계保勝契 창설은 실로 임천林泉을 보전함에 기인했고, 덕문정德門亭 경영은 오직 정채精采를 전하기 위해서다.

악양루岳陽樓[62] 건립은 어찌 단지 등자경滕子京의 공로이랴, 등왕각滕王閣[63] 중수는 염백서閻伯嶼의 노력뿐만이 아니다.

대개 하늘이 마련한 것이지, 사람이 이룬 것은 아니다.

그윽한 골짜기는 감도는 냇물을 끌어당기니 연하煙霞가 스스로 명승名勝을 이루었고, 빼어난 봉우리는 웅장한 형세를 지녔으니 인걸人傑이 항상 지령地靈을 힘입었다.

---

62) 악양루岳陽樓는 당唐나라 장설張說이 창건했고 송宋나라 경력慶曆 5년(1045) 등자경滕子京이 중수하였으며 범중엄范仲淹이 기문을 지었다.

63) 등왕각滕王閣은 당唐나라 고조高祖의 아들 원영元嬰이 창건했는데 뒤에 그가 등왕滕王에 봉해졌으므로 등왕각滕王閣이라 하였고 그 후 염백서閻伯嶼가 홍주목사洪州牧使로 부임하여 중양절에 이곳에서 연회를 베풀었는데 왕발王勃이 지나가다가 이 연회에 참석하여 그 유명한 서문을 지었다고 한다.

봉황과 난새가 날아올라 이에 삼라만상 위에서 춤을 추고, 용과 표범이 꿈틀대며 때때로 구름안개 사이를 내달린다.

인문人文은 지리地理를 좇아서 번창하고, 물화物華는 경치景致를 말미암아 모였다.

재목은 조래송祖徠松과 신보백新甫栢64)을 모았으니 기둥과 문지방이 각기 그 마땅함을 얻었고, 공사는 공수자公輸子와 이루離婁에게 맡겼으니 평직平直과 방원方圓이 올바르지 않음이 없다.

동남의 선비들은 규모를 보고서 기쁨이 넘쳤고, 원근의 구릉은 기교를 접하여 경색을 더했다.

이미 화려하고 정연하며, 이에 빛나고 우뚝하다.

높은 기둥과 조각 새긴 들보는 창망한 일월日月에 빛나고, 날렵한 용마루와 단아한 집채는 요조한 산천山川에 수놓았다.

도로를 쳐다보니 선연히 선사先師의 지팡이 짚은 모습이 보이는 듯, 섬돌을 굽어보니 아련히 후도後徒들의 기침소리 들리는 듯.

현인賢人은 항시 인자함을 좋아하고, 지사志士는 오직 의리를 따른다.

밤에는 달빛 주렴 걷어 올려 호연한 기운을 푸른 언덕에서 받아들이고, 저녁에는 바람 난간 기대어 빼어난 채색을 맑은 물결에서 끌어온다.

사방 통한 넓은 길은 능히 정주程朱의 본종本宗에 이를 수 있고, 일대의 푸른 시내에선 경의敬義의 진적眞的을 찾으리.

애오라지 여섯 송頌을 펼쳐서, 쌍무지개 드는 일을 도운다.

어기여차 들보를 동쪽으로 던지니, 일방의 교화는 인풍仁風에 달렸구나. 뉘 알리 조물주의 무궁한 묘리를, 도를 세움은 열심히 연마함이 제일일세.

어기여차 들보를 남쪽으로 던지니, 수양산首陽山 기슭에 푸른 노을

---

64) 조래祖徠와 신보新甫는 모두 중국의 산 이름이고 이곳에서 나는 소나무와 잣나무는 훌륭한 재목이 많았다고 한다. 『시경詩經』 노송魯頌 〈비궁閟宮〉편에 '祖徠之松 新甫之栢'이란 말이 있음.

출렁인다. 상마桑麻 십리 연이은 산양山陽의 동리에서, 남편은 밭을 갈고 아내는 누에 치네.

어기여차 들보를 서쪽으로 던지니, 옥돌 널린 넓은 둑에 낙하落霞가 드리웠다. 사람들은 일찍이 도원桃源 경치 모르더니, 하늘이 명옹冥翁 보내 강도講道하며 살게 했네.

어기여차 들보를 북쪽으로 던지니, 한림산翰林山이 공손히 천왕봉에 읍하구나. 곧게 서서 옷깃 여밈 멀리서 바라보니, 흡사히도 뭇별들이 북극성 떠받들듯!

어기여차 들보를 위로 던지니, 안계眼界는 무한하여 저 하늘 넓고 넓다. 한 조각 정대亭臺에 맑은 기운 어렸으니, 좋은 바람 개인 달빛 한가히 왕래하네.

어기여차 들보를 아래로 던지니, 곤신坤神이 진정한 풍화風化를 싣고 왔다. 정신은 참으로 직방행直方行에 있을진대, 정자 건립 어찌하여 큰 집만을 구하랴!

엎드려 바라건대 상량한 뒤로는, 천도天道 좋게 순환하고, 유교儒敎 다시 진작하리.

봄에는 현가絃歌하고 여름엔 음송吟誦하며 조석으로 고문古文에 전념하고, 유부儒夫는 정립하고 완부頑夫는 겸손하여 자나 깨나 선철先哲을 잊지 말라.

더욱더 업적 이룰 의지를 면려하고, 길이길이 시대 구한 공로를 추넘하라.

광복 50년(1995) 을해 중추절　삭녕朔寧 최인찬崔寅巑 근찬謹撰

德門亭上樑文

山流白頭 天峯蓄神靈之氣 地分朱雀 端水含淸淑之精 巖壁千尋 大德鳴

於槿域 銀河十里 武陵展於桃園 恭惟南冥先生 間世儒賢 東邦碩學 保勝契
之創設 實由於維持林泉 德門亭之經營 惟在於長傳精采 岳陽樓營建 豈但
子京賢勞 滕王閣重修 不啻閻公肆力 蓋天之所造 匪人之期成 幽壑引縈紆
之澄 煙霞自作名勝 秀巒藏盤踞之勢 人傑恒賴地靈 鳳翥鸞飛 乃舞於森羅
之上 龍蜿豹變 時馳於雲霧之間 人文從地而昌 物華由景而聚 鳩材於徂松
新栢 侏儒根閣各得其宜 委工於公輸離婁 平直方圓無不其正 自東南之章
甫 看規制而解頤 隔遠近之岡陵 接奇巧而增色 旣奕旣秩 乃奐乃輪 隆棟彫
梁 照映於渺蒼之日月 飛甍雅宇 刺繡於窈窕之山川 瞻望道塗 髣髴觀先師
之拄杖 俯視庭砌 依稀聞後徒之警咳 賢人恒愛仁慈 志士惟從義理 宵捲月
幮 納浩氣於蒼坡 夕立風軒 控秀色於明水 四通周路 能到程朱之本宗 一帶
碧溪 可採敬義之眞的 聊陳六頌 助擧雙虹 兒郎偉抛梁東 一方敎化屬仁風
誰知造物無窮妙 道立無如務磨礱 兒郎偉抛梁南 首陽山麓漾靑嵐 桑麻十
里山陽洞 夫業耕田婦養蠶 兒郎偉抛梁西 琅玕浩畔落霞底 人曾不識桃源
境 天遣冥翁講道棲 兒郎偉抛梁北 翰林呈揖干天岳 遙望直立正衣襟 擬若
衆星垂拱極 兒郎偉抛梁上 眼界無涯天宇廣 一片亭臺淑氣凝 光風霽月閒
來往 兒郎偉抛梁下 坤神持載眞風化 精神正在直方行 經始何須求巨廈 伏
願上梁之后 天道好還 儒敎復振 春而絃夏而誦 朝暮注心古文 懦夫立頑夫
廉 寤寐勿忘往哲 益屬有爲之志 永思救時之功

　　　　　　　　　光復五十年 乙亥 仲秋節 朔寧 崔寅巘 謹撰

덕문정기德門亭記

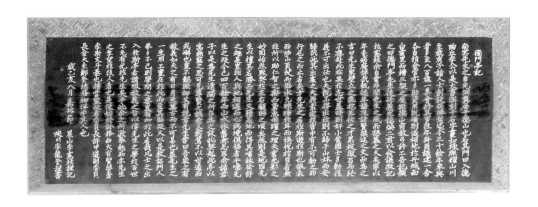

　남명 선생이 토동兎洞에서 덕산德山으로 이주할 적에 그 문을 이름하여 입덕入德이라 하였는데 도구陶丘 이공李公이 이를 크게 써서 돌에 깊이 새겼으니 자획이 서까래 같아 산천을 밝게 비추었다. 갑인년(1974)에 이르러 여러 인사들이 보승계保勝契를 창설한 지 지금 20여 년이 되었고 참여자도 800명에 이르니 해마다 한 번씩 모여 계사契事를 행하고 있다. 지난 해 갑술년(1994)에 일옥一屋을 건립키로 의논하고는 각자 의연금을 내고 관청에서도 또한 많이 협조하여 비용이 마련되자 드디어 단성면丹城面 백운리白雲里에 자리를 잡아 삼칸 집을 세웠으니 덕산에서 겨우 수십 보 떨어진 곳이다. 공사를 마치자 덕문정德門亭이라 편액하고 선생의 후손 의생義生 온환穩煥이 첨의僉議를 받들어 나에게 기문記文을 구하였다. 나는 어릴 때부터 선생의 풍범을 듣고 흠모한 지 오래이니 어찌 나이 많고 붓이 말랐다고 사양하겠는가!

　이에 문득 연보와 제현의 찬술을 근거하여 말하기를, 선생은 벽립壁立 같은 기상을 품부 받고 왕좌王佐의 재능을 지니어 누차 부름을 받았으나 끝내 응하지 않았다. 이는 결코 세상을 잊은 것이 아니라 대개 당시에 간신 소인배들이 나라를 맡아 많은 선비들이 해침을 당했으므로 도의

상 나아가 벼슬할 수 없었기 때문이었다. 대저 나아가 벼슬할 수 없다면 산림으로 돌아가지 아니하고 어디로 가겠는가! 이는 그 출처出處의 대의大義가 본래부터 흉중에 정립되어 권한다고 나가거나 막는다고 그만둘 수 없는 것이었다. 바야흐로 선생이 여기서 거처하고 여기서 노닐 적에 옷을 털고 산에 오르거나 지팡이를 짚고 시내에 나가면 무릇 귀에 들리는 청아한 물소리와 눈에 보이는 수려한 산색은 모두 인자仁者와 지자智者의 좋아함을 북돋았을 것이니 연어鳶魚가 비약飛躍하는 이치65)와 천운天雲이 광영光影하는 묘용66)을 참으로 좌우로 돌아보는 사이에 자연히 느꼈을 것이다. 그렇다면 이곳은 선생으로 인하여 그 명승名勝이 드러났고 선생 또한 이곳을 의지하여 그 음영吟詠하는 아취를 얻었으니 이는 어찌 사람과 자리가 서로 비등하며 마음과 경치가 조화를 이룬 것이 아니겠는가! 아! 선생은 세상을 떠난 지 이미 400여 년이 되었으나 산수는 의구하여 변함이 없다.

이제 여러 군자들이 이로써 선생의 자취가 남아있는 곳이라 하여 이 계를 만들고 이 정자를 지어서는 무궁한 사모의 정을 표하고 현인을 존숭하는 정성이 오래 될수록 더욱 돈독하여 세대가 멀어져도 조금도 소홀하지 않음을 볼 수 있으니 어찌 아름답지 아니한가! 이에 또 이야기할 것이 있으니 선생은 일찍이 말하기를 "오가吾家에 경의敬義가 있음은 하늘에 일월日月이 있는 것과 같아 만고에 불변하리라." 하였다. 대개 선생의 평생 공부가 오로지 이에 있었고 임종시에 또 이로써 문인에게 훈계하기를 그치지 않았으니 학자들이 입덕入德하는 요령은 어찌 이에 더할 것이 있겠는가! 무릇 선비로서 이 정자에 출입하는 이들은 경의敬義로써 입덕入德의 문을 삼아 서로 닦고 힘써서 선생이 전한 지결旨訣을

---

65) 『시경詩經』 대아大雅 〈한록旱麓〉편의 '鳶飛戾天 魚躍于淵'에서 나온 말로 만물이 각기 그 천성에 따라 자유롭게 살아가는 이치를 비유한다.

66) 주자朱子의 「관서유감觀書有感」이란 시詩의 '半畝方塘一鑒開 天光雲影共徘徊'란 구절에 나오는 말로 온갖 묘용妙用을 지닌 자연현상을 말한다.

잃지 말아야 옳을 것이다. 이는 내가 권면하고자 하는 바이자 또한 선생이 후인에게 깊이 바라는 것이다. 이 공사를 시종 주관하여 크게 수고한 이는 사문斯文 이두기李斗基이고 감무를 담당한 이는 위원장 허갑도許甲道 부위원장 김대규金大圭 정규鄭奎 총무 유양우柳洋宇가 그 사람들이다.

을해년(1995) 8월 가배절 성산星山 이헌주李憲柱 근기謹記

德門亭記

南冥先生之自兎洞 奠居于德山也 名其門曰入德 陶丘李公 以是大書 深刻于石 字畫如椽 照耀山川 至歲甲寅 諸人士 創設保勝契 迄今二十餘年 參與者 多至八百 歲一集會 修其事 往年甲戌 議建一舍 各自捐金 官亦多助 資用旣備具 遂相地於丹城面白雲里 而構三架之屋 距德山 甫數弓許 工告訖 顔之曰德門亭 先生後孫義生穩煥二君 以僉議 徵記於憲柱 余自童丱 聞先生之風 而想慕之久矣 寧以年耄筆蕘辭哉 輒據年譜及諸賢撰述之文 而爲之言 曰先生稟壁立之氣 抱王佐之才 累被徵召 而終不應赴 此非果於忘世 蓋時則奸小當國 士多斬伐 義不可出仕也 夫旣不得出仕 則不歸于山林而安歸哉 此其出處之大義 素定於胸中 有不可勸之而行 尼之而止者矣 方先生之居於斯遊於斯也 振衣而陟山 負杖而臨水 凡琮琤於耳 而娛悅於目者 無非所以助仁智之樂 而鳶魚飛躍之理 天雲光影之妙 固怡然默契於左右顧眄之頃矣 然則是地 因先生以擅其名勝 而先生又藉是地 而得其嘯詠發舒之趣 是豈非人與地相値 而心與境俱協者乎 噫 先生之歿 今已四百餘年 而山水依舊無恙耳 今諸君子 以是爲先生遺躅之所在 爲之設此契 起此亭 以寓無窮之思 可見尊賢之誠 愈久愈篤 不以世遠而或懈也 豈不懿歟 又有說焉 先生嘗曰吾家之有敬義 如天之有日月 亘萬古而不可易也 蓋先生之一生用工 亶在於此 而至其臨歿 又以是敎詔門人 拳拳不已 則學者入德之要 豈有加於此者哉 凡士之出入於斯亭者 以敬義爲入德之門 而交修

胥勖 以無失先生所傳之旨訣 其可矣乎 此余之所欲奉勉 而亦先生之厚望
於後人者也 是役始終幹務 而大有賢勞者 李斯文斗基也 擔當監務者 委員
長許甲道 副委員長金大圭鄭奎 總務柳洋宇 其人也

乙亥年 八月 嘉排節 星山 李憲柱 謹記

덕문정德門亭 고성원운告成原韻

덕문德門이란 정자 지어 공사를 마쳤으니,　　　　亭以德門功告成
유광幽光이 이제 다시 찬연히 밝았구나.　　　　　幽光今復煥然明
연운煙雲은 선천경색先天景色 변하지 않았고,　　　煙雲不改先天色
천석泉石은 태고정취太古情趣 그대로 머금었다.　　泉石惟含太古情
거취去就에 태연하여 벼슬을 사양했고,　　　　　去就綽餘辭爵祿
지신持身에 우아하여 심성을 다하였다.　　　　　持循優雅盡心誠
아름답다 보승계保勝契 계원 여러 선비들!　　　　猗歟保勝諸章甫
고풍古風을 추모하여 그 명성 세웠구나.　　　　　追慕古風樹厥聲

을해년(1995) 중추　윤병문尹秉文 근고謹稿

입덕문入德門 보승계保勝契

○ 1960(庚子) 4. 10 創契
   曹彧煥, 河　侃, 曹龍煥, 李斗基 等 發起

○ 契案序: 李炳穆

○ 歷代 任員

계장　　　　기간	事務局長
河　侃(1960~1972)	曹圭碩
李斗基(1972~1973)	
鄭鎬榮(1973~1980)	曹聖燮
李斗基(1980~1982)	
權震慶(1982~1984)	曹大煥
李敬圭(1984~1988)	曹戊煥
趙宇濟(1988~1990)	
鄭和錫(1990~1992)	
許甲道(1992~1996)	柳洋宇
鄭　奎(1996~1998)	
李琦相(1998~2002)	曹云煥
孫星模(2002~2006)	
姜大星(2006~2008)	
鄭鍾仁(2008~2010)	曹鍾浩
河烈熙(2010~2014)	
權寧達(2014~2016)	曹斗煥
鄭台根(2016~　　)	

한국선비문화연구원

▲ 한국선비문화연구원 전경

1 본관   2 야외공연장
3 회랑   4 경의루
5 한옥체험관   6 선비생활관
7 정자   8 대문
9 주차장

한국선비문화연구원은 지리산 천왕봉이 한 눈에 바라보이는 산청군 시천면 덕천강변에 위치하고 있으며, 2016년에 개원한 최신시설의 연구·연수 기관이다. 산청군으로부터 남명학진흥재단이 위탁받아 운영하고 있으며, 실천적 선비정신을 바탕으로 연구와 연수를 진행하고 있다. 연수는 공직자와 직장인들에게는 청렴에 초점을 맞추고, 학생들에게는 인성교육에 집중하고 있다.

연구원은 300인 규모의 숙박시설과 300인 규모의 대강당 및 100인 규모의 강의실과 마루식 다목적실 그리고 80인석과 48인석의 영상실을 갖추고 있다. 또한 전통 서원과 같은 구조의 한옥연수관도 보유하고 있다. 그리고 기본 선비정신과 인성교육 연수프로그램 외에 다양한 교육프로그램도 마련해두고 있으므로 필요에 따라 맞춤식 연수를 진행할 수 있기도 하다.

인근에는 지리산 천왕봉, 남명조식유적, 대원사, 구형왕릉, 동의보감촌, 목화시배지, 백의종군로, 남사예담촌 등 명승고적들이 자리 잡고 있다. 자세한 사항은 홈페이지(http://www.koreasunbee.kr)를 참조.

• **설립취지**: 한국선비문화연구원은 실천적 선비정신이 한국문화의 핵심임을 인식하고, 남명학을 비롯한 선현들의 실천유학에 관한 자료를 수집·연구하여 한국선비문화의 위상을 정립하며, 이를 현대적으로 계승하기 위한 연수와 체험 및 인성교육 등을 체계적으로 활성화함으로써 개인적 수양과 사회적 실천을 중시하는 선비문화를 사회 각층에 널리 보급하여 미래 한국사회를 이끌어갈 정신문화 창달에 기여하고자 한다.

• **추진사업**
1. 실천유학에 관한 자료수집 및 연구
2. 실천적 선비정신 보급을 위한 연수 사업

3. 인성함양을 위한 체계적인 교육과정 개발·실행

4. 실천 유학 교육연구시설 및 연수시설의 운영·수탁사업

5. 남명 조식 선생과 선비문화와 관련된 서적의 발간사업

6. 전통문화 교육 실시 및 그와 관련한 교육과정 개발

7. 선비문화의 대중적 보급을 위한 각종 미디어 개발

• **사업개요**

◦ 위치: 경남 산청군 시천면 남명로 240번길 33(선비공원 일원)

◦ 사업기간: 2007~2014(7년간)

◦ 사업내용

부지면적: 35,800㎡(10,829평)

건축면적: 8,719㎡(2,637평)

◦ 시설: 연구연수동·숙박동·한옥체험실 등

◦ 총사업비: 19,800백만원(국비 50%, 지방비 50%, 남명 후손출연금
1,000백만원)

• **추진경과**

◦ 2007. 1월 한국선비문화연구원 설립 발기대회

경남지역 향교의 전교와 유림, 시·군 문화원장, 각 서원 대표, 경상남
도·산청군 관계관 및 의회 의원, 남명학 관련단체 인물 등 200여 명

◦ 2007. 2월 (재)한국선비문화연구원 설립 발기인 총회

추진위원장: 이 현 재(덕천서원 원장, 前 국무총리)

집행위원장: 서 영 배(前 경상대학교 총장)

고　　　문: 경상남도지사, 국회의원, 경상남도교육감 등

◦ 2010. 8. 3　한국선비문화연구원 건립 기공식

◦ 2012. 6.　　연구연수동(본관) 완공

◦ 2014. 12.　　연수숙박동 및 체험관·부대시설 완공

◦ 2015. 9.　　조경공사 완공
◦ 2016. 2.　　한국선비문화연구원 준공
◦ 2016. 4. 1. 남명학진흥재단 위탁 운영

부록

부록 **1** 덕천서원 홀기 및 헌관(1952년 이후)

덕천서원德川書院 향례홀기享禮笏記

○獻官以下在位者皆盛服 ○入就階間拜位序立 ○執禮贊唱拜位序立 ○再拜 ○執禮贊唱各就位 ○謁者進初獻官之右請行事 ○謁者引初獻官陞自東階點視陳設 ○仍降復位 ○祝陞詣神座前 ○啓龕點燭 ○啓飯蓋 ○降復位 ○獻官以下在位者皆再拜

行奠幣禮

○祝及諸執事詣盥洗位盥洗 ○祝奉香奉爐陞詣神座前 ○謁者引初獻官詣盥洗位盥洗 ○仍詣南冥曺先生神座前跪 ○奉香烽爐獻官之左右跪 ○三上香 ○祝奉幣篚授獻官 ○獻官執幣 ○以幣授祝 ○奠于神位前 ○獻官俯伏興 ○次詣守愚堂崔公神座前跪 ○奉香烽爐獻官之左右跪 ○三上香 ○祝奉幣篚授獻官 ○獻官執幣 ○以幣授祝 ○奠于神位前 ○獻官俯伏興 ○獻官及祝奉香奉爐俱降復位 ○獻官再拜

行初獻禮

○奉爵詣爵洗位洗爵 ○奉置于奠所坫上 ○奠爵入就堂內位 ○司奠就奠所 ○謁者引初獻官詣奠所 ○奉爵以爵授獻官冪酌酒 ○獻官以爵授奉爵 ○仍詣南冥曺先生神座前跪 ○奉爵以爵授奠爵 ○奠爵進爵于獻官 ○三祭酒 ○獻官以爵授奠爵 ○奠于神位前 ○獻官俯伏興 ○次詣守愚堂崔公神座前跪 ○奉爵執爵 ○司奠酌酒 ○奉爵以爵授奠爵 ○奠爵進爵于獻官 ○三祭酒 ○獻官以爵授奠爵 ○奠于神位前 ○獻官俯伏興南冥曺先生神座前跪 ○祝進獻官之左東向跪 ○讀祝 ○訖俯伏興 ○獻官俯伏興 ○獻官及祝俱降復位 ○獻官再拜

行亞獻禮

○贊引引亞獻官詣盥洗位盥洗 ○仍詣奠所 ○奉爵以爵授獻官 ○司奠酌酒 ○獻官以爵授奉爵 ○仍詣南冥曺先生神座前跪 ○奉爵以爵授奠爵 ○奠爵進爵于獻官 ○獻官以爵授奠爵 ○奠于神位前 ○獻官俯伏興 ○次詣守愚堂崔公神座前跪 ○奉爵執爵 ○司奠酌酒 ○奉爵以爵授奠爵 ○奠爵進爵于獻官 ○獻官以爵授奠爵 ○奠于神位前 ○獻官俯伏興 ○獻官降復位 ○獻官再拜

行終獻禮

○贊引引終獻官詣盥洗位盥洗 ○仍詣奠所 ○奉爵以爵授獻官 ○司奠酌酒 ○獻官以爵授奉爵 ○仍詣南冥曺先生神座前跪 ○奉爵以爵授奠爵 ○奠爵進爵于獻官 ○獻官以爵授奠爵 ○奠于神位前 ○獻官俯伏興 ○次詣守愚堂崔公神座前跪 ○奉爵執爵 ○司奠酌酒 ○奉爵以爵授奠爵 ○奠爵進爵于獻官 ○獻官以爵授奠爵 ○奠于神位前 ○獻官俯伏興 ○獻官以下諸執事俱降復位 ○獻官再拜

行飲福禮

○奠爵陞詣神座前 ○謁者引初獻官詣飲福位 ○西向跪 ○祝陞獻官之右 ○奠爵以佗爵減進神座前福酒 ○授爵於祝 ○祝跪以授爵於獻官 ○獻官率爵 ○祝受虛爵復於坫 ○奠爵以佗器減進神座前胙肉 ○授器於祝 ○獻官受胙 ○還授祝 ○祝封置于卓上 ○獻官俯伏興 ○獻官以下俱降復位 ○獻官以下在位者皆再拜 ○祝陞詣神座前 ○闔龕 ○撤邊豆 ○降復位

行望瘞禮

○謁者引初獻官詣望瘞位 ○西向立 ○祝取祝板及幣篚降自西階 ○謁者進初獻官之左白禮畢 ○在位者以次出

執事目

○初獻官 ○亞獻官 ○終獻官 ○執禮 ○祝 ○謁者 ○贊人 ○奉香 ○奉爐 ○司奠
○奉爵 ○奠爵 ○判陳 ○贊唱 ○學生 ○直日

남명南冥 선생先生 상향축문常享祝文

敬義之學 出處以時 卓立大東 百世宗師

수우당守愚堂 선생先生 춘추春秋 상향문常享文

學務爲己 識造明決 道存守爲[1] 功侔距闢[2]

---

1) 원문의 守爲는 『孟子』〈離婁〉편에 나오는 〈守孰爲大 守身爲大〉의 준말인 듯하다.

2) 원문의 距闢은 『孟子』〈滕文公〉편에 나오는 〈距楊墨〉과 〈闢異端〉의 준말인 듯하다.

진설도陳設圖

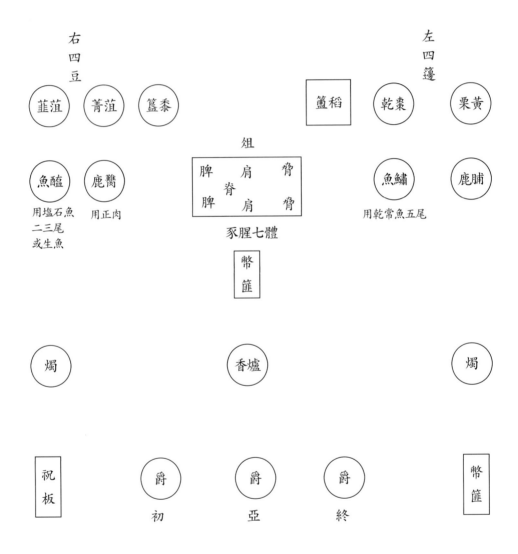

1927년 덕천서원 중건 후 경임안經任案

▲ 덕천서원경임록

1927년(정묘)		韓愼 曺建相
1929년(기사)		權球煥 曺建相
1931년(신미)		河亨植 曺秉斗
1933년(계유)		鄭珉鎔 曺杓
1934년(갑술)		鄭珉鎔 曺杓
1935년(을해)		閔成鎬 權忠容 曺杓
1937년(정축)		鄭允煥 河載玄 曺杓
1940년(경진)		都秉圭 李敎永 曺秉炯
1944년(갑신)		都秉圭 權載弘 曺秉炯
1945년(을유)		都秉圭 李敎永 曺秉炯
1947년(정해)		朴道和 鄭然明 曺秉炯
1952년(임진)		崔奎煥 權昌鉉 曺秉炯
1953년(계사)		朴道和 崔奎煥 曺相權

연도		
1954년(갑오)		李垞洙 孫永錫 曺相權
1955년(을미)		李垞洙 孫永錫 曺相權
1956년(병신)		河禹善 李炳錫 曺哲燮
1957년(정유)		河禹善 李炳錫 曺哲燮
1958년(무술)		河禹善 李炳錫 曺哲燮
1961년(신축)		梁憙煥 李炳碩 曺哲燮
1963년(계모)		梁憙煥 李炳碩 曺碩煥
1964년(갑진)		李炳碩 李文海 曺碩煥
1965년(을사)		李炳碩 李文海 曺碩煥
1966년(병오)		李炳碩 李文海 曺碩煥
1967년(정미)		閔泳馥 鄭直敎 曺碩煥
1968년(무신)		朴泰坤 鄭直敎 曺秉述 秋 李璋洙 鄭直敎 曺秉述
1969년(기유)		李璋洙 鄭直敎 曺秉述
1970년(경술)		李璋洙 權東赫 曺秉述 秋 李璋洙 權東赫 曺秉述
1973년(계축)		鄭泰泓 金錫熙 曺秉政
1974년(갑인)		鄭泰泓 金錫熙 曺學煥 秋 金錫熙 金然埴, 曺學煥
1975년(을묘)		秋 鄭道錫 金錫熙 曺學煥
1977년(정사)		春 鄭道錫 韓英愚 曺學煥
1978년(무오)		春 成煥德 沈在善 曺義生
1981년(신유)	春 全相希	秋 河東根 李相學 曺義生
1986년(병인)		春 權震慶 全孟煥 曺義生
1987년(정묘)		權震慶 全孟煥 曺穩煥
1989년(기사)		河炳列 朴雨達 曺穩煥
1990년(경오)		河炳列 朴雨達 曺鍾明
1992년(임신)		梁在道 鄭泰秀 曺鍾明
1995년(을해)		鄭泰守 河有楫 曺穩煥
1997년(정축)	李賢宰	鄭泰守 河有楫 曺穩煥
1998년(무인)	李賢宰	河有楫 金 煉 曺又煥

2001년(신미)	李賢宰	河有楫 金 煉 曹又煥 曹鍾浩
2003년(계미)	李賢宰	河有楫 金 煉 曹鍾浩 曹基成
2006년(병술)	李賢宰	河有楫 金 煉 曹基成 曹澤煥
2008년(무자)	李賢宰	河有楫 權寧達 曹基成 曹澤煥
2009년(기축)	李賢宰	河有楫 權寧達 曹澤煥 曹相壽
2011년(신묘)	李賢宰	河有楫 權寧達 曹澤煥 曹相壽
2012년(임진)	李賢宰	河有楫 權寧達 曹相壽
2013년(계사)	趙淳	李秉道 李完圭 曹相壽 曹正煥
2015년(을미)	趙淳	李秉道 李完圭 曹正煥 曹鍾燮
2016년(병신)	趙淳	許捲洙 河大遠 曹正煥 曹鍾燮

1952년 이후 덕천서원德川書院 채례采禮 헌관집사록獻官執事錄

▲ 덕천서원 재회록齋會錄

	초헌관	아헌관	종헌관	집례	축
壬辰年(1952년)	金鍾皓	李聖洙	朴道和	李益鉉	朴雨喜
癸巳年(1953년 春)	朴海聖	權載泰	趙鏞文	閔泳馥	都埰圭
癸巳年(1953년 秋)	金漢鍾	文永濟	河龍煥	金學洙	李炳榮
甲午年(1954년 春)	權瑛容	都錫舜	孫夏錫	河琮憲	許宗琡
甲午年(1954년 秋)	李鉉宣	河鍾洛	鄭盛根	成煥中	韓鴻燮
乙未年(1955년 春)	河啓仁	朴碩東	權邴容	金相峻	孫夏錫
乙未年(1955년 秋)	金熙達	崔淙鎬	李秉薰	柳正馨	鄭禹泰
丙申年(1956년 春)	都秉圭	李垞洙	曺相夏	成在祺	都鎭一
丙申年(1956년 秋)	金在洙	閔柄鎬	鄭永錫	李殷赫	鄭直敎
丁酉年(1957년 春)	宋亨求	崔榮契	文泰柱	姜在憲	金克洙
丁酉年(1957년 秋)	田璣鎭	姜善炳	河在鎬	許南奎	金永達
戊戌年(1958년 春)	權蕭鳳	愼宗瑄	鄭允憲	河琮憲	李貞夏
戊戌年(1958년 秋)	李東錫	安明植	成榮台	李炳碩	都炫圭

己亥年(1959년 春) 鄭然準 河致洙 鄭允憲 李晦根 成萬秀
己亥年(1959년 秋) 河尙洛 成瓚奎 沈鎭宅 李炳教 金璣柱
庚子年(1960년 春) 梁熹煥 李文海 吳正鉉 金容燦 鄭台永
庚子年(1960년 秋) 盧正淵 李萬洙 田溶起 朴紀鉉 金南楮
辛丑年(1961년 春) 崔淳福 鄭載權 河相恒 郭柱完 河東根
辛丑年(1961년 秋) 梁在觀 韓 愼 權正周 鄭金永 鄭在華
壬寅年(1962년 春) 權轍熙 李璋洙 成璿柱 柳基馨 李漢龍
壬寅年(1962년 秋) 姜甲永 田衡煥 崔鳳煥 權載金 閔泳杓
癸卯年(1963년 春) 鄭泰英 姜渭道 朴贊殷 房 珍 金炳駿
癸卯年(1963년 秋) 朴鍾燮 河禹善 權丞容 權載甲 朴相彦
甲辰年(1964년 春) 朴在周 金奎泰 宋憲秀 具喆壽 河道善
甲辰年(1964년 秋) 李秉澤 李浚相 曹秉纘 申紀湜 李璣永
乙巳年(1965년 春) 李壽增 李泰榮 尹一洙 李槇玉 河致復
乙巳年(1965년 秋) 李教翼 金永鐸 李尙榮 鄭泰泓 權宅容
丙午年(1966년 春) 權平鉉 金鶴洙 鄭昌時 權載文 鄭泰秀
丙午年(1966년 秋) 崔奎煥 河 侃 金容燦 李源大 朴相燁
丁未年(1967년 春) 金廷洙 朴訂鉉 李炳碩 白珣基 李圭達
丁未年(1967년 秋) 金學洙 鄭鉉植 都錫揆 崔養燮 鄭載文
戊申年(1968년 春) 李永鉉 洪升坤 宋輝柱 金泰忍 李章漢
戊申年(1968년 秋) 柳遠洙 鄭煥佑 柳寅洙 權東赫 鄭道錫
己酉年(1969년 春) 盧相基 尹炳祐 柳海宗 金相箕 權玉鉉
己酉年(1969년 秋) 權載旭 李仁燮 朴琳奎 朴原秀 鄭鎬璟
庚戌年(1970년 春) 李禹錫 趙信濟 曺相旻 李炳吉 梁在道
庚戌年(1970년 秋) 許宗德 李鎭基 柳海冀 許 洞 權泰根
辛亥年(1971년 春) 權昌鉉 成景植 鄭鍾祿 金千洙 禹在範
辛亥年(1971년 秋) 李炳穆 權載甲 姜泰熙 尹漢基 金麒洎
壬子年(1972년 春) 鄭玉相 鄭瓘錫 曹錫泌 田溶求 李鍾泰

壬子年(1972년 秋) 趙鏞述　閔濟鎬　河義魯　金錫熙　曺明煥
癸丑年(1973년 春) 李在敎　李仁相　金正植　權球容　李斗基
癸丑年(1973년 秋) 李敎元　李炳伍　權寧均　朴煥洙　金相朝
甲寅年(1974년 春) 金鎭沃　李應洙　河永洛　朴相彦　曺東煥
甲寅年(1974년 秋) 朴泰坤　權震慶　盧在日　成煥德　閔致宙
乙卯年(1975년 春) 河天植　權泰鉉　曺鎭敬　李碩相　李龍奎
乙卯年(1975년 秋) 柳遠準　權舒鉉　金相根　權復根　河龍興
丙辰年(1976년 春) 李璋洙　鄭泰仁　鄭九錫　曺喜益　權元煥
丙辰年(1976년 秋) 李煥奎　李奎煥　李斗基　李圭珩　吳敬守
丁巳年(1977년 春) 文相道　李甲洙　李德柱　韓英愚　金德龍
丁巳年(1977년 秋) 鄭泰鍊　成鳳律　宋世祐　許汪九　權淳道
戊午年(1978년 春) 姜洙爀　柳龍馨　李潤洙　李興中　李泰錫
戊午年(1978년 秋) 安七相　崔在麟　李炳珣　沈在善　成煥德
己未年(1979년 春) 鄭淳柾　曺德煥　朴元鍾　河龍雯　李根相
己未年(1979년 秋) 崔式林　朴雨喜　沈相碩　諸鳳模　成煥德
庚申年(1980년 春) 閔昶鎬　金仲洙　文愿根　李晉洛　李鉐根
庚申年(1980년 秋) 趙鏞壽　姜炳漢　成煥祚　李相學　崔寅國
辛酉年(1981년 春) 全相希　梁在基　李甲相　金相鳳　鄭洙煥
辛酉年(1981년 秋) 文英柱　許　洞　柳益秀　許汪九　都東均
壬戌年(1982년 春) 鄭富永　李䬵兌　河炳列　崔載浩　鄭奎燮
壬戌年(1982년 秋) 李憲柱　全孟煥　李鎭玉　姜炳佑　洪尙植
癸亥年(1983년 春) 許　营　鄭海永　曺宰煥　權寧執　沈馨輔
癸亥年(1983년 秋) 金　浧　鄭寅淳　鄭淳權　李聖烈　河有楫
甲子年(1984년 春) 姜祖憲　河鍾煥　金相鎭　黃圭性　南仲熙
甲子年(1984년 秋) 朴煋晧　李敬俊　姜允瑞　全相泰　鄭中圭
乙丑年(1985년 春) 李東建　李敬奎　尹抖植　金秉義　李圭奭
乙丑年(1985년 秋) 金鎭敬　閔泳杓　河道龍　崔黙煥　李保鉉

丙寅年(1986년 春)	沈相碩	李五相	鄭鎬璟	盧秉德	李浩相
丙寅年(1986년 秋)	梁典煥	李道桓	文正東	趙光濟	李瑢鎭
丁卯年(1987년 春)	全東一	朴雨達	朴煥洙	鄭遠容	金澤信
丁卯年(1987년 秋)	郭鍾冕	梁在道	李健中	宋周善	李琦相
戊辰年(1988년 春)	許正純	趙宇濟	崔馨洛	李仁基	鄭泰守
戊辰年(1988년 秋)	李晉華	李仁爕	文世勳	李善塤	梁圭漢
己巳年(1989년 春)	李相學	成煥五	李瑛洙	李春植	鄭鳳和
己巳年(1989년 秋)	權舒鉉	李炳台	沈馨輔	金昌淑	李秉道
庚午年(1990년 春)	蔡奎贊	文相日	韓敬泰	朴容淑	金兌仁
庚午年(1990년 秋)	全孟煥	田容求	都東均	李章漢	宋哲鎬
辛未年(1991년 春)	鄭直教	趙顯斗	李兌爕	金兌桓	洪甲允
辛未年(1991년 秋)	李斗基	李炳吉	成煥德	金棟列	李健中
壬申年(1992년 春)	吳正鉉	鄭琦永	金熙韶	柳東淳	郭殷烈
壬申年(1992년 秋)	閔丙默	鄭鍾時	李炳能	金台鎬	李俊洙
癸酉年(1993년 春)	崔圭環	鄭華錫	李鉉洙	金炯東	河龍文
癸酉年(1993년 秋)	河東根	鄭鍾振	尹基煥	張志允	柳洋宇
甲戌年(1994년 春)	金時演	李炳德	姜壽甲	李護根	河龍述
甲戌年(1994년 秋)	成福基	李東瑚	柳秉鎬	姜仲錫	河泰鉉
乙亥年(1995년 春)	李鎬龍	姜斗相	柳在春	柳基瑚	文昶東
乙亥年(1995년 秋)	曺義生	文 栢	權憲祖	李雨爕	李相熙
丙子年(1996년 春)	李重基	金棟列	朴鍾洛	崔日爕	鄭淳敏
丙子年(1996년 秋)	鄭泰秀	吳春根	李鉉純	李元熙	張炳薰
丁丑年(1997년 春)	李賢宰	吳宗植	金 煉	全龍埰	蔡洙彦
丁丑年(1997년 秋)	金秉義	禹聲九	權淳翊	鄭允容	李京淑
戊寅年(1998년 春)	李賢宰	金棟列	河泰鎰	李章厚	柳江夏
戊寅年(1998년 秋)	李九榮	河柄祐	金時孝	朴穰奎	許光永
己卯年(1999년 春)	呂澈淵	柳升蕃	金東俊	柳竝夏	李甲圭

己卯年(1999년 秋)　張志允　金泰淳　李　燮　南哲鉉　許萬秀
庚辰年(2000년 春)　權淳纘　成煥喆　金鍾善　全寅鎭　柳會鵬
庚辰年(2000년 秋)　柳端夏　金基赫　安明洙　李炳根　鄭台根
辛巳年(2001년 春)　姜泰彧　鄭憲敎　權都熙　張麟采　李完圭
辛巳年(2001년 秋)　金渭錫　李鍾達　趙英濟　孔煉雄　李明星
壬午年(2002년 春)　林芝鍾　宋台復　李仙浩　申亨澈　河萬召
壬午年(2002년 秋)　金東漢　許永道　鄭錫埁　梁在東　權寧達
癸未年(2003년 春)　權廷羽　郭武淳　申斗千　鄭胄鎬　許宗禧
癸未年(2003년 秋)　李震宰　河大煥　權海鏗　梁喜容　尹封洛
甲申年(2004년 春)　柳基元　金聲在　趙範來　李榮熙　李碩淇
甲申年(2004년 秋)　成煥德　李熙俊　河獜錫　文承烈　沈星求
乙酉年(2005년 春)　趙東翰　韓善愚　金相瓊　姜熙大　鄭玉永
乙酉年(2005년 秋)　宋在燮　柳澤夏　朴奇鎬　鄭快永　沈東燮
丙戌年(2006년 春)　金大煥　諸明秀　李宰喆　趙承昌　李次相
丙戌年(2006년 秋)　李仁基　河大湖　河龍述　金正煥　李相弼
丁亥年(2007년 春)　崔昌坤　李秉道　金植鉉　李鍾慶　裵碩漢
丁亥年(2007년 秋)　鄭遠容　朴炯梓　成龍燮　權奇達　河大逵
戊子年(2008년 春)　李琦相　申龍水　李達海　柳洋宇　李承穆
戊子年(2008년 秋)　鄭泰守　朴晩俊　河泰鉉　張炳國　李珍秀
己丑年(2009년 春)　權五崇　鄭健容　李通周　朴春在　李鍾錫
己丑年(2009년 秋)　李龍奎　金昌洨　河在龜　文泳煥　張世完
庚寅年(2010년 春)　金　煉　李熙萬　金忠錫　李孝根　金鍾憲
庚寅年(2010년 秋)　成煥圖　全龍采　柳樟煥　鄭東勳　文映東
辛卯年(2011년 春)　辛大圭　鄭柱澤　河東鎬　李道基　康圭弘
辛卯年(2011년 秋)　張相熙　鄭然九　金正煥　河載禹　金信秀
壬辰年(2012년 春)　李泳福　都相仲　韓基仁　河烈熙　李庸圭
壬辰年(2012년 秋)　李鐘植　李　洪　朴鍾魯　權永福　金永東

癸巳年(2013년 春) 崔烈坤　權相穆　李相錫　河龍雨　成碩基

수우당 선생 복배향 봉안고유제

	헌관	집례	축
癸巳年(2013년 秋)	林鎔道	文承烈	沈東燮

수우당 선생 봉안고유제

	헌관	題牌	집례	축
癸巳年(2013년 秋)	趙韓奎	李相弼	文承烈	沈東燮

癸巳年(2013년 秋) 申相佑	李相熙	李相泰	河大遑	孫源模
甲午年(2014년 春) 河有楫	鄭今永	河樟根	李秉擇	鄭基敏
甲午年(2014년 秋) 鄭奎燮	姜泰中	金鉉五	河行洛	李永宥
乙未年(2015년 春) 金布煥	河龍宅	趙漢哲	金鍾善	李相奎
乙未年(2015년 秋) 文龍鎬	李秉萬	鄭陳勳	金在浩	許斗阡
丙申年(2016년 春) 孫星模	李　燉	柳宗煥	鄭玉永	姜三秀
丙申年(2016년 春) 金徹壎	鄭秉禧	全皓烈	李泰源	權甲鉉

부록 **2** 남명학 연구 및 선양기관

1. 남명학의 선양경과

1967~1968년 당시 계명대학 철학과에 재직 중이던 김충렬金忠烈 교수는 서울대학교에서 '한국철학사'를 강의하던 박종홍朴鍾鴻 교수가 미국으로 잠시 가게 됨에 따라 그 강의를 대신 하게 되었다. 그 과정에서 종래에 쓰여진 『한국철학사韓國哲學史』 또는 『조선유학사朝鮮儒學史』 등에서 응분의 위상과 학문사상을 비중 있게 다루어야 할 남명 조식 선생에 대한 편폭篇幅과 내용이 너무 소홀하고 생략되어 있는 것을 발견하였다. 그리하여 남명 선생의 학문과 사상을 특별히 연구·보강함으로써 소수이기는 했으나 학생들로 하여금 남명 선생에 대해 새로운 인식을 갖게 하였다.

1970년 김충렬 교수는 고려대학으로 옮기고, 문과대학생 전원이 필수로 들어야 하는 '한국사상사'의 대단위 강의를 맡으면서 본격적으로 '남명의 학문사상과 그의 선비정신'을 고취하여 많은 학생들의 호응을 받았다. 이에 힘입어 김 교수는 강의내용을 논문으로 정리하여 마침 『독서신문讀書新聞』(주간지)에서 특별 기획한 한국사상가 50인을 선정하여 매 분기마다 한 사람씩을 소개하는 란에 발표함으로써 학계의 관심을 환기시켰다.

한편 이와는 별도로, 비슷한 시기에 남명 선생의 후손들은 오랜 침체를 벗어나 선조의 위훈지도偉勳之道를 재조명하기 위한 사업을 추진하기 시작하였다. 우선 1973년 9월에 그 첫 사업으로 계획한 남명 선생의 문집 번역과 사적개발사업史蹟開發事業을 위하여 뜻을 같이한 조봉조曺鳳祚, 조원섭曺元燮 등이 그 기금조성에 착수하여 진주권에 거주하는 종인

宗人 21인(봉조鳳祚, 원섭元燮, 재화在鏵, 규호圭鎬, 의생義生, 수남壽南, 옥환玉煥, 영기瑛基, 태기太基, 규석圭碩, 창환昌煥, 담환潭煥, 경진慶律, 백환伯煥, 종명鐘明, 필규筆圭, 녹환祿煥, 규술圭述, 익환益煥, 성언性彦, 창환昌煥(부산))으로부터 협찬을 얻었는데, 특히 옥환, 재화, 봉조의 천포지공泉布之功이 지대하였다.

1976년에는 본 사업을 적극 추진하기 위하여 조직을 본격화 하고, 그 책임자로 조의생을 선임하여 2차 협찬을 얻어 많은 금액을 적립하였다. 또한 '남명 선생 탄신추모제南冥先生誕辰追慕祭'를 위한 기금도 여러 종인으로부터 협찬을 얻었다. 이러한 종인의 협찬에 의하여 저명한 번역한학자를 모시고자 각 방면으로 탐문하던 중에 의외의 시점에서 학계에서 남명학을 연구·선양하고 있던 김충렬 교수와의 만남이 이루어지게 되었다.

당시 김 교수는 대중지라고 할 수 있는 월간 『세대世代』의 요청으로 남명 선생에 관한 비교적 자세한 내용의 글을 게재하였고, 또 1976년 6월에는 월간지 『문학사상文學思想』에 「지식인知識人의 수난사受難史」란 제목의 글에서 남명 선생의 행적을 기고하였다. 이 시기에 김 교수의 강의를 들었던 남명 선생의 후손 을환乙煥이 고향 덕산에 남명 선생의 후손이 많이 거주하고 있음을 김 교수에게 알렸고, 김 교수의 글을 읽은 조원섭의 딸 명숙明淑(당시 숙명여대 재학)이 이러한 사실을 문중에 알려 주어 그 책을 구하여 탐독하고서, 이는 곧 성대곡成大谷 선생이 말한 "하필 지금의 사람들에게서만 알아주기를 구하리오, 곧바로 백세를 기다려도 아는 사람은 알 것이라何必求知於今之人 直百世以俟知者知耳"라고 한 '아는 사람'이 바로 김 교수라고 하면서 크게 반가워하였다. 이리하여 김 교수를 예방禮訪할 계획을 세우게 되었고, 문중 회의를 소집하여 이와 같은 사실을 보고하니 조의생, 백환, 봉조, 재화, 옥환, 원섭, 종명, 승환, 도상, 경태, 병정, 익환 등 전원 12인은 만장일치로 김 교수 예방자로 봉조, 원섭 두 사람을 지명하였다.

이어 두 사람은 1977년 3월 초에 상경하여 김 교수를 예방하고 그동안의 노고에 대해 문중대표로서 감사의 뜻을 표하고, 당시 진행 중인 사업현황을 수의酬議한 결과 문집번역자로는 한학자 조규철曺圭喆 씨를 김 교수가 추천하여 주었으며, 8월로 예정되어 있는 제1회 '남명제南冥祭'와 '학술강연회學術講演會'에 김 교수가 참석할 것을 쾌히 승낙하였다.

이리하여 드디어 8월 9일 당시 새마을연수원 부원장으로 있던 조영기 씨의 안내로 김 교수는 진주에 오게 되었고, 진주학생실내체육관에서 2,000명 이상의 군중이 모인 가운데 김충렬 교수, 정중환丁仲煥 교수, 박종한朴鐘漢 교장의 학술강연회가 성황리에 이루어져 진주문화권에 폭넓은 호응을 불러일으키게 되었다. 다음 날인 10일에는 당시 대아고등학교 교장이며 경남사립중고등학교 교장단회장校長團會長이었던 박종한 선생께서 마련한 제1회 '남명제'가 덕천서원德川書院에서 역시 성공적으로 진행되어 남명 선생 현양사업의 모태가 되었다. 그 날 조옥환 사장을 비롯한 조씨 문중 유지들은 김충렬 교수의 담론을 듣고 남명 선조의 학덕을 현양해야겠다는 숭조심崇祖心을 다짐하고 그 구체적인 사업계획을 세우고 위선지성爲先之誠을 쏟기 시작하였다. 당일 김 교수는 「알남명선생사우謁南冥先生祠宇」라는 다음과 같은 시詩를 지어 감회를 표현하였다. "천 리 길 진주가 한 나절 일정이니, 아침에 서울 떠나 저녁에 산청이네. 구름은 지리산의 참모습 감추었고, 물은 양당에서 만나 세속으로 흐르네. 처사 거처한 깊은 시골 서원은 그윽하고, 철인의 비석 오래되어 돌 꽃이 푸르구나. 이제껏 영령 돌아갈 곳 없어서, 적막한 선생은 후생을 기다렸네![千里晉州半日程 朝辭漢北暮山淸 雲藏智異眞面目 水激兩塘世俗情 處士村深杏院邃 哲人碑古石花靑 而今靈氣無歸屬 寂寞先生待後生]"이다.

그 이후 학계의 배종호裵宗鎬 교수는 "수 년 전(1978)에 발간한 『한국철학연구韓國哲學研究』(동명사東明社)의 중권에 김충렬 교수의 논문 「조식曺植의 학문學問과 사상思想」이 실리게 되는데, 그 논문에 대한 논평도 실을 예정이라면서 필자에게 그것을 의뢰한 일이 있었다. 나는 불미不美

하게도 그 때까지는 『남명집南冥集』을 읽은 일이 없었기 때문에 그에 대한 논평을 사양하였다. …여하튼 김충렬 교수의 남명사상이 한국철학계에 소개된 것은 사학斯學 연구발전에 크게 공헌한 것"(『남명학연구논총南冥學研究論叢』 제1집, 28쪽)이라고 하고 있는 바와 같이, 그때까지도 남명 선생에 대한 학계의 연구는 전혀 이루어지지 않고 있었다.

이로부터 학계의 연구도 조금씩 많아지고 '남명제'가 계속 이어져 세인의 관심이 점차 높아지자 남명 선생의 후손들과 산해연원가山海淵源家의 후예들 그리고 진주지방의 명사들이 남명학연구원南冥學研究院을 설립할 것을 발기하였다. 삼현여고三賢女高 교장이었던 아천我川 최재호崔載浩 선생께서 발기인대회發起人大會를 주관하고 이사진과 운영위원회를 구성하고서 1986년 8월 24일 남명학연구원의 발족을 보게 되니 초대 운영위원장에 조옥환, 이사장에 하동근河東根, 원장에 김충렬 교수가 선임되었다. 그리고 경상대학교의 오이환吳二煥 교수에 의해 방대한 분량의 남명학관련 고문헌古文獻들을 수집·복사하여 비치함으로써 연구를 위한 토대를 마련하였다.

한편 정중환丁仲煥 박사와 김상조金相朝 씨 등의 노력으로 지방문화재地方文化財로 지정되어 있던 남명 선생의 유적지들이 조옥환 사장의 적극적인 후원 아래 당시 덕천서원 원장이었던 전상희全相希 선생, 김충렬 교수, 이규호李奎浩 전문교부장관, 문중의 조인생曹仁生 씨, 당시 문화공보부의 정태진鄭泰辰 국장 등의 협조 하에 문화공보부에서 국가문화재國家文化財로 승격하여 1983년 1월 23일 국가지정문화재國家指定文化財 사적史蹟 305호로 산천재山天齋, 덕천서원德川書院, 별묘別廟, 여재실如在室 등 일원이 지정되었다. 또한 남명학연구원에서는 1988년 10월 『남명학연구논총南冥學研究論叢』 창간호를 발간했으며, 같은 시기에 경상대학교 개교 40주년 기념 '국제학술대회'를 개최하게 되어 이를 조옥환 사장과 조재화 한일교통 사장 등 조씨 문중의 인물들이 적극적으로 후원하였다. 이 결과 경상대학교에서는 『경남문화연구慶南文化研究』 제11집을 남명학 특집호로 간행하였다.

또한 국가문화재 지정을 위한 노력의 과정에서 남명 선생의 생애와 업적에 대한 국민적 인식이 희박함을 느낀 조옥환 사장은 이 내용을 국민학교 교과서에 등재할 필요성을 절감하고 추진위원회를 구성하고서 문교부에 건의하여 이를 실현하게 되어 전국의 몇 군데 시범학교에서의 교육을 시행하고, 드디어 1990년부터 전국의 국민학교 6-1『읽기』교과서 제4과(37~47쪽)에 '조식' 항목을 등재하여 국민학생을 통하여 전국민이 남명 선생의 생애와 업적을 알게 하는 데 기여하였다.

또 이정한李正漢 전 경상대학교 총장의 적극적인 후원으로 남명학연구소南冥學研究所 발기인대회를 거쳐, 같은 해 9월 남명학연구소 창립총회를 개최함으로써 정식으로 연구소의 발족을 보게 되었다.

한편 남명학연구원에서는 연구원의 계속사업으로서 연구활동을 추진해 온 결과 1992년 2월『남명학연구논총』제2집을 발간하게 되었고, 이를 기념하기 위하여 경남문화예술회관에서 출판기념회를 가지기도 하였다.

그러한 과정 중에서 연구원 안에서는 연구원을 사단법인社團法人으로 등록하여야 한다는 요망이 계속 제기되어, 드디어 1993년 11월 20일 사단법인 설립을 위한 발기인대회를 이정한 전 경상대 총장이 발기인 대표를 맡아 경남문화예술회관에서 개최하였다. 그리고 1994년 5월 13일 재무부의 승인을 받고 경상남도 교육감에게 사단법인 남명학연구원 설립허가를 신청하여 6월 30일 경상남도 교육감으로부터 '허가 제17-16호'로 등록허가를 받게 되었으며, 이사장에 권순찬權淳纘 연암 공업전문대학 학장, 원장에 김충렬 고려대학교 대학원장을 포함하여 법정이사法定理事 15인으로 구성하였다. 자산은 조옥환 사장이 기부한 기본자산 1억 원과 법정이사 15인이 출연한 보통자산 일천오백만 원으로 출발하여 7월 28일 산청등기소에 등기를 필하고, 8월 18일 진주세무서로부터 고유번호 613-82-05277을 지정받음으로서 사단법인 설립을 위한 모든 절차를 마치게 되었다.

그리고 9월 1일에 사단법인 남명학연구원의 김경수金敬洙 초대 사무국장을 임명하여 사단법인으로서 연구원의 업무를 추진하면서 한편으로는 지역유림 및 산해연원가山海淵源家의 후손들을 중심으로 평이사平理事를 위촉하여 11월 27일 사단법인 남명학연구원 1994년도 창립이사회를 가지고 95년도 사업계획을 심의 의결하였다. 그 의결에 따라 이미 문화체육부文化體育部에서 선정하는 95년 2월 "이 달의 文化人物"로 지정되어 있던 남명 선생의 기념행사를 준비하게 되었다.

2개월 이상의 준비기간을 거쳐 95년 2월 22일 서울의 성균관成均館에서 한국, 중국, 미국, 일본의 교수들이 참가하여 "남명 선생南冥先生의 학문學問과 사상조명思想照明"이란 주제의 '국제학술대회'를 개최하여 성황리에 마쳤으며, 동시에 "찬남명선생도학讚南冥先生道學"(압운押韻: 인人, 신伸, 신新, 춘春, 친親)이란 제목의 '전국유림한시백일장全國儒林漢詩白日場'을 개최하여 장원壯元에 박영제朴永濟 씨(부산)를 비롯하여 39명의 수상자를 내기도 하였는데, 장원시는 "남명 선생 도학은 하늘과 인간을 다했고, 제자들에 전수되어 온 나라에 펼쳤네. 두드러진 문장은 천고에 혁혁하고, 환히 밝힌 경의는 만 년 동안 새롭네. 두류산 우뚝 솟아 큰 형상 이루었고, 덕천강물 휘돌아 스스로 봄을 둘렀구나. 옛 스승 추모하니 감개가 무량하니, 우리 모두 돌아가 책 속에서 친하자오![南冥道學盡天人 傳授門生海內伸 顯著文章千古赫 倡明敬義萬年新 頭流屹立能成局 德水淸洄自帶春 追慕先師多感慨 吾儕歸欲卷中親]"이다. 또한 1월에 제작한 MBC-TV의 특집 다큐멘터리「남명 조식」도 4월 28일 전국적으로 방영되었다.

한편 연구원과는 별도로 경상대학교 부설 남명학연구소에서는 2월 17일 학술회의를 개최한 데 이어『남명집』교감국역본의 출판기념회를 가졌으며, 다음날은 회원을 모집하여 남명 선생의 사적지를 답사하였다. 또 산청문화원山淸文化院에서도 남명학강연회를 가졌고, 부산민학회釜山民學會에서도 남명학으로 학술회의를 개최하는 등 다양한 행사들이 있었다.

　사적지에 대한 정화 및 기념사업도 진행되었다. 94년도에 청와대에서 가뭄극복 결과에 대한 지방장관회의가 있었음에도 불구하고 대통령의 양해를 얻어 특별히 남명제의 초헌관初獻官으로 참석한 김혁규金爀珪 경상남도지사가 산천재 관리사의 신축에 도비 1억 원의 지원을 약속하였다. 그 지원금으로 3칸 겹집의 아담한 한옥구조의 관리사가 95년 4월 28일 준공되었다. 뿐만 아니라, 국비지원으로 묘소墓所 및 별묘別廟 앞의 정비사업이 95년부터 97년까지 3년간의 연차 계획으로 추진되어 부지보상금에만 15억 원 이상이 투입되었다. 그리고 폐허로 남아 있는 삼가면三嘉面 토동兎洞의 남명 선생 생가지도 95년 5월 2일자로 경상남도 지방문화재 148호로 도지정기념물道指定記念物로 지정되어 수 년 전에 복원이 마무리 되었다.

　1980년대에 들면서 시작된 남명에 대한 본격적인 연구는 약 30여 년의 기간에 비약적인 발전을 이루었다. 오이환 교수가 정리하고 있는 「남명학관계기간문헌목록」에 의하면 2011년 말까지의 기간문헌목록만 무려 120쪽에 이르고, 발표된 논문만 2,000편을 헤아린다.[3] 게다가 남명 선생 탄신 500주년을 맞이하여 대대적인 기념사업을 행한 2001년 이후로는 관련기관들에서 정기적으로 학술회의를 개최하고 논문집을 간행하고 있는 관계로 인하여 1년에 대략 최소한 50편 이상의 연구실적이 추가되고 있는 것으로 볼 수 있다. 남명학관련 연구실적을 정기적으로 간행하고 학술회의를 개최하는 대표적인 단체만 해도 사단법인 남명학연구원을 비롯하여, 경상대학교 남명학연구소 및 서울대학교의 재단법인 남명학회 등이 있다. 남명학연구소에서 1년에 4권의 논문집을 간행하고 있는 것을 비롯하여, 나머지 두 기관에서도 1년에 1권의 논문집을 간행하고 있다. 이 밖에 진주교육대학교의 남명학교육연구

---

　3) 오이환, 『남명학의 새 연구』 하, 한국학술정보, 2012, 313~412쪽.

재단에서도 간헐적으로 성과물을 출판하고 있다.

　이와 같이 단기간에 한 인물에 대한 연구가 폭증하면서 이루어진 사례는 전무후무할 정도인데, 이는 남명 선생의 후손인 조옥환 사장의 적극적인 후원에 의해서 가능한 일이었다. 그리하여 이미 오래 전에 남명의 학문과 사상은 '남명학'이라는 명칭을 가지게 되었으며, 동양철학계에서는 한국의 대표적 사상가 10인의 범주에 포함시키게 되었다 (이는 예문서원에서 기획하여 간행한 '한국의 사상가 10인' 중에 남명이 포함된 것을 말한다. 여기서 말하는 10인은 원효·의천·지눌·이황·조식·이이·정제두·정약용·최한기·최제우 등이다).

　그동안에 있었던 대표적인 기념사업을 몇 가지 열거해보면, 김해의 산해정을 중수하면서 신산서원으로 규모를 확대한 일, 합천의 뇌룡정 옆에 용암서원을 중건하고서 낡은 뇌룡정을 조금 이전하여 중건한 일, 덕산에 남명기념관을 신축하여 연간 십만 명 이상의 관람객을 유치하고 있는 일, 한국선비문화연구원을 설립하여 남명학에 바탕한 선비정신과 청렴 및 인성교육 그리고 힐링 연수를 전국적 규모로 시행하고 있는 일 등이다.

　남명에 대한 연구가 시작되던 무렵에는 주로 남명사상의 특징을 구명하는 것에 초점을 맞추면서 퇴계학과의 비교를 통하여 그 독창성을 찾으려 했고, 이어서는 남명사상의 다양한 영역들로 연구가 확대되었다. 그러면서 가장 중심적인 쟁점으로 부각한 것이 남명의 성리설이었다. 여기에 더하여 정치사상 및 교육사상 등이 많이 거론되었다. 물론, 남명에 대한 연구는 어느 시점 이후로는 제자와 종유인 및 넓은 의미의 남명학파에 속하는 인물들에까지 확대되었고, 최근에는 근세의 인물들까지도 남명과 조금이라도 관계가 있는 경우에는 거의 연구 대상에 포함시키면서 남명학의 외연을 확대하고 있다.

※ 위의 내용은 초기부터 남명 선생 선양사업에 적극적으로 참여하였던 조옥환 사장(남명학진흥

재단 이사장)의 진술을 바탕으로 하고, 관련된 다른 분들의 진술 내용을 추가하여 김경수(당시 남명학연구원 초대 사무국장)가 1차로 정리한 것에, 다시 김경수(현재 한국선비문화연구원 책임연구원)가 2000년도 이후의 내용을 추가로 정리한 것이다. 여기에 등장하는 인물들 중에서 김충렬 교수와 박종한 교장을 비롯하여 많은 분들이 그동안 세상을 떠났다. 그러나 이 글은 당시의 상황을 서술한 것이므로 그분들의 성함 앞에 일일이 고故라는 글자를 표시하지 않았다.

2. 남명학 관련기관 연혁[4]

1) 사단법인 남명학연구원

1986. 08. 09: 남명학연구원 설립준비위원회 발기인 총회-진주예식장
　　　위원장: 최재호
위원: 하병렬, 박종명, 하동근, 김상조, 정직교, 박유달, 하만기, 이태섭,
　　　하유집, 김동렬, 김병기, 김창환, 서익수, 김충열, 오이환, 최해갑,
　　　조옥환, 조재화, 조영기
1986. 08. 24: 남명학연구원 출범
　　　위원장: 조옥환, 이사장: 하동근, 원장: 김충열

1988. 07. 03: 남명사상 교과서 등재 추진위원회 결성
　　　추진위원장: 조옥환, 고문: 김충열, 추진위원: 조팽규, 신충행,
　　　박맹식, 조수망
1988. 09. 01: 『남명학연구논총』 창간호 간행
1988. 10. 18~20: 경상대학교 개교 40주년 기념 남명학연구원 국제학술
　　　회의 개최

1989. 03: 초등학교 6학년 1학기 『국어 읽기』 교과서에 등재-'조식'

---

4) 이 기관들의 연혁은 각 기관이 정리한 내용을 그대로 수록하였다. 다만, 일부의 내용은 집필자가
추가한 경우도 있다. 여기에 수록된 내용은 2016년 8월까지의 내용을 담고 있다.

1992. 02. 01: 『남명학연구논총』 제2집 간행

1993. 11. 20: 사단법인 남명학연구원 설립 발기: 발기인 대표 이정한

1994. 06. 30: 사단법인 남명학연구원 설립허가. 허가 제17-16호
　　　　　　이사장: 권순찬, 원장: 김충렬, 법정 이사 15명 선임
1994. 07. 28: 산청등기소에 등기 필
1994. 08. 18: 진주세무서로부터 사업자 등록번호 지정받음
　　　　　　고유번호 613-82-05277
1994. 09. 01: 김경수 초대 사무국장 겸 상임연구위원 초빙
1994. 12. 10: 창립이사회 개최-동방호텔

1995. 01: MBC 특집다큐멘터리 '남명조식' 제작 지원
1995. 02. 22: 남명 조식 '이 달의 문화인물' 선정 기념 '국제학술회의'
　　　　　　및 '전국한시백일장' 개최, 문예진흥기금 12,000,000원 지원
　　　　　　『남명학연구논총』 제3집 간행
1995. 08. 18: 제19회 남명제 개최(전국 최대의 연례유림행사)
1995. 10: 제7회 '남명문학상' 시상
1995. 12: 학술회의 개최: 주제 '남명 조식의 사상과 문학'

1996. 02: '남명출판사' 등록
1996. 02. 15: 『남명원보』 창간호 발간
1996. 02. 28: 『남명학연구논총』 제4집 간행
1996. 03. 31: 96년도 상임연구위원회 개최
1996. 04. 21: 96년도 이사회 개최
1996. 05. 15: 『남명원보』 제2호 발간
1996. 07. 06: 黃江亭에 남명 시 3수 현판 게시

1996. 07. 08: 산천재 및 덕천서원 새 안내문 설치

1996. 08: 86년부터 경상대학교 오이환 교수에 의해 수집된 남명학 관련 고문헌 복사본 비치

1996. 08. 10: 『남명원보』 제3호 발간

1996. 08. 18: 남명 선생 사적지 안내 책 『남명선생의 자취를 따라』 발간

1996. 08. 18: 제20회 남명선생탄신추모제(남명 선생 탄신 496주년)

1996. 08. 18: 남명학 학술상 96년도 장학증서 수여(경북대학교 박사과정 정우락)

1996. 08. 20~23: "남명 선생 사적지 답사" 1~2차

1996. 10. 17: 덕천서원 추향 봉행

1996. 10. 06: 96년도 제2차 상임연구위원회 개최

1996. 11. 10: 『남명원보』 제4호 발간

1996. 11. 30: 경상대학교 남명학관 기공식

1996. 11: 일본 大倉정신문화연구소와 학술교류 합의

1997. 01. 30: 오이환 상임연구위원 남명학으로 일본 京都大 박사학위 취득

1997. 01. 30: 『남명원보』 제5호 발간

1997. 02. 17: 제2차 남명학 국제학술회의(서울교육문화회관)−2일간

1997. 03. 30: 제1차 상임연구위원회 개최

1997. 04. 02: 기본자산증자(총 2억4천만 원)

1997. 04. 14: 이현재 전 국무총리 덕천서원 신임 원장 취임

1997. 04. 15: 덕천서원 춘향 봉행, 『남명학연구논총』 제5집 간행

1997. 04. 26: 97년도 정기총회 개최
　　　　　제1회 남명학학술상 대상 수상: 오이환 교수(경상대)

1997. 05. 20: 『남명원보』 제6호 발간

1997. 06. 28: 제1차 운영위원회 개최

1997. 07. 04: 산천채 일원 성역화사업 논의 시작

1997. 07. 28: 산천재 성역화사업 설계도 협의회

1997. 08. 10: 『남명원보』 제7호 발간

1997. 09. 08: 산천재 성역화사업 설계시작

1997. 09. 11: 운영위원회 조직분과위원회 개최

1997. 10. 13: 산천재 성역화 사업 설계도 완성

1997. 10. 30: 대구 경운초등학교 백일장 후원

1997. 11. 01: 제2차 상임연구위원회 개최

1997. 11. 10: 『남명원보』 제8호 발간

　　　　　권순찬 이사장 일본 大倉精神文化研究所 방문(18일까지)

1997. 11. 29: 97년도 이사회 개최-강영 씨를 새 법정이사로 영입

1997. 12. 06: 제9회 남명문학상 후원

1997. 12. 30: 남명 선생 시비 건립 후원-덕산 양단수 옆 '두류산 양단
　　　　　수를…', 세심정 옆 '浴川'

1998. 01: 『남명집』 새 판본 발견-신임 이사 조영철 씨 기증

1998. 02. 20: 『남명원보』 제9호 발간

1998. 02. 28: 신산서원 복원 합의

1998. 03. 08: 덕천서원 초청강연회-하유집 이사, 권인호 교수

1998. 03. 31: 덕천서원 춘향 봉행, 운영위원회 조직분과위원회 개최

1998. 04. 24: 신동아 이순영 교수 사건 발생

1998. 04. 30: 임시운영위원회 개회

1998. 05. 01: 『남명학연구논총』 제6집 간행, 기념엽서 발행(1956년도
　　　　　덕천서원 전경 사진)

1998. 05. 04: 임시운영위원회 개최

1998. 05. 09: 제1차 상임연구위원회 및 운영위원회 연석회의 개최

1998. 05. 22: 운영위원회 성역화분과위원회 개최

1998. 05. 30: 『남명원보』제10호 발간

1998. 06. 21: 남명 선생 사적지 답사단 운영

1998. 07. 01: 연구위원 전체 세미나 개최(덕천서원)

1998. 07. 11: 제22회 남명제 헌관 위촉회의

1998. 07. 29: 덕천서원, 산천재 입간판 설치

1998. 08. 10: 『남명원보』제11호 발간

1998. 08. 13: 남명선생추모 전국한시백일장 후원(주최: 남명학부산연
구원)

1998. 08. 18: 제22회 남명제 후원, 교원대 석사과정 고성자 장학금
수여

1998. 09. 29: 권순찬 이사장 연임

1998. 10. 10: 『남명선생문집』목판재현작업 시작

1998. 10. 27: 덕천서원 추향 봉행

1998. 10. 03: 신산서원 사우 상량식

1998. 11. 14: 98년도 하반기 상임연구위원회 개최

1998. 11. 15: 『남명원보』제12호 발간

1998. 12. 03: 인터넷 홈페이지 개설―http://www.nammyung.org

1998. 12. 12: 98년도 정기 이사회 개최, 제10회 남명문학상 시상식

1998. 12. 20: 산천재 소장 목판본으로『남명선생문집』인출 간행

1999. 01. 27: 『남명학연구논총』제1, 2집 전산화 완료

1999. 02. 20: 『남명원보』13호 발간

1999. 02. 27: 제1차 상임연구위원회 개최

1999. 02. 28: 운영위원회 개최

1999. 03. 17: 운영위원회 임시회 개최

1999. 03. 27: 이사장단 산청군의원 면담

1999. 03. 30: 덕산 남명선생사적지 안내비디오 제작

1999. 04. 03: '남명선생탄신500주년준비위원회' 소회의 개최

1999. 04. 10: 『남명학연구논총』 제7집 발간

1999. 04. 19: 이사장단 경남도의원 회동

1999. 04. 28: 비디오비젼 2대를 덕천서원 및 산천재에 설치

1999. 05. 01: 제3차 학술회의 개최(경남문화예술회관)

1999. 05. 06: 운영위원회 임시회의 개최

1999. 05. 13: 서부경남도의원 면담

1999. 05. 31: 『남명선생행장 및 사적』 2,000부 추가인쇄

1999. 06. 07: 지본자산 6천만 원 증자(총 3억 원)

1999. 06. 10: 『남명원보』 14호 발간, 남명학부산연구원 총회 참석

1999. 06. 13: 신산서원 낙성식 및 향례 봉행

1999. 06. 17: 산청문화원 주최 학생백일장 후원(덕천서원)

1999. 07. 03: 제23회 남명제 헌관위촉회의 개최

1999. 08. 10: 『남명원보』 15호 발간

1999. 08. 10: 제2차 상임연구위원회 개최

1999. 08. 15: 덕천서원 부속건물 완공

1999. 08. 18: 제23회 남명제 주관(초헌관 김기재 행정자치부 장관)
    학술상 시상－신병주(박사학위상), 이상규(석사학위상)

1999. 08. 28: 남명학연구자 2명 박사학위 취득－사재명, 채휘균

1999. 10. 10: 부산연구원 한시백일장 후원(덕천서원)

1999. 11. 05: 『남명원보』 16호 발간

1999. 11. 12: '남명선생탄신500주년준비위원회' 개최

1999. 11. 13: 제3차 상임연구위원회 개최

1999. 11. 19: '남명출판부'를 '남명학연구원출판부'로 변경

1999. 12. 03: 남명학연구소 주최 학술회의 협찬

1999. 12. 16: 99년도 정기총회 개최, 학술상 시상－박사(사재명), 석사
    (손영섭, 이상래)

2000. 01. 06: 운영위원회 개최(500주년 기념사업 논의)

2000. 01. 31: 『남명원보』 제17호 발간

2000. 03. 15: 『남명학파 연구』 발간－오이환 저

2000. 03. 15: 사무실 이전

2000. 03. 18: 상임연구위원회 개최

2000. 04. 22: 상임연구위원회 개최

2000. 05. 01: 남명선생탄신500주년 관계자회의(1차)

2000. 05. 10: 『남명원보』 제18호 발간

2000. 05. 22: 남명선생탄신500주년 관계자회의(2차)

2000. 05. 31: 『남명학연구논총』 제8집 발간

2000. 06. 24: 남명선생탄신500주년 관계자회의(3차)

2000. 06. 25: 상임연구위원회 개최

2000. 07. 22: KBS 1TV 역사스페셜 '조식이 지리산에 12번 오른 까닭은' 방영

2000. 07. 31: 남명선생탄신500주년실무기획팀 구성회의

2000. 08. 10: 『남명원보』 제19호 발간

2000. 08. 15: 『남명집 4종』 출간－오이환 편

2000. 08. 18: 제24회 남명제 개최(탄신 499주년)

2000. 08. 19: 2000년도 연구위원 세미나 개최

2000. 08. 30: 남명선생탄 500주년 관계자회의(4차)

2000. 10. 06: 남명학연구원 법정이사 변경 등기

2000. 10. 16: 남명선생탄신500주년 관계자회의(5차)

2000. 10. 16: 경상남도 주최 '경남정신의 뿌리－남명사상' 강연회 및 홍보책자 발간착수

2000. 10. 28~11. 10: 남명선생탄신500주년 사전홍보－20개 시·군에서 강연회 개최

2000. 11. 04: 상임연구위원회 개최

2000. 11. 10: 『남명원보』 제20호 발간

2000. 12. 20: 00년도 정기총회 개최

2001. 02. 08: '남명선생탄신500주년기념사업 취지문' 인쇄

2001. 02. 10: 합천 '남명선생선양위원회' 창립총회 개최

2001. 02. 24: 서울대학교 '남명학회' 창설

2001. 02. 28: (3월 6일 및 8일 등 3차례) 경상남도 공무원교육원 실무
　　　　　　 교육에 남명선생 특강-정우락 상임연구위원

2001. 03. 01: 중국 '국제남명학연구회' 창립

2001. 03. 17: 상임연구위원회 개최

2001. 04. 06: 500주년기념사업 홈페이지 구축

2001. 04. 26: 『남명원보』 제21호 발간

2001. 05. 17: 『남명학연구논총』 제9집 발간

2001. 05. 24: 어린이 용 동화집 『해와 달이 된 스승』(한수연 저) 3,000
　　　　　　 부 발간

2001. 06. 02: 상임연구위원회 개최

2001. 07. 03: 『남명원보』 제22호 발간

2001. 07. 13. 『겨레의 스승 남명조식』 1,000부 인쇄

2001. 07. 20: 『남명학파 정치철학 연구』(설석규 저) 500부 발간

2001. 08. 01: 『남명설화 뜻풀이』(정우락 저) 출판 계약

2001. 08. 04: 상임연구위원회 개최

2001. 08. 16: 제1차 국제학술회의-'남명학과 21세기 유교부흥운동'(2
　　　　　　 일간)

2001. 08. 17~08. 19: 남명선생탄신500주년기념선비문화축제-남명제
　　　　　　 를 비롯한 다양한 축제 행사

2001. 08. 28: MBC 특집 다큐멘터리 '오백년의 대화-남명조식' 방영

2001. 09. 15: 상임연구위원회 개최

2001. 09. 17: 『남명원보』 제23호 발간

2001. 09. 25: KBS 특집 다큐멘터리 '동방의 빛-남명조식' 방영(경남지역)

2001. 10. 20: KBS 특집 다큐멘터리 방영 '동방의 빛-남명조식'(전국)

2001. 10. 23: 경상대학교 〈남명학관〉 개관

2001. 10. 25~10. 26: 경상대학교 남명학연구소 주최 국제 학술회의-
'남명학술사상 남명학의 위상'(남명학관) 개최

2001. 11. 06: '남명선생탄신500주년기념행사' 종합보고회

2001. 11. 16: 서울대학교 '남명학회' 제1회 국제학술회의 개최

2001. 12: 『남명원보』 제24호 발간

2001. 12. 22: 01년도 정기총회 개최

2001. 12. 23.~24: 2001년도 연구위원 정기세미나

2001. 01: 서사극 〈시골선비 조남명〉 서울공연예술제 대상 수상

2001. 01: 〈남명 선비문화축제〉 문화관광부 선정 '지역 민속예술축제'
로 지정. 2002년부터 국비지원

2002. 01. 01: 상임연구위원 3명 추가 위촉-박병련(정신문화연구원),
한명기(명지대), 신병주(서울대 규장각)

2002. 02. 06: 상임연구위원회 개최

2002. 02. 25: 남명제 홀기 2종 인쇄
연구원 부설 평생교육원 설립신청 승인

2002. 03. 15: 『남명원보』 제25호 발간

2002. 03. 31: 상임연구위원회 개최

2002. 04. 16: 『경남정신의 뿌리-남명조식선생』 500권 인쇄

2002. 05. 11: 연구위원 세미나-산청군 삼장면(2일간)

2002. 06. 08: 상임연구위원회 개최

2002. 06. 15: 『남명원보』 제26호 발간

2002. 06. 30: 『남명학연구논총』 제10집 발간

2002. 08. 15: 『남명원보』제27호 발간

2002. 08. 16: 학술회의 개최(2일간)

2002. 08. 17: '선비문화축제'(제26회 남명제) – 서사극, 의병출정식, 기념식, 식후공연(2일간)

2002. 08. 18: 남명장학금 시상

2002. 08. 01: 2대 사무국장 양기석 선임

2002. 08. 30: 국립진주교육대학교와 협정서 체결

2002. 08. 31: 상임연구위원회 개최

2002. 09. 28: 진주교대 강연회 – '남명사상과 문학적 상상력'

2002. 10. 06: 덕천서원 추향 봉행

2002. 11. 01: 한국철학자대회 후원(2일간)

2002. 11. 28: 「남명선생 사적지 안내문」인쇄

2002. 12. 14: 상임연구위원회 개최

2002. 12. 16: 『남명원보』제28호 발간

2002. 12. 30: 『남명학연구논총』제11집 발간

2003. 02. 10: 운영위원회 개최

2003. 02. 21: 2003년도 정기총회 개최 – 제3대 권정호 이사장 선출

2003. 03. 16: 상임연구위원회 개최

2003. 03. 31: 『남명원보』제29호 발간

2003. 04. 04: 덕천서원 춘향 봉행

2003. 04. 08: 남명학부산연구원 선적순례 및 연구원 방문

2003. 04. 12: 연구위원 세미나 및 남명선생 두류산 유람록 코스 답사 (2일간)

2003. 06. 21: 상임연구위원회 개최

2003. 06. 30: 『남명학연구논총』제12집 발간

2003. 06. 30: 『남명원보』제30호 발간

2003. 07. 27~28: 중국에서 남명학연구원과 국제남명학연구회 공동주
　　　　　최 국제학술대회개최

2003. 08. 16: 국제학술회의 개최(진주교대)

2003. 08. 16~08. 18: 남명선비문화축제(제27회 남명제)

2003. 09. 30: 『남명원보』 제31호 발간

2003. 11. 22: 상임연구위원회 개최

2003. 12. 20: 상임연구위원회 개최

2003. 12. 30: 『남명원보』 제32호 발간

2004. 02. 21: 상임연구위원회 개최

2004. 03. 20: 정기총회 개최－진주교육대학교

2004. 04. 20: 『선비문화』 창간호 발행

2004. 05. 22: 상임연구위원회 개최

2004. 07. 10: 연구위원 세미나－연구원 강당

2004. 07. 12: 『선비문화』 제2호 발행

2004. 08. 17: 남명선비문화축제 개최(제28회 남명제)－서사극, 의병출
　　　　　정식, 기념식, 전통민속놀이마당, 풍물경연대회 등(3일간)

2004. 08. 18: 학술회의 개최－남명기념관

2004. 08. 30: 『남명학연구논총』 제13집 발간

2004. 10. 30: 연구위원 세미나－연구원 강당

2004. 10. 30: 『선비문화』 제3호 발행

2004. 12. 31: 『선비문화』 제4호 발행

2005. 01. 15: 상임연구위원회 개최

2005. 02. 24: 2005년도 이사회 개최－갑을가든

2005. 02. 26: 상임연구위원회 개최

2005. 03. 01: 『선비문화』 제5호 발행

2005. 03. 26: 2005년도 정기총회 개최-갑을가든, 정관개정

2005. 05. 03: 산청교육청으로부터 정관변경 허가, 임원취임 승인, 수익
사업 승인

2005. 05. 28: 상임연구위원회 개최

2005. 06. 01: 『선비문화』 제6호 발행

2005. 06. 23: 헌관선정회의 개최-갑을가든

2005. 07. 25~27: 남명선비문화축제 개최(7월 26일 제29회 남명제)

2005. 07. 26: 조선시대사학회와 공동 학술회의 개최

2005. 07. 27: 학술회의 개최

2005. 08. 27: 상임연구위원회 개최

2005. 09. 01: 『선비문화』 제7호 발행

2005. 11. 05: 연구위원세미나 개최-'남명학맥도 제작'

2005. 12. 01: 『선비문화』 제8호 발행

2006. 02. 09: 상임연구위원회 개최

2006. 02. 18: 상임연구위원 소회의 개최-'연구원 확대개편'에 대해
논의

2006. 03. 01: 『선비문화』 제9호 발행

2006. 03. 18: 운영위원회 개최-연구원 확대개편에 대해 논의

2006. 04. 01: 제3대 사무국장 조구호 임명

2006. 04. 01: 최병렬, 이강두 의원 등에 〈한국선비문화연구원〉 설립
필요성 홍보-권정호 이사장. 조옥환 부이사장.

2006. 04. 29: 상임연구위원회 개최

2006. 05. 15: 김태호 한나라당 경남도지사 후보 〈한국선비문화연구
원〉 설립 공약사업으로 확정

2006. 06. 19: 남명제 헌관 선정회의-갑을 가든(초헌관-도지사)

2006. 06. 20: 남명선비문화축제 집행위원회의-남명기념관

2006. 06. 21: 사무실 확대 개편 - 〈한국선비문화연구원〉 설립 추진

2006. 06. 21: 조용규 전 산청부군수 〈한국선비문화연구원〉 설립추진
　　　　　　 업무담당

2006. 07. 04: 상임연구위원회의 - 연구총서 및 학술대회 논의

2006. 07. 06: 남명제 헌관선정회의 - 갑을 가든(초헌관-성균관장)

2006. 07. 15: 긴급운영위원회의 - 한국선비문화연구원 추진위원회 조
　　　　　　 직표 논의

2006. 07. 24: 남명선생 홍보책자 『남명선생의 생애와 학문정신』 3,000
　　　　　　 부 발간.

2006. 07. 25~27: 제30회 남명제 및 제6회 선비문화축제 개최

2006. 07. 26: '남명학파 연구' 국제술대회 개최 - 남명기념관

2006. 08. 31: 정기총회 개최 - 갑을가든

2006. 08. 31: 『선비문화』 제10호 발간

2006. 09. 16: 상임연구위원회 개최

2006. 10. 19: 한국선비문화연구원 설립추진준비위원회 개최 - 설립배
　　　　　　 경, 추진경과 향후 계획 등 논의

2006. 10. 25: 『남명 조식의 학문과 선비정신』(김충렬 원장) 출간

2006. 11. 14: 조옥환 부이사장 은탑산업훈장 수상

2006. 11. 22~26: 상임연구위원 중국연수여행

2006. 12. 10: 연구논문 공모 - 학술진흥재단 게시판 공고

2006. 12. 25: 남명학연구총서 1권 『남명사상의 재조명』 발간

2007. 01. 11: 상임연구위원회 개최

2007. 01. 25: 한국선비문화연구원 설립추진발기회 개최 - 추진위원장
　　　　　　 이현재 전 국무총리, 집행위원장에 서영배 전 경상대학교 총장

2007. 02. 28: 한국선비문화연구원 설립 추진 발기인 총회 개최

2007. 02. 28: 연구논문 공모 마감

2007. 03. 03: 한국선비문화연구원 현판식 및 사무실 개소

2007. 03. 30: 『선비문화』 제11호 발간

2007. 04. 18: 상임연구위원회 개최, 『고대일록』 번역, 연구논총 및 학술대회 논의.

2007. 04. 26: 합천 용암서원 복원

2007. 05. 26~27: 상임연구위원 세미나－경북대학교 대학원 세미나실 (한국선비문화연구원 설립과 향후사업에 대한 세미나)

2007. 06. 30: 『남명 선생 행장 및 사적』 발간

2007. 07. 08: 덕천서원고유제－덕천서원 신임 외임 및 남명학 관련 연구기관장 취임에 따른 고유제 거행

2007. 07. 14: 상임연구위원회 개최－『고대일록』 교정 및 윤문, 『선비문화』 발간 논의

2007. 08. 18: 상임연구위원회 개최－연구논총, 학술대회, 원장사임건 등 논의

2007. 08. 25: 『선비문화』 제12호 발간

2007. 09. 13: 정기총회, 최문석 3대 이사장, 이성무 2대 원장 위촉

2007. 09. 29: 신임 임원(이사장, 원장, 이사)과 연구원 관계자 상견례

2007. 10. 12: 선조대왕 사제문비 건립

2007. 10. 12: '남명학연구의 회고와 전망' 학술대회 개최

2007. 10. 12~14: 남명선비문화축제 개최－남명기념관과 덕천서원 일원

2007. 12. 15: 상임연구위원 일괄 사직서 제출

2007. 12. 28: 한국선비문화연구원 설립 용역비 1억 원 국회 승인

2008. 01. 08: 권정호 남명학연구원 제2대 이사장 경상남도 교육감 취임

2008. 03. 01: 『선비문화』 제13호 발간

2008. 04. 07: 덕천서원 춘향, 초헌관 성주 이씨 문중 대표 李琦相 선생

2008. 04. 26: 정기총회 개최

2008. 06. 13: 남명학부산연구원(이사장 조해식, 원장 박태식) 학술강연

2008. 06. 21: 상임연구위원회의 개최

2008. 07. 01: 박병련 부원장 진주지방검찰청 특강

2008. 04. 15: 남명학연구 총서 2권『남명학파 연구의 신지평』발간

2008. 06. 20:「남명학맥도」1차 작업 완료

2008. 09. 01:『선비문화』제14호 발간

2008. 09. 30:『고대일록』번역 완료

2008. 10. 12: 〈남명학맥도〉제막식 - 2007년부터 작업한 〈남명학맥도〉
　　　　　　를 완성하여 남명기념관에 부착

2008. 10. 12~14: 남명선비문화축제 개최

2008. 10. 24: 국제학술회의 개최 '선비와 선비정신' - 서울역사박물관

2008. 11. 29: 상임연구위원회 개최

2008. 12. 30:『남명학파의병활동조사연구』(1) 출간 - 연구원 중점사업
　　　　　　중 하나인 남명학파 의병활동 조사·연구 결과물

2009. 01. 17: 상임연구위원회 개최 - 2009년도 사업계획 심의

2009. 01. 30:『고대일록』출간 준비

2009. 02. 27: 한국학중앙연구원 국학진흥사업 추진

2009. 03. 01:『선비문화』제15호 발간

2009. 03. 08: 연구위원 임시회의(단성소 및 남명 선생 묘비 번역 건)

2009. 03. 30:『남명학』제14집 간행

2009. 04. 02: 덕천서원 춘향

2009. 04. 03: 정기총회 개최

2009. 04. 06: 용암서원 단성소비 제막

2009. 04. 25: 상임연구위원회 개최

2009. 05. 15: 국제남명학회 학술세미나 개최 - 원주 치악산 호텔

2009. 06. 03: 남명학부산연구원 학술세미나 개최

2009. 06. 16: 연구총서 3권『덕계 오건과 수우당 최영경』발간

2009. 06. 27: 상임연구위원회 개최

2009. 08. 14~15: 연구위원 하계 학술세미나 개최

2009. 09. 01:『선비문화』제16호 발간

2009. 09. 18: '선비정신과 공직자 윤리' 학술세미나 개최

2009. 09. 25:『겨레의 스승 남명 조식』증보판 발간

2009. 10. 10: 제33회 남명선비문화축제 개최, 단성소 국역비 제막, 남명 선생 묘갈명 국역비 제막

2009. 10. 11: 상임연구위원회 개최

2009. 10. 20:『고대일록』국역본 출판

2009. 10. 23: '『고대일록』과 임진왜란' 학술대회 개최

2009. 11. 26: 남명 선생 묘소 시향

2009. 12. 12: 상임연구위원회 개최

2010. 01. 25: 남명 선생 사적비문 국역본 출간

2010. 01. 22~26: 연구위원 왕양명 유적지 답사

2010. 02. 23: 상임연구위원회 개최

2010. 03. 01:『선비문화』제17호 발간

2010. 03. 30:『남명학』제15집 간행

2010. 04. 05: 이사회 개최

2010. 04. 07: 덕천서원 춘향 봉행

2010. 04. 24: 상임연구위원회 개최

2010. 07. 10: 상임연구위원회 개최

2010. 07. 13: 상임연구위원 설석규 경북대학교 교수 타계

2010. 07. 19: 남명학부산연구원 학술세미나 개최

2010. 08. 03: 한국선비문화연구원 기공식, 무진봉사 국역비 제막, 정기총회 개최

2010. 08. 10: 연구총서 4권 『내암 정인홍』 발간

2010. 08. 16~17: 연구위원 하계 학술세미나 개최

2010. 09. 01: 『선비문화』 제18호 발간

2010. 10. 02: 상임연구위원회 개최

2010. 10. 10: 제33회 남명선비문화축제 개최, 무진봉사 국역비 제막

2010. 10. 23: '인조반정과 남명학파' 학술대회 개최

2010. 10. 25: 『남명학파 의병활동 조사연구』(3) 간행

2010. 11. 15: 남명 선생 묘소 시향

2010. 12. 12: 상임연구위원회 개최

2011. 02. 18: 정기이사회 개최

2011. 02. 19: 상임연구위원회 개최

2011. 03. 01: 『선비문화』 제19호 발간

2011. 03. 30: 『남명학』 제16집 간행

2011. 04. 01: 정기총회 개최

2011. 04. 07: 덕천서원 춘향 봉행

2011. 04. 23: 상임연구위원회 개최

2011. 06. 29: 조옥환 부이사장 외 9명의 등기이사 연임 등기

2011. 08. 06: 상임연구위원회의 개최

2011. 08. 06~7: 연구위원 하계세미나 개최

2011. 08. 30: 연구총서 5권 『한강 정구』 발간

2011. 09. 01: 『선비문화』 제20호 발간

2011. 09. 14: 한국고전번역원과 교류 협약

2011. 09. 17: 상임연구위원회 개최

2011. 10. 8~9: 제35회 남명선비문화축제 개최

2011. 10. 21: '왜 선비문화인가' 전국 학술대회 개최

2011. 11. 19: 남명학회 2011년 추계학술대회 참가

2011. 11. 30: 『경남지역 국권회복운동 조사연구』(1) 간행

2011. 12. 10: 상임연구위원회 개최

2011. 12. 10: 연구위원 동계세미나 개최

2012. 02. 17: 정기이사회 개최

2012. 02. 18: 상임연구위원회 개최

2012. 03. 01: 『선비문화』 제21호 발간

2012. 03. 28: 남명 선생 부친 판교공 묘비 국역비 제막식

2012. 03. 30: 『남명학』 제17집 간행

2012. 03. 31: 정기총회 개최

2012. 05. 12: 상임연구위원회 개최

2012. 08. 18~19: 연구위원 하계세미나 개최

2012. 08. 30: 『남명선생 사적 및 행장』 수정판 발간

2012. 09. 01: 『선비문화』 제22호 발간

2012. 10. 13~14: 제35회 남명선비문화축제 개최

2012. 10. 26: '임진왜란과 강우지역 의병활동 재조명' 전국 학술대회 개최

2012. 11. 23: 남명 선생 시향 봉행

2012. 12. 01: 남명학회 학술대회 참가

2012. 11. 30: 『경남지역 국권회복운동 조사연구』(2) 간행

2012. 12. 15: 상임연구위원회 개최

2012. 12. 28: 연구총서 6권 『동강 김우옹』 간행

2013. 02. 16: 상임연구위원회 개최

2013. 03. 01: 『선비문화』 제23호 발간

2013. 03. 30: 『남명학』 제18집 간행

2013. 03. 31: 정기총회 개최

2013. 04. 12: 조순 전 부총리 덕천서원 원장 취임

2013. 05. 11: 상임연구위원회 개최

2013. 08. 02~3: 연구위원 하계세미나 개최

2013. 09. 01: 『선비문화』 제24호 발간

2013. 09. 28: '유학과 민속의 만남' 전국 학술대회 개최

2013. 10. 07: 수우당 최영경 선생 덕천서원 복향

2013. 10. 12~13: 제37회 남명선비문화축제 개최

2013. 11. 12: 남명 선생 시향 봉행

2013. 12. 07: 남명학회 학술대회 참가

2013. 12. 25: 『경남지역 국권회복운동 조사연구』(3) 간행

2014. 01. 18: 상임연구위원회 개최

2014. 03. 01: 『선비문화』 제25호 발간

2014. 03. 30: 『남명학』 제19집 간행

2014. 03. 31: 『남명 조식과 퇴계 이황』 간행

2014. 04. 12: 정기총회 개최

2014. 04. 12: 등기 이사 및 감사 등기

2014. 05. 18: 상임연구위원회 개최

2014. 08. 08~09: 연구위원 하계세미나 개최

2014. 09. 01: 『선비문화』 제26호 발간

2014. 09. 02: 연구총서 7 『망우당 곽재우』 발간

2014. 10. 11~12: 제38회 남명선비문화축제 개최

2014. 11. 29: 남명학회 학술대회 참가

2014. 12. 01: 남명 선생 시제 봉행

2014. 12. 12: '남명학의 문화론적 접근' 전국학술대회 개최

2014. 12. 20: 『경남지역 국권회복운동 조사연구』(4) 간행

▲ 사단법인 남명학연구원에서 간행한 책들 중 일부

2015. 02. 07: 상임연구위원회 개최

2015. 03. 01: 『선비문화』 제27호 발간

2015. 03. 30: 『남명학』 제20집 간행

2015. 03. 28: 정기총회 개최

2015. 04. 24: 상임연구위원회 개최

2015. 07. 10: 한국선비문화연구원 용역 결과보고회 개최

2015. 08. 07: 상임연구위원회 개최

2015. 08. 07~08: 연구위원 하계세미나 개최

2015. 09. 01: 『선비문화』 제28호 발간

2015. 10. 10~11: 제39회 남명선비문화축제 개최

2015. 10. 30: '남명학의 현대적 응용' 전국학술대회 개최

2015. 10. 30: 상임연구위원회 개최

2015. 11. 05: 남명-퇴계 학술대회 공동 개최

2015. 11. 21: 남명 선생 시제 봉행

2015. 12. 05: 서울대 남명학회 참가

2015. 12. 28: 연구총서 8 『부사 성여신』 발간

2015. 12. 30: 『경남지역 효열자료 조사연구』(1) 간행

2016. 03. 01: 『선비문화』 제29호 발간
2016. 03. 30: 『남명학』 제21집 간행
2016. 04. 09: 정기총회 개최
2016. 04. 09: 제3대 박병련 원장 취임
2016. 05. 28: 상임연구위원회 개최
2016. 08. 12~13: 연구위원 하계세미나 개최

2) 경상대학교 남명학연구소 연혁

▲ 경상대학교 남명학관

▲ 남명학관에 있는 남명전시실

1990. 09. 남명학연구소 창립총회 개최

1990. 09. 초대소장 공영립 교수

1992. 03. 『남명학연구』 창간호 발행

1992. 09. 임진왜란 400주년 기념 전국규모 학술대회 개최.

1993. 03. 소장 공영립 교수

1993. 03. 『남명학연구』 2집 발행

1994. 03. 『남명학연구』 3집 발행

1995. 02. 『교감국역 남명집』 발간(남명학연구소, 이론과실천사)

1995. 03. 소장 최무석 교수

1995. 03. 『남명학연구』 4집 발행

1996. 03. 『남명학연구』 5집 발행

1997. 03. 소장 허권수 교수

1997. 04. 『남명학연구』 6집 발행

1998. 03. 『남명학연구』 7집 발행

1999. 03. 소장 허권수 교수

1999. 03. 『남명학연구』 8집 발행

1999. 05. 경북대 퇴계연구소와 경상대 남명학연구소 공동학술대회 개최

1999. 09. 韓國漢詩學會와 공동으로 전국규모 학술대회 개최

1999. 12. 경상대 남명학연구소와 경북대 퇴계연구소 공동학술대회 개최

2000. 03. 『남명학연구』 9집 발행

2001. 02. 『절망의 시대 선비는 무엇을 하는가』 발간(許捲洙, 한길사)

2001. 03. 『퇴계학과 남명학』 발간(퇴계연구소·남명학연구소, 지식산업사)

2001. 03. 소장 허권수 교수

2001. 03. 『남명학연구』 10집 발행

2001. 10. 남명탄신 500주년 기념 국제학술대회 개최

2001. 11. 충남대학교 유학연구소와 공동학술회의 개최

2001. 12. 『남명학연구』 11집 발행

2002. 02. 『남명학연구』 12집 발행

2002. 03. 소장 허권수 교수

2002. 05. 제1차 학술대회－南冥과 동시대 大儒들－개최

2002. 06. 『남명학연구』 13집 발행

2002. 10. 제2차 학술대회－동아시아 儒學史에서의 南冥學과 그 位相－개최

2002. 10. 『인간의 길 배움의 길－학기류편』 발간(남명학연구소, 한길사)

2002. 11. 博約會 慶南支部와 공동으로 초청강연회 개최－現代社會와 傳統文化

2002. 11. 晉州報動支廳과 공동학술세미나 개최－巴里長書와 儒林의 獨立請願

2002. 11. 충남대학교 유학연구소와 공동학술회의 개최－江右地域과 湖西地域의 學脈과 書院教育

2002. 12. 『남명학연구』 14집 발행

2003. 03. 소장 허권수 교수

2003. 05. 제1차 학술대회－17~8세기 남명학의 계승과 발전(1)－개최

2003. 06. 『남명학연구』 15집 발행

2003. 11. 제2차 국제학술대회 개최－17~8세기 동아시아의 학술동향과 남명학의 전개

2003. 12. 『남명학연구』 16집 발행

2004. 04. 제1차 학술대회 개최－17~8세기 남명학의 계승과 발전(2)

2004. 06. 『남명학연구』 17집 발행

2004. 11. 제2차 국제학술대회 개최－명말청초의 학술동향과 남명학

2004. 12. 충남대학교 유학연구소와 경상대 남명학연구소 공동 학술대회 개최

2004. 12. 『남명학연구』 18집 발행

2005. 02.『남명학파의 형성과 전개』발간(이상필, 와우출판사)

2005. 03. 소장 허권수 교수

2005. 04. 제1차 학술대회 개최－后山 許愈의 學問과 思想

2005. 06.『稗林』번역사업 제1차년도 중간발표 학술대회 개최

2005. 06.『남명학연구』19집 발행

2005. 11. 제2차 학술대회 개최－조선전기 嶺南士林派와 江右學問

2005. 12.『남명학연구』20집 발행

2006. 04. 제1차 학술대회 개최－勿川 金鎭祜의 學問과 思想

2006. 05. 역주교감『패림』1-15 번역사업 2차년도 중간발표 대회－『패림』수록본 문헌의 개별적 연구(1)

2006. 06.『남명학연구』21집 발행

2006. 11. 제2차 학술대회(남명학회 및 북경대 한국학연구중심과 공동으로 개최)－동아시아 학술과 남명학

2006. 12.『남명학연구』22집 발행

2007. 03. 소장 최석기 교수

2007. 04. 제1차 학술대회 함안문화원과 공동으로 개최: 남명학의 계승과 발전－晩醒 朴致馥의 학문과 사상

2005. 05.『패림』수록본 문헌의 개별적 연구(II)－학술대회 개최

2007. 06.『남명학연구』23집 발행

2007. 11. 제2차 학술대회 개최－16세기 남명학파의 정주학 수용양상

2007. 12.『남명학연구』24집 발행

2008. 04. 2008년도 의령군 위탁 학술대회 개최－의령지역 임란의병활동 재조명

2008. 04. 제1차 학술대회 개최－창주 하징 및 그 후예들의 학문과 사상

2008. 06.『남명학연구』25집 발행

2008. 09. 함양문화원과 공동 학술대회 개최－옥계 노진의 학문과 문학

2008. 11. 제2차 학술대회 개최－옥동 문익성 및 그 후예들의 학문과

문학

2008. 11. 연민학회와 공동으로 연민학 학술대회 개최

2008. 12. 『남명학연구』 26집 발행

2009. 03. 도운회와 공동으로 학술대회 개최 – 퇴계와 남명의 사상과 문학

2009. 04. 제1차 학술대회 개최 – 면우 곽종석의 학문과 사상(1)

2009. 06. 『남명학연구』 27집 발행

2009. 11. 제2차 정기 학술대회를 거창문화원과 공동으로 거창에서 개 최 – 면우 곽종석의 학문과 사상(2)

2009. 12. 『남명학연구』 28집 발행

2010. 03. 지리산문학관과 공동으로 학술대회 개최 – 지리산문학관 개 관 지리산유람록 학술대회

2010. 04. 한국고전번역원 거점연구소 소형 과제 선정 – 남명학파 문집 번역

2010. 04. 제1차 학술대회 개최 – 경상우도 노사학단 노백헌 정재규를 중심으로

2010. 06. 『남명학연구』 29집 발행

2010. 09. 함양문화원과 공동 학술대회 개최 – 16세기 함양지역 유현의 학문과 문학2

2010. 11. 제2차 학술대회 개최 – 경상우도 노사학단 조성가·최숙민을 중심으로

2010. 12. 하동문화원과 공동 학술대회 – 귤하 최식민과 계남 최숙민의 학문과 사상

2010. 12. 『남명학연구』 30집 발행

2011. 01. 소장 윤호진 교수

2011. 04. 지리산 문학관·경상대 남명학연구소 공동 학술대회

2011. 04. 제1차 학술대회 개최 – 남명학의 계승양상과 강우지역의 학

술: 경상우도 성재 허전의 학단을 중심으로

2011. 05. 2011년 남명학연구소·포은학회 공동학술대회 개최 - 포은 정
　　　　몽주의 시와 유적, 그리고 후손들

2011. 06. 『남명학연구』 31집 발행

2011. 08. 남명학연구소·우리한문학회 공동학술대회 개최 - 16~17세
　　　　기의 詩社와 雅集

2011. 08. 의령군과 남명학연구소 '의병' 교재 제작 사업 계약

2011. 09. 함양문화원과 공동 학술대회 개최 - 16세기 함양지역 유현의
　　　　학문과 문학

2011. 11. 제2차 학술대회 개최 - 남명학의 계승양상과 강우지역의 학
　　　　술: 경상우도 성재 허전의 학단을 중심으로

2011. 12. 『남명학연구』 32집 발행

2012. 02. 의령문화원·경상대 남명학연구소 공동 학술대회 개최 - 의령
　　　　의 인물과 학문(1)

2012. 03. 『남명학연구』 33집 발행

2012. 03. 남명학연구소 권역별거점연구소 협동번역사업 제2차년도 학
　　　　술회의 개최 - 德溪 吳健과 松巖 李魯의 현실대응

2012. 04. 제2차 학술대회 개최 - 松山 權載奎의 학문과 사상

2012. 05. 남명학연구소·연민학회 공동학술대회 개최 - 淵民 先生 漢詩
　　　　의 國際的 評價

2012. 06. 『남명학연구』 34집 발행

2012. 07. 제3차 학술대회 개최 - 남명학 연구성과의 회고와 전망(1)

2012. 08. 조선사회연구회와 공동 학술대회 개최 - 조선후기 영남사족
　　　　과 영남문화

2012. 09. 『남명학연구』 35집 발행

2012. 10. 제4차 학술대회 개최 - 남명학 연구성과의 회고와 전망(2)

2012. 12. 『남명학연구』 36집 발행

2013. 02. 의령문화원과 남명학연구소 공동 학술대회 개최-의령의 인물과 학문(2)

2013. 03. 『남명학연구』 37집 발행

2013. 04. 제1차 학술대회 개최-大笑軒 趙宗道의 行蹟과 思想

2013. 06. 『남명학연구』 38집 발행

2013. 09. 『남명학연구』 39집 발행

2013. 10. 제2차 학술대회 개최-남명의 생애자료와 그 찬자들(1)

2013. 11. 추계학술대회 개최-임란의병과 진주대첩: 학봉 김성일의 활동을 중심으로

2013. 12. 남명학연구소 권역별거점연구소 협동번역사업 『덕계집』 출판 기념 강연회

2013. 12. 『남명학연구』 40집 발행

2014. 03. 『남명학연구』 41집 발행

2014. 04. 제1차 학술대회 개최-벽진이씨 여은정파 밀양 내진가문의 인물과 학문

2014. 04. 제2차 학술대회 개최-한범석의 생애와 활동

2014. 06. 『남명학연구』 42집 발행

2014. 09. 『남명학연구』 43집 발행

2014. 10. 제3차 학술대회 개최-남명의 생애자료와 그 찬자들(2)

2014. 10. 권역별거점연구소 협동번역사업 출판기념 강연회-송암 이로와 내암 정인홍의 학문과 사상

2014. 12. 『남명학연구』 44집 발행

2015. 03. 『남명학연구』 45집 발행

2015. 04. 제1차 학술대회 개최-'眞庵 李炳憲의 학문과 유교부흥운동'

2015. 06. 『남명학연구』 46집 발행

2015. 09. 『남명학연구』 47집 발행

2015. 09. 『부사집』·『용담집』·『내암집 교감표점』 출판 기념 강연회

▲ 경상대학교 남명학연구소에서 간행한 책들 중 일부

2015. 10. 제2차 학술대회 개최-전통과 역사의 만남, 산청 단계 마을 연구

2015. 11. (사)한국보훈학회와 공동학술대회 개최-화개전투의 전사적 의의와 보훈

2015. 12. 『남명학연구』 48집 발행

2016. 03. 『남명학연구』 49집 발행

2016. 04. 진주강씨 공목공파의 인물과 학문-학술대회 개최

2016. 06. 『남명학연구』 49집 발행

2016. 07. 소장 이상필 교수

3) 서울대학교 재단법인 남명학회

2001. 02. 23. **남명학회 창립, 이남영 회장 취임**
2002. 04. 12. 춘계학술강연회 및 남명학보 창간호 발간 축하행사
2002. 04. 15. 『南冥學報』 제1호 발행
2002. 06. 20. 임시 집행이사회 소집
2002. 11. 20. 제2회 국제학술회의 개최
　　　　　　 '남명학과 한국성리학'
2003. 04. 15. 『南冥學報』 제2호 발행
2003. 11. 14. 제3회 국제학술회의 개최
　　　　　　 '남명 조식의 사상과 그 시대'
2004. 04. 27. **임시 이사회 구성, 송재소 회장 취임**
　　　　 회　　　장: 송재소(성균관대 한문학과교수)
　　　　 부 회 장: 김경수(중앙대 국문학과 교수)
　　　　 총무 이사: 이종묵(서울대 국문학과 교수)
　　　　 연구 이사: 권오영(정선문화연구원 교수)
　　　　　　　　　 정일균(서울대 사회학과 교수)
　　　　 출판 이사: 이상하(민족문화추진회 국역연구원)
　　　　　　　　　 장영희(성균관대 어문학부 강사)
　　　　 섭외 이사: 조은숙(단계학술연구소 연구원)
　　　　 감　　　사: 조창섭(서울대 독어교육학과 교수)
2004. 05. 21. 2004 춘계학술회의 개최
　　　　　　 '경의를 실천했던 남명 조식선생'
2004. 09. 26. 2004 추계학술회의 개최
　　　　　　 '남명학파와 영남 강안 지역 사림의 혈연적 연대, 남명 조식의
　　　　　　 정치 비판과 사림공론, 안의 삼동과 남명학파, 하백원의 학문과
　　　　　　 사상'

2004. 11. 25. 『南冥學報』 제3호 발행

2005. 05. 27. 2005 춘계학술회의 개최

　　　　'남명학과 원시유학'

2005. 11. 2005 추계학술회의 개최

　　　　'동계 정온의 학맥, 남명학파의 산수관 일고, 남명 조식의 일화와
　　　　설화, 곽재우 기록의 역사성과 문학성'

2005. 11. 17. 『南冥學報』 제4호 발행

2006. 04. 27. 2006 춘계학술회의 개최

　　　　'조선 선비와 남명사상, 남명학과 사림정치'

2006. 이사회 재구성, 조영달 회장 취임

　　　　회　　　장: 조영달

　　　　이　　　사: 이종묵, 이상하, 권오영, 정일균, 조문규, 조은숙

　　　　편집위원회: 조영달(서울대 교수), 이종묵(서울대 교수), 정순우
　　　　(한국학중앙연구원 교수), 권오영(한국학중앙연구원 교수)

2006. 11. 2006 추계학술회의 개최

　　　　'조선의 선비사상과 남명, 남명 조식의 학풍과 역사적 기여, 남명
　　　　조식의 학문과 그 사상사적 입지, 남명학의 심학적 성격, 남명
　　　　성리학의 실천성, 남명 특징에 대한 시론'

2006. 11. 26. 『南冥學報』 제5호 발행

2007. 이사회 재구성

　　　　고　　　문: 송재소(성균관대 교수, 전임 회장)

　　　　회　　　장: 조영달(서울대 교수)

　　　　부　회　장: 최석기(경상대학교 교수, 남명학연구소장)

　　　　　　　　　권오현(서울대 교수)

　　　　편집위원회

　　　　위　원　장: 박성혁(서울대 교수)

편집 간사 : 박병기(교원대 교수)

감　　사 : 조규철(전 한국외국어대학교 총장)

조국(서울대 법대 교수)

2007. 11. 24. 2007 추계학술회의 개최

'남명학의 연구와 남명정신의 인식'

2007. 11. 26. 『南冥學報』 제6호 발행

2008. 11. 08. 2008 추계학술회의 개최

'남명의 수양론과 그 특성, 남명학파를 통해 본 조선학인의 학문
태도, 남명사상의 현대적 의의와 전통사상교육'

2008. 11. 26. 『南冥學報』 제7호 발행

2009. 11. 21. 2009 추계학술회의 개최

'남명 조식의 사상과 문학'

2009. 11. 26. 『南冥學報』 제8호 발행

2010. 11. 27. 2010 추계학술회의 개최

'남명사상의 특성과 전개'

2010. 11. 27. 『南冥學報』 제9호 발행

2011. 11. 19. 2011 추계학술회의 개최

'남명사상의 확장과 실천'

2011. 11. 26. 『南冥學報』 제10호 발행

2012. 남명학회 사무실 상설화

(서울대 사범대학 10동 304호)

2012. 12. 02. 2012 추계학술회의 개최

'남명사상의 전개와 실천'

2012. 12. 26. 『南冥學報』 제11호 발행

2013. 12. 07. 2013 추계학술회의 개최

'남명사상의 특징과 교육적 전개'

2014. 01. 07. 『南冥學報』 제12호 발행

2014. 08. 22. 2014 남명학회 콜로키움 개최

　　　　　　 '남명의 경사상에 기반한 시민성교육 방안 탐색'

2014. 11. 29. 2014 추계학술회의 개최

　　　　　　 '남명사상과 지리산'

2015. 01. 09.『南冥學報』제13호 발행

2015. 12. 05. 2015 추계학술회의 개최

　　　　　　 '남명사상과 교육(1)'

2016. 01. 06.『南冥學報』제14호 발행

2016. 05. 13. 남명학회 운영위원 회의 개최

2016. 12. 03. 2015 추계학술회의 개최 (예정)

　　　　　　 '남명사상과 교육(2)'

4) 진주교육대학교 남명교육연구재단

▲ 진주교육대학교 남명전시실

설립일: 2005년 3월 23일

－진주교육대학교 남명학교육재단은 2005년 3월 23일 설립되어, 남명학 교육관련 연구를 수행하고, 예비교사인 재학생들을 대상으로 남명 유적 답사 및 수기 공모전을 진행하여 오고 있다. 『조식의 생애와 사상』 등을 출판하여 학생 교육에 활용하였고, 본 재단의 지원을 받은 연구물들이 학술지에 발표되고 있다.

남명사적지 답사

2010년 10월 30~31일 (참여인원 120명)
2011년 11월 14~15일 (참여인원 120명)
2012년 11월 03~04일 (참여인원 120명: 수기공모)
2013년 10. 26~10. 27 (참여인원 120명: 수기공모)
2014년 11월 15일 (참여인원 80명: 수기공모)

• 2012년도 이후의 답사에서는 매 회 500만 원의 현상금을 걸고서 학생
  들에게 답사수기를 공모하여 10명에게 장학금을 수여하고 있다.

5) 남명학부산연구원

1991. 06. 27: 남명학부산연구원 발족을 위한 의견수렴 결과 7. 12 발기 모임을 갖기로 함

1991. 07. 11: 발기인 31인 모임(신신호텔), 곽병수 준비위원장 선출

1991. 07. 19: 창립발기인대회 준비위원 선출(오스카 관광호텔)

1991. 07. 22: 발기인 모임의 31인을 이사로 결정, 정관(안) 기초

1991. 08. 02: 최재훈 박사 초대원장 취임 상견례 및 임시이사회(크라운 관광호텔)

1991. 08. 07: 명칭을 '남명학부산연구원'으로 하여 정관 결정

1991. 08. 15: 원기院旗 도안 및 창립총회 일정 확정

1991. 08. 23: 창립총회 및 기념학술강연회(한일레포츠)
강연(이수건, 영남학파에 있어서 남명의 위상)

1992. 01. 13: 임원 및 이사 신년회(크라운 관광호텔)

1992. 03: 『남명학연구원보』 창간호 발간

1992. 03. 14: 제1회 남명학 학술강연회(부산일보 대강당)
1. 김병구 교수: 한국유학에 있어서 남명의 위치
2. 오이환 교수: 남명학의 이해
3. 한상규 교수: 내암 정인홍의 선비정신

1992. 05. 30: 제1차 선적순례(망우당 유적지, 남명 선생 생가지, 덕천서원, 산천재, 묘소, 서계서원)

1992. 08. 18: 남명제 참석

1992. 08. 22: 연구원 창립 1주년 기념학술강연회 및 2차 정기총회(해운대 복지회관)
강연(조규태, 남명 선생의 학문과 사상), 제2대 이사장 강태홍 선출

1993. 05. 20: 제2차 선적순례(청천서원, 회연서원, 부음정)

1993. 08. 18: 남명제 참석

1993. 10. 29: 제3차 정기총회(교원회관), 이상록 제2대 원장 선임, 조해
식 제3대 이사장 선임, 정복현 김주백 감사 선출
1994. 03. 25: 제3차 선적순례(예연서원, 남계서원, 조종도 생가)
1994. 06. 11: 제4차 정기총회 및 학술강연회, 박순엽 김주백 감사 선출
1. 정우락: 남명문학에 나타난 두 의식세계의 구조적 통일성
2. 한상규: 김동강의 교육사상
『남명학연구원보』 제2호 발간
1995. 01. 12: 임시총회
(박영제 제3대 원장 선출, 부원장 조익환 노영규)
1995. 03. 28: 제5차 선적순례(종덕재, 임고서원, 도동서원)
1995. 07. 07: 제5차 정기총회, 학술대회
『남명학연구원보』 제3호 발간
1995. 12. 16: 망우당 곽재우 충의정신 학술대회 참석
(이 달의 문화인물)
1996. 05. 16: 제6차 정기총회 및 학술강연
『남명학연구원보』 제4호 발간
1996. 10. 29: 문화유적지 순례(도잠서원, 옥산서원, 양동마을)
1997. 04. 12: 제6차 선적순례(지곡서원, 필암서원)
1997. 05. 23: 제7차 정기총회 및 학술강연회
『남명학연구원보』 제5호 발간
1997. 07. 08: 하계연수회(함양 덕천산장, 구형왕릉, 도천서원)
1997. 08. 15: 제1회 남명조선생추모한시백일장 개최(거성중학교)
1997. 08. 18: 제21회 남명제 참례
1997. 10. 15: 단학연수회(덕천장)
1998. 03. 24: 제7차 선적순례
(덕천서원, 신계서원, 문익점목화시배지, 뇌룡정)
1998. 05. 28: 제8차 정기총회 및 학술강연회

『남명학연구원보』제6호 발간

1998. 08. 13: 제2회 남명조선생추모전국한시백일장 개최(덕천서원)

1998. 08. 18: 제22회 남명제 참례

1999. 02. 25: 임시총회 개최, 부원장 송태복, 부이사장 박순엽)

1999. 04. 09: 제8차 선적순례

    (오봉서원, 남계서원, 사명당유지(밀양무안))

1999. 05. 20: 신산서원 복원 표성금 일백만 원 헌금, 개인별 헌금자도

    있음

1999. 06. 10: 제9차 정기총회 및 학술강연회

    『남명학연구원보』제7호 발간

2001. 04. 13: 문화유적지 순례

    (덕천서원, 뇌룡정, 신산서원, 성철스님 생가)

2004. 05. 07: 문화유적지 순례(정온 종택, 수승대, 갈천고택 및 갈천서

    당, 거창박물관, 파리장서박물관, 뇌룡정, 충익사)

2004. 10. 22: 문화유적지 탐방(남명선생기념관, 산천재, 덕천서원)

2005. 04. 21: 문화유적지 탐방(점필재 종택, 도암서원, 죽유종가, 대가

    야박물관, 대가야왕릉전시관)

2008. 05. 02: 문화유적지 순례(옥산서원, 경주시 일원)

2010. 04. 22: 이사회 및 학술세미나, 조규달 신임 이사장 선출

2010. 05. 12: 조규달 이사장 (사)남명학연구원 및 경상대 남명학연구소

    예방

2010. 06. 11: 가칭 남명학부산연구원 운영위원회 발기 모임

2010. 06. 16: 연구원보 속간에 따른 편집위원 모임

2010. 07. 12: 운영위원회 소집(원보발간 협의)

2010. 07. 19: 학술강연회

    (영광도서 사랑방, 최석기 교수, 조선선비의 공부론)

2010. 08. 03: (사)남명학연구원 정기총회 및 한국선비문화연구원 기공

식 참석

2010. 08. 10: 임시총회(임원개선 및 회칙 개정)

2010. 10. 09: 제12회 전국한시백일장 개최(덕산중학교)

2010. 10. 22: (사)남명학연구원 주관 전국학술대회 참석(경북대학교, 인조반정과 남명학), 문화유적지 순례(팔공산, 동화사, 녹동서원)

2010. 11. 05: 편집위원 모임(원고모집 협의)

2010. 12. 01: 신산서원 및 김해 일원 유적지 순례

2011. 03. 11: 이사회 개최(이형수 단성소 관련 특강)

2011. 03. 11: 2010년도 결산 정기총회

2011. 04. 01: (사)남명학연구원 정기총회 참석(진주문화원)

2011. 04. 29: 남명학연구소 학술대회 참석

2011. 05. 13: 문화유적지 답사(남계서원 외 함양군 일원 9곳)

2011. 06. 28: 학술세미나(조주석 운영위원: 선비정신과 서예)

2012. 03. 12: 조해식 전 이사장 별세

2013. 03. 31: (사)남명학연구원 정기총회 참석(진주문화원)

2013. 04. 25: 학술세미나 개최

    1. 박태신 원장: 안중근 의사의 삶

    2. 이득순 이사: 윤리 도덕 미풍양속이 사라지는 현대 연구

2013. 04. 27: 남명학연구소 2차 학술대회 참석

2013. 05. 25: 사적지 순례(구형왕릉, 함양상림, 황엄사, 논개묘 등)

2013. 06. 29: 임진왜란 420주년 기념 특별기획전 참관 (시립부산박물관)

2013. 07. 13: 학술강연회 개최(박시영: 남명 선생과 남명학파의 성쇠)

2013. 09. 14: 학술강연회(정우락: 남명과 퇴계 사이)

2013. 10. 13: 제36회 남명선비문화축제 참석

2013. 10. 26: 국립해양박물관 견학

2013. 10. 26: (사)남명학연구원의 학술대회 참석

(임진왜란 강우지역의 활동 재조명)

2013. 12. 07: 임시수도기념관 및 동아대학교박물관 견학

2014. 03. 06: 제22회 정기총회

2014. 03. 16: (사)남명학연구원 정기총회 참석

2014. 04. 26: 학술세미나 개최(박희찬 이사: 실학의 연원)

2014. 05. 18: 일신당신도비 제막식 참석(산청군 신안면)

2014. 06. 07: 학술세미나 개최(정후영 이사: 고풍정맥설)

2014. 07. 29: 원장 특강(백산 안희제의 삶)

2014. 09. 26: 학술강연회 개최(정우락: 조선조 선비들의 여가와 풍류)

2014. 09. 28: (사)남명학연구원 학술대회 참석(유학과 민속의 만남)

2014. 10. 13: 제37회 선비문화축제 참석

2014. 10. 25: 남명학연구소 학술대회 참석

(남명의 생애자료와 그 찬자들)

2014. 11. 19: 시립박물관 국제교류전-타이완 문화 참관

2014. 11. 27: 남명학연구소 학술대회 참석(임란의병과 진주대첩)

6) 남명선생선양회

경남 합천군 삼가면에 사무실을 두고 있는 '남명선생선양회'는 남명南
冥과 내암來庵의 재평가와 선양을 위해 나름대로 부단히 노력했다.

① 1998년 9월 경남도의회에서, 남명과 내암에 대한 '최초로, 또 공개적
으로 도정질문'이 이뤄지게 하여, 도지사 및 공무원, 도의원, 언론인
등이 남명과 내암을 새롭게 인식하는 계기를 만들었다.

② 이를 기반으로 하여, 2001년 남명 탄생 500주년 때 경남도비 1,000만
원을 지원 받아 '남명선생선양회'가 창립됐고, 〈영원한 합천인 남명
조식 선생〉 책자(16쪽) 15,000부를 발간·배포했다.
ㅡ당시 많은 사람들이 "남명 조식이 산청 사람인줄 알았는데, 이 책자
를 보고 합천 사람이라는 것을 처음 알았다"고 할 정도였다.

③ 2002년 7월부터 인터넷 '삼가닷컴(www.samga.com)'을 만들고, 남명
과 내암의 일대기를 제작하여, 온라인에서도 남명과 내암의 민본
및 경의사상 등을 검색할 수 있도록 했다.

④ 2003년 경남 합천군 삼가면 외토리와 하판리 일대를 '남명로南冥路'
로 지정토록 합천군에 건의하여 채택되게 했다. 아울러, 그해 '남명
시비詩碑'가 도비 2,000만원으로 합천군 삼가면 외토리에 건립됐고,
의령군 대의면 국도변에서 뇌룡정으로 가는 길목에 '남명 조식선생
유적지 안내표지판'을 설치해 달라는 건의서를 진주 국도유지건설
사무소에 제출하여 안내표지판이 설치됐다.

⑤ 2003년에 준공한 합천군 가야면의 '내암 정인홍 사당(청람사) 건립'

에도 경남도비 6,000만원이 지원되도록 했고, 2004년에는 '내암 영정 제작'에 경남도예산 1,000만원을 지원하여 제작했다.

⑥ 2003년 11월 삼가면 하판리 갓골에 있는 '남명 부모 묘갈'을 문화재로 지정해 달라는 신청서를 작성한 후 경남도에 제출하여, 2004년 7월 1일자로 '경남유형문화재 제401호 및 411호'로 각각 지정되게 했다.

⑦ 2005년 8월 15일 남명선생선양회가 주축이 돼 '삼가장터 3·1만세운동 기념탑'을 합천군 삼가면 일부리 3·1광장 안에 세웠다.
 ─이 비문에, "남명의 경의사상이 3·1만세운동의 정신적 근원"이라고 했다. (비문은 권인호 대진대 교수가 지음)
 [… 삼가는 남명 조식南冥 曺植의 고향으로 합천과 의령 등은 임진왜란 때 그의 제자인 정인홍鄭仁弘 곽재우郭再祐 등 남명학파 제자사숙인弟子私淑人들이 경의敬義사상을 바탕으로 한 의병 창의倡義와 눈부신 활약을 하여 국난 극복을 이룩한 중심지였다. 그러나 1623년 소위 인조반정 후 서인과 노론으로 이어지는 일당전제와 지역차별 등이 심화되자, 1728년 이를 타파하기 위한 지역민들의 봉기(소위 무신란)로 인해 반역향反逆鄉으로 매도되어 중앙정계에서 배제되자 지역민들의 울분과 분노는 증폭되었다. …]

⑧ 2007년 11월 27일에는 남명선생선양회가 경남도의 심사 및 공시를 거쳐 '비영리민간단체 제471호'로 등록됨으로써, 명실상부한 남명 관련 단체로 자리매김하게 됐다.

⑨ 2008년에는, 2001년에 이어 『참스승 남명 조식 선생』이라는 책자(16쪽)에 남명과 내암 관련 내용으로 집필하여 10,000부를 발간·배포했다.

⑩ 2009년에는 '대장경세계문화축전'과 때맞춰 '내암 묘소 및 부음정_{孚飮亭}'을 '경남도 기념물'로 지정토록 요청하고, '내암 묘소 정비사업'에 경남도예산 3,000만원을 지원하도록 했다.

⑪ 2011년 4월에는 삼가면 외토리 뇌룡정 옆에 전국 최초로 남명 표준 영정에 따른 '남명 흉상'과 '서비書碑(여전주부윤서與全州府尹書)'를 경남 도비 3,000만원과 자비 400만원으로 건립했다.
  ─남명 흉상 및 서비書碑 조각은 삼가장터 3·1만세운동 기념탑을 조 각한 류경원 충북대 교수가 맡아서 했다.

⑫ 2012년 10월 15일에는, 2007년부터 5년여 동안 잘못된 채로 인터넷 경남도 홈페이지 '경남의 인물, 합천의 정인홍'에 올려져 있던 '정인 홍 관련 내용'을 경남도에 수정토록 요청하여 새롭게 수정된 내용 (글)을 게시하게 했다.

⑬ 2015년 7월 〈내암 정인홍의 생애〉·〈내암 정인홍의 사상과 철학〉· 〈남명 및 내암 정신과 합천 등 경상우도의 3·1만세운동〉 등 책자(30 쪽) 1,000부를 편찬하여 주민들에게 배부했다.

⑭ 2016년 3월 23일 남명선생선양회 등이 주관하고, 국가보훈처의 예 산지원으로 '항일 애국지사 순국 기념비'를 삼가장터 3·1광장에 건 립했다.
  ─이 비문에, "경상우도의 3·1만세운동이 격렬하게 일어난 것은 남명 정신 때문이라"고 했다. (비문은 조찬용 남명선생선양회장이 지음)
    [… 이곳 삼가는, 남명 조식南冥 曹植(1501~1572)이 민암부民巖賦에 서 "대권大權을 가지고 있는 백성이 주인이다"고 주창한 남명의 민 본사상과 기절氣節을 숭상崇尙하는 남명 정신이 서려 있는 경상우도

慶尙右道의 중심지였다. 3·1만세운동 때 삼가 대병 대양 초계 묘산 단성 진주 군북 우곡(고령) 등 경상우도에서 격렬하게 일본에 맞선 것은, 1555년(명종 10) 왜구가 을묘왜변을 일으켜 노략질을 일삼자 남명이 철저하게 응징하라고 한 것과, 1592년 임진왜란 때 내암 정인홍來庵 鄭仁弘(1536~1623) 등 남명 문인들이 대거 창의倡義하여 국난을 극복한 사실에서 그 연원을 찾을 수 있다. 이러한 의병투쟁 으로 해인사 팔만대장경판을 왜적으로부터 지켰다.

합천 출생인 영의정 정인홍이 1623년 서인들에 의한 이른바 인조 반정 때 그 흔한 심문조서조차 남겨두지 않고 억울하게 죽임을 당하고, 1694년 갑술환국과 1728년 무신봉기戊申蜂起를 거치면서 경 상우도는 서인(노론)들로부터 반역향反逆鄉으로 매도돼 가혹한 차별 을 받았다.

집권세력인 서인(노론)들의 부패·독재와 기득권층의 의무불이행이 만연하여 전쟁이 아닌 조약條約으로 나라가 망했지만, 애국지사 배 숙원 등 경상우도인은 기개와 절조節操로 나라를 되찾기 위해 앞장 서 싸웠다. 400여 년 전 남명과 내암이 일본의 침략성을 간파하고 단호하게 대처한 것처럼 행동으로 실천했다. '항일 정신은 남명 및 내암 정신'이기에 … .]

7) 김해남명조식정신문화연구회

취지: 남명 선생의 경의정신에 바탕을 둔 김해의 정신문화 창출
설립: 2014. 06.
회원: 404명
위치: 김해시
연락처: 김석계(010-2224-9922
활동사항: 남명 선생 한시 등 문헌 번역, 관련 그림 제작, 번역시의
　　　　　창작곡 작성 및 노래, 번역시의 시낭송, 노래에 따른 전통
　　　　　춤, 남명 선생 관련 강의 및 세미나, 워크샵 발표, 기타 행사

부록 3 남명 선생 기념사업

1. 남명제 및 남명선비문화축제

▲ 남명제 광경(2016)

남명제는 1977년부터 시작되어 매년 양력 8월 10일에 덕천서원에서 지내다가, 1989년부터는 매년 양력 8월 18일에 지냈다. 2001년 남명선생탄신500주년기념사업의 일환으로 확대되면서 '남명선비문화축제'의 중심 행사로 전환되었고, 2008년부터는 매년 양력 10월 둘째 주 토요일에 진행하였고, 2017년부터는 한국선비문화연구원이 주관하여 10월 셋째 주 토요일에 개최하기로 하였다.

2016년도 제40회 『남명선비문화축제』

> 조선 중기 실천유학의 대가 남명 조식선생의 경의 정신을 현대적 의미로 재조명하여 지역의 정신문화 정착을 통한 정체성 확립과 지역사회 발전 및 군민 화합을 도모함

□ 행사개요
○ 기　　간: 2016. 10. 8(토)
○ 장　　소: 한국선비문화연구원 일원
○ 주최/주관: 산청군/남명선비문화축제집행위원회
○ 후　　원: 경상남도, 경상남도교육청, (사)남명선비문화연구원, (재)남명학진흥원, 경상대학교 남명학연구소, 경남사립중·고등학교 교장회, 서울남명학회, 경상남도산청교육지원청, 산청문화원등
○ 내　　용: 제전행사, 문화행사, 전시체험행사

□ 주요행사 일정

구 분	남명선비문화축제		
	제전행사	문화행사	전시체험행사
09:30~10:00	남명묘소참배	한시백일장	서도연합회원전(서도연합회)
10:00~10:30	(이동 및 휴식)	학생독서능력경진대회 (대강강)	서예체험(한국서예협회)
10:30~12:00	서예 퍼포먼스 (특설무대)		인쇄문화체험(한국서예협회)
	남명제례(제례악) (특설무대)		
	기념식(특설무대)	학생백일장	선비복장입어보기(한국서예협회)
12:00~13:00	오찬		
13:00~14:30	의병이여 일어나라 (특설무대) 50분	남명학생휘호대회	시화전(한국시사랑문인협회)
		천상병 문학의 밤 (대강당, 소공연장)	남명관련도서판매(남명연구원)
14:30~15:30	추억의 팝송 & OST (김해심포니에타) 90분		
15:30~17:00	대취타로 여는 축제 한마당 (문화예술그룹 온터) 90분		남명유적전시(남명연구원)
		전국시조경창대회 (산청시우회) [2016.10.9. 09:00~18:00]	국립공원사진전 (국립공원관리공단)
17:00~18:00			일일찻집(보명다원) 무료 가훈쓰기 (한국서예협회산청지부)

▲ 2016년도 제40회 남명선비문화축제

1) 남명제홀기南冥祭笏記

▲ 남명 선생 추모제홀기

行事(唱笏)

○ 지금부터 제( )회 남명제를 거행하겠습니다.

○ 祭禮樂을 獻樂하시오.

○ 謁者는 諸 執事를 引導하여 盥洗位에 나아가시오.

○ 盥手 拭手하시오.

○ 각기 자리에 定立하시오.

○ 謁者는 初獻官을 引導하여 東階로 올라가 陳設을 點檢하고 西階로
   내려가 復位하시오.

○ 祝은 神位前에 나아가 啓龕하고 點燭하고 復位하시오.

○ 境內에 계시는 參祭者는 제자리에서 일어서시오.

○ 祭官및 경내에 계시는 모든 參祭者는 再拜하시오.

○ 拜 興, 拜 興, 平身.

○ 경내에 계시는 모든 參祭者는 모두 제자리에 앉으시오.

○ 執禮는 再拜하시오

○ 諸 執事는 제 위치에 定立하시오.

○ 謁者는 初獻官의 右便에 나아가 行事를 고하고 복위하시오.

○ 音樂을 그치시오

行奠幣禮

○ 迎神曲을 獻奏하시오.

○ 祝 奉香 奉爐는 神位前에 定立하시오.

○ 謁者는 初獻官을 引導하여 盥洗位에 나아가 盥手拭手하시오.

○ 다시 神位前에 나아가 꿇어앉으시오.

○ 奉香은 香盒을 初獻官 앞에 받드시오.

○ 奉爐는 香爐를 받드시오.

○ 初獻官은 세 번 焚香하시오.

○ 祝官은 初獻官에게 幣帛을 건네시오.

○ 初獻官은 幣帛을 다시 祝官에게 건네고 祝官은 幣帛을 神位前에 드리시오.

○ 初獻官과 祝 奉香 奉爐는 西階로 내려가 復位하시오.

○ 初獻官은 再拜하시오.

○ 音樂을 그치시오.

行初獻禮

○ 初獻樂을 獻奏하시오.

○ 謁者는 初獻官을 引導하여 盥洗位에 나아가 盥手拭手하시오.

○ 다시 爵洗位에 나아가 洗爵拭爵하여 奉爵에게 주고 尊所 앞에 서시오.

○ 初獻官은 盞을 받으시오.

○ 司尊은 뚜껑을 열고 술을 따르시오.

○ 初獻官은 盞을 奉爵에게 주고 神位前에 나아가 꿇어앉으시오.

○ 奉爵은 初獻官 左便에 꿇어앉아 盞을 주시오.
○ 初獻官은 盞을 받아 三祭酒하여 奠爵에게 주고, 奠爵은 神位前에 드리시오.
○ 祝은 初獻官의 左便에 東向하여 꿇어앉아 祝文을 읽으시오.
○ 謁者는 初獻官을 인도하여 復位하시오.
○ 祝官은 復位하시오.
○ 初獻官은 再拜하시오.
○ 初獻樂을 그치시오.

行亞獻禮

○ 亞獻樂을 獻奏하시오.
○ 贊引은 亞獻官을 引導하여 盥洗位에 나아가 盥手拭手하시오.
○ 다시 爵洗位에 나아가 洗爵拭爵하여 奉爵에게 주고, 尊所 앞에 서시오.
○ 奉爵은 盞을 亞獻官에게 주시오.
○ 司尊은 술을 따르시오.
○ 亞獻官은 盞을 奉爵에게 주고, 神位前에 나아가 꿇어앉으시오.
○ 奉爵은 盞을 亞獻官에게 주시오.
○ 亞獻官은 三祭酒하여 盞을 奠爵에게 주고, 奠爵은 神位前에 드리시오.
○ 贊引은 亞獻官을 인도하여 復位하고 亞獻官은 再拜하시오.
○ 亞獻樂을 그치시오.

行終獻禮

○ 終獻樂을 獻奏하시오.
○ 贊引은 終獻官을 引導하여 盥洗位에 나아가 盥手拭手하시오.
○ 다시 爵洗位에 나아가 洗爵拭爵하여 奉爵에게 주고, 尊所 앞에 서시오.
○ 奉爵은 盞을 終獻官에게 주시오.
○ 司尊은 술을 따르시오.

○ 終獻官은 盞을 奉爵에게 주고 神位前에 나아가 꿇어앉으시오.

○ 奉爵은 盞을 終獻官에게 주시오.

○ 終獻官은 三祭酒하여 奠爵에게 주고 奠爵은 盞을 神位前에 드리시오.

○ 贊引은 終獻官을 인도하여 復位하고 終獻官은 再拜하시오.

○ 終獻樂을 그치시오.

行奠茶禮

○ 音樂을 獻奏하시오.

○ 贊引은 奠茶官을 引導하여 盥洗位에 나아가 盥手拭手하고 茶罐 앞에
　서시오.

○ 奉爵은 茶椀을 奠茶官에게 주시오.

○ 司尊은 茶를 따르시오.

○ 奠茶官은 茶椀을 다시 奉爵에게 주고, 神 位前에 나아가 꿇어앉으시오.

○ 奉爵은 茶椀을 奠茶官에게 주시오

○ 奠茶官은 茶椀을 奠爵에게 주시오.

○ 奠爵은 茶椀을 神位前에 드리시오.

○ 贊引은 奠茶官을 인도하여 復位하고, 奠茶官은 再拜하시오

○ 音樂을 그치시오.

行飲福受胙禮

○ 辭神樂을 獻奏하시오.

○ 謁者는 初獻官을 引導하여 東階로 올라가 神位前에서 西向하여 꿇어
　앉으시오.

○ 祝官은 初獻官 左便에 北向하여 꿇어앉으시오.

○ 奠爵은 福酒를 한 그릇 거두어 담아들고 祝官에게 주시오.

○ 祝官은 잔을 받아 初獻官에게 주시오.

○ 初獻官은 盞을 받아 맛보고 床에 올리시오.

○ 奠爵은 神位前에 俎肉을 덜어 一俎에 합하여 祝官에게 주시오.
○ 祝官은 俎肉을 받아 初獻官에게 주시오.
○ 初獻官은 俎肉을 받아 祝官에게 다시 주고 잔을 들어 마시시오.
○ 奠爵은 빈 잔과 俎肉을 받아 坫상에 두시오.
○ 初獻官은 일어나 再拜하고 復位하시오.
○ 祝官은 神位前에 나아가 闔櫝하고 消燭하시오.
○ 諸執事者는 모두 復位하시오.
○ 境內에 계시는 모든 參祭者는 제자리에서 일어서시오.

○ 祭官및 境內의 모든 參祭者는 再拜하시오.
○ 拜 興, 拜 興. 平身.
○ 境內에 계시는 모든 參祭者는 제자리에 앉으시오.
○ 音樂을 그치시오.

行焚香禮

○ 遠近에서 오신 各 團體 代表 및 各 門中 代表와 焚香을 하실 분은 神位前으로 나와 주십시오.(奉香은 焚香을 準備하고 들어오는 분께 香을 하나씩 나누어 준다.) (焚香者가 없을 때는 焚香禮는 省略합니다.)
○ (焚香者가 들어오면) 焚香者는 들어오신 순서대로 차례차례 焚香을 하고 神位前에 서시오.
○ 焚香을 마친 분은 함께 再拜하시오.
○ 모두 제자리에 돌아가시오.

行望瘞禮

○ 謁者는 初獻官을 引導하여 望瘞位에 나아가시오.
○ 初獻官은 北向하여 서시오.

○ 祝官은 幣帛과 祝文을 取하여 西階로 나와 西向하여 서서 瘞坎에 불
  사르시오.
○ 初獻官以下 在位者는 모두 南門 밖에 나아가 相揖하시오.
○ 相揖
○ 謁者는 以上으로 禮를 모두 마쳤다고 告하시오.
○ 以上으로 第( )回 南冥祭를 모두 마치겠습니다 .

2) 1977년 이후 남명제 헌관집사록獻官執事錄

	초헌관	아헌관	종헌관	집례	축
丁巳年(1977년)	裵錫鉉	曺東煥	朴鍾漢	鄭默珪	崔載浩
戊午年(1978년)	成昌根			金相朝	崔寅巆
己未年(1979년)	許 洞	崔載浩	權大鉉	孫尙鳳	金相朝
庚申年(1980년)	姜鍾植	姜允瑞	張權烈	孔三鎭	姜錫周
辛酉年(1981년)	徐圭大	朴性潤	金喆洙	河東根	李相學
壬戌年(1982년)	李圭孝	崔圭環	河萬觀	郭正淳	韓 胄

• 1983년부터 전다관을 추가하였다.

	초헌관	아헌관	종헌관	전다관	집례	축
癸亥年(1983년)	李圭孝	金炳純	鄭琪哲	姜鍾植	鄭憲敎	河在敦

• 1984년 4월에 1983년도에 남명선생사적지가 국가문화재 사적 305호로 지정되어 이를 고유하는 채례를 별도로 지냈다.

	초헌관	아헌관	종헌관	집례	축
甲子年(1984년)	權翊鉉	丁仲煥	曺玉煥	河東根	李相學

	初獻官	亞獻官	終獻官	奠茶官	執禮	祝
甲子年(1984년)	李圭孝	金珍泰	徐益洙	鄭元鎔	吳珪煥	河泰鎰
乙丑年(1985년)	李水東	洪慶壽	孔三鎭	朴信鐘	韓斗錫	崔文錫
丙寅年(1986년)	申鉉千	高文錫	李瑛洙	崔洛璇	盧在鶴	許泰檍
丁卯年(1987년)	趙益來	鄭鶴永	金鎬吉	裵宗鎬	禹永昌	柳在春
戊辰年(1988년)	李正漢	文子煥	陳正鉉	李圭奭	文昶東	黃義重
己巳年(1989년)	李義翊	崔炳寅	李秉熏	黃義重	河東根	金世煥
庚午年(1990년)	崔一鴻	禹永昌	金兌警	金祥哲	許龍道	申泰湜

辛未年(1991년)	金原奭	黃義重	郭柄水	楊水龍	鄭胄鎬	裵相祚
壬申年(1992년)	賓榮鎬	李喆宰	愼庸錫	金祥哲	李秉熙	河龍德
癸酉年(1993년)	尹漢道	趙在勝	金永奎	具滋明	李仁甲	姜仲錫
甲戌年(1994년)	金爀珪	鄭必教	金世基	郭鍾瀅	金 煉	許昌武
乙亥年(1995년)	金忠烈	金鎭大	權相穆	崔武錫	金慶圭	金棟珍
丙子年(1996년)	姜信和	鄭淳台	曺康煥	許捲洙	李相弼	姜 瀅
丁丑年(1997년)	金爀圭	崔文錫	張鎭韓	李保鉉	李相弼	金時晃
戊寅年(1998년)	徐永培	吳慶煥	李炳赫	許宗禧	黃義洌	曺圭泰
己卯年(1999년)	金杞載	徐泳尤	鄭義根	李榮浩	朴英浩	宋彙七
庚辰年(2000년)	權正浩	宋鎬彦	李洙鶴	曺昌燮		
辛巳年(2001년)	李賢宰	李佑根	辛大奎	金章河	李相弼	李昌建
壬午年(2002년)	金爀珪	吳喆熺	李東奭	金銀河 曺文奎5)	尹浩鎭	金炳仁
癸未年(2003년)	高柄翊	安秉琨	申鉉石	柳漢承	鄭羽洛	金晟均
甲申年(2004년)	金台鎬	成泰東	安致德	李台錫	丁淳佑	許捲洙
乙酉年(2005년)	李康斗	金奎元	金日來	金鎭富	金德鉉	權五榮
丙戌年(2006년)	崔根德	崔文錫	郭一泰	李秉讚	李愼成	鄭景柱
丁亥年(2007년)	金台鎬	李雨燮	趙焄來	李鍾慶	李玧烈	金榮福
戊子年(2008년)	金長實	具二本	鄭慶洙	李民煥	孫炳旭	朴丙鍊
己丑年(2009년)	愼成範	都鳳燮	鄭然可	鄭成鏞	朴勇國	姜東郁
庚寅年(2010년)	金斗官	李炳讚	趙泰植	吳東鉉	鄭基敏	崔元碩
辛卯年(2011년)	高永珍	金成允	趙漢哲	徐英順	鄭玉永	文映東
壬辰年(2012년)	李賢宰	金義鎬	河在吉	柳泛馨	全丙哲	李珍秀
癸巳年(2013년)	權淳基	尹龍植	李圭潤	黃昭夫	姜東郁	金益載
甲午年(2014년)	朴鍾勛	成德耆	河大連	車在援	沈東燮	柳辰熙
乙未年(2015년)	崔球植	李龍斗	金震浩	鄭憲植	鄭羽洛	成碩基
丙申年(2016년)	姜錫振	李承和	趙海東	朴錄子	陳永業	許洸永

---

5) 이 해에는 전다관이 2명이었다.

2. 1995년도 2월 '이 달의 문화인물'

문화체육부와 한국문화예술진흥원에서 선정하는 1995년도 2월 '이 달의 문화인물'에 남명 선생이 선정되었다. 이에 1995년 2월 22일 사단 법인 남명학연구원이 주최하고 문화체육부와 성균관이 주관 및 후원 하는 '남명학국제학술회의'와 '전국유림한시백일장'이 성균관에서 개최되었다.

▲ 이달의 문화인물 포스트

1) 국제학술회의 내용과 일정

제목: 南冥 曺植 先生의 學問과 思想 照明

식순(식순사회: 金敬洙)
    1. 개회선언: 金忠烈 본원 원장
    2. 국민의례: 참석자 전원
    3. 이사장 환영사: 權淳纘 본원 이사장
    4. 기조발표: 金忠烈 본원 원장

오전 논문 발표(사회: 權仁浩)
    1. 張立文(중국인민대학 교수): 南冥性理哲學研究
    2. 湯一介(중국북경대학 교수): 讀『南冥集』所得
    3. John B. Duncan(UCLA 교수): 朝鮮朝 '士林' 槪念의 再檢討

점심시간

오후 논문 발표(사회: 韓相奎)
    1. 坂出祥伸(日本 關西大學 교수): 南冥과 老莊思想
    2. 吳二煥(경상대학교 교수): 南冥集 『釐正本』의 成立
    3. 鄭炳連(전남대학교 교수): 曺南冥의 理氣論 辨證

종합토론(좌장: 金忠烈)
    1. 小川晴久(日本 東京大學 교수): 張立文 교수 토론
    2. 孫炳旭(경상대학교 교수): 湯一介 교수 토론
    3. 韓相奎(동주여전 교수): John B. Duncan 교수 토론
    4. 梁銀容(원광대학교 교수): 坂出祥伸 교수 토론
    5. 權仁浩(경희대학교 강사): 吳二煥 교수 토론
    6. 孫英植(울산대학교 교수): 鄭炳連 교수 토론
    7. 기타토론

2) 전국한시백일장 장원시

주제主題: 찬남명선생도학讚南冥先生道學
압운押韻: 인신신춘친人伸新春親

장원壯元: 박영제朴永濟

南冥道學盡天人	남명 선생 도학은 하늘과 인간의 이치를 다했고,
傳授門生海內伸	제자들에 전해져 사해에 두루 베풀어졌네.
顯著文章千古赫	뛰어난 문장은 역사에 길이 빛나고,
倡明敬義萬年新	경과 의를 드러내어 만년토록 새롭구나.
頭流屹立能成局	두류산 우뚝 솟아 능히 한 국면 이루었고,
德水淸洄自帶春	덕천강 맑게 거슬러 흘러 스스로 봄기운 둘렀구나.
追慕先師多感慨	선생을 추모하니 감개가 무량하여,
吾儕歸欲券中親	우리들 돌아가 책 속에서 가까워집시다!

3. 남명선생탄신500주년기념사업

▲ 남명 선생 탄신 500주년 기념사업 포스터

1) 행사개요

南冥先生 誕辰500周年 記念事業推進
趣　旨　文

　2001년은 敬義철학을 표방하며 실천유학을 강조하신 南冥 曺植(1501~1572) 선생의 탄신 500주년이 되는 해입니다. 이 해를 맞아 우리들은 그 學德을 추모하고 그 정신을 계승·발전시키고자 몇 가지 뜻깊은 기념사업을 추진하고자 합니다.

　남명 선생은 혼탁한 時流에 영합하지 않는 엄격한 出處觀을 견지하여 평생을 처사로 지내면서도 爲民政治를 역설하며 수차 상소를 올려 국정을 바로잡고 士林의 言路를 열고자 헌신하셨습니다.

　또한 선생은 제자의 개성에 따라 강론을 하지 않고 스스로 대의를 터득케 하여 실천하는 교육방법으로 수많은 영재를 길러내심으로서 우리 교육사에 큰 획을 그었습니다. 그 결과 임진왜란이 일어나자 선생의 遺志를 받든 50여 명의 제자들이 목숨을 아끼지 않고 의병장으로 倡義하여 국난극복의 초석이 되었습니다.

　이러한 남명학이 黨爭에 의한 慘變으로 소외되고, 일본학자들에 의하여 배척됨으로써 거의 매몰되다시피 하였습니다. 그러나 20여 년 전부터 남명학 연구가 본격적으로 시작되어 많은 학문적 성과를 일구어냄으로써 국내외에서 점차 주목을 받기에 이르렀습니다. 그러나 아직 일반 대중에게는 널리 홍보되지 못한 아쉬움이 있습니다.

　이제 우리는 선생 탄신 500주년을 맞이하여 德川書院, 사단법인 南冥學研究院, 경상대학교 南冥學研究所, 南冥學釜山研究院 등 관련 연구기관과 경상남도, 산청군, 합천군, 김해시, 진주시 및 南冥學派 淵源家, 언론기관 등이 주축이 되어 「남명선생탄신500주년기념사업 추진위원회」를 구성하였습니다.

기념사업추진위원회는 ① 국제학술회의 개최 ② 전국문예작품 공모 ③ 남명학관련 책자 발간 ④ 서사극 공연 ⑤ 남명제를 중심으로 한 기념행사 거행 ⑥ 영상 홍보물 제작 ⑦ 학생들의 남명선생사적지 순례 ⑧ 한시백일장 ⑨ 서예전 개최 ⑩유물전시관 건립 ⑩ 「남명 사적공원」 조성 등의 사업을 江右學派의 자존심을 걸고 추진하고자 합니다.

이는 남명 선생 이래 지난 500년간의 역사를 반성하여 오늘을 사는 우리들에게 삶의 자세를 가다듬는 기회가 될 것입니다. 나아가 우리의 후학들에게 민족의 정기를 일깨우고 새 천년·새시대 정신을 이끌어 내는 계기를 제공할 것입니다. 향후 장기계획으로 추진할 남명 사적공원(국가사적305호) 조성은 지리산 관광벨트 개발에도 큰 역할을 할 것으로 기대합니다. 이에 뜻을 같이하는 江湖諸賢께서는 이 기념사업이 뜻 깊은 결실을 거둘 수 있도록 적극 동참 해 주시기를 간절히 바라면서 여기 기념사업의 취지를 밝히는 바입니다.

2001년 3월 5일
南冥先生誕辰 500周年 記念事業推進委員會

南冥先生 誕辰 500周年
記念事業計劃

〈推 進 背 景〉

○ 2001. 8.15일은 남명탄신 500주년이 되는 해로서 敬義哲學을 표방하며 실천 유학을 강조하신 남명 선생의 학덕과 업적을 추모하는 행사 개최 필요.

○ 선생은 時流에 영합하지 않는 선비정신의 표본으로서 경남정신의 밑바탕이 되고 있으며, 도민의 존경을 받고 있음.

○ 선생은 經書를 講論하지 않고 스스로 터득하여 실천케 하는 교육방법으로 많은 제자들을 길러내 임진왜란 시 50여명의 제자들이 의병장으로 창의하는 큰 업적을 남김.

○ 仁祖反正으로 제자 鄭仁弘이 참수당함으로써 조선조 후기까지 소외당하였으며 70년대부터 연구되고 있어 이번 기회를 남명학을 현창하는 기회로 삼고자함.

□ 基本方向

· 남명 선생의 學德과 業績을 되돌아봄으로써 역사적 왜곡과 폄하로부터 벗어나게 하여 남명정신을 새롭게 조명하는 계기로 삼음

· 남명학의 학술적 深化를 통해 21세기 세계를 향해 도약하는 한국인의 새로운 精神思潮를 이끌어 냄

· 남명의 제자들이 義兵을 倡義한 선비정신을 되살려 경남도민의 정신적 바탕을 穿鑿하는 기회로 삼음

□ 推進戰略
- 경남의 位相을 높이는 행사
  ◦ 전국규모의 행사로 경남의 위상을 높이고 南冥學의 大衆化 유도

- 差別化된 未來 指向的 행사
  ◦ 一回性, 모방성 행사를 탈피하여 지속적이고 差別化된 행사추진
  ◦ 남명사상에 기초한 價値 指向的이고 未來 指向的 행사

- 感動的·力動的 행사
  ◦ 500주년 기념행사의 특성을 고려한 선비祝祭 분위기의 행사

- 史蹟址의 教育場化·觀光地化
  ◦ 청소년을 위한 교육기념관 건립, 경남일원 선생사적지의 공원화

- 慶南人의 共同體 精神을 結集하는 行事
  ◦ 남명사상에 입각한 共同體 정신구현을 위해 전도민 참여화

□ 事業目的
- 조선조 仁祖 이래 역사적 왜곡과 폄하를 받아오던 남명정신을 再照明하여 올바른 평가를 받는 계기 마련
- 남명 선생의 선비정신과 실학적인 면을 오늘에 되살려 우리의 도덕성을 改善하는 綱領으로 삼기 위함
- 21세기 세계를 향해 뻗어나가는 새로운 국민정신 思潮의 創出
- 국난극복에 기여한 제자 義兵將들의 행적을 살펴봄으로써 젊은 세대에게 民族精氣를 되살리게 함
- 독특한 실천유학을 기본으로 하는 남명학의 학술적 深化를 통하여 쇠퇴되어 가는 儒教思想을 계승 발전시키는 계기 조성

• 지리산 관광벨트의 중심에 위치한 남명 사적지를 홍보하고 경남일원에 소재한 관련유적들을 관광자원화, 소득증대 기여

□ 行事槪要
• 행 사 명: 남명선생탄신500주년기념 〈선비문화축제〉
• 주　　제: 〈새천년을 남명 선생의 선비정신으로!〉
　─副題: 선비의 표본, 남명정신으로 새천년 새경남 건설
• 기　　간: 기념행사(2001.8.16~19/추모제 8.18) 기념사업('96~2002)
　─탄신일은 8.15(음 6.26)이나 추모제를 매년 8.18일 개최함
• 장　　소: 산청군/진주시/김해시/합천군
• 주요사업: 기념행사, 기념관·유물전시관 건립, 고택·서원복원 등
• 주　　최: 경상남도/산청군/합천군
• 주　　관: 남명선생탄신500주년기념사업추진위원회
　(사)남명학연구원, 남명기념관건립추진위원회
• 협　　찬: 경상대 남명학연구소, 남명학부산연구원, 경남사립중·고교교장회, 덕천서원
• 후　　원: 문화관광부, 교육인적자원부, 문화재청, 경상남도교육청, 경남신문, 경남일보, 경남도민일보, KBS창원방송총국, 마산 MBC, 진주 MBC, 성균관,학술진흥재단, 서울대 규장각, 한국정신문화연구원, 경상남도유도회, 경상남도문화원연합회

□ 그 間의 推進狀況
• 1996.11: 남명기념관 착공(현 공정 60%) (경상대학교)
• 2000.10.28: 남명사상 강연회 개최(21회, 7,000명)
• 2000.12.20: 『남명 조식선생』 책자 발간 배포(7,000부)
• 2001. 1. 1: 국제신문 기획시리즈 〈남명을 찾아서〉 연재

• 2001. 1. 3: 경남일보 기획특집 〈남명의 숨결〉 연재

• 2001. 1.10: 서사극 공연계획 협의·착수

 (우리극연구소/ 이윤택 연출)

   ◦ 8월: 산청, 진주, 김해, 합천, 밀양

   ◦ 9월: 창원, 서울(대학로, 성균관대), 경북(경주, 안동)

• 2001. 2. 6: TV 다큐멘타리 제작 협의

• 2001. 2.10: 합천 삼가 남명선생선양위원회(위원장 박우근) 발족

• 2001. 2.19: 경남신문 월요기획 〈조선조 유림의 거목 남명〉 연재

• 2001. 2.23: 서울대 남명학회(회장 이남영 교수) 발족

• 2001. 3. 5: 남명선생탄신500주년기념사업 추진위원회 회의

• 2001. 3. 5: 남명선생탄신500주년기념사업 집행위원회 회의

□ 記念事業 總括表

사 업 명		사 업 개 요	사 업 비 (백만원)			
			계			
합 계			8,017			
記念行事						
事前行事	남명소개 책자발간	• 책자명: 경남정신의 뿌리 - 남명조식 선생 - • 수 량: 6,000부(추가 1,000부)				
	남명사상 강연회	• 시 기: 2000. 10월중 • 장 소: 경남도, 마산시등 5개시군 • 참 여: 7,000명 • 주 제: 경남정신의 뿌리,남명사상				
	남명 선생 享祀	• 시기: 4. 7(합천 뇌룡정)				
	서예전시회	• 시기: 8.13~8.17(경남문예회관)				
	국제학술 회의	• 시기: 1차(8.16~17), 2차(10월) ◦ 남명학과 21세기 유교 부흥운동 전개(1차) ◦ 한국학술사상 남명학의 위상(2차)				

	사 업 명	사 업 개 요	사 업 비 (백만원)			
			계			
本行事	청소년 남명 사적지 탐방	• 기간: 8.16-8.18(중고생 300명) • 김해(산해정)→의령(충익사등)→합천(고택등)→진주(진주성)→산청(산천재)				
	학생문예 작품공모전	• 주제: 남명 선생의 생애, 학문, 선비정신 등				
	서사극 공연	• 시기: 8.17(산천재)/ 8~9월 • 장소: 산청군 등 5개시군, 서울,경북 • 제목: 선비의 표상-남명(90분)				
	의병출정식	• 일시/장소: 8. 17.19: 30/ 산천재				
	남명선생 탄신추모제	• 일시/장소: 8. 18. 10: 00/ 덕천서원 • 내용: ◦ 사적지 답사단 입장 ◦ 전통제례, 기념식 ◦ 학술상 시상, 장학금수여 ◦ 무대공연작품 공연 ◦ 전통유림행사 재현 등				
事後行事	전국한시백일장	• 일시/장소: 8. 19. 10: 00/ 덕천서원				
	마산국악 관현악단 공연	• 일시/장소: 8. 19. 13: 00/ 산천재				
	풍물패 소리 바디 국악공연	• 일시/장소: 8. 19. 15: 00/ 산천재				
其他事業	기념·홍보물 제작	• TV 다큐멘터리 제작 방영(60분)				
		• 남명일대기 영상홍보물 제작				
		• 남명 선생 캐릭터 개발 (성성자 방울)				
	도서발간	• 남명전기 구입(3,000부) • 남명설화선 제작(3,000부) • 남명선생문인자료집 제작(2,000부) • 영원한합천인남명조식선생(6천부)				
記念事業						
記念施	유물전시관 건립	• 위　치: 산청군 시천면 산천재 • 사업량: 건평 200평 • 사업비: 1,400백만원 (국비700 지방비700) ◦ '01 예산확보: 838(국654, 도184)				

사 업 명		사 업 개 요	사 업 비 (백만원)			
			계			
設 整 備	고택 및 서원 복원	• 위 치: 합천군 삼가면 외토리 • 사업량 ◦고 택: 부지 1,323평 건물 3동 ◦서 원: 부지 200평 건물 4동 • 사업비: 1,000백만원 (국비500 지방비500) ◦'01 확보: 512백만원(국400, 도112)				
	덕천서원 보수	• 위 치: 산청군 시천면 사리 • 사업량 ◦부지 200평 ◦건물 4동 등 • 사업비: 210백만원 (국비147 지방비63) ◦'01 확보: 165백만원(국147, 도 18)				
	남명기념관 건립	• 위 치: 경상대 내 • 사업량: 건평 838평(지하1, 지상3) • 사업비: 4,230백만원 (도비 500 자부담 3,730)				
	사적공원 조성	• 위 치: 산청군 시천면 산천재 • 사업량: 4,500평 • 사업비: 600백만원 (확보)				

□ 行事 日程表

단 계 별	추진기간	행 사 내 용
사전 행사	'00. 12. 20	남명책자 발간 (6,000권), 추가(1,000권)
	'00. 10. 28	남명 강연회 개최(21회 700명)
	'01. 04. 07	남명 선생 향사(합천 뇌룡정)
	'01. 05. 10	임란창의기념관 준공식 및 남명관련 학술심포지엄
	'01. 06. 19~06. 30	전국 고교생 작품 공모(1,300교), 도교육청
	'01. 08. 13~08. 17	서예전시회(도 문화예술회관)
	'01. 08. 16~08. 17	1차 국제 학술회의(시천 삼성연수원)
	'01. 08. 16~08. 18	청소년 남명사적지 답사(산청,합천,김해,진주)
	'01. 06. 19~06. 30	전국 고교생 작품 공모(1,300교), 도교육청 중등과

단 계 별	추진기간	행 사 내 용
본 행 사	'01. 08. 17. 15:00	전야제 (시천면 산천재) ◦ 진주 오광대, 사물놀이 공연
	'01. 08. 17. 18:00	◦ 서사극 공연
	'01. 08. 17. 19:30	◦ 의병 출정식
	'01. 08. 18. 10:00	추모제 (덕천서원) ◦ 사적지 답사단 입장 ◦ 남명탄신추모제(남명제) ◦ 전통 아악공연
	'01. 08. 18. 11:00	기념식 ◦ 대회사, 인사말씀, 환영사, 축사 ◦ 학술상 시상, 장학금 수여 ◦ 문예작품 당선작 시상
	'01. 08. 18 13:00	식후행사 (덕산중) ◦ 민속예술 공연
	'01. 08. 18. 14:00	◦ 전통유림행사 재현
사후 행사	'01. 08. 19. 10:00	전국 한시백일장(산천재)
	'01. 08. 19. 13:00	마산국악관현악단 국악공연(산천재)
	'01. 08. 19. 15:00	풍물패 소리바디 공연(산천재)
	8~9월	서사극 순회공연(진주,창원,김해,합천,안동,경주,서울 등)
	10월	2차 국제학술회의 (경상대 남명기념관)
기타 행사	3~8월	기념, 홍보물 제작
	6월	TV 다큐멘터리 제작, 방영
	9월	남명일대기 홍보 테이프 제작배포
	3~12월	남명 선생 캐릭터 상품 개발(성성자, 테이프 등)
	6~8월	도서 발간 ◦ 남명傳記 ◦ 남명 선생 門人자료집 ◦ 남명 說話選 ◦ 영원한 합천인 남명조식 선생

□ 記念事業推進體系

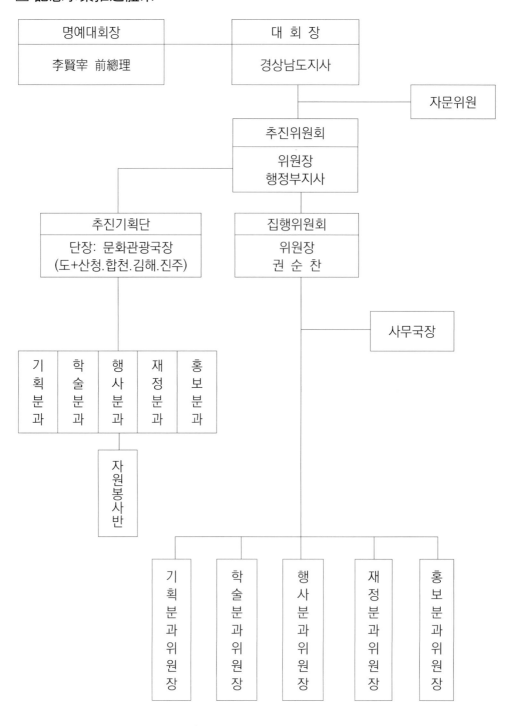

1 추진위원회 위원 명단

○ 위원수: 23인(성명 가나다순)

구 분	성 명	직 위	비 고
위원장	권경석	행정부지사	
위 원	권순찬	남명학연구원 이사장	
위 원	김강석	경상남도교육청 교육국장	
위 원	김장하	남명기념관건립추진위원장	
위 원	문동효	산청 부군수	
위 원	민은식	경상남도의회 의원	산청 출신
위 원	박영제	남명학부산연구원 원장	
위 원	박우근	남명선생선양위원회 위원장	합천 삼가
위 원	배우근	진주문화방송 보도제작국장	
위 원	서봉석	산청군의회 의원	시천면 출신
위 원	성병달	성균관유도회 경남본부장	
위 원	송호언	사립경남중고교장회 회장	
위 원	송태복	신산서원 원임	
위 원	이점호	경남신문 편집국장	
위 원	김주형	KBS 창원방송총국 보도국장	
위 원	윤석년	경남도민일보 편집국장	
위 원	전정효	마산문화방송 보도국장	
위 원	조옥환	창녕조씨 문중 대표	
위 원	하유집	덕천서원 원임	
위 원	하종갑	경남일보 편집국장	
위 원	허권수	경상대 남명학연구소 소장	
위 원	허기도	경상남도의회 의원	산청 출신
위 원	최철국	경남도 문화관광국장	
간 사	유혜숙	경남도 문화예술과장	

南冥誕辰 500周年
記 念 事 業 計 劃(案)

□ 記念行事 主要內容

▶**사전행사**: 남명 선생 향사, 임란창의 기념관 준공식 및 남명 관련 학술 심포지엄, 남명선생탄신500주년기념 강연회, 서예전시회, 1차 국제학술회의, 청소년 남명사적지 답사, 전국고교생 문예작품 공모

▶**본 행 사**
▷ 전야제: 진주오광대 및 사물놀이공연, 서사극 공연, 의병출정식
▷ 추모제: 사적지 답사단 입장, 남명탄신 추모제(남명제) 추념식(대회사, 학술상 시상, 문예작품 공모전 시상 등)
▷ 식후행사: 민속예술초청공연, 전통유림행사 재현

▶**사후행사**: 전국 한시백일장, 민속예술·무형문화재 공연, 서사극 순회공연, 2차 국제학술회의

▶**기타사업**: TV 다큐멘터리 제작, 영상 홍보물 등 제작, 남명 선생 캐릭터 개발, 남명 선생 관련 도서발간

[1] 事前行事

① 남명 선생 享祀
• 일시: 2001. 4. 7
• 장소: 합천 삼가면 뇌룡정

② 임란창의 기념관 준공식 및 남명관련 학술심포지엄
- 일시: 2001. 5. 10(예정)
- 장소: 합천군 대병면 성리
- 행사내용: 제례, 남명관련 학술심포지엄

③ 남명선생탄신500주년 기념강연회
- 일시: 2001. 6. 22. 14:00
- 장소: 마산MBC 홀
- 참석인원: 1,200명
- 주최: 남명학부산연구원
- 주관: 성균관·유도회경남지부
- 연제: 이 시대가 어째서 남명정신을 요구하는가?
- 연사: 김주백(남명학부산연구원 상임연구원)

④ 서예전시회
- 주제: 남명 탄신 500주년－기념서예전
- 전시기간: 2001. 8. 13~8. 17 (5일간)
- 장소: 경남문화예술회관(진주)
- 주최: 행사분과위원회
- 주관: 한국미래서단
- 취지
  ◦ 남명문집 중에서 남명사상이 잘 나타나 있는 문장을 소재로 한 서예작품들을 전국 각지의 중견 서예가들로 구성된 한국미래서단의 주관으로 전시함으로써 관람자들에게 남명정신의 본질을 이해케 한다.
- 행사내용
  ◦ 남명의 詩, 銘 및 기타 남명정신이 잘 부각되어 있는 문장을 작품 소재로 함.
  ◦ 남명의 시 중에서 대표적인 작품 1편을 참여작가 모두가 한자씩

각자의 서체로 써서 一字書로 전시

◦ 참여작가들이 현장에서 관람객이 원하는 남명의 글을 현장 휘호로 써 주는 행사

- 소요예산: 10백만원

⑤ 제1차 국제학술회의 (남명학연구원)

- 기본방향

◦ 남명탄신 500주년 기념 주행사의 시기에 맞추어 사단법인 남명학연구원이 주관하여 남명학의 정체성을 확보하고, 21세기 시대정신과의 접목에 초첨을 맞추는 국제학술회의 개최

- 성격

◦ 남명의 삶과 철학이 지닌 특징을 조명함

◦ 남명사상이 지니는 현대적 의의 분석

◦ 남명사상과 민주적 이념과의 연계성 검토

◦ 남명사상과 서구 사상과의 비교 검토

◦ 한국유학의 재건 방향 조망

- 주제: 남명학과 21세기 유교부흥운동 전개

- 일시: 2001. 8. 16~17(2일간)

- 장소: 三星산청연수소(산청군 시천면 외공리)

- 참가인원: 430명(초청자100, 지역문화추진위원30, 일반참가300)

- 주관: 학술분과위원회(남명학연구원)

- 발표: 기조발표 1인, 발표자 14인, 토론자 14인

- 기타: 발표자료집 발간, 도지사 주관 리셉션 등

- 소요예산: 42백만원

⑥ 제2차 국제학술대회(남명학연구소)

일시: 2001년 10월 25~26일

장소: 경상대학교 남명학관

• 10월 25일(목)

◎ 등   록 09:00~10:00

◎ 개 회 식 10:00~10:50   사회: 최석기 교수(경상대)

◎ 基調講演 11:00~11:30

　◦ 南冥學의 展開 樣相   李楠永 교수(서울대)

◎ 오전 주제발표 11:30~13:00

　◦ 『學記類編』을 통해 본 南冥 性理學的 思惟의 特色

　　　　　　　　　　　　　　　　　　土田健次郎 교수(日本 早稻田大)

　◦ 성리학에 대한 서양의 접근방법들에서 한 실종된 목소리

　　　　　　　　　Milan G. Hejtmanek(University of Pennsylvania)

　◦ 南冥 曺植과 山崎闇齋: 處士·賓師·王師

　　　　　　　　　　　　　　　　朴鴻圭 선생(일본학술진흥회)

◎ 점심식사 13:20~14:20(기숙사 식당)

◎ 오후 주제발표 14:30~16:00

　◦ 南冥의 詩世界: 南冥詩의 浪漫主義的 性格

　　　　　　　　　　　　　　　　　　宋載卲 교수(성균관대)

　◦ 18世紀 江右地域 南冥學派의 分布와 動向

　　　　　　　　　　　　　　　　　　李相弼 교수(경상대)

　◦ 19세기 江右學者들의 學問動向   權五榮 선생(정문원)

◎ 휴   식 16:00~16:20

◎ 종합토론 16:20~17:40   座長: 이동환 교수(고려대)

◎ 리 셉 션 18:30~20:30(신안동 갑을가든 3층 연회)

• 10월 26일(금)

◎ 오전 주제발표 10:30~11:30   사회: 黃義洌 교수(경상대)

　◦ 南冥學의 역사적 평가의 한 국면

　　　: 부정적 인식의 문제를 중심으로   張源哲 교수(경상대)

　◦ 宣祖후반에서 光海君代의 政局과 鄭仁弘의 역할

　　　　　　　　　　　　　　　　　　申炳周 선생(규장각)

◎ 중간휴식 11:30~11:50

◎ 오전 주제발표 11:50~13:00
　•東岡 金宇顒의 出處와 학문　　　　　李相夏 선생(고려대)
　•寒岡 鄭逑의 『五先生禮說』初探　　　彭林 교수(中國)
◎ 점심식사 13:20~14:20(기숙사 식당)
◎ 오후 주제발표 14:30~16:00
　•桐溪 鄭蘊의 정치활동과 그 이념　　吳洙彰 교수(한림대)
　•南冥·退溪 兩學派의 融和를 위해 노력한 澗松 趙任道
　　　　　　　　　　　　　　　　　許捲洙 교수(경상대)
　•謙齋 河弘度의 謙사상이 갖는 의미　崔在穆 교수(영남대)
◎ 휴　　식 16:00~16:20
◎ 종합토론 16:20~17:30　　　　座長: 송휘칠 교수(경북대)
◎ 폐　　회

⑦ 청소년 남명사적지 답사

• 취지
　◦ 청소년들이 남명 사적지와 남명 문인의 의병활동에 관한 전시관을 탐방함으로써 남명정신을 체득케 하며, 선열들의 구국정신의 의미를 되새겨 보고, 문화유산의 보호에 대한 인식을 제고
　◦ 참여 청소년들이 의병 출정식 행사에 동참함으로써 애국의 의미를 깨우치게 한다.
• 일시: 2001. 8. 16~8. 18(2박 3일)
• 장소: 김해 산해정(처가지) → 의령 충익사 등 → 합천 삼가 토동 생가지(외가) 등 → 진주 진주성 → 산청 산천재(만년 은거지) 등
• 인원: 300명 정도(관련 유림 및 의병후손 중고생)
• 주최: 경상남도 산청군/의령군/합천군/진주시/김해시
• 주관: 행사분과위원회(사적지답사 기획팀)
• 의상: 참가학생 런닝셔츠·모자 제공
※ 도 체육청소년과 협조(청소년 순례행사를 남명관련 행사로)
• 소요예산: 25백만원(관련 도시군 협조)

⑧ 전국 고교생 문예작품 공모전
  ▪ 취지
    ◦ 전국 1,300여 고등학교 재학생을 대상으로 남명의 생애와 사상에 대한 문예작품(산문)을 공모하여 청소년들의 남명 선생 認知度를 높이며, 간접적으로 행사 사전홍보 效果 高揚.
  ▪ 접수: 2001. 6. 19~30(20일간 우편접수)
  ▪ 시상: 2001. 8. 18 남명제 행사후(산천재)
  ▪ 주최: 행사분과위원회
  ▪ 주관: 경상남도 교육청(중등교육과)
  ▪ 주제: 자유(남명의 생애와 사상, 학문 등에 관한 내용)
  ▪ 분량: 200자 원고지 20매 이내
  ▪ 시상
    ◦ 최우수(1명): 교육인적자원부장관상 상장 및 부상(각1백만원)
    ◦ 우 수(2명): 경상남도지사 상장 및 부상(각 50만원)
    ◦ 가 작(10명): 경남교육감상 상장 및 부상(각 20만원)
    ◦ 장 려(30명): 산청군수상 상장 및 부상(각 5만원)
  ▪ 여비: 당선학생이 시상식 참석 경우 여비 실비 지급
  ▪ 소요예산: 10백만원

[2] 본 행 사

▷ 전야제
① 진주오광대 및 사물놀이 공연
  ▪ 목적: 서사극 공연전에 공연하여 분위기 고조 효과
  ▪ 일시: 2001. 8. 17. 15: 00 (敍事劇 공연전)
  ▪ 장소: 산청군 시천면 산천재 일원
  ▪ 내용: 진주오광대 및 사물놀이 공연

② 서사극 공연

　• 취지: 남명 선생의 일대기를 극화하여 실천유학을 표방한 남명사
　　상의 특징을 대중들이 쉽게 이해할 수 있도록 하고 남명사상이
　　지니는 현대적 의미와 미래적 접목 가능성을 추구하는 계기를 제공
　　하며, 흥미와 감동을 줄 수 있는 내용

　• 제목: 선비정신의 표상-남명(90분)

　• 공연일정

　　◦ 초연: 2001. 8. 17. 18: 00, 산천재 일원 특설무대

　　◦ 재연: 2001. 8월 진주, 김해, 합천, 9월 창원, 서울(대학로, 성균관
　　　　대), 경북(안동, 경주)

　• 주최: 행사분과위원회(서사극 공연기획팀)

　• 공연내용

　　◦ 제1막: 民嵒賦, 丹城疏 등으로 남명 선생의 學德을 극화

　　◦ 제2막: 남명 선생 門人의 의병활동(50명)

　　◦ 제3막: 관객들과 함께하는 놀이마당

　• 극본·연출: 이윤택

　• 실무제작: 우리극연구소(밀양소재)

　• 소요예산: 175백만원(순회공연 75 포함)

　※ 5개 시군 순회공연시 각 15백만원 부담

③ 의병출정식(義兵出征式)

　• 취지: 임진왜란을 당하여 스승의 가르침을 실천하고자 궐기하여
　　국난극복에 초석이 되었던 50여 명에 달하는 남명 선생 문인
　　들의 업적을 기리고, 한 선비의 교육적 효과가 얼마나 지대
　　한 것인지를 보여 주고자 의병이 창의하여 출정하는 모습을
　　재현하되 남명의 일대기 서사극 공연에 연계하여 진행함으
　　로써 남명정신의 계승을 형상화함.

　• 일시: 2001. 8. 17. 19:30

• 장소: 산청군 시천면 山天齋
• 주최: 행사분과위원회(의병출정식 기획팀)
• 참여대상: 서사극 공연 출연진, 남명 선생 淵源家 후손, 청소년 사적지 답사단, 일반참가자
• 주요 행사내용: 앞놀이(대북연주) → 출정 告由 → 출정결의문 낭독 → 남명선생魂불지피기 → 勝戰祈願 劍舞 → 승전기원 달집지피기 → 뒷풀이(大同놀이)
• 소요예산: 20백만원

▷ 추모제
① 남명선생탄신추모제(남명제)
• 일시: 2001. 8. 18. 10:00
　　　　※탄신일은 음력 6.26일이나 매년 양력 8.18일을 제향일로 함
• 장소: 산청군 시천면 덕천서원
• 주최: 행사분과위원회(덕천서원)
• 주관: 경남사립중·고등학교장회(회장 송호언)
• 인원: 3,000명 정도(유림, 학자, 후손, 私淑후손 등)
• 홍보: 제례과정 VTR 편집, TV보도
• 행사내용
〈제1부－추모제/ 60분〉
 ◦ 남명사적지 답사단 입장, 祭禮, 아악공연 등
〈제2부－기념식/ 90분〉
 ◦ 대회사(도지사)
 ◦ 인사말씀(이현재 원장)
 ◦ 환영사(산청군수)
 ◦ 축　사(국회의원 등)
 ◦ 학술상 시상

◦ 장학금 수여

　　◦ 문예작품 당선작 시상

　　◦ 강연회(30분)

　• 소요예산: 26백만원

　　※ 1977년부터 매년 8월 18일 시행하고 있는 "남명선생탄신추모제"를 500주년
　　을 맞이하여 확대 거행

▷ **식후행사**

① 민속예술 초청공연

　• 일시: 2001. 8. 18. 13:00

　• 장소: 산청군 시천면 덕산중 교정

　• 내용: 국악 공연, 진주 팔검무, 가야금 병창, 18반 무예, 3현6각

　　※ '진주민속예술보존회'와의 협조로 지역적 전통을 잇는 다양한 민속예술
　　공연

② 전통 유림행사 재현

　• 취지

　　◦ 전통적 형식의 성인식을 재현함으로써 청소년들에게 성년의 의
　　　미를 인식케 하여 사회적 책임과 의무를 일깨우며,

　　◦ 향음주례를 재현하여 음주문화의 올바른 미풍을 되살리고 전통
　　　다례로 다례의 일상화에 기여

　• 일시: 2001. 8. 18. 14:00

　• 장소: 덕산중 강당

　• 주최: 행사분과위원회(주관: 덕천서원)

　• 행사내용: 관례(남자 성인식), 계례(여자 성인식), 향음주례, 전통
　　다례, 전통혼례

　• 소요예산: 4백만원

[3] 사후행사

① 전국 漢詩 백일장
- 취지: 남명학 부산연구원이 매년 시행하고 있는 전국 유림 한시 백일장의 규모를 확대하여 유림의 결속과 유학의 새로운 부흥을 도모하고 남명의 학덕을 널리 홍보
- 일시: 2001. 8. 19. 10:00
- 장소: 산청군 시천면 덕천서원
- 참가대상: 전국의 儒林, 漢詩에 관심 있는 일반인
- 주최: 행사분과위원회
- 주관: 남명학 부산연구원
- 시상내역: 壯元 100만원 1명, 次上 50만원 2명, 次下 30만원 3명, 參榜 10만원 20명
- 주제: 남명 선생 학덕 찬양, 탄신 500주년 기념
- 소요예산: 10백만원

② 마산국악관현악단 국악공연
- 일시: 2001. 8. 19. 13:00
- 장소: 산청군 시천면 산천재 특설무대
- 내용: 한국의 소리를 찾아서(90분)
  - 불교의식무(20명, 10분): 나비춤, 바라춤, 법고춤
  - 화관무 (20명, 10분), 부채춤(20명, 10분),태평무(17명, 9분)
  - 진주검무(16명, 15분), 동래학춤(34명, 15분)
  - 승전무(20명, 15분), 궁중정재(8명, 10분), 창작춤(20명, 10분)
- 인원: 40명
  ※ 2001년도 무대공연작품 지원사업임.

③ 풍물패 소리바디 국악공연
- 일시: 2001. 8. 19. 15:00

- 장소: 산청군 시천면 산천재 특설무대
- 내용: 삼도풍물가락, 풍물과 현대무용의 어울림, 판숙
- 인원: 19명

※ 2001년도 무대공연작품 지원사업임.

④ 서사극 순회 공연
- 일시: 2001. 8 ~ 9월
- 순회지역: 진주, 김해(8월), 창원(9월), 서울 대학로, 성균관대학(9월), 경북 안동, 경주(9월)

⑤ 제2차 국제학술회의(경상대 남명학연구소)
- 취지: 남명탄신 500주년을 맞아 준공예정인 남명기념관의 개관에 맞추어 남명학파에 대한 연구분석을 중심으로 국제학술회의 개최
- 성격
  - 남명학이 한국유학사에 끼친 영향 분석
  - 한국유학사에 있어 남명학파의 위상 제고
  - 남명학파의 역사적 성쇠배경 검토
  - 남명사상의 미래적 발전방향 모색
- 주제: 한국학술사상 남명학의 위상
- 일시: 2001. 10월
- 장소: 경상대학교 남명학연구소
- 인원: 발표 11, 토론 11(미·일·중·국내)
- 소요예산: 30백만원

※ 2001. 10 준공예정인 경상대학교 남명학관 개관에 맞추어 남명학파에 대한 조명에 초점을 둠

[4] 기타 사업

① TV 다큐멘터리 제작 방영
  • 방영: 2001. 6월경 방영(1시간)
  • 내용: 남명 선생 특집
  • 예산: 30백만원
  ※ 언론사와 교섭중
② 영상홍보물 제작
  • 제작수량: CD, 비디오테이프 각 1,000매
  • 제작내용: 남명 일대기, 사적지 등
  • 소요예산: 20백만원
③ 각종 홍보물 제작 홍보
  • 언론홍보: 신문, TV 광고, 심층취재, 기획보도, 시리즈
  • 선전탑: 3개소(진주, 산청, 행사장)
  • 기타 홍보물: 포스터(10,000부), 카탈로그(10,000부), 배너(300개) 등
    ※도청 건물 플래카드 설치(3~8월)
    [남명선생탄신500주년 선비문화축제/2001. 8.16~8.19]
  • 소요예산: 27백만원
④ 南冥 선생 캐릭터 상품 개발
  • 상품명: 惺惺子방울 (2종)
  • 소요예산: 20백만원
⑤ 南冥先生 관련 도서발간
  • 『남명전기』 발간
    ◦ 제목: 한국의 인물－남명 조식(가칭)
    ◦ 내용: 남명 선생의 사상을 쉽게 이해할 수 있도록 일화와 설화를
            삽입하여 전기형식으로 집필·발행(3,000부)
    ◦ 소요예산: 7백만원

◆『南冥 說話選』 발간
  ◦내용: 文獻 및 口碑문학으로 전해지는 남명관련 說話를 유형별로
      묶고 해설하여, 남명사상의 특징을 부각(3,000부)
  ◦소요예산: 15백만원
◆『南冥先生 門人資料集』 발간
  ◦내용: 남명 선생의 문인에 대한 略傳을 정리하여 남명학파에 대
      한 이해를 도모(2,000부)
  ◦소요예산: 8백만원
◆『영원한 합천인 남명조식선생』 발간
  ◦내용: 남명 선생과 정인홍 선생에 대한 略傳을 정리하여 합천인
      에 대한 이해를 도모(6,000부) 14페이지
  ◦소요예산: 3백만원

□ 記念事業(文化財 및 施設工事)

※ 문화재공사는 문화재보호법에 의거 자치단체가 시행함

① 「遺物展示館」 建立
  ◆위치: 산청군 시천면 山天齋 경내
  ◆건평: 200평, 단층 목조기와집
  ◆용도: 사당, 전시관, 교육관 등 다용도 사용
    ◦유물: 패도(佩刀), 4聖賢병풍, 遺品, 文集, 淵源錄 등
  ◆사업비: 1,400백만원 ('01 ~'02)
    ◦2001년 배정예산: 1,308백만원(국비654, 도비229, 군비425)
  ◆주관: 산청군수
② 古宅 復元 및 書院 建立
  ◆위치: 합천군 삼가면 외토리

- 생가: 부지 1,323평 매입, 본채 등 건물 3동, 담장 1식
- 서원: 부지 200평, 사당 등 건물복원 4동, 담장 1식
- 사업비: 고택 400백만원, 용암서원 600백만원 소요
  ◦ 2001년 배정예산: 800백만원(국비400, 도비140, 군비260)
- 주관: 합천군수

③ 德川書院 補修
- 위치: 산청군 시천면 사리
- 규모: 기와번와 1식(산자이상 해체보수)
- 사업비: 210백만원(국비147, 도비22, 군비41)
- 주관: 산청군수

④ 南冥記念館 建立
- 기간: '96. 11 ~ 2001. 10
- 위치: 경상대학교 내
- 규모: 부지 1,024㎡(310평), 건평 2,771㎡(838평), 공정 60%
  ◦ 남명학연구소, 기념자료실, 전시실, 세미나실 등
- 건물구조: 지하 1층, 지상 3층(철근콘크리트 라멘조)
- 사업비: 4,230백만원(도비 500, 자부담 3,730)
  ◦ 2001년 배정예산: 1,850백만원(자부담)
- 주관: 남명기념관 건립추진위원회(위원장 김장하)

⑤ 史蹟公園 造成
- 기간: 2001년
- 위치: 산청군 시천면 산천재 주변
- 면적: 4,500평
- 사업비: 600백만원(한전)
- 주관: 산청군수

2) 집행위원회 조직

집행위원회 위원 및 추진기획 및 지원단 사무분장표

분과별	사무별	집행위원	추진기획 및 지원단	
			도 본청	시군
집행위원장	사업전반 지휘	집행위원장 권순찬(남명학연구원이사장)	추진기획 및 지원단장 문화관광국장 최철국	시군 추진기획 및 지원단 산청부군수 문동효
사무지휘	집행위원장을 보좌 사무전반 지휘	• 김경수(사무국장, 남명학연구원)		
기획분과	• 전체행사의 진행 및 운영기획 ◦ 사업전반 조정 ◦ 서사극 공연 ◦ 남명 선생 캐릭터 상품 개발 ◦ 도우미 운영	• 유혜숙(도 문화예술과장) • 이인규(한국복지통신 경남지부장) • 조영기(농협중앙회 이사) • 정태용(복지통신 경남부회장) • 김동환(산청군 문화관광과장) • 허기도(경남도의회 의원) • 이장섭(산청 로타리클럽) • 백운용(산청 산악연맹) • 김경수(남명학연구원)	• 과장: 유혜숙 (문화예술과장) • 도 문화예술과 ◦ 장경일(문화담당 사무관) ◦ 문화담당 전직원 강성복 서영덕 이상헌 정설화 기회연	• 과장: 김동환 (산청 문화관광과장) • 과장: 권석호 (합천 문화관광과장) • 간사: 조성제 (산청 관광담당) • 산청문화관광과 전원 • 합천문화관광과 전원
학술분과	• 학술분야 총괄 운영 ◦ 국제학술회의 1차 ◦ 국제학술회의 2차 ◦ 남명 선생 관련 도서발간 3종	• 김충렬(사단법인 남명학연구원장, 전 고려대 교수, 철학박사) • 권인호(대진대 교수, 철학전공) • 이상필(경상대 교수, 한문학전공) • 정우락(영산대 교수, 국문학전공) • 최석기(경상대 교수, 경학전공) • 민은식(도의원, 산청출신) • 과장 김경효 (도법무담당관) • 이종봉(산청 기획실장) • 김임곤(산청 청년회의소) • 허봉대(산청향교)	• 과장: 김경효 (도법무담당관) • 도 문화예술과 ◦ 하재범(문화재담당 사무관) ◦ 강해운(관광시설 사무관) ◦ 문재화(관광개발 사무관) ◦ 문화재 전직원 ◦ 관광개발·시설팀	• 기획실장: 이종봉 (산청 기획실장) • 간사: 민우식 (산청 기획담당) • 산청 기획실 전원
행사분과	• 단위행사의 진행	• 백중기 (도 체육청소년과장)	• 과장: 백중기 (체육청소년과장)	• 과장 박신대(산청군 자치행정과장)

분과별	사무별	집행위원	추진기획 및 지원단	
			도 본청	시군
	①의병출정식 ②한시백일장 ③작품공모전 ④유적지 순례 ⑤남명선생 추모제 ⑥전통유림행사 ⑦남명 서예전 ⑧민속무용공연	•김연(산청 덕천서원 院任) •조종명(산청군의회 의원) •琴대호(양지레미콘 회장) •정지영(진주복음병원 사 무국장) •조성환(산청 敬義청년회 회장) •박신대(산청군 자치행정 과장) •김경영(산청 청년연합회) •박삼도(두류 청년회장) •박경제(시천면 사회단체 협의회) •이시화(산청 산지회) •강정희(산청 새마을단체) •최재석(산청 바르게단체) •권재호 (산청 두류라이온스) •이병덕(단성향교 전교)	∘김용근(예술사무관) ∘정재화(체육행정 〃) ∘정수원(체육시설 〃) ∘허종구 (이벤트사무관) ∘강원호 (청소년사무관) ∘체육청소년과 전원 ∘예술담당 전직원	•간사: 민영현 (산청 자치행정담당) ①산청군 종합민원실 ②산청군 농림과 ③산청군 기술센터 ④산청군 건설과 ⑤덕천서원, 시천면 ⑥산청군 보건의료원 ⑦진주시 문화관광과 •산청자치행정팀 전원
	•자원봉사반 운용 ∘행사질서 유지 ∘교통 정리 ∘음료수 제공 ∘취사반 운영	•위원 ∘이평식(도여성아동과장) ∘산청경찰서 교통과장 ∘도종순 (산청 경제도시과장) ∘장은복(산청 해병전우회) ∘조봉희 (산청 환경복지과장) ∘김선지(산청여성단체협 의회)	∘과장: 이평식 (여성아동과장) ∘이영덕(여성정책사 무관) ∘조현명(여성복지사 무관) ∘진말련(사무관) ∘권오현(교통관리 〃) ∘여성아동과 전직원	•과장 ∘도종순(산청 경제도 시과장) ∘조봉희(산청 환경복 지과장) •장은복(산청 해병전 우회) ∘김선지(산청여성단 체협의회) •산청경찰서 교통반 전원 •간사 ∘강순경(산청가스교 통담당) ∘송정덕(산청복지여 성담당) •산청 경제도시과 전원 •산청 환경복지과 전원
재정 분과	∘행사의 자체부 담금 조달 및 예 산배정 ∘위원회 전반 재	•홍삼식(도 예산담당관) •김삼랑(경남도의회 의원) •김동열((사)남명학연구 원 운영위원)	∘과장: 홍삼식 (예산담당관) ∘조기호(예산담당사 무관)	•과장: 권두원 (산청 재무과장) ∘조종섭 (산청 경리담당)

분과별	사무별	집행위원	추진기획 및 지원단	
			도 본청	시군
	정담당 ◦ 사업비의 각분 과위원회 배정 ◦ 자체부담금 조달 • 부담금이 목표 액 미달시 어떤 분야를 집행치 않을지 결정, 위 원장께 보고	• 조우환(덕천서원 院任) • 이돈 (재진주 산청향우회장) • 서덕천 (진주 동명극장 사장) • 조홍규(조약국 대표) • 조규태 (창녕조씨 진주종회) • 권두원(산청군 재무과장) • 김순지(산청 상공협의회)	◦ 이용학(계약 〃) ◦ 민정식 (문화재팀 6급) ◦ 예산담당팀 전원 ◦ 계약담당팀 전원	◦ 산청 재무과 전원
홍보 분과	• 기념사업 홍보 및 관광 안내, 관 광상품개발 ◦ TV촬영 및 방영 언론담당 ◦ 홍보물 설치 ◦ 대내·외 홍보 ◦ 관광상품개발 ◦ 관광안내 ◦ 재일도민회 관광유치 ◦ 재경도민회 관광유치	• 강성준(도 공보관) • 최문석 (진주 삼현여고 교장) • 정영만(로타리3720 사무 국장) • 이인상(경남도의회 의원) • 최연동(명화염직 대표) • 박영순(YWCA 사무총장) • 강동욱(경남일보 문화부 기자) • 이병한(전 도의원) • 조정규(도 관광진흥과장) • 권영근(도 서울사무소장) • 박태갑(산청군 의회전문 위원) • 정태수(산청 문화원) • 홍순천(산청 행정동우회) • 이을용(산청 라이온스)	공보관: 강성준 (공보관) ◦ 과장 조정규(관광진 흥과) ◦ 과장 권영건(서울사 무소장) ◦ 김이수(홍보담당사 무관) ◦ 도 홍보담당 전원 ◦ 전형수(해외협력사 무관) ◦ 박정룡(관광행정사 무관) ◦ 황상규(관광홍보사 무관) ◦ 관광행정·홍보 전직원 ◦ 서울사무소 전원 ◦ 통상협력과 해외협력팀 전원	• 간사: 이병렬 (산청문화공보담당) • 산청 문화공보관실 전원 ◦ 문화재 전직원 ◦ 관광개발·시설담당 팀 전원

발문跋文

　　우리나라는 옛날부터 선비의 나라이다. 우리나라 선비 가운데 가장 으뜸가는 선비가 南冥 曺先生이다. 남명 선생은 선비정신을 가장 올바르게 실천한 대학자이고, 선비정신으로 많은 제자를 길러 후세에 전했다. 선비정신은 군림하는 정신이 아니고, 희생하고 봉사하고 책임지고 배려하는 정신이다. 오늘날 우리나라가 세계에 자랑할 수 있는 정신은 바로 선비정신이다.

　　德川書院은 남명 선생의 선비정신을 배워 선비를 양성하는 곳이다. 남명 선생이 돌아가신 4년 뒤인 1576년 남명의 제자와 여러 선비들이 남명 선생의 선비정신을 계승하기 위해서 德川書院을 창건하여 선생을 享祀하면서 선비들을 길러냈다. 우리나라의 대표적인 서원이고, 남명 선생을 享祀하는 여러 서원 가운데서도 중심된 서원이었다.

　　그러나 1623년 仁祖反正으로 인하여 德川書院은 1차 타격을 받았고, 1872년 서원이 훼철되면서 서원으로서의 생명이 강제로 끊어졌다.

　　그러나 南冥學派의 선비들은 이런 상황에 굴하지 않고 역량을 규합하여 1920년대에 다시 德川書院을 복원하여 남명 선생의 선비정신이 천추에 이어지게 했다.

　　그 동안 남명 선생 및 서원에 관한 많은 기록이 만들어지게 되었다. 지금까지 書院誌 다운 『德川書院誌』는 한 번도 편찬된 적이 없었다. 문서로 남아 있는 기록은 흩어져 없어지기 쉽고, 열람하기도 쉽지 않다. 실제로 그 동안 덕천서원의 많은 기록이 사라졌다.

　　역사는 기록에 의해서 보존되는데, 기록이 없어지면 역사를 복원할 수 없다. 『덕천서원지』의 편찬은, 이미 때늦은 감이 있다.

　　이에 후손으로 서원 일을 오랫동안 보아왔던 曺穩煥, 曺鍾明 斯文이 여러 유림들의 뜻을 모아 南冥學을 연구해 온 金敬洙 박사에게 집필을 의뢰하여 서원지를 편찬하여 草稿를 완성하기에 이르렀다. 이에 여러 편찬위원들의 검토와 감수를 거쳐 마침내 출판할 수 있게 되었다.

이번에 편찬된 『덕천서원지』는, 지금까지의 德川書院의 지나온 역사일 뿐만 아니라, 덕천서원의 앞으로 나아갈 방향을 제시하는 중요한 역사이다. 南冥先生과 南冥學派가 우리나라 학문 사상에 끼치는 영향이 크기에 이 『덕천서원지』는 우리나라 學術史 思想史에 도움 되는 바가 클 것이라 확신하는 바이다. 여러 南冥學 硏究者들에게도 편의를 제공할 것으로 생각된다.

책이 거의 완성되었을 때, 不肖가 河大遽 斯文과 함께 德川書院의 院任의 자리에 있다 하여 발문을 요청하기에, 이 서원지의 意義와 그 편찬과정에 대해서 간략히 적는다.

2017년 6월 15일
德川書院 院任 許捲洙 敬識

발문跋文

　　百世宗師이신 南冥 先生의 妥享之院인 德川書院은 올해 (2017년)로서 창건 441주년을 맞았습니다. 그 사이 임진왜란의 兵禍를 겪었고, 또 조선조 말 고종 연간에 있었던 대원군의 書院撤廢令(1871년)에 의해서 毁撤되는 등 變故를 겪기도 하였습니다. 그러나 그때마다 얼마 안가서 곧 重建과 重修가 이루어져서 師門이 번성하였고, 오늘날에 와서는 規模가 完備된 전국적 儒院으로 발전하였습니다.

　　敬義道學을 彰明하신 남명 선생은 泰山喬嶽과 같은 儼然함과 壁立千仞의 氣像, 그리고 秋霜熱日 같은 截嚴함으로 참 선비와 師表로서의 자격을 두루 갖추었기에, 선생의 威儀는 해를 거듭하여 그 빛을 더하고 있습니다.

　　서원이 賜額되고 시대가 흐름에 따라 수많은 文籍이 쌓이게 되어 1985년에 書院誌를 편집한 적이 있었고, 1995년에 한국정신문화연구원에서 國學振興事業으로 중요 古文書를 복사·간행하였는데, 그 제25집이 '德川書院'篇으로 山天齋 所藏文書와 함께 발간되었습니다. 특히 산천재는 제2書院이라고 할 만큼, 선생이 이곳에서 講學을 시작한 이후 서원이 훼철되었던 기간 동안에도 禮規를 維持한 사실이 보존되어 있습니다. 소장문헌의 중요성을 고려하여 2007년에 다시금 韓國學中央硏究院에서 『古文書集成』 제87집으로 正書本을 再發刊 하였습니다.

　　'日新又日新'으로 발전을 거듭하는 서원의 실상을 기록코자 이번에 德川書院誌를 편집·발간함에 있어 다음과 같은 내용을 수록하였습니다. 먼저, 남명 선생의 高邁한 學德을 기린 王의 賜祭文입니다. 다음으로, 諸賢이 남긴 記·銘과 서원의 經任, 院生錄 등에 관한 문헌, 그리고 配享된 守愚堂 崔公의 배향사실에 대한 기록입니다. 셋째는 南冥記念館의 展示 및 所藏 자료입니다. 그리고 부록으로 南冥學硏究 및 宣揚機關, 그리고 남명선생기념사업 등을 수록·집성하였습니다.

또한 남명 선생이 강학하신 곳에 세워진 龍巖書院과 新山書院誌도 같이 발간하게 된 것은 앞으로 선생의 道가 日月과 같이 더욱 빛나고 발전할 것임을 期約하는 盛事라고 하지 않을 수 없습니다.

남명학연구원과 관련단체에서 추진한 사업과 연구논문이 수백 편에 이르러 南冥學論文集이 別冊으로 발간되어 있습니다.

이번 덕천서원지를 발간함에 있어 尨大한 문헌을 정리하여 편집에 心血을 기울여 준 任員 曺鍾明, 金敬洙의 勞苦에 감사하며, 편집위원회의 末席에서 微力이나마 다하지 못하였음을 느낍니다.

西紀 2017年 丁酉 仲夏

山天齋任 密城 孫星模 謹跋

발문跋文

    나의 할아버지는 삼형제이셨다. 曺敬煥(字 德華, 號 松軒, 1895~1976), 曺哲燮(字 德卿, 號 後川, 1898~1983), 曺章燮(字 達卿, 1907~1978)이 그 분들이다. 종중일이나 선생 사업의 대소간 일이 있을 때는 집안의 어른들과 유림들이 舍廊에 모여서 의론하는 것을 나는 많이 보고 자랐다. 증조부 曺杓(字 子昻, 號 蒼下, 1869~1939)는 1930년대에 덕천서원 내임을 지내면서 『남명집』을 중간 하는 등 일제강점기에 여러 사업을 추진했다. 후천 종조부는 덕천서원 내임을 맡아 戰後 어려운 시기에 澹軒 河禹善 공과 金在洙 權昌鉉 都秉圭 曺相夏 鄭永錫 成萬秀 제현과 더불어 힘을 모아 『덕천사우연원록』을 편찬했다(1960년 간행).

    이와 같은 집안 어른들의 일을 회고해 보면 불초가 어찌 미력이나마 다하지 않을 수 있겠는가? 이제 나이 팔십을 바라보면서도 자주 서원에 나아가 마루를 쓸고 손님을 접대하는 일을 마다 않는 이유이다. 또한 曺玉煥 宗老의 血誠과 고인이 되신 曺義生 族祖의 기대와 曺穩煥 전교 등 종중 어른들의 격려를 저버릴 수도 없었다.

    서원과 선생사업의 여러 일들, 예를 들어 용암 신산서원의 복원이 이루어질 때 옥종의 渙齋 河有楫, 가회의 浩堂 金煉 공과 합천 김해 유림의 노고를 나는 직접 보았지만, 지간의 변화가 많았던 일들이 세월 따라 차츰 잊혀질 것이니 기록해서 남기지 않으면 후세 사람이 무엇으로 알겠는가?

    이를 걱정하여 지난 기록의 잘못은 바로잡고 빠진 것은 보완하고 새 일은 기록하게 되었다. 종인과 의론하고 남명학 연구기관과 덕천서원 원임 및 유림들과 상의 끝에 남명학연구원 초대 사무국장을 지낸 金敬洙 박사가 그간의 연구 논문과 『남명선생문인자료집』 및 『남명의 자취를 따라』 등을 편찬한 바 있어, 이 일을 맡기에 적임이라 판단되어 집필을 위촉했다. 여러 자료의 번역은 재야 한학자 李昌浩가 정성을 들였다.

趙淳 원장님과 덕천서원 전임 원임 李秉道 李完圭와 현 원임 河大逵 許捲洙와 내임 曺正煥 曺鍾燮, 산천재 재임 孫星模 제현과 종중 운영위원회 曺斗煥 위원장, 曺基成 曺相洙 부위원장 등 여러분이 애썼다. 처음에는 세 서원지를 함께 편집하려 하였으나, 각 서원 임원들의 의견을 들어 따로 각각의 책으로 편찬하게 되어 규모가 커졌다.

이 원지의 편찬은 남명 선생과 세 서원 연구자들께 좋은 자료가 되리라 믿는다.

용암서원 沈義祚 원장, 신산서원 裵鍍奭 원장과 원지편찬위원회 허권수 감수위원, 일곱 분 검토위원님들이 적극적으로 조언해주신 노고에 감사드린다. 許起道 산청군수가 출판비의 일부를 지원해주었고, 합천군수와 김해시장께서도 지원을 아끼지 않았으니 감사를 드린다.

이 책이 나오게 된 것은 해당 시군의 시장 군수님과 덕천 용암 신산서원의 관계자, 학계, 사문의 여러 유지 분들과 우리 문중과 송계 선생 문중 및 수우당 선생 문중이 합세하여 만든 결과이니 고마움을 표한다.

본지의 편찬이 강우학파의 한 성과이기는 하나 착오나 누락이 있을지 염려된다. 강호 제현의 질정을 바란다.

정유 맹하 원지편찬위원회 간사 曺鍾明 謹識

『德川書院誌』·『龍巖書院誌』·『新山書院誌』 編纂委員會

委員長
趙　淳(前 副總理, 德川書院 院長)

顧問
崔秉烈(前 서울市長, 守愚堂 先生 後孫)　　曹玉煥(釜山交通 代表, 南冥 先生 後孫)
申珉澈(松溪 先生 後孫)

諮問委員
朴丙鍊((社)南冥學研究院長)　　　　　　李相弼(慶尙大 南冥學研究所長)
曹榮達(서울대 (財)南冥學會長)　　　　金洛眞(晉州敎大 南冥敎育研究財團 理事)
崔球植(韓國선비文化研究院長)

副委員長
沈義祚(龍巖書院 院長)　　　　　　　　裵鍍與(新山書院 院長)
河大逵(德川書院 院任)　　　　　　　　曹穩煥(南冥 先生 門中 代表)

監修委員
許捲洙(德川書院 院任)

委員
孫星模(山天齋 齋任)　　　　　　　　　盧永七(新山書院 鄕任)
李章永(雷龍亭 齋任)　　　　　　　　　朴孝根(山海亭 齋任)
申榮大(松溪 先生 後孫)　　　　　　　盧在成(龍巖書院 保存委員會 局長)
曹斗煥(南冥 先生 門中 運營委員長)

檢討委員
朴丙鍊((社)南冥學研究院長)　　　　　崔錫起(慶尙大學校 敎授)
李相弼(慶尙大 南冥學研究所長)　　　　金洛眞(晉州敎大 南冥敎育研究財團 理事)
金鶴洙(韓國學中央研究院 敎授)　　　　盧在成(龍巖書院 保存委員會 局長)
李成圭(新山書院 總務)

執筆 및 編輯委員
金敬洙(韓國선비文化研究院 責任研究員, 慶尙大學校 哲學科 外來敎授)

飜譯委員
李昌浩(漢學者, 翻譯家)

幹事
曹鍾明(南冥 先生 後孫)